U0525477

YINGKE 盈科

盈科全国业务指导委员会系列丛书·2024

医疗纠纷处理实务 1000 问及法律规范集成

盈科律师事务所／编
张永平／主编
周　涛　韩　惠／副主编

法律出版社 LAW PRESS·CHINA
北京

图书在版编目（CIP）数据

医疗纠纷处理实务1000问及法律规范集成 / 盈科律师事务所编；张永平主编；周涛，韩惠副主编. -- 北京：法律出版社，2024. -- ISBN 978 - 7 - 5197 - 9680 - 8

Ⅰ. D922.164

中国国家版本馆 CIP 数据核字第 2024Y2Y820 号

医疗纠纷处理实务1000问及法律规范集成 YILIAO JIUFEN CHULI SHIWU 1000 WEN JI FALÜ GUIFAN JICHENG	盈科律师事务所　编 张永平　主　编 周　涛　韩　惠　副主编	策划编辑　朱海波　杨雨晴 责任编辑　朱海波　杨雨晴 装帧设计　汪奇峰　臧晓飞

出版发行　法律出版社	开本　710毫米×1000毫米　1/16
编辑统筹　法律应用出版分社	印张　40　　　字数　600千
责任校对　蒋　橙	版本　2024年12月第1版
责任印制　刘晓伟	印次　2024年12月第1次印刷
经　　销　新华书店	印刷　固安华明印业有限公司

地址：北京市丰台区莲花池西里7号（100073）
网址：www.lawpress.com.cn
投稿邮箱：info@lawpress.com.cn
举报盗版邮箱：jbwq@lawpress.com.cn
版权所有·侵权必究

销售电话：010 - 83938349
客服电话：010 - 83938350
咨询电话：010 - 63939796

书号：ISBN 978 - 7 - 5197 - 9680 - 8　　　　　　　　　　　　　　定价：158.00元

凡购买本社图书，如有印装错误，我社负责退换。电话：010 - 83938349

盈科全国业务指导委员会系列丛书编委会

总 主 编

李 华

副 主 编

杜 芹　闫拥军　陈 浩　东海霞

出版统筹

郭 琪　丁 萌　冯 玥　张静彤

本书编委会

主 编

张永平

副 主 编

周 涛　韩 惠

前言

目前,我国医患矛盾仍然非常突出,医疗纠纷数量不断增加,而其涉及的医学、法律、伦理问题亦越发复杂。医疗纠纷的妥善处理,不仅关乎当事患者及其家属、医疗机构的切身利益,也关系到每一位公民的权利维护,关系到医疗行业的长远发展。

医疗纠纷案件专业性强、争议大、矛盾突出,是司法实践中的热点和难点。加强对医疗纠纷案件有关问题的研究,增强对该类案件特殊性的认识,准确认定事实和适用法律,对于妥善解决医疗纠纷,及时有效维护医患双方的合法权益,具有重要的现实意义;同时有助于促进医疗纠纷的立法工作,减少医患纠纷的发生,推动医学事业的健康发展,从而最终达到增进人类福祉的目的。

医疗纠纷案件的处理涉及的不仅仅是法律问题,也涉及医学问题。医学行业规则和法律规则的交叉点成为判断医方是否尽到了注意义务的关键。处理医疗纠纷不但需要丰富的法律知识,更需要专业的医学知识。特别是病历的辨别和分析、证据的收集和保存、鉴定机构的选择和把握、庭审的陈述和诉辩等关键环节,更需要具备医学、法律专业知识和诉讼经验。所以,医疗纠纷处理的难点在于它的专业性和不确定性。

医疗纠纷的妥善处理是维护医患双方合法权益、促进社会和谐稳定的重要一环。在应对医疗纠纷的过程中,我们需要以事实为依据、以法律为准绳、以公正为原则,既要保障患者的合法权益,也要维护医疗行业的良好秩序。本书立足于我国医疗纠纷处理的实际情况,从医疗纠纷的多个角度,系统地阐述了医疗纠纷处理涉及的各个方面。

本书通过对常见问题的解答,结合医学和法律相关专业知识,集成相关医疗法律规范及指南,力求为读者提供一个全面、实用、易懂的医疗纠纷处理指南。希望本书能够为读者提供有价值的指引和启迪,对于处理医疗纠纷有所裨益。在编写过程中,参考了医疗纠纷处理工作中许多同人的实践成果经验和相关理论,参考文献中均已经列出,在此一并表示感谢!

本书难免存在疏漏和不足,还望各位读者批评指正,以期让本书内容不断得到完善,更好地发挥预期作用。

北京盈科(昆明)律师事务所医药卫生与健康法律事务部主任

云南省律师协会医疗卫生及防疫法律业务研究委员会主任

张永平

2024 年 12 月 3 日

上篇 医疗纠纷处理实务

第一章 医疗纠纷概述 ····· 003
第一节 医疗纠纷相关概念 ····· 003
1. 什么是患方？····· 003
2. 什么是医疗机构？····· 003
3. 什么是医患纠纷？····· 003
4. 什么是医疗行为？····· 004
5. 什么是医疗纠纷？····· 004
6. 什么是医疗事故？····· 004
7. 什么是医疗侵权？····· 004
8. 什么是医疗过错？····· 004
9. 什么是医疗差错？····· 004
10. 什么是过度医疗？····· 004
11. 什么是因果关系？····· 005
12. 什么是医疗意外？····· 005
13. 什么是医疗损害？····· 005
14. 什么是医疗损害责任？····· 005
15. 什么是医疗损害后果？····· 005
16. 什么是医疗产品损害责任？····· 005
17. 什么是医院感染？····· 006
18. 什么是互联网诊疗？····· 006
19. 什么是诊疗活动？····· 006
20. 什么是特殊检查、特殊治疗？····· 006
21. 什么是技术规范？····· 006
22. 什么是医疗纠纷突发事件？····· 006

23. 什么是医疗损害责任纠纷? ……………………………………… 007
24. 什么是医疗服务合同纠纷? ……………………………………… 007
25. 什么是医源性纠纷? ……………………………………………… 007
26. 什么是非医源性纠纷? …………………………………………… 008
27. 什么是患者隐私权纠纷? ………………………………………… 008
28. 什么是患者知情权纠纷? ………………………………………… 008
29. 什么是名誉权纠纷? ……………………………………………… 008
30. 什么是法医临床鉴定? …………………………………………… 009
31. 患者的权利和义务有哪些? ……………………………………… 009
32. 医疗机构的权利和义务有哪些? ………………………………… 010
33. 司法鉴定人的权利和义务有哪些? ……………………………… 011

第二节 医疗质量安全相关核心制度 ……………………………… 012

34. 什么是医疗质量? ………………………………………………… 012
35. 什么是医疗质量安全核心制度? ………………………………… 012
36. 什么是首诊负责制度? …………………………………………… 012
37. 首诊负责制度如何界定首位接诊医师? ………………………… 012
38. 如何判断门、急诊一次就诊过程结束? ………………………… 013
39. 非本医疗机构诊疗科目范围内疾病如何做到首诊负责? ……… 013
40. 借用他人信息挂号,医生是否承担首诊负责制的主体
    责任? ……………………………………………………………… 013
41. 什么是查房? ……………………………………………………… 013
42. 什么是三级查房制度? …………………………………………… 014
43. 什么是查房周期? ………………………………………………… 014
44. 医师每次查房是否都需要记录? ………………………………… 014
45. 查房过程中如何做到尊重患者? ………………………………… 015
46. 查房过程中如何保护患者隐私? ………………………………… 015
47. 什么是会诊制度? ………………………………………………… 015
48. 为什么要开展会诊? ……………………………………………… 015
49. 医师在什么情况下需要会诊? …………………………………… 016
50. 在什么情形下可以发出急会诊申请? …………………………… 016

目录

51. 急会诊如何才能做到10分钟内到位？ …………………… 016
52. 会诊单格式及填写规范应包含哪些基本要素？ ………… 016
53. 是否允许进行电话会诊？ ………………………………… 017
54. 什么是分级护理制度？ …………………………………… 017
55. 特级护理、一级护理、二级护理、三级护理分别适用于什么情形？ …………………………………………………… 017
56. 特级护理、一级护理、二级护理、三级护理的护理要点有哪些？ ………………………………………………………… 018
57. 什么是值班和交接班制度？ ……………………………… 018
58. 非本机构执业医务人员是否可以在本单位单独值班？ … 019
59. 什么是疑难病例讨论制度？ ……………………………… 019
60. 医疗机构疑难病例讨论记录文本应包括哪些内容？ …… 019
61. 什么是急危重患者抢救制度？ …………………………… 020
62. 急危重患者范围包括什么？ ……………………………… 020
63. 什么是绿色通道机制？ …………………………………… 020
64. 急危重症患者多学科救治时的原则是什么？ …………… 021
65. 抢救记录书写有什么要求？ ……………………………… 021
66. 什么是术前讨论制度？ …………………………………… 021
67. 为什么要求"除以紧急抢救生命为目的的急诊手术外，所有住院患者的手术必须实施术前讨论"？ …………… 022
68. 门诊手术如何进行术前讨论？ …………………………… 022
69. 为什么要求术者必须参加术前讨论？ …………………… 022
70. 术前讨论的内容包括哪些？ ……………………………… 022
71. 术前讨论的结论包括什么？ ……………………………… 022
72. 什么是死亡病例讨论制度？ ……………………………… 023
73. 死亡病例讨论应当在多长时间内完成？ ………………… 023
74. 什么是查对制度？ ………………………………………… 023
75. 哪些临床诊疗行为需要进行复核查对？ ………………… 023
76. 药剂师调剂处方时的查对包括哪些内容？ ……………… 024

77. 什么是手术安全核查制度？ 024
78. 实施手术安全核查的内容及流程是什么？ 024
79. 什么是手术分级管理制度？ 024
80. 手术分几级？ 025
81. 新技术和新项目准入制度是什么？ 025
82. 什么是危急值报告制度？ 026
83. 危急值项目选择包括的内容有哪些？ 027
84. 临床科室接到危急值报告后的处理流程是什么？ 027
85. 什么是病历管理制度？ 028
86. 什么是抗菌药物分级管理制度？ 028
87. 抗菌药物分级原则是什么？ 029
88. 临床使用特殊使用级抗菌药物有什么要求？ 029
89. 门诊可否使用特殊使用级抗菌药物？ 030
90. 临床可否越级使用抗菌药物？ 030
91. 什么是临床用血审核制度？ 030
92. 临床用血有哪些程序和环节？ 030
93. 输血治疗病程记录包括哪些主要内容？ 031
94. 什么是信息安全管理制度？ 031
95. 医疗机构建立患者诊疗信息保护制度应当包含哪些方面？ 032
96. 如何防止医疗信息泄露、毁损和丢失？ 032

第二章 病历 033

第一节 病历概述 033

97. 什么是病历？ 033
98. 按照病历的完成状态病历划分为哪几类？ 033
99. 什么是电子病历？ 034
100. 按照医疗服务环节病历划分为哪几类？ 034
101. 病历的真实性是指什么？ 035
102. 电子病历的真实性是指什么？ 035
103. 文字病历的范围包括哪些？ 035

104. 医学影像资料的范围包括哪些? ·· 035
105. 病理切片是什么? ·· 035
106. 病理切片应属物证还是书证? ·· 036
107. 病理组织是什么? ·· 036
108. 什么是打印病历? ·· 036
109. 门(急)病历包括哪些内容? ·· 036
110. 住院病历包括哪些内容? ·· 036
111. 按照内容划分病历有哪些种类? ······································ 037
112. 按照载体划分病历有哪些种类? ······································ 037
113. 按照运行状态划分病历有哪些种类? ······························ 037
114. 手术录像是否属于病历? ·· 037
115. 医疗机构对于病历资料有哪些法定义务? ······················ 037
116. 如何初步确认病历是否完整? ·· 038
117. 如何观察门(急)诊病历资料是否齐全? ························ 038
118. 医疗机构应用电子病历应当具备什么条件? ·················· 038
119. 电子病历应如何审查其完整性? ······································ 038
120. 电子病历如何审查其真实性? ·· 039
121. 电子病历的证据属性是什么? ·· 041
122. 电子病历的法律特征是什么? ·· 042
123. 电子病历能否修改? ·· 042
124. 什么是可靠的电子签名? ·· 043
125. 电子病历中的电子签名需要第三方认证吗? ·················· 043
126. 病历管理制度中的医疗活动全过程具体包括哪些? ········ 043
127. "严格落实国家病历书写、管理和应用相关规定",具体
     指哪些相关规定? ·· 043
128. 如何理解病历书写时应当做到客观、真实、准确、及时、
     完整和规范? ·· 044
129. 医疗机构应当保障病历资料安全的具体要求是什么? ······ 044
130. 病历内容的记录与修改信息可追溯的具体要求是什么? ······ 044

第二节 病历书写 ……………………………………………… 045

131. 病历书写是指什么？ ………………………………………… 045
132. 病历书写的规定有哪些？ …………………………………… 045
133. 病历内容不完整指什么？ …………………………………… 046
134. 病历书写不规范指什么？ …………………………………… 046
135. 病历书写不规范如何认定？ ………………………………… 046
136. 病历书写不规范导致承担法律责任的常见情形有哪些？ …… 046
137. 病历的常见错误类型有哪些？ ……………………………… 047
138. 病历修改是什么？ …………………………………………… 047
139. 病历内容形式修改是什么？ ………………………………… 047
140. 病历内容实质修改是什么？ ………………………………… 047
141. 病历修正、补正是什么？ …………………………………… 047
142. 病历是否可以更改？ ………………………………………… 048
143. 病历修改、补正的一般要求是什么？ ……………………… 048
144. 病历修改、补正的主体是谁？ ……………………………… 049
145. 病历修改、补正的禁止情形有哪些？ ……………………… 049
146. 病历是否可以后补？ ………………………………………… 049
147. 个体诊所大夫是否可以不写病历？ ………………………… 049
148. 门诊病历中是否可以没有既往史和查体内容？ …………… 049

第三节 病历保管 ……………………………………………… 050

149. 病历由谁保管？ ……………………………………………… 050
150. 病历的保管期限是多久？ …………………………………… 050
151. 病历丢失怎么办？ …………………………………………… 050
152. 封存的病历由谁保管？ ……………………………………… 050

第四节 病历复制 ……………………………………………… 051

153. 谁可以复制病历？ …………………………………………… 051
154. 患者查阅、复制病历的范围包括哪些？ …………………… 051
155. 病历复制有哪些形式？ ……………………………………… 051
156. 去哪里复制病历？ …………………………………………… 051
157. 复制病历需要提供哪些材料？ ……………………………… 051

158. 医疗机构不让患者复制病历时,患者如何权利救济? …… 052
159. 医疗机构不让患者复制病历是否存在法律风险? …… 052

第五节 病历封存 …… 052

160. 为什么既要复制病历又要封存病历? …… 052
161. 去哪里封存病历? …… 052
162. 发生医疗纠纷医疗机构是否有主动封存病历的义务? …… 053
163. 封存的病历是原件还是复印件? …… 053
164. 封存病历需标注的内容有哪些? …… 053
165. 对仍然在住院治疗期间的患者如何封存病历? …… 053
166. 纸质病历封存时的封存要求有哪些? …… 053
167. 医疗机构申请封存病历时应如何做? …… 053
168. 电子病历封存时的封存要求有哪些? …… 054
169. 封存的电子病历复制件必须是电子版吗? …… 054
170. 封存的电子病历复制件应满足什么要求? …… 054
171. 封存后电子病历的原件是否可以继续使用? …… 054
172. 电子病历尚未完成需要封存时怎么办? …… 054
173. 抢救急危患者时未能及时书写病历,就要求封存怎么办? …… 054
174. 医疗机构可否自行启封病历? …… 054
175. 封存记录和启封记录的内容是什么? …… 054
176. 医疗物品的封存要求有哪些? …… 055
177. 医疗物品需要检验的应如何做? …… 055
178. 需要对血液进行封存保留的应如何做? …… 055
179. 医疗机构可否自行销毁封存的物品? …… 055
180. 医疗机构不让患者封印病历时,患者如何权利救济? …… 055
181. 封存病历应当重点关注什么? …… 055
182. 参与封存病历的人员应注意什么? …… 055
183. 制作规范的密封条应注意什么? …… 056
184. 封存的病历不完整有什么不利后果? …… 056
185. 封存的病历不完整怎么办? …… 056
186. 封存病历时已确认是完整病历的怎么办? …… 057

187. 哪些病历资料,医方可提出延时复印、封存? ………… 057
188. 何时可以解封病历? ………………………………… 058
189. 病历启封的程序和要求是什么? …………………… 058

第六节 病历举证与质证 …………………………… 058

190. 医患双方谁有义务向法院提供病历? ……………… 058
191. 当事人不提交病历资料怎么办? …………………… 059
192. 患方否认曾经持有过门诊病历手册怎么办? ……… 059
193. 医疗纠纷中患方保存的CT、X片等影像学资料丢失应如何做? ………………………………………………… 059
194. 病历质证是什么? …………………………………… 059
195. 病历质证是否重要? ………………………………… 059
196. 病历质证应围绕什么进行? ………………………… 060
197. 病历质证的焦点是什么? …………………………… 060
198. 患方在对病历真实性进行质证过程中应注意什么? … 060
199. 病历审查查什么? …………………………………… 060
200. 病历审查为什么应尽可能查看病历原件? ………… 060
201. 病历审查为什么应着重审查案件的焦点部分? …… 060
202. 在对病历进行审查时针对关键问题和可疑情况应注意什么? ………………………………………………… 061

第七节 病历司法审查 …………………………… 061

203. 病历司法审查是什么? ……………………………… 061
204. 病历审查的原则是什么? …………………………… 061
205. 医疗机构因病历问题所致败诉的情形有哪些? …… 061
206. 丢失、隐匿、销毁、拒绝提供病历怎么办? ……… 061
207. 伪造、篡改的病历是否会被排除作为鉴定的检材? … 062
208. 伪造病历如何认定? ………………………………… 062
209. 篡改病历如何认定? ………………………………… 062
210. 伪造、篡改病历的民事法律责任如何承担? ……… 062
211. 病历书写不规范怎么办? …………………………… 063

212. 认定病历书写不规范有何作用? ······063
213. 医院无法提供病历资料时,患方应如何做? ······063
214. 是否只要病历存在问题,医疗机构就要承担不利后果? ······064

第三章 尸体检验 ······065

第一节 尸检概述 ······065

215. 什么是尸检? ······065
216. 为什么要做尸检? ······065
217. 所有患者死亡的病例,都要进行尸检吗? ······065
218. 哪些情况一定要申请尸检? ······066
219. 尸检在什么地点进行? ······066
220. 尸检的费用是多少? ······066
221. 尸检费用由谁承担? ······066
222. 尸体解剖有哪几种? ······066
223. 尸检过程中,患方可以做什么? ······066
224. 医患双方必须委派代表观察尸检吗? ······066
225. 《死亡医学证明书》是否可以作为判断患者死亡原因的依据? ······067
226. 谁可以提出尸检请求? ······067
227. 尸检是否需要医患双方共同委托? ······067
228. 未进行尸检有什么不利后果? ······068
229. 患者死亡后未尸体解剖,鉴定人如何认定死因? ······068

第二节 医患双方在尸检中的权利和义务 ······068

230. 医疗机构是否有告知患者近亲属进行尸检的义务? ······068
231. 患方是否享有尸检知情同意权? ······069
232. 医方是否有要求患方配合尸检的权利? ······069
233. 患方是否有配合尸检的义务? ······069
234. 拒绝或不配合尸检的有什么法律后果? ······069
235. 尸检的告知对象是谁? ······069
236. 无法辨别谁才是死者近亲属时医疗机构应如何履行告知义务? ······069

237. 医院应该告知哪些尸检有关规定？ ·········· 070
238. 医疗机构应以什么方式告知尸检？ ·········· 070
239. 完整的尸检告知书应包括什么内容？ ·········· 070
240. 医疗机构在告知患者近亲属尸检时应注意什么？ ·········· 070
241. 患方在接到尸检告知书后，如何处理？ ·········· 070
242. 医院未提示尸检，患方怎么办？ ·········· 071
243. 患者死亡其近亲属拒绝在尸检告知书上签字，医疗机构怎么办？ ·········· 071
244. 紧急情况下，医务人员无法知晓患者近亲属怎么办？ ·········· 071
245. 患者死亡初期，医患双方对患者的死亡原因均无异议，事后才对患者的死亡原因提出异议，或者有的鉴定人员以没有进行尸检无法明确死亡原因为由拒绝鉴定，此种情况下，应如何处理？ ·········· 071

第三节　尸检操作流程 ·········· 072

246. 尸检的前提是什么？ ·········· 072
247. 尸检是否必须经死者近亲属同意并签字？ ·········· 072
248. 尸检的时限是多久？ ·········· 072
249. 死亡超过7天是否不能进行尸检？ ·········· 072
250. 尸检机构有哪些？ ·········· 072
251. 承担尸检任务的机构应当具备什么条件？ ·········· 073
252. 尸检人员需要具备哪些资质？ ·········· 073
253. 如何联系尸检机构？ ·········· 073
254. 患方是否有权选择尸检机构？ ·········· 073
255. 选择哪类机构进行尸检比较好？ ·········· 073
256. 医患双方可以聘请专家参与尸检吗？ ·········· 074
257. 尸检报告出具时间是多久？ ·········· 074
258. 尸检报告遗漏问题怎么办？ ·········· 074
259. 认为尸检报告存在错误的怎么办？ ·········· 074
260. 尸检后，患者遗体是否还有继续存放的必要？ ·········· 074

261. 尸检报告出具后,患方如何维权? ……………………………… 074
262. 医院没有诊断出死亡原因是否需要承担未行尸检带来的不利后果? ……………………………………………………… 075
263. 能让医院承担未行尸检不利后果的情形有哪些? ……………… 075
264. 做过尸检后是否不再需要做司法鉴定? ……………………… 075
265. 逾期不处理的尸体,医疗机构怎么办? ……………………… 075
266. 尸检与医疗事故技术鉴定的区别? ……………………………… 076

第四章 医疗事故技术鉴定 …………………………………………… 077

第一节 医疗事故技术鉴定概述 …………………………………… 077

267. 什么是医疗事故? ……………………………………………… 077
268. 什么是医疗事故技术鉴定? …………………………………… 077
269. 哪些情形不构成医疗事故? …………………………………… 077
270. 医疗事故责任包括哪些方面? ………………………………… 078
271. 医疗事故技术鉴定时间是多久? ……………………………… 078
272. 医疗事故技术鉴定的作用是什么? …………………………… 078
273. 医疗纠纷是否一定要经过医疗事故鉴定? …………………… 079
274. 医疗事故技术鉴定由谁鉴定? ………………………………… 079

第二节 医疗事故技术鉴定程序 …………………………………… 079

275. 医疗事故技术鉴定由谁申请? ………………………………… 079
276. 委托医疗事故技术鉴定的方式有哪些? ……………………… 079
277. 医患双方共同委托医学会鉴定需具备什么条件? …………… 080
278. 什么情况下由卫生行政机关委托鉴定? ……………………… 080
279. 医患双方协商一致,可否任意选择医学会做鉴定? ………… 080
280. 医疗事故争议涉及多个医疗机构,应如何选择医学会做鉴定? ……………………………………………………… 080
281. 医学会可否拒绝受理医疗事故技术鉴定? …………………… 080
282. 医疗事故技术鉴定中,当事人需要向医学会提交哪些材料? ……………………………………………………… 081
283. 再次鉴定是什么? ……………………………………………… 081

284. 提起再次鉴定的途径有哪些? ……………………………… 081
285. 对医疗事故鉴定意见不服或者有异议怎么办? …………… 081
286. 重新鉴定是什么? ……………………………………………… 082
287. 再次鉴定与重新鉴定有何区别? ……………………………… 082
288. 中止鉴定是什么? ……………………………………………… 082
289. 中止医疗事故技术鉴定的情形有哪些? ……………………… 082
290. 中止时限如何计算? …………………………………………… 082
291. 终止鉴定是什么? ……………………………………………… 082
292. 中止鉴定与终止鉴定有何区别? ……………………………… 082
293. 终止医疗事故技术鉴定的情形有哪些? ……………………… 083
294. 医学会受理后应如何通知送达当事人? ……………………… 083
295. 受理通知书应包含什么内容? ………………………………… 083
296. 当事人收到医学会通知后应做什么? ………………………… 083
297. 书面陈述及答辩是什么? ……………………………………… 083
298. 医疗事故技术鉴定书及鉴定意见包括哪些内容? …………… 083
299. 医疗事故技术鉴定时卫生健康主管部门可以旁听吗? …… 084
300. 医学会保存鉴定书文稿的期限是多久? ……………………… 084
301. 医疗事故技术鉴定费用如何缴纳? …………………………… 084
302. 鉴定费的范围包括哪些? ……………………………………… 084
303. 鉴定工作中,应当查明的事实包括哪些? …………………… 085
304. 调查是什么? …………………………………………………… 085
305. 承担鉴定组织工作的医学会可以做什么? …………………… 085
306. 在鉴定程序中谁享有调查取证权? …………………………… 085
307. 医学会应如何通知当事人及专家鉴定组成员参加鉴定会? …………………………………………………………… 086
308. 专家鉴定组成员因特殊原因无法参加医疗事故技术鉴定时,医学会如何做? ………………………………………… 086
309. 医疗事故技术鉴定是否可以延期进行? ……………………… 086
310. 专家鉴定组组长如何产生? …………………………………… 086

311. 鉴定程序有哪些？ …………………………………… 086
312. 医疗事故技术鉴定书如何作出？ ……………………… 087
313. 医学会一般多长时间出具医疗事故鉴定书？ ………… 087
314. 鉴定的依据是什么？ …………………………………… 087
315. 鉴定专家的鉴定原则有哪些？ ………………………… 088
316. 医疗事故技术鉴定书包括哪些内容？ ………………… 088
317. 医疗事故技术鉴定中的责任如何划分？ ……………… 088
318. 审判人员对鉴定人出具的鉴定书审查哪些内容？ …… 089
319. 法庭审理中对鉴定意见审查哪些内容？ ……………… 089
320. 医疗事故技术鉴定人员出具虚假鉴定书时承担哪些法律责任？ ……………………………………………… 089
321. 对于医疗事故鉴定不构成医疗事故的，医疗机构是否需要承担责任？ ……………………………………… 089
322. 医疗事故技术鉴定意见冲突怎么办？ ………………… 090

第三节　医学会与专家库 ……………………………………… 090

323. 医学会是什么？ ………………………………………… 090
324. 谁具备医疗事故技术鉴定的实施权？ ………………… 090
325. 专家鉴定组是什么？ …………………………………… 091
326. 医学会可否成为行政诉讼主体？ ……………………… 091
327. 入选专家库的人员有哪些？ …………………………… 091
328. 医学会专家库成员有何要求？ ………………………… 091
329. 医学会聘请人员进入专家库是否受行政区域限制？ … 091
330. 负责首次、再次鉴定的专家如何聘请？ ……………… 091
331. 医学会如何选择专家库中的专家来进行医疗事故鉴定？ … 092
332. 医疗事故技术鉴定中的回避是什么？ ………………… 092
333. 可否申请鉴定专家回避？ ……………………………… 092
334. 回避的方式有哪些？ …………………………………… 092
335. 鉴定组成员自行回避是什么？ ………………………… 092
336. 当事人申请回避是什么？ ……………………………… 093

337. 当事人应以何种方式提出申请回避要求？ ………… 093
338. 申请鉴定专家回避的情形有哪些？ ………… 093
339. 如何理解回避情形中医疗事故争议当事人或者当事人的近亲属？ ………… 093
340. 如何理解回避情形中与医疗事故争议有利害关系？ ………… 093
341. 如何理解回避情形中与医疗事故争议当事人有其他关系，可能影响公正鉴定？ ………… 094
342. 医学会现有专家库不能满足鉴定工作需要时怎么办？ ………… 094
343. 从其他医学会建立的专家库中抽取的专家，必须到现场参加医疗事故鉴定吗？ ………… 094

第五章　医疗损害司法鉴定 ………… 095

第一节　医疗损害司法鉴定概述 ………… 095

344. 什么是医疗损害司法鉴定？ ………… 095
345. 医疗损害司法鉴定有什么特点？ ………… 095
346. 医疗损害司法鉴定应遵循什么原则？ ………… 096
347. 司法鉴定机构是什么？ ………… 096
348. 哪些专门性问题可以申请作为医疗损害司法鉴定的鉴定事项？ ………… 096
349. 申请医疗损害司法鉴定需要哪些材料？ ………… 097
350. 常见的医疗告知情形有哪些内容？ ………… 097
351. 常见的医疗损害后果有哪些？ ………… 097
352. 医疗损害司法鉴定的费用是多少？ ………… 097
353. 鉴定意见是什么？ ………… 098
354. 医疗损害司法鉴定意见书中的原因力是指什么？ ………… 098
355. 人身损害与疾病的因果关系类型按照损害在疾病中的原因力大小如何划分？ ………… 098
356. 参与程度如何分级？ ………… 099
357. 参与程度如何制定？ ………… 099
358. 司法鉴定意见包含哪些内容？ ………… 100

359. 过错参与度、责任程度及原因力大小有何区别? …………… 100

第二节 医疗损害司法鉴定程序 …………………………… 100

360. 医疗损害的认定程序有哪些? …………………………… 100
361. 医疗损害司法鉴定是否可以单方面进行? …………… 100
362. 医疗过错很明显的情况下还要申请鉴定吗? ………… 101
363. 委托医疗损害司法鉴定的方式有哪些? ……………… 101
364. 鉴定机构需审查什么材料? …………………………… 101
365. 鉴定中心收到案件委托鉴定函后应如何做? ………… 101
366. 鉴定材料如何质证? …………………………………… 101
367. 如何选择鉴定机构? …………………………………… 102
368. 鉴定过程中的听证会如何进行? ……………………… 102
369. 什么情况下需要补充鉴定材料? ……………………… 102
370. 鉴定前需要注意哪些问题? …………………………… 102
371. 鉴定受理后患方有哪些注意事项? …………………… 103
372. 什么情形下鉴定机构需暂时中止鉴定或终止鉴定? … 104
373. 司法鉴定的启动程序是什么? ………………………… 104
374. 鉴定委托在多长时间内受理? ………………………… 104
375. 司法鉴定采用什么鉴定标准,与医疗事故鉴定一样吗? …… 105
376. 如何选择鉴定机构? …………………………………… 105
377. 医疗损害司法鉴定可否申请鉴定人回避? …………… 105
378. 司法鉴定人回避由谁决定? …………………………… 105
379. 司法鉴定人鉴定时以什么为标准进行鉴定? ………… 106
380. 鉴定期限是多久? ……………………………………… 106
381. 什么情况下鉴定机构不得受理? ……………………… 106
382. 什么情形下可以申请重新鉴定? ……………………… 106
383. 重新鉴定是由原鉴定机构进行吗? …………………… 106
384. 接受重新鉴定委托的司法鉴定机构应符合什么条件? …… 107
385. 什么是补充鉴定? ……………………………………… 107
386. 哪些情况可以补充鉴定? ……………………………… 107
387. 什么情况下可以终止鉴定? …………………………… 107

388. 终止鉴定的司法鉴定机构应如何做？ …………………… 107
389. 患者自身疾病对于医疗过错参与度认定的影响如何
确定？ ……………………………………………………… 108
390. 医患双方可以申请鉴定人出庭接受质证吗？ …………… 108
391. 鉴定人不出庭接受质证，要承担什么后果？ …………… 108
392. 特殊情况鉴定人可以书面答复吗？ ……………………… 108
393. 医疗损害责任纠纷案件中是否可以申请专家辅助人
出庭？ ……………………………………………………… 109
394. 专家辅助人的权利义务有哪些？ ………………………… 109
395. 专家辅助人是否适用回避制度？ ………………………… 109
396. 专家辅助人与证人、诉讼代理人的异同点如何？ ……… 110
397. 司法鉴定在医疗纠纷中的重要性？ ……………………… 110
398. 司法鉴定过程中患者最需要重视什么程序？ …………… 110
399. 撰写陈述材料是否重要？ ………………………………… 110
400. 患方如何撰写陈述材料？ ………………………………… 111
401. 发生医疗纠纷应当选择医学会鉴定还是医疗损害司法
鉴定？ ……………………………………………………… 111
402. 申请医疗损害鉴定的同时是否需要加上其他鉴定事项？ …… 112
403. 鉴定结果不服如何补救？ ………………………………… 112
404. 医疗过错行为的认定依据是什么？ ……………………… 113
405. 医疗过错行为的形式有哪些？ …………………………… 113
406. 分析与判断医疗过错行为的方法有哪些？ ……………… 113
407. 分析与判断医疗过错行为的注意事项有哪些？ ………… 114
408. 医疗损害的内容有哪些？ ………………………………… 114
409. 医疗损害的后果有哪些？ ………………………………… 115
410. 医疗损害因果关系的定性如何判定？ …………………… 116
411. 医疗损害因果关系的定量如何判定？ …………………… 117
412. 医疗损害因果关系与损害赔偿责任判定应注意哪些
问题？ ……………………………………………………… 117

第三节　医疗损害司法鉴定意见 …………………………… 118

413. 鉴定意见有什么作用？ ………………………………… 118
414. 鉴定意见书有何要求？ ………………………………… 118
415. 当事人自行委托鉴定的鉴定意见效力如何？ ………… 118
416. 如何审查鉴定意见的客观性和公正性？ ……………… 118
417. 鉴定意见书有错误,一定要重新鉴定吗？ …………… 119
418. 对鉴定意见有异议怎么办？ …………………………… 119
419. 不服鉴定意见怎么办？ ………………………………… 120
420. 什么情形下司法鉴定机构可以对鉴定意见书进行补正？ …… 120
421. 如何提高鉴定人出庭作证效果？ ……………………… 120
422. 证实病历伪造能推翻鉴定意见吗？ …………………… 120
423. 鉴定意见不客观、偏袒明显的,鉴定人出庭的实际作用如何？ ………………………………………………… 121
424. 鉴定意见客观公正、结论有理有据,鉴定人出庭的实际作用如何？ …………………………………………… 121
425. 司法鉴定机构对鉴定意见书进行补正有何要求？ …… 121
426. 鉴定人出庭程序是什么？ ……………………………… 121
427. 医疗损害司法鉴定与医疗事故鉴定有什么区别？ …… 122
428. 司法鉴定文书与医疗事故鉴定书有何区别？ ………… 122

第六章　医疗纠纷处理 …………………………………… 124

第一节　医患双方协商 ……………………………………… 124

429. 对于允许自行协商的医疗纠纷,医患双方应如何做？ … 124
430. 患方在医患协商中应注意什么问题？ ………………… 124
431. 关于协商的主体应注意什么？ ………………………… 124
432. 协商中关于病历的保管应注意什么？ ………………… 125
433. 什么情况下双方和解协议无效？ ……………………… 125
434. 什么情况下当事人一方有权请求人民法院或者仲裁机构变更或者撤销合同？ …………………………………… 126
435. 患方遇到医疗纠纷如何投诉？ ………………………… 126

436. 患方如何向医疗机构医务科或安全办提出诉求? ………… 126

437. 签署书面和解协议后是否还能反悔? ………… 126

438. 医美纠纷为什么不建议走司法程序? ………… 126

439. 医疗纠纷协商好,还是诉讼好? ………… 127

440. 发生医疗纠纷医患双方如何选择处理纠纷的方式? ………… 127

第二节 行政调解 ………… 128

441. 什么是行政调解? ………… 128

442. 申请卫健委行政调解的条件有哪些? ………… 128

443. 申请医疗纠纷行政调解的具体步骤有哪些? ………… 128

444. 医疗纠纷行政调解中存在的问题有哪些? ………… 129

445. 为什么会出现患方不认同行政调解的情形? ………… 129

446. 调解前需要请专业人士评估、分析案情吗? ………… 130

447. 如何促成调解? ………… 130

448. 行政调解协议成立必须具备哪些条件? ………… 130

449. 行政调解协议是否具有强制执行力? ………… 131

450. 对医疗纠纷行政调解结果不服或反悔,应该怎么办? ………… 131

第三节 人民调解 ………… 131

451. 什么是人民调解? ………… 131

452. 什么是人民调解委员会? ………… 131

453. 人民调解委员会调解医疗纠纷,应当遵循什么原则? ………… 131

454. 当事人在人民调解活动中享有的权利有哪些? ………… 131

455. 当事人在人民调解活动中有哪些义务? ………… 132

456. 医疗纠纷人民调解委员会的性质是什么? ………… 132

457. 医疗纠纷调解委员会的职责有哪些? ………… 132

458. 医疗纠纷人民调解由哪个部门负责? ………… 132

459. 各地是否均有医调委? ………… 132

460. 患方单方面申请医调委调解的医调委应当如何做? ………… 133

461. 经人民调解委员会调解达成调解协议后,双方当事人是否可以申请司法确认? ………… 133

462. 哪些是医患纠纷调解委员会不予受理的范围? ………… 133

463. 申请调解的方式有哪些? ………………………………………… 133
464. 调解程序如何进行? …………………………………………… 134
465. 调解活动有几种方式? ………………………………………… 134
466. 调解不成怎么办? ……………………………………………… 134
467. 调解协议具有法律效力吗? …………………………………… 134
468. 当事人拒绝履行调解协议怎么办? …………………………… 134
469. 达成调解协议有哪些方式? …………………………………… 135
470. 人民调解员指的是哪些人? …………………………………… 135
471. 哪些人能签订调解协议? ……………………………………… 135
472. 医疗纠纷中医患双方协商解决纠纷赔偿的协议书有哪
　　　些内容? ………………………………………………………… 135
473. 当事人对人民调解协议发生争议怎么办? …………………… 135
474. 医患双方对调解协议发生争议起诉到法院后会被撤销
　　　或变更吗? ……………………………………………………… 136
475. 调解协议签订以后出现新的损害后果怎么办? ……………… 136
476. 人民调解委员会及人民调解员调解过程中有哪些保密
　　　要求? …………………………………………………………… 136
477. 调解期限是多长时间? ………………………………………… 136

第四节　诉讼 ……………………………………………………… 136
478. 医疗纠纷诉讼的概念是什么? ………………………………… 136
479. 医疗纠纷诉讼的特点是什么? ………………………………… 137
480. 医疗纠纷诉讼的构成要素有哪些? …………………………… 138
481. 医疗纠纷诉讼的因果关系如何判断? ………………………… 138
482. 复合状态下的医疗因果关系有哪些? ………………………… 138
483. 医疗纠纷诉讼的分类有哪些? ………………………………… 139
484. 医疗纠纷诉讼的常见形式有哪些? …………………………… 139
485. 一般医疗损害责任构成要件是什么? ………………………… 140
486. 医疗纠纷诉讼的基本原则是什么? …………………………… 140
487. 医疗纠纷诉讼的特有原则是什么? …………………………… 140

488. 医学科学性原则是什么？ ………………………………………… 140

489. 医疗专门性问题进行的司法鉴定是什么？ …………………… 140

第七章 医疗纠纷案件的主体 ……………………………………… 142

第一节 医疗纠纷的诉讼主体 …………………………………… 142

490. 什么是医疗纠纷案件的诉讼主体？ ………………………… 142

491. 哪些人可以成为医疗服务合同纠纷的原告？ ……………… 142

492. 哪些人可以成为医疗服务合同纠纷的被告？ ……………… 142

493. 哪些人可以成为医疗纠纷诉讼的原告？ …………………… 143

494. 哪些人可以成为医疗纠纷诉讼的被告？ …………………… 143

495. 患者可否起诉多个医疗机构？ ……………………………… 143

496. 因胎儿死亡引发医疗侵权纠纷的原告是谁？ ……………… 143

497. 因新生儿死亡引发的医疗侵权纠纷的原告是谁？ ………… 144

498. 因医疗产品（药品、消毒药剂、医疗器械等）缺陷或不合格血液致损引发的医疗侵权纠纷的原告是谁？ …………… 144

499. 患者死亡的情况下，同一顺序有多个继承人时应如何确定原告？ ………………………………………………… 144

500. 患者是未成年人或精神病人如何审查其原告主体资格？ … 144

501. 患者死亡的如何审查其原告主体资格？ …………………… 145

502. 患者使用假姓名就医的如何审查其原告主体资格？ ……… 145

503. 患者使用他人姓名就医的如何审查其原告主体资格？ …… 145

504. 患者利用熟人关系而没有通过医院正常路径就医如何审查其原告主体资格？ …………………………………… 145

505. 起诉前，患方应当如何确定被告？ ………………………… 146

506. 医疗纠纷诉讼中医务人员能否成为被告？ ………………… 146

507. 涉及一家以上医疗机构的，应当以哪家为被告？ ………… 146

508. 涉及外聘医师会诊或手术的，应当以谁为被告？ ………… 146

509. 涉及个体、私营诊所的，应当以谁为被告？ ……………… 146

510. 涉及远程医疗的，应当以谁为被告？ ……………………… 146

511. 涉及输血、医疗器械或药品的案件,应当以谁为被告？ …… 147

512. 涉及科室外包、合作项目的,应当以谁为被告? ……………… 147
513. 涉及企业职工医院、校医院的,应当以谁为被告? …………… 147
514. 因派遣医疗队发生的医疗纠纷,应当以谁为被告? …………… 147
515. 患先天遗传病的婴儿是否有权诉请产检机构承担赔偿
    责任? ………………………………………………………………… 147
516. 如何明确被告的住所以及社会统一信用代码等信息? ……… 148
517. 什么是诉讼代理人? ……………………………………………… 148
518. 医疗损害与其他损害竞合的应如何确定被告? ………………… 148
519. 当事人有哪些主要诉讼权利? …………………………………… 148
520. 哪些人可以成为委托代理人? …………………………………… 149

第二节 多个医疗机构共同侵权时诉讼主体的选择与责任
    承担 …………………………………………………………………… 149

521. 什么是共同侵权? ………………………………………………… 149
522. 患者因同一伤病在多个医疗机构接受诊疗受到损害的
    如何确定被告? …………………………………………………… 149
523. 被侵权人起诉多个医疗机构时赔偿标准如何确定? ………… 149
524. 多个医疗机构共同侵权时责任如何承担? ……………………… 150
525. 共同侵权时各方责任大小如何确定? …………………………… 150
526. 《民法典》第1172条"能够确定责任大小"具体指什么? …… 150
527. 《民法典》第1172条"难以确定责任大小"具体指什么? …… 151

第三节 医师异地执业引发的医疗侵权纠纷责任承担 ……………… 151

528. 对医师执业地点和范围是否有限制性规定? …………………… 151
529. 紧急情况下院外施救,是否属于超注册范围执业? …………… 151
530. 医师多地执业是如何规定的? …………………………………… 152
531. 医师外出会诊造成患者损害时责任如何承担? ………………… 153
532. 医师"走穴"具体指什么? ……………………………………… 153
533. 医师"走穴"造成患者发生损害的,是否应当加重承担
    民事责任? ………………………………………………………… 153

第八章 医疗纠纷诉讼案由、时效与管辖 …… 154

第一节 诉讼案由 …… 154

534. 案由是什么? …… 154
535. 医疗纠纷诉讼的案由有哪些? …… 154
536. 医疗损害责任纠纷案由有哪些? …… 155
537. 医疗违约之诉与医疗侵权之诉的归责原则有何不同? …… 155
538. 医疗违约之诉与医疗侵权之诉的举证责任有何不同? …… 155
539. 医疗违约之诉与医疗侵权之诉的赔偿范围有何不同? …… 155
540. 医疗违约之诉与医疗侵权之诉承担责任的方式有何不同? …… 156

第二节 诉讼时效 …… 156

541. 诉讼时效是什么? …… 156
542. 医疗纠纷诉讼时效是多久? …… 156
543. 医疗纠纷诉讼时效期间如何起算? …… 156
544. 治疗还没有结束,损害后果不确定的如何计算诉讼时效? …… 157
545. 死亡案件如何计算诉讼时效? …… 157
546. 没有后续治疗或康复期结束的如何计算诉讼时效? …… 157
547. 撤诉是否中断诉讼时效? …… 157
548. 什么情况下诉讼时效中止? …… 158
549. 什么情况下诉讼时效中断? …… 158
550. 超过20年才知道受到损害的如何计算诉讼时效? …… 158
551. 超过诉讼时效还可以起诉吗? …… 158
552. 超过诉讼时效还有胜诉的可能吗? …… 158

第三节 诉讼管辖 …… 159

553. 什么是管辖? …… 159
554. 什么是地域管辖? …… 159
555. 什么是民事诉讼的一般地域管辖原则? …… 159
556. 以侵权为案由的医疗损害责任纠纷案件,哪些法院具有管辖权? …… 159

557. 因医疗产品、服务质量不合格造成损害的,哪些法院具有管辖权? …… 160

558. 什么是级别管辖? …… 160

559. 医疗损害纠纷的级别管辖如何确定? …… 161

560. 如何确定医疗纠纷诉讼中的被告住所地? …… 161

561. 如何确定医疗纠纷诉讼中的侵权结果发生地? …… 161

562. 如何确定医疗纠纷诉讼中的侵权行为实施地? …… 161

第九章 证据及举证责任 …… 162

第一节 证据概述 …… 162

563. 什么是证据? …… 162

564. 证据需具备什么属性? …… 162

565. 证据种类的概念是什么? …… 162

566. 证据种类有哪些? …… 163

567. 医疗纠纷中什么证据最重要? …… 163

568. 医学书籍和医学文献资料是否属于法律规定的证据? …… 163

569. 什么是证据能力? …… 163

570. 什么是证明力? …… 163

571. 证明责任是什么? …… 164

572. 证明责任的作用是什么? …… 164

573. 医疗损害的责任形态是什么? …… 164

574. 医疗损害的替代责任是什么? …… 164

575. 医疗损害的不真正连带责任是什么? …… 164

576. 无法医参加的涉及死因的医疗事故鉴定意见,能否作为证据使用? …… 165

577. 经医患双方同意由法院委托进行的医疗过错鉴定,是否可以作为证据使用? …… 165

578. 鉴定机构对委托事项作出的鉴定意见,符合什么条件才可以作为证据使用? …… 165

579. 专家咨询会认为客观真实的病历,能否作为鉴定材料? …… 166

580. 尸检报告与医疗机构的临床诊断不一致时,应如何认定案件事实? ………………………………………… 166
581. 鉴定人员未出庭接受质询,是否会导致鉴定意见丧失证明力? ………………………………………… 167
582. 患者先后在医疗机构复印的排版不同的电子病历,是否可以作为鉴定依据? ……………………………… 167

第二节 医疗损害责任归责原则 ……………… 168
583. 归责原则的定义是什么? ……………………… 168
584. 归责原则有哪些? ……………………………… 168
585. 医疗损害归责原则如何适用? ………………… 168
586. 过错责任原则是什么? ………………………… 168
587. 什么情况下适用过错责任原则? ……………… 168
588. 过错责任原则在举证责任上的表现有哪些? … 168
589. 过错推定责任原则是什么? …………………… 169
590. 推定是什么? …………………………………… 169
591. 什么情况下适用过错推定责任原则? ………… 169
592. 什么情况下推定医疗机构有过错? …………… 169
593. 实行过错推定责任原则后患者是否还需举证证明? … 169
594. 无过错责任原则是什么? ……………………… 169
595. 适用无过错责任原则有何意义? ……………… 170
596. 什么情况下适用无过错责任原则? …………… 170
597. 什么是公平责任原则? ………………………… 170
598. 适用公平责任原则需具备什么条件? ………… 170

第三节 医患双方的举证责任 ………………… 170
599. 什么是举证责任? ……………………………… 170
600. 患方有哪些举证责任? ………………………… 171
601. 患者认为医疗机构存在医疗过错的,是否应由其承担举证责任? ……………………………………… 171
602. 患方如何举证证明存在医患关系? …………… 171

603. 患方如何举证证明存在损害后果? …………………… 171
604. 患方如何举证证明医方存在过错? …………………… 172
605. 患方如何举证证明存在因果关系? …………………… 172
606. 患方陷入举证困境时应如何做? ……………………… 172
607. 患方在收集证据的过程中应当注意什么? …………… 172
608. 医方有哪些举证责任? ………………………………… 173
609. 医方在被推定过错时如何提供反证? ………………… 173
610. 医方如何举证证明已履行相应的告知义务? ………… 173
611. 对于患者拒不配合诊疗活动,医院是否负有举证责任? … 173
612. 患者食用药房出售的中药导致人身损害的,举证责任
    如何分配? ……………………………………………… 173
613. 患者拒绝以医疗机构提供的病历作为鉴定依据且未提
    供反证的,应否承担举证不能的后果? ……………… 174
614. 因病历被篡改致使无法进行医疗鉴定的,医疗机构应
    否承担举证不能的责任? ……………………………… 174

第十章 医疗机构抗辩事由 ………………………………… 175

第一节 医疗机构常见抗辩事由概述 …………………… 175

615. 什么是抗辩事由? ……………………………………… 175
616. 医疗机构的抗辩事由有哪些类型? …………………… 175
617. 哪些情形不属于医疗事故? …………………………… 175
618. 哪些情形医疗机构不承担赔偿责任? ………………… 176
619. 在程序上医疗机构是否有抗辩事由? ………………… 176
620. 医疗机构减轻责任的抗辩事由有哪些? ……………… 176

第二节 并发症 …………………………………………… 176

621. 并发症是什么? ………………………………………… 176
622. 并发症的法律特征有哪些? …………………………… 177
623. 如何理解并发症一般具有可预见性? ………………… 177
624. 如何理解并发症一般具有不确定性? ………………… 177
625. 如何理解并发症一般具有可避免性? ………………… 177

626. 并发症是否当然属于医疗机构可以免责的情形? 178
627. 医疗机构对并发症的发生应尽的义务包括哪些? 178
628. 如何理解并发症的风险预见义务? 178
629. 如何理解并发症的风险告知义务? 178
630. 如何理解并发症的风险回避义务? 179
631. 如何理解并发症的积极救治义务? 179
632. 发生并发症时医疗机构是否可以免责的判断依据是什么? 179

第三节 限于当时的医疗水平难以诊疗 179

633. 医学水平是什么? 179
634. 医疗水平是什么? 180
635. 医学惯例是什么? 180
636. 医学惯例是否能替代医疗水平成为医疗损害责任的免责事由? 180
637. 什么是"当时的医疗水平"? 181
638. "当时的医疗水平"在适用时是否要考虑地域、资质等因素? 181
639. 医疗机构关于"当时的医疗水平"难以诊疗的抗辩理由成立是否就意味着免责? 181

第四节 无过错输血感染 182

640. 无过错输血感染是什么? 182
641. 无过错输血案件中致害的原因是什么? 182
642. 患者以输血感染提出索赔时,医方的抗辩理由有哪些? 182
643. 如何理解患者感染并非输血造成? 182
644. 无过错输血感染是否为医方的免责事由? 183
645. "不合格的血液"的判断标准是什么? 183
646. 无过错输血感染医方是否承担完全责任? 183

第五节 手术同意书的法律效力 184

647. 手术同意书是什么? 184

648. 患者签署手术同意书是一种什么行为? ······ 184
649. 手术同意书的主要内容是什么? ······ 184
650. 手术同意书是否具备免责效力? ······ 185
651. 如何理解手术同意书与手术风险发生的关系? ······ 185
652. 手术同意书应当由谁签署? ······ 185
653. 变更手术内容或方式是否需要征得患者同意? ······ 186
654. 术后补签手术同意书的效力? ······ 186

第六节 医疗机构其他抗辩事由 ······ 186

655. 患者存在过错,医疗机构是否承担责任? ······ 186
656. 患者自杀的医疗机构是否承担责任? ······ 187
657. 与第三人过错有关的医疗纠纷涉及哪些情形? ······ 187
658. 安全保障义务是什么? ······ 187
659. 未尽安全保障义务由谁承担赔偿责任? ······ 187
660. 医疗机构是否应承担相应的安全保障义务? ······ 187
661. 除防止或制止第三人侵害义务的安全保障义务外,医院还应做什么? ······ 188
662. 什么情况下医疗机构应对患者受到的第三人伤害承担赔偿责任? ······ 188

第七节 免责事项与意外事件 ······ 188

663. 患者近亲属拒绝手术致患者死亡的,医疗机构应否承担责任? ······ 188
664. 新生儿因父母放弃治疗而死亡的,能否减轻存在过错的医疗机构的责任? ······ 189
665. 精神病患者住院期间死亡的,医疗机构能否依据免责条款免除责任? ······ 189
666. 什么是医疗风险? ······ 190
667. 医疗机构的诊断错误存在合理性时,可否免除责任? ······ 190
668. 患者因医疗意外死亡的,医疗机构应否承担赔偿责任? ······ 190
669. 患者因过敏体质意外死亡的,医疗机构能否免除责任? ······ 191

670. 患者因医疗意外遭受人身损害的,医疗机构能否免除责任? …… 191

第十一章 特殊类型的医疗纠纷案件 …… 192

第一节 医疗产品类型医疗纠纷 …… 192

671. 医疗产品损害责任纠纷的法律依据是什么? …… 192
672. 医疗产品损害责任是什么? …… 192
673. 医疗产品损害责任的性质是什么? …… 192
674. 医疗产品损害责任的类型有哪些? …… 192
675. 医疗产品损害责任的构成要件是什么? …… 193
676. 医疗产品包括什么? …… 193
677. 什么是药品? …… 193
678. 什么是医疗器械? …… 193
679. 什么是消毒产品? …… 194
680. 医疗产品不承担责任的事由有哪些? …… 195
681. 医疗机构对药品消毒产品医疗器械的注意义务有哪些? …… 195
682. 医疗产品缺陷指什么? …… 195
683. 医疗产品质量缺陷如何认定? …… 195
684. 医疗产品存在缺陷的情形有哪些? …… 196
685. 缺陷医疗产品致害责任的责任主体有哪些? …… 196
686. 缺陷医疗产品什么情况下适用惩罚性赔偿? …… 196
687. 缺陷医疗产品致害责任如何承担? …… 196
688. 医疗产品责任纠纷的归责原则是什么? …… 197
689. 医疗产品责任纠纷什么情况下适用无过错责任原则? …… 197
690. 医疗产品责任纠纷什么情况下适用过错责任原则? …… 197
691. 缺陷医疗产品致害纠纷的举证责任如何分配? …… 197
692. 血液是什么? …… 198
693. 血液不合格的情形有哪些? …… 198
694. 不合格血液致害在采血环节的主要表现是什么? …… 198
695. 不合格血液致害在临床用血环节的主要表现是什么? …… 198
696. 不合格血液致害责任的责任主体有哪些? …… 198

697. 输入不合格血液的致害责任如何承担? …………………… 199
698. 输血感染案件中患方应举证证明什么? …………………… 199
699. 输入不合格血液时医疗机构与血液提供机构之间的责任如何承担? …………………………………………………… 199
700. 关于输血行为与损害后果间因果关系的举证,血站或医院欲免责如何反证? ……………………………………… 200
701. 法院如何认定输血行为与损害后果间的因果关系? ……… 200
702. 血站如何举证自身采供血已经严格遵守各项技术操作规程和制度? ………………………………………………… 200

第二节 预防接种异常反应类型医疗纠纷 …………………… 201
703. 什么是疫苗? ……………………………………………… 201
704. 预防接种异常反应的概念是什么? ……………………… 201
705. 哪些情形不属于预防接种异常反应? …………………… 201
706. 预防接种反应有哪些种类? ……………………………… 201
707. 发生预防接种异常反应后接种单位和相关机构应如何处理? ……………………………………………………… 202
708. 国家对预防接种异常反应的受种者是否有补偿? ……… 202
709. 因预防接种而引发的损害纠纷有几类? ………………… 203
710. 因接种单位过错引发的损害责任纠纷如何处理? ……… 203
711. 因预防接种异常反应造成人身损害如何处理? ………… 203
712. 因疫苗质量不合格给受种者造成损害的如何处理? …… 204

第三节 侵害患者知情同意权类型医疗纠纷 ………………… 204
713. 侵害患者知情同意权纠纷的法律依据是什么? ………… 204
714. 知情权是什么? …………………………………………… 205
715. 什么是侵害患者知情同意责任? ………………………… 205
716. 侵害患者知情权的构成要件有哪些? …………………… 205
717. 医务人员的说明义务包括什么? ………………………… 205
718. 医疗机构是否必须履行说明义务? ……………………… 206
719. 医疗机构应向谁履行告知义务? ………………………… 206

720. 违反说明义务医疗损害责任的构成要件有哪些? …………… 207
721. 如何判断医疗机构是否尽到告知义务? …………… 207
722. 违反说明义务医疗损害责任的类型有哪些? …………… 208
723. 医疗机构未尽到说明义务的举证责任由谁承担? …………… 208
724. 紧急情况下,是否必须取得患者近亲属意见? …………… 209
725. 医务人员违反说明义务未造成患者人身损害医疗机构是否承担赔偿责任? …………… 209

第四节 不当出生类型医疗纠纷 …………… 209

726. 什么是不当出生? …………… 209
727. 不当出生类型案件的特点有哪些? …………… 209
728. 不当出生赔偿责任的构成要件有哪些? …………… 210
729. "不当出生"案件与一般的医疗损害责任纠纷案件的区别是什么? …………… 210
730. 不当出生之诉损害赔偿范围包括哪些? …………… 211

第五节 侵犯隐私权、名誉权类型医疗纠纷 …………… 211

731. 什么是隐私权? …………… 211
732. 什么是名誉权? …………… 212
733. 什么是病历隐私权? …………… 212
734. 名誉权与隐私权的区别是什么? …………… 212
735. 隐私权包括什么? …………… 213
736. 哪些情况属于侵害他人隐私权? …………… 213
737. 医疗机构及医务人员可能泄露患者隐私及个人信息的常见情形有哪些? …………… 213
738. 哪些情况属于侵害他人名誉? …………… 214
739. 影响他人名誉是否必须承担民事责任? …………… 214
740. 擅自公开患者有关病情是否构成侵权? …………… 214
741. 向患者及其家属通报病情,是否为侵权? …………… 214
742. 侵犯隐私权责任构成要件是什么? …………… 215
743. 认定行为人承担人格权的民事责任应考虑哪些因素? …… 215

744.有证据证明行为人正在实施侵害其人格权的违法行为应如何做？ ………………………………………………………… 215

745.行为人拒不承担民事责任的应如何做？ ……………… 215

746.医疗机构或医务人员泄露患者隐私与个人信息可能面临的法律责任有哪些？ ………………………………… 216

747.医疗机构如何保护好患者的隐私和个人信息？ ……… 217

第六节 医疗美容类型纠纷 …………………………… 218

748.什么是医疗美容？ ……………………………………… 218

749.什么是生活美容？ ……………………………………… 218

750.医疗美容与生活美容的区别是什么？ ………………… 218

751.生活美容机构无证开展医疗美容有什么危害？ ……… 219

752.医疗美容项目分级原则是什么？ ……………………… 219

753.医疗美容项目如何分级？ ……………………………… 220

754.什么是美容医疗机构,其诊疗科目分为几级？ ……… 220

755.美容医疗机构主诊医师应具备什么条件？ …………… 220

756.美容医疗机构护理工作人员应具备什么条件？ ……… 220

757.违反医疗美容项目分级管理的行政责任和刑事责任如何规定？ ……………………………………………… 221

758.违反医疗美容项目分级管理的侵权责任和违约责任如何规定？ ……………………………………………… 221

759.医疗美容行为是否属于医疗行为,发生侵权时适用什么法律规定进行处理？ ………………………………… 222

第十二章 医疗纠纷涉嫌违法犯罪案件 ………………… 223

第一节 非法行医 ……………………………………… 223

760.什么是非法行医？ ……………………………………… 223

761.《刑法》意义上的非法行医行为有哪些情形？ ………… 223

762.医学生能否单独从事医师执业活动？ ………………… 223

763.非法行医的表现形式有哪些？ ………………………… 223

764.非法行医违反《医疗机构管理条例》规定的表现有哪些？ …… 224

765. 非法行医违反《母婴保健法》规定的表现有哪些？ …………… 224

766. 非法行医违反《乡村医生从业管理条例》规定的表现有
哪些？ …………………………………………………………… 224

767. 违反卫生健康主管部门的规范性文件规定的表现有哪些？ …… 225

768. 出卖、转让、出借《医疗机构执业许可证》获利的情形有
哪些？ …………………………………………………………… 225

769. 非法行医与医疗纠纷的本质区别是什么？ …………………… 226

770. 涉及合法的医疗机构有非法行医情形的案件，当事人
及代理人如何选择诉讼方向？ ………………………………… 226

771. 非法行医造成人身损害是否属于医疗事故？ ………………… 226

第二节 非法行医罪 ……………………………………………… 227

772. 什么是非法行医罪？ …………………………………………… 227

773. 非法行医罪中的非法行医和行政监管中的非法行医是
否相同？ ………………………………………………………… 227

774. 非法行医的情形有哪些？ ……………………………………… 227

775. 非法行医罪的构成要件是什么？ ……………………………… 227

776. 非法行医罪的客体要件是什么？ ……………………………… 228

777. 非法行医罪的客观要件是什么？ ……………………………… 228

778. 非法行医罪的主体要件是什么？ ……………………………… 228

779. 犯罪主体"未取得医生执业资格的人"如何认定？ ………… 228

780. 哪些情况不属于《刑法》"未取得医生执业资格的人"？ …… 228

781. 哪些属于非法行医情节严重的行为？ ………………………… 229

782. 哪些属于严重损害就诊人身体健康？ ………………………… 229

783. 非法行医罪的主观要件是什么？ ……………………………… 229

784. 对于非法行医罪如何量刑？ …………………………………… 229

785. 非法行医罪罪与非罪的界限是什么？ ………………………… 230

786. 非法行医罪与医疗事故罪的界限是什么？ …………………… 230

787. 非法行医罪与非法组织卖血罪的区别是什么？ ……………… 230

788. 非法行医罪与采集、供应血液、制作、供应血液制品事

故罪的区别是什么？ ……………………………………………… 231

789. 非法行医罪与非法进行节育手术罪的区别是什么？ ……… 231

790. 非法行医罪与传染病菌种、毒种扩散罪的区别是什么？ …… 232

791. 非法行医罪与故意伤害罪、故意杀人罪的区别是什么？ …… 232

792. 非法行医罪与过失致人重伤、过失致人死亡罪的区别是什么？ ……………………………………………………… 233

793. 非法进行医疗美容是否构成犯罪？ ………………………… 233

794. 医务人员擅自在病人家中做手术而导致病人死亡的是否构成犯罪？ ……………………………………………… 234

795. 家庭接生员实施家庭接生以外的医疗行为是否构成犯罪？ …………………………………………………………… 234

796. 非法进行胎儿性别鉴定是否构成犯罪？ …………………… 234

797. 利用气功给人看病是否构成犯罪？ ………………………… 234

798. 出借(出租)、转让、出卖《医疗机构执业许可》是否构成犯罪？ ………………………………………………… 235

799. 一个人具有医师执业证书但未取得医疗机构执业许可证而开办医疗机构是否构成非法行医罪？ ……………… 235

800. 有执业医师资格的人伙同无资质人员从事医疗活动或者开设专科门诊是否构成共同犯罪？ …………………… 235

801. 合法医疗机构负责人招聘没有执业医师资格的人行医的，能否作为共犯追究？ ……………………………… 236

第三节 医疗事故罪 …………………………………………… 236

802. 什么是医疗事故罪？ ………………………………………… 236
803. 医疗事故罪的客体要件是什么？ …………………………… 236
804. 医疗事故罪的客观要件是什么？ …………………………… 236
805. 医疗事故罪的主体要件是什么？ …………………………… 238
806. 医疗事故罪的主观要件是什么？ …………………………… 238
807. 医疗事故罪与医疗差错的界限是什么？ …………………… 239
808. 医疗事故罪与医疗意外的界限是什么？ …………………… 239

809. 医疗事故罪与医疗技术事故的界限是什么? ············· 239
810. 医疗事故罪与重大责任事故罪的界限是什么? ············ 240
811. 医疗事故罪与玩忽职守罪的界限是什么? ·············· 240
812. 医疗事故罪与过失致人死亡罪、过失致人重伤罪的界
    限是什么? ································ 241
813. 医疗事故罪的立案标准是什么? ··················· 241
814. 医疗事故罪的量刑标准是什么? ··················· 241

第四节 医疗纠纷中违反法律法规规定的责任承担 ············ 242

815. 发生医疗纠纷时,医疗机构的法律责任包括哪些? ········· 242
816. 医疗机构篡改、伪造、隐匿、毁灭病历资料的如何承担
    责任? ··································· 242
817. 医疗机构将未通过技术评估和伦理审查的医疗新技术
    应用于临床的如何承担责任? ····················· 243
818. 医学会、司法鉴定机构出具虚假医疗损害鉴定意见的
    如何承担责任? ····························· 243
819. 尸检机构出具虚假尸检报告的如何承担责任? ············ 243
820. 新闻媒体编造、散布虚假医疗纠纷信息的如何承担
    责任? ··································· 244
821. 县级以上人民政府有关部门及其工作人员在医疗纠纷
    工作中,不履行职责的如何承担责任? ················ 244
822. 医疗纠纷人民调解员行为不当的如何承担责任? ·········· 244
823. 医疗机构怠于紧急救治的如何承担责任? ·············· 244
824. 医患双方抢夺病历的如何承担责任? ················· 245
825. 侵害患者隐私权和个人信息的如何承担责任? ············ 245
826. 对于干扰医疗秩序,侵害医务人员合法权益的如何承
    担责任? ·································· 245
827. 医疗机构不配合医疗事故技术鉴定的如何承担责任? ······ 246
828. 未经批准擅自开办医疗机构行医或者非医师行医的如
    何承担责任? ······························· 246

829. 以不正当手段取得医师执业证书的如何承担责任？ ………… 246

830. 医疗机构诊疗活动超出登记范围的如何承担责任？ ………… 246

831. 医疗机构出具虚假证明文件的如何承担责任？ ………………… 247

832. 医务人员未按照规定使用特殊药品的如何承担责任？ ……… 247

833. 医疗机构未履行报告职责的如何承担责任？ ………………… 247

834. 医疗机构过度检查的是否承担责任？ …………………………… 247

835. "安乐死"医疗机构是否承担责任？ ……………………………… 247

836. 医疗机构未按规定告知患者病情、医疗措施等情况如何承担责任？ …………………………………………………… 248

第十三章　医疗机构诊疗护理告知过失 …………………… 249

第一节　诊断过失 ……………………………………………… 249

837. 医疗机构未尽检查义务致残疾婴儿出生是否应当赔偿？ …… 249

838. 医疗机构将脑出血患者按照脑梗死治疗致患者死亡是否应当赔偿？ ……………………………………………… 249

839. 医疗机构误诊致患者前往他处检查是否应当赔偿？ ………… 249

840. 医疗机构未及时作出正确诊断是否应当赔偿？ ……………… 250

841. 医疗机构产检时判断错误导致残疾儿出生是否应当赔偿？ …………………………………………………… 250

842. 医疗机构误诊但已尽到合理注意义务是否应当赔偿？ ……… 250

843. 医疗机构发生误诊是否应当赔偿？ …………………………… 250

844. 医疗机构漏诊且延误患者治疗的是否应当赔偿？ …………… 251

845. 医疗机构不构成医疗事故的漏诊行为致患者损害加重是否应当赔偿？ ……………………………………………… 251

846. 接受会诊邀请的医疗机构迟延会诊导致患者死亡的是否应当赔偿？ ……………………………………………… 251

847. 医疗机构的诊疗行为直接导致患者死亡，为什么多数鉴定意见仅鉴定医方承担主要原因而不是全部原因？ …… 251

848. 医疗机构未及时确诊导致引发其他疾病是否应当赔偿？ …… 252

849. 医疗机构的过错行为导致患者损害后果发生可能性极

高时是否应当承担赔偿责任? ……………………………… 252

850.医疗机构因未及时送检延误后续诊疗的是否应当赔偿? …… 253

851.医疗机构未尽注意义务致患者病情恶化的,其承担责任的范围如何确定? ……………………………………… 253

852.患者术后出现难以避免且无法预见的并发症是否应当赔偿? ……………………………………………………… 253

第二节 治疗过失 ……………………………………… 254

853.医疗机构为孕妇使用孕妇禁用的药物导致孕妇引产是否应当赔偿? ……………………………………… 254

854.医疗机构转诊时违背家属意愿将患者转运至水平较低的医疗机构救治导致患者死亡是否应当赔偿? ……… 254

855.患者药物过敏后拒绝医疗机构抢救及治疗最终导致死亡医疗机构是否应当赔偿? ……………………………… 254

856.医疗机构为癌症疼痛患者使用缓解疼痛的禁忌性药物导致加速患者死亡是否应当赔偿? ………………………… 255

857.用药错误但经鉴定不构成医疗事故,医疗机构是否应当赔偿? …………………………………………………… 255

858.医疗机构手术措施不当但不构成医疗事故是否应当赔偿? ………………………………………………… 255

859.医疗机构术中使用麻醉不当导致患者发生损害是否应当赔偿? …………………………………………………… 255

860.医疗机构延误治疗时机但不构成医疗事故是否应当赔偿? ………………………………………………… 256

861.患者亲属与医疗机构达成的补偿协议显失公平是否可以行使撤销权? …………………………………… 256

862.医疗机构实习医生的诊疗行为导致患者死亡的责任主体如何认定? ……………………………………… 256

863.急救中心在急救转送患者过程中对患者病情处置不当,是否应予赔偿? …………………………………… 257

864. 医疗机构在术后忽视患者病情导致延误抢救的是否应当赔偿? …… 257

865. 医务人员未经批准在家中接生致产妇损害的,医疗机构应否承担责任? …… 257

866. 患者接受治疗过程中拒绝检查,医疗机构在未查清病情的情况下进行治疗并导致患者死亡的,责任如何划分? …… 258

第三节 护理过失 …… 258

867. 医疗机构术后随访及复查不到位致患者寿命缩短是否应当赔偿? …… 258

868. 电梯被占用致使危重病人手术推迟造成损害后果医疗机构是否应当赔偿? …… 258

869. 精神病患者在住院治疗期间自伤致残的医疗机构是否应当赔偿? …… 259

870. 在患者术后未清醒的情况下护理人员拔除吸氧管导致患者植物人状态,医疗机构是否应当赔偿? …… 259

871. 医疗机构术前准备不充分及护理不当导致患者死亡是否应当赔偿? …… 259

872. 精神病患者在治疗期间致人损害医疗机构是否应当赔偿? …… 259

873. 医疗机构看护不符合常规致患者死亡是否应当赔偿? …… 260

874. 医务人员未及时到场参加抢救的医疗机构是否应当赔偿? …… 260

875. 抑郁症患者在住院期间自杀死亡医疗机构是否应当赔偿? …… 260

876. 孕妇分娩后错抱新生儿医疗机构是否应当承担责任? …… 260

877. 医疗机构管理疏忽致新生儿丢失是否应当承担责任? …… 261

878. 病理标本在运送途中丢失医疗机构是否应当承担责任? …… 261

第四节 告知过失 …… 261

879. 医院在可选择药物治疗或手术治疗时直接实施手术

的,应否对患者伤残后果承担责任? …………………… 261

880. 医疗机构未尽相应诊疗义务导致患者死亡是否应当承
担责任? ………………………………………………… 262

881. 患者因第三人侵权遭受损害医疗机构未尽注意义务导
致损害后果加重是否应当承担责任? …………………… 262

882. 医疗机构未告知放射治疗的副作用导致患者发生损害
是否应当承担责任? ……………………………………… 262

883. 医疗机构未尽术后复查告知义务致患者残疾是否应当
承担责任? ………………………………………………… 263

第十四章 伤残鉴定、三期鉴定与其他相关鉴定 …………… 264

第一节 伤残鉴定 ……………………………………………… 264

884. 什么是伤残? …………………………………………… 264
885. 什么是伤残鉴定? ……………………………………… 264
886. 什么是残疾? …………………………………………… 264
887. 致残等级如何划分? …………………………………… 264
888. 受伤人员的致残程度分级,依据的标准是什么? …… 264
889. 人体损伤致残程度分级的鉴定原则和鉴定时机是什么? …… 265
890. 人体损伤程度鉴定标准是什么? ……………………… 265
891.《人体损伤程度鉴定标准》分级原则是什么? ……… 265
892. 人体损伤程度的鉴定原则是什么? …………………… 266
893. 人体损伤程度的鉴定时机是什么? …………………… 266
894. 伤病关系的处理原则是什么? ………………………… 267
895. 伤残鉴定解决什么问题? ……………………………… 267
896. 伤情鉴定解决什么问题? ……………………………… 267
897. 什么是劳动能力? ……………………………………… 267
898. 劳动能力如何分类? …………………………………… 268
899. 什么是丧失劳动能力? ………………………………… 268
900. 丧失劳动能力如何分类? ……………………………… 268
901. 国际上残疾如何分类? ………………………………… 269

902. 我国残疾如何分类? …… 269
903. 我国伤残如何分级? …… 269
904. 什么是日常生活活动能力? …… 269
905. 日常生活活动能力如何分类? …… 269
906. 日常生活活动能力的评定标准是什么? …… 270
907. 日常生活活动能力如何评定? …… 270

第二节 三期鉴定 …… 271
908. 什么是三期鉴定? …… 271
909. 什么是营养期? …… 271
910. 什么是误工期? …… 271
911. 什么是护理期? …… 271
912. 三期鉴定的标准是什么? …… 271
913. 三期鉴定的评定原则是什么? …… 271
914. 三期鉴定的评定时机是什么? …… 272
915. 什么是医疗依赖? …… 272
916. 医疗依赖如何分类? …… 272
917. 什么是护理依赖? …… 272
918. 护理依赖主要包括什么? …… 272
919. 人身损害护理依赖程度评定解决什么问题? …… 272
920. 人身损害护理依赖程度评定要求是什么? …… 272
921. 人身损害护理依赖程度评定的标准及原则是什么? …… 273
922. 人身损害护理依赖程度评定时机是什么? …… 273
923. 人身损害护理依赖程度如何表述? …… 273

第三节 其他相关鉴定及规定 …… 273
924. 文书鉴定是指什么鉴定? …… 273
925. 文书包含什么内容? …… 274
926. 文书鉴定包含什么内容? …… 274
927. 医疗纠纷要做哪些文书鉴定? …… 274
928. 哪些情况下,患者应当做笔迹鉴定? …… 274
929. 医疗损害责任纠纷案件涉及的鉴定有哪些? …… 274

930. 所有的医疗损害责任纠纷诉讼案件都必须进行司法鉴定吗？ …… 275

第十五章 医疗损害赔偿项目及计算方法 …… 276

第一节 医疗损害赔偿概述 …… 276

931. 什么是医疗损害赔偿？ …… 276

932. 医疗损害赔偿的范围是什么？ …… 276

933. 医疗损害赔偿有什么特点？ …… 276

934. 医疗损害赔偿的基本原则是什么？ …… 277

935. 医疗损害责任纠纷的赔偿项目包括什么？ …… 277

第二节 具体赔偿项目及计算方法 …… 277

936. 医疗费是什么？ …… 277

937. 医疗费如何计算？ …… 277

938. 医疗费的计算应注意什么？ …… 277

939. 医疗费中的继续治疗费如何计算？ …… 278

940. 医疗费用是否可以申请先予执行？ …… 278

941. 误工费是什么？ …… 278

942. 误工费如何计算？ …… 278

943. 误工时间如何计算？ …… 278

944. 受害人收入状况如何计算？ …… 279

945. 误工费的计算应注意什么？ …… 279

946. 住院伙食补助费是什么？ …… 279

947. 住院伙食补助费如何计算？ …… 279

948. 受害人到外地治疗，住院伙食补助费如何计算？ …… 279

949. 住院伙食补助费的计算应注意什么？ …… 280

950. 护理费是什么？ …… 280

951. 护理费如何计算？ …… 280

952. 护理人员收入状况如何计算？ …… 280

953. 护理人数如何计算？ …… 280

954. 护理期限如何计算？ …… 280

955. 护理级别如何确定？ …… 280

956. 护理依赖是什么? …… 280
957. 生活自理范围是什么? …… 281
958. 护理依赖程度分为什么级别? …… 281
959. 护理费的计算应注意什么? …… 281
960. 残疾赔偿金是什么? …… 281
961. 残疾赔偿金如何计算? …… 281
962. 同一患者多处伤残,伤残等级如何计算? …… 282
963. 伤残赔偿指数是什么? …… 282
964. 伤残赔偿附加指数是什么? …… 282
965. 医疗事故的等级与伤残等级对应关系如何? …… 282
966. 死亡赔偿金是什么? …… 283
967. 死亡赔偿金如何计算? …… 283
968. 残疾辅助器具费是什么? …… 283
969. 残疾辅助器具费如何计算? …… 283
970. 残疾辅助器具费的计算应注意什么? …… 283
971. 丧葬费是什么? …… 284
972. 丧葬费如何计算? …… 284
973. 被扶养人是指什么? …… 284
974. 无劳动能力人员如何认定? …… 284
975. 无生活来源如何认定? …… 284
976. 被扶养人生活费是什么? …… 285
977. 被扶养人生活费如何计算? …… 285
978. 被扶养人生活费的计算应注意什么? …… 286
979. 交通费是什么? …… 286
980. 交通费如何计算? …… 286
981. 交通费的计算应注意什么? …… 286
982. 没有交通费凭据(票据)怎么办? …… 287
983. 住宿费是什么? …… 287
984. 住宿费如何计算? …… 287
985. 精神损害抚慰金是什么? …… 287

986. 精神损害抚慰金如何计算? …………………………………… 287
987. 精神损害抚慰金是否应按责任比例承担? ………………… 288
988. 精神损害抚慰金赔偿权利人是指什么? …………………… 288
989. 受害人死亡,精神损害抚慰金的赔偿请求主体范围包括什么? ……………………………………………………… 288
990. 营养费是什么? ……………………………………………… 288
991. 营养费如何计算? …………………………………………… 288
992. 挂床住院期间的费用可否作为住院期间的损失要求赔偿? ………………………………………………………… 289
993. 患方因发生医疗纠纷拒不支付医疗费用,医院应如何做? …………………………………………………………… 289
994. 住所地或经常居住地的城镇居民人均可支配收入比户口所在地更高的赔偿金如何计算? ……………………… 289
995. 确定医院赔偿数额时是否要扣除医保基金支付部分? …… 289
996. 延误治疗或误诊但不是损害后果直接原因,如何计算损失? ……………………………………………………… 290
997. 伤情尚未痊愈时患者自愿转院的,对转院后支付的医疗费是否赔偿? …………………………………………… 290
998. 医疗机构应否对病理标本丢失承担赔偿责任? …………… 290
999. 医疗行为与患者死亡无因果关系但未满足转院需求,是否应承担赔偿责任? ……………………………………… 290
1000. 胎死腹中如何计算损失? …………………………………… 291

参考文献 …………………………………………………………… 292

下篇 医疗纠纷处理法律依据

第一章 医疗机构与人员 ·········· 297
1. 中华人民共和国基本医疗卫生与健康促进法 ·········· 297
2. 中华人民共和国医师法 ·········· 315
3. 护士条例 ·········· 329
4. 医疗机构管理条例 ·········· 335
5. 医疗机构管理条例实施细则 ·········· 342
6. 医疗机构手术分级管理办法 ·········· 359
7. 综合医院分级护理指导原则(试行) ·········· 365
8. 医师外出会诊管理暂行规定 ·········· 368

第二章 医疗服务 ·········· 372
9. 处方管理办法 ·········· 372
10. 医院处方点评管理规范(试行) ·········· 381
11. 医疗机构处方审核规范 ·········· 386
12. 医疗机构病历管理规定 ·········· 391
13. 病历书写基本规范 ·········· 396
14. 电子病历应用管理规范(试行) ·········· 407
15. 电子病历系统应用水平分级评价管理办法(试行) ·········· 411
16. 电子病历系统应用水平分级评价标准(试行) ·········· 413
17. 医疗美容服务管理办法 ·········· 420
18. 医疗质量管理办法 ·········· 424
19. 社区医院医疗质量安全核心制度要点(试行) ·········· 433

第三章 医疗纠纷处理 ·········· 443
一、医疗事故处理 ·········· 443
20. 医疗事故处理条例 ·········· 443
21. 医疗纠纷预防和处理条例 ·········· 456
22. 医疗事故技术鉴定暂行办法 ·········· 467
23. 医疗事故分级标准(试行) ·········· 475
二、医疗损害赔偿 ·········· 487
24. 中华人民共和国民法典(节录) ·········· 487

25. 最高人民法院关于审理人身损害赔偿案件适用法律若干问题的解释 …………………………………………………… 490

26. 最高人民法院关于确定民事侵权精神损害赔偿责任若干问题的解释 …………………………………………………… 494

27. 最高人民法院关于审理医疗损害责任纠纷案件适用法律若干问题的解释 …………………………………………… 495

第四章 刑事责任 …………………………………………… 502

28. 中华人民共和国刑法(节录) ………………………… 502

29. 最高人民检察院、公安部关于公安机关管辖的刑事案件立案追诉标准的规定(一)(节录) ……………………… 509

30. 最高人民法院关于审理非法行医刑事案件具体应用法律若干问题的解释 …………………………………………… 516

第五章 鉴定 ………………………………………………… 518

31. 司法鉴定程序通则 …………………………………… 518

32. 医疗损害司法鉴定指南 ……………………………… 526

33. 人身损害与疾病因果关系判定指南 ………………… 535

34. 人体损伤致残程度分级 ……………………………… 540

PART 1

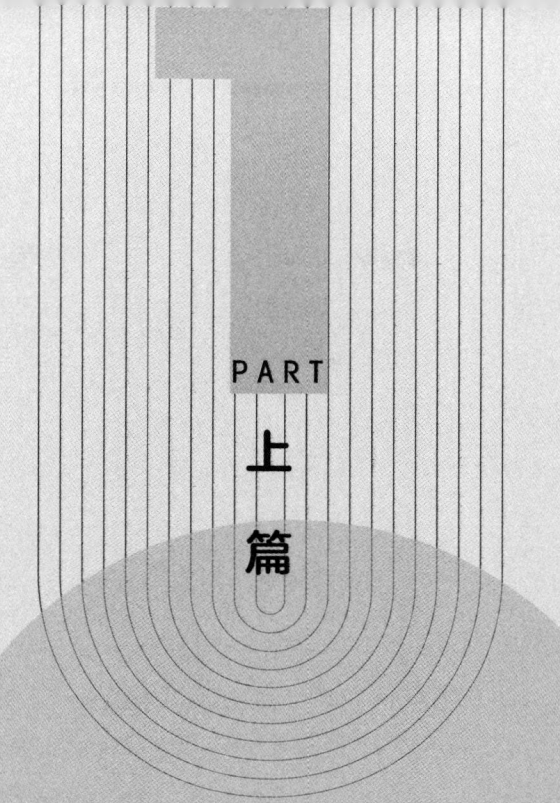

上篇

医疗纠纷处理实务

第一章

医疗纠纷概述

第一节 医疗纠纷相关概念

1. 什么是患方?

答:患方是指患者、患者家属以及与患者有关联的其他人员。

2. 什么是医疗机构?

答:医疗机构,是指依据《医疗机构管理条例》和《医疗机构管理条例实施细则》的规定,经登记取得《医疗机构执业许可证》的机构。医疗机构的类别包括:(1)综合医院、中医医院、中西医结合医院、民族医医院、专科医院、康复医院;(2)妇幼保健院、妇幼保健计划生育服务中心;(3)社区卫生服务中心、社区卫生服务站;(4)中心卫生院、乡(镇)卫生院、街道卫生院;(5)疗养院;(6)综合门诊部、专科门诊部、中医门诊部、中西医结合门诊部、民族医门诊部;(7)诊所、中医诊所、民族医诊所、卫生所、医务室、卫生保健所、卫生站;(8)村卫生室(所);(9)急救中心、急救站;(10)临床检验中心;(11)专科疾病防治院、专科疾病防治所、专科疾病防治站;(12)护理院、护理站;(13)医学检验实验室、病理诊断中心、医学影像诊断中心、血液透析中心、安宁疗护中心;(14)其他诊疗机构。

3. 什么是医患纠纷?

答:医患纠纷是指患者或其亲属与医疗单位及其医护人员之间围绕诊疗护理服务而产生的争执。医患纠纷不同于医疗事故,也不同于医疗纠纷,是不同的法律概念,医患纠纷与之有本质的区别。

4. 什么是医疗行为?

答:医疗行为是指通过各种检查,使用药物、器械及手术等方法,对疾病作出判断和消除疾病、缓解病情、减轻痛苦、改善功能、延长生命、帮助患者恢复健康的活动。

5. 什么是医疗纠纷?

答:医疗纠纷是指在医疗活动中,医患双方对医疗服务行为及其后果和原因产生异议时所引发的纠纷。它是基于医疗行为在医方(医疗机构)与患方(患者或者患者近属)之间产生的医疗过错、侵权与赔偿纠纷。

6. 什么是医疗事故?

答:医疗事故是指医疗机构及其医务人员在医疗活动中,违反医疗卫生管理法律、行政法规、部门规章和诊疗护理规范、常规,过失造成患者人身损害的事故。

7. 什么是医疗侵权?

答:医疗侵权是指医疗人员违反法律、法规、规章或技能上的不合理欠缺,对患者所造成的人身伤亡、财产损失、肉体疼痛和精神痛苦以及对患者隐私权、名誉权等人格权利造成的侵害。

8. 什么是医疗过错?

答:医疗过错是指医疗机构及医务人员在诊疗活动中未尽必要注意义务的疏忽和懈怠。根据过错的主体和特征,医疗过错可分为医疗伦理过错、医疗技术过错、病历书写/保管过错、组织协调过错与医疗产品过错。

9. 什么是医疗差错?

答:医疗差错是指在诊疗、护理工作中,由于责任心不强、粗心大意,不按规章制度和医疗常规办事,出现一般性错误,对患者产生直接或间接的不良影响,但未达到《医疗事故处理条例》所规定的事故规定标准的,称为医疗差错。

10. 什么是过度医疗?

答:过度医疗是指医生违背诊疗权威指南和公认基本原则,对患者采取超出治疗需要的不当诊疗措施的行为,通常表现为过度用药、过度检查、过度住院、过度耗材、滥用手术和抗生素等。

11. 什么是因果关系？

答：因果关系是指原因和结果之间的关系，其中一个事件（原因）导致另一个事件（结果）的发生。一般来说，因果还可以指一系列因素（因）和一个现象（果）之间的关系。对某个结果产生影响的任何事件都是该结果的一个因素。

12. 什么是医疗意外？

答：医疗意外是指因医学科学技术水平所限，或因患者特异体质而出现难以预料和防范的不良后果。

13. 什么是医疗损害？

答：医疗损害是指诊疗护理过程中的医疗过错（过失）行为对患者产生的不利事实，狭义的概念不包括正常医疗行为所造成的必然损害。

14. 什么是医疗损害责任？

答：医疗损害责任是指医疗机构及其医务人员在诊疗活动中因过错造成患者损害，应当依法承担的损害赔偿责任。

15. 什么是医疗损害后果？

答：医疗损害后果是指医疗机构或者工作人员给患者造成了人身损害，所要承担的民事法律责任，一般来说需要承担的后果就是承担赔偿责任。医疗损害后果一般直接表现为患者的死亡、残疾、组织器官的损伤及健康状况相较于诊疗前有所恶化等情形。

16. 什么是医疗产品损害责任？

答：医疗产品损害责任是指医疗机构在医疗过程中使用有缺陷的药品、消毒药剂、医疗器械以及血液及血液制品等医疗产品，因此造成患者人身损害，医疗机构或者医疗产品生产者、销售者应当承担的医疗损害赔偿责任。医疗机构承担赔偿责任后，可向缺陷医疗产品的生产者、销售者、药品上市许可持有人或者血液提供机构追偿。

17. 什么是医院感染？

答：医院感染是指住院病人在医院内获得的感染，包括在住院期间和在医院内发生的感染，但不包括入院前已开始或者入院时已处于潜伏期的感染，医院工作人员在医院内获得的感染也属于医院感染。

18. 什么是互联网诊疗？

答：互联网诊疗是指医疗机构利用在本机构注册的医师，通过互联网等信息技术开展部分常见病、慢性病复诊和"互联网＋"家庭医生签约服务。

19. 什么是诊疗活动？

答：诊疗活动，是指通过各种检查，使用药物、器械及手术等方法，对疾病作出判断和消除疾病、缓解病情减轻痛苦、改善功能、延长生命、帮助患者恢复健康的活动。

20. 什么是特殊检查、特殊治疗？

答：特殊检查、特殊治疗，是指具有下列情形之一的诊断治疗活动：（1）有一定危险性，可能产生不良后果的检查和治疗；（2）由于患者体质特殊或者病情危笃，可能对患者产生不良后果和危险的检查和治疗；（3）临床试验性检查和治疗；（4）收费可能对患者造成较大经济负担的检查。

21. 什么是技术规范？

答：技术规范，是指由国家卫健委、国家中医药管理局制定或者认可的与诊疗活动有关的技术标准、操作规程等规范性文件。

22. 什么是医疗纠纷突发事件？

答：医疗纠纷突发事件即"医闹"，是指在处理医疗纠纷过程中，因患者及其家属的对抗性行为引发的，可能影响医疗机构正常秩序，危害他人人身或财产安全的突发事件。近年来，该类突发事件不断，患方打着"维权"的旗号，采取极端行为，以破坏医疗秩序、侵犯医务人员以及其他人员的合法权益、破坏公私产物为代价，针对患方提出的赔偿要求跟医疗机构讨价还价。这种事件的性质恶劣，危害后果严重，负面影响极大，因而成为当前医疗机构管理中的重大问题，也是医疗机构难以应对和处理的棘手问题。

23. 什么是医疗损害责任纠纷?

答: 患者在医疗机构就医时,由于医疗机构及其医务人员的过错,在诊疗护理活动中受到损害的,医疗机构应当承担侵权损害赔偿责任。其中,医疗机构的医务人员在诊疗活动中,应当向患者说明病情和医疗措施等情况而未予说明,或者在实施手术、特殊检查和特殊治疗时,应当向患者或其近亲属说明医疗风险、替代医疗方案等情况并取得其书面同意而未尽到义务的,由此引起的纠纷为侵害患者知情同意权责任纠纷;医疗机构在诊疗过程中使用有缺陷的药品、消毒药剂、医疗器械等医疗产品,或者输入不合格的血液,因此造成患者人身损害的,医疗机构或者医疗产品的生产者、血液提供机构所应当承担的侵权损害赔偿责任为医疗产品责任纠纷。

24. 什么是医疗服务合同纠纷?

答: 医疗服务合同是指医疗机构与患者之间明确相互权利义务关系的合同,医疗服务合同关系不同于消费关系,消费关系是纯粹的经济关系,一方花钱,另一方提供产品或服务,消费者追求结果的确定性。而医疗虽然也是服务,但医疗行为面对的是极其复杂的个体生命和健康,医学科学有太多的未知领域,这就决定了医疗中只能强调方法、手段的正确,而不能强调确定的结果。另外,医疗关系不同于经营者消费者一对一的关系,包括社会整体的医疗利益。

25. 什么是医源性纠纷?

答: 医源性纠纷是指引起纠纷的原因来自医疗机构和医务人员方面的纠纷。医源性纠纷又分为两种情况:一种是由医疗过失而引起的纠纷;另一种是由医方其他原因而引起的医源性纠纷。由医疗过失引起的纠纷主要有手术、用药、护理、诊断、输血、麻醉、化验、医院管理等方面的过失引发的纠纷。由医方其他因素引起的纠纷主要有服务态度粗暴恶劣、医务人员语言不当、故意挑拨、不遵守医疗保密制度、忽视病人心理变化及可能出现的不良后果,出具假诊断书和不实的病假条而引发的纠纷。

26. 什么是非医源性纠纷？

答：非医源性纠纷，是指不存在诊疗护理、医疗管理等医疗过失的前提下，由于患者及其家属缺乏医学常识，对医院的有关规章制度不理解或其他因素引起的医疗纠纷，有人又称其为"无医疗过失纠纷"。非医源性纠纷，多见于疾病急剧恶化而发生出人意料的猝死，或因病情特殊、复杂而产生的不良医疗后果，或由于患者体质特殊而出现难以预料的并发症或医疗意外，也包括由于患者或其家属不配合治疗、不遵守医嘱而发生的不良后果，甚至由于患者及其家属受赔偿心理支配或社会不良因素的影响，而与医务人员发生的医疗纠纷等。非医源性纠纷一般是由于患者或其家属以及患者所在单位缺乏医学常识，或对医院的规章制度不熟悉、理解不准确引起。

27. 什么是患者隐私权纠纷？

答：患者的隐私权，是指在医疗活动中患者拥有保护自身的隐私部位、病史、身体缺陷、特殊经历、遭遇等隐私，不受任何形式的外来侵犯的权利。隐私权的内容除患者的病情外还包括患者在就诊过程中只向医师公开的、不愿意让他人知道的个人信息、私人活动以及其他缺陷或者隐情。医疗活动中常见的侵犯患者隐私权的情形有：医务人员非诊疗职责需要知悉患者隐私或超出知情范围刺探患者的隐私；故意泄露、公开传播或直接侵扰患者的隐私；直接侵入患者身体侵犯隐私；未取得患者同意组织与治疗疾病无关的人员观看治疗过程；未经患者同意公开其病历资料及有关资料等。

28. 什么是患者知情权纠纷？

答：患者知情权纠纷，是指医疗机构的医务人员在诊疗活动中，未向患者说明病情和医疗措施等情况，或在实施手术、特殊检查和特殊治疗时，未向患者或其近亲属说明医疗风险、替代医疗方案等情况并取得其书面同意，从而侵害了患者的知情同意权。医疗机构应对由此造成的损害承担赔偿责任。

29. 什么是名誉权纠纷？

答：名誉权是指公民或法人在社会活动中所获得的社会评价依法受到保护的

权利。《民法典》第1226条规定,医疗机构及其医务人员应当对患者的隐私和个人信息保密。泄露患者的隐私和个人信息,或者未经患者同意公开其病历资料的,应当承担侵权责任。医疗卫生单位构成侵害患者名誉权的情况主要有以下几种:(1)未经患者同意公开病情信息:医疗卫生单位的工作人员在未获得患者许可的情况下,向无关的第三方公开患者病情。(2)超出必要范围公开病情信息:虽然在某些情况下医疗卫生单位有向特定人员通报病情的必要,如向患者的家属通报,但如果超出了合理的范围,向不必要的人员公开病情,也可能构成侵权。(3)错误公开病情信息导致患者名誉受损:因医疗卫生单位的疏忽或其他原因,错误地公开了患者的病情信息,即使原本不打算公开该信息,但由于错误的行为导致信息泄露且给患者名誉造成损害。(4)公开病情信息时使用不当方式:在公开患者病情信息时,如果使用了不恰当、侮辱性或歧视性的语言或方式,即使信息的公开在一定程度上是有必要的,但这种不当的行为也可能构成对患者名誉权的侵害。(5)利用患者病情信息进行商业或不当目的的宣传:医疗卫生单位为了自身的商业利益或其他不当目的,利用患者的病情信息进行宣传或推广。

30. 什么是法医临床鉴定?

答:法医临床鉴定是指运用法医临床学的理论和技术,对涉及与法律有关的医学问题进行鉴定和评定。其主要内容包括:三期鉴定(误工期、营养期、护理期)、保险鉴定、护理依赖程度鉴定、医疗依赖程度鉴定、人身损伤程度鉴定、损伤与疾病关系评定、道路交通事故受伤人员伤残程度评定、劳动能力评定、活体年龄鉴定、性功能鉴定、医疗纠纷鉴定、诈病(伤)及造作病(伤)鉴定、致伤物和致伤方式推断等,以及提供涉及法律诉讼相关的临床医学专业意见。

31. 患者的权利和义务有哪些?

答:患者的权利是指患者患病后应享有的合法、合理的权利与利益。患者的义务是指在医疗合同中患者依法应当履行的职责。

患者的权利主要表现为:(1)患方有要求医疗机构按照约定提供医疗服务的权利,医方无正当理由不得拒绝。(2)有了解病情、医疗措施、医疗风险、医疗收费、医疗事故等确切情况的权利。(3)在治疗处理之前,有选择、同意或反对治疗方案的权利。(4)当患者的权利受到损害时,有按照法律规定的程序和条件请求予以保护和救济的权利。(5)有复印或者复制病历资料和发生医疗纠纷后与医疗机构共同封存病历资料的权利。(6)患者死亡进行尸解时,患者家属有聘请法医病理学人员作为专门知识的人参加并委派代表参加尸检过程的权利。(7)医患协商解决医疗纠纷争议时,患方有与医疗机构共同委托进行医疗纠纷鉴定的权利。(8)对首次鉴定意见不服的,有申请重新鉴定的权利。(9)患者有在专家库中随机抽取参加鉴定的专家、申请鉴定专家回避等权利。(10)对疑似输液、输血、注射、药物等引起不良后果的,患者享有与医疗机构共同封存现场实物、共同指定检验机构的权利。

患者除享有以上权利外,还应履行以下相应义务:(1)患者应遵守医疗机构的规章制度,按秩序就医。(2)患者应密切配合医务人员进行诊治,不得隐瞒既往病史病症,严格按照医嘱行事。(3)按照医疗机构的相关规定交纳医疗费。

32. 医疗机构的权利和义务有哪些?

答: 医疗机构及其工作人员的主要权利:(1)医务人员运用自己所掌握的知识和现有的医疗设施进行医疗行为的权利。(2)医务人员在诊疗护理过程中有一定的自由裁量权,即在一定范围内采取各种合理医疗方法的权利,但这种权利应以利于患者痊愈和不违背医学常识为原则。(3)医务人员有尝试未知领域的新的治疗方法的权利。当遇到新的病例或疑难杂症,应允许医务人员尝试未知领域,以求新的治疗方法。但这必须以其他手段无效或希望不大、患者本人同意新方案为前提条件,不允许在病人身上随便进行医学试验。(4)医疗机构有按照物价部门核准的收费标准收取医疗等服务费用的权利。

医疗机构及医务人员应承担的主要义务:(1)紧急抢救义务。医务人员的医疗行为需以救死扶伤为目的,在紧急情况下,如患者病情危重不具备转院条件且无法寻求其他医疗机构或医务人员时,医疗机构和医务人员不得拒绝对其进行诊断治疗。(2)问诊、治疗的义务。在诊断治疗过程中,要严格按照诊疗规范常规进行问诊、体格检查、实验室检查、诊断及用药、手术等治疗行为。(3)告知及说明义务。即保障患者知情同意权的义务。医疗上的告知说明义务,已经成为医患关系或医疗契约给付之一部分，也是司法鉴定项目之一。(4)保证药品及医疗器械质量的义务。(5)转院及转医义务。不属于本科室治疗范畴时，应告知转科治疗；超出本医疗机构专业水平的，应及时告知患者转院治疗。(6)客观书写病历及保管义务。保证病历真实性、完整性、客观性，并妥善保管病历。(7)隐私保密义务。尊重患者个人病情隐私，保守就医资料，不得擅自公开、宣扬、扩散和不正当使用。(8)特别注意义务。依赖专业知识及技能尽到最善的注意义务对患者进行最有效的诊疗护理。

33. 司法鉴定人的权利和义务有哪些？

答：医疗纠纷中司法鉴定人的主要权利：(1)了解、查阅与委托鉴定事项有关的资料，主要为病历资料，且要求医患双方对该病历资料的真实性、完整性、客观性认可。(2)询问与鉴定事项有关的当事人。医疗纠纷案件多会召开听证会，会上听取医患双方意见，包括了解案情及医患双方所主张观点及依据。(3)要求委托人无偿提供鉴定所需要的检材和样本。(4)进行鉴定所必需的检验、检查和模拟实验。如尸体解剖案件需要对器官做病理切片检查，甚至需行毒化检查，涉及伤残、三期等鉴定的，需对患者进行体格检查。(5)拒绝解决、回答与鉴定无关的问题，常见于鉴定意见出具以后出庭质询期间。(6)各个参与鉴定的鉴定人鉴定意见不一致时，保留不同意见。上述情况一般会在鉴定意见书中注明各个鉴定人各自的意见。(7)接受岗前培训和继续教育。(8)获得合法报酬。司法鉴定是有偿提供司法鉴定服务，所以开始鉴定工作前需交纳鉴定费后才是鉴定案件受理的开始，一般是谁申请谁支付。

医疗纠纷中司法鉴定人的主要义务：(1)受所在司法鉴定机构指派按照规定时限独立完成鉴定工作，并出具鉴定意见。一般医疗纠纷鉴定属疑难复杂案件，鉴定时限为60个工作日，有些时限甚至更长。(2)对鉴定意见负责。(3)依法回避。详见《司法鉴定程序通则》第20条规定。(4)妥善保管送鉴的鉴定材料。因司法鉴定人不慎丢失或损坏鉴定材料的，其应承担相应的责任。(5)保密义务。需保守在执业活动中知悉的关于患者疾病、纠纷情况等所有秘密。(6)依法出庭作证，回答与鉴定有关的询问。(7)自觉接受司法行政机关的管理和监督、检查。

(8)参加司法鉴定岗前培训和继续教育。

第二节　医疗质量安全相关核心制度

34. 什么是医疗质量?

答:医疗质量,指在现有医疗技术水平及能力、条件下,医疗机构及其医务人员在临床诊断及治疗过程中,按照职业道德及诊疗规范要求,给予患者医疗照顾的程度。

35. 什么是医疗质量安全核心制度?

答:医疗质量安全核心制度,指医疗机构及其医务人员在诊疗活动中应当严格遵守的相关制度,主要包括首诊负责制度、三级查房制度、会诊制度、分级护理制度、值班和交接班制度、疑难病例讨论制度、急危重患者抢救制度、术前讨论制度、死亡病例讨论制度、查对制度、手术安全核查制度、手术分级管理制度、新技术和新项目准入制度、危急值报告制度、病历管理制度、抗菌药物分级管理制度、临床用血审核制度、信息安全管理制度18项核心制度。

36. 什么是首诊负责制度?

答:首诊负责制度,指患者的首位接诊医师(首诊医师)在一次就诊过程结束前或由其他医师接诊前,负责该患者全程诊疗管理的制度。其基本要求包括:(1)明确患者在诊疗过程中不同阶段的责任主体。(2)保障患者诊疗过程中诊疗服务的连续性。(3)首诊医师应当作好医疗记录,保障医疗行为可追溯。(4)非本医疗机构诊疗科目范围内疾病,应告知患者或其法定代人,并建议患者前往相应医疗机构就诊。

37. 首诊负责制度如何界定首位接诊医师?

答:(1)患者完成门急诊挂号并到达诊室后,首先接诊的科室为首诊科室,首位接诊医师为首诊医师。不包括医师接诊未挂号患者、患者所挂就诊号与所接触的医师不符或与科室(专科)不符的情况。

(2)急危重症需抢救的患者的首位接诊医师即为首诊医师,不受其是否挂号、挂号与医师、科室或专科不符的限制。

(3)复合伤或涉及多科室的急、危重患者抢救,在未明确由哪科室主管之前,除首诊科室主持诊治外,所有的有关科室须执行急、危重患者抢救制度,协同抢救,不得推诿,不得擅自离开。

38. 如何判断门、急诊一次就诊过程结束?

答:就诊过程结束的标志有以下四种情形:(1)门、急诊患者诊断明确,医师开具治疗医嘱且患者知晓和接受处置方案。(2)因诊疗需要,医师开具住院单,患者办理完成入院手续。(3)门、急诊患者诊断不明确,应告知患者或其法定代理人后续诊治方案,做好书面记录,包括开具的检查、检验未完成的情况;预计当日工作时间内可完成并取得检查、检验结果的,应由该医师完成结果评估或书面记录告知患者如何完成结果评估。(4)对于急危重症需抢救的患者,应确保患者及时妥善得到后续救治诊疗支持。

39. 非本医疗机构诊疗科目范围内疾病如何做到首诊负责?

答:如果患者罹患非本医疗机构诊疗科目范围内的疾病,虽无法提供诊治,但必须先评估患者病情状况,判断其是否存在急危重症情况。如果患者病情平稳,应给患者提供适当的就医建议,履行告知义务并书写转诊医疗记录。对急危重症需抢救的患者应当按照急危重患者抢救制度进行诊疗。

40. 借用他人信息挂号,医生是否承担首诊负责制的主体责任?

答:如果就诊患者借用他人信息挂号,医师有权拒绝接诊,不承担首诊负责制的主体责任。但若患者病情处于急危重症状态,医师须按未挂号患者予以接诊并承担首诊职责。

41. 什么是查房?

答:查房是指医护人员在病房里对住院患者实施患者评估、制定与调整诊疗方案、观察诊疗效果等医疗活动,其核心是检查患者,了解、分析与预测患者疾病相关的信息,包括患者生理、心理、家庭和社会信息,旨在制定与调整诊疗方案,观察诊疗效果,开展医患沟通等医疗活动。

42. 什么是三级查房制度?

答:三级查房制度,指经治医师、主管治医师、主诊任医师在患者住院期间的日常医疗行为,是各级医师进行医疗工作时必须遵循的基本医疗制度,是提高医疗质量、贯彻各级规章制度和规范的重要环节,也是培养年轻医师的有效途径。其基本要求包括:(1)医疗机构实行科主任领导下的三个不同级别的医师查房制度。三个不同级别的医师可以包括但不限于主任医师或副主任医师—主治医师—住院医师。(2)遵循下级医师服从上级医师,所有医师服从科主任的工作原则。(3)医疗机构应当明确各级医师的医疗决策和实施权限。(4)医疗机构应当严格明确查房周期。工作日每天至少查房2次,非工作日每天至少查房1次,三级医师中最高级别的医师每周至少查房2次,中间级别的医师每周至少查房3次。术者必须亲自在术前和术后24小时内查房。(5)医疗机构应当明确医师查房行为规范,尊重患者、注意仪表、保护隐私、加强沟通、规范流程。(6)开展护理、药师查房的可参照上述规定执行。

43. 什么是查房周期?

答:所有患者必须有三个不同级别的医师来实施查房等诊疗管理,医疗机构应当严格明确查房周期,不能少于《医疗质量安全核心制度要点》规定的要求。作为住院患者,工作日每天至少接受查房2次,非工作日每天至少接受查房1次。作为医师,可以一个医师完成查房,也可以几个医师共同查房。具备最高级别的医师每周至少查房2次,中间级别的医师每周至少查房3次。

44. 医师每次查房是否都需要记录?

答:查房过程或结果,原则上应当在当天的病历记录中有所体现,病情稳定时可以每2~3天合并记录一次,除上级医师履行管理职责、审核病历中补录或修改的内容外,不允许倒记(先前的病程记录记录在后发生的病程记录之后)和随意补记(抢救记录除外),病情不稳定时应随时记录。医嘱作为病历的一部分也可以体现诊疗行为的可追溯性,但重要的医嘱(如抢救患者、主要诊疗措施、与诊疗规范不一致的医嘱)应当在病程记录中说明其合理性和必要性。

45. 查房过程中如何做到尊重患者?

答:(1)尊重患者的知情权和隐私权。

(2)尊重患者的诊疗选择权,主动提供替代方案并陈述优缺点供患者或其法定代理人选择时参考。

(3)不得有侮辱、歧视性语言。

(4)在患者心理、家庭承受能力可及的范围内实施诊疗活动,以保护患者的尊严。

46. 查房过程中如何保护患者隐私?

答:检查患者身体时应适当遮挡,避免无关人员窥视,不可在公开场合谈论患者相关信息。患者病情、治疗及预后等情况应与其本人或其法定代理人沟通,并予以说明,不得向其他无关人员泄露。

47. 什么是会诊制度?

答:会诊是指出于诊疗需要,由本科室以外或本机构以外的医务人员协助提出诊疗意见或提供诊疗服务的活动。规范会诊行为的制度称为会诊制度。其基本要求包括:(1)按会诊范围,会诊分为机构内会诊和机构外会诊。机构内多学科会诊应当由医疗管理部门组织。(2)按病情紧急程度,会诊分为急会诊和普通会诊。机构内急会诊应当在会诊请求发出后 10 分钟内到位,普通会诊应当在会诊发出后 24 小时内完成。(3)医疗机构应当统一会诊单格式及填写规范,明确各类会诊的具体流程。(4)原则上,会诊请求人员应当陪同完成会诊,会诊情况应当在会诊单中记录。会诊意见的处置情况应当在病程中记录。(5)前往或邀请机构外会诊,应当严格遵照国家有关规定执行。

48. 为什么要开展会诊?

答:根据《刑法》《民法典》的规定,医师必须按照疾病的诊疗规范开展医疗活动。医学的专科化发展决定一名医师不可能对所有疾病都具备相应的诊疗能力,因此专科专治是给予患者同质化诊疗的基础。同时,一位患者往往患有多种疾病,需同时开展诊疗,鉴于诊疗规范往往有定期或不定期的更新和改变,医师不可能知晓其所有经治疾病的所有诊疗规范的动态变化,多学科合作是规范诊疗和保障医疗质量以及患者安全的重要举措,因此,如果医师不熟悉本专科以外疾病的诊疗规范,除急诊抢救患者外,应经上级医师查房同意提请他科会诊。

49. 医师在什么情况下需要会诊?

答:《医师法》第22条第1项规定,医师在注册的执业范围内,进行医学诊查、疾病调查、医学处置,选择合理的医疗、预防、保健方案。如果患者所患疾病属于执业范围之外,应通过会诊转至相关科室开展诊疗;患者在罹患本科疾病的基础上并伴有执业范围外的疾病需要同时诊疗,应在积极治疗本专业范围疾病的基础上,请求会诊协助诊疗或严格按照该疾病的诊疗规范实施诊疗。医疗机构应有院内会诊管理相关制度与流程,包括会诊医师资质与职责、会诊时限、会诊记录书写等要求。

50. 在什么情形下可以发出急会诊申请?

答:当患者罹患疾病超出了本科室诊疗范围和处置能力,且经评估可能随时危及生命,需要院内其他科室医师立刻协助诊疗、参与抢救,此种情形可以发出急会诊申请,并要求受邀科室10分钟内到位。为了避免造成有限的医疗资源浪费,提高急会诊的质量与效率,邀请会诊的医师需要严格把握急会诊指征。同时,医疗机构应当对急会诊的申请予以监管。

51. 急会诊如何才能做到10分钟内到位?

答:医疗机构应当重视急会诊的10分钟到位原则,制定急会诊到位流程,定期组织演练;保证有效的通信方式、急会诊院内行走路径、电梯快速运送等畅通;合理调配医务人员以确保急会诊及时到位。急会诊记录单应明确记录邀请会诊时间和会诊到达时间,并具体到分钟。

52. 会诊单格式及填写规范应包含哪些基本要素?

答:会诊单至少应由以下几个要素组成,住院号、就诊卡号、姓名、性别、年龄、简要病情及诊疗情况、会诊目的、申请人签名、申请时间(时间记录到分)、会诊意见或建议、会诊人签名及会诊完成时间(时间记录到分)。

53. 是否允许进行电话会诊？

答：医疗机构内的会诊，医师必须到现场亲自诊查患者，不允许以电话形式进行会诊。若遇有紧急抢救，会诊医师无法在10分钟内到达现场时，可以在电话中先进行病情交流，随后再到现场会诊。

54. 什么是分级护理制度？

答：分级护理是指患者在住院期间，医护人员根据患者病情和(或)自理能力进行分级别护理。护理级别依据患者病情和自理能力原则上分为四个级别：特级护理、一级护理、二级护理和三级护理。临床护士应实施与患者病情和(或)自理能力相适应的护理级别，并给予相对应的标识提示，从而保障患者安全，提高护理质量。其基本要求包括：

(1) 医疗机构应当按照国家分级护理管理相关指导原则和护理服务工作标准，制定本机构分级护理制度。

(2) 原则上，护理级别分为特级护理、一级护理、二级护理、三级护理四个级别。

(3) 医护人员应当根据患者病情和(或)自理能力变化动态调整护理级别。

(4) 患者护理级别应当明确标识。

55. 特级护理、一级护理、二级护理、三级护理分别适用于什么情形？

答：护理级别由医护人员根据患者病情和(或)自理能力进行评定。

(1) 特级护理：适用于维持生命，实施抢救性治疗的重症监护患者；病情危重，随时可能发生病情变化需要进行监护、抢救的患者。

(2) 一级护理：适用于病情趋向稳定的重症患者；病情不稳定或随时可能发生变化的患者；手术后或者治疗期间需要严格卧床的患者；自理能力重度依赖的患者。

(3) 二级护理：适用于病情趋于稳定或未明确诊断前，仍需观察，且自理能力轻度依赖的患者；病情稳定，仍需卧床，且自理能力轻度依赖的患者；病情稳定或处于康复期，且自理能力中度依赖的患者。

(4)三级护理:适用于病情稳定或处于康复期,且自理能力轻度依赖或无须依赖的患者。

56. 特级护理、一级护理、二级护理、三级护理的护理要点有哪些?

答:(1)特级护理患者的护理要点包括:严密观察患者病情变化,监测生命体征;根据医嘱,正确实施治疗、给药措施;根据医嘱,准确测量出入量;根据患者病情,正确实施基础护理和专科护理,如口腔护理、压疮护理、气道护理及管路护理等,实施安全措施;保持患者的舒适和功能体位;实施床旁交接班。

(2)一级护理患者的护理要点包括:每小时巡视患者,观察患者病情变化;根据患者病情,测量生命体征;根据医嘱,正确实施治疗、给药措施;根据患者病情,正确实施基础护理和专科护理,如口腔护理、压疮护理、气道护理及管路护理等,实施安全措施;提供护理相关的健康指导。

(3)二级护理患者的护理要点包括:每2小时巡视患者,观察患者病情变化;根据患者病情,测量生命体征;根据医嘱,正确实施治疗、给药措施;根据患者病情,正确实施护理措施和安全措施;提供护理相关的健康指导。

(4)三级护理患者的护理要点包括:每3小时巡视患者,观察患者病情变化;根据患者病情,测量生命体征;根据医嘱,正确实施治疗、给药措施;提供护理相关的健康指导。

57. 什么是值班和交接班制度?

答:值班和交接班制度,是指医疗机构及其医务人员通过值班和交接班机制保障患者诊疗过程连续性的制度。其基本要求包括:

(1)医疗机构应当建立全院性医疗值班体系,包括临床、医技、护理部门以及提供诊疗支持的后勤部门,明确值班岗位职责并保证常态运行。

(2)医疗机构实行医院总值班制度,有条件的医院可以在医院总值班外,单独设置医疗总值班和护理总值班。总值班人员需接受相应的培训并经考核合格。

(3)医疗机构及科室应当明确各值班岗位职责、值班人员资质和人数。值班表应当在全院公开,值班表应当涵盖与患者诊疗相关的所有岗位和时间。

(4)当值医务人员中必须有本机构执业的医务人员,非本机构执业医务人员不得单独值班。当值人员不得擅自离岗,休息时应当在指定的地点休息。

(5)各级值班人员应当确保通信畅通。

(6)四级手术患者手术当日和急危重患者必须床旁交班。

(7)值班期间所有的诊疗活动必须及时记入病历。

(8)交接班内容应当专册记录,并由交班人员和接班人员共同签字确认。

58. 非本机构执业医务人员是否可以在本单位单独值班?

答:非本机构执业医务人员存在流动性大、能力水平参差不齐、责任界定不清等情况,所以不能单独值班,只能在上级医师的带领下参与值班,不得顶岗单独值班。

59. 什么是疑难病例讨论制度?

答:疑难病例讨论制度,指为尽早明确诊断或完善诊疗方案,对诊断或治疗存在疑难问题的病例进行讨论的制度。其基本要求包括:

(1)医疗机构及临床科室应当明确疑难病例的范围,包括但不限于出现以下情形的患者:没有明确诊断或诊疗方案难以确定、疾病在应有明确疗效的周期内未能达到预期疗效、非计划再次住院和非计划再次手术、出现可能危及生命或造成器官功能严重损害的并发症等。

(2)疑难病例均应由科室或医疗管理部门组织开展讨论。讨论原则上应由科主任主持,全科人员参加。必要时邀请相关科室人员或机构外人员参加。

(3)医疗机构应统一疑难病例讨论记录的格式和模板。讨论内容应专册记录,主持人需审核并签字。讨论的结论应当记入病历。

(4)参加疑难病例讨论成员中应当至少有2人具有主治及以上专业技术职务任职资格。

60. 医疗机构疑难病例讨论记录文本应包括哪些内容?

答:内容应包括但不限于患者基本信息,讨论时间、地点、参加人(其他科室人员应注明学科、职称)、主持人、记录人,讨论过程中各发言人发言要点,讨论结论(主要是指后续诊疗方案),主持人审核签字。讨论结论记入病历。

61. 什么是急危重患者抢救制度？

答：急危重患者抢救制度，指为控制病情、挽救生命，对急危重患者进行抢救并规范抢救流程的制度。对于急危重患者而言，准确的病情判断、及时的抢救治疗十分重要。其基本要求包括：

(1) 医疗机构及临床科室应当明确急危重患者的范围，包括但不限于出现以下情形的患者：病情危重，不立即处置可能存在危及生命或出现重要脏器功能严重损害；生命体征不稳定并有恶化倾向等。

(2) 医疗机构应当建立抢救资源配置与紧急调配的机制，确保各单元抢救设备和药品可用。建立绿色通道机制，确保急危重患者优先救治。医疗机构应当为非本机构诊疗范围内的急危重患者的转诊提供必要的帮助。

(3) 临床科室急危重患者的抢救，由现场级别和年资最高的医师主持。紧急情况下医务人员参与或主持急危重患者的抢救，不受其执业范围限制。

(4) 抢救完成后6小时内应当将抢救记录记入病历，记录时间应具体到分钟，主持抢救的人员应当审核并签字。

62. 急危重患者范围包括什么？

答：根据本机构或科室常见疾病谱情况来确定，可以包括但不限于病情危重，不立即处置可能存在危及生命或出现重要脏器功能严重损害的患者；生命体征不稳定并有恶化倾向患者等。

(1) 患者急性起病，诊断未明，根据其症状的诊疗流程，必须立即处置，否则可能导致重要脏器功能损害或危及生命。

(2) 患者急性起病，诊断明确，根据诊疗规范，必须立即处置，否则可能延误最佳治疗时机或危及生命，如有明确治疗时间窗的疾病。

(3) 患者生命体征不稳定并有恶化倾向。

(4) 出现检验或检查结果危急值，必须紧急处置的患者。

(5) 患者出现其他预计可能出现严重后果，必须紧急处置的病情。

63. 什么是绿色通道机制？

答：医疗机构"绿色通道"是指医疗机构为急危重症患者提供的快捷高效的服

务系统。它所救治患者的理念：以患者为中心，对急、危重症患者按照"优先处置转运"及"先及时救治，后补交费用"的原则救治，确保急诊救治及时有效。医疗机构应有各部门间的协作机制，职责任务明确，参与救治人员符合资质。

64. 急危重症患者多学科救治时的原则是什么？

答：急危重症患者涉及多发性损伤或多脏器病变的患者，应及时请专科医师会诊，并由现场主持抢救的最高资质的医师主持多学科会诊。根据会诊意见，由可能威胁到患者生命最主要的疾病所属专业科室接收患者，并负责组织抢救，如落实救治科室存在争议，应立即通知医疗管理部门予以协调确认。

65. 抢救记录书写有什么要求？

答：抢救记录是指患者病情危重，采取抢救措施时所作的记录。抢救记录内容包括病情变化情况、抢救时间及措施、参加抢救的医务人员姓名等，要做到及时记录，抢救时间应当具体到分钟。因抢救急危患者，未能及时书写病历的，有关医务人员应当在抢救结束后6小时内据实补记，并加以注明。危重症患者应及时向患方告病危，记录与患方沟通的说明。

66. 什么是术前讨论制度？

答：术前讨论制度，指以降低手术风险、保障手术安全为目的，在患者手术实施前，医师必须对拟实施手术的手术指征、手术方式、预期效果、手术风险和处置预案等进行讨论的制度。其基本要求包括：

（1）除以紧急抢救生命为目的的急诊手术外，所有住院患者手术必须实施术前讨论，术者必须参加。

（2）术前讨论的范围包括手术组讨论、医师团队讨论、病区内讨论和全科讨论。临床科室应当明确本科室开展的各级手术术前讨论的范围并经医疗管理部门审定。全科讨论应当由科主任或其授权的副主任主持，必要时邀请医疗管理部门和相关科室参加。患者手术涉及多学科或存在可能影响手术的合并症的，应当邀请相关科室参与讨论，或事先完成相关学科的会诊。

（3）术前讨论完成后，方可开具手术医嘱，签署手术知情同意书。

（4）术前讨论的结论应当记入病历。

67. 为什么要求"除以紧急抢救生命为目的的急诊手术外，所有住院患者的手术必须实施术前讨论"？

答：术前讨论是指手术前在上级医师主持下，对拟实施手术方式和术中可能出现的问题及应对措施所做的讨论。讨论内容包括但不限于术前准备情况、手术指征、手术方案、可能出现的意外及防范措施。

进行术前讨论是医疗机构和医务人员的基本义务，体现审慎、严谨、科学的态度。需要进行住院手术的患者，病情均较为复杂或有一定的风险，术前讨论可集思广益，帮助术者明确手术指征和方案，避免因个别医师片面思考作出不合理的决定，从而降低手术风险和并发症的发生率，保障患者安全。一般不需术前讨论的仅限于紧急抢救生命的急诊手术，因此，非紧急抢救生命的急诊手术也应完成术前讨论。

68. 门诊手术如何进行术前讨论？

答：门诊手术患者的术前讨论形式，由参加门诊手术的医师及相关人员在术前共同进行讨论。原则上采取在门诊病历上清楚记录适应证、禁忌证、手术方式、麻醉方式、注意事项等内容。

69. 为什么要求术者必须参加术前讨论？

答：在术前讨论过程中，术者听取和接受其他医师的建议和意见，有助于查漏补缺，消除思维惯性或盲区，形成合理的手术方案，降低手术风险。

70. 术前讨论的内容包括哪些？

答：术前讨论的内容包括但不限于以下几项：患者术前病情及承受能力评估（包括但不限于生理、心理和家庭、社会因素）；临床诊断和诊断依据；手术指征与禁忌证、拟行术式及替代治疗方案；手术风险评估；术中、术后注意事项，可能出现的风险及应对措施；术前准备情况；是否需要分次完成手术；围手术期护理具体要求；麻醉方式与麻醉风险等。

71. 术前讨论的结论包括什么？

答：术前讨论的结论包括：临床诊断、手术指征、拟行术式、麻醉方式、术中术后可能出现的风险及应对措施;特殊的术前准备内容;术中、术后应当充分注意的事项等。

72. 什么是死亡病例讨论制度？

答:死亡病例讨论制度,指为全面梳理诊疗过程、总结和积累诊疗经验、不断提升诊疗服务水平,对医疗机构内死亡病例的死亡原因、死亡诊断、诊疗过程等进行讨论的制度。

73. 死亡病例讨论应当在多长时间内完成？

答:住院死亡病例应在1周内由科室组织死亡病例讨论,由科主任或副主任医师(或以上)主持,医护和有关人员参加,分析死亡原因,吸取诊断治疗过程中的经验教训,并用蓝黑墨水分别记入病历(另立专页,在横行适中位置标明"死亡病例讨论记录")和死亡病例讨论记录本中。

74. 什么是查对制度？

答:查对制度,指为防止医疗差错,保障医疗安全,医务人员对医疗行为和医疗器械、设施、药品等进行复核查对的制度。其基本要求包括:

(1)医疗机构的查对制度应当涵盖患者身份识别、临床诊疗行为、设备设施运行和医疗环境安全等相关方面。

(2)每项医疗行为都必须查对患者身份。应当至少使用两种身份查对方式,严禁将床号作为身份查对的标识。为无名患者进行诊疗活动时,须双人核对。用电子设备辨别患者身份时,仍需口语化查对。

(3)医疗器械、设施、药品、标本等查对要求按照国家有关规定和标准执行。

75. 哪些临床诊疗行为需要进行复核查对？

答:患者身份错误事实上可以发生在诊断和治疗的任何阶段。患者可能是在镇静状态、意识不清或没有充分集中注意力;也可能是在住院过程中更换床位、房间或病房;或患者因听力障碍或其他情况都可能导致在确认患者身份时出现差错。医疗机构内针对具体患者个人的医疗行为和环节,包括但不限于开具和执行医嘱、给药、手术、操作、麻醉、输血、检验标本采集、检查、发放营养膳食、接送转运患者、检验检查结果/报告等环节的行为均需要进行复核查对。

76. 药剂师调剂处方时的查对包括哪些内容？

答：包括"四查十对"：查处方，对科别、姓名、年龄；查药品，对药名、剂型、规格、数量；查配伍禁忌，对药品性状、用法用量；查用药合理性，对临床诊断。

77. 什么是手术安全核查制度？

答：手术安全核查制度，指在麻醉实施前、手术开始前和患者离开手术室前对患者身份、手术部位、手术方式等进行多方参与的核查，以保障患者安全的制度。其基本要求包括：

（1）医疗机构应当建立手术安全核查制度和标准化流程。

（2）手术安全核查过程和内容按国家有关规定执行。

（3）《手术安全核查表》应当纳入病历。

78. 实施手术安全核查的内容及流程是什么？

答：（1）麻醉实施前：三方按《手术安全核查表》依次核对患者身份（姓名、性别、年龄、病案号）、手术方式、知情同意情况、手术部位与标识、麻醉安全检查、皮肤是否完整、术野皮肤准备、静脉通道建立情况、患者过敏史、抗菌药物皮试结果、术前备血情况、假体、体内植入物、影像学资料等内容。

（2）手术开始前：三方共同核查患者身份（姓名、性别、年龄）、手术方式、手术部位与标识，并确认风险预警等内容。手术物品准备情况的核查由手术室护士执行并向手术医师和麻醉医师报告。

（3）患者离开手术室前：三方共同核查患者身份（姓名、性别、年龄）、实际手术方式，术中用药、输血的核查，清点手术用物，确认手术标本，检查皮肤完整性、动静脉通路、引流管，确认患者去向等内容。

（4）三方确认后分别在《手术安全核查表》上签名。

79. 什么是手术分级管理制度？

答：手术分级管理制度是指为保障患者安全，按照手术风险程度、复杂程度、难易程度和资源消耗不同，对手术进行分级管理的制度。其基本要求包括：

(1)按照手术风险性和难易程度不同,手术分为四级。具体要求按照国家有规定执行。

(2)医疗机构应当建立手术分级管理工作制度和手术分级管理目录。

(3)医疗机构应当建立手术分级授权管理机制,建立手术医师技术档案。

(4)医疗机构应当对手术医师能力进行定期评估,根据评估结果对手术权限进行动态调整。

80. 手术分几级?

答:根据手术风险程度、难易程度、资源消耗程度或伦理风险不同,手术分为以下四级:

一级手术是指风险较低、过程简单、技术难度低的手术;

二级手术是指有一定风险、过程复杂程度一般、有一定技术难度的手术;

三级手术是指风险较高、过程较复杂、难度较大、资源消耗较多的手术;

四级手术是指风险高、过程复杂、难度大、资源消耗多或涉及重大伦理风险的手术。

81. 新技术和新项目准入制度是什么?

答:新技术新项目准入制度,指为保障患者安全,对于本医疗机构首次开展临床应用的医疗技术或诊疗方法实施论证、审核、质控、评估全流程规范管理的制度。其基本要求包括:

(1)医疗机构拟开展的新技术和新项目应当为安全、有效、经济、适宜、能够进行临床应用的技术和项目。

(2)医疗机构应当明确本机构医疗技术和诊疗项目临床应用清单并定期更新。

(3)医疗机构应当建立新技术和新项目审批流程,所有新技术和新项目必须经过本机构相关技术管理委员会和医学伦理委员会审核同意后,方可开展临床应用。

(4)新技术和新项目临床应用前,要充分论证可能存在的安全隐患或技术风险,并制定相应预案。

（5）医疗机构应当明确开展新技术和新项目临床应用的专业人员范围，并加强新技术和新项目质量控制工作。

（6）医疗机构应当建立新技术和新项目临床应用动态评估制度，对新技术和新项目实施全程追踪管理和动态评估。

（7）医疗机构开展临床研究的新技术和新项目按照国家有关规定执行。

82. 什么是危急值报告制度？

答：危急值报告制度，指对提示患者处于生命危急状态的检查、检验结果建立复核、报告、记录等管理机制，以保障患者安全的制度。危急值是某项或某类检验异常结果，而当这种检验异常结果出现时，表明患者可能正处于有生命危险的边缘状态，临床医生需要及时得到检验信息，迅速给予患者有效的干预措施或治疗，就可能挽救患者生命，否则就有可能出现严重后果，失去最佳抢救时机。其基本要求包括：

（1）医疗机构应当分别建立住院和门急诊患者危急值报告具体管理流程和记录规范，确保危急值信息准确，传递及时，信息传递各环节无缝衔接且可追溯。

（2）医疗机构应当制定可能危及患者生命的各项检查、检验结果危急值清单并定期调整。

（3）出现危急值时，出具检查、检验结果报告的部门报出前，应当双人核对并签字确认，夜间或紧急情况下可单人双次核对。对于需要立即重复检查、检验的项目，应当及时复检并核对。

（4）外送的检验标本或检查项目存在危急值项目的，医院应当和相关机构协商危急值的通知方式，并建立可追溯的危急值报告流程，确保临床科室或患方能够及时接收危急值。

（5）临床科室任何接收到危急值信息的人员应当准确记录、复读、确认危急值结果，并立即通知相关医师。

（6）医疗机构应当统一制定临床危急值信息登记专册和模板，确保危急值信息报告全流程的人员、时间、内容等关键要素可追溯。

83. 危急值项目选择包括的内容有哪些？

答：中国医院协会患者安全目标中明确要求，至少将"血钙、血钾、血糖、血气、白细胞计数、血小板计数、凝血酶原时间、活化部分凝血活酶时间"列为危急值项目。

《检验危急值在急危重病临床应用的专家共识》对危急值项目选择共识如下：

(1) 凡是满足"结果的异常偏离可提示患者生命处于危险状态"这一条件的检验项目均可选择为危急值报告项目；

(2) 以卫健委临床检验中心组织的全国性的现况调查为基础，建立危急值项目；

(3) 公开发表的文献、资料推荐的危急值项目；

(4) 患者安全目标要求开展的危急值项目；

(5) 根据具体医院临床科室的特点建立危急值项目；

(6) 由医院行政管理部门组织相关科室协商确定，尤其是急诊科、重症医学科、麻醉科、心内科、呼吸科、肾内科、血液科和消化科等科室的医师，与检验科就不同部门危急项目的设置讨论并达成共识；并经医院行政管理部门签字认可并发布。

84. 临床科室接到危急值报告后的处理流程是什么？

答：临床科室接到危急值报告后的处理流程建议包括但不限于以下几项。

(1) 核实信息：临床科室接听人核实危急值报告结果，核对患者基本信息，予以确认。

(2) 记录信息：接听人及时将危急值患者的姓名、住院号(或门诊号)、危急值项目及结果、接听人及时间(至分钟)等信息记录在《危急值接获记录本》上。

(3) 报告医师：接听人核对后，应立即报告病房值班医师或经治医师。

(4) 患者处理：接报医师应立即诊察患者，遵循急危重患者抢救流程，迅速采取相应的临床措施，及时书写病程记录，密切观察病情变化，做好交接班。对于经过经治医师、值班医师诊察评估患者后不需立即处置的危急值，应在当日记录该信息，允许当日多个未处置的危急值信息合并记录。

若单项危急值与输入的某种药物有直接关系,该药物目前仍在输注中,允许护士立即停止输注该药物。

(5)再次复查:患者处理后应适时复查危急值;若是临床科室发现危急值与患者病情不相符时,接报医师应与医技科室检查、检验报告人共同查找原因,必要时可以重新进行检查、检验。

85. 什么是病历管理制度？

答:病历管理制度,指为了准确反映医疗活动全过程,实现医疗服务行为可追溯,维护医患双方合法权益,保障医疗制度和医疗安全,对医疗文字的书写、质控、保存、使用等环节进行管理的制度。其基本要求包括:

(1)医疗机构应当建立住院及门、急诊病历管理和质量控制制度,严格落实国家病历书写、管理和应用相关规定,建立病历质量检查、评估与反馈机制。

(2)医疗机构病历书写应当做到客观、真实、准确、及时、完整、规范,并明确病历书写的格式、内容和时限。

(3)实施电子病历的医疗机构,应当建立电子病历的建立、记录、修改、使用、存储、传输、质控、安全等级保护等管理制度。

(4)医疗机构应当保障病历资料安全,病历内容记录与修改信息可追溯。

(5)鼓励推行病历无纸化。

86. 什么是抗菌药物分级管理制度？

答:抗菌药物分级管理制度,指根据抗菌药物的安全性、疗效、细菌耐药性和价格等因素,对抗菌药物临床应用进行分级管理的制度。其基本要求包括:

(1)根据抗菌药物的安全性、疗效、细菌耐药性和价格等因素,抗菌药物分为非限制使用级、限制使用级与特殊使用级三级。

(2)医疗机构应当严格按照有关规定建立本机构抗菌药物分级管理目录和医师抗菌药物处方权限,并定期调整。

(3)医疗机构应当建立全院特殊使用级抗菌药物会诊专家库,按照规定规范特殊使用级抗菌药物使用流程。

(4)医疗机构应当按照抗菌药物分级管理原则,建立抗菌药物遴选、采购、处方、调剂、临床应用和药物评价的管理制度和具体操作流程。

87. 抗菌药物分级原则是什么？

答：为进一步加强抗菌药物临床应用管理，落实抗菌药物临床应用管理，根据原卫生部《抗菌药物临床应用管理办法》(2012年4月24日中华人民共和国卫生部令第84号发布)，根据安全性、疗效、细菌耐药性、价格等因素，将抗菌药物分为三级。

(1)非限制使用级：经过长期临床应用证明安全、有效，对病原菌耐药性影响较小，价格相对较低的抗菌药物。应是已列入基本药物目录，《中国国家处方集》和《国家基本医疗保险、工伤保险和生育保险药品目录》收录的抗菌药物品种。

(2)限制使用级：经长期临床应用证明安全、有效，对病原菌耐药影响较大，或者价格相对较高的抗菌药物。

(3)特殊使用级：具有明显或者严重不良反应，不宜随意使用；抗菌作用较强、抗菌谱广，经常或过度使用会使病原菌过快产生耐药的；疗效、安全性方面的临床资料较少，不优于现用药物的；新上市的，在适应证、疗效或安全性方面尚需进一步考证的、价格昂贵的抗菌药物。

88. 临床使用特殊使用级抗菌药物有什么要求？

答：依照《抗菌药物临床应用指导原则》(2015年版)的规定，抗菌药物临床应用实行分级管理，处方权限与临床应用中有以下要求。

(1)特殊使用级抗菌药物的选用应从严控制。临床应用特殊使用级抗菌药物应当严格掌握用药指征，经抗菌药物管理工作机构指定的专业技术人员会诊同意后，按程序由具有相应处方权医师开具处方。

(2)特殊使用级抗菌药物不得在门诊使用。

(3)有下列情况之一可考虑越级应用特殊使用级抗菌药物：①感染病情严重者；②免疫功能低下患者发生感染时；③已有证据表明病原菌只对特殊使用级抗菌药物敏感的感染。使用时间限定在24小时之内，其后需要补办审办手续并由具有处方权限的医师完善处方手续。

89. 门诊可否使用特殊使用级抗菌药物？

答：特殊使用级抗菌药物不得在门诊使用。临床应用特殊使用级抗菌药物应当严格掌握用药指征，经抗菌药物管理工作组指定的专业技术人员会诊同意后，由具有相应处方权医师开具处方。特殊使用级抗菌药物会诊人员由具有抗菌药物临床应用经验的感染性疾病科、呼吸科、重症医学科、微生物检验科、药学部门等具有高级专业技术职务任职资格的医师、药师或具有高级专业技术职务任职资格的抗菌药物专业临床药师担任。

90. 临床可否越级使用抗菌药物？

答：因抢救生命垂危的患者等紧急情况，医师可以越级使用一日剂量的抗菌药物。越级使用抗菌药物应当详细记录用药指征，并应当于24小时内补办越级使用抗菌药物的必要手续。有下列情况之一可考虑越级应用特殊使用级抗菌药物：（1）感染病情严重者；（2）免疫功能低下患者发生感染时；（3）已有证据表明病原菌只对特殊使用级抗菌药物敏感的感染。使用时间限定在24小时之内，其后需要补办会诊手续并且由具有处方权限的医师完善处方手续。

91. 什么是临床用血审核制度？

答：临床用血审核制度，指在临床用血全过程中，对与临床用血相关的各项程序和环节进行审核和评估，以保障患者临床用血安全的制度。其基本要求包括：

（1）医疗机构应当严格落实国家关于医疗机构临床用血的有关规定，设立临床用血管理委员会或工作组，制定本机构血液预订、接收、入库、储存、出库、库存预警、临床合理用血等管理制度，完善临床用血申请、审核、监测、分析、评估、改进等管理制度、机制和具体流程。

（2）临床用血审核包括但不限于用血申请、输血治疗知情同意、适应证判断、配血、取血发血、临床输血、输血中观察和输血后管理等环节，并全程记录，保障信息可追溯，健全临床合理用血评估与结果应用制度、输血不良反应监测和处置流程。

（3）医疗机构应当完善急救用血管理制度和流程，保障急救治疗需要。

92. 临床用血有哪些程序和环节？

答：临床用血的关键环节及执行顺序一般包括适应证判断、用血申请、输血治疗知情同意、配血、取血发血、临床输血、输血中观察和输血后管理等环节。

93. 输血治疗病程记录包括哪些主要内容？

答：对输血治疗病程记录的主要内容建议包括但不限于以下内容：

（1）输血治疗病程记录完整详细，至少包括输血原因，输注成分、血型和数量，输血前评估（实验室指标＋临床表现），输注过程观察情况，有无输血不良反应，不良反应的处置，输血后评估（实验室指标＋临床表现）等内容。

（2）不同输血方式的选择与记录。

（3）输血治疗后病程记录有输注效果评价的描述。

（4）手术输血患者手术记录、麻醉记录、护理记录、术后记录中出血与输血量要完整一致，输血量与发血量一致。

94. 什么是信息安全管理制度？

答：信息安全管理制度，指组织在整体或特定范围内建立信息安全方针和目标，以及完成这些目标所用方法的体系。它是直接管理活动的结果，表示成方针、原则、目标、方法、过程、核查表等要素的集合。其基本要求包括：

（1）医疗机构应当依法依规建立覆盖患者诊疗信息管理全流程的制度和技术保障体系，完善组织架构，明确管理部门，落实信息安全等级保护等有关要求。

（2）医疗机构主要负责人是患者诊疗信息安全管理第一责任人。

（3）医疗机构应当建立患者诊疗信息安全风险评估和应急工作机制，制定应急预案。

（4）医疗机构应当确保实现本机构患者诊疗信息管理全流程的安全性、真实性、连续性、完整性、稳定性、时效性、溯源性。

（5）医疗机构应当建立患者诊疗信息保护制度，使用患者诊疗信息应当遵循合法、依规、正当、必要的原则，不得出售或擅自向他人或其他机构提供患者诊疗信息。

（6）医疗机构应当建立员工授权管理制度，明确员工的患者诊疗信息使用权限和相关责任。医疗机构应当为员工使用患者诊疗信息提供便利和安全保障，因个人授权信息保管不当造成的不良后果由被授权人承担。

（7）医疗机构应当不断提升患者诊疗信息安全防护水平，防止信息泄露、毁损、丢失。定期开展患者诊疗信息安全自查工作,建立患者诊疗信息系统安全事故责任管理、追溯机制。在发生或者可能发生患者诊疗信息泄露、毁损、丢失的情况时,应当立即采取补救措施,按照规定向有关部门报告。

95. 医疗机构建立患者诊疗信息保护制度应当包含哪些方面?

答:患者诊疗信息是指医疗机构在提供医疗服务过程中产生的,以一定形式记录、保存的信息以及其他与医疗卫生服务有关的信息,包括患者的个人基本信息、挂号信息、就诊信息、住院医嘱信息、费用信息、影像资料和检验结果等各种临床和相关内容组成的患者信息群集。

诊疗信息保护制度应包括获取制度、修改制度和安全保障制度。

获取制度原则包括获取行为的界定,例如,报销、外院就诊、案件审理、临床研究等;个人获取流程和必需材料;政府或社会组织获取流程和依据材料。

修改制度原则包括患者个人信息修改流程和医务人员医嘱、诊断等敏感信息修改流程。

安全保障制度原则包括任何患者的所有电子信息资料在未经主管领导的批准下只许在医疗机构内部管理,不得转出;患者资料通过分级权限管理保护及诊治;未经患者本人的许可,不得将其疾病及相关隐私信息传播给他人。

96. 如何防止医疗信息泄露、毁损和丢失?

答:首先,按照信息安全等级要求,建立严格的信息分级安全管理系统和配套工作制度。其次,建立严格的信息分级授权制度体系并常态化运行。授权审批应严格根据工作岗位和工作内容而定。最后,建立主数据双备份制度。对医疗信息均要求保存备份数据和数据表,并保持良好的兼容互通。

第二章

病　　历

第一节　病历概述

97. 什么是病历？

答：病历是指医务人员在医疗活动过程中形成的文字、符号、图表、影像、切片等资料的总和，是对患者的病发生、发展情况和医务人员对患者的疾病诊断、治疗及护理医疗活动情况的客观记录。

98. 按照病历的完成状态病历划分为哪几类？

答：按照病历的完成状态病历划分为三类，具体如下：

(1) 即时病历是指医务人员在诊疗护理完成后即时书写的病历文件。在书写过程中出现错误、不实内容，可以随时修改，但应当遵守要求。

(2) 确定病历是指医务人员在病历文件制作完毕，在特定位置签名，或者使用电子签名，在电子病历系统中提交的病历文件。由 2 名及 2 名以上医务人员签名的文件，以对病历文件内容最终负责的医务人员签名为准。如手术记录、术前小结等，撰写病历文件的经治医师签名，并未意味着该病历文件完成，由主刀医师签字后方可视为病历文件完成。在病历文件拟书写的内容已经完成，书写病历的医务人员签名、盖章，或者电子病历文件，病历制作者已经在病历系统中点击确认按钮将病历文件提交。其后发现病历文件出现错误、不实内容，或者诊疗意见发生变化，可以在原内容边上以补正的方式补充、更正相关信息，不得直接删除原内容并做修改，但应当遵守要求。

(3)归档病历是指在门(急)诊患者就诊结束,或者住院患者出院后,医务人员完成全部病历文件制作,并加以归纳、整理、装订,移送到病案管理部门存档的病历文件。在原则上不能修改,确有必要修改时,经行相关审批手续,医疗机构内部管理部门批准后,可以采取在原内容边上以补正的方式补充、更正相关信息,不得直接删除原内容并做修改。也可以采取向有关单位、人员提供情况说明的方式补正,但应当在病历或者相关管理文件中予以记录,留存相关证据、资料备查。

99. 什么是电子病历?

答:电子病历是指使用计算机信息技术建立、存储、传输和调用的数字化医疗记录。电子病历系统是指医疗机构内部支持电子病历信息的采集、存储、访问和在线帮助,并围绕提高医疗质量、保障医疗安全、提高医疗效率而提供信息处理和智能化服务功能的计算机信息系统,既包括应用于门(急)诊、病房的临床信息系统,也包括检查检验、病理、影像、心电、超声等医技科室的信息系统。

100. 按照医疗服务环节病历划分为哪几类?

答:按照医疗服务环节病历划分为以下四类:

(1)院前急救病历是指在医疗急诊机构开展院前急救过程中由院前急救医务人员及救护员书写的病历,往往为表格式,因院前急救的紧迫性,故其形式和内容都比较简单。

(2)门诊病历是指患者到医疗机构门诊就医过程中由接诊的医务人员书写的病历,包括但不限于患者自带病历手册、患者携带门诊病历、医疗机构保管的门诊病历、健康体检机构的体检报告等形式。近年来兴起的公民健康卡、互联网复诊病历均属于门诊病历范畴。

(3)急诊病历是指患者在医疗机构急诊就医过程中由接诊的医务人员书写的病历,形式上与门诊病历无异,但急诊留观患者的病历在内容上更接近住院病历。

(4)住院病历是指患者在医疗机构住院诊疗过程中由参与诊疗活动的医务人员书写的具有连续性的病历,住院病历涉及多科室、多种形式的记录文件,要求较高。

101. 病历的真实性是指什么?

答:病历的真实性是指病历所记载的名义书写人以及其所表达的内容符合客观实际。病历的真实性包括形式真实与实质真实。形式真实是指病历记录行为或病历载体本身是真实的,不是伪造的,这是对当事人在制作时是否有伪造、变造的情形或者签名是否为当事人本人签名等进行审查。形式真实包括:(1)病历确实为名义书写人或所表述的人制作而成;(2)病历内容在制作后保持一致,未经过人为的恶意改变。实质真实是指病历所表达的内容符合真实情况或者所体现的是书写人/被记录的医疗行为实施者的真实意思表示。

102. 电子病历的真实性是指什么?

答:电子病历的真实性是指电子病历的内容、逻辑结构和背景与形成时的原始状况相一致的性质。具有真实性的电子病历档案由医疗机构使用安全可靠的病历系统软件形成,没有发生被非法篡改或者误用过的情况,能够证明其用意、生成者或发送者、生成或发送的时间与既定的相符,所有修改都留有痕迹,并可以溯源。

103. 文字病历的范围包括哪些?

答:文字病历是最常见的病历形式,包括医务人员书写的各类入院记录、病程记录、护理记录、检查报告单等。以符号、图表方式书写的病历在医疗活动中亦很常见,如手术记录中的手术示意图、麻醉记录及体温单中的体温、呼吸、脉搏、血压等部分。

104. 医学影像资料的范围包括哪些?

答:医学影像资料包括各种 X 光检查胶片、CT(电子计算机断层扫描检查)胶片、MRI(核磁共振检查)胶光、超声检查照片以及其他采用各种现代化成像技术显示的人体解剖、生理、生化及病理情况的资料。

105. 病理切片是什么?

答:病理切片是指将来自患者的病变组织经特殊制作过程而形成的供显微镜下观察的实物标本,是病理医生做出病理诊断的最重要依据,也是病历的重要组成部分。

106. 病理切片应属物证还是书证？

答：从证据学理论角度分析，病理切片应属物证书证同体，即同时具备物证与书证的属性。病理切片源自患者机体，故可以作为与案件有关的物证。同时，根据病理切片显微镜下的观察结果而制作书面病理检查报告单，又可证明患者所患疾病的病理诊断，故又属于书证之范畴。临床实践中，医疗机构往往忽视了病理切片的重要作用，在法庭诉讼的举证期限内没有及时提交病理切片，导致其举证的被动局面。

107. 病理组织是什么？

答：病理组织是指医生在各类手术或检查中从患者机体上切除的组织或器官，也包括在尸检过程中切除并保留的组织或器官。尽管我国现有法律法规没有将源自患者机体的病理组织作为法定病历，但是，在某些特定案件中，病理组织对案件事实的认定具有极其重要的作用。

108. 什么是打印病历？

答：根据《病历书写基本规范》第 31 条的规定，打印病历是指应用字处理软件编辑生成并打印的病历（如 Word 文档、WPS 文档等）。

109. 门（急）病历包括哪些内容？

答：门（急）病历内容包括门诊病历首页（门诊手册封面）、病历记录、化验单（检验报告）、医学影像检查资料等。

110. 住院病历包括哪些内容？

答：住院病历内容包括住院病案首页、住院志、体温单、医嘱单、化验单（检验报告）、医学影像检查资料、特殊检查（治疗）同意书、手术同意书、麻醉记录单、手术及手术护理记录单、病理资料、护理记录、出院记录（或死亡记录）、病程记录（含抢救记录）、疑难病例讨论记录、会诊意见、上级医师查房记录、死亡病例讨论记录等。

111. 按照内容划分病历有哪些种类？

答：病历按照其内容划分为客观病历和主观病历。客观病历是在记载了诊疗过程中患者客观存在的疾病和/或健康相关信息的病历文件，包括医师问诊获得的病史、症状，检查获得的体征，仪器设备检查结果报告、指标、征象、数据等。主观病历是医务人员在对患者提供诊疗服务的过程中，对患者疾病诊断、分析评估、诊疗方案及替代医疗方案制定、预后判断、死因分析、经验教训总结等的记录，主要反映医务人员提供诊疗服务过程中的思考和分析。

112. 按照载体划分病历有哪些种类？

答：病历按照其载体划分为手写纸质病历、计算机打印病历、电子病历。手写纸质病历是指医务人员采用传统的笔、纸，手工书写的病历文件。计算机打印病历是指医务人员采用电脑文字输入的方式制作的病历。电子病历有狭义和广义之分。狭义的电子病历是指医务人员在医疗活动过程中，使用信息系统生成的文字、符号、图表、图形、数字、影像等数字化信息，并能实现存储、管理、传输和重现的医疗记录，是病历的一种记录形式。广义的电子病历除包括狭义的电子病历外，还包括计算机打印病历。互联网医院复诊患者的病历属于电子病历。

113. 按照运行状态划分病历有哪些种类？

答：病历按照其运行状态划分为环节病历和终末病历。环节病历，也称运行病历，是指相对于归档病历而言的患者尚未出院、尚未归档的病历。终末病历即归档病历。

114. 手术录像是否属于病历？

答：一种观点认为属于病历。影像资料直观反映了手术操作过程，客观性不容置疑，故在有客观影像资料的条件下持有者应提供作为鉴定依据。

另一种观点认为不属于病历。电子病历系由信息系统生成的数字化信息，而介入操作录像属于电子资料，不属于电子病历的范畴，医疗机构为患者提供介入操作录像也并非法定强制性义务。

115. 医疗机构对于病历资料有哪些法定义务？

答：(1) 医疗机构及其医务人员对病历资料应当按照规定填写并妥善保管；

（2）患者要求查阅、复制病历资料的，医疗机构应当提供；

（3）医疗机构应当对病历资料严格管理，严禁涂改、伪造、隐匿、销毁、抢夺、窃取病历；

（4）医疗机构应建立健全病历管理制度，保护患者隐私，除因科研、教学需要且经有关部门同意可查阅外，不得将患者的病历擅自给其他机构和个人查阅。

116. 如何初步确认病历是否完整？

答：住院病历内容包括住院病案首页、入院记录、病程记录、手术同意书、麻醉同意书、输血治疗知情同意书、特殊检查（特殊治疗）同意书、病危（重）通知书、医嘱单、辅助检查报告单、体温单、医学影像检查资料、病理资料等。比较核心的识别方法是看有没有主观病历，主要包括病程记录、会诊记录、病例讨论记录，如果这三个记录都齐全，基本上可以确认是完整病历。

117. 如何观察门（急）诊病历资料是否齐全？

答：门（急）诊病历记录分为初诊病历记录和复诊病历记录。初诊病历记录书写内容应当包括就诊时间、科别、主诉、现病史、既往史、阳性体征、必要的阴性体征和辅助检查结果，诊断及治疗意见和医师签名等。复诊病历记录书写内容应当包括就诊时间、科别、主诉、病史、必要的体格检查和辅助检查结果、诊断、治疗处理意见和医师签名等。

118. 医疗机构应用电子病历应当具备什么条件？

答：医疗机构应用电子病历应当具备以下条件：

（1）具有专门的技术支持部门和人员，负责电子病历相关信息系统建设、运行和维护等工作；具有专门的管理部门和人员，负责电子病历的业务监管等工作。

（2）建立、健全电子病历使用的相关制度和规程。

（3）具备电子病历的安全管理体系和安全保障机制。

（4）具备对电子病历创建、修改、归档等操作的追溯能力。

（5）其他有关法律、法规、规范性文件及省级卫生健康行政部门规定的条件。

119. 电子病历应如何审查其完整性？

答：在审查电子病历等电子数据证据的完整性时，主要根据保护电子数据完整性的相应方法进行验证：

（1）审查电子病历的封存、锁定、保全的记录。电子病历依然属于病历，依然适用《医疗事故处理条例》第16条"发生医疗事故争议时，死亡病例讨论记录、疑难病例讨论记录、上级医师查房记录、会诊意见、病程记录应当在医患双方在场的情况下封存和启封。封存的病历资料可以是复印件，由医疗机构保管"。根据上述规定可以得知，封存锁定电子病历需要双方当事人在场，同时复制并封存相同的纸质病历，对锁定和封存的过程进行记录，建议将锁定或封存的全过程录音录像，以便在庭审中提供备查。

（2）比对电子病历完整性校验值。数据校验是指为了保证数据的完整性，用一种指定的算法对原始数据计算出的一个校验值。接收方用同样的算法计算一次校验值，如果与随数据提供的校验值一样，证明数据是完整的。

（3）审查访问及操作日志、记录。根据《电子病历应用管理规范（试行）》电子病历的操作应当全程留痕，且应当可以生成操作或修改日志，记录数据生成、更新、变动的全过程，可以通过电子病历操作日志、记录、结合操作前后的数据内容、形态、方式，判断数据的完整性。

（4）全案证据综合印证。可以依据全案证据材料（如纸质病历、实物证据、电子病历、患者个人情况、尸检报告或司法鉴定意见、证人证言、专家辅助人意见等），运用经验法则和逻辑，对案件事实进行推理和认证。电子病历作为患者接受医疗机构事实诊疗行为的事实性、过程性记录，必然与患者个人情况，其他诊疗记录，MRI/CT等影像学片、心电图、检测仪等检测单据，用药清单和收费单据等各类证据存在联系，可以综合全案证据认定电子病历记录的真实性和完整性。

120. 电子病历如何审查其真实性？

答：根据《关于办理刑事案件收集提取和审查判断电子数据若干问题的规定》第22条规定，对电子数据是否真实，应当着重审查以下内容：

（1）电子病历的介质情况。根据法律规定，法院应当对电子数据是否移送原始存储介质，在原始存储介质无法封存、不便移动时，有无说明原因，并注明收集、提取过程及原始存储介质的存放地点或者电子数据的来源等情况。审查电子病历的储存介质,是否为电子病历系统自动生成并原版复制的介质,如不能提交相关介质是否有合理理由,并应当说明介质存放地点、电子数据的可靠来源等内容。

(2)电子病历是否具有数字签名、数字证书等特殊标识。根据《电子病历应用管理规范(试行)》的要求,电子病历均应当按照电子签名法的规定,设置特殊签名标识、数字证书认证等,法庭需要重点审查电子病历数据是否符合电子签名要求、是否有数字认证,是否具有专属性的身份标识等。

(3)电子病历是否可以重现。电子数据必须具备数据的重现性,电子病历作为证据提供,应当可以实现电子病历在电子病历系统、读取介质的终端以及法庭的技术设备上,可以实现数据的读取、再现,在真实性审查时,不仅应当对电子病历的数据作形式审查,更应当结合实物证据、封存版打印病历、鉴定报告等其他证据,综合进行印证确定电子病历内容的真实性。

(4)电子病历有无增加、删除、修改等情形,是否有操作记录留痕,必要时需做解释说明。按照规定电子病历的操作应当全程留痕,即保存历次操作印痕,标记操作时间和操作人员信息,并保证历次操作印痕、标记操作时间和操作人员信息可查询、可追溯。在审查电子病历时,应当查看操作记录印痕,依据客观案情需要,要求操作人员对操作修改的情况进行解释说明。

(5)电子病历的真实性是否有其他技术加以保障。电子病历虽然属于数据电文、电子数据,但其制作、形成、储存、提取、再现都有其特殊的程序和规则,通过同一性、可靠性的技术保障,是可以确保电子病历的真实可靠性的。如电子病历是否使用规范的电子病历系统、是否由第三方进行保管、是否采用可信时间源或时间戳等技术。

(6)通过专家辅助人协助认定电子病历的真实性。依据《民事诉讼法》第82条"当事人可以申请人民法院通知有专门知识的人出庭,就鉴定人作出的鉴定意见或专业问题提出意见"。在大量的知识产权纠纷案件中,已经引入专业的专家辅助人,对电子数据的专业性问题发表专家意见。对数据的保存技术、生成技术、锁定和保全、再现和提取等各个技术层面,向法庭提供专业性意见。在医疗纠纷中也可通过"具有专门知识的人"提供的专业性意见,综合对电子病历的证据属性进行认定。

（7）通过计算机司法鉴定认定电子病历真实性。如果通过上述证据审查依然无法确定电子病历真伪的，则可以委托专业的司法鉴定机构对电子病历进行真实性的鉴定。根据《司法鉴定执业分类规定（试行）》第13条"计算机司法鉴定，运用计算机理论和技术，对通过非法手段使计算机系统内数据的安全性、完整性或系统正常运行造成的危害行为及其程度等进行鉴定"的规定，委托计算机司法鉴定，对计算机内储存介质进行修复还原，从而恢复修改、变造前的原始状态，进而确定电子病历的真实性和完整性。

121. 电子病历的证据属性是什么？

答：《电子病历应用管理规范（试行）》第3条规定："电子病历是指医务人员在医疗活动过程中，使用信息系统生成的文字、符号、图表、图形、数字、影像等数字化信息，并能实现存储、管理、传输和重现的医疗记录，是病历的一种记录形式，包括门（急）诊病历和住院病历"。《最高人民法院关于适用〈中华人民共和国民事诉讼法〉的解释》第116条规定："电子数据是指通过电子邮件、电子数据交换、网上聊天记录、博客、微博客、手机短信、电子签名、域名等形成或者存储在电子介质中的信息。存储在电子介质中的录音资料和影像资料，适用电子数据的规定"。同时根据《最高人民法院、最高人民检察院、公安部关于办理刑事案件收集提取和审查判断电子数据若干问题的规定》第1条的规定："电子数据是案件发生过程中形成的，以数字化形式存储、处理、传输的，能够证明案件事实的数据；电子数据包括但不限于下列信息、电子文件：（一）网页、博客、微博客、朋友圈、贴吧、网盘等网络平台发布的信息；（二）手机短信、电子邮件、即时通信、通讯群组等网络应用服务的通信信息；（三）用户注册信息、身份认证信息、电子交易记录、通信记录、登录日志等信息；（四）文档、图片、音视频、数字证书、计算机程序等电子文件。以数字化形式记载的证人证言、被害人陈述以及犯罪嫌疑人、被告人供述和辩解等证据，不属于电子数据"。由此可见，电子病历的核心是信息的电子化医疗记录，电子数据证据的核心是电子介质储存的信息。电子病历通过信息系统生成信息数据，如果通过电子记录存储、管理、传输、重现，则完全符合电子数据证据的范畴；如果电子化生成的数据最终还是通过打印电子版、复制打印纸质病历的方式记录、展现，则仍属于诉讼法上的书证。相反，如果传统的纸质病历通过 PDF 扫描归档，通过光盘、优盘等电子介质储存、提交的，虽然病历的信息形成时是纸质病历（传统病历），但因其提交的证据属于电子介质储存的信息，则属于诉讼法上的电子数据证据种类。

122. 电子病历的法律特征是什么？

答：实践中，电子病历因其本质上属于一种电子记录的信息，可以进行精确复制和在虚拟空间里传播，具有数字性、隐蔽性等特点，容易被删除、篡改且难以被发现，这也引发了对电子病历真实性的异议。而电子病历的封存或证据保全，可以有效地增强电子病历作为证据的可靠性、真实性和证明力。为了加强电子病历的信息可靠性，《电子病历应用管理规范（试行）》分别从电子病历记录规范、系统身份识别、电子签名认证、时间源（时间戳）、患者身份标识、全程记录留痕等方面作出了具体规定。

123. 电子病历能否修改？

答：《电子病历基本规范（试行）》第 5 条规定，电子病历录入应当遵循客观、真实、准确、及时、完整的原则。第 7 条规定，电子病历包括门（急）诊电子病历、住院电子病历及其他电子医疗记录。电子病历内容应当按照原卫生部《病历书写基本规范》执行，使用原卫生部统一制定的项目名称、格式和内容，不得擅自变更。第 10 条规定，电子病历系统应当设置医务人员审查、修改的权限和时限。实习医务人员、试用期医务人员记录的病历，应当经过在本医疗机构合法执业的医务人员审阅、修改并予电子签名确认。医务人员修改时，电子病历系统应当进行身份识别、保存历次修改痕迹、标记准确的修改时间和修改人信息。第 20 条规定，门诊电子病历中的门（急）诊病历记录以接诊医师录入确认即为归档，归档后不得修改。第 21 条规定，住院电子病历随患者出院经上级医师于患者出院审核确认后归档，归档后由电子病历管理部门统一管理。电子病历归档前，医务人员在授权范围内可以审阅、修改电子病历，并进行电子签名确认。电子系统具有将修改时间和修改痕迹、修改人信息自动保存的功能。电子病历归档后，不得修改。根据现有技术手段，法院委托专门鉴定机构可以对电子病历是否经过修改，以及修改过程进行鉴定。

124. 什么是可靠的电子签名？

答：电子签名是指数据电文中以电子形式所含、所附用于识别签名人身份并表明签名人认可其中内容的数据。《电子签名法》第 13 条第 1 款规定，电子签名同时符合下列条件的，视为可靠的电子签名：(1)电子签名制作数据用于电子签名时，属于电子签名人专有；(2)签署时电子签名制作数据仅由电子签名人控制；(3)签署后对电子签名的任何改动能够被发现；(4)签署后对数据电文内容和形式的任何改动能够被发现。

125. 电子病历中的电子签名需要第三方认证吗？

答：根据《电子签名法》第 14 条规定，可靠的电子签名与手写签名或者盖章具有同等的法律效力。第 16 条规定，电子签名需要第三方认证的，由依法设立的电子认证服务提供者提供认证服务。

到目前为止，卫生健康行政部门没有特别要求电子病历中的电子签名必须通过第三方认证，所以，未做第三方认证的电子病历的电子签名仍可成为可靠的电子签名，但医疗机构应当对此予以确认，并对所有以用户名/密码认证方式作为电子签名的医疗文书承担法律责任。

126. 病历管理制度中的医疗活动全过程具体包括哪些？

答：医疗机构开展的医疗活动全过程包括门、急诊以及住院等整个诊疗过程。

127. "严格落实国家病历书写、管理和应用相关规定"，具体指哪些相关规定？

答：主要包括但不限于《民法典》、《刑法》、《医师法》、《电子签名法》、《医疗事故处理条例》、《医疗机构管理条例实施细则》、《医疗机构病历管理规定》、《病历书写基本规范》、《住院病案首页数据填写质量规范（暂行）》、《住院病案首页数据质量管理与控制指标》(2016 版)、《电子病历应用管理规范（试行）》(2017 版)、《电子病历系统功能规范（试行）》等对医疗文书书写的相关要求。《病历书写基本规范》与《医疗质量安全核心制度要点》不一致的,以后者为准。

128. 如何理解病历书写时应当做到客观、真实、准确、及时、完整和规范?

答:客观是指记录患者客观存在的信息;真实、准确是指记录的信息与实际发生的一致;及时是指按照相关规范的不同时限要求完成相应的病历内容书写;完整是指对诊疗活动全过程相关信息进行记录;规范是指医学术语应用得当,记录顺序符合逻辑。

129. 医疗机构应当保障病历资料安全的具体要求是什么?

答:医疗机构应建立病历资料安全管理制度,包括但不限于以下几项:门、急诊病历:由医疗机构保管的,应在每次诊疗活动结束后首个工作日内归档。住院病历:在患者住院期间,由所在病区统一保管,因工作需要需将住院病历带离病区时,应由病区指定的专门人员负责携带和保管。患者出院后,住院病历由病案管理部门或者专(兼)职人员统一保存、管理。任何人不得随意涂改病历,严禁伪造、隐匿、销毁、抢夺、窃取病历。患者病历的借阅、复制、封存和启封应遵照国家有关规定执行。

130. 病历内容的记录与修改信息可追溯的具体要求是什么?

答:病历内容的记录应规范、准确,尽量避免修改。纸质病历在书写中若出现错字、错句,应在错字、错句上用双横线标示,不得采用刀刮、胶贴、涂黑、剪贴等方法抹去原来的字迹。医务人员修改住院电子病历时,系统应当进行身份识别、保存历次修改痕迹、标记准确的修改时间和修改人信息。电子病历随患者出院经上级医师审核确认后归档,归档后原则上不得修改(如特殊情况下确需修改的,需经医疗管理部门批准后,修改并保留修改人信息、修改时间和修改痕迹)。对于已交到病案保存部门但尚有检验、检查项目报告未完成的病历,可延缓归档,如有更改出院诊断等重要信息,应及时书面告知患者或家属。

第二节 病历书写

131. 病历书写是指什么?

答:病历书写是指医务人员通过问诊、查体、辅助检查、诊断、治疗、护理等医疗活动获得有关资料,并进行归纳、分析、整理形成医疗活动记录的行为。

132. 病历书写的规定有哪些?

答:(1)应当客观、真实、准确、及时、完整、规范。

(2)应当使用蓝黑墨水、碳素墨水,需复写的病历资料可以使用蓝色或黑色油水的圆珠笔。

(3)计算机打印的病历应当符合病历保存的要求。

(4)应当使用中文,通用的外文缩写和无正式中文译名的症状、体征、疾病名称等可以使用外文。

(5)应规范使用医学术语,文字工整,字迹清晰,表述准确,语句通顺,标点正确。

(6)病历书写过程中出现错字时,应当用双线划在错字上,保留原记录清楚、可辨,并注明修改时间,修改人签名。不得采用刮、粘、涂等方法掩盖或去除原来的字迹。

(7)病历应当按照规定的内容书写,并由相应医务人员签名。

(8)实习医务人员、试用期医务人员书写的病历,应当经过本医疗机构注册的医务人员审阅、修改并签名。

(9)一律使用阿拉伯数字书写日期和时间,采用24小时制记录。

(10)对需取得患者书面同意方可进行的医疗活动,应当由患者本人签署知情同意书。患者不具备完全民事行为能力时,应当由其法定代理人签字;患者因病无法签字时,应当由其授权的人员签字。

(11)因实施保护性医疗措施不宜向患者说明情况的,应当将有关情况告知患者近亲属,由患者近亲属签署知情同意书,并及时记录。

133. 病历内容不完整指什么?

答:病历内容不完整,指病历内容缺少对必要记载医疗行为的记录,如缺少门诊病历、病程记录,遗漏部分检查结果及体格检查情况、对手术步骤记录不全面、描述不完整,或缺少转院记录,延误患者病情诊断及治疗。

134. 病历书写不规范指什么?

答:病历书写不规范,指涂改不符合规定、欠缺医师签名、出现多处错字等,病历中记载的手术日期与麻醉日期不符、手术部位书写错误,部分病历中存在其他医护人员代替主治医生签名的情况等。

135. 病历书写不规范如何认定?

答:病历具有以下任一项,可认定病历书写不规范:

(1)病历中缺少病历的重要构成文件,比如正常住院患者(非24小时内出入院患者)归档病历中缺少入院记录;

(2)病历中缺少重要医疗活动的记载;

(3)病历中出现了不存在的医疗活动信息,且不能做出合理解释;

(4)采用刮、粘、涂等方法掩盖或去除原来的字迹的方法修改病历;

(5)非本人签名,或者电子签名密钥非本人使用;

(6)自我宣称属于狭义电子病历,但缺少可靠电子签名、可查阅修改痕迹、时间戳等;

(7)其他与以上情形相当的严重违反病历书写规定的情形。

136. 病历书写不规范导致承担法律责任的常见情形有哪些?

答:(1)病历书写不客观、不真实、不准确、不及时、不完整、不规范。

(2)病历修改不符合规范,尤其是采用刮、粘、涂等方法掩盖或去除原来的字迹。

(3)病历未按照规定的内容书写,并由相应的医务人员签字。

(4)需要实施手术、特殊检查、特殊治疗等医疗行为的,未让患者或者其委托代理人签知情同意书。

137. 病历的常见错误类型有哪些？

答：病历的常见错误类型包括医疗行为记录错误、病历保管和整理错误、诊断结果错误、病历涂改错误、病历制作人员的资质问题、病历上的签名问题和医嘱问题等。

138. 病历修改是什么？

答：病历修改是医务人员在病历制作、管理过程中，发现病历记载内容与患者实际情况、诊疗情况不符，或者存在不够准确的情形，依照病历制作、修改权限，或者履行相关审批手续后，在原文件上据实改正相关信息的活动。

139. 病历内容形式修改是什么？

答：病历内容形式修改，是指仅对病历中不涉及患者健康信息、诊疗活动实质信息的错别字、标点符号等进行改动，修改前后病历内容没有发生实质性变化，仅存在形式上的变化。形式上修改对象一般包括：(1)错别字、标点符号错误；(2)依常理、常识即可以判断的显而易见的错误，如日期写成了2月30日；(3)依据病历前后内容即可以判断的错误，如患者姓名"张山"写成了"张三"；(4)其他对病历真实性无实质性影响的错误。

140. 病历内容实质修改是什么？

答：病历内容实质修改，是指病历内容修改后导致患者的健康信息、诊疗活动、参保信息发生了实质性变化。病历内容实质性修改应当慎重，一般情况下不得做实质性修改，仅在有证据证明时才可以做实质性修改。但在病历书写过程（未确定的病历）中出现实质性错误（如使用病历模板或者复制粘贴等导致记录与事实不相符）予以修改的情形除外。

141. 病历修正、补正是什么？

答：病历修正是指对病历内容进行修改更正。病历补正是指在已经完成的病历文件的基础上进行补充，做完善性更正。

142. 病历是否可以更改？

答：确定的病历文件原则上不得更改。如果发现病历文件内容确有错误、遗漏、不准确等情形，可以在原文件需要纠正的内容上划线标识，并在该内容旁以附注的方式进行纠正性记录，并说明补正的原因，补正者签名、注明日期。纸质病历如果无空间书写补正意见，可标注见补正页，并另附补正页。对符合电子病历条件的狭义上的电子病历进行补正，需在计算机服务器上对补正信息给予痕迹保留。归档的病历文件原则上不得更改。如果确有必要更改时，经本医疗机构管理部门批准，在规定的时间、指定的地点予以补正，补正方式同上款要求。

所谓确有必要更改的情形，是指与实际情况有出入的病历记载内容可能实质性地影响患者权益，不得不进行补正。如后来反馈的最终病理诊断结论与手术诊断不一致，出院后才回报的检验、检查异常结果等，可能影响患者后续诊疗；病历中的错误、遗漏或不准确内容可能影响患者的医保、商保理赔、报销、就业、入学、入托等。

143. 病历修改、补正的一般要求是什么？

答：(1)纸质病历书写过程中，发现病历内容出现错误时，应当用双线划在错误的内容上，应当保留原记录清楚、可辨，并注明修改时间，修改人签名。不得采用刮、粘、涂、描、盖、贴等方法掩盖或去除原来的字迹。

狭义电子病历修改应当在电子病历系统中进行。电子病历系统应当设置医务人员书写、审阅、修改的权限和时限。实习医学生、试用期医学毕业生记录的病历，应使用本人账号操作，书写后应当由具有本医疗机构执业资格的临床带教教师和指导医师审阅、修改并予确认，方能作为正式病历文书。上级医务人员审阅、修改、确认电子病历内容时，电子病历系统应当进行身份识别、保存历次操作痕迹、标记准确的操作时间和操作人信息。

(2)病历书写完成后，患者病情、检查信息、医师查房意见有所改变，影响之前已经确定的病历文件原来的内容，需要补充、更正该内容时，可以采取补正的方式补充、更正，不得直接修改之前已完成的病历内容。

(3)病历文件修改者、医疗活动实施者有责任保证病历的真实性,对存在错误、遗漏、不准确的信息,有责任依法进行修改、补正;上级医务人员有审查修改下级医务人员书写的病历的责任。

144. 病历修改、补正的主体是谁?

答:病历修改、补正的主体必须是也只能是医疗活动的实施者、参与者,既包括亲自参加医疗活动的医师、护士、药师、医技人员等医务人员,也包括对患者进行查房、提供会诊意见等医疗活动的参与者。实习医学生、试用期医学毕业生等只能对即时病历文件进行修改。

145. 病历修改、补正的禁止情形有哪些?

答:如具有下列情形之一的,建议一般不做病历修改、补正:

(1)患者及其近亲属已经复印了病历的。

(2)发生医疗纠纷后,患方已经封存病历复印件的。

(3)公安司法机关办案需要已经调取病历原件或者复制件的病历。

(4)已经有病历书写者签名的打印病历,不宜对相对应的病历电子文档进行修改、补正。

(5)需要患者签字的文件,患者签字后,医务人员不得再作单方面修改,确有必要修改的,须在患者在场的情况下修改,并由患者签字确认。需要患者签字的文件,在患者签字前进行修改时,应由患者对此修改内容单独签字确认。

(6)其他可能引起对病历真实性质疑,以及对病历修改或补正行为的合规性产生怀疑,不宜对病历内容做修改、补正的情形。

146. 病历是否可以后补?

答:原则上不可以。因抢救急危患者,未能及时书写病历的,有关医务人员应当在抢救结束后6小时内据实补记,并加以注明。

147. 个体诊所大夫是否可以不写病历?

答:不可以,不能因为诊所小就不出具病历。

148. 门诊病历中是否可以没有既往史和查体内容?

答:不可以。门(急)诊病历记录分为初诊病历记录和复诊病历记录。

（1）初诊病历记录书写内容应当包括就诊时间、科别、主诉、现病史、既往史、阳性体征、必要的阴性体征和辅助检查结果、诊断及治疗意见和医师签名等。

（2）复诊病历记录书写内容应当包括就诊时间、科别、主诉、病史、必要的体格检查和辅助检查结果、诊断、治疗处理意见和医师签名等。

（3）急诊病历书写就诊时间应当具体到分钟。

第三节　病历保管

149. 病历由谁保管？

答：门（急）诊病历原则上由患者负责保管。医疗机构建有门（急）诊病历档案室或者已建立门（急）诊电子病历的，经患者或者其法定代理人同意，其门（急）诊病历可以由医疗机构负责保管。住院病历由医疗机构负责保管。

150. 病历的保管期限是多久？

答：门（急）诊病历由医疗机构保管的，保存时间自患者最后一次就诊之日起不少于15年；住院病历保存时间自患者最后一次住院出院之日起不少于30年。

151. 病历丢失怎么办？

答：病历丢失可以分为部分丢失和全部丢失两种情形。如果是部分丢失，因丢失病历导致实质性影响医疗鉴定开展的，负有保管病历义务的一方需要承担败诉的法律后果。如果是全部丢失，则一般应由丢失一方承担不利后果。

152. 封存的病历由谁保管？

答：封存的病历资料按照规定应由医疗机构保管。病历放入信封或文件袋后，用胶水粘牢所有开口并贴上封条，然后双方在封条上盖章签字，并注明年月日。

第四节 病历复制

153. 谁可以复制病历？

答：(1)为患者提供诊疗服务的医务人员，以及经卫生健康行政部门、中医药管理部门或者医疗机构授权的负责病案管理、医疗管理的部门或者人员可查阅、复制患者病历；

(2)其他医疗机构及医务人员因科研、教学需要查阅、借阅病历的，应当向患者就诊医疗机构提出申请，经同意并办理相应手续后方可查阅、借阅；

(3)患者本人或者其委托代理人；

(4)死亡患者法定继承人或者其代理人。

154. 患者查阅、复制病历的范围包括哪些？

答：患者可以复制全部病历。患者查阅、复制病历资料的范围包括但不限于门诊病历、住院志、体温单、医嘱单、化验单（检验报告）、医学影像检查资料、特殊检查同意书、手术同意书、手术及麻醉记录、病理资料、护理记录以及国务院卫生主管部门规定的其他属于病历的全部资料。

155. 病历复制有哪些形式？

答：病历复制的形式，包括但不限于对纸质病历进行复印、扫描等，电子病历可以打印纸质文件，也可以制作成可以用通用阅读软件阅读但不能修改的电子文件等，建议在打印或制作电子文件时添加医疗机构名称水印作为标识。

156. 去哪里复制病历？

答：患者住院期间，复制病历需与具体住院科室协调；患者出院的，可以直接到病案室复制病历。

157. 复制病历需要提供哪些材料？

答：(1)患者本人申请复制病历时应当提供其有效身份证明。

（2）患者代理人申请复制病历时，应当提供患者和代理人身份证明，以及代理关系的法定证明材料和授权委托书。

（3）死亡患者法定继承人申请复制病历，应当提供患者死亡证明和死亡患者法定继承人的有效身份证明，死亡患者与法定继承人关系的法定证明材料。

（4）法定继承人代理人申请复制病历时，应当提供死亡证明，法定继承人及其代理人的有效身份证明，死亡患者与法定继承人关系的法定证明材料。代理人与法定继承人的委托代理关系证明材料及授权委托书。

158. 医疗机构不让患者复制病历时，患者如何权利救济？

答：复制病历是患者的一项法定权利，如果医疗机构不配合，患者可以向卫生健康主管部门投诉，卫生健康主管部门依法应当受理。

159. 医疗机构不让患者复制病历是否存在法律风险？

答：医疗机构没有正当理由，拒绝患者复制病历的，可能面临警告甚至吊销医疗机构执业许可证的法律风险；相关主管人员和直接责任人员没有正当理由，拒绝患者复制病历的，则可能面临行政处罚甚至吊销执业证书的法律风险。

第五节　病历封存

160. 为什么既要复制病历又要封存病历？

答：病历是由医院保管的，发生医疗纠纷后，为了避免医疗机构对病历进行涂改、伪造、隐匿，患者及家属复印和封存病历资料，这样可以有效避免病历原貌被改变，使病历资料的真实性、完整性不受破坏。避免病历被修改，从而影响案件事实的认定，患者需要在复制病历的同时，对全部病历进行封存。只有将全部病历复制封存，才可以确保其真实性。

161. 去哪里封存病历？

答：患方应到就医医院的医务处（科）提出封存病历的要求。

162. 发生医疗纠纷医疗机构是否有主动封存病历的义务？

答：实务中，对此存在两种不同的观点：一种观点认为，在患者申请封存病历时，医疗机构有配合封存的义务，而没有主动进行封存的义务。另一种观点认为，发生医患纠纷时，医疗机构有主动进行封存病历的义务。在发生医疗纠纷之后，医疗机构应当主动告知患者有封存病历的权利，避免因处理不当而导致被判承担法律责任。

163. 封存的病历是原件还是复印件？

答：既可以封存病历原件，也可以封存病历复印件，封存的病历资料由医院保管。实务中，封存的病历一般是原件，但病历原件封存之后，可能会影响病历的书写和管理。比如抢救记录，根据规定可以在抢救之后 6 小时内补记。

164. 封存病历需标注的内容有哪些？

答：封存病历，通常情况下应当封存完整的病历，因此封存袋背面最好列清封存内容目录，如病程记录、手术记录、护理记录等，并注明封存为完整病历。如果是因为尚在住院期间，还有病历资料因为治疗未结束无法封存的，可封存现有部分，并标注为不完整病历，最好注明还有哪些病历未封存。

165. 对仍然在住院治疗期间的患者如何封存病历？

答：患者仍然在住院治疗期间的，为了不影响医院对病历的使用及管理，可以封存病历的复印件，复印件上应加盖医疗机构公章。

166. 纸质病历封存时的封存要求有哪些？

答：依法需要封存病历时，应当在医疗机构或者其委托代理人、患者或者其代理人共同在场的情况下，对病历共同进行确认，签封病历复制件或原件。

167. 医疗机构申请封存病历时应如何做？

答：医疗机构应当告知患者或者其代理人共同实施病历封存；但患者或者其代理人拒绝或者放弃实施病历封存的，医疗机构可以在公证机构公证的情况下，对病历进行确认，由公证机构签封病历复制件。

168. 电子病历封存时的封存要求有哪些？

答：依法需要封存电子病历时，应当在医疗机构或者其委托代理人、患者或者其代理人共同在场的情况下，对电子病历共同进行确认，并进行复制后封存。

169. 封存的电子病历复制件必须是电子版吗？

答：封存的电子病历复制件可以是电子版；也可以对打印的纸质版进行复印，并加盖病案管理章后进行封存。

170. 封存的电子病历复制件应满足什么要求？

答：封存的电子病历复制件应当满足以下技术条件及要求：(1)储存于独立可靠的存储介质，并由医患双方或双方代理人共同签封；(2)可在原系统内读取，但不可修改；(3)操作痕迹、操作时间、操作人员信息可查询、可追溯；(4)其他有关法律、法规、规范性文件和省级卫生健康行政部门规定的条件及要求。

171. 封存后电子病历的原件是否可以继续使用？

答：封存后电子病历的原件可以继续使用。

172. 电子病历尚未完成需要封存时怎么办？

答：病历尚未完成，需要封存时，可以对已完成的电子病历先行封存，当医务人员按照规定完成后，再对新完成部分进行封存。

173. 抢救急危患者时未能及时书写病历，就要求封存怎么办？

答：因抢救急危患者，未能及时书写病历的，有关医务人员应当在抢救结束后6小时内据实补记，并加以注明。

174. 医疗机构可否自行启封病历？

答：自病历封存之日起满3年，病历资料封存的医疗纠纷已解决或患者未再提出解决医疗纠纷要求，主张医疗损害责任权利的，医疗机构可以自行启封。

175. 封存记录和启封记录的内容是什么？

答：封存时间，封存地点，封存参加人，具体实施事项，操作实施的方法、步骤。要有参加封存人员或者其代理人的亲笔签名、盖章，并注明时间。启封记录的内容可以参照封存记录,不同的是,如果没有患方参加,一定要有见证人在场。

176. 医疗物品的封存要求有哪些?

答:疑似输液、输血、注射、药物等引起不良后果的,医患双方当事人应当共同对现场实物进行封存和启封,封存的现场实物由医疗机构保管。

177. 医疗物品需要检验的应如何做?

答:需要检验的,应当由双方当事人共同指定的、依法具有检验资格的检验机构进行检验;双方当事人无法共同指定时,由卫生健康行政部门指定。

178. 需要对血液进行封存保留的应如何做?

答:疑似输血引起不良后果,需要对血液进行封存保留的,医疗机构应当通知提供该血液的采供血机构派员到场。

179. 医疗机构可否自行销毁封存的物品?

答:自封存之日起满3年,患者未主张医疗损害赔偿责任的,医疗机构可以销毁封存的物品。

180. 医疗机构不让患者封印病历时,患者如何权利救济?

答:从原则上来说,医院应当应患方的要求提供病历资料,并且提供完整的病历资料,如果医院表示过几日再来,那么家属需要注意,不要因此同意医院说辞,几天的时间里,医院很可能修改、篡改或者补写未按规定时间写好的病历,因此家属态度要强硬,如果遭拒,可向该院所在地区的卫生局医政处(科)举报,要求卫生行政机关督促医院履行义务。如果是在下班以后要求封存病历,可以要求值班医生通知医院总值班到场,共同进行病历的封存。

181. 封存病历应当重点关注什么?

答:患方首先要点清病历页数并编码,病历调来后,由于病历内容多、专业性强,患方也很难在短时间内看明白,所以患方需要注意的是清点病历页数,并在封存的信封上注明。

182. 参与封存病历的人员应注意什么?

答:参加封存病历的人员,建议加入作为见证人的第三方参加封存,可以避免上述互不信任、缺乏封存全程监督造成的诸多问题。

183. 制作规范的密封条应注意什么？

答：密封条上签名的人员、时间、地点应与封存记录上一致。

184. 封存的病历不完整有什么不利后果？

答：(1) 如果封存的病历缺失重要的内容，如主观病历、手术记录、知情同意文件，那就无法还原诊疗经过，甚至无法用来分析医院是否有过错责任、无法进行医疗损害鉴定，这肯定会对患方维权、举证带来不利后果。

(2) 如果没有封存的病历不重要，一般可以推定是医务人员工作失误没有放进去，如某一张化验单、护理记录单、血糖记录单、临终心电图，或者忘记打印的会诊单、死亡病例讨论记录，这对还原诊疗经过、分析或鉴定医院过错责任没有影响，不会有不利后果。

(3) 如果没有封存的病历是案件关键病历，如漏诊心肌梗死的心电图、未识别出胎儿宫内窘迫的胎心图，因未被执行造成损害的会诊意见，患者同意实施某项治疗而未实施的书面签字同意书等，这些对认定过错责任起着关键作用的病历缺失，肯定会带来不利后果。

185. 封存的病历不完整怎么办？

答：(1) 如果封存病历中缺失的病历不重要，经专业人士分析不影响案件结果，不建议患方揪住封存工作缺陷向法院主张医院承担全责，因为对于法官来说，医疗损害责任纠纷的核心是就医院是否存在过错及责任的专门性问题进行鉴定、依据鉴定结果判决，不管病历是否在封存环节存在瑕疵，只要不影响鉴定，患方就应该主动配合完成鉴定，除非病历不符合法定的检材要求。

(2) 如果封存病历中缺失的病历很关键，是核心病历或对责任认定起关键作用的病历，那一定要通过各种方式完整获取，在不能评估医院是否存在过错责任前，要求医院重新封存复印病历，医院不配合也要通过卫健委将完整病历获取；在了解医院存在明显过错责任的，医院拒不配合提供完整病历的，穷尽了诉讼之外的办法的，可以直接起诉，通过法院的职权调取完整病历，如果医院仍不配合，法院一般都会判决医院承担全部责任。

186. 封存病历时已确认是完整病历的怎么办？

答：如果封存病历的时候医院承诺已经将完整（或所有）病历封存，或者封存目录包括了所有的病历，在后面纠纷处理过程中，医院又拿出了部分病历，建议不认可新增病历的真实性，这一主张法院一般会支持，如果因病历不完整或导致关键问题产生争议，一般是由医院承担不利后果。总之，病历封存不完整如何应对，关键还是看缺失的病历对案件处理是否有影响，并不是因为封存程序有瑕疵（除非有证据证明当时医院承诺封存的是完整病历），就可以利用起来让医院承担责任，实践中封存不完整反而给患方维权带来种种不利局面。

187. 哪些病历资料，医方可提出延时复印、封存？

答：当患方向医疗机构提出复印、封存病历的要求时，医疗机构可能提出，由于时间仓促，病历资料还没有完成。所以，患方需要注意法律对于病历书写的特殊规定，除以下几种病历资料外，其他病历资料医疗机构应当在患方提出复印、封存要求时提供：

（1）因抢救急危患者，未能及时书写病历的，有关医务人员应当在抢救结束后 6 小时内据实补记，并加以注明。

（2）手术记录应当在术后 24 小时内完成。

（3）首次病程记录应当在患者入院 8 小时内完成。

（4）主治医师首次查房记录应当于患者入院 48 小时内完成。

（5）接班记录应当由接班医师于接班后 24 小时内完成。

（6）转入记录由转入科室医师于患者转入后 24 小时内完成。

（7）入院记录、再次或多次入院记录应当于患者入院后 24 小时内完成。

（8）出院记录应当在患者出院后 24 小时内完成。

（9）死亡记录应当在患者死亡后 24 小时内完成。

（10）24 小时内入出院记录应当于患者出院后 24 小时内完成。

（11）24 小时内入院死亡记录应当于患者死亡后 24 小时内完成。

另外，当患者还在住院治疗过程中，患方提出复印、封存病历时，医疗机构有时会提出为了不影响治疗，病历资料不能封存，在这种情况下，患方可以要求封存病历资料复印件。

188. 何时可以解封病历？

答：在有限时间范围内，医患双方可随时共同解封病历，但必须参与封存的人员到场后才能解封，如相关人员不能到场，其他人必须出示相应授权委托书才能参与解封。大部分解封是在医调委或法院解封，因为此时要走入下一步程序进行司法鉴定。

189. 病历启封的程序和要求是什么？

答：有以下情形之一时，可以启封病历：

（1）医疗纠纷处理机构需要查看病历资料，医患双方在场确认。

（2）医疗鉴定机构开展鉴定需要查阅病历资料，医患双方在场确认，或者鉴定委托机构认可。

（3）医疗纠纷已经解决，得到患者或其代理人的确认；建议医患双方在纠纷解决协议中明确解封病历时间的条款。

（4）医患双方约定了病历封存期限的，封存期限届满，在中立的第三方见证的情况下医疗机构自行启封。

（5）病历资料封存满3年，患者未提出解决医疗纠纷要求的，医疗机构可以自行启封。

（6）其他可以启封病历的情形。

启封病历时，应对病历封存状态完好情况和启封情况进行检查和记录，制作"病历启封笔录"，并由在场各方代表签字确认。

病历启封后，还可以根据实际需要按照病历封存的规定进行再次封存。

第六节　病历举证与质证

190. 医患双方谁有义务向法院提供病历？

答：在医疗纠纷中，医患任何一方保管病历资料的，均有义务向法院提供。

191. 当事人不提交病历资料怎么办？

答：当事人不提交由其保管的病历资料，将会构成对诉讼的妨碍并须承担由此产生的不利后果。如果因病历丢失、隐匿、拒绝提供或者伪造、篡改、销毁，从而导致无法通过医疗鉴定完成对医疗损害侵权要件事实认定的，则保管病历一方应当承担提供证据不能所引发的不利后果。

192. 患方否认曾经持有过门诊病历手册怎么办？

答：原则上医方应举证证明患者就医时使用门诊病历手册，否则可能承担不利后果。医方可以使用《门诊病人就诊登记本》等方式，规范门诊病历制度，以解决举证问题。

193. 医疗纠纷中患方保存的 CT、X 片等影像学资料丢失应如何做？

答：(1) 尝试寻找备份。仔细回忆当初获取影像学资料的地方，看是否有可能存在备份。

(2) 向医疗机构寻求帮助。请求医疗机构重新出具或查阅，及时与涉事医疗机构沟通，说明情况并请求他们协助。医院通常会保留患者的检查记录，虽然可能无法提供原始的影像学胶片，但可以通过医院的信息系统重新打印影像报告或提供电子图像。

(3) 法律途径。若以上方法都无法找回丢失的影像学资料，可申请法院调取。

194. 病历质证是什么？

答：病历质证是指在审判人员的主持下，由案件的一方当事人对对方提交到法庭的病历证据材料进行审查、核对、辨认等，从而对其真实性、合法性和关联性进行判断，对无异议的病历证据材料予以认可，有异议的进行质疑和询问，进行对质核实，以确认其证明力的诉讼活动。

195. 病历质证是否重要？

答：证据应当在法庭上出示，并由当事人互相质证。未经质证的证据，不能作为认定案件事实的依据。在民事审判实践中，质证是一个极其重要的程序，也是当事人法定的诉讼权利。质证可以充分发挥当事人在民事审判中的作用，通过一方当事人对另一方当事人提交的证据材料进行审查和核实,帮助法庭查明事实真相,从而为作出正确的裁判奠定基础。病历是对诊疗活动的原始记载,是进行医疗损害责任鉴定最主要的依据,也是医疗纠纷案件处理中最重要的证据材料。因此,在医疗纠纷案件的处理中通过质证对病历的真实性进行确认就成为非常重要的问题。

196. 病历质证应围绕什么进行?

答:质证时,当事人应当围绕病历的真实性、关联性、合法性,针对证据证明力有无以及证明力大小,进行质疑、说明与辩驳。

197. 病历质证的焦点是什么?

答:关于病历的质证,焦点一般是围绕医患双方对移送鉴定的病历是否存在伪造、篡改的情形。

198. 患方在对病历真实性进行质证过程中应注意什么?

答:(1)在对病历进行审查时应尽可能查看病历原件;

(2)在对病历进行审查时应着重审查案件的焦点部分;

(3)在对病历进行审查时针对关键问题和可疑情况应进行逻辑分析和前后对比。

199. 病历审查查什么?

答:法官对病历资料的审查,是指对证据"三性"的审查。在具体审查过程中,真实性的审查是最为重要的,法官一般也最关注证据的真实性,病历是否真实,主要质证的依据是病历书写、保管是否符合相关法律、法规的规定。

200. 病历审查为什么应尽可能查看病历原件?

答:即使是病历已经封存的情况下,由于封存病历只能使病历在封存之后的状况被固定,封存之前病历的真实性是否存在疑问尚不可知,因此,在对病历进行质证时应尽可能查看原件。只有对原件进行检查和核实,才可能发现病历是否进行过删改和变动,复印件是很难发现问题的。

201. 病历审查为什么应着重审查案件的焦点部分?

答:病历资料一般包括众多的内容,特别是疑难、复杂的病例,病人住院时间长,病历资料多。面对如此众多的病历资料,如果每一页都仔细的研究,不仅仅是时间问题,更重要的是面面俱到的同时,可能反而忽略了对重要资料的研究。因此,作为患方的律师,应具有从众多的问题中抓住主要问题的能力,着重审查案件的焦点部分,这样可起到事半功倍的效果。

202. 在对病历进行审查时针对关键问题和可疑情况应注意什么?

答:具体来说,在对关键问题和存在可疑情况的病历资料进行审查时,应注意对病历资料进行前后对比分析和研究,看它们之间是否相吻合,是否有相互矛盾之处,从而更好地找到问题的突破口。

第七节 病历司法审查

203. 病历司法审查是什么?

答:病历司法审查是指在医疗纠纷诉讼过程中,法官依据规定对病历书写、管理的有关事项进行司法审查,以判定病历书写、管理是否符合规范,能否作为医疗鉴定的检材,是否需要承担法律责任。

204. 病历审查的原则是什么?

答:判断病历异议的法律依据、审查病历异议的要点和病历异议成立的后果。

205. 医疗机构因病历问题所致败诉的情形有哪些?

答:医疗机构因病历问题所致败诉大概可以归纳为三种类型:一是丢失、隐匿、销毁、拒绝提供病历;二是伪造、篡改病历;三是病历书写不规范。

206. 丢失、隐匿、销毁、拒绝提供病历怎么办?

答:医疗机构未提供病历(包括丢失、隐匿、销毁等情形),必然导致鉴定机构无法对医患双方讼争的医疗损害要件事实进行鉴定分析,一般情况下,将会导致医疗机构全面败诉的法律后果。该情形下,医疗机构败诉并非基于诊疗行为的过错,而是因为不履行或者不能履行提供病历的法定义务。

207. 伪造、篡改的病历是否会被排除作为鉴定的检材？

答：伪造、篡改的病历一般会被排除作为鉴定的检材。这种情况下需要区分两种情形：

（1）被法院认定为伪造、篡改的病历被排除出鉴定检材范围后，如果不会实质性影响医疗鉴定的，即鉴定机构仍然可以根据其余的病历，对医患双方讼争的医疗损害要件事实作出鉴定意见的，则法院一般会参照鉴定意见划分医患双方的责任比例。

（2）被法院认定为伪造、篡改的病历被排除作为鉴定检材后，会实质性影响医疗损害鉴定的，则法院在多数情况下，会据此判决医疗机构承担全责；也有些法院根据案件具体情况，自由裁量医患双方的责任比例。

208. 伪造病历如何认定？

答：伪造病历主要表现在对于患者没有进行诊疗的事项进行虚假编造。医疗机构在主观上具有通过虚构诊断事项、掩盖真实的诊疗情况，从而逃避相关法律责任，或者谋取非法利益。如医生事后补写病历资料（但是医护人员根据《病历书写基本规范》规定的时间内书写病历的情形除外），删除对于医疗机构不利的记录；再如伪造患者没有进行检查的化验单、CT报告单；或者由护士代医生进行签字、医护人员冒充患者或者患者家属进行签字，均属于伪造病历资料的情形。

209. 篡改病历如何认定？

答：病历书写过程中出现错字时，应当用双线划在错字上，保留原记录清楚、可辨，并注明修改时间，修改人签名。不得采用刮、粘、涂等方法掩盖或去除原来的字迹。那么对于篡改病历资料的情形就在于能从病历资料中分析出医疗机构对病历进行了违规修改，如不规范的缩写和描述，如对于某种注射药物的每日每次用量进行了修改，而该药物的用量超标可能导致患者产生严重过敏或者副作用；再如对于患者的既往病史、手术记录、护理记录等进行篡改。当然篡改病历资料主观上也是隐瞒真相。

210. 伪造、篡改病历的民事法律责任如何承担？

答：（1）如果在诉讼程序中，患者已经初步举证证明医疗机构存在伪造、篡改病历的事实存在,而医疗机构又不能作出合理解释说明的,一方面反映了医疗机构的恶意,另一方面使患者难以取得与医疗纠纷有关的证据资料,那么再让患者举证已经属于强人所难,因此可以直接推定医疗机构存在过错。

(2)如果在诉讼过程中,因为患者一方坚持对医疗机构的病历资料的真实性存疑,而导致鉴定不能或者鉴定被终止的情形,那么法院可以依据规定作出过错责任推定。即人民法院应当依据有关规定,进行认定医疗机构是否存在过错,可以综合考虑患者病情的紧急程度、患者个体差异、当地的医疗水平、医疗机构与医务人员资质等因素进行自由裁量。人民法院可以根据案件中具体证据,综合判断医院是否尽到合理的诊疗义务,从而酌定医疗机构和患者方各自承担的责任比例。

211. 病历书写不规范怎么办?

答:司法实践中,医疗机构因病历书写不规范的,法院在移送鉴定前,同样需要和对待伪造、篡改的病历一样,通过证据规则或者司法鉴定的方式,对书写不规范的病历能否作为鉴定检材以及是否会实质性影响医疗鉴定进行判断。如果构成实质性影响,则推定医疗机构承担全部责任;如果不构成实质性影响,则参照鉴定意见划分医患双方的责任。

212. 认定病历书写不规范有何作用?

答:病历书写不规范虽然不会直接导致患者损害后果的发生,却可以用来评价医疗机构的过错程度,而医疗机构的过错程度越高,则需要承担的责任比例也将越大。

213. 医院无法提供病历资料时,患方应如何做?

答:病历资料是医疗损害赔偿纠纷案件的关键证据,当事人应当对此充分重视。在起诉前要求复印封存病历资料,但在医院无法提供的情况下,应当向医院要求书面证明。

(1)医院出具病历资料遗失的书面证明是有力的证据,可以提交给法庭,要求被告据此承担全部责任;

(2)在要求复印封存时,医院无法提供病历资料,于是要求出具书面遗失证明,这份书面证明也可同时证明曾要求过封存病历,而医院没有进行封存,如果今后医院再行提供病历资料,可对病历资料的真实性不予认可;

(3)在要求医院提供病历资料时,医院拒不提供,这到底是病历资料确实遗失,还是医院故意不提供,待患者离开后进行篡改,都有可能,在第一时间要求医院出具书面证明,医院只能选择要么提供病历资料,要么出具书面遗失证明,这让医院失去了篡改病历的机会。

所以,当事人不仅要了解如何复印封存病历资料,还要了解在医院无法提供病历资料时,应当向医院要求书面证明。

214. 是否只要病历存在问题,医疗机构就要承担不利后果?

答:涉案病历资料存在下列瑕疵的,人民法院应当区分情况作出处理:

(1)当事人以伪造、篡改、销毁或其他不当方式改变病历资料的内容,致使诊疗行为有无过错或者诊疗行为与损害后果之间是否存在因果关系无法认定的,应当承担相应不利的诉讼后果;

(2)病历资料内容存在明显矛盾或错误,制作方不能做出合理解释说明的,应当承担相应不利的诉讼后果;

(3)病历书写仅存在错别字、未按病历规范格式书写等形式瑕疵的,不影响对病历资料真实性的认定。

第三章

尸体检验

第一节 尸检概述

215. 什么是尸检?

答:尸检即尸体解剖,是对已经死亡的机体进行剖验以查明死亡原因的一种医学手段。

216. 为什么要做尸检?

答:尸检是查明死因最科学、客观的方法,对于解决死因不明或对死因有异议而发生的医疗纠纷具有无可替代的作用。在医疗纠纷案件中,涉及患者死亡而引发争议的案件占有很高的比例。在此种情况下,为了判断医疗机构的诊疗行为是否存在过错,特别是其行为与患者死亡之间是否具有因果关系,就需要查明患者的死因。假如无法明确患者死因,则鉴定机构通常无法对因果关系要件作出鉴定,或者只能出具倾向性的鉴定意见,这往往会给医疗纠纷的审判带来麻烦。由于临床误诊率客观存在,有些患者的死亡原因医疗机构也无法确认。在死因不明的情况下,必然会影响对因果关系要件的判定。

217. 所有患者死亡的病例,都要进行尸检吗?

答:显然是否定的。只有当医方无法明确死亡原因或者患方对死亡原因有异议的,才有进行尸检的必要。在理论层面上,有可能是患者没有异议,而医疗机构有异议(或无法确定);也有可能是医疗机构没有异议,而患者家属有异议。无论哪种情况,只要其中一方对死亡原因有异议,则医疗机构都有向患者近亲属提示进行尸检的义务,患者近亲属则有配合进行尸检的义务。

218. 哪些情况一定要申请尸检?

答:(1)死因不明,特别是医院在死亡诊断上没有写明确病因性诊断的,打了问号的情形;

(2)不是在医院死亡的,没有医疗机构开具明确死亡原因的,或只有居委会等机构开具"因病死亡"而死亡前没有医疗机构出具明确出院诊断的;

(3)患方对医院出具的死亡诊断有异议的。

如果这三种情形患方不申请尸检查明死因,那么败诉可能性较大。

219. 尸检在什么地点进行?

答:患者在医疗机构内死亡的,尸体应当立即移放太平间或者指定的场所。尸检可以在医院的太平间进行,也可以在具备条件的殡仪馆进行,患方可以根据案情和实际情况选择尸检地点。

220. 尸检的费用是多少?

答:尸检费用一般较高,一般为1.5万~2万元。

221. 尸检费用由谁承担?

答:大多由委托方垫付,患方也可与医疗机构协商由医疗机构先行垫付,但均可以在诉讼过程中由法院判决根据责任比例分担。

222. 尸体解剖有哪几种?

答:尸体解剖分为普通解剖、法医解剖和病理解剖三种。在医疗纠纷中,一般进行的是病理解剖。

223. 尸检过程中,患方可以做什么?

答:尸检时,法医都会对尸检过程进行拍照或录像。患方可以在现场观察尸检过程,也可委托代表观察尸检过程。为便于法医查明死因,患方还需向尸检机构提供患者病历资料,也可以同时提供一份就诊治疗经过。

224. 医患双方必须委派代表观察尸检吗?

答:不是必须委派代表参加。医疗纠纷争议双方当事人可以请法医病理学人员参加尸检,也可以委派代表观察尸检过程。

225.《死亡医学证明书》是否可以作为判断患者死亡原因的依据?

答:实务中,有人认为《死亡医学证明书》可以作为判断患者死亡原因的依据,这种认识是错误的。根据《医疗机构管理条例实施细则》第16条规定,"医疗机构为死因不明者出具的《死亡医学证明书》,只作是否死亡的诊断,不作死亡原因的诊断。如有关方面要求进行死亡原因诊断的,医疗机构必须指派医生对尸体进行解剖和有关死因检查后方能作出死因诊断"。该条规定明确指出,《死亡医学证明书》只是对患者死亡的医学临床诊断。在死因被作为关键问题进行审查的时候,《死亡医学证明书》不能作为判断患者死亡原因的诊断。如果要明确死因,必须通过尸体解剖等检查。

从证据学的角度出发,《死亡医学证明书》是医疗机构根据自己对病例的认识,单方面出具的医学文书。在诉讼过程中,它只能被法院视为医疗机构自己给自己出具的证据材料,不具有充分的证明力。而且,医患双方对专业医疗问题认知水平存在明显差异,不能排除医疗机构对患者死因查明方面的举证责任。因此,如果存在因为患者死亡而引发争议,甚至是可能引发争议的情况,医疗机构都有向患者提示尸检的义务。医疗机构仅凭《死亡医学证明书》,而未尽到向患者提示尸检的义务,或者没有证据证明尽到该义务时,均有可能被视为存在过错,并被判承担不利后果。

226. 谁可以提出尸检请求?

答:患者死亡时,对死因不明或者对死因有异议的,医患双方均可以提出尸检的请求,但对于尸检应当由谁先提出、未进行尸检的法律后果应当由谁承担等问题均未作出明确的规定。患者死亡后,其家属往往处于悲痛之中,再加上医学及法律知识欠缺,往往很难及时提出尸检请求。而医疗机构则认为,自己没有主动提出尸检的义务,故也不会提出尸检的请求,从而导致错过尸检的有效时间。

227. 尸检是否需要医患双方共同委托?

答:一方委托鉴定机构也会受理,鉴定意见一般医疗机构也不会提出异议,如有异议可告知另行对尸检留存标本进行重新鉴定,不过需在标本留存有效时间内进行,所以尸检结果出来后,尽快将报告书递交双方,告知其重新鉴定事由。

228. 未进行尸检有什么不利后果?

答:实务中,如果未进行尸检,则鉴定机构一般不接受委托进行相应的医疗鉴定,其理由是死因无法明确,无法对诊疗行为与死亡后果之间是否具有因果关系进行判断。故在发生患者死亡的案件中,假如鉴定机构拒绝接受委托进行医疗鉴定,则法院必然面临一个问题,即应由谁对患者的死亡原因承担举证责任。因此,一旦发生医疗纠纷,因未进行尸检导致鉴定机构无法进行医疗鉴定的情况下,死亡原因的举证责任往往会成为争议的焦点。

229. 患者死亡后未尸体解剖,鉴定人如何认定死因?

答:在国内法医学死因分类中,一般将死因分为根本死因、直接死因、辅助死因、诱因和联合死因。根本死因指引发患者死亡的初始疾病或暴力因素。直接死因指因根本死因导致的致命性并发症引发的死亡。辅助死因指该因素本身不会致命,但在患者死亡中起到辅助作用。诱因指诱发身体潜在疾病恶化引发死亡的原因。联合死因指两种以上足以致死的因素联合发生导致的死亡。在没有进行尸体解剖检验时,为了正确处理医疗纠纷,需要鉴定人根据现有的相关资料,包括病历资料及医患双方陈述,全面了解患者的年龄、性别、职业、既往病史、家族史、死亡时间、地点、死亡前表现、病情发生发展经过等进行综合分析患者的死因,分析思路应具备逻辑性,最重要的是进行确认医院的诊疗过错行为在患者死亡后果中是属于死因分类的哪一种。

第二节 医患双方在尸检中的权利和义务

230. 医疗机构是否有告知患者近亲属进行尸检的义务?

答:根据《医疗纠纷预防和处理条例》第23条第2款规定,发生医疗纠纷且患者死亡的,医疗机构应当告知其近亲属有关尸检的规定。

231. 患方是否享有尸检知情同意权？

答：在发生患者死亡的案件中，只要医方不能确定患者死亡原因或者患方对患者死亡原因有异议的，医方就有告知患方可以通过尸检明确死亡原因的义务，而患方享有该知情权。

232. 医方是否有要求患方配合尸检的权利？

答：当医方无法明确死亡原因时，医方可以要求患方进行尸检以明确死亡原因，此即医方有要求患方配合尸检的权利。如果患方拒绝配合尸检，导致死亡原因无法查明，进而影响诊疗行为与死亡后果之间因果关系的认定，则应由患方承担相应的不利后果。

233. 患方是否有配合尸检的义务？

答：患方有决定尸检与否的权利，该权利同时也是义务，当医方要求通过尸检明确死亡原因时，患方有配合尸检的义务。当然，患方也可以拒绝配合尸检，如因此导致死亡原因无法查明，进而影响案件事实认定的，该不利后果由患方承担。

234. 拒绝或不配合尸检的有什么法律后果？

答：因拖延尸检、不同意尸检或拒绝尸检影响死因判定的，由不同意、拒绝或者拖延的一方承担责任。

235. 尸检的告知对象是谁？

答：尸检告知对象只能是死者近亲属，近亲属包括配偶、父母、子女、兄弟姐妹、祖父母、外祖父母、孙子女、外孙子女。

236. 无法辨别谁才是死者近亲属时医疗机构应如何履行告知义务？

答：常见做法是在患者意识清醒时，让其签订授权委托书，委托近亲属作为代理人，代为处理相关事宜。更重要的是，要让患者明确代理人的身份信息，并且作出类似如下备注：患者确认李某系其近亲属，二者系父女关系，李某同意作为患者住院期间的代理人，代其处理相关授权委托事宜。假如患者因各种原因导致死亡的，在医务人员向代理人告知对死亡原因有异议可以进行尸检以明确死亡原因时，其应当在告知书上签字。

237. 医院应该告知哪些尸检有关规定？

答：(1)患者的具体死亡诊断是什么，导致患者死亡的原因(直接原因和间接原因)是什么，死亡原因是否明确，以便患方考虑是否提出死因异议。如果仅在告知书上写"患者死亡"，而没有任何诊断，应当属于告知不到位。

(2)告知《医疗纠纷预防与处理条例》第23条、第26条的具体内容，如果仅在告知书上用格式条款写"根据有关法律规定，应当进行尸检查明死因"，关于时间窗、承担尸检任务的机构、不尸检的法律责任或后果均没有告知，应当属于告知不到位。

238. 医疗机构应以什么方式告知尸检？

答：尸检告知方式一般为书面告知，口头告知可能构成无效告知，只有书面形式才更能体现知情同意权的内在要求，患者的知情同意权对应的是医疗机构的说明与告知义务。医疗机构不仅要告知患方结果，还要向其说明原因，以弥补患方医学知识的欠缺，尽量减少信息不对称，以便患方更好地作出决策。

239. 完整的尸检告知书应包括什么内容？

答：尸检的目的、尸检的时限、尸检单位、尸检费用承担、拒绝或者不配合尸检的法律后果。

240. 医疗机构在告知患者近亲属尸检时应注意什么？

答：实务中，有的患者近亲属在医务人员向其告知尸检时，拒绝在告知书上签字，而医务人员也仅在病历上作出患者近亲属拒绝签字的备注。需要指出的是，医务人员的此种做法并不能使自己免责。从证据学角度看，病历只是医务人员的单方记载，在证明该事项时，并不当然具有证据效力。医方在向死者近亲属履行告知义务时，可以做好相应的录音、录像工作。

241. 患方在接到尸检告知书后，如何处理？

答：患方在接到尸检告知书后一定要认真阅读相关条款及内容，结合患者病情发展慎重考虑尸检的必要性，特别是在死因不明或对医院死亡诊断有异议时，患方一定要积极启动尸检。患方在接到尸检告知书后，应当在尸检告知书上签字表示同意或不同意尸检。值得注意的是,若患方拒绝在尸检告知书上签字将被视为不同意尸检。

242. 医院未提示尸检,患方怎么办?

答:在医院未提示尸检的情况下,患方可以考虑直接提起诉讼,若案件因未行尸检导致案件事实不能查明的,医院可能会因未告知尸检而承担法律责任。

243. 患者死亡其近亲属拒绝在尸检告知书上签字,医疗机构怎么办?

答:如果其拒绝在告知书上签字,则医疗机构可以通过邮寄的方式向其送达告知书,并约定送达地址,医疗机构向该地址邮寄告知书视为送达。

244. 紧急情况下,医务人员无法知晓患者近亲属怎么办?

答:此时医务人员应当依照医疗机构的内部管理规定,及时上报相关信息。而医疗机构则应尽量通过卫生健康主管部门等单位,寻找患者近亲属,及时履行相应的告知义务。

245. 患者死亡初期,医患双方对患者的死亡原因均无异议,事后才对患者的死亡原因提出异议,或者有的鉴定人员以没有进行尸检无法明确死亡原因为由拒绝鉴定,此种情况下,应如何处理?

答:如果未进行尸检,不会实质性影响死亡原因判断的,则是否进行尸检并不会影响案件的处理。如果未进行尸检,已经影响到死亡原因判断,并进而影响到因果关系要件认定的,则此时是否进行尸检,已经不再是医学问题,而是转化成法律问题,即因未进行尸检导致的死亡原因不明的法律责任应由哪方承担?这种情况下,责任全部由一方承担明显不合理,因为医方进行尸检告知的前提是其无法明确死亡原因或者患方对死亡原因有异议,而患方配合尸检的前提是对死亡原因有异议,并且是在享有知情权的基础之上。因此,对于此种情况下的责任分配,宜按照公平原则出发,结合个案的情况,由法官进行合理分配。

第三节 尸检操作流程

246. 尸检的前提是什么?

答:患者死亡,医患双方当事人不能确定死因或者对死因有异议的,这是进行尸检的前提。

247. 尸检是否必须经死者近亲属同意并签字?

答:尸检应当经死者近亲属同意并签字。在民事纠纷案件中,患者家属有权拒绝进行尸检,其他单位无权强制尸检。

248. 尸检的时限是多久?

答:尸检应在患者死亡后48小时内进行,有条件的可以延长至7天。在正常的温度下,尸体的保存时间约为48小时,故须尽快进行尸检,以便在第一时间获得准确的证据。具备尸体冻存条件的,可以将时间延长至7天。要求在相对短的时间内进行尸检,最主要的原因是患者死亡后,由于机体内各组织、器官和细胞的生命活动终止,在各种因素的作用下会产生一系列的尸体现象,其中最常见的是腐败,而尸体腐败对尸检的影响极大,这不但会损害原有的病变特征,也会失去很多有价值的证据,会给尸检带来困难,使尸检结果失去可靠性。

249. 死亡超过 7 天是否不能进行尸检?

答:实务中,死亡超过7天不等于不能进行尸检,而是有可能因为机体、组织等发生变化而影响尸检的科学性。如果死亡超过7天不影响尸检的,则相应的尸检意见仍然可以采信。

250. 尸检机构有哪些?

答:尸检单位主要有以下几类:(1)卫生健康主管部门批准设置的具有独立病理解剖能力的病理科的医疗机构;(2)设有具备独立病理解剖能力的病理教研室或法医教研室的医学院校;(3)设有医学专业并具备独立病理解剖能力的病理教

研室或法医教研室的高等普通学校。

251. 承担尸检任务的机构应当具备什么条件？

答：(1)至少具有2名取得相应资格的病理解剖专业技术人员，其中至少1名为主检人员；

(2)解剖室业务用房面积不小于15平方米；

(3)具有尸检台、切片机、脱水机、吸引器、显微镜、照相设备、计量设备、消毒隔离设备、病理组织取材工作台、贮存和运送标本的必要设备、尸体保存设施以及符合环保要求的污水、污物处理设施；

(4)省、自治区、直辖市卫生健康主管部门规定的其他条件。

252. 尸检人员需要具备哪些资质？

答：(1)具有良好的业务素质和执业品德；

(2)受聘于规定的机构；

(3)具有病理解剖专业初级以上技术职务任职资格；

(4)省、自治区、直辖市卫生健康主管部门规定的其他条件。

主检人员除符合上述前两项条件外，还应当在取得病理解剖专业中级以上技术职务任职资格后，从事本专业技术工作2年以上。

253. 如何联系尸检机构？

答：一般来说，通过卫健委或医调委可以咨询到本地能进行尸检的鉴定机构，也可自行到司法厅官网上查询可进行尸检的鉴定机构，查询到联系方式后，可电话咨询是否能受理尸检，得到肯定答复后携带病历资料至鉴定机构前台申请即可。

254. 患方是否有权选择尸检机构？

答：患方除有权决定是否同意尸检外，同样有权选择尸检机构，但是其选择的尸检机构及人员必须具备相应的资质。

255. 选择哪类机构进行尸检比较好？

答：实务中，建议选择设有具备独立病理解剖能力的病理教研室或法医教研室的医学院校进行尸检,主要是因医学院校的病理工作者,既有系统性的理论知识,又有临床病理学实际工作经验以及多年参与尸体解剖的现场经验,能较为全面地将法医学与临床病理学有机结合起来,可以更客观、公正、有据地作出死因鉴定。

256. 医患双方可以聘请专家参与尸检吗?

答:医患双方可以聘请法医病理学人员参与尸检,也可以委派代表观察尸检过程。实务中,在进行尸检时,医患双方都可以请法医病理学人员参加尸检,也可以委派代表观察尸检过程,尤其是患方,聘请专业的人员参与尸检,可以避免因专业知识不足而陷入被动状态。

257. 尸检报告出具时间是多久?

答:尸检除对尸体解剖外,还需进行病理分析,鉴定机构在尸检时都会告知尸检报告的出具,一般在30~45个工作日,具体时限以鉴定机构通知的为准。

258. 尸检报告遗漏问题怎么办?

答:实务中,有些尸检报告可能会遗漏某些问题,一般情况下,医患双方均有权要求尸检单位进行补充检验或者说明。

259. 认为尸检报告存在错误的怎么办?

答:如果确有证据证明尸检报告存在错误,也可以要求进行重新检验。

260. 尸检后,患者遗体是否还有继续存放的必要?

答:尸检后,患者遗体没有继续存放的必要,可以正常处理患者的后事,尽早入土为安。有家属认为,对尸检结果不满意,尸体还可以二次尸检,但是根据法律规定超过7天后,就已经不具备尸检条件了,即便对尸检结论不服,申请也仅是对第一次尸体解剖时提取的相关组织进行二次鉴定,不会再对尸体进行二次解剖。

261. 尸检报告出具后,患方如何维权?

答:尸检报告出具后,患方应当找医学、法律的专业人士对病历资料及尸检报告进行分析评估,争取能找到医院过错点和其他存在的问题,对案件进行诉点和风险评估。

262. 医院没有诊断出死亡原因是否需要承担未行尸检带来的不利后果？

答：医院没有诊断出死亡原因不需要承担未行尸检带来的不利后果。医院没有诊断出死因的原因有多个，首先是基于诊疗条件有限，无法查明患者的病因及直接或间接死因；其次是患者临床表现过于隐匿、疑难，现有症状、体征、检查结果无法明确疾病诊断及死因；再次是鉴定机构做医疗损害鉴定的时候，认为临床诊断的死亡原因不能替代尸检的病理死因，仍然要求尸检；最后是医院的过错，如忽视重要症状、体征，或未根据诊疗规范及时完善检查，或者忽视重要异常检查结果，导致死亡原因未能明确，但是这个过错的认定仍然属于专门性问题，在走法律程序时仍需要鉴定，而鉴定的前提又是有明确的死亡原因，这就进入了死循环，还是需要患方同意尸检。

263. 能让医院承担未行尸检不利后果的情形有哪些？

答：唯一能让医院承担不利后果的情形是医院没有履行尸检有关规定的告知义务。所以，如果发生医疗纠纷或双方对死因有异议，医院没有告知尸检有关规定，因未行尸检导致的不利后果由医院承担。如果患方从医院的告知知晓了尸检有关规定的情况下仍放弃尸检，这一不利后果是由患方承担的，所以患方维权时一定要慎重考虑尸检问题，未行尸检很多时候会直接导致败诉。

264. 做过尸检后是否不再需要做司法鉴定？

答：尸检结论出来后需再进行医疗损害司法鉴定，两者并不等同，即使鉴定的死亡原因与医疗机构出具的死亡诊断不符，也并不说明医疗机构存在过错。

265. 逾期不处理的尸体，医疗机构怎么办？

答：逾期不处理的尸体，经医疗机构所在地卫生健康主管部门批准，并报经同级公安部门备案后，由医疗机构按照规定进行处理。《医疗事故处理条例》第19条对尸体的存放原则上规定了2周的最长期限。医疗纠纷与此后的有关停尸费的纠纷原本基于两个不同的法律关系，只是后者与前者有一定的联系，超过尸体存放2周后，医院不可因为医疗纠纷的存在使其承担长期保管尸体的义务。医疗纠纷得到解决后，医院无偿保管尸体的义务已消灭，家属若想要继续将尸体存放在医院,应当与医院另行达成保管尸体的协议。若拒不拉走,医院可依法向死者家属主张停尸费用。

266. 尸检与医疗事故技术鉴定的区别?

答:尸检不同于医疗事故技术鉴定。由于尸检在解决患者死亡引起的医疗纠纷中非常重要,所以有些人认为做了尸检就不用做医疗事故技术鉴定了,其实这种想法是错误的。尸检与医疗事故技术鉴定完全不同,尸检不能代替医疗事故技术鉴定。

(1)两者的鉴定机构不同。尸检机构是按照国家有关规定取得相应资格的机构。这些机构必须具有独立的病理解剖能力,参加尸检的人员仅限于病理解剖人员。而进行医疗事故技术鉴定的机构是各级医学会,参加医疗事故技术鉴定的人员是不同专业的医疗卫生技术人员,包括临床各科室的医生、护理人员以及其他技术人员及法医。

(2)时间的要求不同。由于尸体的特殊性,对尸检的时间有严格的要求,尸检必须在患者死亡后48小时内进行,具备尸体冻存条件的,可以延长至7日。而医疗事故技术鉴定没有严格的时间限制,只要案件没有超过行政处理的时限及诉讼时效的要求,在正常处理医疗纠纷时,双方当事人随时都可以申请医疗事故技术鉴定。

(3)鉴定的内容不同。尸检只对患者的死亡原因做出认定,并不就医疗机构对于患者的死亡是否有责任发表意见。而医疗事故技术鉴定是对整个医疗活动过程的正确与否进行认定,其鉴定内容包括:医疗行为是否违反了医疗卫生管理的法律、行政法规、部门规章和诊疗护理规范、常规;医疗过失行为与人身损害后果之间是否存在因果关系;医疗过失行为在医疗事故损害后果中的责任程度;医疗事故等级;等等。

(4)两者的法律意义不同。尸检报告只是患者死亡原因的一个客观反映,它并不对造成这种后果的原因进行探究,它可以成为医疗事故鉴定及进行诉讼时的一个重要证据,但不能直接认定医疗机构的过错。而医疗事故技术鉴定则要对医疗行为是否构成医疗事故做出直接认定,鉴定意见不仅可以成为解决医疗纠纷的重要证据,也可以成为卫生健康主管部门对医疗事故责任人进行行政处罚的依据。

第四章

医疗事故技术鉴定

第一节 医疗事故技术鉴定概述

267. 什么是医疗事故?

答:医疗事故是指医疗机构及其医务人员在医疗活动中,违反医疗卫生管理法律、行政法规、部门规章和诊疗护理规范常规,过失造成患者人身损害的事故。确定是否为医疗事故目前需要医疗事故鉴定委员会鉴定才能认定。

268. 什么是医疗事故技术鉴定?

答:医疗事故技术鉴定是当事人、卫生健康主管部门或者司法部门,为了解决医疗事故争议,委托医学会进行医疗事故技术鉴定。由医学会组织有关临床医学专家或法医学专家组成的专家组,运用医学、法医学等科学知识和技术,对涉及医疗事故的有关专门性问题进行检验、鉴别和判断并提供鉴定意见的活动。

269. 哪些情形不构成医疗事故?

答:有下列情形之一的,不属于医疗事故:

(1)在紧急情况下为抢救垂危患者生命而采取紧急医学措施造成不良后果的;

(2)在医疗活动中由于患者病情异常或者患者体质特殊而发生医疗意外的;

(3)在现有医学科学技术条件下,发生无法预料或者不能防范的不良后果的;

(4)无过错输血感染造成不良后果的;

(5)因患方原因延误诊疗导致不良后果的;

(6)因不可抗力造成不良后果的。

270. 医疗事故责任包括哪些方面？

答：(1)擅离职守或对急、危重病人借故推诿拖延，贻误诊治和抢救时机。

(2)诊治中遇到明知复杂疑难问题，不请示或不执行上级医师指导，擅自处理；或在抢救危重病人时，上级医师接到下级医师报告后不及时处理。

(3)手术治疗中开错部位、摘错器官、遗留异物在病员体内的；麻醉方式、部位、药品剂量错误，麻醉过程中不认真观察病情变化。

(4)因不遵守操作规程、不查对而造成错发、错配、错用药物，或违反药物配伍禁忌，或不按规定做药物过敏试验。

(5)护理中不按规定交接班，不遵守医嘱，不严格执行查对等制度，违反操作规程。

(6)不认真执行隔离消毒制度和无菌技术操作规程，供应的器械、敷料、药品不符合消毒要求。

(7)检验病理放射等技术诊查中，丢失或弄错标本，拍错部位，配错血；漏报、错报、迟报结果及违反规章制度与操作规程延误治疗。

271. 医疗事故技术鉴定时间是多久？

答：当事人应当自收到医学会的通知之日起10日内提交有关医疗事故技术鉴定的材料、书面陈述及答辩。

负责组织医疗事故技术鉴定工作的医学会应当自接到当事人提交的有关医疗事故技术鉴定的材料、书面陈述及答辩之日起45日内组织鉴定并出具医疗事故技术鉴定书。

272. 医疗事故技术鉴定的作用是什么？

答：(1)为卫生健康主管部门对医疗机构和医务人员的违法医疗行为进行行政处理，为医患双方的行政调解或行政处罚提供依据；

(2)为公安机关、检察机关及人民法院对涉嫌犯罪的医疗行为定罪量刑提供依据。

273. 医疗纠纷是否一定要经过医疗事故鉴定？

答：我国法律并没有规定医疗纠纷诉讼一定要经过医疗事故鉴定，医疗事故鉴定并非医疗纠纷诉讼的前置程序。一般来说，患者只要有证据证明自己或自己死亡的亲属接受过医疗机构的诊断、治疗，并因此受到损害，就可以直接向人民法院起诉要求损害赔偿，人民法院就应当立案受理。

274. 医疗事故技术鉴定由谁鉴定？

答：医学会。设区的市级地方医学会和省、自治区、直辖市直接管辖的县(市)地方医学会负责组织首次医疗事故技术鉴定工作。省、自治区、直辖市地方医学会负责组织再次鉴定工作。必要时，中华医学会可以组织疑难、复杂并在全国有重大影响的医疗事故争议的技术鉴定工作。

第二节　医疗事故技术鉴定程序

275. 医疗事故技术鉴定由谁申请？

答：医疗事故技术鉴定可以由当事人、卫生健康主管部门或者司法部门去委托医学会进行鉴定。

276. 委托医疗事故技术鉴定的方式有哪些？

答：(1)医患双方共同委托鉴定：双方当事人协商解决医疗事故争议，需进行医疗事故技术鉴定，应共同书面委托医疗机构所在地负责首次医疗事故技术鉴定工作的医学会进行医疗事故技术鉴定。

(2)卫生健康主管部门委托鉴定：县级以上地方人民政府卫生健康主管部门接到医疗机构关于重要医疗过失行为的报告或者医疗事故争议当事人要求处理医疗事故争议的申请后，对需要进行医疗事故技术鉴定的，应当书面移交负责首次医疗事故技术鉴定工作的医学会组织鉴定。

(3)人民法院委托司法鉴定：人民法院受理医疗纠纷案件后，可以根据当事人的申请委托医疗机构所在地的医学会组织鉴定。

277. 医患双方共同委托医学会鉴定需具备什么条件？

答：(1)对医疗事故争议，当事人不提请卫生健康主管部门处理，而是由双方当事人协商解决；

(2)由医患双方共同提出医疗事故技术鉴定的申请；

(3)医患双方按照鉴定机构的要求提供鉴定所需要的病案资料、实物等；

(4)配合鉴定机构的调查，如实提供相关情况。

278. 什么情况下由卫生行政机关委托鉴定？

答：(1)卫生健康主管部门在医疗机构发生重大医疗过失行为后的移交鉴定；

(2)医患双方当事人要求卫生健康主管部门处理的移交鉴定。

279. 医患双方协商一致，可否任意选择医学会做鉴定？

答：不可以，应当选择医疗机构所在地的医学会。

280. 医疗事故争议涉及多个医疗机构，应如何选择医学会做鉴定？

答：医疗事故争议涉及多个医疗机构，当事人申请卫生健康主管部门处理的，只可以向其中一所医疗机构所在地卫生健康主管部门提出处理申请。协商解决医疗事故争议涉及多个医疗机构的，应当由涉及的所有医疗机构与患者共同委托其中任何一所医疗机构所在地负责组织首次医疗事故技术鉴定工作的医学会进行医疗事故技术鉴定。

281. 医学会可否拒绝受理医疗事故技术鉴定？

答：可以。有下列情形之一的，医学会不予受理医疗事故技术鉴定：(1)当事人一方直接向医学会提出鉴定申请的；(2)医疗事故争议涉及多个医疗机构，其中一所医疗机构所在地的医学会已经受理的；(3)医疗事故争议已经人民法院调解达成协议或判决的；(4)当事人已向人民法院提起民事诉讼的(司法机关委托的除外)；(5)非法行医造成患者身体健康损害的；(6)原卫生部规定的其他情形。

282. 医疗事故技术鉴定中,当事人需要向医学会提交哪些材料?

答:(1)住院患者的病程记录、死亡病例讨论记录、疑难病例讨论记录、会诊意见、上级医师查房记录等病历资料原件;

(2)住院患者的住院志、体温单、医嘱单、化验单(检验报告)、医学影像检查资料、特殊检查同意书、手术同意书、手术及麻醉记录单、病理资料、护理记录等病历资料原件;

(3)抢救急危患者,在规定时间内补记的病历资料原件;

(4)封存保留的输液、注射用物品和血液、药物等实物,或者依法具有检验资格的检验机构对这些物品、实物作出的检验报告;

(5)与医疗事故技术鉴定有关的其他材料。

在医疗机构建有病历档案的门诊、急诊患者,其病历资料由医疗机构提供;没有在医疗机构建立病历档案的,由患者提供。

医患双方应当依照本条例的规定提交相关材料。医疗机构无正当理由未依照本条例的规定如实提供相关材料,导致医疗事故技术鉴定不能进行的,应当承担责任。

283. 再次鉴定是什么?

答:医疗事故技术鉴定的再次鉴定,是指收到首次医疗事故技术鉴定书后,医疗事故争议双方的任何一方当事人对首次医疗事故技术鉴定意见不服,在法定期限内,向原受理医疗事故争议处理申请的卫生健康主管部门提出再次鉴定的申请,申请由省、自治区、直辖市医学会组织的鉴定;或由医疗事故争议的双方当事人共委托省、自治区、直辖市医学会组织的鉴定。

284. 提起再次鉴定的途径有哪些?

答:提起再次鉴定的途径有两个:(1)一方当事人向原受理医疗事故争议处理申请的卫生健康主管部门提出;(2)双方当事人共同委托组织再次鉴定的医学会。

285. 对医疗事故鉴定意见不服或者有异议怎么办?

答:对首次医疗事故技术鉴定意见不服的,可以自收到首次鉴定意见之日起

15 日内向医疗机构所在地卫生健康主管部门提出再次鉴定的申请。

对再次鉴定仍不服,当事人只能向省级卫生健康主管部门提出申请,由省级卫生健康主管部门判定此医疗事故争议是否属于疑难、复杂并在全国有重大影响的医疗事故争议以及有无必要提请中华医学会进行第三次鉴定。

286. 重新鉴定是什么?

答:重新鉴定是因原有鉴定违反程序性规定被推翻而需要重新鉴定。

287. 再次鉴定与重新鉴定有何区别?

答:两者的主要区别在于再次鉴定是对鉴定的实体内容不服而提起的鉴定;重新鉴定不涉及鉴定的实体内容,只是因原有鉴定违反法定程序而需要重新按照法定程序进行鉴定。

288. 中止鉴定是什么?

答:中止鉴定是指在医疗事故技术鉴定过程中,因出现法定事由而使鉴定活动难以继续进行,受理鉴定的医学会暂时停止鉴定程序的制度。

289. 中止医疗事故技术鉴定的情形有哪些?

答:有下列情形之一的,医学会中止组织医疗事故技术鉴定:(1)当事人未按规定提交有关医疗事故技术鉴定材料的;(2)提供的材料不真实的;(3)拒绝缴纳鉴定费的;(4)原卫生部规定的其他情形。

290. 中止时限如何计算?

答:因医患双方或单方多种因素而中止的案件,其中止的时限为直至造成中止该案件的因素消失的时间段。

291. 终止鉴定是什么?

答:终止鉴定是指在医疗事故技术鉴定过程中,由于法定的原因使鉴定无法继续进行或进行下去没有意义,从而结束鉴定程序的制度。

292. 中止鉴定与终止鉴定有何区别?

答:中止鉴定和终止鉴定,虽然都是停止鉴定活动,两者的根本区别表现在:终止鉴定是永远停止,不再恢复鉴定程序;而中止鉴定是暂时停止,待障碍消除后可恢复鉴定程序。

293. 终止医疗事故技术鉴定的情形有哪些？

答：(1)因当事人拒绝配合，无法进行医疗事故技术鉴定的，应当终止本次鉴定，由医学会告知移交鉴定的卫生健康主管部门或共同委托鉴定的双方当事人，说明不能鉴定的原因。

(2)在受理医患双方共同委托医疗事故技术鉴定后至专家鉴定组作出鉴定意见前，双方当事人或者一方当事人提出停止鉴定的，医疗事故技术鉴定终止。

294. 医学会受理后应如何通知送达当事人？

答：医学会自受理之日起5日内通知医疗事故争议双方当事人。通知送达通常采用挂号邮寄或者直接送达方式，必要时同时电话通知或者发送电子邮件通知。

295. 受理通知书应包含什么内容？

答：在受理通知书中，应告知双方当事人提交医疗事故技术鉴定所需要的材料、被申请当事人的答辩书以及提交其材料与答辩书的规定期限。

296. 当事人收到医学会通知后应做什么？

答：当事人应当自收到医学会的通知之日(通知之日，按当事人签收通知书之日计算)起10日内提交有关医疗事故技术鉴定的材料、书面陈述及答辩。

297. 书面陈述及答辩是什么？

答：书面陈述及答辩，是指医疗事故争议技术鉴定的被申请人收到医学会受理医疗事故技术鉴定的通知及申请人的申请书副本，在法定期限内，就申请书中提出的事实、理由及鉴定请求，进行陈述和辩驳的书状。

298. 医疗事故技术鉴定书及鉴定意见包括哪些内容？

答：(1)医患双方的基本情况和要求；

(2)当事人提交的材料和医学会的调查材料；

(3)对鉴定过程的说明；

(4)医疗行为是否违法；

(5)医疗过失行为与人身损害后果之间是否存在因果关系；

(6)医疗过失行为在医疗事故损害后果中的责任程度；

(7)医疗事故等级；

(8)对医疗事故患者的医疗护理建议。

299. 医疗事故技术鉴定时卫生健康主管部门可以旁听吗？

答：可以。委托医学会进行医疗事故技术鉴定的卫生健康主管部门，在不干预医疗事故技术鉴定过程和意见并符合回避原则的情况下，可以旁听医疗事故鉴定；组织医疗事故技术鉴定的医学会认为有必要时，可以向双方当事人和其他相关组织、个人进行调查取证，形成的调查取证材料应当写入医疗事故鉴定书。

300. 医学会保存鉴定书文稿的期限是多久？

答：医学会应当将专家鉴定组成员签名的鉴定意见、由专家鉴定组组长签发的医疗事故技术鉴定书文稿和复印或者复制的有关病历资料等存档，保存期限不得少于20年。

301. 医疗事故技术鉴定费用如何缴纳？

答：委托医学会进行医疗事故技术鉴定，应当按规定缴纳鉴定费。

(1)双方当事人共同委托医疗事故技术鉴定的，由双方当事人协商预先缴纳鉴定费。

(2)卫生健康主管部门移交进行医疗事故技术鉴定的，由提出医疗事故争议处理的当事人预先缴纳鉴定费。经鉴定属于医疗事故的，鉴定费由医疗机构支付；经鉴定不属于医疗事故的，鉴定费由提出医疗事故争议处理申请的当事人支付。

(3)县级以上地方人民政府卫生健康主管部门接到医疗机构关于重大医疗过失行为的报告后，对需要移交医学会进行医疗事故技术鉴定的，鉴定费由医疗机构支付。

302. 鉴定费的范围包括哪些？

答：鉴定费只限于鉴定机构和专家鉴定组开展职权内的有关鉴定事项支出。不包括应医患双方的要求或者鉴定工作需要，另行委托其他法定专门机构进行鉴定所需费用的支出,对病历资料的真实性进行鉴定,尸检或者其他病理检等所需的费用,当事人应当另行支付。

303. 鉴定工作中,应当查明的事实包括哪些?

答:查明当事人双方争议的案件事实是鉴定的基础。在鉴定工作中,应当查明以下事实:

(1)患者在接受诊疗的过程中发生人身损害的事实。

(2)患者受到人身损害与医疗机构的医疗行为之间是否存在因果关系。这种因果关系事实是医疗事故的必备要件,只有确认医疗机构的医疗行为与患者的人身损害之间有因果关系,才有进一步鉴定的必要。

(3)有关医护人员对于损害的发生是否有过错。医疗机构承担医疗事故责任需要有过错,所以在鉴定过程中要查明该项事实。

(4)与医疗事故相关的其他事实真相。

304. 调查是什么?

答:调查是指专家鉴定组为查明争议事实,在鉴定过程中就与争议有关的问题向医患双方进行询问、了解,并对医患双方的陈述及答辩进行核实。

305. 承担鉴定组织工作的医学会可以做什么?

答:承担鉴定组织工作的医学会可以:

(1)询问证人及当事人,即通过对知情的证人和当事人进行询问并以笔录、录音等方式固定询问内容。

(2)收集有关物证,即收集与医疗事故争议有关的现场遗留物、原始物品及其他各种实物并予以妥善保全,如药品、血液、组织、器官、尸体、医疗器械等。

(3)进行技术鉴定或者检验,即对有关物证适用专门技术或者委托其他专门机构进行技术鉴定或者检验,如药品检验、组织器官检验、尸检、医疗器械检测等。

(4)调取原始书证,即向当事人、证人调取能够反映医疗事故争议事实的原始记录、单据、有关技术资料等。

306. 在鉴定程序中谁享有调查取证权?

答:在鉴定程序中,是医学会而不是鉴定组享有调查取证权。

307. 医学会应如何通知当事人及专家鉴定组成员参加鉴定会？

答：医学会应当在医疗事故技术鉴定 7 日前，将鉴定的时间、地点、要求等书面通知双方当事人。双方当事人应当按照通知的时间、地点、要求参加鉴定。

医学会在医疗事故技术鉴定 7 日前书面通知专家鉴定组成员。专家鉴定组成员接到医学会通知后认为自己应当回避的，应当于接到通知时及时提出书面回避申请，并说明理由；因其他原因无法参加医疗事故技术鉴定的，应当于接到通知时及时书面告知医学会。

308. 专家鉴定组成员因特殊原因无法参加医疗事故技术鉴定时，医学会如何做？

答：专家鉴定组成员因回避或因其他原因无法参加医疗事故技术鉴定时，医学会应当通知相关学科专业组候补成员参加医疗事故技术鉴定。

309. 医疗事故技术鉴定是否可以延期进行？

答：专家鉴定组成员因不可抗力因素未能及时告知医学会不能参加鉴定，或虽告知但医学会无法按规定组成专家鉴定组的，医疗事故技术鉴定可以延期进行。

310. 专家鉴定组组长如何产生？

答：专家鉴定组组长可以由专家鉴定组成员推选产生，也可以由医疗事故争议所涉及的主要学科专家中具有最高专业技术职务任职资格的专家担任。

311. 鉴定程序有哪些？

答：鉴定由专家鉴定组组长主持，并按照以下程序进行：

（1）双方当事人在规定的时间内分别陈述意见和理由。陈述顺序为先患方，后医疗机构。

（2）专家鉴定组成员根据需要可以提问，当事人应当如实回答。必要时，可以对患者进行现场医学检查。

（3）双方当事人退场。

（4）专家鉴定组对双方当事人提供的书面材料、陈述及答辩等进行讨论。

（5）经合议，根据半数以上专家鉴定组成员的一致意见形成鉴定意见。专家鉴定组成员在鉴定意见上签名。专家鉴定组成员对鉴定意见的不同意见,应当予以注明。

(6)形成医疗事故技术鉴定的鉴定书。

312. 医疗事故技术鉴定书如何作出?

答:医疗事故技术鉴定书应当根据鉴定意见作出,其文稿由专家鉴定组组长签发,加盖医学会医疗事故技术鉴定专用印章。讨论确定的鉴定意见笔录应由鉴定组的成员签名留存。医学会应当及时将医疗事故技术鉴定书送达移交鉴定的卫生健康主管部门,经卫生健康主管部门审核,对符合规定作出的医疗事故技术鉴定意见,应当及时送达双方当事人;由双方当事人共同委托的,直接送达双方当事人。

313. 医学会一般多长时间出具医疗事故鉴定书?

答:负责组织医疗事故技术鉴定工作的医学会应当自接到当事人提交的有关医疗事故技术鉴定的材料、书面陈述及答辩之日起45日内组织鉴定并出具医疗事故鉴定书。

314. 鉴定的依据是什么?

答:医疗事故技术鉴定的依据:

(1)医疗卫生管理法律,是指全国人民代表大会及其常务委员会制定的涉及医疗卫生管理,且符合《立法法》第二章规定的规范性文件,如《医师法》《献血法》《药品管理法》《传染病防治法》《母婴保健法》等。

(2)医疗卫生管理行政法规,是指国务院制定的涉及医疗卫生管理,且符合《立法法》第三章规定的规范性文件,如《医疗事故处理条例》《医疗机构管理条例》《麻醉药品和精神药品管理条例》《医疗用毒性药品管理办法》《放射性药品管理办法》《血液制品管理条例》等。

(3)医疗卫生管理部门规章,是指卫健委等国务院部、委和具有行政管理职能的直属机构制定的涉及医疗卫生管理,且符合《立法法》第四章第二节规定的规范性文件,如《护士条例》《外国医师来华短期行医暂行管理办法》《卫生部关于X-射线计算机体层摄影装置CT等大型医用设备配置与应用管理实施细则》《医药卫生档案管理暂行办法》等。

(4)诊疗护理技术操作规范、常规,是指根据医学科学原理和长期医学实践制定的,医疗机构及其医务人员在从事疾病诊断、治疗、护理活动时,应当遵守的行为准则和技术标准。

315. 鉴定专家的鉴定原则有哪些?

答:医疗水平原则、病情紧急性原则、医学技术有限性原则。

316. 医疗事故技术鉴定书包括哪些内容?

答:医疗事故技术鉴定书应当包括以下主要内容:

(1)双方当事人的基本情况及要求;

(2)当事人提交的材料和负责组织医疗事故技术鉴定工作的医学会的调查材料;

(3)对鉴定过程的说明;

(4)医疗行为是否违反医疗卫生管理法律、行政法规、部门规章和诊疗护理规范、常规;

(5)医疗过失行为与人身损害后果之间是否存在因果关系;

(6)医疗过失行为在医疗事故损害后果中的责任程度;

(7)医疗事故等级;

(8)对医疗事故患者的医疗护理医学建议。

317. 医疗事故技术鉴定中的责任如何划分?

答:《医疗事故技术鉴定暂行办法》规定,专家鉴定组应当综合分析医疗过失行为在导致医疗事故损害后果中的作用、患者原有疾病状况等因素,判定医疗过失行为的责任程度。医疗事故中医疗过失行为责任程度分为:

(1)完全责任,指医疗事故损害后果完全由医疗过失行为造成。

(2)主要责任,指医疗事故损害后果主要由医疗过失行为造成,其他因素起次要作用。

(3)次要责任,指医疗事故损害后果主要由其他因素造成,医疗过失行为起次要作用。

(4)轻微责任,指医疗事故损害后果绝大部分由其他因素造成,医疗过失行为起轻微作用。

《医疗事故分级标准(试行)》规定,医疗事故一级乙等至三级戊等对应伤残等级一级至十级。

318. 审判人员对鉴定人出具的鉴定书审查哪些内容?

答:审判人员对鉴定人出具的鉴定书,应当审查是否具有下列内容:

(1)委托法院名称;

(2)委托鉴定的内容;

(3)鉴定材料;

(4)鉴定所依据的原理方法;

(5)对鉴定过程的说明;

(6)鉴定意见;

(7)承诺书。鉴定书应当由鉴定人签名或者盖章并附鉴定人的相应资格证明。委托机构鉴定的,鉴定书应当由鉴定机构盖章,并由从事鉴定的人员签名。

319. 法庭审理中对鉴定意见审查哪些内容?

答:在法庭审理中,对各种鉴定意见的审查,主要是从鉴定的主体是否具有鉴定资格、鉴定的程序是否合法、鉴定书是否具有法定形式要件、鉴定意见是否具有充分的科学依据等方面进行。

320. 医疗事故技术鉴定人员出具虚假鉴定书时承担哪些法律责任?

答:参加医疗事故技术鉴定工作的人员违反规定,接受申请鉴定双方或者一方当事人的财物或者其他利益,出具虚假医疗事故技术鉴定书,造成严重后果的,依照《刑法》关于受贿罪的规定,依法追究刑事责任;尚不构刑事处罚的,由原发证部门吊销其执业证书或者资格证书。

321. 对于医疗事故鉴定不构成医疗事故的,医疗机构是否需要承担责任?

答:由医疗纠纷引发的人身损害赔偿案件中,医疗事故鉴定机构认定不构成医疗事故并不必然排除医疗机构的损害赔偿责任。医疗行为构成医疗事故并非医疗机构承担侵权损害赔偿责任的唯一原因,医疗机构对损害的发生具有主观过错是其承担侵权责任的依据之一。医疗机构主观是否具有过错依据其医疗行为是否符合医疗卫生管理法律、行政法规、诊疗规范、常规判断。在医疗机构对患者实施的医疗行为存在过错的情形下,医疗机构应对其过错行为导致患者出现的损害后果承担赔偿责任。

322. 医疗事故技术鉴定意见冲突怎么办?

答:对初级医学会鉴定意见不服,可以向上一级医学会申请再次鉴定,立法目的是保证鉴定意见的客观公正,为当事人提供申诉救济途径。在实践中,法院一般会采纳上一级医学会的鉴定意见,但也会因此产生巨大分歧而申请中华医学会鉴定,或诉讼各方长期纠结鉴定意见导致案件久拖不决。

第三节 医学会与专家库

323. 医学会是什么?

答:医学会是依照1998年国务院《社会团体登记管理条例》,经县级以上人民政府民政部门审查同意、登记成立的医学社会团体。医学会具有独立性、专业性、非营利性特点,是一个独立的社会团体法人,与其他任何机关和组织都没有管理上、经济上的必然联系和利害关系,由其负责组织医疗事故技术鉴定能最大限度地保证鉴定的中立性和公正性,是卫生健康主管部门处理医疗纠纷过程中唯一具有医疗事故鉴定资格的机构。

324. 谁具备医疗事故技术鉴定的实施权?

答:医疗事故技术鉴定是由双方当事人从医疗事故技术鉴定专家库中随机抽取干名专家组成专家组,由专家组来完成鉴定工作的,因此专家组才具备医疗事故技术鉴定的实施权。医学会具有独立性、专业性、非营利性特点,是一个独立的社会团体法人,与其他任何机关和组织都没有管理上、经济上的必然联系和利害关系,由其负责组织医疗事故技术鉴定能最大限度地保证鉴定的中立性和公正性,是卫生健康主管部门处理医疗纠纷过程中唯一具有医疗事故鉴定资格的机构。

325. 专家鉴定组是什么？

答：专家鉴定组是由医患双方在医学会的主持下从专家库随机抽取相关专业的专家组成，是一个临时性的小组，其成员也是非固定的。

326. 医学会可否成为行政诉讼主体？

答：不可以。医学会负责组织医疗事故技术鉴定工作，其行为不是具体行政行为，医学会不具备行政诉讼主体资格。

327. 入选专家库的人员有哪些？

答：一类是医疗卫生专业技术人员，另一类是法医人员。

328. 医学会专家库成员有何要求？

答：负责组织医疗事故技术鉴定工作的医学会应当建立专家库。专家库由具备下列条件的医疗卫生专业技术人员组成：

(1) 有良好的业务素质和执业品德；

(2) 受聘于医疗卫生机构或者医学教学、科研机构并担任相应专业高级技术职务3年以上；

(3) 健康状况能够胜任医疗事故技术鉴定工作。

符合前款第(1)项、第(3)项规定条件并具备高级技术任职资格的法医可以受聘进入专家库。

329. 医学会聘请人员进入专家库是否受行政区域限制？

答：负责组织医疗事故技术鉴定工作的医学会依照本条例规定聘请医疗卫生专业技术人员和法医进入专家库，可以不受行政区域的限制。

330. 负责首次、再次鉴定的专家如何聘请？

答：负责首次医疗事故技术鉴定工作的医学会原则上聘请本行政区域内的专家建立专家库；行政区域内的专家不能满足建立专家库需要时，可以聘请本省、自治区、直辖市范围内的专家进入专家库。

负责再次医疗事故技术鉴定工作的医学会原则上聘请本省、自治区、直辖市范围内的专家建立专家库;当本省、自治区、直辖市范围内的专家不能满足建立专家库需要时,可以聘请其他省、自治区、直辖市的专家进库。

331. 医学会如何选择专家库中的专家来进行医疗事故鉴定?

答:目前,大部分地区的医疗事故技术鉴定专家组的挑选采取电脑全程操作。首先通知医患双方到场,在医学会抽取专家组成专家组,人数是单数,涉及主要学科的专家不得少于鉴定成员的1/2。抽取开始,医患双方先选出需要回避的专家名单,剩下的电脑自动编码。此时,医患和医学会只能看到由号码代替的专家名单,医患双方随机抽取号码,医学会抽取一名凑成单数。抽出的专家名单被打印出来,由医患双方签字后封存。专家抽取工作完成。

332. 医疗事故技术鉴定中的回避是什么?

答:医疗事故技术鉴定中的回避,是指参加鉴定工作的专家鉴定组成员如果与医患双方当事人有利害关系或者有其他关系,可能影响到鉴定工作的客观公正时,应当自动申请或者依照医患双方中任何一方当事人的申请,退出专家鉴定组鉴定工作的一种制度。

333. 可否申请鉴定专家回避?

答:可以。由于医疗事故技术鉴定专家组是由医疗机构和患者分别选择组成的,为了避免医患双方选择对自己有利的专家,影响鉴定的公正性,故医疗纠纷当事人可以在选择鉴定专家时针对可能影响鉴定公正性的专家申请回避。

334. 回避的方式有哪些?

答:回避的方式有两种:一种是鉴定组成员自行回避,另一种是当事人申请回避。

335. 鉴定组成员自行回避是什么?

答:鉴定组成员自行回避,即专家库中的鉴定专家在被当事人抽取作为专家鉴定组成员后,如果认为自己与被鉴定案件的当事人有利害关系或者有其他关系,应当主动要求退出鉴定组,不参加对该案件的鉴定工作。自行回避是鉴定组成员应当履行的一项义务,因为当事人可能对鉴定组成员的一些个人社会关系情况了解不够,在有需要回避的事项时,鉴定组成员应主动提出回避。

336. 当事人申请回避是什么?

答:当事人申请回避,即医患双方当事人认为已经被抽取作为专家鉴定组成员的鉴定专家与案件当事人之间有利害关系或者有其他关系,可能影响对案件的公正鉴定而提出申请要求其退出该案鉴定组。

337. 当事人应以何种方式提出申请回避要求?

答:当事人向负责组织医疗事故技术鉴定的医学会提出申请时,可以采取提交书面申请书的形式,也可以口头提出申请回避的要求。

338. 申请鉴定专家回避的情形有哪些?

答:当事人要求专家库成员回避的,应当说明理由。符合下列情形之一的,医学会应当将回避的专家名单撤出,并经当事人签字确认后记录在案:(1)医疗事故争议当事人或者当事人的近亲属的;(2)与医疗事故争议有利害关系的;(3)与医疗事故争议当事人有其他关系,可能影响公正鉴定的。

339. 如何理解回避情形中医疗事故争议当事人或者当事人的近亲属?

答:如果专家鉴定组成员是医疗事故争议的当事人或者近亲属,将会出现"自己为自己鉴定"或者"自己为自己人鉴定"的情况,故必须回避。首先,这里的当事人是指因发生医疗事故争议的双方,既包括医疗机构,也包括患者。由于医疗机构是法人组织,因此专家鉴定组成员作为医疗机构这一方的当事人,则可以理解为是医疗机构的员工。其次,这里的近亲属是一个法定概念,一般指包括配偶、父母、子女、兄弟姐妹、祖父母、外祖父母、孙子女、外孙子女。

340. 如何理解回避情形中与医疗事故争议有利害关系?

答:与医疗事故争议有利害关系,一般是指医疗事故技术鉴定的意见可能直接或者间接地损害专家鉴定组成员的经济利益、学术地位、名誉声望等,包括参加过引发医疗事故争议的医疗行为的会诊、医疗事故争议初级鉴定等。一般而言,只要是在该争议被鉴定之前,曾经参加过该医疗事故的某一阶段的相关工作就应当回避。因为在这样的情况下,鉴定意见在某种程度上可能会或多或少、或直接或间接地对鉴定组该成员产生一些经济利益上或名誉声望上的不利影响。

341. 如何理解回避情形中与医疗事故争议当事人有其他关系，可能影响公正鉴定？

答：这里说的其他关系，是指上述两种关系以外的其他比较亲近或者密切的关系。如上述近亲属以外的其他亲属、邻居、师生、同学、战友、过去的同事和上下级关系等。需要指出的是，不是所有这种关系都应当回避，必须是能够影响案件公正处理的，才应当回避。至于是否能够影响鉴定的公正进行，不能凭主观判断和推测，而是应当以事实为根据，来分析、认定这些关系是否能够影响鉴定的公正进行。

342. 医学会现有专家库不能满足鉴定工作需要时怎么办？

答：现有专家库成员不能满足鉴定工作需要时，医学会应当向双方当事人说明，并经双方当事人同意，可以从本省、自治区、直辖市其他医学会专家库中抽取相关学科专业组的专家参加专家鉴定组；本省、自治区、直辖市医学会专家库成员不能满足鉴定工作需要时，可以从其他省、自治区、直辖市医学会专家库中抽取相关学科专业组的专家参加专家鉴定组。

343. 从其他医学会建立的专家库中抽取的专家，必须到现场参加医疗事故鉴定吗？

答：从其他医学会建立的专家库中抽取的专家无法到场参加医疗事故技术鉴定，可以函件的方式提出鉴定意见。

第五章

医疗损害司法鉴定

第一节 医疗损害司法鉴定概述

344. 什么是医疗损害司法鉴定？

答：鉴定是指鉴定人运用科学技术或者专门知识对专门性问题进行鉴别和判断并提供鉴定意见的活动。医疗损害司法鉴定，是指医疗机构及其医务人员，因为在日常医疗行为中存在法定过错并造成患者人身损害而导致的医疗损害民事诉讼中，人民法院、双方当事人或者第三方调解机构对于医疗技术等专门问题对外委托的鉴定统称为医疗损害司法鉴定，即通常所说的医疗损害司法鉴定。

345. 医疗损害司法鉴定有什么特点？

答：(1) 专业性强。医疗损害司法鉴定涉及医学和法学两个专业领域。鉴定人员需要具备深厚的医学知识，包括对各种疾病的诊断、治疗方法、药物作用等有深入了解，同时还需要掌握理论和相关法律法规，能够准确判断医疗行为是否符合法律规范。

(2) 复杂性高。①医学本身的复杂性：人体生理和病理的多样性使得医疗过程充满不确定性。不同的患者即使患有相同的疾病，其临床表现治疗反应也可能存在很大差异。②法律关系的复杂性：医疗损害纠纷往往涉及多个法律关系主体，包括患者、医疗机构、医务人员、药品和医疗器械生产厂家等。鉴定过程中需要明确各方的责任和义务，确定损害后果与各方行为之间的因果关系。法律适用也较为复杂,涉及《医疗事故处理条例》《民法典》等多个法律法规,需要具体人员根据具体情况进行准确适用。

(3)客观性要求高。医疗损害司法鉴定的结果直接关系到医患双方的利益,因此必须保证鉴定的客观性。鉴定人员要以科学的态度、严谨的方法进行鉴定,不受任何外界因素的干扰。在鉴定过程中,要依据客观事实和科学依据,对医疗行为进行全面、客观的分析和评价。

(4)时效性强。医疗损害纠纷往往需要及时解决,以维护医患双方的合法权益。因此,医疗损害司法鉴定也具有较强的时效性,鉴定机构要在规定的时间内完成鉴定工作,出具鉴定报告。同时,随着时间的推移,证据可能会发生变化,患者的病情也可能会发展,这就要求鉴定人员在鉴定过程中要充分考虑时间因素,及时收集和固定证据确保鉴定结果能够反映当时的实际情况。

346. 医疗损害司法鉴定应遵循什么原则?

答:合法性、独立性、客观性、公正性原则。

347. 司法鉴定机构是什么?

答:司法鉴定机构是指在诉讼活动中接受委托人鉴定委托,遵循法律规定的方式、方法、步骤以及相关的规则和标准,对诉讼涉及的专门性问题运用科学技术或者专门知识进行鉴别和判断并提供鉴定意见的机构。

或者说,司法鉴定机构是指在诉讼过程中,对案件中的专门性问题,接受司法机关或当事人委托,运用专业知识和技术,依照法定程序作出鉴别和判断活动的专门单位。司法鉴定机构受理鉴定委托后,应当指定本机构中具有该鉴定事项执业资格的司法鉴定人进行鉴定。

348. 哪些专门性问题可以申请作为医疗损害司法鉴定的鉴定事项?

答:(1)实施诊疗行为有无过错;

(2)诊疗行为与损害后果之间是否存在因果关系以及原因力大小;

(3)医疗机构是否尽到了说明义务、取得患者或者患者近亲属明确同意的义务;

(4)医疗产品是否有缺陷、该缺陷与损害后果之间是否存在因果关系以及原因力的大小；

（5）患者损伤残疾程度；

（6）患者的护理期、休息期、营养期；

（7）其他专门性问题。

349. 申请医疗损害司法鉴定需要哪些材料？

答：(1)申请鉴定当事人的身份证明。

(2)患方应当提供的资料：由患者保管门急诊病历的，患者应当提供所有门急诊病历资料；住院患者应当提供就诊及出院证明等资料。

(3)医疗机构应当提供的资料：①住院患者的病程记录、死亡病例讨论记录、疑难病例讨论记录、会诊意见、上级医师查房记录等病历资料原件；②住院患者的住院志、体温单、医嘱单、化验单(检验报告)、医学影像检查资料、特殊检查同意书、手术同意书、手术及麻醉记录单、病理资料、护理记录等病历资料原件；③抢救急危患者，在规定时间内补记的病历资料原件；④封存保留的输液、注射用物品和血液、药物等实物，或者依法具有检验资格的检验机构对这些物品、实物作出的检验报告；⑤与医疗损害司法鉴定有关的其他材料。

350. 常见的医疗告知情形有哪些内容？

答：告知的情形包括但不限于以下内容：(1)疾病的诊断，包括医师知道的和应当知道的；(2)拟采取诊疗措施的目的、方法、利益和风险，以及拒绝该措施的风险和利益；(3)除拟采取的诊疗措施外，可供选择的其他替代措施；(4)可能对患者造成明显侵袭性伤害或者需要患者承受较强烈痛苦的诊疗措施；(5)费用昂贵的检查、药物和医疗器械；(6)关于转医的事项；(7)其他按照相关规定有必要取得患者知情和同意的情形。

351. 常见的医疗损害后果有哪些？

答：死亡、残疾、病程延长、病情加重或者其他损害、错误受孕、错误生产、错误生命(错误出生)、丧失生存机会、丧失康复机会等。

352. 医疗损害司法鉴定的费用是多少？

答：只行医疗损害司法鉴定时，属于单项鉴定，一般费用为1万~2万元，如果涉及多个医疗机构的可能费用更多。

353. 鉴定意见是什么？

答：鉴定意见是指鉴定人在运用科学技术或者专门知识对诉讼中涉及的专门性问题进行鉴别和判断的基础上，给出的结论性意见。

354. 医疗损害司法鉴定意见书中的原因力是指什么？

答：医疗损害司法鉴定意见书中的原因力是指可能同时存在多种原因导致患者发生损害后果（损害后果指与医疗行为有关的，不期望发生的患者死亡、残疾、组织器官损伤致功能障碍、病情加重或者病程延长等人身损害以及其他相关损害的情形）时，医疗过错（医疗过错指医疗机构及其医务人员实施违反法律、行政法规、规章以及其他相关诊疗和护理规范规定的医疗行为，或者未尽到与当时医疗水平相应的诊疗义务的医疗行为）所起作用的大小。

355. 人身损害与疾病的因果关系类型按照损害在疾病中的原因力大小如何划分？

答：人身损害与疾病的因果关系类型按照损害在疾病中的原因力大小，分为完全作用、主要作用、同等作用、次要作用、轻微作用和没有作用六种类型。具体如下：

（1）完全作用（完全原因）：外界各种损害因素直接作用于人体健康的组织和器官，致组织和器官解剖学结构的连续性、完整性破坏，和/或出现功能障碍，现存的后果/疾病完全由损害因素造成。

（2）主要作用（主要原因）：外界各种损害因素直接作用于人体基本健康的组织和器官，致组织和器官解剖学结构的连续性、完整性破坏，和/或出现功能障碍，现存的后果/疾病主要由损害因素造成。

（3）同等作用（同等原因）：既有损害，又有疾病。损害与疾病因素两者独立存在均不能造成目前的后果，两者互为条件，相互影响，损害与疾病共同作用致成现存后果，且所起的作用基本相当。

（4）次要作用（次要原因）：既有损害，又有疾病。疾病在前，是主要原因；损害在后,为次要原因。即损害在原有器质性病变的基础上,使已存在疾病的病情加重。

(5)轻微作用(轻微原因):既有损害,又有疾病。疾病在前,是主要原因;损害在后,为轻微原因。即损害在原有器质性病变的基础上,使已存在疾病的病情显现。

(6)没有作用(没有因果关系):外界各种损害因素作用于人体患病组织和器官,没有造成组织和器官解剖学结构连续性、完整性破坏及功能障碍,不良后果完全系自身疾病所造成,与损害因素之间不存在因果关系。

356. 参与程度如何分级?

答:按照人身损害在疾病后果中的原因力大小(因果关系类型),依次将人身损害参与程度分为以下六个等级:(1)完全因果关系:96%~100%(建议100%);(2)主要因果关系:56%~95%(建议75%);(3)同等因果关系:45%~55%(建议50%);(4)次要因果关系:16%~44%(建议30%);(5)轻微因果关系:5%~15%(建议10%);(6)没有因果关系:0~4%(建议0)。

357. 参与程度如何制定?

答:首先宜根据因果关系类型判定人身损害在疾病后果中的因果关系类型,然后再根据参与程度分级进行判定,具体如下:

(1)人身损害与疾病存在直接因果关系,单独由损害引起的疾病或者后果,损害参与程度为96%~100%,建议为100%;

(2)人身损害与疾病存在直接因果关系,人身损害是主要原因,疾病是潜在的次要或者轻微因素,损害参与程度为56%~95%,建议为75%;

(3)既有人身损害,又有疾病,若损害与疾病两者独立存在均不能造成目前的后果,为两者兼而有之,作用基本相等,损害与疾病之间存在同等作用因果关系,损害参与程度为45%~55%,建议为50%;

(4)既有人身损害,又有疾病,若损害与疾病之间存在间接因果关系,损害为次要原因,损害参与程度为16%~44%,建议为30%;

(5)既有人身损害,又有疾病,若损害与疾病之间存在间接因果关系,损害为

轻微原因,损害参与程度为 5%~15%,建议为 10%;

(6)既有人身损害,又有疾病,若现存后果完全由疾病造成,即损伤与疾病之间不存在因果关系,外伤参与程度为 0~4%,建议为 0。

358. 司法鉴定意见包含哪些内容?

答:司法鉴定意见主要包括医疗机构是否有过错,医疗机构的诊疗行为与患者的损害结果之间是否具有因果关系,医疗机构的责任比例或者过错参与度。

359. 过错参与度、责任程度及原因力大小有何区别?

答:过错参与度、责任程度或原因力大小,系同一概念,指医疗过失行为在人身损害全部应赔偿额中所应承担的责任比例。这个责任比例是在已经鉴定医疗行为存在过错,且与损害后果存在因果关系的情形下,对医疗过失的赔偿比例作出的进一步限定。

第二节 医疗损害司法鉴定程序

360. 医疗损害的认定程序有哪些?

答:(1)医疗过错鉴定的申请;

(2)鉴定材料的质证;

(3)鉴定机构的选择;

(4)鉴定前的听证;

(5)鉴定材料的补充;

(6)鉴定意见的出具。

361. 医疗损害司法鉴定是否可以单方面进行?

答:医疗损害司法鉴定不宜单方面进行,因为这样得出的意见会缺乏证据效力,缺乏公正性,最终如果到法院起诉,不会被法院所采纳,所以现在大部分司法鉴定机构均不受理单方面申请的司法鉴定。

362. 医疗过错很明显的情况下还要申请鉴定吗？

答：《民法典》规定了医疗损害责任采过错责任原则，过错的评判标准为是否尽到"与当时的以来水平相应的诊疗义务"，这个举证责任在于患方，患方履行举证义务的手段是申请医疗损害鉴定。

医疗是专门技术，非专业人士可能认识不全面，即便专业人士对同一问题也可能有不同看法。患方认为的医疗过错通常不足以让医方心服口服，也不足以让法官内心确信，对于法官来说医患双方总是"公说公有理，婆说婆有理"，于是就有了医疗损害鉴定同行评议的必要，当然对于鉴定意见仍旧存在认识分歧可能，但至少给了法官裁判的依据。

363. 委托医疗损害司法鉴定的方式有哪些？

答：委托医疗损害司法鉴定的方式主要有三种：医患双方共同委托、通过第三方机构如医调委或卫健委委托、通过法院委托。

364. 鉴定机构需审查什么材料？

答：鉴定机构需审查以下书面材料，并与委托方核对后签字确认：(1)委托书；(2)病历资料，包括门诊病历、住院病历、化验单及检验报告、医学影像学检查报告及原片、病理报告（必要时提供大体标本、组织蜡块、切片）等；(3)人民法院的案卷材料。

365. 鉴定中心收到案件委托鉴定函后应如何做？

答：若符合受理条件的，签署受理合同，约定相关鉴定时限、收费等事由；需要补充鉴定材料的，应告知补充后予以受理。采用函件委托的，鉴定机构应在收到函件之日起7日内作出是否受理的答复。

366. 鉴定材料如何质证？

答：患方提出医疗过错鉴定后，要向法院提交证明医疗机构有过错的鉴定材料；医疗机构也可以提出证据证明医疗机构无过错。材料提交法院后，法院会确定一个时间由双方来质证。质证时，双方主要对材料的真实性表示有无异议，至于其证明力无须辩论。

367. 如何选择鉴定机构？

答：通过医患双方共同委托或通过第三方机构如医调委或卫健委委托的司法鉴定机构一般是通过协商选定或双方各选几家后放一起抽签选定，通过法院委托的一般是对收纳库里的司法鉴定机构通过电脑摇号选定，也有在这些机构里面抽签或双方协商选定的。

368. 鉴定过程中的听证会如何进行？

答：开听证会前，鉴定机构会提前通知委托机构时间及开听诊会的程序要求，并要求医患双方提交书面陈述材料。司法鉴定听证会是医疗纠纷司法程序中最关键的程序之一，因为这是医患双方充分表达对医疗过程意见的时机，也是让鉴定机构能够采纳自己意见的关键时刻。开听证会时，首先由主持人宣布纪律，然后由患方陈述，接着医方陈述（可对患方指控进行答辩），医患双方的陈述主要是陈述之前提交的书面陈述材料，再接着鉴定人提问（主要是对焦点问题提问，以便还原治疗过程），最后鉴定人会做初步点评。

369. 什么情况下需要补充鉴定材料？

答：鉴定机构在鉴定过程中，如果认为双方所提交的材料有所遗漏，可以通知法院要求医患双方提交鉴定所需要的补充材料。法院会通知医患双方提交鉴定所需补充材料，然后经质证后的材料移交技术科，由技术科移送鉴定机构。

370. 鉴定前需要注意哪些问题？

答：(1) 鉴定材料不要漏。当事人对于纸质病历资料是否完整非常在意，却容易疏忽一些非传统的病历，如影像学片、病理切片、介入或腔镜手术视频等，如果案件的焦点问题涉及的影像学诊断、病理诊断等，如果在鉴定机构受理后还没有收集到，又要取证并经法院质证后再提交鉴定机构，易造成时间的耽误。

（2）不重要的证据不要作为鉴定材料提交鉴定机构。部分当事人习惯将一些监控视频、事后与医务人员的录音作为证据提交,但这些资料证明力很有限,鉴定人基本上都是从病历着手来鉴定医院的诊疗行为,这些监控视频及录音除非能更正病历上的一些关键性的错误记录才可能有用。这些音视频资料往往附带很多文字性说明,鉴定人不仅要听还要看,明显增加工作量,会导致他们以"案情复杂、能力有限"为由退卷。

(3)尽量附上陈述意见。鉴定人是法医,没有从事过临床工作,医疗损害司法鉴定其实并不是专长的工作,而且很多鉴定机构工作量大,积累了太多的案件,如果案卷比较多,案情复杂,粗略阅读病历找不到医院诊疗过错的,鉴定机构就会退卷。所以,随鉴定材料附上陈述意见非常重要,可以让鉴定人短时间了解案情,了解医院的过错所在,更容易受理并有一个先入为主的印象。

371. 鉴定受理后患方有哪些注意事项?

答:(1)不要在鉴定期间提病历伪造、篡改的问题。如果不是想让鉴定机构退卷,不要在医疗损害司法鉴定时指控医院存在伪造、篡改病历的行为,这个问题应该在委托鉴定前在法院解决,鉴定机构不会对检材的真实性作出认定,只会根据法院提交的检材进行鉴定,一旦一方当事人提出检材真实性问题,他们就不得不退卷。

(2)听证会不要啰唆,抓住核心问题陈述。鉴定人鉴定医院的过错责任,并不是每多一个过错点就增加多少赔偿系数,而是根据鉴定规则而来,根据损害后果来倒推医院的诊疗过错和患者自身疾病与其因果关系,也就是他们只会考虑导致损害后果发生的主要过错,其他一些诊疗瑕疵并不在他们的考量范围内。所以陈述时,一定要将关键过错及因果关系陈述清楚,不要对一些不重要的诊疗瑕疵浪费口舌。

(3)不要试图博取鉴定人的同情。很多当事人会在鉴定听证会的时候做情绪输出,这是没有必要的,不如留给法官,鉴定人与医生一样,见过了太多的人身损害的案例,过多的情绪输出,有可能带来反感,除非是那种特别凄惨、特别值得同情的案例,否则鉴定人会打断你的陈述。

(4)对自己观点过分执着,不如从专业角度充分论述。很多鉴定人会在听证会上初步表达对案件的观点,如果与当事人的观点不一致时,不少当事人都非常急于纠正鉴定人的观点,反复执着地重复陈述过的内容,这是没有必要的。在公开场合,只有客观的事实和专业的逻辑才能改变鉴定人的想法,这个问题不如留给专业的律师去做补充陈述,引用到病历里某一个关键指标,引用到诊疗指南的某一关键推荐,才是最重要的。

(5)某些鉴定事项不是非得本次鉴定完成。除了过错及因果关系鉴定,一般鉴定时还会做伤残、三期、护理依赖程度、后续治疗费等鉴定,但因为鉴定期还没有到,或患者还在治疗过程中无法鉴定,鉴定机构可能会告诉当事人,如果想所有鉴定事项一起做,他们没有办法做,建议先将过错及因果关系鉴定做了,这不但能给接下来调解提供基础,也会使案件推进了一大半,与其等待,不如先让不确定性因素减少一部分。

372. 什么情形下鉴定机构需暂时中止鉴定或终止鉴定?

答:(1)医患任何一方对鉴定资料不认可;

(2)医患任何一方对鉴定机构或司法鉴定人提出回避。

373. 司法鉴定的启动程序是什么?

答:司法鉴定的启动是当事人申请为主,法院依职权为辅。司法鉴定机构统一受理办案机关的司法鉴定委托。

委托人委托鉴定的,应当向司法鉴定机构提供真实、完整、充分的鉴定材料,并对鉴定材料的真实性、合法性负责。司法鉴定机构应当核对并记录鉴定材料的名称、种类、数量、性状、保存状况、收到时间等。诉讼当事人对鉴定材料有异议的,应当向委托人提出。

374. 鉴定委托在多长时间内受理?

答:对符合受理条件的鉴定委托,应当即时作出受理的决定;不能即时决定的,应当在7个工作日内决定,并通知委托人;对通过信函委托的,应当在10个工作日内作出决定,并通知委托人;对疑难、复杂或者特殊鉴定事项的委托,可以与委托人协商确定受理的时间。

375. 司法鉴定采用什么鉴定标准，与医疗事故鉴定一样吗？

答：对医疗行为进行过错、因果关系、参与度鉴定时，司法鉴定一般与医疗事故鉴定一样，鉴定标准都是医疗卫生管理法律、行政法规、部门规章和诊疗护理规范、常规。司法鉴定的鉴定人不从事临床工作，不具备临床医生的丰富专业经验，但是其诉讼经验丰富。水平较高的司法鉴定人，在判断病历资料的真伪方面往往独具慧眼，医疗事故鉴定没有审查病历真伪的权限，从这一点来说，一份高水平的司法鉴定，比一份医疗事故鉴定更具有优势。另外，两种鉴定的伤残等级标准是不同的。

376. 如何选择鉴定机构？

答：当事人可以就查明事实的专门性问题向人民法院申请鉴定。当事人申请鉴定的，由双方当事人协商确定具备资格的鉴定人；协商不成的，由人民法院指定。当事人未申请鉴定，人民法院对专门性问题认为需要鉴定的，应当委托具备资格的鉴定人进行鉴定。

对于患方来说，能不能选定公平、专业的鉴定机构有很大的顾虑，虽说司法鉴定机构是一个以公平公正为原则的专业机构，但实践中也不乏鉴定意见离公平公正有距离的情形。一般大型司法鉴定机构，特别是司法部批准的鉴定机构，更专业、更公平公正，但是排队时间、鉴定周期一般较长。

377. 医疗损害司法鉴定可否申请鉴定人回避？

答：可以。司法鉴定人本人或者其近亲属与诉讼当事人、鉴定事项涉及的案件有利害关系，可能影响其独立、客观、公正进行鉴定的，应当回避。

司法鉴定人曾经参加过同一鉴定事项鉴定的，或者曾经作为专家提供过咨询意见的，或者曾被聘请为有专门知识的人参与过同一鉴定事项法庭质证的，应当回避。

378. 司法鉴定人回避由谁决定？

答：司法鉴定人自行提出回避的，由其所属的司法鉴定机构决定；委托人要求司法鉴定人回避的，应当向该司法鉴定人所属的司法鉴定机构提出，由司法鉴定机构决定。

379. 司法鉴定人鉴定时以什么为标准进行鉴定？

答：司法鉴定人进行鉴定，应当依下列顺序遵守和采用该专业领域的技术标准、技术规范和技术方法：(1)国家标准；(2)行业标准和技术规范；(3)该专业领域多数专家认可的技术方法。

380. 鉴定期限是多久？

答：(1)司法鉴定机构应当自司法鉴定委托书生效之日起30个工作日内完成鉴定。

(2)鉴定事项涉及复杂、疑难、特殊技术问题或者鉴定过程需要较长时间的，经本机构负责人批准，完成鉴定的时限可以延长，延长时限一般不得超过30个工作日。鉴定时限延长的，应当及时告知委托人。

(3)司法鉴定机构与委托人对鉴定时限另有约定的，从其约定。

(4)在鉴定过程中补充或者重新提取鉴定材料所需的时间，不计入鉴定时限。

381. 什么情况下鉴定机构不得受理？

答：具有下列情形之一的鉴定委托，司法鉴定机构不得受理：(1)委托鉴定事项超出本机构司法鉴定业务范围的；(2)发现鉴定材料不真实、不完整、不充分或者取得方式不合法的；(3)鉴定用途不合法或者违背社会公德的；(4)鉴定要求不符合司法鉴定执业规则或者相关鉴定技术规范的；(5)鉴定要求超出本机构技术条件或者鉴定能力的；(6)委托人就同一鉴定事项同时委托其他司法鉴定机构进行鉴定的；(7)其他不符合法律、法规、规章规定的情形。

382. 什么情形下可以申请重新鉴定？

答：有下列情形之一的，司法鉴定机构可以接受办案机关委托进行重新鉴定：(1)原司法鉴定人不具有从事委托鉴定事项执业资格的；(2)原司法鉴定机构超出登记的业务范围组织鉴定的；(3)原司法鉴定人应当回避没有回避的；(4)办案机关认为需要重新鉴定的；(5)法律规定的其他情形。

383. 重新鉴定是由原鉴定机构进行吗？

答：不是。重新鉴定应当委托原司法鉴定机构以外的其他司法鉴定机构进行;因特殊原因,委托人也可以委托原司法鉴定机构进行,但原司法鉴定机构应当指定原司法鉴定人以外的其他符合条件的司法鉴定人进行。

384. 接受重新鉴定委托的司法鉴定机构应符合什么条件?

答:接受重新鉴定委托的司法鉴定机构的资质条件应当不低于原司法鉴定机构,进行重新鉴定的司法鉴定人中应当至少有一人具有相关专业高级专业技术职称。

385. 什么是补充鉴定?

答:补充鉴定是指在原鉴定的基础上对其中的个别问题进行复查、修改、补充或解答,以使原解答结论更加完备而进行的鉴定。补充司法鉴定文书,是原司法鉴定文书的组成部分。补充鉴定可以由原鉴定人进行,也可以由其他司法鉴定人进行。

386. 哪些情况可以补充鉴定?

答:有下列情形之一的,司法鉴定机构可以根据委托人的要求进行补充鉴定:(1)原委托鉴定事项有遗漏的;(2)委托人就原委托鉴定事项提供新的鉴定材料的;(3)其他需要补充鉴定的情形。

387. 什么情况下可以终止鉴定?

答:司法鉴定机构在鉴定过程中,有下列情形之一的,可以终止鉴定:

(1)鉴定材料发生耗损,委托人不能补充提供的;

(2)委托人拒不履行司法鉴定委托书规定的义务、被鉴定人拒不配合或者鉴定活动受到严重干扰,致使鉴定无法继续进行的;

(3)委托人主动撤销鉴定委托,或者委托人、诉讼当事人拒绝支付鉴定费用的;

(4)因不可抗力致使鉴定无法继续进行的;

(5)其他需要终止鉴定的情形。

388. 终止鉴定的司法鉴定机构应如何做?

答:终止鉴定的,司法鉴定机构应当书面通知委托人,说明理由并退还鉴定材料。

389. 患者自身疾病对于医疗过错参与度认定的影响如何确定？

答：医疗侵权一般是多因一果，既有医疗过失的因素，也有原发病的参与。在这样的情况下，对于参与度的认定对于责任的承担也会有影响。在考虑患者原有疾病因素时，应考虑以下几个方面：

（1）患者原有疾病在发生发展过程中的必然趋势与医疗损害后果的关系；

（2）患者原有疾病发展状况对现存损害后果的直接作用程度及过失行为之间的关系；

（3）患者原有疾病状况的基础条件在静止状态与其现有损害的关系；

（4）患者原有疾病状况的危险性及其与医疗主体实施医疗行为的必然联系和客观需求，患者因医疗行为的获益结果与损害结果的关系等。

390. 医患双方可以申请鉴定人出庭接受质证吗？

答：可以。经人民法院依法通知，司法鉴定人应当出庭作证，回答与鉴定事项有关的问题。当事人如果需要鉴定人出庭接受质证，应当先向人民法院提出申请，人民法院接受申请后再通知司法鉴定人。

391. 鉴定人不出庭接受质证，要承担什么后果？

答：当事人对鉴定意见有异议或者人民法院认为鉴定人有必要出庭的，鉴定人应当出庭作证。经人民法院通知，鉴定人拒不出庭作证的，鉴定意见不得作为认定事实的根据；支付鉴定费用的当事人可以要求返还鉴定费用。人民法院应当建议有关主管部门或者组织对拒不出庭作证的鉴定人予以处罚。

当事人要求退还鉴定费用的，人民法院应当在3日内作出裁定，责令鉴定人退还；拒不退还的，由人民法院依法执行。当事人因鉴定人拒不出庭作证申请重新鉴定的，人民法院应当准许。

392. 特殊情况鉴定人可以书面答复吗？

答：可以。鉴定人应当出庭接受当事人质询，鉴定人确因特殊原因无法出庭的，经人民法院准许，可以书面答复当事人的质询。

393. 医疗损害责任纠纷案件中是否可以申请专家辅助人出庭?

答:可以。根据《最高人民法院关于审理医疗损害责任纠纷案件适用法律若干问题的解释》第14条规定,当事人申请通知1~2名具有医学专门知识的人出庭,对鉴定意见或者案件的其他专门性事实问题提出意见,人民法院准许的,应当通知具有医学专门知识的人出庭。具有医学专门知识的人提出的意见,视为当事人的陈述,经质证可以作为认定案件事实的根据。

394. 专家辅助人的权利义务有哪些?

答:专家辅助人的权利:

(1)了解与其发表专家意见有关的案件情况的权利。尤其是针对鉴定意见,为使专家辅助人能够充分发表意见,其有权了解鉴定人的鉴定过程及内容。

(2)发表意见的权利。专家辅助人在法庭上可以就有关专业问题发表自己的意见及理由。

(3)协助询问的权利。有权协助当事人就有关专业性问题向鉴定人提出询问,也可以独立向鉴定人提出询问,还可以与对方当事人申请的专家辅助人就案件有关问题进行对质。

(4)合理费用的请求权。依据《最高人民法院关于适用〈中华人民共和国民事诉讼法〉的解释》第122条第3款的规定,对于人民法院准许当事人申请的专家辅助人出庭所产生的有关费用由提出申请的当事人负担。

专家辅助人的义务:

(1)提出意见应当遵循客观和科学的要求;

(2)认真履行当事人委托的职责,忠于职守;

(3)出庭参加诉讼;

(4)接受审判人员和当事人对有关问题进行询问的义务;

(5)对于不适宜公开的案情依法负有保密义务,应当保守在诉讼中知悉的国家秘密和当事人的商业秘密,不得泄露当事人的隐私。

395. 专家辅助人是否适用回避制度?

答:专家辅助人不适用回避制度。由于在证据定位上,专家辅助人出庭所作陈述属于当事人陈述,其只是辅助一方当事人进行庭审活动。因此,专家辅助人与鉴定人的要求并不相同,不能强制要求适用有关鉴定人的资质要求、程序规范等。

396. 专家辅助人与证人、诉讼代理人的异同点如何?

答:专家辅助人与证人一样,都有帮助法官查明案件客观真相的作用,但是存在本质区别:证人是以其亲身经历的事实向法庭进行陈述的人,其参加诉讼直接指向的是案件事实,而非专业性问题,其通常只能就其亲历事实作客观陈述,而不可进行推断和评价,而专家辅助人仅是出庭对案件涉及专业性问题提出个人意见。

诉讼代理人与专家辅助人的相同点就是他们都有为委托人服务的一面,也有忠于事实和法律的责任。他们之间的区别:诉讼代理人通常仅是为委托人提供法律上的帮助和服务,其在授权范围内进行的代理活动,产生的法律后果由委托人承担;专家辅助人就是提出专家意见,其参加诉讼所作陈述的法律后果并不必然由委托的一方当事人承担。

因此,专家辅助人是独立于证人和诉讼代理人之外的诉讼参加人。

397. 司法鉴定在医疗纠纷中的重要性?

答:司法鉴定是医疗纠纷处理的核心程序,在司法实践中,鉴定意见已"相当于"判决结果,因为90%以上的审判委员会以司法鉴定意见为参考进行判决,而以司法鉴定意见为基础调解的医疗纠纷,也基本上是在结论范围内达成协议。

398. 司法鉴定过程中患者最需要重视什么程序?

答:司法鉴定对于患方来说最重要的程序是鉴定听证会,让鉴定委员会的专家听取自己的意见是最重要的,需要列明认为医方在诊疗过程中的各项过错以及依据,而这个"意见",鉴定机构一般都要求以书面形式表达——司法鉴定陈述材料。

399. 撰写陈述材料是否重要?

答:听证会要求医患双方提交书面陈述意见,不管是医方还是患方,都需要高度重视该陈述意见,因为病历繁多而复杂,鉴定专家往往没有太多的时间去逐字阅读分析,简单专业的陈述词是鉴定专家了解医疗过程、有无医疗过错的关键,鉴定专家不会忽视患方陈述词中所列举的医方过错,在鉴定意见中也会针对陈述意见作出答复。所以请专业的医疗纠纷律师撰写听证会陈述书很重要,也有必要委托专业律师参加听证会。

400. 患方如何撰写陈述材料?

答:(1)一定要聘请有医学背景的律师撰写,这是因为这份材料既要懂医又要懂法的人才能很好完成。由不懂医的律师撰写只会将医方的过错列举流于形式,不能阐述医疗损害发生的逻辑性、过错的可避免性以及诊疗行为的非法性。而由不懂法的医生来撰写,医生虽然可以指出过错的发生,但是并不了解司法鉴定规则、侵权案件因果关系的重要性,可能会抓不住医方过错的主要矛盾。

(2)指控医方过错必须有理有据,以病历内容为基础。

(3)指控医方过错必须与损害结果有因果关系。

(4)指控医方过错必须有最新临床指南、专家共识或相应法律法规支持,即不能凭空指控医方诊疗行为有过错。

(5)陈述材料不累赘但要详尽所有过错。鉴定委员会专家一般都年龄较大,而鉴定材料往往厚达百页,如果不对照患方陈述材料,专家是很难主动从病历里把医方过错一一找出来,所以患方列举医方过错时最好条理清楚、逻辑清晰,指控依据最好能附上病历页码,方便专家查找核对。

(6)陈述材料忌辱骂、慷慨激昂的用词,越专业越能引起鉴定专家重视及参考。

(7)进行司法鉴定前不能对鉴材(多为病历资料)和死因提出异议,否则鉴定机构不予受理司法鉴定。

401. 发生医疗纠纷应当选择医学会鉴定还是医疗损害司法鉴定?

答:医学会鉴定是从行政角度审视医院及医生的诊疗行为是否符合规范,如果受害人或家属因医疗事故要执意追求行政处理医院和医生的,需要选医学会的医疗事故技术鉴定。其鉴定意见是医疗卫生健康主管部门追究医院或医务人员行政责任的依据。

医疗损害司法鉴定是由第三方独立的司法鉴定机构对于医疗纠纷中医方是否存在过错、过错的责任比例等问题进行的鉴定。人民法院在诉讼过程中,一般都以委托司法鉴定机构所出具的医疗损害鉴定报告作为审判的依据,而不再要求进行医疗事故鉴定。

医疗损害的鉴定通常在诉讼中由司法鉴定机构出具鉴定意见,而医疗事故的鉴定往往仅局限于纠纷医院所在地的医学会,这就导致医疗事故鉴定的公正性相较于医疗过错司法鉴定大打折扣;在赔偿数额方面,根据《医疗事故处理条例》与《民法典》的详细赔偿规定,鉴定为医疗事故的赔偿数额通常要低于医疗损害鉴定的赔偿数额。

因此,如果遇到医疗纠纷的情况,应该尽量依据诉讼中进行的医疗损害司法鉴定去申请赔偿。如果遇到医疗损害责任纠纷,最好是申请法院进行医疗损害司法鉴定,因为法律明确规定当事人对鉴定意见有异议的,可以申请法院通知鉴定人出庭作证,否则其鉴定意见就不得作为认定事实的依据,因此,通过司法鉴定才能够更好地保护我们的合法权益。

402. 申请医疗损害鉴定的同时是否需要加上其他鉴定事项?

答:需要。伤残鉴定是最重要的其他鉴定事项,一般也是通过双方,第三方调解机构或者法院申请,切忌单方面申请鉴定,缺乏法律效力。注意行伤残鉴定的同时加上医疗期、护理期、营养期、后续治疗费的鉴定。如果没有做伤残鉴定,法院将没有计算赔偿的依据。

403. 鉴定结果不服如何补救?

答:鉴定意见出来后,几乎没有有效手段来弥补,如果不是鉴定意见确实存在不合理的,法官都会采信。实践中可能影响法官对鉴定意见采信程度的方法,有几个:(1)申请重新鉴定,明知不会准许,还是要申请;(2)向鉴定机构提出书面异议,要求对不合理部分进行书面回复;(3)申请鉴定人出庭作证,在法庭上把鉴定人问倒,如果鉴定人不能有理有据地回答质疑,法官有可能不完全采信鉴定意见;(4)如果有补充证据材料能影响鉴定意见的,一定要求补充鉴定,尽量在补充鉴定的过程中改变原鉴定意见。对于鉴定意见不满意的,根据具体情况,当事人可以选择申请补充鉴定、重新鉴定、复核鉴定或者会商鉴定的方式提出异议。

404. 医疗过错行为的认定依据是什么?

答:医疗机构在诊疗护理过程中是否存在医疗过错,司法鉴定人主要依据委托单位所提供的患者临床资料和法医学检查结果(尸体解剖或者活体检查)等,判定医疗机构是否存在违反医疗相关的法律、法规、规章、制度以及诊疗规范等行为。

405. 医疗过错行为的形式有哪些?

答:(1)未尽到告知义务:医方未向患者明确告知必要的病情、医疗措施、医疗替代方案以及存在的医疗风险(可能发生的不良后果)。

(2)未尽到诊治义务:医方未给予患者及时、规范、正确的诊断与治疗。包括误诊(诊断的错误)、漏诊(未及时作出全面与完整的诊断)、误治(治疗方案或治疗方法错误,也包括未及时进行全面与系统的治疗)等。

(3)未尽到注意义务:医务人员在诊疗活动中未尽到密切注意病情变化,积极防范医疗风险,避免不良后果发生的义务。

406. 分析与判断医疗过错行为的方法有哪些?

答:对于医疗行为是否构成过错,目前主要依据卫生医疗法律规范和技术规范,包括卫生医疗相关的法律法规、部门规章制度、诊疗护理规范以及权威或公认的医学文献等进行判断,同时注意结合不同时间、不同地域、不同等级医院医疗水平的现状进行分析。

(1)法律法规:医疗机构的诊疗行为是否符合国家"法律法规"是判定医疗过错行为的法律依据。如《民法典》规定,医疗机构及其医务人员应当按照规定填写并妥善保管住院志、医嘱单、检验报告、手术及麻醉记录、病理资料、护理记录、医疗费用等病历资料。患者要求查阅、复制前款规定的病历资料的,医疗机构应当提供。患者有损害后果,而医疗机构隐匿或者拒绝提供与纠纷有关的病历资料,或者存在伪造、篡改或者销毁病历资料的行为,可以推定医疗机构存在过错。

（2）规章制度：医疗机构及其医务人员医疗行为是否符合"诊疗护理规范"是判定医疗过错行为的主要技术标准。诊疗护理规范对于医方的告知义务、诊疗义务、注意义务、转诊义务等都有明确的规定。

（3）医学文献：由于当今医疗技术迅速发展，诊疗护理规范等可能存在滞后或者不能涵盖所有医疗领域的情况，因此在这种情况下，权威的医学教科书、公认的科研成果以及药物使用说明书也是判定医疗行为是否存在过错的重要依据。

407. 分析与判断医疗过错行为的注意事项有哪些？

答：（1）注意考虑当时的医疗水平：由于医疗水平会随着时代的发展而不断提高，因此不能用现代的医疗水平衡量医疗纠纷发生时的医疗行为。

（2）注意医疗机构所在的地区：在判定医疗过错时，应当注意医疗机构所处的具体地域，因为不同地域的医疗条件和水平存在差异。例如，同为三级甲等医院，经济发达地区与偏远地区也存在一定的差别。

（3）注意医疗机构的不同等级：医疗机构的等级代表着医疗机构医疗条件、管理水平以及技术水平。同样的医疗过错行为对于不同等级的医疗机构，所承担的过错责任会有所不同。一般来说，医院等级越高，诊治疾病的水平越高，患者承担的医疗风险相对越小。

408. 医疗损害的内容有哪些？

答：（1）患者的人身权损害：①对患者生命权的侵害，即诊疗过错行为使患者丧失生命。②对患者健康权的侵害，即医疗过错行为对患者生理机能的正常运行和功能完善发挥造成损害，大多数表现为使患者出现不同程度的残疾。例如，在对患者进行阑尾手术时，误切了患者右侧卵巢组织，造成患者残疾。③对患者身体权的侵害，表现为医务人员违反诊疗护理常规和技术规范，导致患者身体的完整性受到损害。如在未经患者及家属同意的情况下，将死亡患者的皮肤、肾脏、角膜等个别器官取出、切除或移植的行为，就属于侵害患者身体权的行为。

(2)患者的名誉权损害：由于性病、肝炎、艾滋病等一些疾病的误诊，且未履行保密义务，导致患者的名誉和社会评价受到损害。

(3)患者的隐私权损害：医疗机构及其医务人员应当对患者的隐私保密。泄露患者隐私或者未经患者同意公开其病历资料，造成患者损害的，应当承担侵权责任。

(4)患者的肖像权损害：为了教学或广告宣传，未经患者同意将其肖像暴露给公众或予以传播，对患者造成损害。

(5)患者及亲属的精神损害：侵害他人人身权益，造成他人严重精神损害的，被侵权人可以请求精神损害赔偿。医疗侵权无论是损害了患者的生命权、健康权、身体权，还是名誉权、隐私权与肖像权都会造成患者及其亲属的精神损害，因此精神损害作为医疗损害的间接后果，同样也给予精神损害赔偿(精神损害抚慰金)。

(6)患者的财产权损害：医疗过错行为造成患者人身损害的后果，就必然导致患者及其近亲属财产收入减少和不必要财产支出的增加。侵害他人造成人身损害的，应当赔偿医疗费、护理费、交通费等为治疗和康复支出的合理费用，以及因误工减少的收入。造成残疾的，还应当赔偿残疾生活辅助器具费用和残疾赔偿金。造成死亡的，还应当赔偿丧葬费和死亡赔偿金。

409. 医疗损害的后果有哪些？

答：(1)死亡。患者死亡的原因既可以是错误的医疗行为直接所致，也可以是过错医疗行为与其他因素合并导致。对于患者死亡的分析与判断一般包括死亡原因、死亡机制和死亡方式三个方面。死亡原因是指所有导致死亡的疾病或损伤或病理改变，死亡原因必须是具体的疾病或者损伤，或者具有特殊意义的病理改变，如冠状动脉粥样硬化。死亡机制不能作为死亡原因。死亡原因有的可以根据患者的临床表现分析得出，有的必须通过法医学尸体解剖判定。对于患者死亡案件，医疗损害司法鉴定首先应明确患者死亡原因，确定死亡原因原则上应通过尸体解剖确定。对部分尸体已经火化，无法通过尸体解剖确定死亡原因的，鉴定人可以通过临床病历材料等分析死因。

(2)残疾。医疗过错行为会导致患者机体组织结构的破坏和功能障碍,严重的可以导致残疾。例如,前臂骨折后,医生给予石膏托外固定处理,但是医生对患者患肢固定后出现的肢体肿胀、疼痛、皮肤表面有张力性水泡等未引起注意,最终因骨筋膜室综合征导致患肢遗留严重残疾。

(3)治疗时间延长。医疗过错行为会因为没有达到应有的治疗效果,或者给患者造成了新的损害,患者需要继续住院治疗,甚至需要再次手术治疗。治疗时间的延长势必造成患者额外的痛苦,医疗相关费用的增加。

(4)出生缺陷或者错误出生。出生缺陷或者错误出生主要是指患儿在胚胎发育过程中存在先天性疾病或者某种缺陷,这种疾病或者缺陷应该通过孕期检查发现,及时终止妊娠。但是,由于医疗机构在对孕妇的例行检查中未能发现,使患有重大疾病的患儿出生,导致患方经济与精神负担加重。

(5)发生可以避免的并发症。并发症一般是指某一种疾病在治疗过程中,发生了与这种疾病有关的另一种或几种病症。由于医方在诊疗过程中,未尽到注意义务,使原本可以避免发生的并发症没能避免。

此外,在医疗过程中还有一种"难以避免的并发症"。所谓"难以避免的并发症"是指医方在对患者的诊疗护理过程中,发生了现代医疗技术难以避免或者难以预料和防范的并发症。例如,手术切除甲状腺肿瘤时,喉返神经损伤是可能出现的并发症之一。一般认为,如果自身界限清楚,喉返神经相对容易识别,甲状腺肿瘤切除手术就不应出现喉返神经损伤的并发症。反之,如果肿瘤和甲状腺粘连紧密,喉返神经识别和分离困难,手术难度大,术后出现喉返神经损伤应视为"难以避免的并发症",医方不承担过错责任。

(6)其他情况。医方常见过错行为还有以下一些情况:手术部位错误,输液错误、输血错误和用药错误,手术器械或者其他异物遗留体内以及过度医疗等。

410. 医疗损害因果关系的定性如何判定?

答:(1)确定医疗损害的参与因素:通过仔细审阅病历以及辅助检查等鉴定资料,寻找可能造成患者损害后果的所有参与因素,如患者的年龄、自身疾病或者损伤情况、个体体质与状态、具体的医疗行为等,然后对各种因素进行逐一分析。例如,患者甲状腺瘤手术后喉返神经损伤,鉴定人既要考虑患者的喉返神经解剖结构是否有变异,又要考虑肿瘤和周围组织是否粘连以及粘连的程度,还需要考虑医疗机构的等级等。

(2)明确医疗损害参与因素的作用:通过收集相关病例的流行病学资料,根据临床研究的结果与理论,判定各相关因素的作用。此外,就案件的关键点和临床医生进行探讨,了解临床诊疗技术现状,作为判定因果关系的参考依据。需要注意的是,只有在损害结果实际发生的情况下,即损害结果必须是客观存在,才需要确定医疗机构的损害责任。

411. 医疗损害因果关系的定量如何判定?

答:(1)医疗损害因果关系的类型:在医疗过程中,导致医疗损害后果的可能因素很多,主要包括医疗的过失、患者自身的因素、医疗机构的条件和水平等,损害后果可能是其中一个因素作用的结果,也可能是多个因素共同作用的结果。也就是说,医疗损害后果与原因之间并非一一对应的关系,更多的是多因一果的关系,区分引起医疗损害后果的具体原因以及各个具体原因与损害后果之间的类型,即医疗损害因果关系的类型。医疗过错行为与医疗损害后果之间因果关系的类型,一般分为主要因果关系、临界因果关系、次要因果关系、直接因果关系与间接因果关系等。

(2)医疗损害责任参与度:所谓医疗损害责任参与度,是指医疗过错行为与疾病等因素共同存在的情况下,医疗过错行为在损害后果与损害责任中所占的比例,即医疗损害责任的参与度。医疗损害责任参与度是根据原因力的大小对医疗过错行为与损害后果因果关系的定量划分,一般根据责任的大小分为六种情况:完全责任、主要责任、同等责任、次要责任、轻微责任和无责任等。

412. 医疗损害因果关系与损害赔偿责任判定应注意哪些问题?

答:(1)对于是否存在医疗过错行为与损害后果,医患双方均负有举证责任,如毁灭证据或因证据灭失使之不能举证或不能查证的,应承担举证不利的责任。

(2)医疗损害赔偿责任判定时应注意医疗技术的时间性、地域性以及不同等级医疗机构所应有的医疗条件和技术水平。此外,还需要注意患者自身疾病等具体情况以及患者是否配合治疗等情况。

第三节　医疗损害司法鉴定意见

413. 鉴定意见有什么作用?

答:鉴定意见作为鉴定人个人的认识和判断,表达的只是鉴定人个人的意见,对整个案件来说,鉴定意见只是诸多证据中的一种证据,审判人员应当结合案件的全部证据,加以综合审查判断,从而正确认定案件事实,作出正确判决。

414. 鉴定意见书有何要求?

答:司法鉴定机构和司法鉴定人应当按照统一规定的文本格式制作司法鉴定意见书。司法鉴定意见书应当由司法鉴定人签名。多人参加的鉴定,对鉴定意见有不同意见的,应当注明。司法鉴定意见书应当加盖司法鉴定机构的司法鉴定专用章。

415. 当事人自行委托鉴定的鉴定意见效力如何?

答:当事人自行委托鉴定人作出的医疗损害鉴定意见,其他当事人认可的,可予采信。当事人共同委托鉴定人作出的医疗损害鉴定意见,一方当事人不认可的,应当提出明确的异议内容和理由。经审查,有证据足以证明异议成立的,对鉴定意见不予采信;异议不成立的,应予采信。

416. 如何审查鉴定意见的客观性和公正性?

答:医患双方拿到鉴定意见书后,对于鉴定人针对委托鉴定事项出具的鉴定意见是否具备说服力、是否客观公正,可从以下几个方面进行审查:

(1)鉴定人及鉴定机构适格性审查。主要审查负责本次鉴定的鉴定人以及鉴定机构是否具备进行医疗纠纷鉴定的资质,鉴定人是否参与了本次鉴定的全过程,鉴定人签名、鉴定机构签章是否真实、是否符合相关规定。

（2）鉴定意见书构成审查。主要审查鉴定意见书的构成是否符合规范。一份完整的鉴定意见书主要包括基本情况（委托人、委托事项、受理日期、送审材料、鉴定日期、被鉴定人情况等）、案情摘要、送审材料摘要、分析说明、鉴定意见、附件等相关内容。

（3）鉴定程序审查。司法鉴定机构进行鉴定过程中是否严格按照《司法鉴定程序通则》的相关规定进行，重点审查鉴定时限是否超期、对患者进行体格检查是否为两人以上、是否违反回避制度等。

（4）鉴定依据审查。鉴定人提出的观点是否具备充分的法律法规、规章、临床诊疗规范等依据所支持，语言表达是否通顺、是否符合医学逻辑，分析说明是否遵循了相应的原则，参与度认定是否符合常理。

417. 鉴定意见书有错误，一定要重新鉴定吗？

答：不一定。符合规定情形的，可由鉴定机构对其进行补正。

418. 对鉴定意见有异议怎么办？

答：医患双方对于鉴定人出具的鉴定意见或鉴定过程存在异议的，可以要求鉴定人对鉴定意见或鉴定过程中的相关问题进行书面答复，法院委托鉴定的，亦可依法申请鉴定人出庭接受质询。需要注意的是，鉴定人仅有义务对鉴定意见有关的问题进行解释和说明，与鉴定意见无关的问题可以拒绝答复，询问关于相关疾病的诸多专业问题以"难倒"鉴定人，并非针对鉴定意见进行询问，鉴定人完全可以拒绝回答。

医患双方在提出书面质询或申请鉴定人出庭前，应提前查询相关法律法规、文献等，找出足以反驳鉴定人鉴定意见的相关规定，对鉴定过程有异议的，找出相关依据，以做到有的放矢。对于无法找到足以反驳鉴定意见的规定时，则可能丧失质询的真正意义。若经过鉴定机构书面答复或出庭解释后，医患双方仍存在异议，并有足够依据证明鉴定意见存在错误或瑕疵的，可以申请重新鉴定。另外，还可以通过聘请有专门知识的人对鉴定意见进行审查，出具专业意见。在法庭审理时，也可以申请法院通知有专门知识的人到庭，与鉴定人进行质证和技术观点的讨论交锋。

419. 不服鉴定意见怎么办？

答：《医疗损害责任鉴定意见书》是案件的核心证据，鉴定意见对案件走向起着关键作用。不服鉴定意见时，常见的有以下几种处理方式：

（1）质疑鉴定人不具有相关专业的临床经验，甚至质询鉴定人是否发表相关专业的论文。

（2）质疑鉴定人没有邀请相关专业的临床专家。

（3）带着大量医学专著出庭，说服法官采信其医学观点。

（4）对鉴定程序及鉴定意见进行评估。

（5）申请鉴定人出庭回答质询并申请再次鉴定。

（6）向司法行政部门投诉鉴定人。

420. 什么情形下司法鉴定机构可以对鉴定意见书进行补正？

答：司法鉴定意见书出具后，发现有下列情形之一的，司法鉴定机构可以进行补正：（1）图像、谱图、表格不清晰的；（2）签名、盖章或者编号不符合制作要求的；（3）文字表达有瑕疵或者错别字，但不影响司法鉴定意见的。

421. 如何提高鉴定人出庭作证效果？

答：（1）设置好出庭发问的问题。鉴定人出庭作证时如果回答的内容不足以支持鉴定意见，法官不采信鉴定意见的可能性才会增加，所以设置好提问很重要，那就要认真阅读鉴定意见书，将不合理的分析意见找出来，有技巧地连续提问，让鉴定人知道自己的意见是缺乏依据的，答不上来。

（2）研究透彻相关诊疗规范及病历。如果患方主张伪造病历是客观事实，法官会分析这部分病历是否掩盖了导致损害发生的过错，如果仍然可以还原真实的诊疗经过，鉴定报告分析意见的依据也不涉及这部分伪造的病历，那法官会认为不影响鉴定意见的客观性，会继续采信。

422. 证实病历伪造能推翻鉴定意见吗？

答：根据《司法鉴定程序通则》第12条第1款规定，委托人应当向司法鉴定机构提供真实、完整、充分的鉴定材料，并对鉴定材料的真实性、合法性负责。第15

条规定,具有下列情形之一的鉴定委托,司法鉴定机构不得受理:发现鉴定材料不真实、不完整、不充分或者取得方式不合法的。

所以,对于病历系伪造、认定为不真实的情况,法院不应委托鉴定,鉴定机构也不应受理委托人或其他诉讼当事人认为病历不真实的医疗损害鉴定,否则违反了鉴定程序。

423. 鉴定意见不客观、偏袒明显的,鉴定人出庭的实际作用如何?

答: 对于有偏向性的鉴定意见,鉴定人出庭会有所心虚,可能会在出庭前后督促一方当事人调解结案;对于鉴定意见不客观的案件,如果鉴定人在回答问题时无法发表令人信服的理由,作为非专业人士的法官都觉得意见不合理的,法官有可能针对鉴定人出庭的情况对鉴定意见做出有保留的采信;对于鉴定人出庭没有改变法官对鉴定意见依旧持采信态度的,法官还是会对当事人维权的决心有所了解,可能会在责任比例上有所照顾。

但整体上,鉴定人出庭作证对法官判决影响很小,实践中会因鉴定人出庭作证导致法官不依鉴定意见判决的概率还是比较低的。

424. 鉴定意见客观公正、结论有理有据,鉴定人出庭的实际作用如何?

答: 鉴定人出庭肯定是最大限度维持鉴定意见,不会在法庭上做出与鉴定意见相矛盾的说明,所以如果鉴定意见本身就是客观公正的,结论是有理有据的,那么鉴定人会胸有成竹地回答双方当事人发问,回答的内容与鉴定意见基本一致,法官也很少会因当事人不服鉴定意见申请了鉴定人出庭就不采信鉴定意见,基本上会按鉴定意见判决。

425. 司法鉴定机构对鉴定意见书进行补正有何要求?

答: 补正应当在原司法鉴定意见书上进行,由至少一名司法鉴定人在补正处签名。必要时,可以出具补正书。对司法鉴定意见书进行补正,不得改变司法鉴定意见的原意。

426. 鉴定人出庭程序是什么?

答: 经当事人书面申请或当庭申请(记入庭审笔录)鉴定人出庭作证后,然后由法院通知鉴定人,协调好出庭日期后,书面通知开庭时间(传票)。鉴定人出庭费用由申请方承担。开庭时,法院会专门安排庭审环节由双方当事人向鉴定人发问,然后鉴定人针对质询问题进行回答。鉴定人回答后就退庭,法庭会组织双方当事人对鉴定人回答的内容进行质证,并进入下一环节。

427. 医疗损害司法鉴定与医疗事故鉴定有什么区别?

答:(1)性质不同:医疗事故鉴定属于行政鉴定;司法鉴定属于民事鉴定。

(2)目的不同:医疗事故鉴定是为医疗卫生健康主管部门处理医疗纠纷与医疗事故提供技术服务;司法鉴定是为医疗损害赔偿而进行民事诉讼,由人民法院根据《司法鉴定程序通则》及全国人大或最高人民法院的司法解释而进行的确定医疗机构是否存在过错、过错与损害后果之间是否存在因果关系的鉴定。

(3)决定权不同:医疗事故鉴定的决定权在于医疗卫生健康主管部门,医疗纠纷双方当事人也可共同提请鉴定,司法鉴定的决定权在司法机关。

(4)委托方式不同:医疗事故鉴定的委托方式有两种:卫生健康主管部门转交;当事人双方共同委托。司法鉴定包括两种方式:法院决定鉴定,由法院内的技术部门统一对外委托;申请鉴定,即由当事人向法院提出鉴定申请,法院同意后,双方当事人协商确定鉴定机构与鉴定人员,达不成一致的,由法院指定。

(5)权限不同:医疗事故鉴定只有卫生健康主管部门移交和当事人共同委托医学会两种方式。司法鉴定的权限却十分广泛,只要诉讼过程中需要鉴定,都可以采取司法鉴定的方式进行。

(6)鉴定主体的范围不同:医疗事故鉴定只能由医学会组织医疗事故鉴定专家组进行,司法鉴定则可由司法机关交由法定的鉴定机构进行。

(7)责任方式不同:医疗事故鉴定由医学会出具鉴定书,专家组成员无须在鉴定书上签名盖章;司法鉴定的鉴定人需在鉴定书上签字或盖章,实行个人负责制。

428. 司法鉴定文书与医疗事故鉴定书有何区别?

答:(1)司法鉴定文书由司法鉴定机构出具,有鉴定人的签名;医疗事故鉴定书由医学会出具,无鉴定人的签名。

(2)司法鉴定文书对争议焦点和鉴定意见的分析十分详尽;医疗事故鉴定书分析部分一般比较原则。

(3)司法鉴定为一级鉴定;医疗事故鉴定一般为两级鉴定。

第六章

医疗纠纷处理

第一节 医患双方协商

429. 对于允许自行协商的医疗纠纷,医患双方应如何做?

答:(1)应在专门场所协商,不得影响正常医疗秩序。

(2)医患双方人数较多的,应推举代表进行协商,每方代表人数不超过5人。

(3)应坚持自愿、合法、平等的原则,尊重当事人权利,尊重客观事实,应文明、理性表达意见和要求,不得有违法行为。

(4)协商确定赔付金额应以事实为依据,防止畸高或畸低。对分歧较大或索赔数额较高的医疗纠纷,鼓励医患双方通过人民调解的途径解决。

(5)医患双方经协商达成一致的,应签署书面和解协议书。

430. 患方在医患协商中应注意什么问题?

答:(1)发生医疗纠纷后,患方首先应当依法取得病历的原件或者复印件并进行封存;

(2)患方应当慎重考虑尸检的问题;

(3)应注意特殊情形下关于封存输液、血液、药物等实务问题。

431. 关于协商的主体应注意什么?

答:(1)发生医疗纠纷以后,如果患者自己出面与医疗机构协商,医疗机构应当考虑其是否是完全民事行为能力人,如果是未成年人或者精神病人,医疗机构应当与其监护人进行协商。

（2）如果不是患者亲自出面协商,那么医疗机构应当注意审查代理人是否具有患者出具的授权委托书以及其身份证明文件如身份证。

（3）如果患者已去世,那么与医疗机构协商的主体应当是患者的全部第一顺序继承人,即配偶、子女、父母,缺一不可。因为如果缺少任何一位,都侵犯了缺席者的合法权益,这个协商结果就有可能出现无效的后果。对于患者的亲属情况,实际在住院病历的住院志中都有记录,医疗机构只需注意核对即可。如果由代理人参加协商,其出示的授权委托书上应有全部第一顺序继承人的授权。

432. 协商中关于病历的保管应注意什么?

答:（1）对于患方保管的门急诊病历以及协商过程中拿出的外院的病历,医疗机构应当留存一套复印件。

（2）对于由医疗机构保管的病历,患方提出借阅时,院方一定要严格遵守病历管理规定办理,即使是对于熟人、家属,甚至是本院职工也不例外。

（3）对于患方提出复印、复制、封存病历资料的,应当注意审核申请人的身份。

（4）对于已经复印、复制、封存的病历,切不可以任何理由进行违法涂改、拆封,否则法律后果非常严重,有可能直接导致病历丧失真实性,最终导致败诉的后果。

433. 什么情况下双方和解协议无效?

答: 协议从法律属性来讲属于民事合同的范畴,是当事人双方经过协商达成一致以后,把协商结果书面化的成果。其是否具备法律效力,仍然要以《民法典》有关合同是否有效的几个规定来衡量。即有下列情形之一的,合同无效:

（1）一方以有关欺诈、胁迫的手段订立合同,损害国家利益;

（2）恶意串通,损害国家、集体或者第三人利益;

（3）以合法形式掩盖非法目的;

（4）损害社会公共利益;

（5）违反法律、行政法规的强制性规定。

434. 什么情况下当事人一方有权请求人民法院或者仲裁机构变更或者撤销合同？

答：下列合同，当事人一方有权请求人民法院或者仲裁机构变更或者撤销：

(1) 因重大误解订立的。

(2) 在订立合同时显失公平的。一方以欺诈、胁迫的手段或者乘人之危，使对方在违背真实意思的情况下订立的合同，受损害方有权请求人民法院或者仲裁机构变更或者撤销。

435. 患方遇到医疗纠纷如何投诉？

答：投诉医疗纠纷的途径如下：

(1) 向医院医保科或者医院领导反映个人情况，与其进行协商维护自身利益；

(2) 向当地市、区卫生监督部门拨打投诉电话或者拨打全国统一卫生热线"12320"。

436. 患方如何向医疗机构医务科或安全办提出诉求？

答：向医疗机构医务科或安全办提出诉求，诉求最好是书面的，主要内容：指出医院的主要过错，但不要过于详细，以免调解不成走诉讼程序被医疗机构提前准备；指出患者遭受的损害，包括身心损害和经济损失；提出具体赔偿，需要有赔偿明细和依据，不能信口开价。

437. 签署书面和解协议后是否还能反悔？

答：发生医疗纠纷后，医患双方协商处理快捷方便，但由于患者在医疗和法律知识方面的欠缺，医疗机构有可能会掩盖医务人员的责任。双方签订和解协议后，原则上是不能反悔的，否则要承担协议中的违约责任。但如果在签订协议时存在重大误解、显失公平情形，或者一方乘人之危，采用欺诈、胁迫的手段，使对方在违背真实意思的情况下订立的情形，则受损害方有权请求人民法院或者仲裁机构变更或者撤销协议。所以，在协商的时候，一定要多加注意，认真看清楚所签订的协议。

438. 医美纠纷为什么不建议走司法程序？

答：(1) 医美纠纷大部分并没有产生司法意义上的医疗损害，如致残、致畸、死亡情形,司法鉴定机构多不能鉴定伤残,即便鉴定出医美机构存在过错,并与"整容失败"存在因果关系,其赔偿金额仅限于修复费、误工费、护理费,再算上责任比例,少之又少,甚至比律师费、诉讼费、鉴定费还少,再加上漫长的诉讼期,令维权者绝望。

(2)医美机构绝大多数为私营机构,商业形象很重要,不耐受一些患方的维权行为,调解意愿高(花钱消灾),而且患方维权手段多,所以建议双方协商调解。

439. 医疗纠纷协商好,还是诉讼好?

答:相对双方协商解决来讲,诉讼途径有耗时长、成本高、取证困难、诉讼风险等种种不利因素。解决对专业知识要求低的纠纷,双方协商更为简便、快捷。但通过协商解决问题过程中,双方缺乏信任、信息不对称,有可能会掩盖事实真相且公平正义得不到彰显。尤其是一些涉及"后遗症""后期赔偿"方面的医疗纠纷,协商对于患方而言是不利的。

440. 发生医疗纠纷医患双方如何选择处理纠纷的方式?

答:(1)如果争议金额较少,建议双方调解解决为宜。如果医疗损害不构成伤残,不管医方的过错责任多大,赔偿都较少,仅涉及医疗费、护理费、营养费、误工费等,走司法程序,诉讼费、鉴定费、律师费加起来,不管医方还是患方维权成本都很高,得不偿失,特别是众多医疗美容所引起的纠纷,争议金额很少超过10万元,1万~2万元的居多,私下双方调解结案省时省力省钱。所以,5万元以下的赔偿,不建议走司法程序,调解为宜。

(2)不能寄太多希望于医调委。医调委是一个半官方的居中调解机构,没有行政和双方强制力,调解成功率不高,但消耗的时间很长。患方一般申请医调委调解,是因与医方调解不成后,遵从医院或卫健委的建议所申请的,很多当事人认为在医调委的调解下一定可以达成协议,却不知这一调解需要耗费大量的时间,医方的赔偿方案也不见得会作出让步。而医方在医调委介入后,也会消耗一定的资源去获得有利谈判形势。不过医调委有一条是非常值得赞扬的,就是医调委不收取费用。所以,无论如何都不愿走司法程序的当事人,又希望获得较公正的赔偿后,可借助医调委居中调解,但据经验,调解结案——包括医调委居中调解的,赔偿金额多与法院判决的赔偿金额有很大差别。

（3）如果双方调解意愿低，走司法程序的概率大，不建议行医疗事故鉴定，直接起诉为宜。

第二节 行政调解

441. 什么是行政调解？

答：行政调解行为是指在国家行政机关主持下、以争议双方自愿为原则，通过行政机关的调解，促使争议当事人达成协议，从而解决争议的活动。

442. 申请卫健委行政调解的条件有哪些？

答：申请卫健委行政调解的条件主要包括以下几点：

（1）申请人资格条件：①申请人必须是与本案有直接利害关系的当事人。这意味着申请人需要是相关争议或纠纷的一方，其权益直接受到该争议或纠纷的影响。②申请人需有明确的被申请人、具体的调解请求和事实根据。这要求申请人在提起行政调解申请时，必须明确指明被申请人，即争议或纠纷的另一方，并提出具体的调解请求，同时提供相应的事实根据以支持其请求。

（2）受理范围条件：申请行政调解的纠纷必须符合相关行政机关受理案件范围的规定。在卫健委的行政调解中，这通常涉及与卫生健康相关的争议或纠纷，如医疗服务质量、医疗事故赔偿等。如果争议或纠纷不在受理范围内，行政调解申请将不予受理。

此外，已经向人民法院起诉的或者已经向仲裁机构申请仲裁的争议或纠纷，以及一方要求调解而另一方不同意调解的情况，通常也不符合行政调解的受理条件。

443. 申请医疗纠纷行政调解的具体步骤有哪些？

答：（1）提出申请。医患双方应当共同向医疗纠纷发生地县级人民政府卫生主管部门提出行政调解申请。申请可以以书面或者口头形式提出。书面申请的，申请书应当载明申请人的基本情况、申请调解的争议事项和理由等；口头申请的，医疗纠纷人民调解员应当当场记录申请人的基本情况、申请调解的争议事项和理由等，并经申请人签字确认。

(2)受理申请。卫生主管部门应当自收到申请之日起5个工作日内作出是否受理的决定。如果当事人已经向人民法院提起诉讼并且已被受理，或者已经申请医疗纠纷人民调解委员会调解并且已被受理的，卫生主管部门将不予受理；如果已经受理的，会终止调解。

(3)进行调解。卫生主管部门应当自受理之日起30个工作日内完成调解。如果需要鉴定，鉴定时间将不计入调解期限。超过调解期限未达成调解协议的，将视为调解不成。

444. 医疗纠纷行政调解中存在的问题有哪些？

答：医疗纠纷行政调解中存在的问题主要包括以下几个方面：

(1)透明度不足：目前医疗纠纷的行政调解过程缺乏透明度，很多患者和医务人员对调解的具体程序和结果不清楚，容易引发不信任和争议。

(2)调解机构和人员素质不高：一些地方的医疗纠纷行政调解机构和人员水平参差不齐，专业知识和调解技巧有待提高，影响了调解工作的效果和公正性。

(3)调解程序复杂烦琐：医疗纠纷的行政调解程序过于烦琐复杂需要耗费大量的时间和精力，有时反而把矛盾激化，难以达到和解的目的。

(4)法律保障不足：目前相关法律法规对医疗纠纷行政调解的支持不够充分，缺乏具体的实施细则和标准，容易导致调解结果的不公正和不合理。

445. 为什么会出现患方不认同行政调解的情形？

答：由于目前我国卫生健康主管部门与公立医疗机构之间的关系尚处于管办不分离的状态，对于政府举办的公立医疗机构而言，卫生健康主管部门就是其上级主管机关，医院院长往往还兼任卫生健康委员会主任副主任，甚至还有极个别的地方，卫生健康委员会主任还兼任第一人民医院院长，医院的人、财、事无不受到卫生健康主管部门的直接领导。在这样的体制下，患方没有理由不认为卫生健康主管部门肯定和医院存在利益联系，对于可能的调解人卫生健康主管部门的中立性产生合理的怀疑。在这种情况下,便不可能由其主动提出要求卫生健康主管部门调解。

446. 调解前需要请专业人士评估、分析案情吗？

答：调解前患方聘请专业人士进行评估,帮助分析案情,是非常有必要的。若是不聘请专业人士,协商的时候提多少赔偿、诊疗过程中医院具体是在哪个环节出错、出现相互推卸责任的时候或者医疗调解员偏私时,应当如何处理应对？所以,请专业人士对案件进行分析,给出医院的过错分析、责任比例、可以主张的赔偿金额等意见是非常有必要的。另外,对于是否做尸检、做医疗事故或医疗损害鉴定,也必须由专业人士给出意见,最好是医疗纠纷专业律师。

447. 如何促成调解？

答：一般来说,发生医疗纠纷后,医院是不会主动提出调解的,要想调解成功,还需患方主动提出并给予一定的压力。如医疗机构拒绝调解,要求进行医疗损害鉴定或医疗事故技术鉴定后再调解,而患方又不愿鉴定,需采取一定的措施给医院施加压力,但需避免构成"医闹"。

通常作为公立医院,特别是大医院对上述促成调解的措施并不"感冒",如果医疗机构毫无调解诚意,走司法程序更好。

448. 行政调解协议成立必须具备哪些条件？

答：(1)行政调解双方当事人在订立行政调解协议时必须具备相应的民事权利能力和民事行为能力。

(2)行政调解双方当事人在订立行政调解协议时表达的必须是真实意思。一方因欺诈、胁迫或乘人之危所立协议无效。行政机关在行政调解时不得对双方当事人实施任何形式的欺诈、胁迫,否则,行政调解协议无效。

(3)行政调解协议不得违反法律、法规的规定,不得损害国家、集体或者第三人的合法权益。

(4)行政调解协议的内容必须明确。行政调解协议必须明确规定各方的权利、义务,且该协议规定的内容必须具有履行的可能,否则该协议归于无效。

(5)行政调解协议必须符合相应的法律程序。双方当事人在行政机关的主持下制定协议,负有义务的一方具有履行协议的义务。双方当事人认为有必要的,可以自调解协议生效之日起规定时间内向人民法院申请司法确认。

449. 行政调解协议是否具有强制执行力?

答:行政调解属于诉讼外调解,所达成的协议不具有法律上的强制执行的效力,但对当事人均具有约束力。行政调解是在自愿的基础上所进行的调解活动,按照现有法律规定,当事人对所达成的协议,都应当自觉履行。

450. 对医疗纠纷行政调解结果不服或反悔,应该怎么办?

答:经过行政调解程序后,如果双方未达成民事赔偿协议或医方反悔,患者一方可以向法院提起医疗损害赔偿诉讼,这属于民事诉讼,被告只能是提供医疗服务行为的医疗机构,而不包括主持行政调解的卫生行政机构。

第三节 人 民 调 解

451. 什么是人民调解?

答:人民调解,是指人民调解委员会通过说服、疏导等方法,促使当事人在平等协商的基础上自愿达成调解协议,解决民间纠纷的活动。

452. 什么是人民调解委员会?

答:人民调解委员会是依法设立的调解民间纠纷的群众性组织。

453. 人民调解委员会调解医疗纠纷,应当遵循什么原则?

答:人民调解委员会调解医疗纠纷,应当遵循下列原则:(1)在当事人自愿、平等的基础上进行调解;(2)不违背法律、法规和国家政策;(3)尊重当事人的权利,不得因调解而阻止当事人依法通过仲裁、行政、司法等途径维护自己的权利。

454. 当事人在人民调解活动中享有的权利有哪些?

答:当事人在人民调解活动中享有下列权利:(1)选择或者接受人民调解员;

(2)接受调解、拒绝调解或者要求终止调解；(3)要求调解公开进行或者不公开进行；(4)自主表达意愿、自愿达成调解协议。

455. 当事人在人民调解活动中有哪些义务？

答：当事人在人民调解活动中履行下列义务：(1)如实陈述纠纷事实；(2)遵守调解现场秩序，尊重人民调解员；(3)尊重对方当事人行使权利。

456. 医疗纠纷人民调解委员会的性质是什么？

答：医疗纠纷人民调解委员会是依法设立的专门调解医疗纠纷的群众性组织，接受所在地司法行政机关、基层人民法院的业务指导和人民调解员协会的行业管理。其是民间组织不是公权力、公职人员，其权利义务自行处分、调解员与当事人地位平等、人民调节协议不具有行政或司法强制力。

457. 医疗纠纷调解委员会的职责有哪些？

答：医疗纠纷调解委员会的职责具体包括：

(1)调解医疗纠纷，防止医疗纠纷激化；

(2)宣传法律、法规、规章和医学知识，引导医患双方当事人依据事实和法律公平解决医疗纠纷，教育医患双方遵纪守法，尊重社会公德；

(3)分析医疗纠纷发生原因，提出防范医疗纠纷的意见、建议；

(4)制作书面调解协议；

(5)提供医疗纠纷调解咨询服务；

(6)向司法、卫生等有关部门报告医疗纠纷调解情况，提出意见和建议。

458. 医疗纠纷人民调解由哪个部门负责？

答：医调委，全称医疗纠纷人民调解委员会，是承担市/区（县）医疗纠纷人民调解、法律援助、提供风险防控建议等工作的一个组织，直属于当地司法局。初衷是缓解医患矛盾，减轻医院、卫健委解决医疗纠纷的压力，同时也是给患方提供一个解决实际问题的途径。

459. 各地是否均有医调委？

答：医调委一般只有市、区（县）医疗纠纷调解委员会，区（县）级医疗机构可以到区医调委调解,省、部以及市级医院,也可以到市医调委调解医疗纠纷。

460. 患方单方面申请医调委调解的医调委应当如何做?

答:患方单方面申请的,医调委会通知医疗机构,如医疗机构同意调解,一般在半个月至一个月内会主持调解,调解一般限三次,调解不成会认定为调解失败。

461. 经人民调解委员会调解达成调解协议后,双方当事人是否可以申请司法确认?

答:经人民调解委员会调解达成调解协议后,双方当事人认为有必要的,可以自调解协议生效之日起 30 日内共同向人民法院申请司法确认,人民法院应当及时对调解协议进行审查,依法确认调解协议的效力。

人民法院依法确认调解协议有效,一方当事人拒绝履行或者未全部履行的,对方当事人可以向人民法院申请强制执行。

人民法院依法确认调解协议无效的,当事人可以通过人民调解方式变更原调解协议或者达成新的调解协议,也可以向人民法院提起诉讼。

462. 哪些是医患纠纷调解委员会不予受理的范围?

答:(1)不属于本地区管辖的医疗机构发生的医患纠纷;

(2)当事人已向人民法院起诉的,但人民法院委托人民调解的除外;

(3)当事人已向卫生健康主管部门申请医疗事故行政处理的;

(4)人民法院对医患纠纷已作出裁判的;

(5)其他不宜由医调委调解的。

463. 申请调解的方式有哪些?

答:申请医疗纠纷人民调解的,由医患双方共同向医疗纠纷人民调解委员会提出申请;一方申请调解的,医疗纠纷人民调解委员会在征得另一方同意后进行调解。

申请人可以以书面或者口头形式申请调解。书面申请的,申请书应当载明申请人的基本情况、申请调解的争议事项和理由等;口头申请的,医疗纠纷人民调解员应当当场记录申请人的基本情况、申请调解的争议事项和理由等,并经申请人签字确认。

464. 调解程序如何进行?

答:(1)当医疗纠纷发生后,一般由患方向所属医调委申请立案;

(2)医调委收到患方立案材料后,通知医方补充相关材料,审查材料后安排双方组织听证陈述会;

(3)根据听证陈述会的情况组织评鉴会(或合议会)对纠纷进行定性、定责、定损、定赔;

(4)调解员按公平、公正、合理、合法的调解原则,根据评鉴结果进行调解,签署调解协议;

(5)调解工作不向医患双方收取任何费用。

465. 调解活动有几种方式?

答:当事人可以向人民调解委员会申请调解;人民调解委员会也可以主动调解。当事人一方明确拒绝调解的,不得调解。基层人民法院、公安机关对适宜通过人民调解方式解决的纠纷,可以在受理前告知当事人向人民调解委员会申请调解。

466. 调解不成怎么办?

答:人民调解员调解纠纷,调解不成的,应当终止调解,并依据有关法律、法规的规定,告知当事人可以依法通过仲裁、行政、司法等途径维护自己的权利。

467. 调解协议具有法律效力吗?

答:经人民调解委员会调解达成的调解协议,具有法律约束力,当事人应当按照约定履行。经人民调解委员会调解达成调解协议后,双方当事人认为有必要的,可以自调解协议生效之日起30日内共同向人民法院申请司法确认,人民法院应当及时对调解协议进行审查,依法确认调解协议的效力。

468. 当事人拒绝履行调解协议怎么办?

答:人民法院依法确认调解协议有效,一方当事人拒绝履行或者未全部履行的,对方当事人可以向人民法院申请强制执行。

469. 达成调解协议有哪些方式?

答:经人民调解委员会调解达成调解协议的,可以制作调解协议书。当事人认为无须制作调解协议书的,可以采取口头协议方式,人民调解员应当记录协议内容。

470. 人民调解员指的是哪些人?

答:人民调解员由人民调解委员会委员和人民调解委员会聘任的人员担任。人民调解员应当由公道正派、热心人民调解工作,并具有一定文化水平、政策水平和法律知识的成年公民担任。

人民调解委员会根据需要可聘任一定数量的专兼职人民调解员,要注重吸纳律师、公证员、仲裁员、基层法律服务工作者、心理咨询师、医生、教师或专家学者等社会专业人士和退休法官、检察官、民警、司法行政干警以及信访、工会、妇联等部门退休人员担任人民调解员。

471. 哪些人能签订调解协议?

答:患者本人或者死亡患者的全部第一顺位继承人具有同等的权利与义务,在签订和解协议时,应当得到所有第一顺序继承人的确认签字,除非第一顺序继承人书面明确表示放弃继承。第二顺序继承人只有在患者没有第一顺序继承人的情况下,才能向医院主张权利。配偶、子女、父母为第一顺序继承人,兄弟姐妹、祖父母、外祖父母为第二顺序继承人。

472. 医疗纠纷中医患双方协商解决纠纷赔偿的协议书有哪些内容?

答:调解协议书可以载明下列事项:(1)医患双方的基本情况;(2)医疗纠纷的主要事实、争议事项以及各方当事人的责任;(3)医患双方达成调解协议的内容,履行的方式、期限。调解协议书自医患双方签名、盖章或者捺指印,人民调解员签名并加盖人民调解委员会印章之日起生效。

473. 当事人对人民调解协议发生争议怎么办?

答:经人民调解委员会调解达成调解协议后,当事人之间就调解协议的履行或者调解协议的内容发生争议的,一方当事人可以向人民法院提起诉讼。

474. 医患双方对调解协议发生争议起诉到法院后会被撤销或变更吗?

答:医患双方经过协商一致,达成调解协议,是双方的真实意思表示,通常情况下,法院是不会撤销或者变更的。具备下列条件的民事法律行为有效:(1)行为人具有相应的民事行为能力;(2)意思表示真实;(3)不违反法律、行政法规的强制性规定,不违背公序良俗。但如果上述三项有一项不符合,那么该合同就属于可撤销或者无效的合同。

475. 调解协议签订以后出现新的损害后果怎么办?

答:签订和解协议通常是为了一次性解决纠纷,因此在签订和解协议时,医疗机构通常会加上"本协议为一次性解决方案,患方今后不得再向医疗机构主张权利",但如果签订的和解协议中,没有涉及今后发现新的损害结果如后续医疗费用如何处理,那么患者仍然可以依据新的损害结果主张权利。

476. 人民调解委员会及人民调解员调解过程中有哪些保密要求?

答:人民调解委员会及人民调解员应对当事人的个人隐私或商业秘密等事项予以保密。未经双方当事人同意,人民调解委员会不应公开进行调解,也不应公开调解协议的内容。

477. 调解期限是多长时间?

答:人民调解委员会一般自受理之日起30日内完成调解。需要专家咨询或者鉴定的,专家咨询或者鉴定时间不计入调解期限。因特殊情况需要延长调解期限的,人民调解员和双方当事人可约定延长调解期限。超过调解期限未达成调解协议的,视为调解不成。

第四节 诉 讼

478. 医疗纠纷诉讼的概念是什么?

答:医疗纠纷诉讼是指人民法院在医疗纠纷双方当事人和其他诉讼参与人的

参加下,依法审理并以判决、调解和执行等方式解决医疗纠纷案件的活动以及在这种活动中产生的各种法律关系的总和。

医疗纠纷诉讼属于民事诉讼的范畴,是由人民法院按照民事诉讼程序进行审理,解决医患双方对医疗行为是否存在过错以及医疗行为与损害结果之间是否存在因果关系或者医疗服务合同是否违约有争议而产生纠纷的司法救济活动。医疗纠纷诉讼是医疗纠纷事件解决机制中最常见、最具有法律效力的公力救济方式,其实质是由特定的国家机关在纠纷主体的参加下,处理医疗纠纷的一种最具权威和最有效力的机制。医疗纠纷诉讼具有国家强制性和严格的规范性的特点,前者体现在医疗纠纷诉讼是由法院行使国家审判权确定医疗纠纷主体之间的权利义务关系,后者体现在医疗纠纷诉讼必须严格地按照法律规范进行,尤其是要遵循一定的程序规范。

479. 医疗纠纷诉讼的特点是什么?

答:医疗纠纷诉讼是由法学和医学调整的平等的医方和患方之间发生的医疗侵权行为或者医疗服务合同违约行为产生的权利义务关系的争议而产生的诉讼,属于民事诉讼的范畴。因此,除具有普通民事诉讼的特征外,还具有以下主要特点:

(1)诉讼当事人的特定性。医疗损害赔偿纠纷诉讼是患者一方认为医疗机构对其诊疗活动存在失误而侵害了患方的生命权、健康权和财产权,向人民法院起诉而产生的诉讼。医疗纠纷诉讼当事人是医患关系的双方,在以侵权为由提起的医疗损害赔偿纠纷诉讼案件中,原告只能是患者或者其近亲属,被告只能是医疗机构或者是个体诊所的执业医生。

(2)诉讼请求和理由的特定性。医疗纠纷诉讼请求只能是财产损失赔偿、人身损害赔偿和精神损害赔偿。诉讼理由只能是医疗行为构成侵权并造成损害或者是医疗服务合同违约并造成损失。

(3)案情具有高度的专业性和复杂性。医疗纠纷案件不仅涉及法律问题,同时涉及医学科学问题、医疗管理问题、职业道德问题等,具有高度的专业性和复杂性。

(4)诉讼证据和举证责任的特殊性。以侵权为由提起的医疗损害责任纠纷诉讼案件民事责任认定的关键证据有两种,一种是是否构成医疗事故的医疗事故技术鉴定意见,另一种是关于医疗行为有无过错以及医疗行为与损害结果之间是否具有因果关系的司法鉴定意见,上述两种证据都是涉及医疗专业性问题的证据,必须由法定的鉴定机构依法作出鉴定。

(5)承担民事责任的方式有别于普通民事案件。医疗纠纷诉讼争议解决方式无论是调解还是判决,医疗纠纷案件承担民事责任的方式主要是对财产损失的经济赔偿、人身损害和精神损害的经济补偿方式,其他责任形式一般不能适用,这与普通民事案件承担民事责任的多种方式有很大区别。

480. 医疗纠纷诉讼的构成要素有哪些?

答:医疗纠纷的要素包括以下几个方面:(1)争议行为的主体是医疗单位;(2)争议的关键内容是医疗行为;(3)争议的焦点是是否存在医疗过错;(4)争议的结果是患者或其亲属能否获得赔偿。

481. 医疗纠纷诉讼的因果关系如何判断?

答:主要应当考虑医疗过失行为、患者自身疾病、特异体质或者过错行为,以及医疗过程中的第三方行为(如抢救过程中非因医方责任的交通事故、停水停电)等因素对损害后果发生所起到的作用程度。至于在具体医疗行为施行之前的交通事故或其他人身伤害行为对患者的作用,由于不属于同一法律关系,则不应纳入医疗损害赔偿纠纷中一并处理。该行为所造成的结果在医患法律关系中主要体现为患者原有的病情或伤情,患者需依其他法律关系主张权利等。

482. 复合状态下的医疗因果关系有哪些?

答:(1)损害结果是医疗过失行为、特异体质或过错行为与第三方行为共同作用的结果。如患者属急症病人需立即抢救,医方因值班医生未及时到位而延误,施行抢救时又遭遇城区大规模停电,以致患者未得抢救而死亡。

(2)损害结果是医疗过失行为与患者原有自身疾病、伤情、过错行为共同作用的结果,其中医疗过失行为对损害结果的发生起到推动或扩大的作用。如患者未如实陈述病情,医方未加甄别以致发生误诊;又如医方在术前未查明患者患有重症冠心病,以致在手术中突发心脏病死亡等。

(3)损害结果是医疗过失行为与第三方行为共同作用的结果。如医院未对血站提供的不洁血液进行检测,造成输血事故。

(4)损害结果是患者自身病症、伤情或过错行为与第三方共同作用的结果。如患者违反规定擅自外出发生交通事故;患者依其病情不得探视,但家属强行探视致其因情绪激动而引发病情加重等。

483. 医疗纠纷诉讼的分类有哪些?

答:(1)按照发生纠纷所在医疗单位的性质进行分类:一般医疗活动引发的医疗纠纷、预防保健引发的医疗纠纷、医学美容引发的医疗纠纷;

(2)按照发生纠纷后的法律诉求不同进行分类:侵权之诉、违约之诉;

(3)按照发生纠纷后的鉴定途径与结果进行分类:属于医疗事故与不属于医疗事故的医疗纠纷、构成医疗损害与不构成医疗损害的医疗纠纷、存在医疗过错与不存在医疗过错的医疗纠纷;

(4)按照纠纷所涉临床医疗专业的不同进行分类:内科纠纷、外科纠纷、眼科纠纷、妇产科纠纷、儿科纠纷等。

484. 医疗纠纷诉讼的常见形式有哪些?

答:引发医疗纠纷的范围涵盖医疗服务的每一个环节,既包括医疗技术方面的纠纷,也包括医疗机构管理方面的纠纷;既包括患者的损害结果构成医疗事故的纠纷,也包括患者的损害结果不构成医疗事故的纠纷等。

通常情况下,医疗纠纷事故的常见形式有以下类型:(1)患者认为医疗行为存在过错并侵害了其生命权、身体权和健康权纠纷;(2)患者认为医疗行为存在过错并侵害了其姓名权、肖像权、名誉权或隐私权等人格权并造成损害的纠纷;(3)患者认为医疗机构没有履行或不当履行知情同意选择权并造成损害的纠纷;(4)患者或其近亲属认为医疗机构对院内公共设施没有尽到安全保障义务并造成损害的纠纷;(5)患者或其近亲属认为药品或医疗器材存在质量问题并造成损害的纠纷;(6)因医疗收费标准或医疗欠费方面的纠纷;(7)因医疗废弃物或尸体处理的纠纷;(8)其他与医疗相关活动发生的纠纷。

485. 一般医疗损害责任构成要件是什么？

答：要求医疗机构同时具备下列四个要件时才构成侵权：(1)医疗机构实施了侵权行为；(2)造成了损害结果；(3)行为与损害结果之间具有因果关系；(4)主观上有过错。

486. 医疗纠纷诉讼的基本原则是什么？

答：医疗纠纷诉讼的基本原则，是指那些对医疗纠纷诉讼的全过程或者重要的诉讼阶段起指导作用的准则。基本原则具有概括性、指导性的特点，是医疗纠纷诉讼活动具体规范的总纲，对指导医疗纠纷诉讼活动具有重要意义。这些原则主要有：(1)当事人诉讼权利平等原则；(2)法院调解自愿与合法的原则；(3)辩论原则；(4)处分原则；(5)检查监督原则；(6)支持起诉原则；(7)同等原则和对等原则。

487. 医疗纠纷诉讼的特有原则是什么？

答：医疗纠纷诉讼涉及医学科学领域，医疗行为具有高度专业性、复杂性、人身侵害性和不确定性等特点。在医疗纠纷诉讼活动中，除必须遵循民事诉讼基本原则外，还应当遵循医疗纠纷诉讼的特有原则：(1)医学科学性原则；(2)医疗专门性问题进行司法鉴定原则。

488. 医学科学性原则是什么？

答：医学科学性原则，是指在医疗纠纷诉讼中，必须遵循医学科学原理，运用科学知识与技能来研究医学问题，以严格的科学态度对待有关诊疗方法和过程，切忌简单判断、违背科学。医学科学的重要特征之一是它的技术性，虽然有大量的医学技术操作规范，但并不能囊括一切医疗方法和过程，这是由医学科学的极端复杂性所决定的。所以，要解决医疗专门性问题，除了根据现实规定和经验之外，还要以科学的观点和方法认识问题、分析问题和解决问题。

489. 医疗专门性问题进行的司法鉴定是什么？

答：司法鉴定，是指在诉讼过程中，侦查、审判机关为了查明案情，就案件中某些专门性问题，委托国家鉴定机关或指定具有专门知识技能的人依照法定程序所作的鉴别和判断。人民法院对专门性问题认为需要鉴定的,应当交由法定鉴定部门鉴定;没有法定鉴定部门的,由人民法院指定的鉴定部门鉴定。审理医疗纠纷诉讼案件,涉及有关医学专门性问题应当通过鉴定机构依法进行鉴定。在医疗纠纷案件诉讼过程中,依据当事人的申请或人民法院依职权委托鉴定机构所作出的医疗专门性问题的鉴定,都属于司法鉴定的范畴。医疗纠纷诉讼案件涉及的医疗专门性问题鉴定主要包括医疗事故技术鉴定、医疗过错鉴定、死因鉴定、伤残鉴定等,统称为医疗司法鉴定。

第七章

医疗纠纷案件的主体

第一节 医疗纠纷的诉讼主体

490. 什么是医疗纠纷案件的诉讼主体？

答：诉讼主体是指在民事诉讼中有权进行使诉讼程序发生、变更和消灭的诉讼行为的组织或个人。包括在诉讼中行使审判职能的人民法院，和为维护自身权益参加诉讼，与诉讼结果存在直接利害关系的当事人、共同诉讼人和第三人。医疗纠纷案件的诉讼主体一般包括医疗机构和患者，如患者身故由其近亲属作为诉讼主体参加诉讼。近亲属的范围包括配偶、父母、子女、兄弟姐妹、祖父母、外祖父母、孙子女、外孙子女，但在司法实践中，法院往往会要求以患者的第一顺序法定继承人，即配偶、子女、父母作为诉讼主体参加诉讼。

491. 哪些人可以成为医疗服务合同纠纷的原告？

答：医疗机构、患者、死亡患者的近亲属及为死亡患者垫付医疗费等费用的其他主体，都可以成为此类纠纷的原告。如医疗机构因患者欠付医疗费，可以医疗服务合同纠纷为案由，起诉患者或者死亡患者近亲属，要求其支付欠付的医疗费。患者家属或为患者支付了医疗费等相关费用的人，有权请求返还所支付费用。

492. 哪些人可以成为医疗服务合同纠纷的被告？

答：医疗机构、患者及死亡患者的近亲属，都可以成为此类纠纷的被告。如患者认为医疗机构存在开大处方、乱收费等情形，可以医疗服务合同纠纷为案由，起诉医疗机构要求其退还多收取的费用。医疗机构因患者符合出院条件，却拒绝出院，以医疗服务合同纠纷为案由，可以起诉患者，要求其"腾床"。

493. 哪些人可以成为医疗纠纷诉讼的原告？

答：原告必须是与本案有直接利害关系的公民、法人和其他组织。在医疗纠纷中，可以作为原告的人包括患者本人、患者的法定代理人、死亡患者的近亲属、患者的被扶养人以及参与医疗事故处理的患者近亲属等。

494. 哪些人可以成为医疗纠纷诉讼的被告？

答：根据实践，可以作为医疗纠纷诉讼的被告：

（1）医疗机构；

（2）两个以上的医疗机构为共同被告人；

（3）医生，即个体行医者；

（4）医疗机构与其聘请的其他医疗机构的医务人员个人为共同被告。

495. 患者可否起诉多个医疗机构？

答：患者因所患疾病疑难复杂、不满意疗效等原因，往往会就同一伤病至多个医疗机构求医问药，以致同一时期与多个医疗机构形成医疗服务关系。患者因同一伤病在多个医疗机构接受诊疗受到损害，起诉部分或者全部就诊的医疗机构的，应予受理。患者起诉部分就诊的医疗机构后，当事人依法申请追加其他就诊的医疗机构为共同被告或者第三人的，应予准许。必要时，人民法院可以依法追加相关当事人参加诉讼。所以患者以其就诊的医疗机构为被告起诉医疗损害责任纠纷时，可以是一个也可以是多个。

496. 因胎儿死亡引发医疗侵权纠纷的原告是谁？

答：因胎儿死亡引发医疗侵权，胎儿母亲可以作为原告提起诉讼。因自然人的权利能力始于出生，胎死腹中或胎儿娩出时为死体，并不具备权利能力，无法享有民事权利。但胎死腹中或娩出时为死体，必定给其母体造成身体及精神伤害，故胎儿的母亲当然有权作为原告起诉医疗机构，要求赔偿。实践中，有观点认为，胎儿的死亡也会给其父亲造成精神上的损害，胎儿的父亲有权就精神损害请求赔偿。

497. 因新生儿死亡引发的医疗侵权纠纷的原告是谁？

答：因新生儿死亡引发的医疗侵权纠纷，新生儿父母应一并作为案件的原告。新生儿自出生即具有民事权利能力，因医疗机构接生过程中实施的诊疗行为对其造成损害，其有权作为原告起诉，但因其已经死亡，只能由其父母作为原告起诉。需要注意的是，此类案件通常包含两个法律关系，一是原告基于新生儿的法定继承人，从该新生儿处继承的权利；二是新生儿父母就被诉医疗机构对其本人造成的损害提起的侵权之诉。

498. 因医疗产品（药品、消毒药剂、医疗器械等）缺陷或不合格血液致损引发的医疗侵权纠纷的原告是谁？

答：因医疗产品（药品、消毒药剂、医疗器械等）缺陷或不合格血液致损引发的医疗侵权纠纷，依据《民法典》第1203条、第1223条规定，患方可以起诉部分或者全部医疗产品的生产者、销售者、药品上市许可持有人和医疗机构，要求赔偿。

因患者输入不合格血液造成损害的案件，可以选择起诉血液提供机构或医疗机构要求赔偿，也可以将其作为个体被告起诉。

由于生产厂家、经销商可能在外地甚至外国，患者对其详细情况并不了解，为了方便诉讼，患方通常仅将与其直接发生医疗服务关系的医疗机构列为被告，鲜有将药品、医疗器械生产者、销售者作为共同被告起诉的。

499. 患者死亡的情况下，同一顺序有多个继承人时应如何确定原告？

答：一般情况下，患者本人就是原告，但在患者死亡的情况下，则应由其近亲属作为原告起诉，即其继承人依据继承顺序作为原告主张权利，同一顺序有多个继承人时，则应列为共同原告。

500. 患者是未成年人或精神病人如何审查其原告主体资格？

答：未成年患者或者精神病人（无完全民事行为能力的人）在起诉时，须由其监护人代为行使诉讼权利。如果法定代理人为两人的情况下，如未成年人的父母，是应当由他们共同代理诉讼还是只需要其中一个人代理即可？虽然我国法律对此问题没有明确规定，但实务中，一般要求需要由两人共同代理，授权委托书需要父母双方签字。

501. 患者死亡的如何审查其原告主体资格？

答：患者死亡的，以其直系亲属为原告。实务中，患者直系亲属在起诉时需提供亲属关系证明。

502. 患者使用假姓名就医的如何审查其原告主体资格？

答：现实生活中，患者患有某些特殊性疾病（如性病）或者接受整形美容手术时，出于保护个人隐私的考虑，往往不愿意使用真名，而是编造假名就医。当患者与医疗机构发生医疗纠纷后，如果医患双方协商不成，患者向法院提起诉讼的，则必须使用与其身份证件相符的真名，否则其起诉将因违反《民事诉讼法》的规定而不被受理。在这种情况下，医疗机构作为被告，很有可能会以原告的姓名与患者姓名不符为由提出抗辩，辩称医疗机构从未为起诉的原告提供过医疗服务，被告与原告之间不存在医疗服务合同关系。此时，原告需要举证证明其就是在该医疗机构接受过医疗服务的患者，否则法院将会直接驳回原告的起诉。

503. 患者使用他人姓名就医的如何审查其原告主体资格？

答：这种情况往往是被借用姓名者享有医疗保险，或者患者是未成年人，而使用他人姓名套取保险基金。患者为了减少医疗费用支出，在就医时使用他人姓名，甚至在接受手术时亦使用他人姓名。在这种情形下，一旦发生医疗纠纷，患者不仅难以证明诊疗关系成立，还可能面临保险公司的调查，严重时可能会因涉嫌骗保而受到法律处罚，甚至被追究刑事责任。

504. 患者利用熟人关系而没有通过医院正常路径就医如何审查其原告主体资格？

答：在这种情况下，由于患者与医生之间存在直接或者间接的熟人关系，所以患者可能没有挂号，医生也没有撰写病历或者开具处方，患者也没有在医院购买药物。当患者与医疗机构发生纠纷时，其将面临无法举证证明在医院接受治疗并受到损害的事实。

505. 起诉前，患方应当如何确定被告？

答：在确定被告及共同被告排序时，患方及其代理人应当考虑下列因素：

（1）被告与原告是否存在权利义务关系，存在何种权利义务关系；

（2）各被告之间的法律关系和各自所应承担的责任；

（3）被告的排序，会影响管辖法院和鉴定机构的选择；

（4）被告不同，案由可发生变化，影响举证责任分配；

（5）被告不同，案由可发生变化，诉讼时效不一样；

（6）被告不同，执行判决的能力各异。

506. 医疗纠纷诉讼中医务人员能否成为被告？

答：被告只能是医疗机构而不能是医务人员。在审查被告主体资格时，需要注意的是虽然实施诊疗行为的是医务人员，但被告并非医务人员而是医疗机构。医务人员就职于医疗机构，所实施的诊疗行为属于职务行为，相关责任依法应当由用人单位承担。

507. 涉及一家以上医疗机构的，应当以哪家为被告？

答：涉及两家以上医疗机构的，可以形成医疗服务关系的全部医疗机构为共同被告。

508. 涉及外聘医师会诊或手术的，应当以谁为被告？

答：涉及外聘医师会诊或手术的，如外聘医师履行了正常手续，则可以聘请和被聘医疗机构为共同被告；如外聘医师未履行正常手续，则可以聘请医疗机构和被聘医师为共同被告。

509. 涉及个体、私营诊所的，应当以谁为被告？

答：依法设立的不具备法人资格的个体、私营诊所，在发生医疗纠纷时，应以医疗机构执业许可证或医务人员执业资质上载明的单位或个人为被告。

510. 涉及远程医疗的，应当以谁为被告？

答：涉及远程医疗的，可以就诊医疗机构和提供远程医疗服务的医疗机构为共同被告。

511. 涉及输血、医疗器械或药品的案件，应当以谁为被告？

答：涉及输血（包括血液制品）、医疗器械或药品的案件，可以医疗机构、血站、医疗器械和药品生产和/或销售企业为共同被告，也可选择其一为被告。

512. 涉及科室外包、合作项目的，应当以谁为被告？

答：涉及科室外包、合作项目的，可以医疗机构为被告，也可以医疗机构和承包人、合作方为共同被告。

513. 涉及企业职工医院、校医院的，应当以谁为被告？

答：涉及企业职工医院、校医院的，可以职工医院和企业为共同被告。

514. 因派遣医疗队发生的医疗纠纷，应当以谁为被告？

答：发生在派遣的医疗队中的情况比较复杂，可参考以下方法确定被告：

（1）如医疗队系配合当地医疗机构工作，可以当地医疗机构为被告；

（2）如医疗队系配合当地医疗机构工作，且由单一的医疗机构成员组成和派遣，可以当地医疗机构为被告，或以当地医疗机构和派遣医疗队的医疗机构为共同被告；

（3）如医疗队系独立工作，且由单一的医疗机构成员组成，可以组成医疗队的医疗机构为被告；

（4）如医疗队系独立工作，且由多个医疗机构成员组成，可以派遣医疗队的机关为被告。

515. 患先天遗传病的婴儿是否有权诉请产检机构承担赔偿责任？

答：孕妇在接受医疗机构染色体检查时腹中的胎儿尚未出生，不具有民事权利能力。即使胎儿出生后患有先天遗传病，但因该先天遗传病是由其父母受孕的生理因素造成的，与医疗机构的检查结果没有直接的利害关系，医疗机构的医疗行为仅侵犯了孕妇的优生优育选择权，并未侵害胎儿的生命健康权。故此，胎儿出生后亦不具有民事诉讼原告主体资格，胎儿出生后以原告身份起诉医疗机构请求医疗损害赔偿的，应驳回起诉。

516. 如何明确被告的住所以及社会统一信用代码等信息？

答：对于医疗纠纷案件，通常被告为医疗机构，查询其住所和统一社会信用代码要以官网记载的营业执照的结果为准，患方可以通过国家企业信用信息公示系统官网或者企查查、天眼查等获取关键信息。

517. 什么是诉讼代理人？

答：诉讼代理人是指在代理的权限内，代理被代理人进行诉讼活动的人。代理人代表诉讼当事人有权提出回避申请，收集、提供证据，进行辩论，请求调解，提起上诉，申请执行等。

518. 医疗损害与其他损害竞合的应如何确定被告？

答：医疗损害与其他损害竞合的，可以同时起诉共同侵权人。

（1）二人以上分别实施侵权行为造成同一损害，每个人的侵权行为都足以造成全部损害的，行为人承担连带责任。

（2）二人以上分别实施侵权行为造成同一损害，能够确定责任大小的，各自承担相应的责任；难以确定责任大小的，平均承担赔偿责任。

（3）法律规定承担连带责任的，被侵权人有权请求部分或者全部连带责任人承担责任。

（4）连带责任人根据各自责任大小确定相应的赔偿数额；难以确定责任大小的，平均承担赔偿责任。支付超出自己赔偿数额的连带责任人，有权向其他连带责任人追偿。

519. 当事人有哪些主要诉讼权利？

答：（1）当事人有权委托代理人，提出回避申请，收集、提供证据，进行辩论，请求调解，提起上诉，申请执行。

（2）当事人可以查阅本案有关材料，并可以复制本案有关材料和法律文书。查阅、复制本案有关材料的范围和办法由最高人民法院规定。

（3）当事人必须依法行使诉讼权利，遵守诉讼秩序，履行发生法律效力的判决书、裁定书和调解书。

520. 哪些人可以成为委托代理人？

答：当事人、法定代理人可以委托 1~2 人作为诉讼代理人。

下列人员可以被委托为诉讼代理人：

（1）律师、基层法律服务工作者；

（2）当事人的近亲属或者工作人员；

（3）当事人所在社区、单位以及有关社会团体推荐的公民。

第二节 多个医疗机构共同侵权时诉讼主体的选择与责任承担

521. 什么是共同侵权？

答：共同侵权是指加害人为 2 人或 2 人以上共同侵害他人合法民事权益造成损害，加害人应当承担连带责任的侵权行为。

522. 患者因同一伤病在多个医疗机构接受诊疗受到损害的如何确定被告？

答：患者因同一伤病在多个医疗机构接受诊疗受到损害，患者可以起诉部分或者全部就诊的医疗机构。患者起诉部分就诊的医疗机构的，当事人依法申请追加其他就诊的医疗机构为共同被告或者第三人的，法院应予准许。必要时，人民法院可以依法追加相关当事人参加诉讼。

523. 被侵权人起诉多个医疗机构时赔偿标准如何确定？

答：被侵权人同时起诉两个以上医疗机构承担赔偿责任，人民法院经审理，受诉法院所在地的医疗机构依法不承担赔偿责任，其他医疗机构承担赔偿责任的，残疾赔偿金、死亡赔偿金的计算，按下列情形分别处理：

（1）一个医疗机构承担责任的，按照该医疗机构所在地的赔偿标准执行；

（2）两个以上医疗机构均承担责任的，可以按照其中赔偿标准较高的医疗机构所在地标准执行。

524. 多个医疗机构共同侵权时责任如何承担？

答:《民法典》第 1172 条规定,2 人以上分别实施侵权行为造成同一损害,能够确定责任大小的,各自承担相应的责任;难以确定责任大小的,平均承担责任。故多个医疗机构共同侵权时能够确定任大小的,应采取按份责任形式由各责任人分担民事责任;难以确定责任大小的,平均承担责任。

525. 共同侵权时各方责任大小如何确定？

答:确定侵权责任大小有两个基本的考虑因素:首先要考虑的因素是过错。因为过错是确定损害赔偿责任的法理依据,对造成同一损害,应当斟酌数行为人的过错大小,按照比例对适用过错原则的一般侵权行为确定各行为人的损害赔偿债务份额。其次要考虑的因素是原因力的大小。损害的发生,须加害行为对于被害的客体产生作用。通过考量原因力的比例,并结合各侵权行为人的主观过错程度,确定各自应承担的损害赔偿债务份额。而对于采取无过错责任原则的特殊侵权行为,因无须考量加害人是否具有主观过错,因此,考量原因力比例就成为确定侵权行为人损害赔偿债务份额的必要因素。

526.《民法典》第 1172 条"能够确定责任大小"具体指什么？

答:"能够确定责任大小",在一般侵权行为案件,是指各行为人主观上的故意、过失的比例能够确定。例如,药剂师因疏忽将处方药物错发,护士输液时未予核对,致输入液体造成患者健康受损。两过失行为偶然结合发生同一损害,其原因力不可分,只能就双方过失斟酌其比例。因药剂师违反专业上的高度注意义务,应构成重大过失;而护士亦违反业务常规,构成一般过失,故斟酌双方责任比例为三七开或者四六开。在无过错责任案件,主观过错不在要件考察范围,责任成立无须考虑主观过错;但责任承担仍需就可得证明的主观过错予以斟酌,同时斟酌原因力的大小。例如,载重货车与轿车相撞,载重货车属疲劳驾驶,轿车则系违章掉头,其造成轿车上人员受伤的,不仅应斟酌各侵权行为人的原因力比例,而且应斟酌其过错比例。就原因力比例而言,载重货车在快速行驶中,其原因力比例较大,设为80%;而就过错比例斟酌,违章掉头且属于观察,轿车司机的过错比例较大。故得以过错比例为基础,参酌原因力比例以定各侵权行为人的责任份额。据此,所谓"能够确定责任大小的,各自承担相应的责任",就是指在过错比例确定的前提下,参酌原因力比例确定侵权行为人的损害赔偿债务份额。

527.《民法典》第1172条"难以确定责任大小"具体指什么?

答:难以确定责任大小,指损害原因、损害结果虽然明确,但当事人的主观过错大小及原因力比例无法查明。如两车相撞燃烧焚毁,两司机均身亡,同时造成车上其他人员伤亡。于此情形,两司机的主观过错已难于查明,原因力比例因现场焚毁亦无法较量。于此情形,法律推定各侵权行为人对损害结果的发生负同等的过错及同等的原因力,由各侵权行为人(赔偿义务主体)平均承担赔偿责任。

第三节　医师异地执业引发的医疗侵权纠纷责任承担

528. 对医师执业地点和范围是否有限制性规定?

答:取得医师资格的,经向所在地县以上人民政府卫生行政管理部门申请注册,并被准予注册后,可以在医疗、预防、保健机构中按照注册的执业地点、执业类别、执业范围执业,从事相应的医疗、预防、保健业务。未经医师注册取得执业证书,不得从事医师执业活动。相关规范对于护理人员和医技人员从业也有类似限制性规定。

因此,通常情况下,医务人员应当在注册地点、按照注册的执业类别执业,否则属于违法执业。但普遍认为,这种违反行政规范的非法执业与根本不具备行医资格的人员从事"诊疗行为"构成的"非法行医",有本质上的区别。

529. 紧急情况下院外施救,是否属于超注册范围执业?

答:首先,《民法典》第184条规定,"因自愿实施紧急救助行为造成受助人损害的,救助人不承担民事责任"。这一条款,旨在豁免善意救助者责任,赋予了在公共场所出现紧急医疗事件时,善意施救者必要的责任豁免权,即在紧急情况下实施救治,即使产生了不利的后果,救助者也不承担民事责任。这一条款降低了善意施救者所要承担的法律风险,鼓励、倡导医务人员在关键时刻能够挺身而出。《关于医师执业注册中执业范围的暂行规定》第 5 条也明确规定医师对病人实施紧急医疗救护的,不属超范围执业。

其次,关于此种行为的法律责任问题。由于《关于医师执业注册中执业范围的暂行规定》将医师的紧急医疗救助定性为合法执业行为,这就意味着医生在紧急救助时也要受到相关医师法律法规的限制。即医师在紧急医疗救助时,在条件许可的情况下,需按照相关诊疗规范施救。通常情况下,在公共交通工具上或其他公共场所,受环境因素和医疗条件影响,医师往往只能基于自己以往的执业经验作出初步判断,并采取力所能及的救治措施,出现一些失误,在所难免。如果过分强调医师在特殊环境里、紧急情况下,须严格遵守诊疗规范,并对病患作出精准的判断和治疗,否则就要承担相应的法律责任,这种做法无疑会使医师因害怕承担法律责任,在院外遇到需要急救的病患时,不愿或不敢施以援手。这不仅限制了医师院外施救的善举,也会使在院外需要紧急救助的病患丧失得到更多救助的机会。

所以,在考量因紧急院外施救造成患者损害的责任时,一方面应充分考虑环境、病患疾病突发的严重程度及紧急性等诸多因素,对医师行为进行正确判断;另一方面须审查施救医师是否在可能的情况下已经尽到合理必要的注意义务,如果施救医师主观上不存在故意或重大过失,一般不宜认定施救医师就患者发生的损害承担法律责任。毕竟如果施救医师不实施救治行为,患者面临的可能是死亡的结果而不是现有的损害后果。这是出于对生命的尊重和医生执业注意义务考量的必要。

530. 医师多地执业是如何规定的?

答:根据现行的 2017 年 4 月 1 日实施的《医师执业注册管理办法》,目前实行的是区域注册,在同一个省、自治区、直辖市范围内的多个机构执业的医师,应当将其中一个机构确定为其主要执业机构,并向相关行政部门申请注册;对于拟执业的其他机构,应向相关行政部门申请备案。助理医师只能注册一个执业地点。医师应当按照《医师执业证书》载明的注册的执业地点、执业类别和执业范围,从事相应的医疗、预防、保健活动。

531. 医师外出会诊造成患者损害时责任如何承担?

答:医师在外出会诊过程中发生的医疗事故争议,由邀请医疗机构按照《医疗事故处理条例》的规定进行处理。必要时,会诊医疗机构应当协助处理。医疗机构邀请本单位以外的医务人员对患者进行诊疗,因受邀医务人员的过错造成患者损害的,由邀请医疗机构承担赔偿责任。因此,一旦发生纠纷,应当由邀请会诊(接受会诊)的医疗机构承担主体责任。

532. 医师"走穴"具体指什么?

答:医师"走穴"是指医师利用休息时间兼职其他医疗机构的临时聘用。

533. 医师"走穴"造成患者发生损害的,是否应当加重承担民事责任?

答:应视个案情况决定。如果医师持有执照,外出实施的诊疗行为并未超出其执业范围,其仅未按规定办理外出会诊手续,发生损害的原因又非因其利用休息外出会诊或为了经济利益安排多台手术,导致明显因疏忽大意造成患者发生损害的,可以不因"走穴"行为加重接受会诊的医疗机构应当承担的民事责任;反之,则应从重认定接受会诊的医疗机构主观过错程度,在成立侵权责任的情况下,适当增加其承担赔偿责任的比例。

医师违反相关规定,私自在非注册的医疗机构执业,当事医师及相关医疗机构不仅要承担行政责任,在一定情况下,还可能加重承担民事责任,造成严重后果的甚至可能承担刑事责任。

第八章

医疗纠纷诉讼案由、时效与管辖

第一节 诉讼案由

534. 案由是什么?

答:案由,是人民法院对诉讼案件所涉及的法律关系的性质进行概括后形成的案件名称。依照《民事诉讼法》的规定,人民法院立案时就必须确定案件的案由,公告中应当公布案由,开庭审理时应当宣布案由。案由还是《民事诉讼法》规定的判决书中必须首先写明的第一项内容。最高人民法院曾经在一项司法解释中指出:案由是案件的内容提要,也是案件性质的集中体现。定准案由是正确处理案件的重要环节。可见,确定案由不仅是为案件选定一个名称,而且关系到如何正确适用法律和公正保护当事人的合法权益。

535. 医疗纠纷诉讼的案由有哪些?

答:(1)医疗服务合同纠纷:该案由主要是指医疗机构或者其他民事主体与患者之间因患者就医而形成的诊疗护理为内容的合同,指医患双方就诊疗过程中侵权之外的事项发生的争议,如患者拖欠医疗机构的医疗费用等。该案由属于合同领域,主要依据《民法典》合同编的法律规定。

(2)医疗损害责任纠纷:该案由属侵权项下的案由,指患者在医疗机构就医时,因医疗机构及其医疗人员的过错,在诊疗护理活动中受到损害的,医疗机构应当承担侵权损害赔偿责任。该案由属于侵权纠纷,依据《民法典》侵权责任编、《最高人民法院关于审理人身损害赔偿案件适用法律若干问题的解释》、《最高人民法院关于审理医疗损害责任纠纷案件适用法律若干问题的解释》的法律规定。当然常用的还有《医疗纠纷预防和处理条例》《医师法》《病历书写基本规范》《医疗机构病历管理规定》《医疗机构管理条例》等。

536. 医疗损害责任纠纷案由有哪些？

答：该医疗损害责任纠纷项下设立了两个案由：

（1）侵害患者知情同意权责任纠纷，指医疗机构的医务人员在诊疗活动中，应当向患者说明病情和医疗措施等情况而未予说明，或者在实施手术、特殊检查和特殊治疗时，应当向患者或其近亲属说明医疗风险、替代医疗方案等情况并取得其书面同意而未尽到相应义务，造成患者发生损害的，医疗机构应当承担赔偿责任。

（2）医疗产品责任纠纷，指医疗机构在诊疗过程中使用有缺陷的药品、消毒药剂、医疗器械等医疗产品，或者输入不合格的血液，因此造成患者人身损害的，医疗机构或医疗产品的生产者、血液提供机构应当承担侵权损害赔偿责任。

537. 医疗违约之诉与医疗侵权之诉的归责原则有何不同？

答：医疗违约之诉采用无过错责任原则，只要当事人不履行合同义务或履行合同义务不符合约定，无论其有无过错，只要没有免责事由，就要承担违约责任。医疗侵权一般采用过错责任原则，医疗机构只有在其存在过错的情况下才有可能承担民事责任。

538. 医疗违约之诉与医疗侵权之诉的举证责任有何不同？

答：在医疗违约之诉中，原告需证明其与被告存在医疗服务合同关系；不履行合同义务的，由负有履行义务的当事人承担举证责任；履行合同义务不符合约定的，"谁主张，谁举证"。在医疗侵权之诉中，患方需要证明与医方存在医疗服务合同并发生了医疗损害；医方的医疗行为存在过错及对医疗行为与损害结果之间不存在因果关系。

539. 医疗违约之诉与医疗侵权之诉的赔偿范围有何不同？

答：医疗违约之诉与医疗侵权之诉的主要区别是，前者不能主张或主张也不被认可精神损害抚慰金,后者可主张且通常会得到法院支持。对财产(物质)损失的赔偿范围二者基本一致,但在计算中会存在数额差异。

540. 医疗违约之诉与医疗侵权之诉承担责任的方式有何不同?

答:医疗违约之诉与医疗侵权之诉承担责任的主要方式均为财产责任赔偿损失,但医疗违约之诉的解除合同为非财产责任。在医疗侵权之诉涉及姓名权、肖像权、名誉权、隐私权时,承担责任的方式包括停止侵害,消除影响、恢复名誉,赔礼道歉等。在涉及生命健康权的医疗侵权之诉中,如果单纯主张赔礼道歉,通常会因无法律依据而被驳回。

第二节 诉 讼 时 效

541. 诉讼时效是什么?

答:诉讼时效,是能够引起民事法律关系发生变化的法律事实,又称消灭时效,是指权利人在一定期间内不行使权利,即在某种程度上丧失请求利益的时效制度。

542. 医疗纠纷诉讼时效是多久?

答:向人民法院请求保护民事权利的诉讼时效期间为3年。法律另有规定的,依照其规定。

诉讼时效期间自权利人知道或者应当知道权利受到损害之日起计算。法律另有规定的,依照其规定。但是,自权利受到损害之日起超过20年的,人民法院不予保护,有特殊情况的,人民法院可以根据权利人的申请决定延长。

543. 医疗纠纷诉讼时效期间如何起算?

答:人身损害赔偿的诉讼时效期间,伤势明显严重的,从受伤害之日起算,伤害当时未曾发现,后经检查确诊并能证明是由侵害引起的,从伤势确诊之日起算。例如,对于手术遗留纱布、手术器械而引起的案件,诉讼时效是从患者事后知道其体内被遗留纱布或手术器械之日起算。

其实根据法律规定,医疗纠纷的诉讼时效并不是从医疗行为发生或纠纷发生时开始起算,而是从患者或家属知道受到损害时开始起算,这个损害一般是指治疗及康复期结束后的损害结果或死亡,以及因治疗而产生的经济损失(如医疗费、误工费、护理费等)。所以,实践中,诉讼时效应该是在患者死亡或治疗、康复期结束后才能起算,这在其他人身损害案件中也是一样的。

544. 治疗还没有结束,损害后果不确定的如何计算诉讼时效?

答:有些医疗损害发生后,患者仍需持续治疗,是不可能起算诉讼时效的,因为损害程度压根还不知道。例如,医美手术失败造成容貌改变,需要多次手术进行修复的,在修复结束前也不能计算诉讼时效,因为最终修复后情况不清楚,是不是构成伤残不得而知。所以对于治疗还没结束,损害后果不确定的,不能起算诉讼时效。

545. 死亡案件如何计算诉讼时效?

答:患者死亡时,损害后果一般是确定的,也即死亡后果,所以一般从死亡开始起算诉讼时效。可能有些家属会说,患者死亡好几年后才知道这是医疗损害,那应该从知道时起算,如何举证才知道呢?实践中这并不好举证,除非家属单方面作了一个司法鉴定,结论是构成医疗损害,并以此证明结论出来时才知道受到损害。

546. 没有后续治疗或康复期结束的如何计算诉讼时效?

答:如果涉及纠纷的相关医疗行为没有后续治疗的,一般诉讼时效从本次出院或治疗结束开始起算,因为损害后果已经明确了。若需要后续治疗或康复的,则从康复期结束之时起算诉讼时效。例如,误诊宫颈癌切除子宫的,不会针对子宫切除这一损害有后续治疗,那病理结果出来后或患者出院时就是诉讼时效起算之时;再如,脑梗塞未及时溶栓治疗导致瘫痪的,半年后无须继续康复治疗的,那康复期结束时就是诉讼时效起算的时候。

547. 撤诉是否中断诉讼时效?

答:有些法院认为撤诉不中断诉讼时效,因为当事人虽在撤诉前向义务人主张了权利,但撤诉等于诉讼程序自始未发生,那主张权利的行为也应当视为自始未发生,那么撤诉不中断诉讼时效;但是也有一些法院认为撤诉中断诉讼时效,因为实践中很多撤诉是法官建议的,建议当事人撤诉后重新起诉,如果因此让当事人错过诉讼时效,那就损害了当事人的诉讼权利,而且即便是当事人自己的意愿撤诉,也客观存在向义务人主张权利的行为,所以应当中断诉讼时效;最高人民法院没有关于撤诉后是否中断诉讼时效的司法解释,但是有些案例向最高人民法院请示答复时,最高人民法院裁定为中断诉讼时效。所以,医疗纠纷撤诉应该是中断诉讼时效的。

548. 什么情况下诉讼时效中止?

答:在诉讼时效期间的最后 6 个月内,因不可抗力或者其他障碍不能行使请求权的,诉讼时效中止。自中止时效的原因消除之日起满 6 个月,诉讼时效期间届满。

549. 什么情况下诉讼时效中断?

答:诉讼时效因提起诉讼、当事人一方提出要求或者同意履行义务而中断。从中断时起,诉讼时效期间重新计算。

550. 超过 20 年才知道受到损害的如何计算诉讼时效?

答:《民法典》第 188 条第 2 款规定:"自权利受到损害之日起超过二十年的,人民法院不予保护;有特殊情况的,人民法院可以根据权利人的申请决定延长。"其实这一类应当按照"特殊情况"对待,因为当事人基于专业知识缺陷无法知晓受到医疗损害,或者必须到一定年限损害才能发现,这就是特殊情况,实践中法院一般也按照特殊情况对待,不会以过诉讼时效为由驳回患者的诉讼请求。

551. 超过诉讼时效还可以起诉吗?

答:可以。诉讼时效届满后,权利人丧失的是通过诉讼程序获得人民法院对其民事实体权利保护的权利,即胜诉的权利消灭,但仍然享有提起诉讼的起诉权。因为权利人的权利并不因诉讼时效的届满而消失,因此,诉讼时效届满后,权利人仍然可以主张自己的权利。

552. 超过诉讼时效还有胜诉的可能吗?

答:有可能。诉讼时效期间届满的,义务人可以提出不履行义务的抗辩。诉讼时效期间届满后,义务人同意履行的,不得以诉讼时效期间届满为由抗辩;义务人已经自愿履行的,不得请求返还。

人民法院不得主动适用诉讼时效的规定。如果当事人在一审期间未提出诉讼时效抗辩,在二审期间提出的,人民法院不予支持,但是基于新的证据能够证明对方当事人的请求权已过诉讼时效期间的情形除外。

所以,对于当事人来说,即便超过诉讼时效,只要义务人在一审期间不提出诉讼时效抗辩,还是有胜诉的可能的。

第三节 诉讼管辖

553. 什么是管辖?

答:管辖简单来说就是案件由哪个法院来受理。管辖分为级别管辖和地域管辖,在确定案件要由哪个法院管辖时,要先确定案件由哪个区域的法院管辖,再根据案件性质情况,确定由哪一级别的法院管辖。

554. 什么是地域管辖?

答:地域管辖又称"区域管辖""土地管辖",是指同级人民法院之间,按照各自辖区对第一审刑事、民事、行政案件审理的分工。地域管辖是在级别管辖的基础上,从横向方面来确定案件由哪个法院来受理。

555. 什么是民事诉讼的一般地域管辖原则?

答:民事诉讼案件,一般管辖原则由被告住所地或经常居住地人民法院管辖。

556. 以侵权为案由的医疗损害责任纠纷案件,哪些法院具有管辖权?

答:因侵权行为提起的诉讼,由侵权行为地或者被告住所地人民法院管辖。其中侵权行为地又包括侵权行为实施地和侵权结果发生地,同时医疗损害责任纠纷案件的侵权行为一般都发生在相关涉事医疗机构,因此该医疗机构所在地人民法院具有管辖权,综上,医疗损害责任纠纷案件由侵权行为实施地、侵权结果发生地、被告住所地(医疗机构所在地)人民法院管辖。

557. 因医疗产品、服务质量不合格造成损害的,哪些法院具有管辖权?

答:因医疗产品、服务质量不合格造成他人财产、人身损害提起的诉讼,由产品制造地、产品销售地、服务提供地、侵权行为地和被告住所地人民法院管辖。

558. 什么是级别管辖?

答:级别管辖,是上下级法院之间受理第一审民事案件的分工权限。其具体分工:

(1)基层人民法院。基层人民法院管辖第一审民事案件,但《民事诉讼法》另有规定的除外。由于民事纠纷的发生地、当事人所地或者争议的财产所在地,都与基层人民法院辖区相联系,由基层人民法院作为第一审法院,既方便当事人诉讼,又方便人民法院审理,因此,第一审民事案件原则上应由基层人民法院管辖。

(2)中级人民法院。民事案件原则上应由基层人民法院管辖,但实践中基层人民法院对某些案件不便行使管辖权,由中级人民法院作为第一审管辖法院更为适宜。根据《民事诉讼法》的规定,中级人民法院管辖下列第一审民事案件:①重大涉外案件。即争议标的额大,或者案情复杂,或者居住在国外的当事人人数众多,或者当事人分属多国国籍的涉外民事案件。②在本辖区有重大影响的案件。即案情复杂、涉及范围广、诉讼标的的金额较大,案发后案件处理结果的影响超出了基层人民法院的辖区范围,基层人民法院已不便行使管辖权的案件。③最高人民法院确定由中级人民法院管辖的案件。有的案件涉及较强的专业知识,基层人民法院对这些案件行使管辖权的能力相对不足;有的案件有必要由更高级别的法院管辖。在实践中,最高人民法院确定由中级人民法院管辖的案件主要包括专利、商标纠纷等案件。

(3)高级人民法院。高级人民法院的任务主要不是审判第一审民事案件,而是对省、自治区、直辖市内的基层人民法院和中级人民法院的民事审判工作实行指导和监督,总结和交流民事审判工作的经验,还要审判不服中级人民法院判决、裁定依法提起上诉的第二审民事案件以及当事人申请再审的案件等。因此,高级人民法院管辖第一审民事案件不宜太多,只管辖在本辖区有重大影响的第一审民事案件。

（4）最高人民法院。最高人民法院的任务主要也不是审判第一审民事案件，其只管辖在全国有重大影响的案件和其认为应当由本院审理的案件。

559. 医疗损害纠纷的级别管辖如何确定？

答：（1）医疗损害责任纠纷一般由基层人民法院管辖。基层人民法院管辖第一审民事案件，但《民事诉讼法》另有规定的除外。

（2）中级人民法院管辖下列第一审民事案件：重大涉外案件；在本辖区有重大影响的案件；最高人民法院确定由中级人民法院管辖的案件。

（3）高级人民法院管辖在本辖区有重大影响的第一审民事案件；在全国有重大影响的案件；认为应当由本院审理的案件。

560. 如何确定医疗纠纷诉讼中的被告住所地？

答：在医疗侵权案件中，侵权行为地一般与被告住所地重合，即由医疗机构所在地的法院享有管辖权。除非侵权行为地发生在医疗机构的分支机构，而该分支机构与医疗机构总部所在地隶属于不同的法院管辖。此时，原告可以选择向侵权行为地或者被告住所地的法院提起诉讼。

561. 如何确定医疗纠纷诉讼中的侵权结果发生地？

答：在被侵权人只在一个医疗机构就诊的情况下，如果被侵权人户籍所在地与医疗机构所在地不在同一个法院辖区，为便于诉讼，原告有可能向侵权结果发生地（一般是被侵权人户籍所在地）提起诉讼，但此时，原告负有举证证明侵权结果发生地的义务。

562. 如何确定医疗纠纷诉讼中的侵权行为实施地？

答：如果被侵权人在两个以上的医疗机构就诊，则其通常会选择方便于自己的医疗机构所在地的法院起诉。实践中，通常被侵权人首次就诊发生在其生活地区，二次就诊可能发生跨地区的情况，因此，一旦后者出现医疗侵权的情况，则其通常会策略性地将首诊医疗机构列为共同被告。在此种情况下，基于管辖的程序性审查原则以及医疗侵权特殊性，法院通常不会支持医疗机构的管辖权异议。

第九章

证据及举证责任

第一节 证据概述

563. 什么是证据？

答：证据，是指能够证明民事案件真实情况的各种事实，也是法院认定有争议的案件事实的根据。所谓的证据材料，是指民事诉讼过程中当事人向法院提供的或者法院依职权收集的用以证明案件事实的各种材料。虽然证据与证据材料是两个不同的概念，但我国《民事诉讼法》在使用证据这一概念时未对其作出区分，因而在证据这一概念下包含了证据和证据材料两种情形。

564. 证据需具备什么属性？

答：证据属性反映了民事诉讼证据的内在要求和规定，只有具有证据属性，才能作为定案依据。

一般认为，民事诉讼证据包括三个基本属性：一是客观性，指民事诉讼证据本身必须是客观存在的、真实的，而不是想象的、虚构的、捏造的。二是关联性，指证据必须与待证事实之间存在一定的联系，能够对待证事实起到证明作用。三是合法性，指证据必须按照法定程序收集和提供。

实务中，对证据的质证其实就是检验证据是否具有客观性、关联性及合法性，以及对对方当事人提供的证据是否能够证明其所要证明的对象的质证。

565. 证据种类的概念是什么？

答：证据种类，是指用以证明案件事实的各种证据的外在表现形式。

566. 证据种类有哪些？

答：证据包括：当事人的陈述；书证；物证；视听资料；电子数据；证人证言；鉴定意见；勘验笔录等。证据在学理上还可以分为本证与反证、直接证据与间接证据、原始证据与传来证据等。

567. 医疗纠纷中什么证据最重要？

答：在医疗纠纷中，最重要的证据一般是书证（病历等）、物证（血液、药品、注射器、病理切片等）以及鉴定意见（医疗鉴定意见）。

568. 医学书籍和医学文献资料是否属于法律规定的证据？

答：医学书籍和医学文献资料并不属于法律规定的证据，诉讼双方当事人不能直接通过提供医学书籍或者医学文献资料证明其主张。但在医疗鉴定过程中，可以充分利用相关的医学书籍和文献资料作为观点依据，增加观点被鉴定人员采信的概率，把文献依据转化成鉴定意见，即可以成为法定证据。

569. 什么是证据能力？

答：证据能力，是指一定的证据材料作为诉讼证据的法律上的资格，又称为证据资格。具备证据能力是作为民事诉讼证据的先决条件，当事人提供的证据材料只有具备证据能力，法院才能够将其作为认定案件事实的依据。证据材料必须具备合法性，才具备证据能力。证据若不具有合法性，即无证据能力，就应当予以排除适用。是否具有证据能力，要由法律作出规定，或者通过司法解释、判例来确定。

570. 什么是证明力？

答：证明力，是指证据证明案件事实的能力。虽然各类证据对待证的案件事实都具有一定的证明作用，但证明作用大小不尽相同。例如，就原始证据和传来证据而言，原始证据的证明力强于传来证据的证明力。证据证明力的大小虽然是客观的，但对证明力大小的判断离不开法律的规定和法官的认识。根据证据的证明力是法律统一作出规定的和法官内心判断的两种情况，可以将证据制度分为法定证据制度与自由心证证据制度。

571. 证明责任是什么？

答：证明责任，又称举证责任，是指作为裁判基础的法律要件事实在作出裁判前处于真伪不明状态时，当事人一方因此而承担的裁判上的不利后果。对于当事人而言，哪一方当事人对要件事实负有证明责任，哪一方当事人就负担因要件事实真伪不明引起的败诉风险。

572. 证明责任的作用是什么？

答：证明责任的作用主要是引导法院在事实真伪不明的状态下作出裁判。

一方面，在诉讼中，当事人能够利用的证明有时非常有限，法官也是常人，在证据不足的情况下常常难以确定当事人证明的案件事实到底存在与否。另一方面，法官又不能以事实无法查清而拒绝裁判。既然事实真伪不明仍然需要作出裁判，就需要为法官在这种困难的情况下作出判决提供指引和依据，这也是为了保证法官裁判的整齐划一和使裁判具有正当性的必要所在，证明责任正是这样的指引和依据。

573. 医疗损害的责任形态是什么？

答：医疗损害责任是替代责任和不真正连带责任。

574. 医疗损害的替代责任是什么？

答：医疗损害责任的责任主体是医疗机构，且必须是合法的医疗机构；医疗损害责任的行为主体是医务人员。医疗损害责任就是典型的替代责任，实施医疗损害行为的是医务人员，但承担赔偿责任的是医疗机构。

575. 医疗损害的不真正连带责任是什么？

答：患者可以向药品上市许可持有人、生产者、血液提供机构请求赔偿，也可以向医疗机构请求赔偿。患者向医疗机构请求赔偿的，医疗机构赔偿后，有权向负有责任的药品上市许可持有人、生产者、血液提供机构追偿。这就是不真正连带责任，承担产品责任的最终归属者是药品上市许可持有人、生产者、血液提供机构，而不是医疗机构。

576. 无法医参加的涉及死因的医疗事故鉴定意见，能否作为证据使用？

答：医疗事故，是指在医疗活动中，医疗机构及其医务人员违反医疗卫生管理法律、行政法规、部门规章和诊疗护理规范、常规，过失致使患者遭受人身损害的事故。对于是否构成医疗事故应由专门的医疗事故鉴定机构进行鉴定，医疗事故鉴定机构作出医疗事故技术鉴定须遵守法定程序和要求。

根据《医疗事故处理条例》第 25 条规定，专家鉴定组进行医疗事故技术鉴定，实行合议制。专家鉴定组人数为单数，涉及的主要学科专家一般不得少于鉴定组成员的 1/2；涉及死因、伤残等级鉴定的，应当从专家库中随机抽取法医参加鉴定组。医疗技术事故技术鉴定机构违反上述法律规定作出的医疗事故技术鉴定不能作为证据使用。

577. 经医患双方同意由法院委托进行的医疗过错鉴定，是否可以作为证据使用？

答：在医疗纠纷案件中，医疗机构的行为是否存在过错以及该过错与患者的损害结果之间是否具有因果关系是确定医疗机构责任的关键。通常情况下，通过医疗过错鉴定可以判断医疗机构的医疗行为是否具有过错。医患纠纷双方当事人均有权向法院申请医疗过错鉴定，法院亦可依职权委托具有专门知识的鉴定机构对涉案病例进行鉴定。鉴定机构根据当事人提供的病历资料，通过具有专业知识的专家分析、评定最终判断医疗机构在诊疗过程中是否存在过错，以及该过错与患者的损害结果是否具有因果关系。医患双方对鉴定机构出具的鉴定意见均无异议的，即可将鉴定意见作为确定案件事实的证据使用。

578. 鉴定机构对委托事项作出的鉴定意见，符合什么条件才可以作为证据使用？

答：司法鉴定是指司法机关为查证案情，指派或聘请具有专门知识的鉴定人，就案件中某些专门性问题运用专业知识进行鉴别和判断，并得出鉴定意见的一种司法活动。据此，鉴定意见应符合以下条件才具有证明能力：(1) 专业性，鉴定意见是具有专业知识的鉴定人对特定的被鉴定对象的专业认知结果，鉴定意见必须符合专业的理论规范和认知规律;(2)合法性,作为认定某一事实的证据,表达必须符合对证据的规范要求,对有争议的鉴定意见,鉴定人须出庭接受质询;(3)关联性,鉴定人必须按照委托事项进行鉴定;(4)准确性,即鉴定方法、程序正确,对鉴定材料的保管与鉴定规程符合规范要求。具有以上特征的鉴定意见具有证明力,可以作为证据使用。

579.专家咨询会认为客观真实的病历,能否作为鉴定材料?

答:患者在医疗机构诊疗期间死亡,患者家属遂就医疗机构是否存在医疗过失向法院申请鉴定,但其对医疗机构提供的病历资料的真实性存在质疑。在此种情况下,鉴定机构组织专家咨询会,并邀请双方当事人共同参加。咨询意见认为,病历资料可以作为鉴定材料进行医疗损害鉴定,且医患双方均对咨询意见表示认可的,应认定病例资料具有真实性、客观性。鉴定机构依据上述病历资料作出的医疗过错鉴定意见具有证明力。

580.尸检报告与医疗机构的临床诊断不一致时,应如何认定案件事实?

答:根据《医疗事故处理条例》的相关规定,患者死亡,医患双方当事人不能确定死因或者对死因有异议的,应当在患者死亡后48小时内进行尸检;具备尸体冻存条件的,可以延长至7日。尸检是指以解剖检验尸体的方式查明死者死亡原因的一种医学手段。在医疗纠纷中,医疗事故鉴定以及司法鉴定通常依据医疗机构出具的病理记录以及相应的检查报告等病历资料,对医疗机构的医疗行为进行鉴定,进而认定医疗行为是否存在过错。但因病历材料及病理记录是医疗机构制作,无法确定是否存在伪造、篡改的情形。故在患者死亡的情形下,可以依据尸检来认定医疗机构是否存在过错。尸检是对尸体的科学检验,难以出现造假的情形,能够较为真实地反映客观事实,故尸检对于解决死因不明或对死因存在异议而发生的医疗纠纷具有较强的证明作用,能够作为定案依据。

患者在医疗机构接受诊疗过程中,医疗机构对患者的病情进行确诊,并依据确诊病症对患者采取相关治疗措施,最终导致患者死亡。患者死亡后,患者家属申请进行尸检。尸检报告显示,患者并非患有医疗机构确诊的疾病。患者的死亡原因为患者患有其他疾病,且医疗机构的误诊、错误治疗导致患者恶化感染及病情恶化。鉴定机构依据尸检报告作出鉴定意见:医疗机构在为患者进行诊疗过程中,在确诊依据不足的情况下,对患者实施了不当治疗,其诊疗行为存在明显过失,且该过失与患者的损害具有一定的因果关系。因尸检报告相较于病历而言具有较高的证明力及较强的法律效力,故应当依据尸检报告认定医疗机构确实存在医疗过失,且医疗过失与患者死亡存在因果关系,故医疗机构应承担赔偿责任。

581. 鉴定人员未出庭接受质询,是否会导致鉴定意见丧失证明力?

答:根据我国相关法律规定,鉴定人无正当理由拒不到庭接受质询的,对其所作的鉴定意见,人民法院应当综合全案确定该鉴定意见的证据效力,或者决定对该鉴定事项进行重新鉴定。在医疗损害责任纠纷案件中,医疗机构对患者申请鉴定部门作出的鉴定意见提出异议后,审理法院要求鉴定机构的鉴定人员出庭接受质询或出示相关书面答复时,鉴定人员未出庭接受质询且未提供相应的书面答复的,该意见不可单独作为定案依据。审理法院可以依据案件事实及真实证据委托新鉴定机构作出新的鉴定意见,依据新的鉴定意见结合其他证据来确认医疗机构应承担的责任。

582. 患者先后在医疗机构复印的排版不同的电子病历,是否可以作为鉴定依据?

答:患者在医疗机构就诊时,发生人身损害。申请进行医疗鉴定,并提交电子病历复印件作为鉴定依据。患者主张其在医疗机构先后复印的电子病历的排版不一致,该病历资料不能作为鉴定依据。因电子病历仅是制作病历的一种形式,在该电子病历具有真实性的情况下,其证明力应予以认定。患者提交的两份电子病历复印件,虽排版不同,但其内容并未进行修改,亦不存在瑕疵,故该电子病历可以作为鉴定依据。

第二节 医疗损害责任归责原则

583. 归责原则的定义是什么?

答:侵权责任构成要件包括违法要件、损害事实要件、因果关系要件和主观过错要件。侵权责任归责原则,是指加害方或者受害方如何分配上述侵权要件的举证责任。

584. 归责原则有哪些?

答:一般包括过错责任原则、过错推定原则、无错责任原则和公平责任原则四种类型。

585. 医疗损害归责原则如何适用?

答:当前,我国医疗损害归责原则的认定采用的是区别不同情况的多元归责体系:一般情况适用过错责任原则;部分情况适用过错推定原则;医疗产品侵权案件适用无过错责任原则;双方均无过错适用公平责任原则。

586. 过错责任原则是什么?

答:过错责任原则,是指以过错作为价值判断标准,判断行为人对其造成的损害应否承担侵权责任的归责原则。

587. 什么情况下适用过错责任原则?

答:适用过错责任原则,加害方主观上的过错是损害赔偿责任构成的基本要件之一,缺少这一要件,即使加害人的行为造成了损害事实,并且加害人行为与损害结果之间具有因果关系,也不应承担民事赔偿责任。适用过错责任原则确定赔偿责任,其构成要件有四个,即违法行为、损害事实、违法行为与损害事实之间的因果关系和主观过错。

588. 过错责任原则在举证责任上的表现有哪些?

答:医疗损害责任纠纷案件一般适用过错责任原则,这在举证责任上表现为,患者诉请医疗机构赔偿的,须证明医疗机构存在违法行为、损害事实、违法行为与损害事实之间的因果关系和主观过错四个方面的内容。

589. 过错推定责任原则是什么？

答:过错推定责任原则,是指在法律有特别规定的情况下,从损害事实的本身推定加害人具有过错,并据此确定造成他人损害的行为人赔偿责任的归责原则。

590. 推定是什么？

答:所谓推定,是指法律或者法官从已知的事实推论未知事实从而得出的结果,实际上就是根据已知的事实对未知的事实进行推断和认定。

591. 什么情况下适用过错推定责任原则？

答:适用过错推定责任原则,在受害人能够举证证明损害事实、违法行为和因果关系三个要件的情况下,如果加害人不能证明损害的发生自己没有过错,则从损害事实的本身推定加害人在致人损害的行为中有过错,并为此承担赔偿责任。

592. 什么情况下推定医疗机构有过错？

答:患者在诊疗过程中受到损害,有下列情形之一的,推定医疗机构有过错:(1)违反法律、行政法规、规章以及其他有关诊疗规范的规定;(2)隐匿或者拒绝提供与纠纷有关的病历资料;(3)遗失、伪造、篡改或者违法销毁病历资料。

593. 实行过错推定责任原则后患者是否还需举证证明？

答:实务中,医疗机构存在上述三类情形,就推定医疗机构存在过错,医疗机构需要举证证明自己没有过错。需要指出的是,实行过错推定责任原则,患者仍然需要举证证明损害事实、违法行为和因果关系三个侵权构成要件。

594. 无过错责任原则是什么？

答:无过错责任原则,是指在法律有特别规定的情况下,以已经发生的损害结果为价值判断标准,与该损害结果有因果关系的行为人,无论其有无过错,都要承担侵权赔偿责任的归责原则。

595. 适用无过错责任原则有何意义？

答：适用无过错责任原则的意义，在于加重行为人的责任，使受害人的损害赔偿请求权更容易实现，受到损害的权利及时得到救济。

596. 什么情况下适用无过错责任原则？

答：因药品、消毒药剂、医疗器械的缺陷，或者输入不合格的血液造成患者损害的，患者可以向生产者或者血液提供机构请求赔偿，也可以向医疗机构请求赔偿。

对于医疗产品责任，要求医疗机构以及医疗产品生产者承担无过错责任原则，只要患者举证证明存在损害事实，则医疗机构以及产品生产者就需要承担赔偿责任，除非其能够举证证明损害与其行为没有因果关系。

597. 什么是公平责任原则？

答：公平责任原则，是指当事人对造成的损害都无过错，而又不能适用无过错责任，根据实际情况由当事人公平分担的责任。

598. 适用公平责任原则需具备什么条件？

答：公平责任原则的适用应当具备以下三个条件：(1) 当事人双方都没有过错。这是适用公平责任原则的基本条件。(2) 有较严重的损害发生。(3) 如果不由双方当事人分担损失，就有违公平的民法理念。公平责任原则弹性较大，赋予了法官较大的自由裁量权。

第三节　医患双方的举证责任

599. 什么是举证责任？

答：举证责任又称证明责任，是指当事人对自己提出的主张有提供证据进行证明的责任。具体包含行为意义上的举证责任和结果意义上的举证责任两层含义：其一，行为意义上的举证责任是指当事人对自己提出的主张有提供证据的责任;其二,结果意义上的举证责任是指当待证事实真伪不明时由依法负有证明责任的人承担不利后果的责任。从行为和结果双重含义上来界定举证责任的内涵,对于提高民事审判效率、推进民事审判方式改革具有十分重要的意义。

600. 患方有哪些举证责任?

答:(1)证明存在医患关系;

(2)证明存在损害后果;

(3)证明医方存在过错;

(4)证明存在因果关系;

(5)证明赔偿诉讼请求的依据。

601. 患者认为医疗机构存在医疗过错的,是否应由其承担举证责任?

答:根据《民法典》的规定,患者在诊疗活动中受到损害,医疗机构及其医务人员有过错的,由医疗机构承担赔偿责任。据此,可以认定在医疗损害责任纠纷中,医疗机构承担的是过错责任。因此,在医疗损害责任纠纷中,应适用一般举证责任原则。根据相关规定,当事人有责任对自己提出的诉讼请求所依据的事实或者反驳对方诉讼请求所依据的事实提供证据加以证明。如果没有证据或证据不足以证明其事实主张的,则由负有举证责任的当事人承担不利后果。在医疗损害赔偿纠纷中,适用过错责任原则确定当事人是否承担责任,医疗机构仅在主观存有过错时才对患者的损害后果承担相应的责任,患者一方如认为医疗机构有医疗过错以及医疗行为与损害后果之间存在因果关系的,应当由患者一方承担相应的举证责任。患者若不能提供证据证明医疗机构存在过错,则自行承担诉讼的不利后果。

602. 患方如何举证证明存在医患关系?

答:证明存在医患关系一般只需要提供病历、相应的医疗费票据或其他能证明发生医疗关系的证据即可。

603. 患方如何举证证明存在损害后果?

答:患者可以提供死亡医学证明书、疾病诊断证明书、病历记录等证据证明其发生损害后果的事实。损害后果一般表现为伤残(需要提供伤残等级鉴定意见)或者死亡。有些患者需要有护理依赖或者后续治疗费用的,必要的时候,还必须进行司法鉴定。

604. 患方如何举证证明医方存在过错?

答:证明医方存在过错一般需要经过医疗过错鉴定确定,但患者能够举证证明医疗机构存在《民法典》第1222条规定的三种情形的,可以适用过错推定责任原则。

605. 患方如何举证证明存在因果关系?

答:证明存在因果关系要件一般只能通过医疗过错鉴定确定。在医疗产品责任纠纷中,如果适用无过错责任原则,则应由医方对其医疗行为与损害后果之间不具有因果关系承担举证责任。

606. 患方陷入举证困境时应如何做?

答:在审判实务中,患者对于诊疗行为是否存在过错、过错与损害结果之间的因果关系往往存在举证难的困境,当患者无法证明医疗机构或者医务人员存在过错、诊疗行为与损害结果之间存在因果关系,可向人民法院提出医疗损害鉴定申请,通过鉴定机构对患者门诊病历、住院病历等资料的鉴定,进而得出鉴定意见,将医疗损害鉴定结果作为医疗机构的医疗行为是否存在过错、过错与医疗损害之间是否存在因果关系的判定依据。

607. 患方在收集证据的过程中应当注意什么?

答:(1)发生医疗纠纷时,患者首先要有收集证据的意识,应向医院要求将病历资料立即封存,最好能对封存过程进行公证或请法医、律师作见证。要知道医疗机构没有任何理由拒绝或拖延患者合法要求。

(2)如因抢救急危患者医务人员需补记病历的,补记期间患方有权要求在场监督。

(3)在复印、封存和启封病历资料及其他证据时,医院、患者双方应共同在场,如果要对血液进行封存保留,还应由医疗机构通知采供血机构派员到场。切记复印和封存所有能复印和封存的资料,并由医疗机构加盖证明印记。

(4)患方应及时要求进行相关的检验并充分行使自己选择检验机构和检验人员的权利。

(5)如案件将要或已进入诉讼程序,应及时向法院申请证据保全或调查取证。因为患方能复印的病历资料是有限的,而医疗机构在撰写某些病资料时并不需要经患者签字确认,因此及时向法院提出申请,有助于迅速对所有病历资料采取保全措施,可以防止病历资料被篡改。

608. 医方有哪些举证责任?

答:(1)提供与纠纷有关的病历等资料;

(2)被推定过错时需要提供反证;

(3)证明履行相应的告知义务。

609. 医方在被推定过错时如何提供反证?

答:医疗纠纷出现推定医方存在过错的,医方可以通过反证证明其诊疗行为不存在过错,或者直接证明患者损害后果与其诊疗行为之间不存在因果关系。实务中,医方一般需要通过申请医疗鉴定完成举证责任。

610. 医方如何举证证明已履行相应的告知义务?

答:如果可能有对患者进行手术、特殊检查、特殊治疗等医疗行为,医疗机构则应依法向患者履行告知义务。此外,发生患者死亡的,医疗机构如果无法明确患者死亡原因或者患者家属对死亡原因有异议的,医疗机构负有尸检告知义务。对于上述告知。建议以书面形式为主。

611. 对于患者拒不配合诊疗活动,医院是否负有举证责任?

答:当事人对自己提出的主张,有责任提供证据。所以医疗机构主张因患方不配合而不承担赔偿责任的,应当由医疗机构举证证明。

612. 患者食用药房出售的中药导致人身损害的,举证责任如何分配?

答:取得药品经营许可资格的药房具备法人资格,应按"谁主张,谁举证"的原则分配举证责任。患者未提供证据证明药房对其实施造成其人身损害结果的侵权行为的,药房不承担赔偿责任。

613. 患者拒绝以医疗机构提供的病历作为鉴定依据且未提供反证的,应否承担举证不能的后果?

答:患者在医疗机构就诊后,认为医疗机构的诊疗行为存在过错对其造成人身损害,要求医疗机构承担赔偿责任。医患双方申请医疗过错鉴定,患者对医疗机构提交病历资料的真实性不予认可并拒绝以该病历资料作为鉴定依据,但未说明拒绝理由和提出反驳证据。由于患者原因导致医疗鉴定无法进行,进而致使案件事实不清,故患者应承担举证不能的不利后果,即无权要求医疗机构承担损害赔偿责任。

614. 因病历被篡改致使无法进行医疗鉴定的,医疗机构应否承担举证不能的责任?

答:患者因在医疗机构进行诊疗后,发生人身损害而诉至法院。患方在诉讼中申请对病历进行医疗鉴定,根据患者提交的证据表明,医疗机构向鉴定机构提供的护理记录与患者的费用清单上载明的药品数量存在明显不符,医疗机构存在篡改、伪造病历的情况,致使医疗鉴定无法进行。因医疗机构的行为导致无法通过医疗鉴定来认定其过错的,医疗机构应对其医疗行为与患者的损害无因果关系承担举证不能的责任。

第十章

医疗机构抗辩事由

第一节 医疗机构常见抗辩事由概述

615. 什么是抗辩事由？

答：抗辩事由，是指被告针对原告的诉讼请求而提出的证明原告的诉讼请求不成立或不完全成立的事实。在侵权法中，抗辩事由是针对承担民事责任的请求而提出的，所以又称为免责事由或减轻责任事由。抗辩事由可分为两类，即正当理由和外来原因。所谓正当理由，是指损害确系被告的行为所致，但其行为是正当的、合法的，包括职务授权行为、正当防卫行为、紧急避险行为、受害人承诺行为和自助行为等。所谓外来原因，是指损害并不是被告的行为造成的，而是由一个外在于其行为的原因独立造成的，如意外事件、不可抗力、受害人过错和第三人过错等。有学者将抗辩事由之正当理由称为一般抗辩事由，将外来原因称为特别抗辩事由。

616. 医疗机构的抗辩事由有哪些类型？

答：医疗机构的抗辩事由包括两种类型：第一种为是否需要承担责任以及需要承担多少责任；第二种为需要赔偿哪些项目以及赔偿项目的计算标准。

617. 哪些情形不属于医疗事故？

答：有下列情形之一的，不属于医疗事故：

（1）在紧急情况下为抢救垂危患者生命而采取紧急医学措施造成不良后果的；

(2) 在医疗活动中由于患者病情异常或者患者体质特殊而发生医疗意外的;

(3) 在现有医学科学技术条件下,发生无法预料或者不能防范的不良后果的;

(4) 无过错输血感染造成不良后果的;

(5) 因患方原因延误诊疗导致不良后果的;

(6) 因不可抗力造成不良后果的。

618. 哪些情形医疗机构不承担赔偿责任?

答:患者在医疗活动中受到损害,有下列情形之一的,医疗机构不承担赔偿责任:

(1) 患者或者其近亲属不配合医疗机构进行符合诊疗规范的诊疗;

(2) 医务人员在抢救生命垂危的患者等紧急情况下已经尽到合理诊疗义务;

(3) 限于当时的医疗水平难以诊疗。

上述第(1)项情形中,医疗机构或者其医务人员也有过错的,应当承担相应的赔偿责任。

619. 在程序上医疗机构是否有抗辩事由?

答:在实务中,医疗机构的免责事由还包括程序方面的抗辩事由,如患方的诉请超过诉讼时效。

620. 医疗机构减轻责任的抗辩事由有哪些?

答:患者体质特殊、紧急医疗措施、患者不配合诊疗、受害人过错、正当防卫、紧急避险、不可抗力、意外事件、第三人过错等都可以成为医疗机构减轻责任的抗辩事由。

第二节 并 发 症

621. 并发症是什么?

答:并发症是指在某种原发性疾病或者情况发展进程中发生的,由于原发性疾病或情况,或者其他独立原因所导致的继发疾病或者情况。并发症发生的原因是多方面的,原发性疾病本身的生理、病理过程,治疗过程中的诊断、治疗措施的实施、不当的医疗行为等都可能导致并发症的发生。

622. 并发症的法律特征有哪些?

答:并发症在医疗纠纷中与其他疾病具有显著的区别,主要表现为以下几个方面:(1)并发症一般具有可预见性;(2)并发症一般具有不确定性;(3)并发症一般具有相对可避免性。

623. 如何理解并发症一般具有可预见性?

答:在临床实践中,绝大部分的并发症是可以预见的,而医疗意外大多是难以预见的。医务人员是医学理论和实践的专家,对于一种疾病的诊断、检查、治疗、药物使用等诊疗过程中,可能引发、诱发或者造成其他疾病,有着相对全面、客观的认识,这在法律层面上就表现为医务人员负有风险预见的义务。

624. 如何理解并发症一般具有不确定性?

答:由于患者个体体质差异、医务人员重视与防范程度等方面的不同,并发症出现的概率也就不同,并非每位患者都会出现并发症。即并发症一般是可以预见的,但是否会发生则具有不确定性,这在法律层面上就表现为医务人员负有风险告知义务。

625. 如何理解并发症一般具有可避免性?

答:并发症是伴随原发性疾病进展、改变而出现的继发性疾病或者情况,由原发性疾病延伸、衍生而来。在医疗过程中,并非所有的并发症都完全不可避免,对于可以逆转或者可以防范的并发症,医务人员可以根据患者的情况,采取相应的措施,避免并发症的出现,或者在并发症出现时,采取有针对性的救治措施,以避免特定条件下并发症的发生。这在法律层面上表现为医务人员负有风险回避义务和积极救治义务。

626. 并发症是否当然属于医疗机构可以免责的情形?

答:从法条的文义上看,《医疗事故处理办法》曾规定"难以避免的并发症"不属于医疗事故。即可以避免的并发症并不当然可以排除出医疗事故的范畴,即医疗机构不用承担法律责任。更何况,《医疗事故处理条例》和《民法典》也未将"难以避免的并发症"列入可以免责的范畴,这说明对于并发症,医疗机构并没有当然免责的权利。

627. 医疗机构对并发症的发生应尽的义务包括哪些?

答:医疗机构对并发症的发生尽到以下义务,可以免责:(1)并发症的风险预见义务;(2)并发症的风险告知义务;(3)并发症的风险回避义务;(4)并发症的积极救治义务。

628. 如何理解并发症的风险预见义务?

答:并发症一般具有可以预见性,因此,医务人员有义务根据自己的专业知识、经验等,对可能因诊疗引起的并发症进行分析、判断,从而预见引起并发症的机制和因素、并发症发生的概率、并发症可能引发的后果。通过对并发症的预见,为日后治疗、风险防范做好基础性工作。

629. 如何理解并发症的风险告知义务?

答:因抢救生命垂危的患者等紧急情况,不能取得患者或者其近亲属意见的,经医疗机构负责人或者授权的负责人批准,可以立即实施相应的医疗措施。医务人员在诊疗活动中应当向患者说明病情和医疗措施。需要实施手术、特殊检查、特殊治疗的,医务人员应当及时向患者说明医疗风险、替代医疗方案等情况,并取得其书面同意;不宜向患者说明的,应当向患者的近亲属说明,并取得其书面同意。医务人员未尽到前款义务,造成患者损害的,医疗机构应当承担赔偿责任。即对于诊疗过程中可能产生的医疗风险,医务人员负有说明告知义务。而并发症一般具有可预见性,这就使医务人员具备了告知的前提条件,即当患者在医疗机构就诊时,医务人员有义务将拟采取的医疗措施可能引发的并发症以及相应的后果告知患者。

630. 如何理解并发症的风险回避义务？

答：并发症具有可预见性和相对可避免性，决定了在一定条件下，只要医务人员思想上高度重视，实际操作过程中加以注意，并发症在一定程度上是可以避免的。因此，医务人员需要证明其已经采取了相应的医疗措施尽量避免并发症的发生。只有医务人员严格遵守临床技术操作规范，采取了相应的预防措施，并对不良后果的发生给予了充分的注意，才有可能免责。

631. 如何理解并发症的积极救治义务？

答：对于已经发生的并发症，尤其是难以避免的并发症，医务人员应当给予积极救治，防止损害后果扩大。即医务人员在临床操作过程中，有义务采取积极、有效的治疗补救措施，最大限度地减少临床并发症的损害后果。

632. 发生并发症时医疗机构是否可以免责的判断依据是什么？

答：发生并发症时，医疗机构是否可以免责，其判断的主要依据是医务人员是否履行了前述的风险预见义务、风险告知义务、风险回避义务以及积极救治义务。

具体表现为对于可以预见的并发症，医务人员是否已经预见到并履行了相应的告知义务，同时采取积极有效的措施避免并发症的发生。对于不可避免的并发症，在发生之后，医务人员是否采取了积极有效的治疗措施，最大限度地减少并发症的损害后果。而对于现有科学技术条件下不能预见、不能避免、不能治疗的并发症，只要医疗机构在并发症发生时履行了相应的积极救治义务，则医疗机构可以不承担法律责任。

第三节 限于当时的医疗水平难以诊疗

633. 医学水平是什么？

答：医学水平，是指理论上的医学水平，强调医学中新的诊疗理念和方法，该理念和方法与现有实践中的做法相比,被认为具有明显的优势,并已在医疗过程中得到了部分论证,已经有专家学者通过初步总结得出结论,但其尚未得到统计学上有力的证明,或者该诊疗方案的验证本身是一个比较漫长的过程。比如,近视眼的激光疗法,在我国开始实施至今已有20多年,并在各大医院普及应用,但由于其长期安全性尚未得到验证,所以学界仍未将其视为治疗近视的普遍疗法,即其仍处于医学水平层面。

634. 医疗水平是什么?

答:医疗水平,是指在临床上使用的,其有效性和安全性经得到证明的诊疗方法。医疗水平与医学水平容易混淆,其原因在于某一领域医疗水平的发展必定会经过一个医学水平的时期,这是由医学发展的客观规律决定的。医学发展一般需要经历三个阶段:(1)经验阶段。指某一特定疾病的治疗方法,某个或者几个医务人员将其实施的过程以及效果加以思考、总结后发表于学术杂志上。该阶段只是个别人的经验总结,并未经过其他医务人员的验证和质疑,尚不能作为判定医务人员是否履行相应的诊疗义务的标准。(2)客观化阶段。指治疗经验在杂志上不断发表,经验不断累积,引起其他医务人员的注意并且在临床上验证并有质疑提出,随后得以修正。(3)普及阶段。指治疗方法的有效性和安全性已经得到临床的广泛验证,该疗法已经在临床上普及使用。

635. 医学惯例是什么?

答:医学惯例,是指在医疗实践中长期形成的,经过广泛认可的惯例由于其与医疗水平具有一定的相似性,即在一定时期内二者都具有相对稳定性和常习性,所以某些医学惯例在某种层面上直接体现了医疗水平。

636. 医学惯例是否能替代医疗水平成为医疗损害责任的免责事由?

答:虽然医学惯例在医疗实践中长期形成、经大量从业人员认可,但其与医疗水平相比仍不具有相当的权威性,惯例本身被推翻的风险较高,其适用往往也因人而异。故仅遵守医学惯例不能构成符合医水平的充分条件,即医学惯例不能替代医疗水平成为医疗损害责任的免责事由。

637. 什么是"当时的医疗水平"？

答：《民法典》中关于"当时的医疗水平"的判断标准宜采用"行业知识能力说"，即可以界定为"基于医疗行为进行之时我国一般水平的医务人员所应具备的医学学识及治疗经验，应当谨慎治疗、应当预见相应结果的发生以及为防止结果发生而采取必要措施的义务"。

判断医方行为是否构成医疗过失的依据，其内涵包括医方在诊疗过程中应尽的所有义务，即风险预见义务、风险告知义务、风险回避义务和积极救治义务。其侧重强调的是医方基于医疗水平限制，无法预见风险、回避风险，即无法预见、避免患者发生损害或者患者的损害无法医治。

638. "当时的医疗水平"在适用时是否要考虑地域、资质等因素？

答：在判断医方是否负有责任时，宜对"当时的医疗水平"作缩小解释，即无须考虑地域、资质等其他因素；而在判断医方责任大小时，宜对"当时的医疗水平"作扩大解释，即需要考虑地域性、资质等因素。这主要是因为是否负有责任的判断标准应该是相对稳定且统一的，这才能体现整体的公平性。而在确定责任比例时，则可以参考地区、资质等因素，根据法官的自由裁量权，进行综合考量确定，这也能体现个案的公平性。否则，北京的三级甲等医院与西藏的个人诊所适用同一标准进行是否负有责任以及责任比例大小的判断，显然不能自证其公平性。

639. 医疗机构关于"当时的医疗水平"难以诊疗的抗辩理由成立是否就意味着免责？

答：《民法典》规定的限于当时的医疗水平难以诊疗的构成免责，一般是指针对风险预见义务与风险回避义务的免责，而不当然构成对医方所应履行的诊疗义务的免责。简言之，医方只有在履行了相应的诊疗义务的情况下，因为"当时医疗水平的限制"而无法预见、避免患者损害后果发生或者对患者的损害后果没有进行医治的，才能构成免责。即医方关于"当时的医疗水平"难以诊疗的抗辩理由成立并不就意味着免责，还要考量其是否存在其他过错。

第四节　无过错输血感染

640. 无过错输血感染是什么？

答：无过错输血感染，是指患者自身并无过错，血站、医疗机构（以下简称医方）亦依法依规完成采血、供血及输血操作流程，这种情况下患者在使用检验合格的血液后仍患上了经血液传播的疾病。

641. 无过错输血案件中致害的原因是什么？

答：无过错输血案件中致害的原因大多是因为"窗口期"感染所致。目前，存在"窗口期"的病毒不只是艾滋病毒，常见的还有乙肝、丙肝、梅毒等多种病毒。因技术的局限性（"漏检率""窗口期"等），即使医方严格按照有关规定进行操作，仍有极少数患者会因输血感染病毒。

642. 患者以输血感染提出索赔时，医方的抗辩理由有哪些？

答：在医疗纠纷实务中，当患者以输血感染提出索赔时，医方经常会提出以下两个抗辩理由：(1)患者感染并非输血造成；(2)即便患者感染系输血造成，也是无过错输血感染。

643. 如何理解患者感染并非输血造成？

答：在输血感染医疗纠纷案件中，患者有义务举证证明损害后果（感染）与诊疗行为（输血）之间存在因果关系。但这个因果关系的证明在实务中有时绝非易事，一方面是因涉及专业性极强的医学领域知识，另一方面是因感染渠道多样、复杂。患者想要证明感染系输血行为所致，需要提供足够的证据。虽然证明的程度不必达到百分之百确定，但至少要达到民事证据要求的优势证明标准，即感染系输血所致的可能性更高，但个案证明标准有赖法官自由裁量判断。实务中，该问题一般也需要由鉴定机构进行认定。在笔者检索的一些输血感染的医疗纠纷判例中，患者败诉的原因就在于无法证明感染系输血所致。

644. 无过错输血感染是否为医方的免责事由？

答：输血感染案件实际上适用过错推定责任原则，即因输血感染引发的医疗纠纷案件，首先推定医方存在过错，但只要血站、医疗机构能够举证证明在采血、供血以及输血过程中不存在过错，则医方就不需要承担法律责任。如果医方不能证明是无过错输血，则应当承担法律责任。

输入不合格血液造成患者损害的，患者可以向血液提供机构或者医疗机构请求赔偿。即不管医方是否存在过错，只要是输入不合格血液造成患者损害的，就应当承担法律责任。如果医疗机构没有过错，在向患者承担责任之后可以向血液提供机构追偿。

645. "不合格的血液"的判断标准是什么？

答：采用第一种标准，因血液制品中含有病原体而不合格，那么对于处在"窗口期"的病原体，血液制品生产者、医疗机构在目前的检测水平下都无法检测到，仍然应当承担责任。而采用第二种标准，即以血液的采集、保存、运输、使用等过程中是否符合相关操作规程来判断血液是否合格，对于处在"窗口期"的病原体，血液制品生产者、医疗机构就无责任可言。

646. 无过错输血感染医方是否承担完全责任？

答：认为"漏检率""窗口期"等所致的输血感染，系因现有医疗技术水平的局限，完全由医方承担该责任有失公平。但如果因技术局限而让无过错的患者自行承担输血感染的风险，对患者而言同样不公平。而目前我国对此又欠缺相应的救济制度，故在目前的司法实践中，法院在处理该问题时，经常采取"折中"的方法，就是适用公平责任原则，让医方给予患者一定的经济补偿。

第五节 手术同意书的法律效力

647. 手术同意书是什么？

答：手术同意书，是指手术前医生向患者告知拟施手术的相关情况，并由患者签署同意手术的医学文书。与手术同意书相类似的医学文书还包括特殊检查、特殊治疗、实验性临床医疗同意书等，后者是指在实施特殊检查、特殊治疗及实验性临床医疗前，医生向患者告知相关情况，并由患者签署同意检查、治疗的医学文书。

648. 患者签署手术同意书是一种什么行为？

答：患者签署手术同意书实际上是一种授权行为。手术在治疗疾病的同时，也会给患者的身体造成一定的损害，不同程度地破坏患者组织器官的完整性和功能，有时还可能危及患者的生命，此即手术的风险性。如果医生未经患者同意而为其进行手术，就有可能因侵害了患者的身体健康权而受到患者的指控，承担相应的民事责任甚至刑事责任，当然特殊情况除外。

因此，从法律的角度分析，患者签署手术同意书实际上是一种授权行为，即患者允许医生在其身体上开刀以治疗疾病，使医疗机构及其医务人员实施的具有一定破坏性的手术行为合法化。为此，《医疗机构管理条例》明确规定，医疗机构施行手术、特殊检查或者特殊治疗时，必须征得患者的同意。

649. 手术同意书的主要内容是什么？

答：手术同意书的内容应当包括术前诊断、手术名称、术中或术后可能出现的并发症、手术风险、患者签名和医师签名等。特殊检查、治疗同意书的内容应当包括特殊检查和治疗项目名称、目的、可能出现的并发症及风险、患者和医师签名等。从上述法律规定和临床实践来看，手术同意书的主要内容是医务人员应当如实向患者告知的内容，是医务人员履行其告知义务和患者行使知情同意权的书面证明。

650. 手术同意书是否具备免责效力？

答：手术同意书（知情同意书）是一种授权行为不具有免责效力。在临床工作中，一些医务人员在手术同意书中向患者特别提示了这种风险的存在，同时要求患者自己承担这种可能出现的风险。例如，有的手术同意书中载有"如出现以上问题，医院概不负责"或"医院不承担任何责任"等免责条款。

按我国《民法典》的规定，合同中有关造成对方人身伤害的免责条款无效。因此，上述手术同意书中"医院概不负责"或"医院不承担任何责任"部分因违反了法律禁止性规定而归于无效。如果医务人员在为患者手术过程中存在医疗过错并造成了患者人身损害的后果，那么医疗机构仍应承担相应的民事责任。手术同意书不具有免除因医务人员医疗过错而给患者造成损害后果应承担的民事责任的法律效力。

651. 如何理解手术同意书与手术风险发生的关系？

答：如果某个手术风险的发生既不是医师的过错造成的，也与患者无关，而是医学科学发展局限产生的不良后果，那就是实际意思上的"真正"风险，医院或医生不承担任何责任。

如果一部分医务人员在手术风险承担条款中，把手术同意书作为免除法律责任的"护身符"，无论手术大小，尽量多列手术风险，罗列的手术风险越来越多，导致一部分本可以通过医务人员的努力完全能够避免的风险，却切切实实地发生了，就不属于可以免责的手术风险，医院和医务人员需要承担相应的法律责任。

652. 手术同意书应当由谁签署？

答：对按照有关规定需取得患者书面同意方可进行的医疗活动（如特殊检查、特殊治疗、手术、实验性临床医疗等），应当由患者本人签署同意书。患者不具备完全民事行为能力时，应当由其法定代理人签字；患者因病无法签字时，应当由其近亲属签字，没有近亲属的，由其关系人签字；为抢救患者，在法定代理人或近亲属、关系人无法及时签字的情况下，可由医疗机构负责人或者被授权的负责人签字。同时，根据法律规定，为避免因手术签字而给患者造成不良影响，上述规范还规定，因实施保护性医疗措施不宜向患者说明情况的，应当将有关情况通知患者近亲属,由患者近亲属签署同意书,并及时记录。患者无近亲属的或者患者近亲属无法签署同意书的,由患者的法定代理人或者关系人签署同意书。

653. 变更手术内容或方式是否需要征得患者同意?

答:变更手术内容或方式应征得患者同意在手术过程中可能出现临时变更手术内容或方式的情况。如剖腹探查术,预定的手术名称与医生在开腹后的情况不相符,需要追加或临时变更手术内容和方式。在这种情况下,医疗机构及其医务人员仍应征得患者本人的同意,在患者无法行使该项权利时,应及时征得患者家属的同意。

654. 术后补签手术同意书的效力?

答:从法律角度上分析,签署手术同意书的行为是一种法律授权行为,即允许医生在其身体上实施具有一定破坏性的行为,当然,这种破坏性的行为是为了使其康复,手术同意书的存在也是为了保证这种破坏性的合法性。

根据《病历书写基本规范》规定,手术同意书的内容包括术前诊断、手术名称、术中或术后可能出现的并发症、风险、患者和医师签名等。特殊检查项目同意书中包括的项目基本同上。上述的内容是医方必须向患者详细告知的内容,并且应该是书面告之,尊重患者的知情同意权。

手术同意书虽然是一种授权行为,但并不意味着它有免责的效力,造成对方人身伤害的免责条款无效,所以,医院方在实施手术或特殊检查的过程中,如果有过错或过失致患者受损,依然要承担相应民事责任。医疗机构试图通过在手术同意书上约定"概不负责"等规避措施均无效。

第六节 医疗机构其他抗辩事由

655. 患者存在过错,医疗机构是否承担责任?

答:患者的过错在民事侵权抗辩事由中称为受害人过错。在医疗实践中,患者的过错大多表现为其不配合医疗活动,如隐瞒病史、拒绝治疗、不按时就诊服药等。医疗服务活动需要就医者与医务人员相互配合才能顺利开展。如果患者或者家属不配合治疗,导致不良后果的发生,医疗机构不承担或者在其有过错的情况下承担部分民事责任。

656. 患者自杀的医疗机构是否承担责任?

答:如果医疗机构对于患者的自杀不存在医疗过错,完全是因患者自己选择的结果,则医疗机构不承担责任。然而,如果医疗机构对于患者的自杀具有过错,则医疗机构应承担相应的民事责任。例如,抑郁症精神病患者在住院期间上吊自杀,事后查明医院护士没有按照规定巡视病房,则医院应承担过错赔偿责任。

657. 与第三人过错有关的医疗纠纷涉及哪些情形?

答:在医疗实践中,与第三人过错有关的医疗纠纷案件主要涉及患者在就医期间因第三人原因致人身伤害或财产损失的情形,包括患者受到他人的人身伤害、婴儿被盗、财物被盗等。

658. 安全保障义务是什么?

答:安全保障义务,是指从事住宿、餐饮、娱乐等经营活动或者其他社会活动的自然人、法人和其他组织,应尽的合理限度范围内的使他人免受人身损害的义务。

659. 未尽安全保障义务由谁承担赔偿责任?

答:从事社会活动的人应当对相关公众的人身安全承担合理的保障义务,具体分为两种情况:

(1)如果相关从事社会活动的人疏于恪守安全保障义务的不作为导致受害人损害发生,其应承担直接的损害赔偿责任。

(2)如果受害人的损害系由第三人的侵权行为所致,安全保障义务人有过错的,应当承担补充赔偿责任,其范围应当与其能够防止或者制止损害的范围为限。在承担了相应的补充赔偿责任后,安全保障义务人可以向实施侵权行为的第三人追偿。

660. 医疗机构是否应承担相应的安全保障义务?

答:医疗机构从事的医疗活动系属社会活动,因为社会活动并不以是否赢利为标准,因此,医疗机构属于上述司法解释中社会活动组织者,适用该司法解释的规定,应当对在其处就医的患者承担相应的安全保障义务。安全保障义务作为医疗服务合同的附随义务,不同于医疗机构的医疗注意义务。如果医疗机构在此方面存在不作为并造成患者人身损害,则将承担相应的赔偿责任。

661. 除防止或制止第三人侵害义务的安全保障义务外,医院还应做什么?

答:除防止或制止第三人侵害义务的安全保障义务外,医院还应当保证其建筑物、配套服务设施、设备安全可靠,其安全性能符合国家强制性标准。如儿童病房防护设施的设计是否符合标准、电梯是否通过安全检验等。首先,医院应经常对其各种设施和设备定期进行检查、维护和保养,以保证其安全使用,处于良好运行状态。其次,当存在危险因素时,应当采取措施及时加以消除或设立明显的警示标志,以防止他人受到伤害,如在落地透明玻璃上描绘图案或其他标志,在较滑的地板上设置警示标志,在收费厅等窃贼较多的地方设置防盗警示牌等措施。

662. 什么情况下医疗机构应对患者受到的第三人伤害承担赔偿责任?

答:医院是个开放的公共场所,鉴于其本身的服务范围及承担的社会责任特点,医院不可能像机场一样对所有就医者进行安全检查,也不可能对所有进入病房的探视者进行身份验证,这就导致其对相关场所的控制能力降低,不可能完全避免所有第三人伤害事件的发生。在确定医疗机构是否应对患者受到的第三人伤害承担补充赔偿责任,其最关键的是判断医疗机构在安全保障方面是否存在过错。只有医疗机构在管理方面存在过错时,医疗机构才承担相应的赔偿责任。医疗机构在承担此种补充赔偿责任后,还可以依法向第三人追偿。

第七节 免责事项与意外事件

663. 患者近亲属拒绝手术致患者死亡的,医疗机构应否承担责任?

答:根据一般侵权理论,医疗机构及其医务人员的医疗过错与患者在诊疗活动中受到损害之间存在因果关系,是医疗机构承担赔偿责任的重要条件。判断医疗行为与患者的损害结果之间是否存在因果关系,主要体现在医疗机构实施的医疗行为是否符合我国医疗卫生管理法律、法规、规章的要求;医疗机构实施医疗行为时是否积极地实施了合理的诊疗义务且履行了详尽的告知义务,医务人员进行诊疗时主观上是否存在过错。如医疗机构尽到了应尽的义务,且医疗行为并不存在过错,则患者的损害结果与医疗行为无因果关系,医疗机构不需向患者承担损害赔偿责任。

664. 新生儿因父母放弃治疗而死亡的,能否减轻存在过错的医疗机构的责任?

答:医疗机构在为产妇进行接产时,因医疗过失造成婴儿人身损害,产妇及其配偶因考虑婴儿可能存在终身疾病,而放弃对婴儿抢救治疗,最终导致婴儿死亡。虽然医疗机构在医疗活动中存在过失,与婴儿死亡有一定的因果关系,但是婴儿死亡的直接原因是产妇及其配偶放弃抢救治疗的行为,医疗过失行为与婴儿死亡的结果之间并不存在直接因果关系。因此,应当根据公平原则免除医疗机构部分责任,并依据医疗机构的过错参与程度认定其应承担的赔偿责任。

665. 精神病患者住院期间死亡的,医疗机构能否依据免责条款免除责任?

答:精神病患者前往医疗机构就诊,医疗机构与患者及其家属之间已经形成了医疗服务合同关系。根据《医疗机构管理条例》的规定,精神病患者的监护责任由医疗机构承担,救治精神病患者并给予患者相应的保护措施是医疗机构应尽的义务。精神病患者与医疗机构之间签订的由医疗机构单方拟定的医疗服务合同中约定患者发生意外医疗机构不承担责任的,属于格式条款,该条款免除了医疗机构的责任,不符合法律规定,且显失公平,故应属无效的免责条款。无民事行为能力的精神病患者在医疗机构住院治疗期间,医疗机构应加大看护力度,保证患者的人身安全并施以合理的诊疗行为。如医疗机构未履行合理的保护、注意义务,给患者造成重大损害的,医疗机构无权以上述免责条款主张免除责任,其应当承担损害赔偿责任。

666. 什么是医疗风险？

答：医疗风险广义上是指存在于整个诊疗过程中的可能会导致损失和伤残事件的不确定性和可能发生的一切不安全事件，如医疗事故、医疗差错、医疗意外及并发症等。也有观点认为，医疗风险是指在诊疗护理中发生的非故意、非预期、非计划的医疗意外而造成的患者机体损伤，它与诊疗护理中的医者过失而造成的医疗事故（医疗差错）是不一样的，这是一种狭义的医疗风险概念。但从实际发生的、客观存在的对患者的损害结果来看，医疗风险应当包括医疗事故、医疗差错等一切可能引发对患者损害的医疗事件。

667. 医疗机构的诊断错误存在合理性时，可否免除责任？

答：患者在诊疗活动中因医疗机构及其医务人员的过错遭受损害的，医疗机构应承担赔偿责任，误诊属于医疗过错行为的一种。但对于门诊初诊出现诊断错误的情形，并不能一概认定为误诊。这是因为医疗诊断分为初诊和确诊两个阶段，原则上能够构成误诊的应当是确诊阶段所作出的诊断，而医疗机构的医师经门诊初诊作出的诊断，大多是依据患者自己对病情的描述及初步观察到的病症，再结合医疗知识及医疗经验作出的主观认定。因有些疾病的病症与病理标准存在相同或相似的情形，故在初诊中难以避免医师作出错误诊断的情形，初诊诊断出现错误具有一定的合理性，此种情形不宜认定为误诊。因此，如果初诊在程序上并无不当，且患者的病症确与某些疾病症状反应相同或相似，医师亦无疏忽大意时，作出了错误初诊诊断，即使致使患者遭受损失，亦应当免除医师及医疗机构的相应责任。

668. 患者因医疗意外死亡的，医疗机构应否承担赔偿责任？

答：医疗意外，是指医务人员在从事诊疗或护理工作过程中，由于患者的病情或患者体质的特殊性而发生难以预料和防范的患者死亡、残疾或者功能障碍等不良后果的行为。当医疗意外发生时，因损害后果是患者自身体质原因和特殊病种结合在一起而突发的，且医务人员根据当时的情况，对可能产生的患者死亡、残疾或者功能障碍的不良后果亦无法预料，故医务人员的行为与损害结果间不具有直接的因果关系。医疗意外不属于医疗损害,医疗机构不承担赔偿责任。然而根据公平原则,患者毕竟在医疗行为过程中产生了损害,故在发生医疗意外时,医疗机构无须承担赔偿责任,但医患双方可根据事实分担损失。

669. 患者因过敏体质意外死亡的,医疗机构能否免除责任?

答:因不可抗力不履行合同造成他人损害的,不承担民事责任。不可抗力主要指无法预见、无法克服、无法避免的客观情况。医疗意外属于不可抗力的情况。医疗意外指医疗机构及医务人员对患者的治疗行为不存在过错,但由于患者本人体质特殊或者病情异常而发生的损害后果。医疗意外的特征包括:(1)医疗机构及医务人员对损害结果的发生不存在主观过错,是由于患者本身的特殊体质或特殊病情引起的;(2)医疗机构及医务人员对于损害结果的发生不能预见、难以防范。满足上述医疗意外的特征,经医疗技术鉴定机构鉴定属于医疗意外的,医疗机构对损害结果不承担责任。

670. 患者因医疗意外遭受人身损害的,医疗机构能否免除责任?

答:在医疗损害责任纠纷中,对医疗机构适用过错责任原则,即医疗机构及其医务人员对患者遭受的人身损害存在过错的,医疗机构应承担赔偿责任。然而,如果患者确在医疗活动中受到损害,但医疗机构及医务人员无过错亦无过失时,则属于医疗意外的情形。医疗意外是指在诊疗活动中,因患者病情出现异常或因患者个人体质存在差异而发生的患者遭受人身损害的意外事件。在医疗意外中,医疗机构与患者均不存在过错,那么对于患者遭受的损失,如果一概免除医疗机构责任,将使本就处于弱势地位的患者丧失权利救济。因此,在此种情形中,虽然医疗机构无须承担过错赔偿责任,但应当依据民事活动中的公平原则和风险共担原则,由医疗机构和患者分担医疗意外的民事责任。

第十一章

特殊类型的医疗纠纷案件

第一节 医疗产品类型医疗纠纷

671. 医疗产品损害责任纠纷的法律依据是什么?

答:《民法典》第1223条规定,因药品、消毒产品、医疗器械的缺陷,或者输入不合格的血液造成患者损害的,患者可以向药品上市许可持有人、生产者、血液提供机构请求赔偿,也可以向医疗机构请求赔偿。患者向医疗机构请求赔偿的,医疗机构赔偿后,有权向负有责任的药品上市许可持有人、生产者、血液提供机构追偿。

672. 医疗产品损害责任是什么?

答:医疗产品损害责任是指医疗机构在医疗过程中使用有缺陷的药品、消毒产品、医疗器械或输入不合格的血液,因此造成患者人身损害,医疗机构或者医疗产品生产者、药品上市持有许可人、血液提供机构所应当承担的侵权损害赔偿责任。

673. 医疗产品损害责任的性质是什么?

答:医疗产品损害责任具有医疗侵权责任和产品侵权责任的双重性质。

674. 医疗产品损害责任的类型有哪些?

答:(1)缺陷医疗产品(药品、消毒产品、医疗器械)的致害责任;(2)输入不合格血液的致害责任。

675. 医疗产品损害责任的构成要件是什么？

答：(1)存在药品、消毒药剂、医疗器械有缺陷，或者输入的血液不合格的事实，这种事实行为即表明实施了侵权行为；

(2)这种事实行为造成了患者损害；

(3)行为与损害结果之间具有因果关系；

(4)这种责任应当是一种严格责任，不要求行为人主观上有过错。

676. 医疗产品包括什么？

答：医疗产品包括药品、消毒产品、医疗器械等。

677. 什么是药品？

答：药品，是指用于预防、治疗、诊断人的疾病，有目的地调节人的生理机能并规定有适应症或者功能主治、用法和用量的物质，包括中药、化学药和生物制品等。《药品管理法》第2条第2款对药品进行了立法界定，根据该款，药品具有以下含义：第一，我国《药品管理法》所规定的药品是人用药，而非用于植物、动物的农药和兽药。第二，药品的功用是预防、治疗、诊断人的疾病，有目的地调节人的生理机能，这就使得药品与不以治疗为目的的保健食品相区分。第三，药品应规定有适应症或者功能主治、用法和用量。原《药品管理法》第100条还对药品进行了更为详细的列举。不过，中药材并非一定属于药品。中药材有药用、食用、兽用等多种用途，根据《食品药品监督管理总局办公厅关于非药品经营单位销售中药材有关问题的复函》，未进入药用渠道的中药材，不宜强调其药品属性。判断中药材是否属于药品，关键在于界定其用途，若其用于治病或有相应适应症，则应被界定为药品。司法实践中，法院通常会根据《药典》的药品名录来判断某一物品是否属于药品。例如，医用氧气被明确将纳入药品管理，归入化学药品类。此外，根据《药品管理法》第74条，医疗机构自行配置的药剂也属于本条所称药品的范畴。

678. 什么是医疗器械？

答：医疗器械，是指直接或者间接用于人体的仪器设备、器具、体外诊试剂及校准物、材料以及其他类似或者相关的物品,包括所需要的计算机软件;其效用主要是通过物理等方式获得,不是通过药理学、免疫学或者代谢的方式获得,或者虽然有这些方式参与但是只起辅助作用。根据《医疗器械监督管理条例》第103条,医疗器械是指直接或者间接用于人体的仪器、设备、器具、体外诊断试剂及校准物、材料以及其他类似或者相关的物品,包括所需要的计算机软件。其功能包括:第一,疾病的诊断、预防、监护、治疗或者缓解等。与药品不同,医疗器械的效用主要通过物理等方式获得,不是通过药理学、免疫学或者代谢的方式获得,或者虽然有这些方式参与但是只起辅助作用。根据原国家药品监督管理局《医疗器械分类目录》,常见的医疗器械有医用缝合针、一次性针管、手术刀等。随着人工智能技术的发展,诊疗人工智能也广泛运用到诊疗活动中。诊疗人工智能本质上是一种辅助诊断的软件,因此也属于本条所称医疗器械。除药品、消毒产品外,其他在医疗活动中所用的物品并非均为本条所称的"医疗器械"。例如,临床上使用的眼科用护眼罩、卫生袋等,都不属于本条规定的"医疗器械",而属于一般产品。虽然这些一般产品与医疗机构的诊疗活动也有关联,但由于其不具备上述医疗器械所具有的功能,故并不属于医疗器械。法院一般会结合《医疗器械分类目录》来判断某一产品是否属于医疗器械。

679. 什么是消毒产品?

答:消毒产品,是指包括消毒剂、消毒器械(含生物指示物、化学指示物和灭菌物品包装物)、卫生用品和一次性使用医疗用品。根据《消毒管理办法》第45条规定,消毒产品包括消毒剂、消毒器械(含生物指示物、化学指示物和灭菌物品包装物)、卫生用品和一次性使用医疗用品。法院通常会根据原卫生部制定的《消毒产品分类目录》来判断某一产品是否属于消毒产品。例如,有法院因为某种护理液并未被列入原卫生部《消毒产品分类目录》,故认定其不属于消毒产品。但并非所有列入《消毒产品分类目录》的产品均属于此处所指的消毒产品,只有被医疗机构用于诊疗活动的消毒产品,如用于黏膜消毒剂、一次性使用无菌注射器等,才属于此处所指的消毒产品。而用于日常生活的消毒产品,并不属于此处所指的消毒产品。

680. 医疗产品不承担责任的事由有哪些？

答：产品责任有三种不承担责任的事由：(1)未将产品投入流通；(2)医疗产品投入流通时，缺陷尚不存在；(3)将产品投入流通时的科学技术水平尚不能发现缺陷的存在，也即"开发风险抗辩"。

681. 医疗机构对药品消毒产品医疗器械的注意义务有哪些？

答：(1)严格执行进货检查验收制度，验明产品合格证明和其他标识；

(2)统一进货渠道，避免因"吃回扣"而购进"三无产品"或者伪劣产品；

(3)不得施用禁止使用的产品和过期淘汰的产品；

(4)不得伪造产地、冒用他人的厂名、厂址、认证标志名优标志等质量标志；

(5)不得在产品中掺假以假充真以次充好以不合格产品冒充合格产品；

(6)正确使用医疗产品；

(7)建立购货档案以及严格的"进、销、调、存"和施用管理制度；

(8)建立医疗证据保全制度和事故调查制度。

682. 医疗产品缺陷指什么？

答：医疗产品缺陷，是指医疗产品具有危及患者或他人之人身、财产安全的不合理的危险。由于药品等医疗产品具有国家标准，有缺陷的医疗产品一般都不符合国家有关强制性标准的要求。不符合国家相关强制标准要求的医疗产品属于有缺陷的医疗产品；符合国家相关强制标准，但是存在危及患者或他人之人身、财产安全的不合理危险的医疗产品，也属于有缺陷的医疗产品。

683. 医疗产品质量缺陷如何认定？

答：医疗产品质量缺陷认定标准：以不合理标准为基本标准，以强制性标准为辅助标准，违反任何一项标准均属于缺陷产品。

(1)医疗产品质量缺陷一般需要进行科学鉴定。

(2)如由于植入的医疗器械在体内无法取出而无法进行科学的分析和鉴定，首先，应查明患者植入的医疗器械是否达到一般同类产品的使用年限（由此证明是否存在质量缺陷）。其次，生产者、销售者或医疗机构能否举证证明该医疗器械未达到一般同类产品的使用年限是患者原因造成的,无法举证证明的,即视为该医疗器械存在质量缺陷。

684. 医疗产品存在缺陷的情形有哪些?

答:(1)医疗产品本身即存在不合理的致害因素。例如,植入患者体内的钢板、钢钉、心脏支架等医疗器械因质量问题发生断裂而造成患者损害。

(2)医疗产品不具有标明的功效,因此延误患者治疗或造成其他损害。例如,医疗器械消毒剂不具备足够的灭菌功能,未能对医疗器械进行全面灭菌,患者在使用了该医疗器械后导致伤口感染。

(3)医疗产品的质量不存在问题,但是其没有标明注意事项、不良反应,患者因此而遭受损害。例如,因说明书未说明角膜塑形镜应不定期更换而导致患者眼部感染受损。

685. 缺陷医疗产品致害责任的责任主体有哪些?

答:(1)药品上市许可持有人。

(2)医疗器械注册人、备案人。

(3)生产者。

(4)医疗机构。

(5)销售者。

686. 缺陷医疗产品什么情况下适用惩罚性赔偿?

答:医疗产品的生产者、销售者、药品上市许可持有人明知医疗产品存在缺陷仍然生产、销售,造成患者死亡或者健康严重损害,被侵权人可以请求生产者、销售者、药品上市许可持有人赔偿损失及2倍以下惩罚性赔偿。

687. 缺陷医疗产品致害责任如何承担?

答:患者因缺陷医疗产品受到损害,起诉部分或者全部医疗产品的生产者、销售者、药品上市许可持有人和医疗机构的,应予受理。

患者仅起诉医疗产品的生产者、销售者、药品上市许可持有人、医疗机构中部分主体,当事人依法申请追加其他主体为共同被告或者第三人的,应予准许。必要时,人民法院可以依法追加相关当事人参加诉讼。

688. 医疗产品责任纠纷的归责原则是什么？

答：因缺陷产品致人损害的责任是一种特殊的侵权责任,不同的责任主体承担不同类型的赔偿责任。在归责原则上,此类纠纷采取二元归责原则,即既适用无过错责任原则,也适用过错责任原则,但是以无过错责任原则为主导的归责原则。

689. 医疗产品责任纠纷什么情况下适用无过错责任原则？

答：无过错责任原则适用下列情形：(1)生产者和销售者的直接责任(表面责任)。无论是缺陷产品的生产者还是销售者,对直接责任的承担均适用无过错责任原则。换言之,只要使用、消费缺陷产品而受到损害的受害人向该产品的生产者、销售者主张赔偿,生产者和销售者不得以无过错主张免责,受害人也无须证明生产者和销售者的过错。(2)生产者的最终责任(实质责任)。无过错的销售者向受害者承担直接责任后,可以向生产者追偿,由生产者承担最终责任。销售者只需证明缺陷、损害以及两者之间的因果关系,而无须证明生产者的过错。

690. 医疗产品责任纠纷什么情况下适用过错责任原则？

答：过错责任原则主要适用销售者的最终责任。因销售者过错使产品存在缺陷,销售者承担最终责任。如销售者承担了直接责任,则不得向生产者追偿。但是销售者不能证明缺陷产品的供货者,销售者被视为生产者,其最终责任的承担由适用过错原则转化为无过错责任原则。

691. 缺陷医疗产品致害纠纷的举证责任如何分配？

答：因缺陷产品致人损害的侵权诉讼由产品的生产者就法律规定的免责事由承担举证责任。在因缺陷产品致人损害的侵权诉讼当中,受害人需要就投入流通时的产品存在缺陷、使用缺陷产品所导致的死亡、人身伤害以及产品以外的其他财产损害、产品缺陷与受害人之间的因果关系等权利发生要件事实进行举证,产品生产者要想免责,应就法律规定的免责事由承担举证责任。

692. 血液是什么？

答：根据《血站管理办法》第 65 条第 1 款，血液是指全血、血液成分和特殊血液成分。全血是指包含所有血液成分的血液，而全血经过血细胞分离机的分离即可得到血液成分，包括红细胞、白细胞、血小板以及血浆。血液制品及血清则是通过对血液进行较为复杂的加工而获得的产品。

693. 血液不合格的情形有哪些？

答：血液不合格主要包含以下三种情形：

（1）献血者的血液本身存在问题，含有细菌、病毒等有害成分或者不具备治疗、救护功能，但血液提供机构未进行相应的检测。

（2）献血者的血液本身存在问题，虽然血液提供机构进行了相应的检测，但由于现有技术水平的限制，对处于病毒感染"窗口期"的献血者往往无法检验出其血液中病毒的存在。

（3）献血者的血液本身不存在问题，但在血液采集机构事后的加工、保管、运输、分装、储存以及医疗机构储存血液等环节中，使采集的血液受到污染，变成不合格的血液。

694. 不合格血液致害在采血环节的主要表现是什么？

答：（1）未做检测/未检测出应当检验出的病毒；

（2）采血过程中血液受到污染；

（3）保管过程中因保管措施不当导致血液变质；

（4）运输过程中因设备配置不当导致血液变质等。

695. 不合格血液致害在临床用血环节的主要表现是什么？

答：（1）血液保存/管理不当导致血液收到污染/变质；

（2）使用过期输血器具/消毒不严使患者受到损害；

（3）未考虑患者的特殊体征不当输血导致患者受到损害。

696. 不合格血液致害责任的责任主体有哪些？

答：不合格血液致害责任的责任主体包括医疗机构及血液提供机构。根据

《血站管理办法》第2条,血液提供机构即血站,是指不以营利为目的,采集、提供临床用血的公益性卫生机构。若医疗机构自行采集血液为患者输入,则医疗机构本身即血液提供机构。

697. 输入不合格血液的致害责任如何承担?

答:(1)患者可以向血液提供机构/医疗机构请求赔偿;

(2)患者向医疗机构请求赔偿的,医疗机构赔偿后有权向负有责任的血液提供机构追偿。

698. 输血感染案件中患方应举证证明什么?

答:在输血致患者感染的案件中,关于所输血液是否已被感染的举证是关键。患者应举证证明曾输过血站提供的血液,并在一定期限内(该期限为病毒潜伏期,一般为2周至6个月)被感染,而作为医院和血站则应举证输血行为与损害后果间无因果关系,且无过失行为。

699. 输入不合格血液时医疗机构与血液提供机构之间的责任如何承担?

答:输入不合格血液时医疗机构与血液提供机构之间的责任问题,根据《民法典》第1223条的相关规定,适用关于医疗产品责任的相关规定,具体理由如下:

(1)输血感染案件中的受害人与血液提供机构相比,是处于被动接受地位的弱者。对于无过错输血感染这一不可预料的风险,血液提供机构更有控制风险、承担风险和分散风险的能力。合理保护受害患者的利益,有利于体现公平正义的法律精神,有利于减少医患纠纷,构建和谐社会。

(2)医疗机构与其他销售者相比,更具专业性,对于患者所输入血液,医疗机构负有最终的把关责任,这种责任关系着患者的生死存亡,作为专业机构和专业人员,医院和医生有能力与责任对血液和血液制品进行鉴别,而患者相较于一般消费者而言,在专业性方面处于劣势。因此,医疗机构的责任不应当比一般销售者的责任更低。

(3)立法机关在制定《民法典》第1223条规定时也是遵循了这一思路对输入不合格血液的侵权责任适用与缺陷医疗产品侵权责任相同的规则。

700. 关于输血行为与损害后果间因果关系的举证，血站或医院欲免责如何反证？

答：关于输血行为与损害后果间因果关系的举证只要病人能证明输血后一定时间内被感染（如丙肝感染），血站或医院欲免责，只能通过反证自己已尽检测（查）义务而表明主观上无过失。反证的第一步：对血液标本或献血者的血液重新进行检验。血液重新检测，应由法院指定的机构或双方共同委托的机构予以鉴定。血站是利害关系人，其事后单方作出的检测，不宜作为定案证据予以采信。若血液中存在病毒阳性抗体，则表明血站未尽谨慎检测义务。反证的第二步：尽管在对输血者再次检测时，发现病毒阳性抗体，血站仍可举证献血时，血液中的丙肝病毒的抗体尚未产生，以表明自己主观上无过失。

701. 法院如何认定输血行为与损害后果间的因果关系？

答：法院在审判输血致患者感染案时，只要病人能够举证证明曾输过血站提供的血液，并在一定期限内感染上丙肝，且血站未能举证证明所输入的血液中不存在病毒，未能举证证明丙肝是通过其他途径感染的，或未能举证证明当时血液中的病毒通过现有技术和设备不能检测出来（如血液标本未被保留或献血人无法查找），则法院可认定输血行为与感染病毒之间具有因果关系。

702. 血站如何举证自身采供血已经严格遵守各项技术操作规程和制度？

答：在实践中，输血感染者起诉时通常将血站和医院列为共同被告，这便涉及血站和医院对各自行为不存在过失的举证问题。血站应充分举证自身采供血已经严格遵守各项技术操作规程和制度，包括：（1）采血前，必须按照《献血者健康检查标准》，对献血者进行健康检查，健康检查不合格的，不得采集其血液；（2）对采集的血液进行检验，检验时必须使用合格的诊断试剂，保证血液质量；（3）在采集检验标本、采集血液和成分血分离时，必须使用合格的一次性注射器和采血器材，用后及时销毁，避免交叉感染；（4）应当保证发出的血液质量、品种、规格、数量无差错，未经检验或者检验不合格的血液不得向医疗机构提供。

第二节 预防接种异常反应类型医疗纠纷

703. 什么是疫苗?

答:疫苗,是指为预防、控制疾病的发生、流行,用于人体免疫接种的预防性生物制品,包括免疫规划疫苗和非免疫规划疫苗。

704. 预防接种异常反应的概念是什么?

答:预防接种异常反应,是指合格的疫苗在实施规范接种过程中或者实施规范接种后造成受种者机体组织器官、功能损害,相关各方均无过错的药品不良反应。

705. 哪些情形不属于预防接种异常反应?

答:下列情形不属于预防接种异常反应:

(1)因疫苗本身特性引起的接种后一般反应;

(2)因疫苗质量问题给受种者造成的损害;

(3)因接种单位违反预防接种工作规范、免疫程序、疫苗使用指导原则、接种方案给受种者造成的损害;

(4)受种者在接种时正处于某种疾病的潜伏期或者前驱期,接种后偶合发病;

(5)受种者有疫苗说明书规定的接种禁忌,在接种前受种者或者其监护人未如实提供受种者的健康状况和接种禁忌等情况,接种后受种者原有疾病急性复发或者病情加重;

(6)因心理因素发生的个体或者群体的心因性反应。

706. 预防接种反应有哪些种类?

答:(1)一般反应:接种24小时内接种部位有局部红、肿、痛、热等炎症反应,有时附近淋巴结肿痛。

一般反应是正常免疫反应,不需作任何处理,1~2天即可消失。倘若反应强烈也仅需对症治疗。如果接种人群中的强度反应超过5%,则该批疫苗不宜继续使用,应上报上级卫生机关检验处理。

（2）异常反应:少数人在接种后出现并发症,如晕厥、过敏性休克、变态反应性脑脊髓膜炎、过敏性皮炎、血管神经性水肿等。虽然异常反应出现概率极低,但其后果常较严重。若遇到异常反应应及时抢救,注意收集材料,进行分析,并向上级卫生机构报告。

（3）偶合疾病:偶合疾病与预防接种无关,只是因为时间上的巧合而被误认为是由接种疫苗所引起。冬季常偶合流脑,夏季常偶合肠道传染病,可经诊断加以鉴别。在接种时,应严格按照说明书规定进行接种,注意当时一些传染病的早期症状,尽量避免偶合疾病发生,同时应向病人家属做好解释。

（4）预防接种事故:制品质量不合格或消毒及无菌操作不严密或接种技术(部位、剂量、途径)错误而引起,常误认为接种反应。

707. 发生预防接种异常反应后接种单位和相关机构应如何处理?

答:就接种单位和医疗机构来说,发现疑似预防接种异常反应的,应当按照规定向疾病预防控制机构报告。对疫苗上市许可持有人来说,其应当设立专门机构,配备专职人员,主动收集、跟踪分析疑似预防接种异常反应,及时采取风险控制措施,将疑似预防接种异常反应向疾病预防控制机构报告,将质量分析报告提交省、自治区、直辖市人民政府药品监督管理部门。疾病预防控制机构对疑似预防接种异常反应,应当按照规定及时报告,组织调查、诊断,并将调查、诊断结论告知受种者或者其监护人。对调查、诊断结论有争议的,可以根据国务院卫生健康主管部门制定的鉴定办法申请鉴定。因预防接种导致受种者死亡、严重残疾,或者群体性疑似预防接种异常反应等对社会有重大影响的疑似预防接种异常反应,由设区的市级以上人民政府卫生健康主管部门、药品监督管理部门按照各自职责组织调查、处理。

708. 国家对预防接种异常反应的受种者是否有补偿?

答:国家实行预防接种异常反应补偿制度。实施接种过程中或者实施接种后受种者出现死亡、严重残疾、器官组织损伤等损害,属于预防接种异常反应或者不能排除的,应当给予补偿。补偿范围实行目录管理,并根据实际情况进行动态调整。

因预防接种异常反应造成受种者死亡、严重残疾或者器官组织损伤的,应当给予一次性补偿。

因接种第一类疫苗引起预防接种异常反应需要对受种者予以补偿的,补偿费用由省、自治区、直辖市人民政府财政部门在预防接种工作经费中安排。因接种第二类疫苗引起预防接种异常反应需要对受种者予以补偿的,补偿费用由相关的疫苗生产企业承担。

预防接种异常反应具体补偿办法由省、自治区、直辖市人民政府制定。

709. 因预防接种而引发的损害纠纷有几类?

答:因疫苗预防接种而引发的损害赔偿纠纷大体包括三类:(1)因接种单位的医疗过失行为导致接种人受到损害而引发的医疗损害责任纠纷;(2)因预防接种异常反应造成接种人人身损害而引发的药品不良反应补偿纠纷;(3)因疫苗质量不合格给受种者造成损害而引发的产品质量损害赔偿纠纷。三类纠纷的性质不同,相关的法律适用及处理原则也各不相同。

710. 因接种单位过错引发的损害责任纠纷如何处理?

答:接种疫苗是一种医疗行为,受种者如果认为接种单位的医疗行为有过错,导致其发生损害而要求接种单位承担损害赔偿责任,就属于医疗损害责任纠纷。故因预防接种而引发的医疗损害责任纠纷与其他医疗损害责任纠纷并没有本质的区别,可以按照其他医疗损害责任纠纷案件的处理原则进行审理。

711. 因预防接种异常反应造成人身损害如何处理?

答:预防接种异常反应并非接种单位的接种行为(医疗行为)存在过错而造成的,故双方因此而引发的纠纷,当然不属于医疗损害责任纠纷。预防接种异常反应属于药品不良反应的范畴。根据《药品不良反应报告和监测管理办法》第63条的规定,所谓药品不良反应,是指合格药品在正常用法用量下出现的与用药目的无关的或意外的有害反应。基于药品不良反应的特殊性,为了充分保护受害人的权利,使其能够得到应有的救济,世界许多国家、地区均建立了药品不良反应补偿救济制度,我国已经实行预防接种异常反应补偿制度,可以按照相应的补偿机制申请补偿。关于预防接种异常反应的鉴定问题,与医疗事故技术鉴定有许多相似之处。预防接种异常反应的鉴定可以参照《医疗事故处理条例》执行,具体办法由国务院卫生主管部门会同国务院药品监督管理部门制定。原卫生部制定了《预防接种异常反应鉴定办法》,该办法于2008年9月11日颁布,自2008年12月1日起施行。

712. 因疫苗质量不合格给受种者造成损害的如何处理？

答:因疫苗质量不合格给受种者造成损害的,对于这类案件的法律适用,《疫苗管理法》第2条第1款规定:在中华人民共和国境内从事疫苗研制、生产、流通和预防接种及其监督管理活动,适用本法。本法未作规定的,适用《药品管理法》《传染病防治法》等法律、行政法规的规定。因为疫苗当然属于药品,既然是药品自然适用《药品管理法》的相关规定。故因疫苗质量不合格给受种者造成损害而引发的损害赔偿纠纷,应当属于产品质量损害赔偿纠纷,其应当适用《产品质量法》及《民法典》第1223条的相关规定,以"医疗产品责任纠纷"为案由受理此类案件。

第三节 侵害患者知情同意权类型医疗纠纷

713. 侵害患者知情同意权纠纷的法律依据是什么？

答:《民法典》第1219条规定,医务人员在诊疗活动中应当向患者说明病情和医疗措施。需要实施手术、特殊检查、特殊治疗的,医务人员应当及时向患者具体说明医疗风险、替代医疗方案等情况,并取得其明确同意;不能或者不宜向患者说明的,应当向患者的近亲属说明,并取得其明确同意。

医务人员未尽到前款义务,造成患者损害的,医疗机构应当承担赔偿责任。

714. 知情权是什么？

答：一般情况下，患者的知情权主要包括真实病情了解权、治疗措施和治疗方案知悉权、医疗风险知情权、医疗费用知晓权等。

715. 什么是侵害患者知情同意权责任？

答：侵害患者知情同意权责任是指医疗机构的医务人员在诊疗活动中，应当向患者说明病情和医疗措施等情况而未予说明，或者在实施手术、特殊检查和特殊治疗时，应当向患者或其近亲属说明医疗风险、替代医疗方案等情况并取得其明确同意而未尽到义务的，医疗机构应当对患者由此造成的损害承担赔偿责任。

716. 侵害患者知情权的构成要件有哪些？

答：(1)医务人员实施了没有告知的行为；(2)由于没有告知，或未取得患方同意而造成了损害结果；(3)行为与损害结果之间具有因果关系。

717. 医务人员的说明义务包括什么？

答：医务人员的说明义务主要包括：

(1)纯粹的说明义务。在这种情况下，医务人员需要说明的信息主要为病情和医疗措施。具体来说，病情包括疾病的性质、严重程度、发展变化趋势等信息，还包括诊断信息，即疾病名称、诊断依据等；医疗措施包括可供选择的医疗措施、各种医疗措施的利与弊、根据患者的具体情况拟采用的医疗措施、该医疗措施的治疗效果和预计大致所需的费用、可能出现的并发症和风险以及不采取医疗措施的危险性等。

(2)取得患者或者其近亲属明确同意的义务。在这种情况下，医务人员除履行向患者说明病情和医疗措施的义务外，还应当及时向患者说明医疗风险、替代医疗方案等情况。所谓医疗风险，是指医疗措施可能出现的并发症、后遗症、不良反应等风险；代替医疗方案信息包括可选择的几种手术方案及其利弊等信息。这种特殊说明义务适用的条件是患者需要实施手术、特殊检查、特殊治疗。对于特殊检查、特殊治疗，依据《医疗机构管理条例实施细则》第88条的规定，包括：①有一定危险性,可能产生不良后果的检查和治疗;②由于患者体质特殊或者病情危笃,可能对患者产生不良后果和危险的检查和治疗;③临床试验性检查和治疗;④收费可能对患者造成较大经济负担的检查和治疗。依据本条的规定,不宜向患者说明的情形,例如,将会造成患者悲观、恐惧、心理负担沉重,不利于治疗的,应当向患者近亲属说明,并取得其明确同意。

718. 医疗机构是否必须履行说明义务?

答:并不是一切情况下医疗机构都需要履行说明义务。有观点认为,不需要加以说明的情况有:(1)依据法律给予医生强制治疗的权限;(2)危险性极其轻微,发生的可能性几乎没有;(3)患者非常清楚自己的症状;(4)患者自愿放弃接受医生的说明;(5)由于事态紧急无法取得患者的承诺;(6)如果加以说明可能给患者招致不良影响。

最后一种情形需要进一步检讨。当患者得了绝症的时候,医疗机构有必要在适当时间以适当方式告知患者的近亲属,并取得患者近亲属的同意。只有这样才能够体现对患者的尊严与自由的尊重。履行告知义务,医生有自由裁量权,但应当限制,除非对患者履行告知义务对患者的健康有损害,否则都应当对患者尽告知义务。一方面,告知说明的内容要明确具体;另一方面,如果不宜向患者履行告知义务的,医务人员应当向患者的近亲属说明,需要患者作出选择的,应当取得患者近亲属明确同意。

719. 医疗机构应向谁履行告知义务?

答:患者是否具有完全的意思表示能力,是告知义务履行中的重大问题。如果患者具有完全民事行为能力,那么医疗机构就必须向其本人履行告知义务,患者本人就是同意医治的主体。如果患者为限制民事行为能力人或者无民事行为能力人,医疗机构必须向其监护人履行告知义务,患者的监护人就是同意医治的主体。在未得到患者或者其监护人同意的情况下,医疗机构具有侵袭性的医疗行为就不具备合法基础。如果医疗机构怠于获得患者本人或者其监护人的同意,那么医疗机构很有可能使患者错过医治的最佳时机。

720. 违反说明义务医疗损害责任的构成要件有哪些?

答:(1)违法行为。医务人员违反说明义务承担侵权责任的违法行为,表现为违反法定义务。医疗机构和医务人员的告知或保密等义务是一种法定义务。行为人违反这些法定义务,其行为就具有了违法性。是否尽到告知义务的标准,应当采取合理医生和具体患者说,医师若能预见患者有意思决定表示重视该情报,且该情报为这位医师知道或应当知道时,医师对这类情报负有说明义务。

(2)损害事实。医务人员违反说明义务侵权责任构成要件的损害事实主要表现为侵害了患者的知情权、自我决定权、隐私权等。具体表现为人身损害、精神损害和财产损害。

(3)因果关系。医务人员违反说明义务侵权责任的因果关系要件,仍然是医疗违法行为与损害事实之间的引起与被引起的关系。这种因果关系主要表现为未尽说明义务的行为与知情权、自我决定权、隐私权以及相关利益受到损害之间的引起与被引起的关系,前者为因,后者为果。这种因果关系的证明,就患者一方而言,实行举证责任缓和,具体可适用《最高人民法院关于审理医疗损害责任纠纷案件适用法律若干问题的解释》第4条、第5条的规定。

(4)存在医疗过错。医务人员违反说明义务侵权责任构成的过错要件,如果存在未尽说明义务,即可认定医疗机构具有过错。

721. 如何判断医疗机构是否尽到告知义务?

答:判断医疗机构是否尽到告知义务的标准分为以下三个层次:

(1)当患者没有提出医疗期待时,医疗机构应该履行当前医疗水平告知义务。医疗机构应该先向患者说明当前临床医疗实践中有效性和安全性都得到认可的治疗方案。同时,医疗机构应该告知患者自己医院的类别(专科医院/综合医院)、所准备采用的医疗方案和实施能力以及本院是否达到当前专科医院的一般医疗水平等。

(2)在医疗过程中,医生应告知所患病名,告知可以选择的治疗方案,告知治疗方法和结果,告知药品的使用方法,治疗费用的情况,继续治疗和转医转诊方案,并应告知愈后、康复的注意事项。

（3）当患者提出其他医疗期待时,医疗机构应该履行对有效性和安全性尚处于被验证的医疗方案的告知义务。结合医院所处的环境等因素,某些医院还应该履行国际上有效性和安全性得到认可或正在被验证的疗法的告知义务。

722. 违反说明义务医疗损害责任的类型有哪些？

答：医务人员违反说明义务的情形包括两种：一是违反说明义务造成自我决定权损害但未造成人身实质性损害的责任；二是违反说明义务造成患者人身实质性损害责任。

（1）违反说明义务造成自我决定权损害但未造成人身实质性损害时的责任。这是指医疗机构未对病患充分说明其病情,未对病患提供及时有用的医疗建议的医疗损害责任,造成了受害患者的自我决定权的损害。这种医疗损害责任违反的是医疗良知和医疗伦理,没有尽到对患者所负的说明义务、建议义务等积极提供医疗资讯义务的过失,侵害患者知情权的侵权行为。

（2）违反说明义务造成患者人身实质性损害时的责任。医疗机构未尽说明义务,擅自进行医疗行为,侵害了病患的自我决定权,同时积极采取某种医疗措施或者消极停止继续治疗,造成患者的人身实质性损害。这种医疗损害责任类型违反的也是医疗良知和医疗伦理,未经患者同意,采取积极行为或者消极行为,造成了患者的人身损害,应当承担人身损害赔偿责任。这类纠纷中医疗机构应当承担责任在国外的判例中有明确体现。

723. 医疗机构未尽到说明义务的举证责任由谁承担？

答：医疗机构是否尽到说明义务的举证责任,原则上应当由患者承担,因为这实质上是医疗机构及其医务人员是否有过错的问题,由患者来举证,符合医疗损害责任采过错责任原则的基本法理。而且这也涉及专门性问题,通常需要通过鉴定来解决,明确由患者举证,本质上仅是涉及由谁来申请启动鉴定程序的问题。要求医疗机构承担过重的举证责任,也可能会引发医疗机构的保守治疗、过度检查等问题,不仅给医疗机构带来过重的负担,也不利于医学的进步,最终影响的是全体患者的利益。

724. 紧急情况下，是否必须取得患者近亲属意见？

答：一般情况下，应取得患者或患者近亲属意见，但因抢救生命垂危的患者等紧急情况且不能取得患者及其近亲属意见时，经医疗机构负责人或者授权的负责人批准，可以立即实施相应的医疗措施。下列情形可以认定为不能取得患者近亲属意见：(1)近亲属不明的；(2)不能及时联系到近亲属的；(3)近亲属拒绝发表意见的；(4)近亲属达不成一致意见的；(5)法律、法规规定的其他情形。

725. 医务人员违反说明义务未造成患者人身损害医疗机构是否承担赔偿责任？

答：《最高人民法院关于审理医疗损害责任纠纷案件适用法律若干问题的解释》第17条规定，医务人员违反《民法典》第1219条第1款规定义务，但未造成患者人身损害，患者请求医疗机构承担损害赔偿责任的，不予支持。

第四节　不当出生类型医疗纠纷

726. 什么是不当出生？

答：不当出生，指因医师产前诊断失误，致孕妇产下残疾子女。具体来说，指严重残疾或者重症疾病婴儿的父母起诉医院或者医师，因医师违反注意义务，未能阻止残疾儿的出生，由此提起的一种损害赔偿请求权。即医师违反产前诊断义务致使原告丧失终止怀孕的机会，导致残疾儿出生的，残疾儿的母亲、父亲均有权请求诊疗机构承担相应的民事责任，赔偿因残疾儿出生所导致的损失。

727. 不当出生类型案件的特点有哪些？

答：(1)赔偿权利人是新生儿的父母，而非患先天性疾病的新生儿。(2)损害后果是新生儿本身的残疾或遗传疾病，并非由于医疗机构的诊疗行为直接造成。(3)侵犯的权利客体不是新生儿的生命健康权，而是新生儿父母的优生优育选择权。(4)赔偿的范围和标准与一般损害责任纠纷也不尽相同。

728. 不当出生赔偿责任的构成要件有哪些？

答：(1)行为具有违法性。我国的《产前诊断技术管理办法》和《母婴保健法》规定了医生进行产前诊断和将诊断结果及进一步处理意见告知孕妇是其法定义务，《母婴保健法》第17条、第18条规定，经产前诊断，胎儿有严重缺陷的，医师应当向夫妻双方说明情况，并提出终止妊娠的医学意见。《母婴保健法实施办法》第20条规定：胎儿发育异常或者胎儿有可疑畸形的，医师应当对其进行产前诊断。原卫生部《产前诊断技术管理办法》第17条第2项也规定：胎儿发育异常或者胎儿有可疑畸形的，医师应当建议其进行产前诊断。这一系列诊疗规范均属于强制性规范，是医疗人员在工作中必须遵守的法定义务，医务人员违反了法定义务，侵犯了患者的法定权利，其行为即具有违法性。

(2)存在损害的事实。"不当出生"存在的损害事实，是基于不当医疗行为，而未能通过产前检查、产前诊断手段及早发现缺陷胎儿，保障孕妇"优生优育选择权"的落实，从而导致了缺陷儿出生，给其父母带来的一系列物质和精神上的损失。

(3)损害事实与过错存在因果关系。先天残疾本身与医疗机构的诊疗行为之间不存在因果关系。在不当出生案件中，因果关系是指如果没有医疗机构违反法律规定，未适当履行法定产前检查、产前诊断义务的行为，孕妇获得适当产前保健服务的权益就不会受到侵害；而因为有医疗机构的违法行为，则导致孕妇的权益受到侵害，产下先天残疾儿，造成患者财产和精神上的损害。因此，医疗机构的违法行为与孕妇受到的损害事实之间存在相当因果关系。

(4)行为人存在过失。《民法典》第1221条规定，医务人员在诊疗活动中未尽到与当时的医疗水平相应的诊疗义务，造成患者损害的，医疗机构应当承担赔偿责任。诊疗义务的内容在《产前诊断技术管理办法》和《母婴保健法》中已明确说明，任何有违诊疗义务的行为都应认定为行为人存在过失。

729."不当出生"案件与一般的医疗损害责任纠纷案件的区别是什么？

答：(1)诉讼主体不同。一般的医疗损害责任纠纷案件的原告是受到医疗损害的患者或者身故患者的近亲属。而"不当出生"案件的原告一般为缺陷儿的"父母"或其"母亲"。

（2）"不当出生"的案件在选择诉讼请求权上有自己的特点。"不当出生"案件较少以违约之诉提起诉讼，而一般的医疗损害责任纠纷存在侵权责任和违约责任两种请求权竞合之争。

（3）"不当出生"和一般医疗损害责任纠纷侵犯的客体不同。"不当出生"损害的客体是新生儿父母的"优生优育选择权"。"不当出生"的损害后果，是指不当的医疗行为，损害了产妇"优生优育选择权"，导致了缺陷患儿的"不当出生"。"不当出生"又直接导致了对缺陷儿父母的精神损害和经济损害的后果，不当出生的"因果关系"是指不当医疗行为和"不当出生"，以及"不当出生"给缺陷儿父母造成的精神、经济损害之间的"因果关系"。而一般医疗损害责任纠纷损害的客体为患者的"生命权""健康权"。

730. 不当出生之诉损害赔偿范围包括哪些？

答：不当出生之诉，是指孕有先天缺陷胎儿的父母，因医疗机构的过错影响其优生优育的选择权，导致缺陷胎儿出生，父母以医疗机构对该缺陷胎儿的不当出生负有过错为由，请求其承担赔偿责任而提起的诉讼。不当出生之诉中的"损害"并非指缺陷儿的出生，而是父母就缺陷儿的出生所增加的相应医疗、护理、教育费用。因此，不当出生之诉中的损害赔偿范围应当包括：（1）治疗患儿先天疾病而发生的医疗费及产生的相关护理费、家属误工费、交通费、住院伙食补助费等。（2）患儿治疗结束后仍需要的复健费、特殊教育费及护理费、残疾辅助器具费等。（3）针对缺陷出生儿父母的精神损害抚慰金。

第五节　侵犯隐私权、名誉权类型医疗纠纷

731. 什么是隐私权？

答：隐私是自然人的私人生活安宁和不愿为他人知晓的私密空间、私密活动、私密信息。隐私权是指自然人享有的私人生活安宁与私人生活信息依法受到保

护,不受他人侵扰、知悉、使用、披露和公开的权利。

732. 什么是名誉权?

答:名誉是对民事主体的品德、声望、才能、信用等的社会评价。名誉权是指公民或法人对自己在社会生活中所获得的社会评价依法所享有的不可侵犯的权利。

733. 什么是病历隐私权?

答:病历隐私权又称为病患隐私权,或医疗隐私权,是患者享有的一项重要的人格权。病人的病情和健康状况被视作私人信息和秘密,因此受到隐私权的保障。

734. 名誉权与隐私权的区别是什么?

答:名誉权与隐私权的区别主要有以下几个方面:

(1)权利的主体不同。名誉权不仅自然人享有,法人也同样可以享有,而隐私权是自然人个人的秘密,隐私是人格尊严的防线,是人之所以为人的"幽怨的证词",在西方的谚语中被称为"柜中骷髅"。

(2)权利的客体不同。隐私权是以人的隐私作为客体的,而名誉权是以公民或法人在社会上所获得的评价作为权利的客体的。

(3)性质不同。名誉权是权利主体就自己的社会评价所依法享有的一种权利,是外部客观社会对公民或法人的评价,此项权利是不能由当事人自行处分的,而隐私权是针对自己的个人事务的,其具有四项权能:隐私的隐瞒权、利用权、维护权和支配权,与名誉权的区别体现在隐私的隐瞒权和支配权上,隐私权人对于自己的隐私可以保护,不为人所知,可以对自己的隐私进行自由的支配,不受他人非法干涉,而名誉权是不能由当事人抛弃的。

(4)侵犯名誉权必然使受害人的社会评价降低,而侵害隐私权的方式只要是未经公民同意或授权而披露、传播、窃取他人的个人隐密事项就是侵犯了当事人的隐私权。侵犯隐私权的行为并不必然导致受害人的社会评价降低。

(5)保护的方法不同。对名誉权受到侵害的,受害人可以请求致害人停止侵害、恢复名誉、消除影响、赔礼道歉和赔偿损失;而隐私权受到侵害的受害人只能请求停止侵害、赔礼道歉和赔偿损失。

735. 隐私权包括什么？

答：隐私权可以分为以下权利：

（1）个人生活自由权。权利主体按照自己的意志从事或不从事某种与社会公共利益无关或无害的活动，不受他人干预、破坏或支配。

（2）个人信息保密权。个人生活信息，包括所有的个人信息和资料。权利主体有权禁止他人非法使用个人生活信息资料。

（3）个人通信秘密权。权利主体有权对个人信件、电报、电话、传真及谈论的内容加以保密，禁止他人非法窃听或窃取。

（4）个人隐私利用权。权利主体有权依法按自己的意志利用其隐私，以从事各种满足自身需要的活动。

736. 哪些情况属于侵害他人隐私权？

答：（1）以电话、短信、即时通信工具、电子邮件、传单等方式侵扰他人的私人生活安宁；

（2）进入、拍摄、窥视他人的住宅、宾馆房间等私密空间；

（3）拍摄、窥视、窃听、公开他人的私密活动；

（4）拍摄、窥视他人身体的私密部位；

（5）处理他人的私密信息；

（6）以其他方式侵害他人的隐私权。

737. 医疗机构及医务人员可能泄露患者隐私及个人信息的常见情形有哪些？

答：（1）未经患者本人同意，将患者的个人信息及相关病历信息发表在医学期刊、个人论文、著作中，或用于讲座教学。

（2）医务人员问诊后与其他不相关人员讨论患者的病情和治疗方案，导致患者隐私及个人信息泄露。

（3）患者登记在医疗机构中的个人信息故意或者过失被出卖或披露，如将产妇的信息最终披露给奶粉厂商或婴幼儿用品厂商。

(4)未获得患者本人同意,组织实习生或医学生对患者身体甚至隐私部位进行观摩、手术教学、检查等。

(5)医疗机构数据安全保护措施不到位,对电子病历监管存在漏洞,导致其他医务人员或无关人员可以随意查询患者的诊疗信息。

738. 哪些情况属于侵害他人名誉?

答:(1)捏造、歪曲事实;

(2)对他人提供的严重失实内容未尽到合理核实义务;

(3)使用侮辱性言辞等贬损他人名誉。

739. 影响他人名誉是否必须承担民事责任?

答:行为人为公共利益实施新闻报道、舆论监督等行为,影响他人名誉的,不承担民事责任。

740. 擅自公开患者有关病情是否构成侵权?

答:擅自公开有关病情使患者名誉受到损害的构成侵权。病人到医院就诊,为医疗的需要,一般都会积极配合医生检查治疗,向医生陈述自己的病状、病史、症状,回答医生提出的各种问题。这就会涉及患者的个人秘密。这种秘密还会涉及个人隐私、名誉等,不应随意泄露。特别是像淋病、梅毒、艾滋病等类性病,更不应对外公开,不应向社会传播。《性病防治管理办法》规定:性病防治机构和从事性病诊断治疗业的个体医师在诊治性病患者时,必须采取保护性医疗措施,严格为患者保守秘密。《传染病防治法实施办法》规定:医务人员未经县级以上政府卫生行政部门批准,不得将就诊的淋病、梅毒、麻风病、艾滋病病人和艾滋病病原体携带者及其家属的姓名、住址和个人病史公开。如果医疗卫生单位及其工作人员擅自公开,使患者的名誉受到损害,应当认定为侵害名誉权。

741. 向患者及其家属通报病情,是否为侵权?

答:《民法典》第1226条规定,医疗机构及其医务人员应当对患者的隐私和个人信息保密。泄露患者的隐私和个人信息,或者未经患者同意公开其病历资料的,应当承担侵权责任。为了更好地医治疾病,患者一方面配合医务人员,介绍自己的病状;另一方面也有权向医务人员了解自己所患疾病的有关情况,如所患疾病的性质、严重程度、医治方法和方案,以及今后的发展情况等。对此,医务人员有义务据实告知病人和家属。这种向患者和家属通报病情的行为,不应认定为侵权。

742. 侵犯隐私权责任构成要件是什么?

答:(1)具有侵犯患者隐私的行为。主要表现为泄露患者隐私,未经患者同意公开其病历资料。(2)造成了损害后果。这种损害后果往往是精神损害,损害了患者尊严、名誉,造成患者精神痛苦。(3)行为与损害结果之间具有因果关系。医疗机构及其医务人员的侵害患者隐私权行为是导致患者精神损害的必然原因。(4)医疗机构及其医务人员在主观上有过错,包括故意和过失。

743. 认定行为人承担人格权的民事责任应考虑哪些因素?

答:认定行为人承担侵害除生命权、身体权和健康权外的人格权的民事责任,应当考虑行为人和受害人的职业、影响范围、过错程度,以及行为的目的、方式、后果等因素。

744. 有证据证明行为人正在实施侵害其人格权的违法行为应如何做?

答:民事主体有证据证明行为人正在实施或者即将实施侵害其人格权的违法行为,不及时制止将使其合法权益受到难以弥补的损害的,有权依法向人民法院申请采取责令行为人停止有关行为的措施。

745. 行为人拒不承担民事责任的应如何做?

答:行为人因侵害人格权承担消除影响、恢复名誉、赔礼道歉等民事责任的,应当与行为的具体方式和造成的影响范围相当。

行为人拒不承担前款规定的民事责任的,可申请人民法院采取在报刊、网络等媒体上发布公告或者公布生效裁判文书等方式执行,产生的费用由行为人负担。

746. 医疗机构或医务人员泄露患者隐私与个人信息可能面临的法律责任有哪些?

答:(1)民事责任:《民法典》第1226条规定:医疗机构及其医务人员应当对患者的隐私和个人信息保密。泄露患者的隐私和个人信息,或者未经患者同意公开其病历资料的,应当承担侵权责任。人格权受到侵害的,受害人有权要求侵害人承担责任,承担责任的方式包括停止侵害、排除妨碍、消除危险、消除影响、恢复名誉、赔礼道歉等。侵害自然人人身权益造成严重精神损害的,被侵权人有权请求精神损害赔偿。行为人拒不承担前款规定的民事责任的,可申请人民法院采取在报刊、网络等媒体上发布公告或者公布生效裁判文书等方式执行,产生的费用由行为人负担。

(2)行政责任:《医师法》第56条第1项规定:违反本法规定,医师在执业活动中有下列行为之一的,由县级以上人民政府卫生健康主管部门责令改正,给予警告,没收违法所得,并处1万元以上3万元以下的罚款;情节严重的,责令暂停6个月以上1年以下执业活动,直至吊销医师执业证书:泄露患者隐私或者个人信息;严重违反医师职业道德、医学伦理规范,造成恶劣社会影响的,由省级以上人民政府卫生健康主管部门吊销医师执业证书或者责令停止非法执业活动,5年直至终身禁止从事医疗卫生服务或者医学临床研究。护士泄露患者隐私和个人信息:《护士条例》第31条第3项规定:护士在执业活动中有下列情形之一的,由县级以上地方人民政府卫生主管部门依据职责分工责令改正,给予警告;情节严重的,暂停其6个月以上1年以下执业活动,直至由原发证部门吊销其护士执业证书。另外,如果故意泄露传染病病人、病原携带者、疑似传染病病人、密切接触者涉及个人隐私的有关信息、资料,相关的机构及人员也会受到相应的处罚。《传染病防治法》第69条第7项规定:医疗机构违反本法规定,有下列情形之一的,由县级以上人民政府卫生行政部门责令改正,通报批评,给予警告;造成传染病传播、流行或者其他严重后果的,对负有责任的主管人员和其他直接责任人员,依法给予降级、撤职、开除的处分,并可以依法吊销有关责任人员的执业证书;构成犯罪的,依法追究刑事责任:故意泄露传染病病人、病原携带者、疑似传染病病人、密切接触者涉及个人隐私的有关信息、资料的。《治安管理处罚法》第42条第6项规定：偷窥、偷拍、窃听、散布他人隐私的，处5日以下拘留或者500元以下罚款；情节较重的，处5日以上10日以下拘留，可以并处500元以下罚款。

(3) 刑事责任：《刑法》第253条之一规定：违反国家有关规定，向他人出售或者提供公民个人信息，情节严重的，处3年以下有期徒刑或者拘役，并处或者单处罚金；情节特别严重的，处3年以上7年以下有期徒刑，并处罚金。窃取或者以其他方法非法获取公民个人信息的，依照第1款的规定处罚。单位犯前款罪的，对单位判处罚金，并对其直接负责的主管人员和其他直接责任人员，依照该款的规定处罚。死者尊严不受侵犯：《刑法》第234条之一规定：违背本人生前意愿摘取其尸体器官，或者本人生前未表示同意，违反国家规定，违背其近亲属意愿摘取其尸体器官的，依照本法第302条的规定定罪处罚。《刑法》第302条规定：盗窃、侮辱尸体的，处3年以下有期徒刑、拘役或者管制。

747. 医疗机构如何保护好患者的隐私和个人信息？

答：(1)《医疗机构病历管理规定》规定，除进行诊疗活动的医务人员及相关服务人员外，严禁其他机构或个人私自收集、利用患者的医疗信息。对于医务人员因科研、教学需要查阅、借阅病历的，即使因科学研究、教学活动需要查阅病历的，也需经主管部门同意并办理相应手续后方可查阅、借阅，且查阅的病历资料不得带离患者就诊医疗机构。对于教学、科技论文发表中涉及患者个人信息的，应进行匿名化、去特征化处理、图像做模糊处理，以防止对患者个人信息的泄露。

(2) 在临床教学活动中更加注重患者的隐私保护。如录制教学样带、临床带教、手术观摩等应尊重患者的知情同意权，取得患者的同意，尊重患者意愿。可说明教学医院的性质，并在需要患者配合时与其签订知情同意书。

(3) 随着网络催生的短视频和抖音文化的发展，存在一些患者家属/朋友不分场合，凡事"晒一晒"的现象。在实施抢救/其他操作时，也有患者家属基于留证的想法，进行图片/视频拍摄，特别是急诊、门诊、普通病房这些较为开放的场所，需及时关注和劝阻。

(4) 医院应快速行动控制侵权损害影响。当医院接到患者投诉或起诉，发现患者的隐私和个人信息被泄露,首先要快速制止侵权行为,控制信息传播范围,积极主动联系互联网平台删除侵权网页、视频资料;停止侵权行为;协助调查患者隐私和个人信息泄露的原因。进行舆情处理。

(5)对医疗机构内部的信息系统采取信息安全等级保护措施,加强对医院涉及个人信息处理工作的管理工作。采取必要的信息安全防护措施,如购买、安装专业的防病毒软件、防火墙;聘请专业的第三方网络安全公司进行系统漏洞监测;采用内外网络隔绝等方法,防止信息系统遭受攻击导致患者个人信息的泄露。加强账号信息和权限管理,定期开展文档核验、漏洞扫描、渗透测试等多种形式的安全自查,防止数据泄露、毁损、丢失,严禁任何人擅自向他人或其他机构提供患者诊疗信息。

第六节　医疗美容类型纠纷

748. 什么是医疗美容?

答:医疗美容,是指运用手术、药物、医疗器械以及其他具有创伤性或者侵入性的医学技术方法对人的容貌和人体各部位形态进行的修复与再塑。

749. 什么是生活美容?

答:生活美容,是指运用手法技术、器械设备并借助化妆、美容护肤等产品,为消费者提供人体表面无创伤性、非侵入性的皮肤清洁、皮肤保养、化妆修饰等服务的经营性行为。

750. 医疗美容与生活美容的区别是什么?

答:(1)手段和方法不同。医疗美容是医疗行为,往往要实施手术、注射等,包括美容外科、美容牙科、美容皮肤科、美容中医科。生活美容不需要手术(不开刀、不破皮、不流血),每日或经常反复施行才能达到美容目的。

(2)项目不同。常见的医疗美容项目:①手术类(隆胸、隆鼻、抽脂、手术除皱、开眼角、割双眼皮、毛发移植、打耳洞、点痣等);②注射类(玻尿酸去皱/嘟嘟唇等、肉毒素瘦脸/瘦肩/瘦腿/止汗针等）；③光电类（激光脱毛/去文身/祛斑/祛疤、光子嫩肤、IPL、光动力等）；④美容牙科类（以美容为目的的瓷贴片修复等）；⑤美容中医类（针灸/埋线减肥等）等。常见的生活美容项目：美容、皮肤管理（护肤/美肤/美白/补水/清洁毛孔）、面部拨筋、头疗等。

（3）机构资质不同。开展医疗美容的机构必须获得《医疗机构执业许可证》或诊所备案凭证，诊疗科目中有美容外科、美容牙科、美容皮肤科、美容中医科等一项或多项医疗美容科目。开展生活美容的机构需要取得《卫生许可证》。

（4）人员资质不同。从事医疗美容的医生必须具有《医师资格证书》《医师执业证书》并经过医疗美容主诊医师备案；从事医疗美容诊疗咨询的人员必须是医生或者有医学、药学知识的人员。持有各种"速成班"颁发的证件是不能从事医美活动的。从事生活美容的人员取得健康证即可。

751. 生活美容机构无证开展医疗美容有什么危害？

答：生活美容机构不具备医疗美容资质、不具备必要的医疗设施和专业的医务人员、场所无法达到无菌条件、没有相应检查设施、抢救设备和急救药品、缺乏急救常识和技能。生活美容机构从事医疗美容活动、非法使用医疗器械和药品，无法保证医疗美容项目的安全性和有效性，可能会导致交叉感染、疾病传播等问题，也可能给客户带来不可逆转的伤害或者不良后果。

752. 医疗美容项目分级原则是什么？

答：依据手术难度和复杂程度以及可能出现的医疗意外和风险大小，将美容外科项目分为四级。

一级：操作过程不复杂，技术难度和风险不大的美容外科项目。

二级：操作过程复杂程度一般，有一定技术难度，有一定风险，需使用硬膜外腔阻滞麻醉、静脉全身麻醉等完成的美容外科项目。

三级：操作过程较复杂，技术难度和风险较大，因创伤大需术前备血，并需要气管插管全麻的美容外科项目。

四级：操作过程复杂，难度高、风险大的美容外科项目。

753. 医疗美容项目如何分级？

答：医疗美容项目分级要合手术难度、手术复杂程度、手术可能出现的医疗意外和手术风险大小四个方面因素。

美容外科项目级别医疗美容外科项目分为四个不同级别：一级：操作过程不复杂，技术难度和风险不大的美容外科项目。二级：操作过程复杂程度一般，有一定技术难度，有一定风险，需使用硬膜外腔阻滞麻醉、静脉全身麻醉等完成的美容外科项目。三级：操作过程较复杂，技术难度和风险较大，因创伤大需术前备血，并需要气管插管全麻的美容外科项目。四级：操作过程复杂，难度高、风险大的美容外科项目。

754. 什么是美容医疗机构，其诊疗科目分为几级？

答：美容医疗机构，是指以开展医疗美容诊疗业务为主的医疗机构。医疗美容科为一级诊疗科目，美容外科、美容牙科、美容皮肤科和美容中医科为二级诊疗科目。

755. 美容医疗机构主诊医师应具备什么条件？

答：负责实施医疗美容项目的主诊医师必须同时具备下列条件：

（1）具有执业医师资格，经执业医师注册机关注册。

（2）具有从事相关临床学科工作经历。其中，负责实施美容外科项目的应具有6年以上从事美容外科或整形外科等相关专业临床工作经历；负责实施美容牙科项目的应具有5年以上从事美容牙科或口腔科专业临床工作经历；负责实施美容中医科和美容皮肤科项目的应分别具有3年以上从事中医专业和皮肤病专业临床工作经历。

（3）经过医疗美容专业培训或进修并合格，或已从事医疗美容临床工作1年以上。

756. 美容医疗机构护理工作人员应具备什么条件？

答：从事医疗美容护理工作的人员，应同时具备下列条件：

（1）具有护士资格，并经护士注册机关注册；

（2）具有2年以上护理工作经历；

（3）经过医疗美容护理专业培训或进修并合格，或已从事医疗美容临床护理工作6个月以上。

757. 违反医疗美容项目分级管理的行政责任和刑事责任如何规定？

答：美容医疗机构违反医疗美容分级管理规定，不仅可能损害求美者的生命健康，而且扰乱了正常的医疗管理秩序，应当追究其行政责任，构成犯罪的，依法追究刑事责任。

《基本医疗卫生与健康促进法》第101条规定，违反医疗技术管理制度、安全措施不健全的，由县级以上人民政府卫生健康等主管部门责令改正，给予警告，并处1万元以上5万元以下的罚款；情节严重的，可以责令停止相应执业活动，对直接负责的主管人员和其他直接责任人员依法追究法律责任。

《医疗技术临床应用管理办法》第43条规定，医疗机构有下列情形之一的，由县级以上地方卫生行政部门依据《医疗机构管理条例》第47条的规定进行处理；情节严重的，还应当对医疗机构主要负责人和其他直接责任人员依法给予处分：（1）开展相关医疗技术与登记的诊疗科目不相符的；（2）开展禁止类技术临床应用的；（3）不符合医疗技术临床应用管理规范要求擅自开展相关医疗技术的。第45条规定，医务人员有下列情形之一的，由县级以上地方卫生行政部门按照《执业医师法》（现为《医师法》）、《护士条例》以及《乡村医生从业管理条例》等法律法规的有关规定进行处理；构成犯罪的，依法追究刑事责任：（1）违反医疗技术管理相关规章制度或者医疗技术临床应用管理规范的；（2）开展禁止类技术临床应用的。

758. 违反医疗美容项目分级管理的侵权责任和违约责任如何规定？

答：违反医疗行政管理法律规范，造成患者损害的，应当承担医疗损害责任；隐瞒不具备相应医疗美容项目的资质，构成合同上的欺诈行为，应当承担违约责任。《民法典》第1218条规定，患者在诊疗活动中受到损害，医疗机构或者其医务人员有过错的，由医疗机构承担赔偿责任。第500条规定，当事人在订立合同过程中故意隐瞒与订立合同有关的重要事实或者提供虚假情况，造成对方损失的，应当承担赔偿责任。

759. 医疗美容行为是否属于医疗行为，发生侵权时适用什么法律规定进行处理？

答：医疗美容属于医疗行为，患者以在美容医疗机构或者开设医疗美容科室的医疗机构实施的医疗美容活动中受到人身或者财产损害为由提起的侵权纠纷案件，适用《最高人民法院关于审理医疗损害责任纠纷案件适用法律若干问题的解释》及《民法典》关于医疗损害责任的相关规定。

第十二章

医疗纠纷涉嫌违法犯罪案件

第一节 非法行医

760. 什么是非法行医?

答:非法行医是指未取得《医疗机构执业许可证》擅自执业,开展各种诊疗活动和未取得医师资格的人擅自从事医师执业活动的行为。

761.《刑法》意义上的非法行医行为有哪些情形?

答:(1)未取得或者以非法手段取得医师资格从事医疗活动的;

(2)被依法吊销医师执业证书期间从事医疗活动的;

(3)未取得乡村医生执业证书,从事乡村医疗活动的;

(4)家庭接生员实施家庭接生以外的医疗行为的。

762. 医学生能否单独从事医师执业活动?

答:在教学医院人员开展区实习的本科生、研究生、博士生以及毕业第一年的医学生可以在执业医师的指导下进行临床工作,但不能单独从事医师执业活动,包括不得出具任何形式的医学证明文件和医学文书。

763. 非法行医的表现形式有哪些?

答:非法行医的表现形式主要有以下几个方面:未取得《医疗机构执业许可证》从事医疗行为的;《医疗机构执业许可证》过期未校验继续从事诊疗活动的;在集市、街道上摆摊看病、补牙、镶牙活动的;利用B超非法鉴定胎儿性别和选择性别的终止妊娠手术的;在临时租借的场所,挂牌或不挂牌非法从事诊疗活动的;在生活美容场所、租用房以"飞行手术"方式开展非法医疗美容活动的行为均属于非法行医,非法行医者均存在注射、输液、卖药、人流、拔牙、镶牙等医疗行为。

764. 非法行医违反《医疗机构管理条例》规定的表现有哪些?

答:(1)未取得《医疗机构执业许可证》擅自执业的。

(2)诊所未经备案的。

(3)逾期不校验《医疗机构执业许可证》仍从事诊疗活动的,或者拒不校验的。

(4)出卖、转让、出借《医疗机构执业许可证》的。

(5)诊疗活动超出登记或者备案范围的。

(6)使用非卫生技术人员从事医疗卫生技术工作的。

(7)出具虚假证明文件的。

765. 非法行医违反《母婴保健法》规定的表现有哪些?

答:(1)未取得国家颁发的有关合格证书,从事婚前医学检查、遗传病诊断、产前诊断或者医学技术鉴定的;

(2)未取得国家颁发的有关合格证书,施行终止妊娠手术的;

(3)未取得国家颁发的有关合格证书,出具有关医学证明的;

(4)出具有关虚假医学证明或者进行胎儿性别鉴定的。

766. 非法行医违反《乡村医生从业管理条例》规定的表现有哪些?

答:(1)未经注册取得乡村医生执业证书或以不正当手段取得乡村医生执业证书执业的;

(2)乡村医生执业证书有效期满未予再注册的;

(3)乡村医生变更执业的村医疗卫生机构,未办理变更执业注册手续的;

(4)乡村医生执业活动超出规定的执业范围,或者未按照规定进行转诊的;

(5)乡村医生违反规定出具医学证明的,使用乡村医生基本用药目录以外的处方药品的;

(6)乡村医生在执业活动中,违反规定进行实验性临床医疗活动,或者重复使用一次性医疗器械和卫生材料的。

767. 违反卫生健康主管部门的规范性文件规定的表现有哪些？

答：(1)医师未经所在医疗机构批准，擅自外出会诊的；

(2)会诊邀请超出本单位诊疗科目或者本单位不具备相应资质，本单位的技术力量、设备、设施不能为会诊提供必要的医疗安全保障，会诊邀请超出被邀请医师执业范围，省级卫生健康主管部门规定的其他情形，医疗机构提出会诊邀请的；

(3)有会诊邀请超出本单位诊疗科目或者本单位不具备相应资质，会诊邀请超出被邀请医师执业范围，邀请医疗机构不具备相应医疗救治条件，省级卫生健康主管部门规定的其他情形，医疗机构派出医师外出会诊的；

(4)境外医师来华短期行医未经注册取得《外国医师短期行医许可证》的；

(5)境外医疗团体来华短期行医的，未经邀请或合作单位所在地的设区的市级卫生健康主管部门未依照有关规定进行审批；

(6)未经护士执业注册或者非法取得《中华人民共和国护士执业证书》从事护士工作的；

(7)未经卫生行政部门许可，擅自开展性病专科诊治业务的；

(8)未取得《医疗机构执业许可证》并经登记机关核准开展医疗美容诊疗科目的；

(9)美容医疗机构和医疗美容科室未经批准擅自扩大诊疗范围，开展未向登记机关备案的医疗美容项目的；

(10)未经卫生健康主管部门核定并办理执业注册手续的人员从事医疗美容诊疗服务，或未取得主诊医师资格的执业医师，不在主诊医师的指导下从事医疗美容临床技术服务工作的。

768. 出卖、转让、出借《医疗机构执业许可证》获利的情形有哪些？

答：(1)医疗机构将医疗场所、发票收据、医疗文书、医疗设备等出租给其他组织或个人，并以该医疗机构名义开展诊疗活动，医疗机构收取租金的；

(2)将科室等承包给其他组织或个人并以该医疗机构的名义开展诊疗活动，医疗机构收取定额费用的；

(3)挂靠并使用该医疗机构的处方、收据及医疗文书等开展诊疗活动,该医疗机构收取管理费的;

(4)以场所、设备、人员、收据、处方、医疗文书等有形资产和医院名称等无形资产为资本投资与其他组织或个人合资合作设立非独立法人资格的营利性"门诊""中心""项目",并以该医疗机构名义开展诊疗活动,该医疗机构收取管理费的或者双方按比例分利的;

(5)外包科室和出租科室,与其他组织、个人合资合作举办非独立法人资格的营利性"科室""病区""中心""项目"等。

769. 非法行医与医疗纠纷的本质区别是什么?

答:非法行医与医疗纠纷从表面上看都发生在医疗活动中,但其本质区别是前者医疗活动是非法的,其具体的医疗行为无论其正确恰当与否,均不影响其非法的定性。而后者是合法的医疗活动,其具体的医疗行为可能存在违法、违规,只是合法医疗中的过错。

770. 涉及合法的医疗机构有非法行医情形的案件,当事人及代理人如何选择诉讼方向?

答:涉及合法的医疗机构有非法行医情形的案件,当事人及代理人可从以下几个方面来选择诉讼方向:(1)非法行医行为不是造成损害后果的主要原因时,将该行为作为其过错之一,以医疗纠纷案件对待;(2)合法医疗机构与非法行医行为人为共同被告时,无论是医疗纠纷案件,还是非法行医案件均可诉请两者承担连带责任;(3)从已掌握的证据和可能收集到的证据来考虑诉讼方向;(4)从诉讼的效率和预期获偿金额来考虑诉讼方向。

771. 非法行医造成人身损害是否属于医疗事故?

答:《医疗事故处理条例》第61条规定,非法行医造成患者人身损害,不属于医疗事故,有关赔偿,由受害人直接向人民法院提起诉讼。

第二节 非法行医罪

772. 什么是非法行医罪?

答:非法行医罪,是指未取得医生执业资格的人非法行医,情节严重的行为。

773. 非法行医罪中的非法行医和行政监管中的非法行医是否相同?

答:非法行医罪中的非法行医和行政监管中的非法行医是有区别的。行政监管中的非法行医要比非法行医罪中的非法行医宽泛。未取得医生执业资格的人非法行医只有情节严重的才构成非法行医罪,情节较轻的不构成非法行医罪。

774. 非法行医的情形有哪些?

答:(1)利用巫术、封建迷信行医。行为人大多不懂医术,有些略微懂一点医学常识,主要是凭借烧香、念经、看手相以及各种封建迷信方式愚弄就诊人。

(2)利用气功行医。气功对某些疾病有一定的疗效,但有些人根本不懂气功,却号称自己的气功如何了得,挂牌行医,骗取钱财。

(3)利用现代仪器进行非法医疗活动。如利用电脑为人诊断病情,开具处方。

(4)医疗机构超越服务范围进行医疗活动。如一些不具备外科整形手术资格的美容医院,擅自开展医学整容活动。

(5)具备一定医学知识的人擅自开办诊所,进行医疗活动。这类人员一般经过一定的医疗培训,有些已经行医多年,有些甚至曾经在合法的医疗机构依法进行过医疗活动,但在其擅自开办诊所期间没有医师执业证或其所开办的诊所没有"医疗机构执业许可证"。

(6)利用非法行医的手段推销产品。如有些厂家雇用没有医师执业证的人在公共场合以医生的身份向人介绍产品,并为人诊断病情,开具处方,推荐患者使用该厂家的产品。

775. 非法行医罪的构成要件是什么?

答:(1)行为主体必须是未取得医生执业资格的人。

(2)客观行为表现为非法行医,即非法从事诊断、治疗医务护理工作,属于典型的职业犯,《刑法》所规定的构成要件包括了行为人反复从事非法行医的行为,因此,不管非法行医的时间多长,也只能认定为一罪。

(3)成立本罪要求情节严重。

776.非法行医罪的客体要件是什么？

答:本罪的客体是复杂客体,其主要客体是国家对医疗卫生的管理秩序,次要客体是就诊人的生命安全和健康权利。

777.非法行医罪的客观要件是什么？

答:本罪在客观方面表现为非法行医情节严重的行为。

778.非法行医罪的主体要件是什么？

答:本罪的主体为一般主体,但应为未取得医生执业资格而非法行医的人。

779.犯罪主体"未取得医生执业资格的人"如何认定？

答:(1)未取得执业医师资格或者执业助理医师资格的人,虽取得执业医师资格或者执业助理医师资格但未经医师注册取得执业证书的人。

(2)注销注册、吊销执业证书的人,以及责令暂停执业活动或吊销执业证书者。

(3)军队人员和地方医师在军队行医不符合规定的;境外人员行医不符合规定的。

(4)以不正当手段取得医师执业资格的人。

780.哪些情况不属于《刑法》"未取得医生执业资格的人"？

答:(1)在《医师法》颁布之日前按照国家有关规定取得医学专业技术职称和医学专业技术职务的人员,虽未参加医师资格考试,但经县级以上卫生健康主管部门认定,取得相应的医师资格,并经注册取得执业证书的人;

(2)不具备执业医师资格或者执业助理医师格的乡村医生,符合《乡村医生从业管理条例》第10条或第12条规定取得执业注册的人;

(3)《中国人民解放军实施〈中华人民共和国执业医师法〉办法》第20条规定

的在军队基层单位从事预防、保健和一般医疗服务的卫生员,虽不符合《医师法》的执业规定,但符合中国人民解放军总后勤部制定的管理办法的。

781. 哪些属于非法行医情节严重的行为?

答:"情节严重"属于定罪情节,而非单纯的量刑情节。具有下列情形之一的,应认定为《刑法》第 336 条第 1 款规定的"情节严重":

(1)造成就诊人轻度残疾、器官组织损伤导致一般功能障碍的;

(2)造成甲类传染病传播、流行或者有传播、流行危险的;

(3)使用假药、劣药或不符合国家规定标准的卫生材料、医疗器械,足以严重危害人体健康的;

(4)非法行医被卫生健康主管部门行政罚两次以后,再次非法行医的;

(5)其他情节严重的情形。

782. 哪些属于严重损害就诊人身体健康?

答:(1)造成就诊人中度以上残疾、器官组织损伤导致严重功能障碍的。

(2)造成 3 名以上就诊人轻度残疾、器官组织损伤导致一般功能障碍的。严重损害就诊人身体健康、造成就诊人死亡是适用较重法定刑的情节。

783. 非法行医罪的主观要件是什么?

答:本罪在主观方面表现为故意。非法行医罪的主观方面具有行为故意,而不是犯罪直接故意,即明知自己不具备行医资格,仍然从事医疗活动。但行为人对造成就诊人死亡、身体健康受损的后果,则可能是过失,也可能是间接故意,即其应当预见非法行医行为有可能造成就诊人死亡、伤害的严重后果,因为疏忽大意没有预见或者已经预见但轻信能够避免,或者已经预见到可能发生上述后果而放任危害结果发生。

784. 对于非法行医罪如何量刑?

答:未取得医生执业资格的人非法行医,情节严重的,处 3 年以下有期徒刑、拘役或者管制,并处或者单处罚金;严重损害就诊人身体健康的,处 3 年以上 10 年以下有期徒刑,并处罚金;造成就诊人死亡的,处 10 年以上有期徒刑,并处罚金。

785. 非法行医罪罪与非罪的界限是什么？

答：非法行医罪罪与非罪的界限认定主要围绕主体、客观两个方面。一是看行为人主体是否符合"未取得医生执业资格的人"。二是看行为人客观方面是否属于"情节严重"，非法行医的客观方面是否构成"情节严重"，是实践中区别非法行医一般违法行为与犯罪的重要标准。

786. 非法行医罪与医疗事故罪的界限是什么？

答：非法行医罪与医疗事故罪都属于危害公共卫生方面的犯罪，二者在客观上均可能造成就诊人死亡或严重损害就诊人身体健康的后果，但两罪有着本质的区别。它们的区别主要在于：

（1）主体不同。前者的主体是不具有医生执业资格的人，而后者的主体是已经取得医生执业资格的医务人员。

（2）主观方面不同。前者行为人对造成就诊人死亡或严重损害就诊人身体健康后果，所持的心理态度既可以是过失，也可以是间接故意，但对于违反医疗管理制度的行为，则是直接故意。后者对造成严重不良后果所持的心理态度只能是过失。

（3）客观方面不同。前者表现为行为人违反国家有关医疗管理法规，非法行医情节严重的行为。后者表现为医务人员在医疗过程中违反规章制度，或者严重不负责任，造成就诊人死亡或者严重损害就诊人身体健康的行为。非法行医犯罪属于情节犯，根据法律规定，情节严重是构成犯罪的条件，但不一定造成就诊人的身体伤害或者死亡，而造成就诊病人死亡或者严重损害就诊人身体健康是医疗事故罪的必备要件。

787. 非法行医罪与非法组织卖血罪的区别是什么？

答：非法组织卖血罪，是指违反《刑法》、国家卫生健康委员会的有关规定，非法组织他人出卖血液的行为。

非法行医罪与非法组织卖血罪的犯罪主体相同，其他区别在于：

（1）主观方面不同。非法组织卖血罪的行为主体通常具有营利目的，故其主观方面只能由故意构成，过失不构成本罪。

（2）客观方面不同。前者表现为违反国家有关医疗管理法规非法行医,且情节严重。后者一方面表现为行为人具有非法组织他人卖血的行为,另一方面行为人已组织他人实施了出卖血液的行为。至于血液卖给何处,是否已经达到了出卖的目的,均不影响本罪的成立。

788. 非法行医罪与采集、供应血液、制作、供应血液制品事故罪的区别是什么？

答:采集、供应血液、制作、供应血液制品事故罪,是指经国家主管部门批准采集、供应血液或者制作、供应血液制品的部门,不依照规定进行检测或者违背其他操作规定,造成危害他人身体健康后果的行为。

非法行医罪与采集、供应血液、制作、供应血液制品事故罪的区别在于:

（1）主体不同。前者的主体是不具有医生执业资格的个人,而后者的主体是一般主体,即达到刑事责任年龄并具有刑事责任能力的自然人。非法采集、供应血液或者制作、供应血液制品的行为,既可以由依法成立的血站、单采血浆站和血液制品生产单位的工作人员所为,也可以由不具备采集、供应血液或者制作、供应血液制品资格的单位和个人所为。但是,由于本罪只能由自然人构成,而不能由单位构成,因而对于不具有采集、供应血液或者制作、供应血液制品资格的单位所从事的采集、供应血液或者制作、供应血液制品,不符合国家规定的标准,足以危害人体健康的行为,只追究有关直接责任人员的刑事责任。

（2）主观方面不同。采集、供应血液、制作、供应血液制品事故罪在主观方面只能是出于故意,即行为人明知自己违反有关操作规定,或者明知自己没有资格从事采集、供应血液或者制作、供应血液制品活动仍决意为之。

（3）客观方面不同。采集、供应血液、制作、供应血液制品事故罪的客观方面表现为行为人在采集、供应血液或者制作、供应血液制品中,不依照规定进行检测或者违背其他操作规定,造成危害他人身体健康的后果。

789. 非法行医罪与非法进行节育手术罪的区别是什么？

答:非法进行节育手术罪,是指无医生执业资格的人擅自为他人进行节育复通手术、假节育手术、终止妊娠手术或者摘除宫内节育器,情节严重的行为。非法行医罪与非法进行节育手术罪犯罪主体相同,均为不具有医生执业资格的人。

二者的区别在于:

(1)主观方面不同。非法进行节育手术罪在主观方面只能是出于故意,即行为人明知自己无权为他人实施计划生育手术,但为了牟取不法利益或者基于其他考虑所实施的行为。

(2)客观方面不同。非法进行节育手术罪在客观方面表现为擅自为他人进行节育复通手术、假节育手术、终止妊娠手术或者摘取宫内节育器,情节严重的。

790. 非法行医罪与传染病菌种、毒种扩散罪的区别是什么?

答:传染病菌种、毒种扩散罪是指从事实验、保藏、携带、运输传染病菌种、毒种的人员,违反国家卫生健康管理委员会的有关规定,造成传染病菌种、毒种扩散,后果严重的行为。

非法行医罪与传染病菌种、毒种扩散罪的区别在于:

(1)主体不同。传染病菌种、毒种扩散罪的主体是从事实验、保藏、携带、运输传染病菌种、毒种的人员。

(2)主观方面不同。传染病菌种、毒种扩散罪在主观上为过失,即应当预见自己违反国家卫生健康管理委员会有关规定的行为会造成传染病菌种、毒种的扩散后果,因为疏忽大意而没有预见,或者已经预见而轻信能够避免的心理态度。但是,行为人实施违反国家卫生健康管理委员会有关规定的行为可能是故意的。

(3)客观方面不同。传染病菌种、毒种扩散罪表现为行为人违反国家卫生健康管理委员会的规定造成传染病菌种、毒种扩散,并且后果严重。

791. 非法行医罪与故意伤害罪、故意杀人罪的区别是什么?

答:故意伤害罪是指故意非法损害他人身体的行为。故意杀人罪是指故意非法剥夺他人生命的行为。在非法行医案件中,行为人往往也会给受害人带来人身伤害甚至造成受害人死亡。非法行医罪与故意伤害罪、故意杀人罪的犯罪主体均为一般主体,凡达到刑事责任年龄并具备刑事责任能力的自然人均能构成。

非法行医罪与故意伤害罪、故意杀人罪的区别在于:

(1)主观方面不同。故意伤害罪、故意杀人罪只能是出于故意,即行为人明知自己的行为会造成损害他人身体健康的结果,而希望或放任这种结果的发生,或者是具有非法剥夺他人生命的故意,包括直接故意和间接故意。

(2)客观方面不同。前者表现为行为人违反国家有关医疗管理法规非法行医情节严重。后者表现为行为人实施了非法损害他人身体的行为,或者实施了非法剥夺他人生命的行为(包括作为、不作为)。

(3)客体不同。前者侵犯的客体为国家对医疗机构的管理制度及公众的生命健康安全,后者侵犯的客体是他人的身体健康权或生命权。

792. 非法行医罪与过失致人重伤、过失致人死亡罪的区别是什么?

答:三罪均造成了人员伤亡的后果,区别在于:

(1)主体不同。本罪的主体是特殊主体,即未取得医生执业资格的人,而后二罪的主体是一般主体。

(2)主观方面不同。本罪行为人对严重不良后果所持的心理态度是过失和间接故意,而后二罪的主观方面是过失,不包括间接故意。

(3)发生场合不同。

(4)客体不同。

793. 非法进行医疗美容是否构成犯罪?

答:美容行为分为生活美容和医疗美容两种。生活美容包括美容知识咨询与指导、皮肤护理、化妆修饰、形象设计和美体等服务项目。医疗美容包括重睑形成术、假体植入术、药物及手术减肥术等医疗项目。生活美容不会对人体的组织结构、形态产生破坏与影响,一般也不直接使用医学技术;而医疗美容属于使用医学技术与手段直接作用于人体的行为,同其他的医疗活动一样具有一定的风险性,因此,医疗美容应当属于医疗行为的一种。

根据《医疗美容服务管理办法》第8条的规定,美容医疗机构必须经卫生行政部门登记注册并获得《医疗机构执业许可证》后方可开展执业活动。任何单位和个人,未取得《医疗机构执业许可证》并经登记机关核准开展医疗美容诊疗科目,不得开展医疗美容服务。对于未取得医师执业资格的人,擅自开展医疗美容业务,情节严重或造成严重后果的,应当以非法行医罪论处。

794. 医务人员擅自在病人家中做手术而导致病人死亡的是否构成犯罪？

答：医务人员擅自在病人家中做手术而导致病人死亡的案件尽管未构成非法行医罪，但因可能构成过失致人死亡罪或其他犯罪，卫生健康主管部门及其执法人员也应当依法将案件移送公安机关。

795. 家庭接生员实施家庭接生以外的医疗行为是否构成犯罪？

答：虽具有家庭接生员资格，但其超出业务范围，如非法为他人做药物流产，明显属于实施家庭接生以外的医疗行为，且其进行的药物流产行为直接导致被害人子宫破裂，胎死腹中，其行为已符合非法行医罪的构成要件。对其行为应当以涉嫌构成非法行医罪向公安机关移送。

796. 非法进行胎儿性别鉴定是否构成犯罪？

答：非法进行胎儿性别鉴定的行为目前有愈演愈烈之势，已经引发了严重的社会问题，有必要动用刑法手段加以遏制。受重男轻女、养儿防老等传统观念的影响，许多家庭一心想要男孩，为此想方设法让孕妇做胎儿性别鉴定，通过鉴定发现不是男孩的则人工终止妊娠。而一些医务人员以及非法行医者受利益驱使或者碍于情面，违反国家规定，非法为孕妇进行非医学需要的胎儿性别鉴定。这种行为直接导致的后果就是我国人口性别比例失调日益严重。

目前，《刑法》及相关司法解释都未对非法进行胎儿性别鉴定的行为作出专门规定。胎儿性别鉴定虽不属于诊治行为，但使用了一定的医学手段，可以视为行医行为。因此，对未取得医生执业资格的人擅自为他人做胎儿性别鉴定、情节严重的行为，可考虑以非法行医罪论处。需要说明的是，对非法进行胎儿性别鉴定的行为以非法行医罪论处，虽然在一定程度上有利于打击这种违法行为，但由于《刑法》规定的非法行医罪的主体限于未取得医生执业资格的人员，因而对具有医生执业资格的人员实施的此类行为，目前尚不能追究刑事责任。

797. 利用气功给人看病是否构成犯罪？

答：根据《医疗气功管理暂行规定》第5条第1款的规定，开展医疗气功活动必须在医疗机构内进行。并且该暂行规定第9条规定了从事医疗气功活动的人员应当具备下列条件:具有中医执业医师或中医执业助理医师资格;取得《医师执业证书》;经医疗气功知识与技能考试取得《医疗气功技能合格证书》,故取得相应医师资格在医疗机构内利用气功给人看病不构成犯罪。

798. 出借(出租)、转让、出卖《医疗机构执业许可》是否构成犯罪?

答:一种意见认为,由于行为人对于他人没有合法许可证并利用该许可证非法行医这一事实是明知的,而且行为人的行为致使他人的非法行医更为便利且更具隐蔽性,对社会造成危害的可能性更大,应按照非法行医罪的共犯论处,但行为人对他人的非法行医行为一般只起到辅助作用,故应按非法行医罪从犯论处。

另一种意见认为,行为人不构成非法行医罪的共犯。根据《医疗机构管理条例》第22条第1款的规定,《医疗机构执业许可证》不得伪造、涂改、出卖、转让、出借。行为人擅自出借(出租)、转让、出卖《医疗机构执业许可证》的行为虽然严重违反有关法律法规,但其并没有与他人共同实施非法行医行为,甚至没有就非法行医达成意向,因此不宜以非法行医罪追究其刑事责任。根据《医疗机构管理条例》第45条的规定,出卖、转让、出借《医疗机构执业许可证》的,依照《基本医疗卫生与健康促进法》的规定予以处罚。

799. 一个人具有医师执业证书但未取得医疗机构执业许可证而开办医疗机构是否构成非法行医罪?

答:具有医师执业证书,证明其本人具备了为他人行医治病的医学知识和医疗技术水平,但其开办个人诊所,应当依法办理医疗机构执业许可证。在未取得医疗机构执业许可证的情况下,擅自开办个人诊所从事医疗活动,致前来就诊的某患者死亡,依照《最高人民法院关于审理非法行医刑事案件具体应用法律若干问题的解释》的规定,其行为符合非法行医罪客观方面的构成要件,对此案件应当依法向公安机关移送。

800. 有执业医师资格的人伙同无资质人员从事医疗活动或者开设专科门诊是否构成共同犯罪?

答:司法实践中,两个以上未取得医师执业资格的人共同从事诊疗活动,两人均构成非法行医罪不存在争议。有医师执业资格的人勾结、伙同没有取得医师执业资格的人从事医疗活动或者共同开设专科门诊,情节严重的,应作为共犯追究刑事责任。

801. 合法医疗机构负责人招聘没有执业医师资格的人行医的,能否作为共犯追究?

答:有观点认为,合法医疗机构负责人明知他人没有医师执业资格而让其到本医院行医,情节严重的,不应以滥用职权罪追究刑事责任,应按非法行医罪的共犯追究刑事责任。根据《医疗机构管理条例》第27条规定,医疗机构不得使用非卫生技术人员从事医疗卫生技术工作。同时,根据该条例第47条规定,使用非卫生技术人员从事医疗卫生技术工作的,由县级以上人民政府卫生行政部门责令其限期改正,并可以处1万元以上10万元以下的罚款;情节严重的,吊销其《医疗机构执业许可证》或者责令其停止执业活动。由于《医疗机构管理条例》对上述行为明确规定了行政处罚,因此,实践中不宜再以非法行医罪追究刑事责任。

第三节 医疗事故罪

802. 什么是医疗事故罪?

答:医疗事故罪(《刑法》第335条),是指医务人员由于严重不负责任,造成就诊人死亡或者严重损害就诊人身体健康的行为。

803. 医疗事故罪的客体要件是什么?

答:本罪侵犯的客体是医疗单位的工作秩序,以及公民的生命健康权利。犯罪对象是生命健康安全正遭受病魔侵害的病人。所以,倘若救治措施不能客观上起到控制病情发展的作用,则必然由于病情发展而引起人体健康的更大损害,直至导致伤残、功能障碍和死亡结果。

804. 医疗事故罪的客观要件是什么?

答:本罪在客观方面表现为严重不负责任,造成就诊人死亡或者严重损害就

诊人身体健康的行为。具体而言,包括以下几个方面:

(1)医务人员在诊疗护理工作中有严重不负责任的行为。严重不负责任,是指在诊疗护理工作中违反规章制度和诊疗护理常规。根据相关规定,医疗事故按事故发生的原因分为责任事故和技术事故。医疗技术事故,不构成犯罪。这里的规章制度,是指与保障就诊人的生命、健康安全有关的诊疗护理方面的规章制度,包括诊断、处方、麻醉、手术、输血、护理、化验、消毒、医嘱、查房等各个环节的规程、规则、守则、制度、职责要求等。医疗事故案件中常见的违反规章制度的情况有错用药物、错治病人、错报输血、错报病情、擅离职守、交接班草率、当班失职等。诊疗护理常规,是指长期以来在诊疗护理实践中被公认的行之有效的操作习惯与惯例。各项诊疗操作和护理,均有一定的操作规程的要求,这些规程是为了保障操作稳准,避免失误而制定的,在诊疗操作和护理工作中必须遵照执行,否则就有可能导致医疗事故的发生。

(2)因严重不负责任行为导致病人严重损害身体健康或死亡的结果。危害结果的大小是衡量违法行为社会危害性的大小和区分罪与非罪的客观标准,构成本罪在客观上要求必须发生了病人重伤或死亡的结果。

(3)严重不负责任行为与病员重伤、死亡之间必须存在刑法上的因果关系。医疗伤亡结果之形成不同于一般加害事件之处在于:后者是加害行为本身直接引起人体机体损伤,而前者则多是由于医疗措施未能有效阻止病情发展而导致病情恶化而引起伤残或死亡,或者是医疗措施对人体侵害直接引起病人伤亡,或者由于医疗措施客观上加重了病情,促使病人伤亡,可见医疗伤亡结果的出现既与原患疾病有关,又与医疗行为有关。违章医疗行为对病情的实际作用可以是四种,即有效、无效、反效、直接破坏人体。据此,可以把医疗伤亡形成机制分为四种:①违章医疗行为虽然对阻止病情有效,但是效用不足而最终因病情发展引起病人伤残或死亡,如抢救农药中毒病人时使用的解毒剂数量不足致使病人死亡;②违章医疗行为对病情没起到任何作用而由于病情发展引起伤残、死亡,这包括医方违章不作为和无效作为两种情形;③违章医疗行为同治疗需要背道而驰从而加剧病情引起病人伤亡,如用反药等;④违章医疗行为本身直接破坏人体而直接引起伤亡或同原患伤病相互迭加共同导致病人伤亡,如手术时操作粗心误伤大血管等。这四种情形中,违章医疗行为均与病人伤亡结果之间存在因果关系。依社会一般观念观察,上述后两种情形中违章医疗行为与病人伤亡之间的联系容易为人们注意,而在上述前两种情形中,由于医疗措施客观上起到一定治疗作用或者至少没有起反作用,因而违章医疗行为与病人伤亡间的关系易被忽视。这是特别值得引起注意的。医疗伤亡结果之出现大多数与违章医疗行为有关,又与病情本身有关,那么,应如何认定违章医疗行为对伤亡结果的原因力大小? 这应看医疗行为之违章程度即违法性程度如何。只有医疗行为严重违反医疗规章制度,才能由行为人对病人伤亡结果承担刑事责任,这是基于对医务工作特殊性及危险性的照顾而得出的结论。

805. 医疗事故罪的主体要件是什么?

答:本罪主体为特殊主体,是达到刑事责任年龄并具有刑事责任能力的实施了违章医疗行为的医务人员。医务人员是指具有一定医学知识和医疗技能,取得行医资格,直接从事医疗护理工作的人员,包括医院医务人员及经批准的个体行医者。由于医务工作有极强的专业性、技术性和导致人身伤亡的危险性,所以,国家卫生行政管理机关向来十分重视对行医者任职资格的考核,事实上只有具备一定医疗知识和技能,才能避免行医的特殊危险性,从而达到救死扶伤的目的。目前,社会上存在一些既无医疗技能又未取得行医许可证的非法行医者,这些人不属于医疗事故罪的主体。

806. 医疗事故罪的主观要件是什么?

答:本罪在主观方面表现为过失,即行为人主观上对病人伤亡存在重大业务过失。在这里,本罪要求行为人主观上存在重大过失而不是一般过失,即从主观上过失程度之轻重来说,行为人主观上存在严重过失。临床医疗活动本身有特殊的导致人身伤亡的危险性,医务人员稍有不慎就会发生不幸后果,如果把一般过失行为确定为犯罪,于情理上有失公平、于法律上有失严苛。因此,本罪主观方面是指存在业务过失而不是普通过失。医务人员依照法律承担救死扶伤的职责,有义务对自己的医疗业务行为负责,即对病人的生命健康安全负责,而医务人员的业务能力实际是指其业务技术水平。

807. 医疗事故罪与医疗差错的界限是什么？

答：医疗差错，是指在诊疗护理工作中，医务人员虽有违反规章制度、诊疗护理常规的失职行为或技术过失，但未给就诊人造成死亡、残废、组织器官损伤导致功能障碍的不良后果的行为。医疗差错，从产生的原因可以分为医疗责任差错和医疗技术差错。其中，医疗责任差错与医疗事故罪容易混淆，二者都表现为医务人员在诊疗护理工作中不负责任，违反规章制度或诊疗护理常规的行为。区别在于所造成的后果不同。前者未造成就诊人死亡、残废、组织器官损伤导致功能障碍的不良后果；后者则造成了就诊人死亡或身体健康严重损害的后果。对于医务人员由于严重不负责任，造成医疗差错的，不能以医疗事故罪论处。

808. 医疗事故罪与医疗意外的界限是什么？

答：医疗意外，是指由于病情或者病人体质特殊而发生难以预料和防范的不良后果。它与医疗事故罪都可能发生就诊人死亡或身体健康严重损害的后果，二者区别的关键在于主观上有无过失。如果就诊人死亡或身体健康严重损害，是因医务人员责任心不强，违反规章制度或诊疗常规造成的，则构成医疗事故罪，如上述后果是因医务人员难以预料或难以防范的因素所引起，就属于医疗意外，不能以犯罪论处。医疗意外与医疗事故罪中的疏忽大意过失颇为相似，二者不但都发生了严重后果，而且对严重后果的发生都没有预见。二者的区别在于，疏忽大意过失对严重后果的发生是应当预见而没有预见，医疗意外对严重后果的发生是难以预见而没有预见。

809. 医疗事故罪与医疗技术事故的界限是什么？

答：一般将医疗事故分为责任事故和技术事故两类。医疗责任事故是指医务人员因违反规章制度、诊疗护理常规等失职行为所致的事故。医疗技术事故是指医务人员因技术过失所致的事故。区别关键在于造成事故的原因是失职行为还是技术失误。将医疗事故罪限定为责任事故，医务人员因技术过失所致事故，不构成犯罪。

810. 医疗事故罪与重大责任事故罪的界限是什么？

答：重大责任事故罪，是指工厂、矿山、林场、建筑企业或者其他企业、事业单位的职工，由于不服从管理、违反规章制度，或者强令他人违章冒险作业，因而发生重大伤亡事故或者造成其他严重后果的行为。

二罪的相似之处在于：

(1)二罪在主观方面均属过失犯罪。

(2)二罪在客观上都造成了人员伤亡的后果。

二罪的区别在于：

(1)主体不同。前罪的主体是生产单位直接从事生产或指挥生产的人员；本罪的主体是医务人员，二者业务性质不同。

(2)客体不同。前罪侵犯的客体是工矿企业的生产安全和社会公共安全，危及的是不特定或多数人的人身安全和公私财产安全。本罪侵犯的主要客体是医疗机构的管理秩序。

(3)过失行为发生的场合不同。前罪发生于生产作业中，而本罪发生于诊疗护理过程中。

811. 医疗事故罪与玩忽职守罪的界限是什么？

答：玩忽职守罪，是指国家机关工作人员严重不负责任，不履行或不正确履行职责，致使公共财产、国家和人民利益遭受重大损失的行为，它与医疗事故罪都表现为严重不负责任，都可能出现造成人员伤亡的严重后果。

二罪的区别在于：

(1)主体不同。前罪的主体是国家机关工作人员，本罪的主体则是医务人员。

(2)客体不同。前罪侵害的客体是国家机关的正常管理活动，而本罪侵害的主要客体是医疗机构的管理秩序。

(3)过失的内容不同。前罪是在行政管理过程中出现的过失，而本罪则是在诊疗护理工作中出现的过失。

(4)客观表现不同。前罪表现为在行政管理工作中严重不负责任，不履行或不正确履行自己的职责，而本罪则表现为在诊疗护理工作中违反规章制度或诊疗操作常规。

(5)危害后果不同。本罪的危害后果仅限于就诊人死亡或身体健康严重受损,而前罪的后果既可以是人员伤亡,也可以是财产损失,还可以是恶劣的政治影响。

812. 医疗事故罪与过失致人死亡罪、过失致人重伤罪的界限是什么?

答:三罪在危害结果上基本相同。其区别在于:

(1)主体不同。本罪的主体是特殊主体,即医务人员,后二罪的主体则为一般主体。

(2)主观过失的性质不同。本罪的过失属于业务过失,而后二罪的过失属日常生活中的过失。

(3)客观方面不同。本罪的客观方面表现为在诊疗护理工作中,严重不负责任,违反规章制度或诊疗护理操作常规,而后二罪分别表现为通过某种方式致人死亡或造成他人重伤。

(4)客体不同。后二罪侵害的客体是人的生命健康权利,而本罪侵害的客体主要是医疗机构的管理秩序。

813. 医疗事故罪的立案标准是什么?

答:《刑法》第335条规定,医务人员由于严重不负责任,造成就诊人死亡或者严重损害就诊人身体健康的,应予立案追诉。

具有下列情形之一的,属于《刑法》第335条规定的"严重不负责任":(1)擅离职守的;(2)无正当理由拒绝对危急就诊人实行必要的医疗救治的;(3)未经批准擅自开展试验性医疗的;(4)严重违反查对、复核制度的;(5)使用未经批准使用的药品、消毒药剂、医疗器械的;(6)严重违反国家法律法规及有明确规定的诊疗技术规范、常规的;(7)其他严重不负责任的情形。

814. 医疗事故罪的量刑标准是什么?

答:犯医疗事故罪的,处3年以下有期徒刑或者拘役。

第四节 医疗纠纷中违反法律法规规定的责任承担

815. 发生医疗纠纷时,医疗机构的法律责任包括哪些?

答:医疗卫生机构的法律责任主要包括民事责任、行政责任和刑事责任。

(1)民事责任。医疗卫生机构在提供医疗服务过程中,如果因医务人员的过失或违反医疗操作规范,导致患者受到损害,医疗机构需要承担相应的民事赔偿责任。这种责任主要是基于平等主体间的法律关系,即患者与医疗机构之间的医疗服务合同关系。当医疗机构未能按照合同约定提供合格的医疗服务,造成患者损害时,需承担违约责任或侵权责任。

(2)行政责任。行政责任是指医疗卫生机构因违反卫生行政管理法规而承担的法律责任。这主要包括医疗机构在运营过程中未遵守相关的卫生行政法规、规章标准等,如未取得合法的执业许可、超出核准的诊疗科目范围开展医疗活动等。当医疗机构存在这些违法行为时,卫生健康主管部门会依法对其进行行政处罚,如警告、罚款、吊销执业许可证等。

(3)刑事责任。刑事责任是医疗卫生机构及其医务人员因严重违反医疗卫生法规,构成犯罪而承担的法律责任。这主要涉及医务人员因严重不负责任导致患者死亡或严重损害患者身体健康的行为,如医疗事故罪等。在这种情况下,医疗机构可能需要承担刑事附带民事赔偿责任,而直接责任人员则可能面临刑事追诉,被判处刑罚。

816. 医疗机构篡改、伪造、隐匿、毁灭病历资料的如何承担责任?

答:医疗机构篡改、伪造、隐匿、毁灭病历资料的,对直接负责的主管人员和其他直接责任人员,由县级以上人民政府卫生健康主管部门给予或者责令给予降低岗位等级或者撤职的处分,对有关医务人员责令暂停 6 个月以上 1 年以下执业活动;造成严重后果的,对直接负责的主管人员和其他直接责任人员给予或者责令给予开除的处分,对有关医务人员由原发证部门吊销执业证书;构成犯罪的,依法追究刑事责任。

817. 医疗机构将未通过技术评估和伦理审查的医疗新技术应用于临床的如何承担责任?

答: 医疗机构将未通过技术评估和伦理审查的医疗新技术应用于临床的,由县级以上人民政府卫生主管部门没收违法所得,并处 5 万元以上 10 万元以下罚款,对直接负责的主管人员和其他直接责任人员给予或者责令给予降低岗位等级或者撤职的处分,对有关医务人员责令暂停 6 个月以上 1 年以下执业活动;情节严重的,对直接负责的主管人员和其他直接责任人员给予或者责令给予开除的处分,对有关医务人员由原发证部门吊销执业证书;构成犯罪的,依法追究刑事责任。

818. 医学会、司法鉴定机构出具虚假医疗损害鉴定意见的如何承担责任?

答: 医学会、司法鉴定机构出具虚假医疗损害鉴定意见的,由县级以上人民政府卫生、司法行政部门依据职责没收违法所得,并处 5 万元以上 10 万元以下罚款,对该医学会、司法鉴定机构和有关鉴定人员责令暂停 3 个月以上 1 年以下医疗损害鉴定业务,对直接负责的主管人员和其他直接责任人员给予或者责令给予降低岗位等级或者撤职的处分;情节严重的,该医学会、司法鉴定机构和有关鉴定人员 5 年内不得从事医疗损害鉴定业务或者撤销登记,对直接负责的主管人员和其他直接责任人员给予或者责令给予开除的处分;构成犯罪的,依法追究刑事责任。

819. 尸检机构出具虚假尸检报告的如何承担责任?

答: 尸检机构出具虚假尸检报告的,由县级以上人民政府卫生健康主管部门、司法行政部门依据职责没收违法所得,并处 5 万元以上 10 万元以下罚款,对该尸检机构和有关尸检专业技术人员责令暂停 3 个月以上 1 年以下尸检业务,对直接负责的主管人员和其他直接责任人员给予或者责令给予降低岗位等级或者撤职的处分;情节严重的,撤销该尸检机构和有关尸检专业技术人员的尸检资格,对直接负责的主管人员和其他直接责任人员给予或者责令给予开除的处分;构成犯罪的,依法追究刑事责任。

820. 新闻媒体编造、散布虚假医疗纠纷信息的如何承担责任?

答:新闻媒体编造、散布虚假医疗纠纷信息的,由有关主管部门依法给予处罚;给公民、法人或者其他组织的合法权益造成损害的,依法承担消除影响、恢复名誉、赔偿损失、赔礼道歉等民事责任。

821. 县级以上人民政府有关部门及其工作人员在医疗纠纷工作中,不履行职责的如何承担责任?

答:县级以上人民政府卫生主管部门和其他有关部门及其工作人员在医疗纠纷预防和处理工作中,不履行职责或者滥用职权、玩忽职守、徇私舞弊的,由上级人民政府卫生等有关部门或者监察机关责令改正;依法对直接负责的主管人员和其他直接责任人员给予处分;构成犯罪的,依法追究刑事责任。渎职罪的主观方面大多数出于故意,少数出于过失。故意与过失的具体内容因具体犯罪不同而不同。渎职罪的客观方面表现为利用职务上的便利或者徇私舞弊、滥用职权、玩忽职守,致使国家和人民利益遭受重大损失。

822. 医疗纠纷人民调解员行为不当的如何承担责任?

答:医疗纠纷人民调解员有下列行为之一的,由医疗纠纷人民调解委员会给予批评教育、责令改正;情节严重的,依法予以解聘:(1)偏袒一方当事人;(2)侮辱当事人;(3)索取、收受财物或者牟取其他不正当利益;(4)泄露医患双方个人隐私等事项。

823. 医疗机构怠于紧急救治的如何承担责任?

答:在价值导向上要鼓励和维护医疗机构在患者处于紧急情况下积极施救,对于医疗机构的积极施救行为造成不良后果应当持适当从宽的态度,对于医务人员经医疗机构负责人或者授权的负责人批准立即实施相应的医疗措施,患者因此请求医疗机构承担赔偿责任的,人民法院不予支持。同时对医疗机构怠于立即实施相应的医疗措施,导致患者生命权、健康权等人身权益及财产权益受到损害的,也明确规定医疗机构应当承担相应的侵权责任。

824. 医患双方抢夺病历的如何承担责任？

答：因当事人抢夺病历，致使医疗行为与损害后果之间的因果关系或医疗机构及其医务人员的过错无法认定的，抢夺病历资料一方当事人应承担相应的不利后果。这里抢夺病历的主体既包括患者也包括医疗机构，还包括患者近亲属以及接受患者或者其近亲属指示的人所进行的抢夺病历行为。这一规则的限定条件必须是导致因果关系或者诊疗过错等案件事实无法认定的，才由抢夺一方承担相应的证据法意义上的不利后果。

825. 侵害患者隐私权和个人信息的如何承担责任？

答：医疗机构及其医务人员应当对患者的隐私保密。泄露患者隐私或者未经患者同意公开其病历资料，造成患者损害的，应当承担侵权责任。侵害患者隐私权和个人信息的民事责任承担方式主要有停止侵害、赔礼道歉和赔偿损失。停止侵害的适用较为常见。赔礼道歉也是侵犯隐私权和个人信息的民事责任的一种有效方式。赔礼道歉可以采用公开方式进行，也可以采用非公开方式进行。法律上并没有规定赔礼道歉的具体方式，主要取决于受害人的选择。就侵犯患者隐私权的赔礼道歉来说，不公开赔礼道歉的效果更好，避免对患者造成二次伤害。至于赔偿损害，由于侵犯患者隐私权的结果主要是给受害人造成精神损害，因此，赔偿损失可以按照《最高人民法院关于确定民事侵权精神损害赔偿责任若干问题的解释》的有关规定进行赔偿。侵害个人信息的，也主要是精神损害赔偿的问题。至于赔偿的具体问题，可以适用侵害个人信息的一般规则。

826. 对于干扰医疗秩序，侵害医务人员合法权益的如何承担责任？

答：对于干扰医疗秩序，侵害医务人员合法权益所承担法律责任的范围，不仅包括民事责任，还包括行政责任和刑事责任。比如，《医师法》第49条第3款规定禁止任何组织或者个人阻碍医师依法执业，干扰医师正常工作、生活；禁止通过侮辱、诽谤、威胁、殴打等方式，侵犯医师的人格尊严、人身安全。同时，该法第60条规定："阻碍医师依法执业，干扰医师正常工作、生活，或者通过侮辱、诽谤、威胁、殴打等方式，侵犯医师人格尊严、人身安全，构成违反治安管理行为的，依法给予治安管理处罚。"《治安管理处罚法》第 23 条第 1 款第 1 项规定,扰乱机关、团体、企业、事业单位秩序,致使工作、生产、营业、医疗、教学、科研不能正常进行,尚未造成严重损失的,处警告或者 200 元以下罚款;情节较重的,处 5 日以上 10 日以下拘留,可以并处 500 元以下罚款。

827. 医疗机构不配合医疗事故技术鉴定的如何承担责任?

答:医疗机构违反《医疗事故处理条例》的有关规定,不如实提供相关材料或不配合相关调查,导致医疗事故技术鉴定不能进行的,应当承担医疗事故责任。患者向卫生健康主管部门提出判定医疗事故等级及责任程度请求的,卫生健康主管部门可以委托医学会按照《医疗事故分级标准(试行)》,对患者人身损害的后果进行等级判定,若二级、三级医疗事故无法判定等级的,按同级甲等定。责任程度按照完全责任判定。

医疗机构无故不参加随机抽取专家库专家的,由负责组织医疗事故技术鉴定工作的医学会向患者说明情况,经患者同意后,由患者和医学会按照有关规定随机抽取鉴定专家进行鉴定。

医疗机构有上述情形之一,而对判定或者鉴定意见不服,提出医疗事故技术鉴定或者再次鉴定申请的,卫生健康主管部门不予受理。

828. 未经批准擅自开办医疗机构行医或者非医师行医的如何承担责任?

答:未经批准擅自开办医疗机构行医或者非医师行医的,由县级以上人民政府卫生健康主管部门予以取缔,没收其违法所得及其药品、器械,并处 10 万元以下的罚款;对医师吊销其执业证书;给患者造成损害的,依法承担赔偿责任;构成犯罪的,依法追究刑事责任。

829. 以不正当手段取得医师执业证书的如何承担责任?

答:以不正当手段取得医师执业证书的,由发给证书的卫生健康主管部门予以吊销;对负有直接责任的主管人员和其他直接责任人员,依法给予行政处分。

830. 医疗机构诊疗活动超出登记范围的如何承担责任?

答:诊疗活动超出登记范围的,由县级以上人民政府卫生健康主管部门予以警告、责令其改正,并可以根据情节处以 3000 元以下的罚款;情节严重的,吊销其《医疗机构执业许可证》。

831. 医疗机构出具虚假证明文件的如何承担责任?

答:出具虚假证明文件的,由县级以上人民政府卫生健康主管部门予以警告;对造成危害后果的,可以处以 1000 元以下的罚款;对直接责任人员由所在单位或者上级机关给予行政处分。

832. 医务人员未按照规定使用特殊药品的如何承担责任?

答:未按照规定使用麻醉药品、医疗用毒性药品、精神药品、放射性药品等,由县级以上人民政府卫生健康主管部门责令改正,给予警告,没收违法所得,并处 1 万元以上 3 万元以下的罚款;情节严重的,责令暂停 6 个月以上 1 年以下执业活动,直至吊销医师执业证书。

833. 医疗机构未履行报告职责的如何承担责任?

答:医疗卫生机构未履行报告职责,造成严重后果的,由县级以上人民政府卫生健康主管部门给予警告,对直接负责的主管人员和其他直接责任人员依法给予处分。

834. 医疗机构过度检查的是否承担责任?

答:过度诊疗检查,即"违反诊疗规范实施不必要的检查"。通常,过度检查分为两种:一是本来不需要检查的,却要求患者检查;二是本来可以采用简单诊疗技术检查,却用复杂、成本高的诊疗技术检查。在治疗方面,一是不合理的高价用药;二是手术过度耗材,开大处方,滥用昂贵药品、不必要甚至重复检查。"不必要的检查"必须是以"违反诊疗规范"为前提的,对于符合诊疗规范的诊疗检查,医疗机构不承担侵权责任。目前,我国还没有统一的诊疗规范规定什么是过度检查,在临床上也很难划定范围,疾病的不断变化需要进行相应的检查,这就要求医生从患者利益出发,一切为患者着想,包括患者的经济和家庭状况,根据病情开具适当的检查。

835. "安乐死"医疗机构是否承担责任?

答:安乐死,一般是指确诊罹患绝症的患者,且无法通过医疗行为减轻痛苦的条件下,由病人或是病人家属提出,经过面谈、咨询等评估后,由医生主动使病患在无痛的状态结束生命的方式。又细分为积极安乐死和协助自杀。(1)积极安乐死会由他人包括医生,为病人注射药物,导致病人死亡。(2)协助自杀是由医生准备药物,让病人或病人家属,自行或协助服用,结束生命。

在我国法律上,生命不仅仅属于自己,对生命的尊重包括别人对自己的尊重,也包括自己对自己的尊重,这也是处于公共利益上的考虑。生命并非一般财产,有病痛的生命也是生命,不能任意剥夺,我国的法律目前不承认安乐死。从医学和法律的角度,我国对安乐死的争论非常激烈。其一,在我国现有的法律条件下,"安乐死"可能引致"故意杀人"。患者自杀不会影响别人,但是,如果他本人想结束生命,医护人员及家属协助满足其请求,在《刑法》中是"帮助自杀"行为,涉嫌故意杀人罪。其二,"安乐死"如果以法律形式确认下来,可能会被一些人利用,用以非法剥夺他人的生命。因此,在我国目前实施安乐死是一种侵犯生命权的非法行为。

836. 医疗机构未按规定告知患者病情、医疗措施等情况如何承担责任?

答:未按规定告知患者病情、医疗措施、医疗风险、替代医疗方案的,由县级以上人民政府卫生主管部门责令改正,给予警告,并处1万元以上5万元以下罚款;情节严重的,对直接负责的主管人员和其他直接责任人员给予或者责令给予降低岗位等级或者撤职的处分,对有关医务人员可以责令暂停1个月以上6个月以下执业活动;构成犯罪的,依法追究刑事责任。

第十三章

医疗机构诊疗护理告知过失

第一节 诊断过失

837. 医疗机构未尽检查义务致残疾婴儿出生是否应当赔偿?

答:孕妇在怀孕期间多次前往医疗机构进行产前检查,均被告知胎儿正常,但婴儿出生时具有先天性残疾。医疗机构在产检时未能充分尽到检查义务和告知义务,作出错误的判断,致使残疾婴儿出生,侵犯了孕方的优生优育选择权。医疗机构的医疗行为具有过错,且其未充分履行义务的过错行为与残疾婴儿的出生结果具有因果关系,故应承担相应的损害赔偿责任。

838. 医疗机构将脑出血患者按照脑梗死治疗致患者死亡是否应当赔偿?

答:医疗机构在对入院患者进行诊断的过程中,存在影像学诊断失误,并未针对患者病情及时复查,导致将脑出血误诊为脑梗死,且用药不合理,应当认定医疗机构具有医疗过失。在医疗机构的医疗过失与患者的死亡结果存在部分因果关系的情况下,应综合考虑医疗机构的资质水平及患者病情的发展程度,由医疗机构承担与其过错相应的赔偿责任。

839. 医疗机构误诊致患者前往他处检查是否应当赔偿?

答:患者在医疗机构诊断出患有某种疾病后,再次前往其他医疗机构检查,并确诊并未患有该疾病。由于医疗机构的诊断行为尚未造成患者人身损害的后果,且患者再次前往其他医疗机构诊查系其自主选择的结果,而非必然发生,据此在无损害后果发生且医疗机构的行为与患者的再次诊查无因果关系的情况下,医疗机构无须就患者再次检查产生的费用承担赔偿责任。

840. 医疗机构未及时作出正确诊断是否应当赔偿？

答：医疗机构有义务根据现有技术水平对患者的病情进行正确的诊断，并采取正确的诊疗措施及相应的护理。医疗机构在患者病情迅速加重时，未能采取及时有效的治疗措施，对患者所患疾病未能及时作出正确判断，致使治疗延误，最终造成患者死亡的严重后果。此时，应认定医疗机构未履行及时治疗及护理患者的义务，存在医疗过失，且该过失与患者死亡的结果存在因果关系，应对此承担赔偿责任。

841. 医疗机构产检时判断错误导致残疾儿出生是否应当赔偿？

答：孕妇为确定胎儿是否患有先天性残疾，前往医疗机构进行产前检查，而医疗机构诊断错误，致使患有先天性残疾的胎儿出生，可认定医疗机构侵犯了孕妇终止妊娠的生育选择权。虽然医疗机构对于胎儿残疾本身没有过错，但胎儿出生的结果与医疗机构出具的检查结果具有因果关系，在此种情况下，医疗机构应当对其过失导致的后果承担损害赔偿责任。

842. 医疗机构误诊但已尽到合理注意义务是否应当赔偿？

答：误诊属于医疗活动中存在的概率事件，并不必然构成医疗过错。虽然患者的实际病情与医疗机构作出的诊断不同，但医疗机构在接诊后已经根据其现有医疗条件为患者制订了合理的护理计划，并采取了必要的治疗措施；在患者接受较短时间的治疗即要求转院时，医疗机构亦将可能发生的不良后果告知患者，并采取合理措施护送，应当认定医疗机构在提供医疗服务时已经尽到了合理的注意义务，不应认定医疗机构未能准确诊断患者病情的行为具有过错，其无须就此向患者承担赔偿责任。

843. 医疗机构发生误诊是否应当赔偿？

答：医疗机构未能对患者的常见疾病作出准确的诊断，在对患者进行多次检查且诊断结果不一致的情况下，仍为患者作出错误诊断并采取化疗措施，给患者造成了巨大伤害，应当认定医疗机构未尽到合理注意义务，具有过错。在此情况下,医疗机构应当为其误诊行为向患者承担赔偿责任。

844. 医疗机构漏诊且延误患者治疗的是否应当赔偿?

答:医疗机构在对患者进行诊疗行为时,未尽合理的注意义务,造成诊断结论存在漏诊,且在之后治疗无效的情形下,未对患者重新检查或提出转院的建议,从而延误了患者的治疗,造成患者死亡。结合医疗侵权行为的构成要件,医疗机构的行为与患者死亡后果之间存在因果关系,故应当承担相应的过错责任。

845. 医疗机构不构成医疗事故的漏诊行为致患者损害加重是否应当赔偿?

答:医疗事故鉴定机构出具的鉴定意见,表明医疗机构在诊疗过程中存在漏诊情况,虽不构成医疗事故,但医疗机构仍存在医疗差错,且其差错使患者损伤加重,影响及时治疗,因此,应认定医疗机构的漏诊行为与患者遭受的损害之间具有因果关系。医疗机构除应退还因医疗差错收取的服务费用外,还应按照鉴定意见认定的医疗过失参与度等级向患者承担经济赔偿责任。

846. 接受会诊邀请的医疗机构迟延会诊导致患者死亡的是否应当赔偿?

答:接收患者的医疗机构为更好地对患者进行治疗,与其他医疗机构共同对患者进行会诊。因会诊的目的是帮助患者恢复健康,故协助诊治的医疗机构在接受会诊邀请并收取患者家属交纳的医疗费用后,即对患者负有专业上的注意义务。协助诊治的医疗机构延误会诊,未在其能力范围内采取及时、有效的检查和治疗措施,致使患者最终死亡的,应承担相应的赔偿责任。

847. 医疗机构的诊疗行为直接导致患者死亡,为什么多数鉴定意见仅鉴定医方承担主要原因而不是全部原因?

答:原因力是指行为人的行为在最终损害后果的发生或扩大上所发挥的作用力,这本身也是一个事实问题。原因力也是区分因果关系程度的一个概念。考察原因力,离不开因果关系的理论。在医疗损害领域中看似诊疗行为造成了损害后果,但在整个事件中除诊疗过错外,还普遍存在患者的原发疾病、病情的紧急程度、患者自身特殊体质、患者及其家属的过错等因素共同作用导致损害的发生。

基于医学理论和常识,医疗损害的病理生理学过程中各类因素的作用性质、强度及其与后果距离等方面,可判断各因素的原因力。基于现代医学的许多伤亡病理机理,特别是多因素相互作用的病理生理机制尚不十分清楚,不可能完全客观真实地解释所有因素的相互关系。这也就是所谓的科学发展的真理相对性与现实社会的法律时效性之间不可回避的矛盾。不存在医学上的因果关系与法律上的责任关系完全统一。但是在现实科技水平的前提下,为最大限度地体现社会公平公正,只能依赖于法律的统一性和强制性,所以医院的诊疗行为虽然最终造成了患者死亡,但鉴定意见一般仅认定为主要原因而不是全部原因。

848. 医疗机构未及时确诊导致引发其他疾病是否应当赔偿?

答:患者在医疗机构接受诊疗时,因医疗机构一直未予确诊并对症治疗,最终引发患者其他疾病。因医疗机构的诊疗行为符合医疗规范,且评判医疗机构是否存在过错不以医疗机构所采取的治疗措施是否达到患者所期待的诊疗效果作为依据,故医疗机构对患者实施的抢救行为虽未达到一定的效果,但不应认定医疗机构的治疗措施存在严重过错。同时,医疗机构未对患者及早的确诊,延误诊断,具有一定过错,应向患者承担相应的过错责任。

849. 医疗机构的过错行为导致患者损害后果发生可能性极高时是否应当承担赔偿责任?

答:我国相关法律规定,公民的人身权利受法律保护,侵害公民人身权利造成伤害的,赔偿权利人有权要求赔偿义务人赔偿相关损失。根据《民法典》的规定,患者在诊疗活动中受到损害,医疗机构及其医务人员的医疗行为有过错的,由医疗机构承担医疗损害赔偿责任。在医疗损害责任纠纷中,患者前往医疗机构治疗,因医疗机构的医疗过错行为导致患者出现损害后果,对医疗机构的医疗行为与患者的损害后果是否存在因果关系认定,应采用盖然性因果关系理论,即如果受害人对侵权行为与损害后果之间因果关系的证明达到相当程度的可能性,就可以推定二者之间存在因果关系;或证明如果没有该行为,就不会发生该结果的盖然性,亦可推定存在因果关系。如确认损害后果与医疗行为存在因果关系,医疗机构应就其过错行为给患者带来的损害承担赔偿责任。如现有医学对损害结果无法避免且患方也存在一定过错,应适当减轻医疗机构赔偿责任。

850. 医疗机构因未及时送检延误后续诊疗的是否应当赔偿？

答:(1)患者在医疗机构接受治疗时,医疗机构对患者进行了与其本身医疗水准不符的诊疗活动,且未及时送检,导致患者因治疗延迟而加速病情恶化,最终造成患者死亡的后果。因医疗机构的延误治疗行为与患者的死亡存在因果关系,故根据医疗侵权责任的一般理论,医疗机构应当承担相应的赔偿责任。

(2)医疗机构实施的延误治疗行为最终导致患者未能得到及时有效的治疗而死亡。该死亡后果的发生必然导致患者近亲属精神遭受巨大的痛苦,此时,患者近亲属有权要求医疗机构赔偿精神损失。在确定具体赔偿数额时,则应综合医疗机构的过错程度、损害后果的严重性等因素。

851. 医疗机构未尽注意义务致患者病情恶化的,其承担责任的范围如何确定？

答:医疗机构在对患者诊疗过程中,未依据其医疗设备及技术水平对患者履行相应的注意义务。医疗机构怠于履行高度注意义务,从而作出不准确、不全面的诊断结论,致使患者病情恶化,医疗机构应承担损害赔偿责任。但患者的损害后果并非完全由医疗机构的过错行为所致,医疗过错为患者损害结果的部分原因,此时医疗机构仅需在其过错范围内承担赔偿责任。

852. 患者术后出现难以避免且无法预见的并发症是否应当赔偿？

答:患者在手术后出现难以避免且无法预见的并发症,导致无法正常生活,但医疗机构在为患者手术的过程中并无违反医疗卫生管理法律法规、诊疗护理常规和技术操作规程等规定的行为,手术措施亦符合当时的医疗水准。据此,可以认定医疗机构已经尽到应有的注意义务,其对于患者遭受的损害没有过错,无须承担赔偿责任。

第二节 治疗过失

853. 医疗机构为孕妇使用孕妇禁用的药物导致孕妇引产是否应当赔偿？

答：医疗机构的医务人员在明知患者已经怀孕的情况下，仍使用孕妇禁用药物为患者医治疾病，造成患者最终施行引产手术。患者在得知用药后其孕育的胎儿可能畸形的情况下遂作出引产的决定，该决定符合社会常识与常理，故可认定医疗机构的过错与患者做引产手术的结果之间存在相当因果关系，医疗机构的行为违反了医疗常规和注意义务，应当对患者承担损害赔偿责任。

854. 医疗机构转诊时违背家属意愿将患者转运至水平较低的医疗机构救治导致患者死亡是否应当赔偿？

答：患者因伤到医疗机构就诊，医疗机构因不具备诊疗条件将患者转运至其他医疗机构救治，此后患者因错过最佳治疗时机在接诊医疗机构诊疗过程中死亡。鉴于医疗机构工作人员在转运患者过程中，无正当理由拒绝患者家属提出的将患者送至具备更高医疗条件的医疗机构的请求，剥夺了患者对医疗机构的选择权，并最终导致患者死亡的严重后果。在此情况下，应认定医疗机构的行为违反了转诊义务，应对患者的死亡后果承担一定的赔偿责任。

855. 患者药物过敏后拒绝医疗机构抢救及治疗最终导致死亡医疗机构是否应当赔偿？

答：药物过敏是由药物引起的过敏反应，属于非正常的免疫反应。常见的药物过敏反应不属于医疗机构过失诊疗行为导致，仅为正常诊疗活动难以避免的结果之一，且该过敏反应可以通过进一步的治疗得以缓解或消除，故患者无权以其遭受药物过敏反应向医疗机构主张损害赔偿责任。认定医疗机构对患者的损害承担责任应当满足以下情况：(1)患者确实接受了医疗机构的相关诊疗行为；(2)医疗机构的相关诊疗行为确实存在过失或过错；(3)患者确实在诊疗活动中遭受了损害;(4)患者的损害与诊疗机构的过错诊疗具有一定的因果关系。

856. 医疗机构为癌症疼痛患者使用缓解疼痛的禁忌性药物导致加速患者死亡是否应当赔偿?

答:患者所患疾病已被确认为无法治愈,并面临死亡危险。患者疼痛难忍,普通药物已经无法减轻患者的病痛折磨,医疗机构遂在患者家属同意的情况下,为患者使用了禁忌药物以缓解疼痛,最终因该药物的副作用加速了患者的死亡。医疗机构为患者使用禁忌药物已经取得患者家属同意,应认定医疗机构已经履行了告知义务,不违反医疗常规。患者家属未能证明医疗机构的医疗行为存有过错或过失的,无权要求医疗机构对患者的损害承担赔偿责任。

857. 用药错误但经鉴定不构成医疗事故,医疗机构是否应当赔偿?

答:医疗机构用药错误虽然经鉴定部门出具的鉴定意见认定医疗机构的医疗行为不构成医疗事故,但鉴于医疗机构在对患者进行治疗时,将不利于患者病情甚至可能导致患者病情恶化的药物输给患者,在客观上加速了患者病情的恶化或减少了延长患者生命的可能性。即医疗机构的前述诊疗行为存在过错,且该过错行为与患者死亡之间具有法律上的相当因果联系。因此,医疗机构应对患者死亡的后果承担相应的赔偿责任。

858. 医疗机构手术措施不当但不构成医疗事故是否应当赔偿?

答:患者在医疗机构接受手术治疗后,出现并发症,虽然鉴定意见认定医疗机构的医疗行为不构成医疗事故,但因该条件并非医疗机构免责的条件,且医疗机构在手术过程中确实存在不足,该不足增加了并发症产生的概率。在此情况下,应认定医疗机构未尽到避免对患者产生不利后果的义务,应承担相应的损害赔偿责任。

859. 医疗机构术中使用麻醉不当导致患者发生损害是否应当赔偿?

答:在医疗纠纷中,通常情况下只要医疗行为构成医疗事故,医疗机构即应承担损害赔偿责任。但当医疗行为尚不构成医疗事故,而患者确实因医疗机构的医疗行为而造成损害时,医疗机构亦应当承担损害赔偿责任,即医疗机构承担民事赔偿责任并不以医疗行为构成医疗事故为前提,而应以医疗机构的医疗行为存在过错或过失以及存在过错或过失的程度来认定医疗机构应当承担的民事责任。医疗机构在为患者进行手术时,一般均会使用麻醉手段,使病人整体或局部暂时失去感觉,以达到无痛的目的,为手术治疗或者其他医疗检查治疗提供条件。使用麻醉药物的剂量不当将会导致药物副作用的发生,此种情况下应认定医疗机构在医疗活动中存在过错,则由此引起的医疗损害赔偿,即使不构成医疗事故,医疗机构亦应当承担赔偿责任。

860. 医疗机构延误治疗时机但不构成医疗事故是否应当赔偿?

答:患者就诊于医疗机构后出现死亡的损害后果。经医疗事故鉴定部门鉴定,医疗机构的医疗行为不属于医疗事故,但医疗机构未及时检查患者病情,延误了治疗患者病症的最佳时机,与患者死亡结果确有因果关系。据此,根据《民法典》中关于医疗损害责任的规定,确认医疗机构的赔偿责任及赔偿范围。

861. 患者亲属与医疗机构达成的补偿协议显失公平是否可以行使撤销权?

答:医疗损害发生后,患者亲属在对患者的损害原因及可能需要的费用不确定的情况下,与医疗机构签订了补偿协议,约定医疗机构给予一次性经济补偿后免除其之后的一切责任。鉴于患者近亲属在多年后才知道上述协议内容存在显失公平的情形,故从此时才起算撤销权的行使时间,自此1年内,患者均可以行使撤销权。

862. 医疗机构实习医生的诊疗行为导致患者死亡的责任主体如何认定?

答:医疗服务合同是医患双方约定,由医疗机构提供相关医疗服务,患者接受医疗服务并支付医疗费用的合同。据此,患者前往医疗机构治疗,医疗机构为患者实施诊疗行为,双方即构成医疗服务关系。医疗机构与患者在医疗服务合同的履行过程中,均应履行各自应尽的义务。医疗机构及其医务人员因违反相关法律法规,过失造成患者人身损害的行为构成违约,应承担违约责任。由于患者与医疗机构存在医疗服务关系,而医护人员对患者施行医疗行为属于职务行为,因此,医疗机构医务人员的医疗行为给患者造成损害的,应当由医疗机构承担赔偿责任。对此,我国相关法律规定,无上级医师指导的实习医生独立诊治病人造成损害后果属于医疗机构医务人员非法行医的情况之一,法院应直接认定医疗机构承担损害赔偿责任。

863. 急救中心在急救转送患者过程中对患者病情处置不当,是否应予赔偿?

答:患者因突发疾病遂拨打电话向急救中心求救,急救中心在对患者实施抢救后,将患者运送至医疗机构救治。在转送患者过程中,急救中心发现患者病情加重后未对患者病情作出正确判断,仅采取了简易的救治措施,最终导致患者经抢救无效死亡。急救中心在患者病情加重的情况下未作出正确判断且处置不当,存在一定的医疗过错,应对患者的损害承担相应的赔偿责任。

864. 医疗机构在术后忽视患者病情导致延误抢救的是否应当赔偿?

答:医疗机构在对患者实施手术治疗后,对患者术后病情变化未予重视,且在患者出现异常状况后,未采取及时有效的措施,导致抢救时机的延误,故应当认为医疗机构存在医疗过错行为,该医疗过失与患者死亡结果之间存在因果关系,故医疗机构应当对给患者造成的损害后果承担赔偿责任。

865. 医务人员未经批准在家中接生致产妇损害的,医疗机构应否承担责任?

答:医疗机构的医务人员未经批准、未取得医疗机构执业许可证即私自开办家庭诊所。患者因分娩前往医务人员开办的家庭诊所就诊,由于家庭诊所设备不足导致患者在产后大出血后延误治疗时机,最终造成患者伤残,应对患者损害承担赔偿责任。由于医务人员是在自己家中进行的上述活动,且未经医疗机构批准,故与医疗机构无关,不能认定医疗机构存在管理过失。据此,医疗机构不承担赔偿责任。

866. 患者接受治疗过程中拒绝检查，医疗机构在未查清病情的情况下进行治疗并导致患者死亡的，责任如何划分？

答：患者在接受治疗的过程中多次拒绝医疗机构的必要检查，而医疗机构在未全面分析患者检查报告、未能作出准确诊断的情况下即为患者进行治疗，最终造成患者死亡的严重后果。因患者自身拒绝检查，致使医院无法对症治疗，故应对其自身的伤亡承担相应的责任。而医疗机构的诊疗行为存在缺陷，对患者的死亡亦存在过错。在此情况下，应认定患者与医疗机构对患者的死亡后果均具有过错，应按照双方的过错程度承担民事责任。

第三节 护理过失

867. 医疗机构术后随访及复查不到位致患者寿命缩短是否应当赔偿？

答：患者因病在医疗机构治疗后死亡，经法院确认属实的鉴定意见可知，医疗机构在对患者进行手术的过程中不存在医疗事故，但存在手术后随访及复查不到位等医疗过错并最终造成患者寿命的缩短。因医疗机构无法证明其在手术中不存在过错，故应对患者寿命缩短这一损害结果承担相应的侵权责任。考虑到疾病是导致患者最终死亡的根本原因，医疗机构术后随访及复查不到位只是导致这一死亡结果提前出现，且手术及术后护理符合医疗规范，故医疗机构无须对患者死亡承担全部责任，仅须在自己的过错范围内进行赔偿。

868. 电梯被占用致使危重病人手术推迟造成损害后果医疗机构是否应当赔偿？

答：对于危重病人，医务人员在诊疗过程中要尽到更多的责任与义务。有以下情况的病人均可称为危重病人：生病体征不稳定，病情变化快；两个以上的器官系统功能不稳定、衰竭；病情发展可能危及生命。医务人员对于危重病人要从环境、治疗、护理三个方面尽到更多义务。环境上要严格执行诊疗及护理规范，制定应急预案;治疗上要预防相关性感染,注意患者药物使用安全及各种仪器的使用安全;护理上要提高护理人员的素质,建立患者安全绿色通道,保证危重患者在院内转运的安全性、高效性,防范其他不必要损害的发生等。医疗机构对于危重病人院内转运过程中未尽到上述义务,造成患者损害结果的,应承担赔偿责任。

869. 精神病患者在住院治疗期间自伤致残的医疗机构是否应当赔偿?

答:精神病患者入住医疗机构接受治疗,患者家属告知及入院诊断均能认定患者具有自残或伤害他人的危险性。在患者病情未稳定时,医疗机构改变护理级别,此后患者因自伤致残疾,而医疗机构是在查房时通过患者自述才得知,故应认定医疗机构对患者的护理未尽到高度注意义务,患者有权就其伤残的后果要求医疗机构承担赔偿责任。

870. 在患者术后未清醒的情况下护理人员拔除吸氧管导致患者植物人状态,医疗机构是否应当赔偿?

答:医疗机构对患者实施手术治疗,但未对手术过程做记录,亦未在手术后告知护理人员对患者进行特殊看护。护理人员在患者麻醉未清醒的情况下,提前将患者吸氧管拔除,造成患者手术后处于植物人状态。据此,应认定医务人员的诊疗行为违反法律规定,护理人员的护理行为违反操作规范,医疗机构在对患者进行治疗的过程中存在过错,且该过错与患者的损害结果之间存在因果关系,故医疗机构应承担赔偿责任。

871. 医疗机构术前准备不充分及护理不当导致患者死亡是否应当赔偿?

答:患者在医疗机构接受治疗后出现并发症,最终死亡。虽然患者的损害后果主要由其疾病及自身因素导致,但医疗机构在诊疗前的准备以及治疗后的护理方面存在不足,这些不足亦是导致损害结果发生的因素。即使医疗机构在治疗方案的选择、履行告知义务、诊疗操作等方面不存在过错,其亦应对其未尽到合理注意义务而导致的治疗前准备及治疗后护理不足承担责任。

872. 精神病患者在治疗期间致人损害医疗机构是否应当赔偿?

答:精神病患者在医疗机构接受治疗期间,实施侵害其他病人的行为,造成其他病人受伤致残的后果。上述损害后果系由精神患者的陪护人未及时制止、医疗机构及医护人员未做好安全防范工作所致。精神病患者在医疗机构治疗期间,其陪护人及医疗机构对其均负有监护责任,其陪护人及医疗机构未尽监护责任,导致精神病患者伤人事件发生的,陪护人及医疗机构应承担侵权责任,在各自的过错范围内赔偿受伤患者的损失。

873. 医疗机构看护不符合常规致患者死亡是否应当赔偿?

答:医疗机构在不具备实施相关手术条件的情况下,即为患者实施医疗行为,该行为违反医疗卫生管理规范。在实施手术后,医疗机构未及时对患者进行必要的术后护理,造成患者死亡的严重后果。医疗机构违反医疗卫生管理规范及诊疗护理规范的过错医疗行为与患者的损害后果之间存在直接因果关系,故医疗机构应当承担损害赔偿责任。

874. 医务人员未及时到场参加抢救的医疗机构是否应当赔偿?

答:医疗机构在为患者进行相应的治疗后,未对患者治疗后出现的不良状况予以重视,亦未进行任何检查和采取措施,导致患者病情加重。同时,在抢救患者过程中,因相关医务人员未及时到场,亦未实施必要的抢救措施,最终导致患者因延误治疗而死亡。医疗机构对患者的病情疏于观察、护理不到位,医务人员怠于抢救,且未采取必要的抢救措施,故应认定医疗机构的诊疗行为存在过错,且该过错与患者的损害后果之间具有因果关系,医疗机构应对患者承担损害赔偿责任。

875. 抑郁症患者在住院期间自杀死亡医疗机构是否应当赔偿?

答:抑郁症患者入住精神病医院接受治疗,住院期间跳楼身亡。因抑郁症患者系不能辨认自己行为的无民事行为能力人,故精神病医院应当对患者尽审慎的安全注意义务。而精神病医院未能预见患者住院期间的危险性,亦未尽到合理的注意义务,致使患者自杀死亡,应认定精神病医院存在过错,故应对患者死亡的后果承担赔偿责任。

876. 孕妇分娩后错抱新生儿医疗机构是否应当承担责任?

答:孕妇在医疗机构分娩新生儿后,医疗机构疏于履行看管和监护新生儿的注意义务,致使孕妇及其配偶抱错新生儿,导致串子结果的发生。据此,应认定医疗机构未尽到对新生儿出入管理及监护的义务,对串子事实的发生存在过错,对孕妇及其配偶造成损害,应承担赔偿责任,赔偿孕妇及其配偶因串子产生的精神损害及相关费用。

877. 医疗机构管理疏忽致新生儿丢失是否应当承担责任?

答:新生儿在医疗机构出生后,被他人抱走并下落不明,父母作为法定监护人未尽到监护职责,应当对新生儿丢失承担主要责任。而医疗机构作为专业机构,不仅应当对患者承担适当的诊疗义务,还应对患者负有相应的保护义务,因其管理疏忽导致新生儿丢失,与安全保障义务相违背,故医疗机构亦应承担相应民事责任,并就以新生儿丢失对父母造成的精神痛苦承担精神损害赔偿责任。

878. 病理标本在运送途中丢失医疗机构是否应当承担责任?

答:医疗机构为患者手术后制作了病理标本,以便进行病理检查。医疗机构在运送过程中将病理标本丢失,以致无法判断患者的具体身体状况。患者最终因担忧身体状况而处于抑郁状态。病理标本系患者医疗信息的载体,属于病历资料的一部分,医疗机构对病理标本具有妥善保管的义务。医疗机构未尽到保管义务,将病理标本丢失,存在过错,应对患者造成的损害结果承担赔偿责任。

第四节 告 知 过 失

879. 医院在可选择药物治疗或手术治疗时直接实施手术的,应否对患者伤残后果承担责任?

答:医疗机构在诊疗活动中,负有向患者如实告知医疗风险、替代医疗方案等情况的义务。医疗机构在可以选择药物治疗或手术治疗的情况下,不但未将此告知患者,反而直接施行手术治疗,最终造成患者伤残。虽然医疗机构的医疗行为不构成医疗事故,但是其未履行告知义务,已构成对患者知情权的侵犯,故其应对该医疗过错承担赔偿责任。

880. 医疗机构未尽相应诊疗义务导致患者死亡是否应当承担责任？

答：医疗机构及其医务人员在医疗活动中必须严格遵守医疗卫生管理法律、行政法规、部门规章和诊疗护理规范、常规，恪守医疗服务职业道德。根据相关法律规定，医务人员在诊疗活动中未尽到诊疗义务，造成患者损害的，医疗机构应当承担赔偿责任。医疗机构及医务人员在诊疗过程中应当尽到的诊疗义务具体包括以下内容：第一，合理注意义务，即在为患者检查、诊断、治疗、观察病情等过程中，履行了审慎注意义务；第二，合理治疗义务，即在确诊患者所患疾病后，能够按照当时普通医疗技术的标准，以合理的治疗技术为患者提供医疗服务；第三，告知义务，即将患者的病情、医疗风险、医治方案、替换方案等对患者及家属如实告知，保证患者及患者家属的知情同意权得以实现。若医疗机构及医务人员未对患者履行上述义务，致使患者病情加重甚至死亡的，医疗机构应当承担民事责任。

881. 患者因第三人侵权遭受损害医疗机构未尽注意义务导致损害后果加重是否应当承担责任？

答：患者因他人的侵权行为遭受损害并入院接受治疗期间，医疗机构未能以最谨慎的态度及时、全面地对患者的伤情进行诊断，进而导致患者因病情延误而扩大损害，应当认定医疗机构未尽特殊注意义务，具有过错。虽然系他人造成患者损害，但医疗机构对于损害的扩大亦负有一定的责任，据此医疗机构应当就患者的损害承担相应的赔偿责任。

882. 医疗机构未告知放射治疗的副作用导致患者发生损害是否应当承担责任？

答：医疗机构在诊断病情时未告知患者放疗的侵袭性及副作用，该行为侵犯了患者的知情选择权，应认定医疗机构在告知方面存在过失。医疗机构不能证明其在治疗疾病时所使用的放射剂量没有超量，亦不能证明其已尽到谨慎注意义务，应认定医疗机构在医疗行为中存在过失。医疗机构的上述行为致使患者因放疗而发生人身损害的，应就此承担相应的过错赔偿责任。

883. 医疗机构未尽术后复查告知义务致患者残疾是否应当承担责任？

答：医疗机构在对患者实施手术治疗后，未对出院患者尽到告知术后复查重要性的义务，导致患者忽视复查环节，造成复查时间拖延，增加了患者因此新患疾病的可能性，延误最佳治疗时机。此时，应认定医疗机构未尽术后复查告知义务与造成患者延误治疗致残之间存在因果关系，医疗机构应承担与其过错相应的赔偿责任。

第十四章

伤残鉴定、三期鉴定与其他相关鉴定

第一节 伤残鉴定

884. 什么是伤残？

答：伤残，是指由损伤（致残因素）引起的残疾。其主要是指损伤或其他原因引起人体组织结构或者功能丧失，由此而造成人体不同程度地丧失生活能力、工作能力和社会生活能力，或造成生理上与心理上的缺陷。

885. 什么是伤残鉴定？

答：伤残鉴定是指伤后伤残程度鉴定。伤残鉴定的范围包括交通事故伤残、工伤事故伤残、意外伤害伤残、打架斗殴伤残。一般由司法部门（如交警队、派出所、法院）根据医院提供的相关入院记录或委托伤残鉴定机构作相应的残疾鉴定。

886. 什么是残疾？

答：人体组织器官结构破坏或者功能障碍，以及个体在现代临床医疗条件下难以恢复生活、工作、社会生活能力不同程度的降低或者丧失。

887. 致残等级如何划分？

答：人体损伤致残程度划分为十个等级，从一级（人体致残率100%）到十级（人体致残率10%），每级致残率相差10%。

888. 受伤人员的致残程度分级，依据的标准是什么？

答：受伤人员的致残程度分级依据的标准是2016年4月由最高人民法院、最高人民检察院、公安部、国家安全部、司法部联合发布的法律文件《人体损伤致残程度分级》，自 2017 年 1 月 1 日起施行。

该文件取消《道路交通事故受伤人员伤残评定》标准，自 2017 年 1 月 1 日后所有交通事故案件、故意伤害案件、雇员损害、医疗损害等所有人身损害致伤的鉴定标准统一适用《人体损伤致残程度分级》，工伤除外。

889. 人体损伤致残程度分级的鉴定原则和鉴定时机是什么？

答：(1) 鉴定原则：应以损伤治疗后果或者结局为依据，客观评价组织器官缺失和功能障碍程度，科学分析损伤与残疾之间的因果关系，实事求是地进行鉴定。受伤人员符合两处以上致残程度等级者，鉴定意见中应该分别写明各处的致残程度等级。

(2) 鉴定时机：应在原发性损伤及其与之确有关联的并发症治疗终结或者临床治疗效果稳定后进行鉴定。

890. 人体损伤程度鉴定标准是什么？

答：根据我国法律规定和司法审判需要，人体损伤程度分为重伤、轻伤和轻微伤。但除《刑法》对重伤作了原则性的规定外，对于轻伤和轻微伤均无明确的法律规定。根据《刑法》所规定重伤的原则，损伤程度的划分应依据组织结构破坏程度、器官功能障碍得程度和躯体形态毁损程度三个方面情况来界定，在法医学上应理解为：

(1) 重伤：组织器官遭到破坏并已危及生命；致使重要组织器官功能丧失或遗有躯体形态的严重毁损；

(2) 轻伤：组织器官遭到破坏并对身体健康构成一定的损害；致使重要组织器官功能部分丧失或遗有躯体形态的一定毁损；

(3) 轻微伤：组织器官遭到一定程度的破坏并对身体健康有轻微的损害。

891.《人体损伤程度鉴定标准》分级原则是什么？

答：为了进一步量化损伤程度，新的《人体损伤程度鉴定标准》将人体损伤程度分为重伤一级、重伤二级、轻伤一级、轻伤二级和轻微伤五个级别。

(1) 重伤一级：各种致伤因素所致的原发性损伤或者由原发性损伤引起的并

发症,严重危及生命;遗留肢体严重残废或者重度容貌毁损;严重丧失听觉、视觉或者其他重要器官功能。

(2)重伤二级:各种致伤因素所致的原发性损伤或者由原发性损伤引起的并发症,危及生命;遗留肢体残废或者轻度容貌毁损;丧失听觉、视觉或者其他重要器官功能。

(3)轻伤一级:各种致伤因素所致的原发性损伤或者由原发性损伤引起的并发症,未危及生命;遗留组织器官结构、功能中度损害或者明显影响容貌。

(4)轻伤二级:各种致伤因素所致的原发性损伤或者由原发性损伤引起的并发症,未危及生命;遗留组织器官结构、功能轻度损害或者影响容貌。

(5)轻微伤:各种致伤因素所致的原发性损伤,造成组织器官结构轻微损害或者轻微功能障碍。

其中,重伤二级是重伤的下限,与重伤一级相衔接,重伤一级的上限是致人死亡;轻伤二级是轻伤的下限,与轻伤一级相衔接,轻伤一级的上限与重伤二级相衔接;轻微伤的上限与轻伤二级相衔接,未达轻微伤标准的,不鉴定为轻微伤。

892. 人体损伤程度的鉴定原则是什么?

答:(1)遵循实事求是的原则,坚持以致伤因素对人体直接造成的原发性损伤及由损伤引起的并发症或者后遗症为依据,全面分析,综合鉴定。

(2)对于以原发性损伤及其并发症作为鉴定依据的,鉴定时应以损伤当时伤情为主,损伤的后果为辅,综合鉴定。

(3)对于以容貌损害或者组织器官功能障碍作为鉴定依据的,鉴定时应以损伤的后果为主,损伤当时伤情为辅,综合鉴定。

893. 人体损伤程度的鉴定时机是什么?

答:(1)以原发性损伤为主要鉴定依据的,伤后即可进行鉴定;以损伤所致的并发症为主要鉴定依据的,在伤情稳定后进行鉴定。

(2)以容貌损害或者组织器官功能障碍为主要鉴定依据的,在损伤90日后进行鉴定;在特殊情况下可以根据原发性损伤及其并发症出具鉴定意见,但须对有可能出现的后遗症加以说明,必要时应进行复检并予以补充鉴定。

(3)疑难、复杂的损伤,在临床治疗终结或者伤情稳定后进行鉴定。

894. 伤病关系的处理原则是什么?

答:《人体损伤程度鉴定标准》对伤病关系处理原则作出了明确规定,分为三种情况:

(1)损伤为主要作用的,既往伤/病为次要或者轻微作用的,应依据本标准相应条款进行鉴定;

(2)损伤与既往伤/病共同作用的,及二者作用相当的,应依据本标准相应条款适度降低损伤程度等级,即等级为重伤一级和重伤二级的,可视为具体情况鉴定为轻伤一级或者轻伤二级,等级为轻伤一级和轻伤二级的,均鉴定为轻微伤;

(3)既往伤/病为主要作用的,即损伤为次要或者轻微作用的,不宜进行损伤程度鉴定,只说明因果关系。

895. 伤残鉴定解决什么问题?

答:伤残鉴定,法医学术语又称为"临床法医学鉴定",伤残鉴定所能解决的内容十分广泛,在刑事和民事案件诉讼中,凡涉及活体所要解决的与法医有关人身伤害、残废、劳动能力、诈病与造作病(伤)、虐待、性功能或性犯罪、与医疗事故有关的伤残鉴定、医疗过错鉴定、与保险有关的伤残鉴定等医学问题,均属于伤残鉴定的范畴。

896. 伤情鉴定解决什么问题?

答:伤情鉴定,是指确定受害人被伤害的程度,即确定其机体组织结构的破坏、功能障碍及心理、精神方面的影响和损害程度的过程。主要是区分轻微伤、轻伤或是重伤,作为民事治安刑事立案的处理依据。一般轻微伤只作为民事治安案件处理,公安机关可对双方进行调解处理;如果调解不成可进行治安处罚,其民事赔偿问题由当事人向法院起诉解决。而轻伤以上则作为刑事案件立案,但也可以进行双方的民事调解,以把是否赔偿得到谅解作为量刑时的要素。不论调解成功与否都不妨碍移交检察院提起公诉。伤情鉴定是司法鉴定中最常见的项目之一。

897. 什么是劳动能力?

答:劳动能力是指人的工作能力和生活能力,包括体力和脑力两个部分。劳动能力主要反映一个人作为生存个体和社会成员完成全部生活和工作的能力,其能力的大小受个体的生物学因素、心理因素和社会因素影响。劳动能力和伤残等级评定是法医临床学鉴定的重要内容,主要涉及行政责任和民事责任等。

898.劳动能力如何分类?

答:劳动能力根据劳动性质分为一般性劳动能力和职业性劳动能力。

(1)一般性劳动能力是个体生存所必须具备的能力,主要是指日常生活活动的能力,如自我移动、穿衣、进食、保持个人和环境卫生等。

(2)职业性劳动能力是相对于一般性劳动能力而言,指经过专门性培训后个体所具备的从事某种专门性工作的能力,如教师的授课能力、钢琴家的演奏能力等。

899.什么是丧失劳动能力?

答:劳动能力丧失是指因损伤、疾病、衰老等原因引起的原有劳动能力,如工作能力、社会活动能力和生活自理能力的下降或丧失。由于劳动能力下降或丧失,可能使个体失去从事工作的能力或者社会活动能力,严重的会影响生活自理能力。

900.丧失劳动能力如何分类?

答:劳动能力丧失的分类方法较多,主要有以下几种:

(1)按劳动能力丧失的原因分为衰老、疾病、损伤等原因。

(2)按劳动能力丧失的性质分为职业性劳动能力丧失和一般性劳动能力丧失。

(3)按劳动能力丧失的时间分为永久性劳动能力丧失和暂时性劳动能力丧失。

(4)按劳动能力丧失的程度分为完全性劳动能力丧失和部分性劳动能力丧失。劳动能力完全丧失:指工作能力和日常生活能力全部丧失,生活不能自理。劳动能力部分丧失:指工作能力部分丧失,日常生活能够自理。劳动能力大部分丧失:指工作能力完全丧失,日常生活能力部分丧失。

901. 国际上残疾如何分类？

答：《国际残损、残疾、残障分类》该分类方法将残疾划分为三个独立的类别，即残损、残疾、残障。

(1) 残损：是指心理上、生理上或者解剖结构上和功能上的异常或者丧失，主要是指个体组织器官形态学上的缺损。

(2) 残疾：按 ICF 分类方法称"活动受限"，是由于个体组织器官形态学上的缺损使个体能力受限或者缺乏，以致不能按照正常的方式进行活动，表现为个体生理功能上的残疾。

(3) 残障：按 ICF 分类方法称"参与限制"，是由于残损或者残疾，而限制或者阻碍个体履行正常的(按年龄、性别、社会和文化等因素确定)社会作用，表现为社会能力的残疾。

902. 我国残疾如何分类？

答：我国将残疾分为视力残疾、听力残疾、言语残疾、肢体残疾、智力残疾、精神残疾。凡有两种及两种以上残疾的，列为多重残疾。

903. 我国伤残如何分级？

答：我国现行的伤残等级评定标准基本采用 10 级划分法，即从 1 级到 10 级，最重为 1 级，最轻为 10 级。其中《医疗事故分级标准》把医疗事故分为 4 级 12 等，即一级甲、乙等，二级甲、乙、丙、丁等，三级甲、乙、丙、丁、戊等，四级不分等，同时规定，从一级乙等至三级戊等分别对应 10 个级别的伤残。

904. 什么是日常生活活动能力？

答：日常生活活动是指人们在日常生活中，能够完成自身的衣、食、住、行，保持个人卫生整洁和独立的社区活动所必需的一系列基本活动，是个体为了维持生存以及适应生存环境而每天必须反复进行的、最基本的、最具有共性的活动。

905. 日常生活活动能力如何分类？

答：日常生活活动能力分为基本日常生活活动能力和工具性日常生活活动能力。

(1)基本日常生活活动能力是指每日生活中与穿衣、进食、保持个人卫生等自理活动和坐、站、行走等身体活动有关的基本活动。

(2)工具性日常生活活动能力如杂事、炊事、采购、骑车或者驾驶、处理个人事务等,大多数需要借助或大或小的工具进行。

(3)基本日常生活活动能力反映的是较为粗大的运动功能,工具性日常生活活动能力主要反映较为精细的功能。

906.日常生活活动能力的评定标准是什么?

答:日常生活活动能力评定标准日常生活活动能力评定的标准较多,常用的标准有 Barthel 指数分级、Katz 指数法、PULSES 评定、修订的 Kenny 自理评定、功能问卷、快速残疾评定量表等。不同评定标准有其不同的适应证及评估价值,但研究也证实不同评定方法间具有一定程度的相关性或一致性。

907.日常生活活动能力如何评定?

答:日常生活活动能力评定方法分为直接观察和间接评定两种方法。

(1)直接观察:ADL 的评定可让患者在实际生活环境中进行,评定人员观察患者完成实际生活中的动作情况,并在此环境中指令患者完成动作。实际生活环境相较于其他环境更易取得准确结果,且评定后也可以根据患者的功能障碍在此环境中进行训练。

(2)间接评定:有些不便完成或不易完成的动作,可以通过询问患者本人或家属的方式取得结果,如患者的大、小便控制,个人卫生管理等。

(3)注意事项:评定前应与患者交谈,让患者明确评定的目的,以取得患者的理解与合作。评定前还必须对患者的基本情况有所了解,如肌力、关节活动范围、平衡能力等,还应考虑患者生活社会环境、反应性、依赖性等。重复进行评定时应尽量在同一条件或环境下进行。在分析评定结果应考虑有关的影响因素,如患者的生活习惯、文化素养、职业、社会环境、评定时的心理状态和合作程度等。法医学鉴定时应特别注意排除伪装与夸大的成分。

第二节 三 期 鉴 定

908. 什么是三期鉴定?

答:误工期、护理期、营养期俗称"三期"。三期鉴定是指运用专门知识,确定人身损害误工期、护理期和营养期的过程。目的是依据相应的期限结合相关赔偿的标准进行具体赔偿费用的计算。

909. 什么是营养期?

答:营养期是指人体损伤后,需要补充必要的营养物质,以提高治疗质量或者加速损伤康复的时间。

910. 什么是误工期?

答:人体损伤后经过诊断、治疗达到临床医学一般原则所承认的治愈(临床症状和体征消失)或体征固定所需要的时间。

911. 什么是护理期?

答:人体损伤后,在医疗或者功能康复期间生活自理困难,全部或部分需要他人帮助的时间。在鉴定中通常依据护理依赖程度来确定需要的护工人数,护理依赖程度是护理费计算的重要依据。

912. 三期鉴定的标准是什么?

答:依据公安部于 2014 年 11 月 26 日发布,2014 年 11 月 26 日实施的《人身损害误工期、护理期、营养期评定规范》进行评定。

913. 三期鉴定的评定原则是什么?

答:人身损害误工期、护理期和营养期的确定应以原发性损伤及后果为依据,包括损伤当时的伤情、损伤后的并发症和后遗症等,并结合治疗方法及效果,全面分析个体的年龄、体质等因素,进行综合评定。

914. 三期鉴定的评定时机是什么？

答：评定时机应以外伤直接所致的损伤或确因损伤所致的并发症经过诊断、治疗达到临床医学一般原则所承认的症状及体征稳定为准。

915. 什么是医疗依赖？

答：由于伤残等级评定多是在伤者医疗终结后进行，因此绝大多数伤者不存在医疗依赖问题。但有少数伤者仍不能脱离临床的必要治疗，如果失去必要的治疗，就会导致病情的加重，甚至死亡，即存在医疗依赖。

916. 医疗依赖如何分类？

答：医疗依赖分为一般医疗依赖和特殊医疗依赖。

（1）一般医疗依赖是指患者在一般临床治疗终结后，仍需长期或者终身服用药物控制病情。如头部损伤导致外伤性癫痫发生，需服用抗癫痫药物控制症状，其他类似的情况还有需要使用降压药、降糖药、抗凝剂等。

（2）特殊医疗依赖是指患者在受伤后，必须终身使用特殊医疗设备或者装置进行治疗者。如必须借助呼吸机存活，或者终身需要进行血液透析等。

917. 什么是护理依赖？

答：护理依赖是指躯体残疾者和精神障碍者需经他人护理、帮助以维持日常生活的状态。

918. 护理依赖主要包括什么？

答：护理依赖主要包括下列五项日常生活、活动能力指标：（1）进食；（2）床上活动；（3）大、小便；（4）穿衣、洗漱；（5）自我移动。

919. 人身损害护理依赖程度评定解决什么问题？

答：受害人定残后的护理需要根据其护理依赖程度并结合配置残疾辅助器具的情况确定护理级别，从而确定护理费用。

920. 人身损害护理依赖程度评定要求是什么？

答：对被评定人应进行客观、全面、详细的查体，必要时应做相应的辅助检查。除被评定人主诉及其近亲属的陈述外，被评定人还应有客观临床体征，并与辅助检查、病历记载相符合。被评定人原有疾病或残疾需要护理依赖的,必要时确定本次损伤因素的参与度。被评定人同时有躯体残疾和精神残疾的,应分别评定,按护理依赖程度较重的定级。

921. 人身损害护理依赖程度评定的标准及原则是什么?

答:人身损害护理依赖程度评定的标准依据国家标准《人身损害护理依赖程度评定》,由国家公安部提出并管理。护理依赖程度的评定应遵循实事求是的原则,以伤害因素对人体直接造成损害及并发症导致日常活动能力或日常生活自理能力丧失为依据,综合评定。

922. 人身损害护理依赖程度评定时机是什么?

答:躯体残疾者护理依赖程度评定,应在其治疗终结后进行。精神障碍者护理依赖程度评定,应在其精神障碍至少经过1年以上治疗后进行。

923. 人身损害护理依赖程度如何表述?

答:护理依赖程度分为完全护理依赖、大部分护理依赖、部分护理依赖三级。护理依赖程度表述如下:

(1)护理依赖后果完全是损害因素及其并发症、后遗症造成的,直接书写所需护理依赖的程度。

(2)护理依赖后果是损害因素及其并发症、后遗症与源由疾病或残疾共同造成的,必要时在所需护理依赖程度之后,加上损害因素所占损失参与度的百分比。

(3)护理依赖后果完全是疾病或残疾造成的,损伤参与度为0,必要时说明损害因素与护理依赖无因果关系。

第三节 其他相关鉴定及规定

924. 文书鉴定是指什么鉴定?

答:文书鉴定,是指运用文件检验学的原理和技术,对文书的笔迹、印章、印文、文书的制作及工具、文书形成时间等问题进行鉴定。

925. 文书包含什么内容？

答：文书，是指公文和书信，但在实际办案中作为证据的文书往往超出了公文和书信的范围，如车票、船票、飞机票、发票、收据、人民币等，其内容的真伪及制作方法都需要进行鉴别。

926. 文书鉴定包含什么内容？

答：文书鉴定是对案件中涉及的文字书写、文字制作、文书物证反映的具体内容、文书的制作方法、文书的真假等有关问题的分析、鉴别、认定等活动。

927. 医疗纠纷要做哪些文书鉴定？

答：医疗纠纷案件中主要涉及的文书是病历资料，与之相关的鉴定主要有笔迹鉴定、文书形成时间、伪造文件检验和文件物质材料检验。

928. 哪些情况下，患者应当做笔迹鉴定？

答：(1)患方对自己签名的真实性存疑。医疗机构负有告知患者病情和医疗措施的义务，需要实施手术、特殊检查特殊治疗的，需要说明医疗风险、替代医疗方案等，并取得书面同意。在诊疗过程中，医疗机构如果违反告知义务，造成患者损害，为了逃避责任承担，有可能伪造患者或近亲属的签名。因此患者以及患者家属，如果发现笔迹存在伪造、模仿的情况，应当及时提出笔迹鉴定申请，以证明医疗机构违反了告知义务。

(2)患方对医护人员的签名存疑。病历是指医务人员在医疗活动过程中对病情分析、诊断、治疗的最原始记录，如果医务人员的签名不真实，就无法还原客观情况，很可能影响鉴定和判决结果。

929. 医疗损害责任纠纷案件涉及的鉴定有哪些？

答：医疗损害责任纠纷案件，涉及的专门性问题较多，所以，可能涉及很多不同类型的鉴定，最主要的有医疗过错司法鉴定，其他还有法医病理鉴定（主要指尸检）、文书鉴定、伤残鉴定、三期鉴定、产品缺陷鉴定、影像鉴定、电子病历真实性鉴定等。

930. 所有的医疗损害责任纠纷诉讼案件都必须进行司法鉴定吗？

答：医疗纠纷案件因涉及医学专门知识，由司法鉴定机构进行鉴定有利于认定事实、分清责任。一般情况下要进行司法鉴定，但并不是所有的案件都必须进行司法鉴定，如医院隐匿拒绝提供病历资料、病历资料丢失等情形。

第十五章

医疗损害赔偿项目及计算方法

第一节 医疗损害赔偿概述

931. 什么是医疗损害赔偿？

答：医疗损害赔偿，是指医疗机构或医务人员在实施医疗行为过程中，因为医疗不当行为，过失地造成患者人身伤害，应该依法承担的民事责任。

932. 医疗损害赔偿的范围是什么？

答：(1)医疗损害赔偿不包含故意导致的医疗伤害；

(2)医疗损害赔偿必须发生在医疗行为过程中；

(3)医疗损害赔偿不包括非法行医导致的损害赔偿；

(4)医疗损害赔偿主要是指造成人身损害应承担的赔偿责任；

(5)患者或其亲属造成医生人身伤害或医疗机构财产损失，也不属于医疗损害赔偿范围。

933. 医疗损害赔偿有什么特点？

答：(1)赔偿的权利主体和义务主体的确定性。医疗损害赔偿只是发生在医疗机构与患者或医生与患者之间，一般赔偿义务人是医疗单位和医生，赔偿权利人是患者一方。

(2)医疗损害只能发生在医疗行为过程中，而且只有发生在医疗过程中的损害才能按照医疗损害赔偿解决。

934. 医疗损害赔偿的基本原则是什么？

答：(1)保护患者利益与医疗科学发展并重原则；(2)全部赔偿原则与限额赔偿原则并用。

935. 医疗损害责任纠纷的赔偿项目包括什么？

答：医疗费、误工费、护理费、交通费、住院伙食补助费、营养费、住宿费、残疾赔偿金、残疾辅助器具费、丧葬费、被扶养人生活费、死亡赔偿金、精神损害抚慰金等。

第二节　具体赔偿项目及计算方法

936. 医疗费是什么？

答：医疗费是指患者接受诊疗发生的费用，分为门诊医疗费用和住院医疗费用。门诊医疗费包括挂号费、检查费、治疗费、医药费等；住院医疗费用包括住院费、药费、治疗费、会诊费、输血费、手术费等。除此之外，还包括门诊或住院治疗使用的材料费，如骨折病人外用的固定架、颈托、钢板等。

937. 医疗费如何计算？

答：医疗费赔偿金额 = 已发生医疗费用(不含原发病医疗费用) + 预期医疗费用。

938. 医疗费的计算应注意什么？

答：(1)门诊医疗费以门诊医疗发票为准，并应附医疗处方、诊断证明和门诊医疗手册等，以证明与医疗损害有关；住院医疗费以住院发票为准，并应提供住院药品清单、诊断证明和住院病例，以证明与医疗损害的关联性。

(2)必须是因医疗损害发生的医疗费，不包含治疗原发病或治疗与医疗损害无关的其他疾病的医疗费。

(3)转院医疗费应该提供转院证明，否则可能被认为属于自行扩大的损失而不予支持或仅部分支持;外购药品应有医生的诊疗意见;涉及多家医疗单位的,应该分别统计计算,提供医疗费总额和在每家医疗单位的医疗费数额。

(4)已经发生的康复治疗费可以计算在医疗费内。未发生的康复治疗费或继续治疗费,如患者提供了医疗单位的证明,可以作为医疗费一并计算并要求一次性赔偿。

939. 医疗费中的继续治疗费如何计算?

答:继续治疗费包括今后必然发生的医疗费和可能发生的医疗费。对于将来必然发生的医疗费用,可以通过评估的方式加以明确,也可以由医疗机构出具相关诊断证明和治疗方案,并据此确定该项费用。对于今后可能发生的医疗费用,或者必然发生但目前难以确定的医疗费,由于判决时无法确定其具体数额,因此,受害人可以待该项费用实际发生后另行起诉主张权利。

940. 医疗费用是否可以申请先予执行?

答:根据《民事诉讼法》第109条规定,人民法院对下列案件,根据当事人的申请,可以裁定先予执行:(1)追索赡养费、扶养费、抚养费、抚恤金、医疗费用的;(2)追索劳动报酬的;(3)因情况紧急需要先予执行的。第110条规定,人民法院裁定先予执行的,应当符合下列条件:(1)当事人之间权利义务关系明确,不先予执行将严重影响申请人的生活或者生产经营的;(2)被申请人有履行能力。人民法院可以责令申请人提供担保,申请人不提供担保的,驳回申请。申请人败诉的,应当赔偿被申请人因先予执行遭受的财产损失。因此,对于权利义务关系明确,且被申请人有履行能力的申请人可以申请法院先予执行。

941. 误工费是什么?

答:误工费是指患者因医疗损害而必须治疗或休息造成的误工损失。

942. 误工费如何计算?

答:误工费赔偿金额 = 误工时间 × 收入标准(患者因误工减少的固定收入)。

943. 误工时间如何计算?

答:误工时间根据受害人接受治疗的医疗机构出具的证明确定。受害人因伤致残持续误工的,误工时间可以计算至定残日前一天。

944. 受害人收入状况如何计算?

答:受害人有固定收入的,按实际减少的收入计算;无固定收入的,按照最近3年的平均收入计算;受害人不能证明最近3年的平均收入的,可以参照受诉法院所在地相同或相近行业上一年度职工的平均工资计算。

945. 误工费的计算应注意什么?

答:(1)误工费一般指受害人本人的误工损失,如果受害人是未成年人或退休人员,没有误工损失的,就不应该计算误工费。特殊情况就是监护人因照顾、护理和解决医疗事故而产生的误工损失,可以按照误工费主张,但不应和护理费等重复计算。

(2)误工费的计算必须提供误工损失的合法证明,主要包括被害人工作单位出具的被害人误工时间、收入状况、扣发收入数额的证明。如果被害人实际收入超过个人所得税标准,还应提供完税证明以证明其真实性。

(3)误工费属于直接损失,只能针对被害人因为误工而导致的直接工资或报酬收入的减少进行补偿,不包括对于被害人经营损失的补偿。

(4)误工费的赔偿属于差额补偿,如果被害人发生了误工但实际收入并未减少,则不能主张误工费赔偿。

946. 住院伙食补助费是什么?

答:住院伙食补助费是指患者因医疗损害而在医疗机构住院治疗期间,赔偿人应支付给患者的膳食补助费用。

947. 住院伙食补助费如何计算?

答:住院伙食补助费 = 住院时间 × 发生地国家机关一般工作人员的出差伙食补助标准。

948. 受害人到外地治疗,住院伙食补助费如何计算?

答:受害人确有必要到外地治疗,因客观原因不能住院,受害人本人及其陪护人员实际发生的住宿费和伙食费,其合理部分应予赔偿。在确定赔偿时,法院具有自由裁量权,但住宿费一般以普通住宿标准考虑,伙食费参考国家工作人员出差伙食补助标准。同时在确定此项赔偿时,法院会考虑患者是否需要到外地治疗。所以,受害人要提供相应的证据,如转院证明或医生医疗建议等,以证明去外地治疗的合理性。

949. 住院伙食补助费的计算应注意什么?

答:住院天数以医院住院病例或诊断证明确定,不包含治疗原发病或与医疗损害无关的疾病住院治疗的天数。

950. 护理费是什么?

答:护理费是指患者住院治疗和出院以后康复期间以及确定伤残生活无法自理期间,需要专人照顾、护理其生活而支付的费用。

951. 护理费如何计算?

答:护理费赔偿金额=护理期限×护理人数×护理人员收入状况。

952. 护理人员收入状况如何计算?

答:如果护理人员有固定收入,参照误工费来计算;护理人员没有收入或者雇用护工的,参照当地护工从事同等级别护理的劳务报酬计算。

953. 护理人数如何计算?

答:对于护理人数,原则为一人,有医疗机构的或鉴定机构的明确意见的,可以参照确定护理人员人数。

954. 护理期限如何计算?

答:护理期限计算到受害人恢复生活自理能力时止,受害人不能恢复生活自理能力的,根据其年龄、健康状况确定合理护理期限,但最长不超过20年。

955. 护理级别如何确定?

答:受害人定残后的护理,应当根据其护理依赖程度并结合配制残疾辅助器具的情况确定护理级别。

956. 护理依赖是什么?

答:护理依赖是指伤、病致残者因生活不能自理需要依赖他人护理者。

957. 生活自理的范围是什么?

答:生活自理范围主要包括下列五项:(1)进食;(2)翻身;(3)大、小便;(4)穿衣、洗漱;(5)自我移动。

958. 护理依赖程度分为什么级别?

答:护理依赖程度可分为三级:(1)完全护理依赖,指生活不能自理,上述五项均需护理者;(2)大部分护理依赖,指生活大部分不能自理,上述五项中有三项需要护理者;(3)部分护理依赖,指部分生活不能自理,上述五项中有一项需要护理者。

959. 护理费的计算应注意什么?

答:护理费的计算要考虑以下几点:

(1)护理人员有固定收入的应该提供护理期间误工损失证明。请护工或其他护理人员照顾的,应该提供支付护理费的有效证明,如雇用合同或收费票据等。

(2)住院期间需要专人护理应该有医院的诊疗意见,出院以后需要护理以及护理时间也要有医院的诊疗意见,如病历记载、诊断证明等。评残以后需要专人护理的,依法医鉴定意见和患者伤残等级确定。

960. 残疾赔偿金是什么?

答:残疾赔偿金是对因人身遭受损害导致劳动能力部分或全部丧失的受害人提供的财产赔偿。人身损害可能导致受害人劳动能力的减少或完全丧失,因此,受害人可能会失去一部分或全部的收入。这种损失是人身损害的直接结果,也是一种财产损失。根据法律规定,赔偿义务人有责任对这种财产损失进行赔偿。

961. 残疾赔偿金如何计算?

答:残疾赔偿金根据受害人丧失劳动能力程度或者伤残等级,按照受诉法院所在地上一年度城镇居民人均可支配收入标准,自定残之日起按 20 年计算。但 60 周岁以上的,年龄每增加 1 岁减少 1 年;75 周岁以上的,按 5 年计算。

962. 同一患者多处伤残，伤残等级如何计算？

答：计算残疾赔偿金时涉及伤残系数，多级伤残中还涉及附加指数，人身损害伤残等级分为一级至十级，一级的伤残系数为100%，十级的伤残系数为10%。附加指数是存在多级伤残时使用，一级伤残时，不设附加指数，伤残赔偿比例累计最高不超过100%。在多个伤残计算残疾赔偿金时，以最高级别的伤残比例正常计算，其余的伤残附加指数为正常标准的10%计算。二级伤残附加指数为9%，十级伤残附加指数为1%。二级以下伤残赔偿比例累计最高不超过受害人实际伤残最高等级的上一级。

以2023年某省城镇常住居民人均可支配收入42,168元为例，如果某人在一起事故中受伤，受害人分别构成五级、九级、十级残疾，五级残疾为最高级（系数为60%），剩余的九级和十级残疾仅计算附加指数2%和1%。

如果受害人未满60周岁，则受害人的残疾赔偿金 = 42,168元/年 × 20年 ×（伤残系数60% + 九级残疾附加指数2% + 十级残疾附加指数1%），即42,168元 × 20 × 63% = 531,316.80元。

963. 伤残赔偿指数是什么？

答：伤残赔偿指数是指伤残者应当得到伤残赔偿的比例，以伤残者的伤残程度比例作为伤残者的伤残赔偿比例，一级伤残的伤残赔偿系数为100%，二级伤残为90%，以此类推，十级伤残为10%。

964. 伤残赔偿附加指数是什么？

答：伤残赔偿附加指数是在确定残疾赔偿金时，针对多处伤残情况的一个附加考量因素，这一指数用于调整赔偿金额，以更准确地反映受害者的实际损失。受害人构成两处以上伤残等级的，一般在最高伤残等级残疾赔偿金赔偿指数的基础上，每增加一处增加相应的赔偿附加指数。附加指数从一级至十级分别确定为10%、9%、8%……1%，但附加指数之和不超过10%，赔偿指数总和不超过100%。

965. 医疗事故的等级与伤残等级对应关系如何？

答：医疗事故的等级与伤残等级具有对应关系，即医疗事故一级乙等至三级戊等对应伤残等级一级至十级。一级乙等医疗事故患者的伤残等级为一级，二级甲等为二级伤残，二级乙等为三级伤残，以此类推。一级伤残赔偿系数为100%，二级伤残为90%，以此类推，十级伤残的赔偿系数为10%。

966. 死亡赔偿金是什么？

答：死亡赔偿金，又称死亡补偿费，是死者因他人致害死亡后由加害人给其近亲属所造成的物质性收入损失的一种补偿。死亡赔偿金赔偿的法理依据是受害人因人身损害死亡，家庭可以预期的其未来生存年限的收入因此丧失，家庭成员在财产上蒙受了消极损失。按照损害赔偿法原理，消极损失应当予以赔偿。死亡赔偿金赔偿的对象是家庭成员。

967. 死亡赔偿金如何计算？

答：死亡赔偿金按照受诉法院所在地上一年度城镇居民人均可支配收入或者农村居民纯收入标准，按20年计算。但60周岁以上的，年龄每增加1岁减少1年；75周岁以上的，按5年计算。

968. 残疾辅助器具费是什么？

答：残疾辅助器具费是指患者因医疗损害造成残疾需要配置辅助功能的器具所发生的费用，如假肢、义眼、轮椅等，包括安装更换费用。

969. 残疾辅助器具费如何计算？

答：残疾辅助器具费按照普通适用器具的合理费用标准计算。伤情有特殊需要的，可以参照辅助器具配制机构的意见确定相应的合理费用标准。辅助器具的更换周期和赔偿期限参照配制机构的意见确定。残疾辅助器具费＝普通适用器具的合理费用×更换次数×过错责任比例。

970. 残疾辅助器具费的计算应注意什么？

答：计算残疾辅助器具应注意以下事项：

（1）残疾辅助器具的配置标准为国产普通型。根据《最高人民法院关于审理人身损害赔偿案件适用法律若干问题的解释》规定，残疾辅助器具的配置标准为国产普通型，具备安全、稳定的功能。患者因购买豪华型或国外进口的残疾辅助器具而产生的额外费用应予以扣除。如果确因伤情需要,患者可以参照具有相关资质的残疾辅助器具配置机构的意见来确定相应的合理费用。

(2)残疾辅助器具更换周期。《最高人民法院关于审理人身损害赔偿案件适用法律若干问题的解释》没有对辅助器具的更换周期作出明确规定,只是规定"参照配制机构的意见"确定。就辅助器具的更换周期一般根据司法鉴定机构出具鉴定意见或参照配置机构出具的证明判定。在主张赔偿时应提供需要使用残疾用具的医疗证明、普通器具价格的材料、安装更换费用证明以及使用周期的医疗建议等证明材料。

971. 丧葬费是什么?

答:丧葬费是指受害人死亡后,为处理丧葬事宜支出的合理费用,包括尸体存放费、运尸费、火化费、殡葬用品费等。

972. 丧葬费如何计算?

答:丧葬费赔偿金额=受诉法院所在地上一年度职工月平均工资×6个月。

973. 被扶养人是指什么?

答:被扶养人是指受害人依法应当承担扶养义务的未成年人或者丧失劳动能力又无其他生活来源的成年近亲属。

974. 无劳动能力人员如何认定?

答:根据民政部2021年4月26日公布的《特困人员认定办法》第5条规定,符合下列情形之一的,应当认定为无劳动能力:

(1)60周岁以上的老年人;

(2)未满16周岁的未成年人;

(3)残疾等级为一级、二级、三级的智力、精神残疾人,残疾等级为一级、二级的肢体残疾人,残疾等级为一级的视力残疾人;

(4)省、自治区、直辖市人民政府规定的其他情形。

975. 无生活来源如何认定?

答:根据民政部2021年4月26日公布的《特困人员认定办法》第6条规定,收入低于当地最低生活保障标准,且财产符合当地特困人员财产状况规定的,应当认定为本办法所称的无生活来源。

其中收入包括工资性收入、经营净收入、财产净收入、转移净收入等各类收入。中央确定的城乡居民基本养老保险基础养老金、基本医疗保险等社会保险和优待抚恤金、高龄津贴不计入在内。

976. 被扶养人生活费是什么?

答:被扶养人生活费是指受害人因医疗损害死亡或残疾以后,对于依靠受害人生活者给予的生活费补偿,被扶养人生活费计入残疾赔偿金或者死亡赔偿金。

977. 被扶养人生活费如何计算?

答:被扶养人生活费根据扶养人丧失劳动能力程度,按照受诉法院所在地上一年度城镇居民人均消费支出标准计算。被扶养人为未成年人的,计算至18周岁;被扶养人无劳动能力又无其他生活来源的,计算20年。但60周岁以上的,年龄每增加1岁减少1年;75周岁以上的,按5年计算。

被扶养人是指受害人依法应当承担扶养义务的未成年人或者丧失劳动能力又无其他生活来源的成年近亲属。被扶养人还有其他扶养人的,赔偿义务人只赔偿受害人依法应当负担的部分。被扶养人有数人的,年赔偿总额累计不超过上一年度城镇居民人均消费支出额。

(1)不满18周岁的人员被扶养人生活费=城镇居民人均消费性支出×(18-未成年人年龄)÷抚养义务人数×伤残系数(如果受害人死亡的,不再乘以伤残系数)×过错责任比例;

(2)18~60周岁被抚养人无劳动能力又无其他生活来源的生活费=城镇居民人均消费性支出×20年÷抚养义务人数×伤残系数(如果受害人死亡的,不再乘以伤残系数)×过错责任比例;

(3)60~75周岁被抚养人无劳动能力又无其他生活来源的生活费=城镇居民人均消费性支出×[20-(被抚养人实际年龄-60岁)]年÷抚养义务人数×伤残系数(如果受害人死亡的,不再乘以伤残系数)×过错责任比例;

(4)75周岁以上被抚养人无劳动能力又无其他生活来源的生活费=城镇居

民人均消费性支出×5年÷抚养义务人数×伤残系数(如果受害人死亡的,不再乘以伤残系数)×过错责任比例;

(5)被抚养人有数人时,医疗机构承担的年赔偿总额小于或等于城镇居民人均消费性支出(农村居民人均年生活消费性支出)×过错责任比例。

978. 被扶养人生活费的计算应注意什么?

答:被抚养人的范围,以死者生前或者残疾者丧失劳动能力前实际扶养且没有劳动能力的人为限。目前具有劳动能力但将来丧失劳动能力者不属于被抚养人范围。

根据《最高人民法院关于审理人身损害赔偿案件适用法律若干问题的解释》第17条规定,被扶养人是指患者依法应当承担扶养义务的未成年人或者丧失劳动能力又无其他生活来源的成年近亲属,包括未满18周岁的未成年人以及丧失劳动能力又没有生活来源的成年人。对以自己劳动收入为主要来源的满16周岁的未成年人、领取社会救济金或者退休工资的成年人不属于被抚养人范畴。被抚养人对象包括:患者的父母、子女;患者的丈夫或妻子;有抚养能力的祖父母、外祖父母对于父母已经死亡的未成年人的孙子女、外孙子女;有抚养能力的孙子女、外孙子女对于子女已经死亡的祖父母、外祖父母;有抚养能力的兄、姐对于父母已经死亡或者父母无力抚养的未成年弟、妹;胎儿的抚养权利保护问题。

979. 交通费是什么?

答:交通费是指被害人因医疗损害就医而发生的乘车费用,属于实际损失。

980. 交通费如何计算?

答:交通费根据受害人及其必要的陪护人员因就医或者转院治疗实际发生的费用计算。赔偿范围包括:(1)受伤后送到医院时的交通费用;(2)在转院治疗或者到外地治疗时支出的交通费;(3)参加救护的人员的交通费;(4)护理人员的交通费。

981. 交通费的计算应注意什么?

答:(1)交通费凭票支付,而且以一般交通工具为准。一般交通工具主要是指城市公交车、电车、地铁、异地治疗乘坐火车等大众交通工具,特殊情况下乘坐出租车、飞机应该是病情需要,而且具有合理性。

(2)交通费主要指被害人就诊交通费,因行动不便和需要人照顾,也包括陪护医疗的人员的交通费。

(3)交通票据必须与就诊的时间、地点、人数相吻合。

982. 没有交通费凭据（票据）怎么办？

答:根据"谁主张,谁举证"的原则,赔偿权利人应当对其主张的交通费提供相对应的发票,没有提供的,应当承担不利后果。但在司法实践中,往往有很多赔偿权利人没有交通费的发票或者票据,也无法提供交通费的发票或票据,法官考虑到交通费实际产生的事实,一般会根据案件事实"酌情考量",酌情认定交通费的赔偿数额。

983. 住宿费是什么？

答:住宿费是指患者就医和处理患者死亡善后事宜产生的住宿费用。

984. 住宿费如何计算？

答:包括患者须外地就医而支出的住宿费,陪同护理人员的住宿费等合理费用。住宿费按照伤害发生地国家机关一般工作人员的出差住宿补助标准计算,凭据支付。住宿费的计算应注意:

(1)患者住宿费是因异地治疗产生的,必须提供异地治疗的必要性证据,如医院的转院证明等;

(2)住宿费的产生应具有合理性,如没有床位住不上院等;

(3)住宿费标准具有参照作用,同时法院会考虑当事人的实际开支,根据就医地点经济水平,在合理的范围自由裁量确定。

985. 精神损害抚慰金是什么？

答:精神损害抚慰金是指被害人及其近亲属因为人身损害而遭受的身体上和精神上的痛苦,为抚慰被害人和其亲属而由加害人承担的赔偿金。

986. 精神损害抚慰金如何计算？

答:精神损害的赔偿数额根据以下因素确定:(1)侵权人的过错程度,法律另有规定的除外;(2)侵害的目的、方式、场合等具体情节;(3)侵权行为所造成的后果;(4)侵权人的获利情况;(5)侵权人承担责任的经济能力;(6)受理诉讼法院所在地平均生活水平。法律、行政法规对残疾赔偿金、死亡赔偿金等有明确规定的,适用法律、行政法规的规定。

987.精神损害抚慰金是否应按责任比例承担?

答:根据相关解释,精神损害抚慰金是指受害人或者死者近亲属因受害人的生命、健康等人身权益遭受不法侵害而导致其遭受肉体和精神上的痛苦、精神反常折磨或生理、心理上的损害(消极感受)而依法要求侵害人赔偿的精神抚慰费用。精神损害是侵权行为造成的,要求侵害人给予一定的金钱补偿,以表明侵害人对受害人的歉意,使受害人在心理上得到一定的安慰。精神损害是与财产权变动无关的损害,精神损害抚慰金是基于人身受到伤害所产生的精神痛苦而给予的精神抚慰,故该部分费用不应当按责任比例承担。

988.精神损害抚慰金赔偿权利人是指什么?

答:赔偿权利人是指因侵权行为或者其他致害原因直接遭受人身损害的受害人以及死亡受害人的近亲属。

989.受害人死亡,精神损害抚慰金的赔偿请求主体范围包括什么?

答:如果患者因医疗事故而死亡,或者患者死亡后其人格或者遗体遭受侵害,患者的配偶、父母和子女有权向人民法院起诉请求赔偿精神损害;如果患者死亡且没有配偶、父母和子女,患者的其他近亲属有权请求赔偿精神损害。

990.营养费是什么?

答:营养费是指被害人因为医疗损害导致身体受伤,为配合治疗尽快康复需要在饮食外添加营养而支付的费用,如食用一些肉、蛋、奶、补钙剂或其他营养品。

991.营养费如何计算?

答:营养费根据被害人伤残情况参照医疗机构的意见确定,实践中主张此项赔偿应该提供医疗机构出具的病人需要加强营养的治疗意见。

992. 挂床住院期间的费用可否作为住院期间的损失要求赔偿？

答：不可以。因为挂床住院一般都是虚假住院，对于该情况产生的相应费用，法院结合证据认定，在该期间没有产生治疗，也没有检查、用药记录的，会直接认定该期间为挂床期间，该阶段不计算在治疗期间，因此因挂床住院获得的住院伙食补贴、护理费等，一般都不会认可。

993. 患方因发生医疗纠纷拒不支付医疗费用，医院应如何做？

答：医方可以患方违反医疗服务合同义务为由向法院起诉，要求患者支付医疗费；或者在患方提起的赔偿诉讼中作为减免的部分，不予重复赔偿。

994. 住所地或经常居住地的城镇居民人均可支配收入比户口所在地更高的赔偿金如何计算？

答：赔偿权利人能够举证证明住所地或者经常居住地的城镇居民人均收入更高的，可以按照该标准计算残疾赔偿金、死亡赔偿金、被扶养人生活费。

995. 确定医院赔偿数额时是否要扣除医保基金支付部分？

答：根据《第八次全国法院民事商事审判工作会议（民事部分）纪要》关于社会保险与侵权责任的关系问题的规定，被侵权人有权获得工伤保险待遇或者其他社会保险待遇的，侵权人的侵权责任不因受害人获得社会保险而减轻或者免除。

江西省高级人民法院民事审判第一庭关于审理医疗人身损害赔偿纠纷案件适用法律若干问题的解答（2006年12月31日）问18：患方主张的医疗费已在单位或社保单位报销的部分，能否计入赔偿数额？答：参照《医疗事故处理条例》第50条的规定，医疗费属于医疗事故赔偿的项目。

司法实务中，医疗机构提出患方医疗费已在其所在单位或社保单位报销的部分不能赔偿的抗辩，法院对其抗辩理由不应支持。因为患方报销医疗费是患方与所在单位或社保单位之间的法律关系，与医疗机构无关。即使患者所在单位或社保单位为患者报销了医疗费，也是患者所在单位或社保单位与患者之间的权利义务关系，不影响患者向医疗机构主张赔偿的权利。

根据上述答复和会议纪要可知，侵权人的侵权责任不因受害人获得社会保险而减轻或者免除。

996. 延误治疗或误诊但不是损害后果直接原因，如何计算损失？

答：医疗损害赔偿案件从广义上来讲还是属于人身损害赔偿案件。作为一种侵权纠纷，侵权责任的构成必须符合侵权的构成要件，即侵害行为存在、主观过错、损害结果、侵权行为与损害后果存在因果关系。如果延误治疗或误诊与损害结果无直接因果关系，则只应赔偿患者因延误治疗和误诊而增加的费用。在确定具体赔偿范围时，要考虑损害行为与损害后果的关系，如果不存在直接的因果关系就不应当承担赔偿责任。

997. 伤情尚未痊愈时患者自愿转院的，对转院后支付的医疗费是否赔偿？

答：患者因伤前往医疗机构进行救治，在患者尚未痊愈的情况下患者家属自愿为患者办理转院，导致患者的伤势没能得到良好的恢复。由于医疗机构在医疗活动过程中对患者采取了积极准确的救治手段，且在患者转院时尽到了告知义务，如实告知患者转院的风险等事项，应认定医疗机构在医疗活动中不存在过错，无须对患者遭受的人身及财产损害承担赔偿责任。

998. 医疗机构应否对病理标本丢失承担赔偿责任？

答：医疗机构对患者实施手术后，医务人员未将要进行检查的患者病理标本进行妥善保存，亦未与患者家属办理患者病理标本的交接，导致患者病理标本丢失，无法进行病理检查。医务人员未按照诊疗规范管理患者病理标本，造成患者不能知悉自身的生命、身体状况，应认定医务人员未尽到对病理标本的保管义务，医疗机构应对患者因病理丢失造成的损害结果承担民事赔偿责任。

999. 医疗行为与患者死亡无因果关系但未满足转院需求，是否应承担赔偿责任？

答：急救中心医务人员对患者采取急救的医疗行为虽未挽救患者生命，但鉴定机构的鉴定意见载明急救中心的医疗行为与患者死亡后果之间无因果关系的，急救中心无须承担赔偿责任。但鉴于医务人员在急救过程中，处置不当，实施的医疗行为不到位,且相关记录含混不清;同时未尊重患者家属要求转院的意见,伤害了患者家属的情感利益,故应对患者的死亡给予患者家属一定的经济补偿。

1000. 胎死腹中如何计算损失?

答:根据法律规定,出生后死亡的,责任人要赔偿死亡赔偿金,而胎死宫中不承担死亡赔偿金。对于胎儿出生时是死体还是活体,可以根据人民卫生出版社《法医病理学》(第5版)中记载的判断新生儿是活产或死产的主要依据是胎儿出生后在母体外是否进行过呼吸,已呼吸过的为活产,未呼吸过的为死产;以及中华人民共和国公共安全行业称准《法医学新生儿尸体检验规范》(GATI 51—2019)中定义活产为胎儿娩出后具有心跳、自主呼吸、反射活动、肢体运动等生命体征来确定。在确定此类案件赔偿数额时,应该充分考虑妊娠胎儿死亡对孕产妇的巨大伤害,适当给予精神损害抚慰金支持。

参 考 文 献

[1] 陈志华主编:《医疗纠纷案件律师业务》,法律出版社2007年版。

[2] 白松:《医疗纠纷审理思路及裁判标准》,北京大学出版社2021年版。

[3] 郑文馨:《医疗纠纷法律风险防范与处理》,中国民主法制出版社2017年版。

[4] 胡凤滨主编:《医疗损害赔偿纠纷裁判规则与适用标准》,法律出版社2015年版。

[5] 王良钢、万欣主编:《医疗纠纷:50个法庭诉讼实战策略》,中国法制出版社2010年版。

[6] 王和平、王韬主编:《医疗纠纷防范600问:〈医疗纠纷预防和处理条例〉学习与实践》,中国协和医科大学出版社2019年版。

[7] 张广编著:《法官讲——医疗纠纷案件律师代理读本》,人民法院出版社2018年版。

[8] 闵银龙主编:《医患纠纷司法鉴定理论与疑案评析》,北京大学出版社2010年版。

[9] 余明永主编:《医疗损害责任纠纷》(第3版),法律出版社2017年版。

[10] 卢意光主编:《医疗美容法律实务及典型案例》,中国法制出版社2023年版。

[11] 马哲主编、河北省卫生厅食品安全与卫生监督处编:《非法行医涉嫌犯罪案件移送指南》,中国法制出版社2013年版。

[12]刘技辉主编:《法医临床学》(第 5 版),人民卫生出版社 2016 年版。

[13]国家卫生健康委员会医政司组织编:《医疗质量安全核心制度要点释义》,中国人口出版社 2018 年版。

[14]最高人民法院民法典贯彻实施工作领导小组主编:《中华人民共和国民法典侵权责任编理解与适用》,人民法院出版社 2020 年版。

[15]刘鑫、陈伟等:《关于病历真实性的专家共识》,载《证据科学》2024 年第 3 期。

下篇

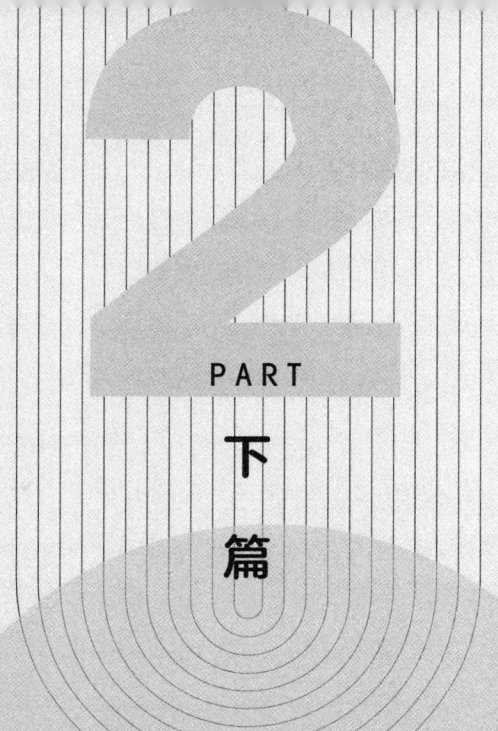

PART 2

医疗纠纷处理法律依据

第一章

医疗机构与人员

1. 中华人民共和国基本医疗卫生与健康促进法

(2019年12月28日第十三届全国人民代表大会常务委员会第十五次会议通过 自2020年6月1日起施行)

第一章 总 则

第一条 为了发展医疗卫生与健康事业,保障公民享有基本医疗卫生服务,提高公民健康水平,推进健康中国建设,根据宪法,制定本法。

第二条 从事医疗卫生、健康促进及其监督管理活动,适用本法。

第三条 医疗卫生与健康事业应当坚持以人民为中心,为人民健康服务。

医疗卫生事业应当坚持公益性原则。

第四条 国家和社会尊重、保护公民的健康权。

国家实施健康中国战略,普及健康生活,优化健康服务,完善健康保障,建设健康环境,发展健康产业,提升公民全生命周期健康水平。

国家建立健康教育制度,保障公民获得健康教育的权利,提高公民的健康素养。

第五条 公民依法享有从国家和社会获得基本医疗卫生服务的权利。

国家建立基本医疗卫生制度,建立健全医疗卫生服务体系,保护和实现公民获得基本医疗卫生服务的权利。

第六条 各级人民政府应当把人民健康放在优先发展的战略地位,将健康理念融入各项政策,坚持预防为主,完善健康促进工作体系,组织实施健康促进的规划和行动,推进全民健身,建立健康影响评估制度,将公民主要健康指标改善情况纳入政府目标责任考核。

全社会应当共同关心和支持医疗卫生与健康事业的发展。

第七条 国务院和地方各级人民政府领导医疗卫生与健康促进工作。

国务院卫生健康主管部门负责统筹协调全国医疗卫生与健康促进工作。国务院其他有关部门在各自职责范围内负责有关的医疗卫生与健康促进工作。

县级以上地方人民政府卫生健康主管部门负责统筹协调本行政区域医疗卫生与健康促进工作。县级以上地方人民政府其他有关部门在各自职责范围内负责有关的医疗卫生与健康促进工作。

第八条 国家加强医学基础科学研究,鼓励医学科学技术创新,支持临床医学发展,促进医学科技成果的转化和应用,推进医疗卫生与信息技术融合发展,推广医疗卫生适宜技术,提高医疗卫生服务质量。

国家发展医学教育,完善适应医疗卫生事业发展需要的医学教育体系,大力培养医疗卫生人才。

第九条 国家大力发展中医药事业,坚持中西医并重、传承与创新相结合,发挥中医药在医疗卫生与健康事业中的独特作用。

第十条 国家合理规划和配置医疗卫生资源,以基层为重点,采取多种措施优先支持县级以下医疗卫生机构发展,提高其医疗卫生服务能力。

第十一条 国家加大对医疗卫生与健康事业的财政投入,通过增加转移支付等方式重点扶持革命老区、民族地区、边疆地区和经济欠发达地区发展医疗卫生与健康事业。

第十二条 国家鼓励和支持公民、法人和其他组织通过依法举办机构和捐赠、资助等方式,参与医疗卫生与健康事业,满足公民多样化、差异化、个性化健康需求。

公民、法人和其他组织捐赠财产用于医疗卫生与健康事业的,依法享受税收优惠。

第十三条 对在医疗卫生与健康事业中做出突出贡献的组织和个人,按照国家规定给予表彰、奖励。

第十四条 国家鼓励和支持医疗卫生与健康促进领域的对外交流合作。

开展医疗卫生与健康促进对外交流合作活动,应当遵守法律、法规,维护国家主权、安全和社会公共利益。

第二章 基本医疗卫生服务

第十五条 基本医疗卫生服务,是指维护人体健康所必需、与经济社会发展水平相适应、公民可公平获得的,采用适宜药物、适宜技术、适宜设备提供的疾病预防、诊断、治疗、护理和康复等服务。

基本医疗卫生服务包括基本公共卫生服务和基本医疗服务。基本公共卫生服务由国家免费提供。

第十六条 国家采取措施,保障公民享有安全有效的基本公共卫生服务,控制影响健康的危险因素,提高疾病的预防控制水平。

国家基本公共卫生服务项目由国务院卫生健康主管部门会同国务院财政部门、中医药主管部门等共同确定。

省、自治区、直辖市人民政府可以在国家基本公共卫生服务项目基础上,补充确定本行政区域的基本公共卫生服务项目,并报国务院卫生健康主管部门备案。

第十七条 国务院和省、自治区、直辖市人民政府可以将针对重点地区、重点疾病和特定人群的服务内容纳入基本公共卫生服务项目并组织实施。

县级以上地方人民政府针对本行政区域重大疾病和主要健康危险因素,开展专项防控工作。

第十八条 县级以上人民政府通过举办专业公共卫生机构、基层医疗卫生机构和医院,或者从其他医疗卫生机构购买服务的方式提供基本公共卫生服务。

第十九条 国家建立健全突发事件卫生应急体系,制定和完善应急预案,组织开展突发事件的医疗救治、卫生学调查处置和心理援助等卫生应急工作,有效控制和消除危害。

第二十条 国家建立传染病防控制度,制定传染病防治规划并组织实施,加强传染病监测预警,坚持预防为主、防治结合,联防联控、群防群控、源头防控、综合治理,阻断传播途径,保护易感人群,降低传染病的危害。

任何组织和个人应当接受、配合医疗卫生机构为预防、控制、消除传染病危害依法采取的调查、检验、采集样本、隔离治疗、医学观察等措施。

第二十一条 国家实行预防接种制度,加强免疫规划工作。居民有依法接种免疫规划疫苗的权利和义务。政府向居民免费提供免疫规划疫苗。

第二十二条 国家建立慢性非传染性疾病防控与管理制度,对慢性非传染性疾病及其致病危险因素开展监测、调查和综合防控干预,及时发现高危人群,为患者和高危人群提供诊疗、早期干预、随访管理和健康教育等服务。

第二十三条 国家加强职业健康保护。县级以上人民政府应当制定职业病防治规划,建立健全职业健康工作机制,加强职业健康监督管理,提高职业病综合防治能力和水平。

用人单位应当控制职业病危害因素,采取工程技术、个体防护和健康管理等综合治理措施,改善工作环境和劳动条件。

第二十四条 国家发展妇幼保健事业,建立健全妇幼健康服务体系,为妇女、儿童提供保健及常见病防治服务,保障妇女、儿童健康。

国家采取措施,为公民提供婚前保健、孕产期保健等服务,促进生殖健康,预防出生缺陷。

第二十五条 国家发展老年人保健事业。国务院和省、自治区、直辖市人民政府应当将老年人健康管理和常见病预防等纳入基本公共卫生服务项目。

第二十六条 国家发展残疾预防和残疾人康复事业,完善残疾预防和残疾人康复及其保障体系,采取措施为残疾人提供基本康复服务。

县级以上人民政府应当优先开展残疾儿童康复工作,实行康复与教育相结合。

第二十七条 国家建立健全院前急救体系,为急危重症患者提供及时、规范、有效的急救服务。

卫生健康主管部门、红十字会等有关部门、组织应当积极开展急救培训,普及急救知识,鼓励医疗卫生人员、经过急救培训的人员积极参与公共场所急救服务。公共场所应当按照规定配备必要的急救设备、设施。

急救中心(站)不得以未付费为由拒绝或者拖延为急危重症患者提供急救服务。

第二十八条 国家发展精神卫生事业,建设完善精神卫生服务体系,维护和增进公民心理健康,预防、治疗精神障碍。

国家采取措施,加强心理健康服务体系和人才队伍建设,促进心理健康教育、心理评估、心理咨询与心理治疗服务的有效衔接,设立为公众提供公益服务的心理援助热线,加强未成年人、残疾人和老年人等重点人群心理健康服务。

第二十九条 基本医疗服务主要由政府举办的医疗卫生机构提供。鼓励社会力量举办的医疗卫生机构提供基本医疗服务。

第三十条 国家推进基本医疗服务实行分级诊疗制度,引导非急诊患者首先到基层医疗卫生机构就诊,实行首诊负责制和转诊审核责任制,逐步建立基层首诊、双向转诊、急慢分治、上下联动的机制,并与基本医疗保险制度相衔接。

县级以上地方人民政府根据本行政区域医疗卫生需求,整合区域内政府举办的医疗卫生资源,因地制宜建立医疗联合体等协同联动的医疗服务合作机制。鼓励社会力量举办的医疗卫生机构参与医疗服务合作机制。

第三十一条 国家推进基层医疗卫生机构实行家庭医生签约服务,建立家庭医生服务团队,与居民签订协议,根据居民健康状况和医疗需求提供基本医疗卫生服务。

第三十二条 公民接受医疗卫生服务,对病情、诊疗方案、医疗风险、医疗费用等事项依法享有知情同意的权利。

需要实施手术、特殊检查、特殊治疗的,医疗卫生人员应当及时向患者说明医疗风险、替代医疗方案等情况,并取得其同意;不能或者不宜向患者说明的,应当向患者的近亲属说明,并取得其同意。法律另有规定的,依照其规定。

开展药物、医疗器械临床试验和其他医学研究应当遵守医学伦理规范,依法通过伦理审查,取得知情同意。

第三十三条 公民接受医疗卫生服务,应当受到尊重。医疗卫生机构、医疗卫生人员应当关心爱护、平等对待患者,尊重患者人格尊严,保护患者隐私。

公民接受医疗卫生服务,应当遵守诊疗制度和医疗卫生服务秩序,尊重医疗卫生人员。

第三章 医疗卫生机构

第三十四条 国家建立健全由基层医疗卫生机构、医院、专业公共卫生机构等组成的城乡全覆盖、功能互补、连续协同的医疗卫生服务体系。

国家加强县级医院、乡镇卫生院、村卫生室、社区卫生服务中心(站)和专业公共卫生机构等的建设,建立健全农村医疗卫生服务网络和城市社区卫生服务网络。

第三十五条 基层医疗卫生机构主要提供预防、保健、健康教育、疾病管理,为居民建立健康档案,常见病、多发病的诊疗以及部分疾病的康复、护理,接收医院转诊患者,向医院转诊超出自身服务能力的患者等基本医疗卫生服务。

医院主要提供疾病诊治,特别是急危重症和疑难病症的诊疗,突发事件医疗处置和救援以及健康教育等医疗卫生服务,并开展医学教育、医疗卫生人员培训、医学科学研究和对基层医疗卫生机构的业务指导等工作。

专业公共卫生机构主要提供传染病、慢性非传染性疾病、职业病、地方病等疾病预防控制和健康教育、妇幼保健、精神卫生、院前急救、采供血、食品安全风险监测评估、出生缺陷防治等公共卫生服务。

第三十六条 各级各类医疗卫生机构应当分工合作,为公民提供预防、保健、治疗、护理、康复、安宁疗护等全方位全周期的医疗卫生服务。

各级人民政府采取措施支持医疗卫生机构与养老机构、儿童福利机构、社区组织建立协作机制,为老年人、孤残儿童提供安全、便捷的医疗和健康服务。

第三十七条 县级以上人民政府应当制定并落实医疗卫生服务体系规划,科学配置医疗卫生资源,举办医疗卫生机构,为公民获得基本医疗卫生服务提供保障。

政府举办医疗卫生机构，应当考虑本行政区域人口、经济社会发展状况、医疗卫生资源、健康危险因素、发病率、患病率以及紧急救治需求等情况。

第三十八条 举办医疗机构，应当具备下列条件，按照国家有关规定办理审批或者备案手续：

（一）有符合规定的名称、组织机构和场所；

（二）有与其开展的业务相适应的经费、设施、设备和医疗卫生人员；

（三）有相应的规章制度；

（四）能够独立承担民事责任；

（五）法律、行政法规规定的其他条件。

医疗机构依法取得执业许可证。禁止伪造、变造、买卖、出租、出借医疗机构执业许可证。

各级各类医疗卫生机构的具体条件和配置应当符合国务院卫生健康主管部门制定的医疗卫生机构标准。

第三十九条 国家对医疗卫生机构实行分类管理。

医疗卫生服务体系坚持以非营利性医疗卫生机构为主体、营利性医疗卫生机构为补充。政府举办非营利性医疗卫生机构，在基本医疗卫生事业中发挥主导作用，保障基本医疗卫生服务公平可及。

以政府资金、捐赠资产举办或者参与举办的医疗卫生机构不得设立为营利性医疗卫生机构。

医疗卫生机构不得对外出租、承包医疗科室。非营利性医疗卫生机构不得向出资人、举办者分配或者变相分配收益。

第四十条 政府举办的医疗卫生机构应当坚持公益性质，所有收支均纳入预算管理，按照医疗卫生服务体系规划合理设置并控制规模。

国家鼓励政府举办的医疗卫生机构与社会力量合作举办非营利性医疗卫生机构。

政府举办的医疗卫生机构不得与其他组织投资设立非独立法人资格的医疗

卫生机构,不得与社会资本合作举办营利性医疗卫生机构。

第四十一条 国家采取多种措施,鼓励和引导社会力量依法举办医疗卫生机构,支持和规范社会力量举办的医疗卫生机构与政府举办的医疗卫生机构开展多种类型的医疗业务、学科建设、人才培养等合作。

社会力量举办的医疗卫生机构在基本医疗保险定点、重点专科建设、科研教学、等级评审、特定医疗技术准入、医疗卫生人员职称评定等方面享有与政府举办的医疗卫生机构同等的权利。

社会力量可以选择设立非营利性或者营利性医疗卫生机构。社会力量举办的非营利性医疗卫生机构按照规定享受与政府举办的医疗卫生机构同等的税收、财政补助、用地、用水、用电、用气、用热等政策,并依法接受监督管理。

第四十二条 国家以建成的医疗卫生机构为基础,合理规划与设置国家医学中心和国家、省级区域性医疗中心,诊治疑难重症,研究攻克重大医学难题,培养高层次医疗卫生人才。

第四十三条 医疗卫生机构应当遵守法律、法规、规章,建立健全内部质量管理和控制制度,对医疗卫生服务质量负责。

医疗卫生机构应当按照临床诊疗指南、临床技术操作规范和行业标准以及医学伦理规范等有关要求,合理进行检查、用药、诊疗,加强医疗卫生安全风险防范,优化服务流程,持续改进医疗卫生服务质量。

第四十四条 国家对医疗卫生技术的临床应用进行分类管理,对技术难度大、医疗风险高,服务能力、人员专业技术水平要求较高的医疗卫生技术实行严格管理。

医疗卫生机构开展医疗卫生技术临床应用,应当与其功能任务相适应,遵循科学、安全、规范、有效、经济的原则,并符合伦理。

第四十五条 国家建立权责清晰、管理科学、治理完善、运行高效、监督有力的现代医院管理制度。

医院应当制定章程,建立和完善法人治理结构,提高医疗卫生服务能力和运行效率。

第四十六条 医疗卫生机构执业场所是提供医疗卫生服务的公共场所，任何组织或者个人不得扰乱其秩序。

第四十七条 国家完善医疗风险分担机制，鼓励医疗机构参加医疗责任保险或者建立医疗风险基金，鼓励患者参加医疗意外保险。

第四十八条 国家鼓励医疗卫生机构不断改进预防、保健、诊断、治疗、护理和康复的技术、设备与服务，支持开发适合基层和边远地区应用的医疗卫生技术。

第四十九条 国家推进全民健康信息化，推动健康医疗大数据、人工智能等的应用发展，加快医疗卫生信息基础设施建设，制定健康医疗数据采集、存储、分析和应用的技术标准，运用信息技术促进优质医疗卫生资源的普及与共享。

县级以上人民政府及其有关部门应当采取措施，推进信息技术在医疗卫生领域和医学教育中的应用，支持探索发展医疗卫生服务新模式、新业态。

国家采取措施，推进医疗卫生机构建立健全医疗卫生信息交流和信息安全制度，应用信息技术开展远程医疗服务，构建线上线下一体化医疗服务模式。

第五十条 发生自然灾害、事故灾难、公共卫生事件和社会安全事件等严重威胁人民群众生命健康的突发事件时，医疗卫生机构、医疗卫生人员应当服从政府部门的调遣，参与卫生应急处置和医疗救治。对致病、致残、死亡的参与人员，按照规定给予工伤或者抚恤、烈士褒扬等相关待遇。

第四章　医疗卫生人员

第五十一条 医疗卫生人员应当弘扬敬佑生命、救死扶伤、甘于奉献、大爱无疆的崇高职业精神，遵守行业规范，恪守医德，努力提高专业水平和服务质量。

医疗卫生行业组织、医疗卫生机构、医学院校应当加强对医疗卫生人员的医德医风教育。

第五十二条 国家制定医疗卫生人员培养规划，建立适应行业特点和社会需求的医疗卫生人员培养机制和供需平衡机制，完善医学院校教育、毕业后教育和继续教育体系，建立健全住院医师、专科医师规范化培训制度，建立规模适宜、结构合理、分布均衡的医疗卫生队伍。

国家加强全科医生的培养和使用。全科医生主要提供常见病、多发病的诊疗和转诊、预防、保健、康复，以及慢性病管理、健康管理等服务。

第五十三条 国家对医师、护士等医疗卫生人员依法实行执业注册制度。医疗卫生人员应当依法取得相应的职业资格。

第五十四条 医疗卫生人员应当遵循医学科学规律，遵守有关临床诊疗技术规范和各项操作规范以及医学伦理规范，使用适宜技术和药物，合理诊疗，因病施治，不得对患者实施过度医疗。

医疗卫生人员不得利用职务之便索要、非法收受财物或者牟取其他不正当利益。

第五十五条 国家建立健全符合医疗卫生行业特点的人事、薪酬、奖励制度，体现医疗卫生人员职业特点和技术劳动价值。

对从事传染病防治、放射医学和精神卫生工作以及其他在特殊岗位工作的医疗卫生人员，应当按照国家规定给予适当的津贴。津贴标准应当定期调整。

第五十六条 国家建立医疗卫生人员定期到基层和艰苦边远地区从事医疗卫生工作制度。

国家采取定向免费培养、对口支援、退休返聘等措施，加强基层和艰苦边远地区医疗卫生队伍建设。

执业医师晋升为副高级技术职称的，应当有累计一年以上在县级以下或者对口支援的医疗卫生机构提供医疗卫生服务的经历。

对在基层和艰苦边远地区工作的医疗卫生人员，在薪酬津贴、职称评定、职业发展、教育培训和表彰奖励等方面实行优惠待遇。

国家加强乡村医疗卫生队伍建设，建立县乡村上下贯通的职业发展机制，完善对乡村医疗卫生人员的服务收入多渠道补助机制和养老政策。

第五十七条 全社会应当关心、尊重医疗卫生人员，维护良好安全的医疗卫生服务秩序，共同构建和谐医患关系。

医疗卫生人员的人身安全、人格尊严不受侵犯，其合法权益受法律保护。禁止任何组织或者个人威胁、危害医疗卫生人员人身安全，侵犯医疗卫生人员人格尊严。

国家采取措施,保障医疗卫生人员执业环境。

第五章　药品供应保障

第五十八条　国家完善药品供应保障制度,建立工作协调机制,保障药品的安全、有效、可及。

第五十九条　国家实施基本药物制度,遴选适当数量的基本药物品种,满足疾病防治基本用药需求。

国家公布基本药物目录,根据药品临床应用实践、药品标准变化、药品新上市情况等,对基本药物目录进行动态调整。

基本药物按照规定优先纳入基本医疗保险药品目录。

国家提高基本药物的供给能力,强化基本药物质量监管,确保基本药物公平可及、合理使用。

第六十条　国家建立健全以临床需求为导向的药品审评审批制度,支持临床急需药品、儿童用药品和防治罕见病、重大疾病等药品的研制、生产,满足疾病防治需求。

第六十一条　国家建立健全药品研制、生产、流通、使用全过程追溯制度,加强药品管理,保证药品质量。

第六十二条　国家建立健全药品价格监测体系,开展成本价格调查,加强药品价格监督检查,依法查处价格垄断、价格欺诈、不正当竞争等违法行为,维护药品价格秩序。

国家加强药品分类采购管理和指导。参加药品采购投标的投标人不得以低于成本的报价竞标,不得以欺诈、串通投标、滥用市场支配地位等方式竞标。

第六十三条　国家建立中央与地方两级医药储备,用于保障重大灾情、疫情及其他突发事件等应急需要。

第六十四条　国家建立健全药品供求监测体系,及时收集和汇总分析药品供求信息,定期公布药品生产、流通、使用等情况。

第六十五条 国家加强对医疗器械的管理,完善医疗器械的标准和规范,提高医疗器械的安全有效水平。

国务院卫生健康主管部门和省、自治区、直辖市人民政府卫生健康主管部门应当根据技术的先进性、适宜性和可及性,编制大型医用设备配置规划,促进区域内医用设备合理配置、充分共享。

第六十六条 国家加强中药的保护与发展,充分体现中药的特色和优势,发挥其在预防、保健、医疗、康复中的作用。

第六章 健康促进

第六十七条 各级人民政府应当加强健康教育工作及其专业人才培养,建立健康知识和技能核心信息发布制度,普及健康科学知识,向公众提供科学、准确的健康信息。

医疗卫生、教育、体育、宣传等机构、基层群众性自治组织和社会组织应当开展健康知识的宣传和普及。医疗卫生人员在提供医疗卫生服务时,应当对患者开展健康教育。新闻媒体应当开展健康知识的公益宣传。健康知识的宣传应当科学、准确。

第六十八条 国家将健康教育纳入国民教育体系。学校应当利用多种形式实施健康教育,普及健康知识、科学健身知识、急救知识和技能,提高学生主动防病的意识,培养学生良好的卫生习惯和健康的行为习惯,减少、改善学生近视、肥胖等不良健康状况。

学校应当按照规定开设体育与健康课程,组织学生开展广播体操、眼保健操、体能锻炼等活动。

学校按照规定配备校医,建立和完善卫生室、保健室等。

县级以上人民政府教育主管部门应当按照规定将学生体质健康水平纳入学校考核体系。

第六十九条 公民是自己健康的第一责任人,树立和践行对自己健康负责的健康管理理念,主动学习健康知识,提高健康素养,加强健康管理。倡导家庭成员相互关爱,形成符合自身和家庭特点的健康生活方式。

公民应当尊重他人的健康权利和利益,不得损害他人健康和社会公共利益。

第七十条 国家组织居民健康状况调查和统计,开展体质监测,对健康绩效进行评估,并根据评估结果制定、完善与健康相关的法律、法规、政策和规划。

第七十一条 国家建立疾病和健康危险因素监测、调查和风险评估制度。县级以上人民政府及其有关部门针对影响健康的主要问题,组织开展健康危险因素研究,制定综合防治措施。

国家加强影响健康的环境问题预防和治理,组织开展环境质量对健康影响的研究,采取措施预防和控制与环境问题有关的疾病。

第七十二条 国家大力开展爱国卫生运动,鼓励和支持开展爱国卫生月等群众性卫生与健康活动,依靠和动员群众控制和消除健康危险因素,改善环境卫生状况,建设健康城市、健康村镇、健康社区。

第七十三条 国家建立科学、严格的食品、饮用水安全监督管理制度,提高安全水平。

第七十四条 国家建立营养状况监测制度,实施经济欠发达地区、重点人群营养干预计划,开展未成年人和老年人营养改善行动,倡导健康饮食习惯,减少不健康饮食引起的疾病风险。

第七十五条 国家发展全民健身事业,完善覆盖城乡的全民健身公共服务体系,加强公共体育设施建设,组织开展和支持全民健身活动,加强全民健身指导服务,普及科学健身知识和方法。

国家鼓励单位的体育场地设施向公众开放。

第七十六条 国家制定并实施未成年人、妇女、老年人、残疾人等的健康工作计划,加强重点人群健康服务。

国家推动长期护理保障工作,鼓励发展长期护理保险。

第七十七条 国家完善公共场所卫生管理制度。县级以上人民政府卫生健康等主管部门应当加强对公共场所的卫生监督。公共场所卫生监督信息应当依法向社会公开。

公共场所经营单位应当建立健全并严格实施卫生管理制度,保证其经营活动持续符合国家对公共场所的卫生要求。

第七十八条 国家采取措施,减少吸烟对公民健康的危害。

公共场所控制吸烟,强化监督执法。

烟草制品包装应当印制带有说明吸烟危害的警示。

禁止向未成年人出售烟酒。

第七十九条 用人单位应当为职工创造有益于健康的环境和条件,严格执行劳动安全卫生等相关规定,积极组织职工开展健身活动,保护职工健康。

国家鼓励用人单位开展职工健康指导工作。

国家提倡用人单位为职工定期开展健康检查。法律、法规对健康检查有规定的,依照其规定。

第七章 资金保障

第八十条 各级人民政府应当切实履行发展医疗卫生与健康事业的职责,建立与经济社会发展、财政状况和健康指标相适应的医疗卫生与健康事业投入机制,将医疗卫生与健康促进经费纳入本级政府预算,按照规定主要用于保障基本医疗服务、公共卫生服务、基本医疗保障和政府举办的医疗卫生机构建设和运行发展。

第八十一条 县级以上人民政府通过预算、审计、监督执法、社会监督等方式,加强资金的监督管理。

第八十二条 基本医疗服务费用主要由基本医疗保险基金和个人支付。国家依法多渠道筹集基本医疗保险基金,逐步完善基本医疗保险可持续筹资和保障水平调整机制。

公民有依法参加基本医疗保险的权利和义务。用人单位和职工按照国家规定缴纳职工基本医疗保险费。城乡居民按照规定缴纳城乡居民基本医疗保险费。

第八十三条 国家建立以基本医疗保险为主体,商业健康保险、医疗救助、职工互助医疗和医疗慈善服务等为补充的、多层次的医疗保障体系。

国家鼓励发展商业健康保险,满足人民群众多样化健康保障需求。

国家完善医疗救助制度,保障符合条件的困难群众获得基本医疗服务。

第八十四条 国家建立健全基本医疗保险经办机构与协议定点医疗卫生机构之间的协商谈判机制,科学合理确定基本医疗保险基金支付标准和支付方式,引导医疗卫生机构合理诊疗,促进患者有序流动,提高基本医疗保险基金使用效益。

第八十五条 基本医疗保险基金支付范围由国务院医疗保障主管部门组织制定,并应当听取国务院卫生健康主管部门、中医药主管部门、药品监督管理部门、财政部门等的意见。

省、自治区、直辖市人民政府可以按照国家有关规定,补充确定本行政区域基本医疗保险基金支付的具体项目和标准,并报国务院医疗保障主管部门备案。

国务院医疗保障主管部门应当对纳入支付范围的基本医疗保险药品目录、诊疗项目、医疗服务设施标准等组织开展循证医学和经济性评价,并应当听取国务院卫生健康主管部门、中医药主管部门、药品监督管理部门、财政部门等有关方面的意见。评价结果应当作为调整基本医疗保险基金支付范围的依据。

第八章 监督管理

第八十六条 国家建立健全机构自治、行业自律、政府监管、社会监督相结合的医疗卫生综合监督管理体系。

县级以上人民政府卫生健康主管部门对医疗卫生行业实行属地化、全行业监督管理。

第八十七条 县级以上人民政府医疗保障主管部门应当提高医疗保障监管能力和水平,对纳入基本医疗保险基金支付范围的医疗服务行为和医疗费用加强监督管理,确保基本医疗保险基金合理使用、安全可控。

第八十八条 县级以上人民政府应当组织卫生健康、医疗保障、药品监督管理、发展改革、财政等部门建立沟通协商机制,加强制度衔接和工作配合,提高医疗卫生资源使用效率和保障水平。

第八十九条 县级以上人民政府应当定期向本级人民代表大会或者其常务委员会报告基本医疗卫生与健康促进工作,依法接受监督。

第九十条 县级以上人民政府有关部门未履行医疗卫生与健康促进工作相关职责的,本级人民政府或者上级人民政府有关部门应当对其主要负责人进行约谈。

地方人民政府未履行医疗卫生与健康促进工作相关职责的,上级人民政府应当对其主要负责人进行约谈。

被约谈的部门和地方人民政府应当立即采取措施,进行整改。

约谈情况和整改情况应当纳入有关部门和地方人民政府工作评议、考核记录。

第九十一条 县级以上地方人民政府卫生健康主管部门应当建立医疗卫生机构绩效评估制度,组织对医疗卫生机构的服务质量、医疗技术、药品和医用设备使用等情况进行评估。评估应当吸收行业组织和公众参与。评估结果应当以适当方式向社会公开,作为评价医疗卫生机构和卫生监管的重要依据。

第九十二条 国家保护公民个人健康信息,确保公民个人健康信息安全。任何组织或者个人不得非法收集、使用、加工、传输公民个人健康信息,不得非法买卖、提供或者公开公民个人健康信息。

第九十三条 县级以上人民政府卫生健康主管部门、医疗保障主管部门应当建立医疗卫生机构、人员等信用记录制度,纳入全国信用信息共享平台,按照国家规定实施联合惩戒。

第九十四条 县级以上地方人民政府卫生健康主管部门及其委托的卫生健康监督机构,依法开展本行政区域医疗卫生等行政执法工作。

第九十五条 县级以上人民政府卫生健康主管部门应当积极培育医疗卫生行业组织,发挥其在医疗卫生与健康促进工作中的作用,支持其参与行业管理规范、技术标准制定和医疗卫生评价、评估、评审等工作。

第九十六条 国家建立医疗纠纷预防和处理机制,妥善处理医疗纠纷,维护医疗秩序。

第九十七条　国家鼓励公民、法人和其他组织对医疗卫生与健康促进工作进行社会监督。

任何组织和个人对违反本法规定的行为，有权向县级以上人民政府卫生健康主管部门和其他有关部门投诉、举报。

第九章　法律责任

第九十八条　违反本法规定，地方各级人民政府、县级以上人民政府卫生健康主管部门和其他有关部门，滥用职权、玩忽职守、徇私舞弊的，对直接负责的主管人员和其他直接责任人员依法给予处分。

第九十九条　违反本法规定，未取得医疗机构执业许可证擅自执业的，由县级以上人民政府卫生健康主管部门责令停止执业活动，没收违法所得和药品、医疗器械，并处违法所得五倍以上二十倍以下的罚款，违法所得不足一万元的，按一万元计算。

违反本法规定，伪造、变造、买卖、出租、出借医疗机构执业许可证的，由县级以上人民政府卫生健康主管部门责令改正，没收违法所得，并处违法所得五倍以上十五倍以下的罚款，违法所得不足一万元的，按一万元计算；情节严重的，吊销医疗机构执业许可证。

第一百条　违反本法规定，有下列行为之一的，由县级以上人民政府卫生健康主管部门责令改正，没收违法所得，并处违法所得二倍以上十倍以下的罚款，违法所得不足一万元的，按一万元计算；对直接负责的主管人员和其他直接责任人员依法给予处分：

（一）政府举办的医疗卫生机构与其他组织投资设立非独立法人资格的医疗卫生机构；

（二）医疗卫生机构对外出租、承包医疗科室；

（三）非营利性医疗卫生机构向出资人、举办者分配或者变相分配收益。

第一百零一条　违反本法规定，医疗卫生机构等的医疗信息安全制度、保障措施不健全，导致医疗信息泄露，或者医疗质量管理和医疗技术管理制度、安全措施不健全的，由县级以上人民政府卫生健康等主管部门责令改正，给予警告，并处一万元以上五万元以下的罚款；情节严重的，可以责令停止相应执业活动，对直接负责的主管人员和其他直接责任人员依法追究法律责任。

第一百零二条 违反本法规定，医疗卫生人员有下列行为之一的，由县级以上人民政府卫生健康主管部门依照有关执业医师、护士管理和医疗纠纷预防处理等法律、行政法规的规定给予行政处罚：

（一）利用职务之便索要、非法收受财物或者牟取其他不正当利益；

（二）泄露公民个人健康信息；

（三）在开展医学研究或提供医疗卫生服务过程中未按照规定履行告知义务或者违反医学伦理规范。

前款规定的人员属于政府举办的医疗卫生机构中的人员的，依法给予处分。

第一百零三条 违反本法规定，参加药品采购投标的投标人以低于成本的报价竞标，或者以欺诈、串通投标、滥用市场支配地位等方式竞标的，由县级以上人民政府医疗保障主管部门责令改正，没收违法所得；中标的，中标无效，处中标项目金额千分之五以上千分之十以下的罚款，对法定代表人、主要负责人、直接负责的主管人员和其他责任人员处对单位罚款数额百分之五以上百分之十以下的罚款；情节严重的，取消其二年至五年内参加药品采购投标的资格并予以公告。

第一百零四条 违反本法规定，以欺诈、伪造证明材料或者其他手段骗取基本医疗保险待遇，或者基本医疗保险经办机构以及医疗机构、药品经营单位等以欺诈、伪造证明材料或者其他手段骗取基本医疗保险基金支出的，由县级以上人民政府医疗保障主管部门依照有关社会保险的法律、行政法规规定给予行政处罚。

第一百零五条 违反本法规定，扰乱医疗卫生机构执业场所秩序，威胁、危害医疗卫生人员人身安全，侵犯医疗卫生人员人格尊严，非法收集、使用、加工、传输公民个人健康信息，非法买卖、提供或者公开公民个人健康信息等，构成违反治安管理行为的，依法给予治安管理处罚。

第一百零六条 违反本法规定，构成犯罪的，依法追究刑事责任；造成人身、财产损害的,依法承担民事责任。

第十章 附 则

第一百零七条 本法中下列用语的含义:

(一)主要健康指标,是指人均预期寿命、孕产妇死亡率、婴儿死亡率、五岁以下儿童死亡率等。

(二)医疗卫生机构,是指基层医疗卫生机构、医院和专业公共卫生机构等。

(三)基层医疗卫生机构,是指乡镇卫生院、社区卫生服务中心(站)、村卫生室、医务室、门诊部和诊所等。

(四)专业公共卫生机构,是指疾病预防控制中心、专科疾病防治机构、健康教育机构、急救中心(站)和血站等。

(五)医疗卫生人员,是指执业医师、执业助理医师、注册护士、药师(士)、检验技师(士)、影像技师(士)和乡村医生等卫生专业人员。

(六)基本药物,是指满足疾病防治基本用药需求,适应现阶段基本国情和保障能力,剂型适宜,价格合理,能够保障供应,可公平获得的药品。

第一百零八条 省、自治区、直辖市和设区的市、自治州可以结合实际,制定本地方发展医疗卫生与健康事业的具体办法。

第一百零九条 中国人民解放军和中国人民武装警察部队的医疗卫生与健康促进工作,由国务院和中央军事委员会依照本法制定管理办法。

第一百一十条 本法自2020年6月1日起施行。

2. 中华人民共和国医师法

(2021年8月20日第十三届全国人民代表大会常务委员会
第三十次会议通过 自2022年3月1日起施行)

第一章 总 则

第一条 为了保障医师合法权益,规范医师执业行为,加强医师队伍建设,保护人民健康,推进健康中国建设,制定本法。

第二条 本法所称医师,是指依法取得医师资格,经注册在医疗卫生机构中执业的专业医务人员,包括执业医师和执业助理医师。

第三条 医师应当坚持人民至上、生命至上,发扬人道主义精神,弘扬敬佑生命、救死扶伤、甘于奉献、大爱无疆的崇高职业精神,恪守职业道德,遵守执业规范,提高执业水平,履行防病治病、保护人民健康的神圣职责。

医师依法执业,受法律保护。医师的人格尊严、人身安全不受侵犯。

第四条 国务院卫生健康主管部门负责全国的医师管理工作。国务院教育、人力资源社会保障、中医药等有关部门在各自职责范围内负责有关的医师管理工作。

县级以上地方人民政府卫生健康主管部门负责本行政区域内的医师管理工作。县级以上地方人民政府教育、人力资源社会保障、中医药等有关部门在各自职责范围内负责有关的医师管理工作。

第五条 每年8月19日为中国医师节。

对在医疗卫生服务工作中做出突出贡献的医师,按照国家有关规定给予表彰、奖励。

全社会应当尊重医师。各级人民政府应当关心爱护医师,弘扬先进事迹,加强业务培训,支持开拓创新,帮助解决困难,推动在全社会广泛形成尊医重卫的良好氛围。

第六条 国家建立健全医师医学专业技术职称设置、评定和岗位聘任制度,将职业道德、专业实践能力和工作业绩作为重要条件,科学设置有关评定、聘任标准。

第七条 医师可以依法组织和参加医师协会等有关行业组织、专业学术团体。

医师协会等有关行业组织应当加强行业自律和医师执业规范,维护医师合法权益,协助卫生健康主管部门和其他有关部门开展相关工作。

第二章 考试和注册

第八条 国家实行医师资格考试制度。

医师资格考试分为执业医师资格考试和执业助理医师资格考试。医师资格考试由省级以上人民政府卫生健康主管部门组织实施。

医师资格考试的类别和具体办法,由国务院卫生健康主管部门制定。

第九条 具有下列条件之一的,可以参加执业医师资格考试:

(一)具有高等学校相关医学专业本科以上学历,在执业医师指导下,在医疗卫生机构中参加医学专业工作实践满一年;

(二)具有高等学校相关医学专业专科学历,取得执业助理医师执业证书后,在医疗卫生机构中执业满二年。

第十条 具有高等学校相关医学专业专科以上学历,在执业医师指导下,在医疗卫生机构中参加医学专业工作实践满一年的,可以参加执业助理医师资格考试。

第十一条 以师承方式学习中医满三年,或者经多年实践医术确有专长的,经县级以上人民政府卫生健康主管部门委托的中医药专业组织或者医疗卫生机构考核合格并推荐,可以参加中医医师资格考试。

以师承方式学习中医或者经多年实践,医术确有专长的,由至少二名中医医师推荐,经省级人民政府中医药主管部门组织实践技能和效果考核合格后,即可取得中医医师资格及相应的资格证书。

本条规定的相关考试、考核办法,由国务院中医药主管部门拟订,报国务院卫生健康主管部门审核、发布。

第十二条 医师资格考试成绩合格,取得执业医师资格或者执业助理医师资格,发给医师资格证书。

第十三条 国家实行医师执业注册制度。

取得医师资格的,可以向所在地县级以上地方人民政府卫生健康主管部门申请注册。医疗卫生机构可以为本机构中的申请人集体办理注册手续。

除有本法规定不予注册的情形外,卫生健康主管部门应当自受理申请之日起二十个工作日内准予注册,将注册信息录入国家信息平台,并发给医师执业证书。

未注册取得医师执业证书,不得从事医师执业活动。

医师执业注册管理的具体办法,由国务院卫生健康主管部门制定。

第十四条 医师经注册后,可以在医疗卫生机构中按照注册的执业地点、执业类别、执业范围执业,从事相应的医疗卫生服务。

中医、中西医结合医师可以在医疗机构中的中医科、中西医结合科或者其他临床科室按照注册的执业类别、执业范围执业。

医师经相关专业培训和考核合格,可以增加执业范围。法律、行政法规对医师从事特定范围执业活动的资质条件有规定的,从其规定。

经考试取得医师资格的中医医师按照国家有关规定,经培训和考核合格,在执业活动中可以采用与其专业相关的西医药技术方法。西医医师按照国家有关规定,经培训和考核合格,在执业活动中可以采用与其专业相关的中医药技术方法。

第十五条 医师在二个以上医疗卫生机构定期执业的,应当以一个医疗卫生机构为主,并按照国家有关规定办理相关手续。国家鼓励医师定期定点到县级以下医疗卫生机构,包括乡镇卫生院、村卫生室、社区卫生服务中心等,提供医疗卫生服务,主执业机构应当支持并提供便利。

卫生健康主管部门、医疗卫生机构应当加强对有关医师的监督管理,规范其执业行为,保证医疗卫生服务质量。

第十六条 有下列情形之一的,不予注册:

(一)无民事行为能力或者限制民事行为能力;

(二)受刑事处罚,刑罚执行完毕不满二年或者被依法禁止从事医师职业的期限未满;

(三)被吊销医师执业证书不满二年;

(四)因医师定期考核不合格被注销注册不满一年;

(五)法律、行政法规规定不得从事医疗卫生服务的其他情形。

受理申请的卫生健康主管部门对不予注册的,应当自受理申请之日起二十个工作日内书面通知申请人和其所在医疗卫生机构,并说明理由。

第十七条　医师注册后有下列情形之一的,注销注册,废止医师执业证书:

(一)死亡;

(二)受刑事处罚;

(三)被吊销医师执业证书;

(四)医师定期考核不合格,暂停执业活动期满,再次考核仍不合格;

(五)中止医师执业活动满二年;

(六)法律、行政法规规定不得从事医疗卫生服务或者应当办理注销手续的其他情形。

有前款规定情形的,医师所在医疗卫生机构应当在三十日内报告准予注册的卫生健康主管部门;卫生健康主管部门依职权发现医师有前款规定情形的,应当及时通报准予注册的卫生健康主管部门。准予注册的卫生健康主管部门应当及时注销注册,废止医师执业证书。

第十八条　医师变更执业地点、执业类别、执业范围等注册事项的,应当依照本法规定到准予注册的卫生健康主管部门办理变更注册手续。

医师从事下列活动的,可以不办理相关变更注册手续:

(一)参加规范化培训、进修、对口支援、会诊、突发事件医疗救援、慈善或者其他公益性医疗、义诊;

(二)承担国家任务或者参加政府组织的重要活动等;

(三)在医疗联合体内的医疗机构中执业。

第十九条　中止医师执业活动二年以上或者本法规定不予注册的情形消失,申请重新执业的,应当由县级以上人民政府卫生健康主管部门或者其委托的医疗卫生机构、行业组织考核合格,并依照本法规定重新注册。

第二十条　医师个体行医应当依法办理审批或者备案手续。

执业医师个体行医,须经注册后在医疗卫生机构中执业满五年;但是,依照本法第十一条第二款规定取得中医医师资格的人员,按照考核内容进行执业注册后,即可在注册的执业范围内个体行医。

县级以上地方人民政府卫生健康主管部门对个体行医的医师,应当按照国家有关规定实施监督检查,发现有本法规定注销注册的情形的,应当及时注销注册,废止医师执业证书。

第二十一条　县级以上地方人民政府卫生健康主管部门应当将准予注册和注销注册的人员名单及时予以公告,由省级人民政府卫生健康主管部门汇总,报国务院卫生健康主管部门备案,并按照规定通过网站提供医师注册信息查询服务。

第三章　执 业 规 则

第二十二条　医师在执业活动中享有下列权利:

(一)在注册的执业范围内,按照有关规范进行医学诊查、疾病调查、医学处置、出具相应的医学证明文件,选择合理的医疗、预防、保健方案;

(二)获取劳动报酬,享受国家规定的福利待遇,按照规定参加社会保险并享受相应待遇;

(三)获得符合国家规定标准的执业基本条件和职业防护装备;

(四)从事医学教育、研究、学术交流;

(五)参加专业培训,接受继续医学教育;

(六)对所在医疗卫生机构和卫生健康主管部门的工作提出意见和建议,依法参与所在机构的民主管理;

(七)法律、法规规定的其他权利。

第二十三条　医师在执业活动中履行下列义务:

(一)树立敬业精神,恪守职业道德,履行医师职责,尽职尽责救治患者,执行疫情防控等公共卫生措施;

(二)遵循临床诊疗指南,遵守临床技术操作规范和医学伦理规范等;

(三)尊重、关心、爱护患者,依法保护患者隐私和个人信息;

(四)努力钻研业务,更新知识,提高医学专业技术能力和水平,提升医疗卫生服务质量；

（五）宣传推广与岗位相适应的健康科普知识，对患者及公众进行健康教育和健康指导；

（六）法律、法规规定的其他义务。

第二十四条 医师实施医疗、预防、保健措施，签署有关医学证明文件，必须亲自诊查、调查，并按照规定及时填写病历等医学文书，不得隐匿、伪造、篡改或者擅自销毁病历等医学文书及有关资料。

医师不得出具虚假医学证明文件以及与自己执业范围无关或者与执业类别不相符的医学证明文件。

第二十五条 医师在诊疗活动中应当向患者说明病情、医疗措施和其他需要告知的事项。需要实施手术、特殊检查、特殊治疗的，医师应当及时向患者具体说明医疗风险、替代医疗方案等情况，并取得其明确同意；不能或者不宜向患者说明的，应当向患者的近亲属说明，并取得其明确同意。

第二十六条 医师开展药物、医疗器械临床试验和其他医学临床研究应当符合国家有关规定，遵守医学伦理规范，依法通过伦理审查，取得书面知情同意。

第二十七条 对需要紧急救治的患者，医师应当采取紧急措施进行诊治，不得拒绝急救处置。

因抢救生命垂危的患者等紧急情况，不能取得患者或者其近亲属意见的，经医疗机构负责人或者授权的负责人批准，可以立即实施相应的医疗措施。

国家鼓励医师积极参与公共交通工具等公共场所急救服务；医师因自愿实施急救造成受助人损害的，不承担民事责任。

第二十八条 医师应当使用经依法批准或者备案的药品、消毒药剂、医疗器械，采用合法、合规、科学的诊疗方法。

除按照规范用于诊断治疗外，不得使用麻醉药品、医疗用毒性药品、精神药品、放射性药品等。

第二十九条 医师应当坚持安全有效、经济合理的用药原则，遵循药品临床应用指导原则、临床诊疗指南和药品说明书等合理用药。

在尚无有效或者更好治疗手段等特殊情况下,医师取得患者明确知情同意后,可以采用药品说明书中未明确但具有循证医学证据的药品用法实施治疗。医疗机构应当建立管理制度,对医师处方、用药医嘱的适宜性进行审核,严格规范医师用药行为。

第三十条 执业医师按照国家有关规定,经所在医疗卫生机构同意,可以通过互联网等信息技术提供部分常见病、慢性病复诊等适宜的医疗卫生服务。国家支持医疗卫生机构之间利用互联网等信息技术开展远程医疗合作。

第三十一条 医师不得利用职务之便,索要、非法收受财物或者牟取其他不正当利益;不得对患者实施不必要的检查、治疗。

第三十二条 遇有自然灾害、事故灾难、公共卫生事件和社会安全事件等严重威胁人民生命健康的突发事件时,县级以上人民政府卫生健康主管部门根据需要组织医师参与卫生应急处置和医疗救治,医师应当服从调遣。

第三十三条 在执业活动中有下列情形之一的,医师应当按照有关规定及时向所在医疗卫生机构或者有关部门、机构报告:

(一)发现传染病、突发不明原因疾病或者异常健康事件;

(二)发生或者发现医疗事故;

(三)发现可能与药品、医疗器械有关的不良反应或者不良事件;

(四)发现假药或者劣药;

(五)发现患者涉嫌伤害事件或者非正常死亡;

(六)法律、法规规定的其他情形。

第三十四条 执业助理医师应当在执业医师的指导下,在医疗卫生机构中按照注册的执业类别、执业范围执业。

在乡、民族乡、镇和村医疗卫生机构以及艰苦边远地区县级医疗卫生机构中执业的执业助理医师,可以根据医疗卫生服务情况和本人实践经验,独立从事一般的执业活动。

第三十五条 参加临床教学实践的医学生和尚未取得医师执业证书、在医疗卫生机构中参加医学专业工作实践的医学毕业生,应当在执业医师监督、指导下参与临床诊疗活动。医疗卫生机构应当为有关医学生、医学毕业生参与临床诊疗活动提供必要的条件。

第三十六条 有关行业组织、医疗卫生机构、医学院校应当加强对医师的医德医风教育。

医疗卫生机构应当建立健全医师岗位责任、内部监督、投诉处理等制度,加强对医师的管理。

第四章 培训和考核

第三十七条 国家制定医师培养规划,建立适应行业特点和社会需求的医师培养和供需平衡机制,统筹各类医学人才需求,加强全科、儿科、精神科、老年医学等紧缺专业人才培养。

国家采取措施,加强医教协同,完善医学院校教育、毕业后教育和继续教育体系。

国家通过多种途径,加强以全科医生为重点的基层医疗卫生人才培养和配备。

国家采取措施,完善中医西医相互学习的教育制度,培养高层次中西医结合人才和能够提供中西医结合服务的全科医生。

第三十八条 国家建立健全住院医师规范化培训制度,健全临床带教激励机制,保障住院医师培训期间待遇,严格培训过程管理和结业考核。

国家建立健全专科医师规范化培训制度,不断提高临床医师专科诊疗水平。

第三十九条 县级以上人民政府卫生健康主管部门和其他有关部门应当制定医师培训计划,采取多种形式对医师进行分级分类培训,为医师接受继续医学教育提供条件。

县级以上人民政府应当采取有力措施,优先保障基层、欠发达地区和民族地区的医疗卫生人员接受继续医学教育。

第四十条 医疗卫生机构应当合理调配人力资源,按照规定和计划保证本机构医师接受继续医学教育。

县级以上人民政府卫生健康主管部门应当有计划地组织协调县级以上医疗卫生机构对乡镇卫生院、村卫生室、社区卫生服务中心等基层医疗卫生机构中的医疗卫生人员开展培训，提高其医学专业技术能力和水平。

有关行业组织应当为医师接受继续医学教育提供服务和创造条件，加强继续医学教育的组织、管理。

第四十一条 国家在每年的医学专业招生计划和教育培训计划中，核定一定比例用于定向培养、委托培训，加强基层和艰苦边远地区医师队伍建设。

有关部门、医疗卫生机构与接受定向培养、委托培训的人员签订协议，约定相关待遇、服务年限、违约责任等事项，有关人员应当履行协议约定的义务。县级以上人民政府有关部门应当采取措施，加强履约管理。协议各方违反约定的，应当承担违约责任。

第四十二条 国家实行医师定期考核制度。

县级以上人民政府卫生健康主管部门或者其委托的医疗卫生机构、行业组织应当按照医师执业标准，对医师的业务水平、工作业绩和职业道德状况进行考核，考核周期为三年。对具有较长年限执业经历、无不良行为记录的医师，可以简化考核程序。

受委托的机构或者组织应当将医师考核结果报准予注册的卫生健康主管部门备案。

对考核不合格的医师，县级以上人民政府卫生健康主管部门应当责令其暂停执业活动三个月至六个月，并接受相关专业培训。暂停执业活动期满，再次进行考核，对考核合格的，允许其继续执业。

第四十三条 省级以上人民政府卫生健康主管部门负责指导、检查和监督医师考核工作。

第五章 保障措施

第四十四条 国家建立健全体现医师职业特点和技术劳动价值的人事、薪酬、职称、奖励制度。

对从事传染病防治、放射医学和精神卫生工作以及其他特殊岗位工作的医师,应当按照国家有关规定给予适当的津贴。津贴标准应当定期调整。

在基层和艰苦边远地区工作的医师,按照国家有关规定享受津贴、补贴政策,并在职称评定、职业发展、教育培训和表彰奖励等方面享受优惠待遇。

第四十五条 国家加强疾病预防控制人才队伍建设,建立适应现代化疾病预防控制体系的医师培养和使用机制。

疾病预防控制机构、二级以上医疗机构以及乡镇卫生院、社区卫生服务中心等基层医疗卫生机构应当配备一定数量的公共卫生医师,从事人群疾病及危害因素监测、风险评估研判、监测预警、流行病学调查、免疫规划管理、职业健康管理等公共卫生工作。医疗机构应当建立健全管理制度,严格执行院内感染防控措施。

国家建立公共卫生与临床医学相结合的人才培养机制,通过多种途径对临床医师进行疾病预防控制、突发公共卫生事件应对等方面业务培训,对公共卫生医师进行临床医学业务培训,完善医防结合和中西医协同防治的体制机制。

第四十六条 国家采取措施,统筹城乡资源,加强基层医疗卫生队伍和服务能力建设,对乡村医疗卫生人员建立县乡村上下贯通的职业发展机制,通过县管乡用、乡聘村用等方式,将乡村医疗卫生人员纳入县域医疗卫生人员管理。

执业医师晋升为副高级技术职称的,应当有累计一年以上在县级以下或者对口支援的医疗卫生机构提供医疗卫生服务的经历;晋升副高级技术职称后,在县级以下或者对口支援的医疗卫生机构提供医疗卫生服务,累计一年以上的,同等条件下优先晋升正高级技术职称。

国家采取措施,鼓励取得执业医师资格或者执业助理医师资格的人员依法开办村医疗卫生机构,或者在村医疗卫生机构提供医疗卫生服务。

第四十七条 国家鼓励在村医疗卫生机构中向村民提供预防、保健和一般医疗服务的乡村医生通过医学教育取得医学专业学历;鼓励符合条件的乡村医生参加医师资格考试,依法取得医师资格。

国家采取措施,通过信息化、智能化手段帮助乡村医生提高医学技术能力和水平,进一步完善对乡村医生的服务收入多渠道补助机制和养老等政策。

乡村医生的具体管理办法,由国务院制定。

第四十八条 医师有下列情形之一的,按照国家有关规定给予表彰、奖励:

(一)在执业活动中,医德高尚,事迹突出;

(二)在医学研究、教育中开拓创新,对医学专业技术有重大突破,做出显著贡献;

(三)遇有突发事件时,在预防预警、救死扶伤等工作中表现突出;

(四)长期在艰苦边远地区的县级以下医疗卫生机构努力工作;

(五)在疾病预防控制、健康促进工作中做出突出贡献;

(六)法律、法规规定的其他情形。

第四十九条 县级以上人民政府及其有关部门应当将医疗纠纷预防和处理工作纳入社会治安综合治理体系,加强医疗卫生机构及周边治安综合治理,维护医疗卫生机构良好的执业环境,有效防范和依法打击涉医违法犯罪行为,保护医患双方合法权益。

医疗卫生机构应当完善安全保卫措施,维护良好的医疗秩序,及时主动化解医疗纠纷,保障医师执业安全。

禁止任何组织或者个人阻碍医师依法执业,干扰医师正常工作、生活;禁止通过侮辱、诽谤、威胁、殴打等方式,侵犯医师的人格尊严、人身安全。

第五十条 医疗卫生机构应当为医师提供职业安全和卫生防护用品,并采取有效的卫生防护和医疗保健措施。

医师受到事故伤害或者在职业活动中因接触有毒、有害因素而引起疾病、死亡的,依照有关法律、行政法规的规定享受工伤保险待遇。

第五十一条 医疗卫生机构应当为医师合理安排工作时间,落实带薪休假制度,定期开展健康检查。

第五十二条 国家建立完善医疗风险分担机制。医疗机构应当参加医疗责任保险或者建立、参加医疗风险基金。鼓励患者参加医疗意外保险。

第五十三条 新闻媒体应当开展医疗卫生法律、法规和医疗卫生知识的公益宣传,弘扬医师先进事迹,引导公众尊重医师、理性对待医疗卫生风险。

第六章　法律责任

第五十四条　在医师资格考试中有违反考试纪律等行为,情节严重的,一年至三年内禁止参加医师资格考试。

以不正当手段取得医师资格证书或者医师执业证书的,由发给证书的卫生健康主管部门予以撤销,三年内不受理其相应申请。

伪造、变造、买卖、出租、出借医师执业证书的,由县级以上人民政府卫生健康主管部门责令改正,没收违法所得,并处违法所得二倍以上五倍以下的罚款,违法所得不足一万元的,按一万元计算;情节严重的,吊销医师执业证书。

第五十五条　违反本法规定,医师在执业活动中有下列行为之一的,由县级以上人民政府卫生健康主管部门责令改正,给予警告;情节严重的,责令暂停六个月以上一年以下执业活动直至吊销医师执业证书:

(一)在提供医疗卫生服务或者开展医学临床研究中,未按照规定履行告知义务或者取得知情同意;

(二)对需要紧急救治的患者,拒绝急救处置,或者由于不负责任延误诊治;

(三)遇有自然灾害、事故灾难、公共卫生事件和社会安全事件等严重威胁人民生命健康的突发事件时,不服从卫生健康主管部门调遣;

(四)未按照规定报告有关情形;

(五)违反法律、法规、规章或者执业规范,造成医疗事故或者其他严重后果。

第五十六条　违反本法规定,医师在执业活动中有下列行为之一的,由县级以上人民政府卫生健康主管部门责令改正,给予警告,没收违法所得,并处一万元以上三万元以下的罚款;情节严重的,责令暂停六个月以上一年以下执业活动直至吊销医师执业证书:

(一)泄露患者隐私或者个人信息;

(二)出具虚假医学证明文件,或者未经亲自诊查、调查,签署诊断、治疗、流行病学等证明文件或者有关出生、死亡等证明文件;

(三)隐匿、伪造、篡改或者擅自销毁病历等医学文书及有关资料;

（四）未按照规定使用麻醉药品、医疗用毒性药品、精神药品、放射性药品等；

（五）利用职务之便，索要、非法收受财物或者牟取其他不正当利益，或者违反诊疗规范，对患者实施不必要的检查、治疗造成不良后果；

（六）开展禁止类医疗技术临床应用。

第五十七条 违反本法规定，医师未按照注册的执业地点、执业类别、执业范围执业的，由县级以上人民政府卫生健康主管部门或者中医药主管部门责令改正，给予警告，没收违法所得，并处一万元以上三万元以下的罚款；情节严重的，责令暂停六个月以上一年以下执业活动直至吊销医师执业证书。

第五十八条 严重违反医师职业道德、医学伦理规范，造成恶劣社会影响的，由省级以上人民政府卫生健康主管部门吊销医师执业证书或者责令停止非法执业活动，五年直至终身禁止从事医疗卫生服务或者医学临床研究。

第五十九条 违反本法规定，非医师行医的，由县级以上人民政府卫生健康主管部门责令停止非法执业活动，没收违法所得和药品、医疗器械，并处违法所得二倍以上十倍以下的罚款，违法所得不足一万元的，按一万元计算。

第六十条 违反本法规定，阻碍医师依法执业，干扰医师正常工作、生活，或者通过侮辱、诽谤、威胁、殴打等方式，侵犯医师人格尊严、人身安全，构成违反治安管理行为的，依法给予治安管理处罚。

第六十一条 违反本法规定，医疗卫生机构未履行报告职责，造成严重后果的，由县级以上人民政府卫生健康主管部门给予警告，对直接负责的主管人员和其他直接责任人员依法给予处分。

第六十二条 违反本法规定，卫生健康主管部门和其他有关部门工作人员或者医疗卫生机构工作人员弄虚作假、滥用职权、玩忽职守、徇私舞弊的，依法给予处分。

第六十三条 违反本法规定，构成犯罪的，依法追究刑事责任；造成人身、财产损害的，依法承担民事责任。

第七章 附 则

第六十四条 国家采取措施，鼓励具有中等专业学校医学专业学历的人员通过参加更高层次学历教育等方式,提高医学技术能力和水平。

在本法施行前以及在本法施行后一定期限内取得中等专业学校相关医学专业学历的人员,可以参加医师资格考试。具体办法由国务院卫生健康主管部门会同国务院教育、中医药等有关部门制定。

第六十五条 中国人民解放军和中国人民武装警察部队执行本法的具体办法,由国务院、中央军事委员会依据本法制定。

第六十六条 境外人员参加医师资格考试、申请注册、执业或者从事临床示教、临床研究、临床学术交流等活动的具体管理办法,由国务院卫生健康主管部门制定。

第六十七条 本法自2022年3月1日起施行。《中华人民共和国执业医师法》同时废止。

3. 护 士 条 例

(2008年1月31日中华人民共和国国务院令第517号公布

根据2020年3月27日《国务院关于修改和废止部分

行政法规的决定》修订)

第一章 总 则

第一条 为了维护护士的合法权益,规范护理行为,促进护理事业发展,保障医疗安全和人体健康,制定本条例。

第二条 本条例所称护士,是指经执业注册取得护士执业证书,依照本条例规定从事护理活动,履行保护生命、减轻痛苦、增进健康职责的卫生技术人员。

第三条 护士人格尊严、人身安全不受侵犯。护士依法履行职责,受法律保护。

全社会应当尊重护士。

第四条 国务院有关部门、县级以上地方人民政府及其有关部门以及乡(镇)人民政府应当采取措施,改善护士的工作条件,保障护士待遇,加强护士队伍建设,促进护理事业健康发展。

国务院有关部门和县级以上地方人民政府应当采取措施,鼓励护士到农村、基层医疗卫生机构工作。

第五条 国务院卫生主管部门负责全国的护士监督管理工作。

县级以上地方人民政府卫生主管部门负责本行政区域的护士监督管理工作。

第六条 国务院有关部门对在护理工作中做出杰出贡献的护士,应当授予全国卫生系统先进工作者荣誉称号或者颁发白求恩奖章,受到表彰、奖励的护士享受省部级劳动模范、先进工作者待遇;对长期从事护理工作的护士应当颁发荣誉证书。具体办法由国务院有关部门制定。

县级以上地方人民政府及其有关部门对本行政区域内做出突出贡献的护士,按照省、自治区、直辖市人民政府的有关规定给予表彰、奖励。

第二章 执 业 注 册

第七条 护士执业,应当经执业注册取得护士执业证书。

申请护士执业注册,应当具备下列条件:

(一)具有完全民事行为能力;

(二)在中等职业学校、高等学校完成国务院教育主管部门和国务院卫生主管部门规定的普通全日制3年以上的护理、助产专业课程学习,包括在教学、综合医院完成8个月以上护理临床实习,并取得相应学历证书;

(三)通过国务院卫生主管部门组织的护士执业资格考试;

(四)符合国务院卫生主管部门规定的健康标准。

护士执业注册申请,应当自通过护士执业资格考试之日起3年内提出;逾期提出申请的,除应当具备前款第(一)项、第(二)项和第(四)项规定条件外,还应当在符合国务院卫生主管部门规定条件的医疗卫生机构接受3个月临床护理培训并考核合格。

护士执业资格考试办法由国务院卫生主管部门会同国务院人事部门制定。

第八条 申请护士执业注册的,应当向批准设立拟执业医疗机构或者为该医疗机构备案的卫生主管部门提出申请。收到申请的卫生主管部门应当自收到申请之日起20个工作日内做出决定，对具备本条例规定条件的，准予注册，并发给护士执业证书；对不具备本条例规定条件的，不予注册，并书面说明理由。

护士执业注册有效期为5年。

第九条 护士在其执业注册有效期内变更执业地点的，应当向批准设立拟执业医疗机构或者为该医疗机构备案的卫生主管部门报告。收到报告的卫生主管部门应当自收到报告之日起7个工作日内为其办理变更手续。护士跨省、自治区、直辖市变更执业地点的，收到报告的卫生主管部门还应当向其原注册部门通报。

第十条 护士执业注册有效期届满需要继续执业的，应当在护士执业注册有效期届满前30日向批准设立执业医疗机构或者为该医疗机构备案的卫生主管部门申请延续注册。收到申请的卫生主管部门对具备本条例规定条件的，准予延续，延续执业注册有效期为5年；对不具备本条例规定条件的，不予延续，并书面说明理由。

护士有行政许可法规定的应当予以注销执业注册情形的，原注册部门应当依照行政许可法的规定注销其执业注册。

第十一条 县级以上地方人民政府卫生主管部门应当建立本行政区域的护士执业良好记录和不良记录，并将该记录记入护士执业信息系统。

护士执业良好记录包括护士受到的表彰、奖励以及完成政府指令性任务的情况等内容。护士执业不良记录包括护士因违反本条例以及其他卫生管理法律、法规、规章或者诊疗技术规范的规定受到行政处罚、处分的情况等内容。

第三章　权利和义务

第十二条 护士执业，有按照国家有关规定获取工资报酬、享受福利待遇、参加社会保险的权利。任何单位或者个人不得克扣护士工资，降低或者取消护士福利等待遇。

第十三条 护士执业，有获得与其所从事的护理工作相适应的卫生防护、医疗保健服务的权利。从事直接接触有毒有害物质、有感染传染病危险工作的护士,有依照有关法律、行政法规的规定接受职业健康监护的权利;患职业病的,有依照有关法律、行政法规的规定获得赔偿的权利。

第十四条　护士有按照国家有关规定获得与本人业务能力和学术水平相应的专业技术职务、职称的权利;有参加专业培训、从事学术研究和交流、参加行业协会和专业学术团体的权利。

第十五条　护士有获得疾病诊疗、护理相关信息的权利和其他与履行护理职责相关的权利,可以对医疗卫生机构和卫生主管部门的工作提出意见和建议。

第十六条　护士执业,应当遵守法律、法规、规章和诊疗技术规范的规定。

第十七条　护士在执业活动中,发现患者病情危急,应当立即通知医师;在紧急情况下为抢救垂危患者生命,应当先行实施必要的紧急救护。

护士发现医嘱违反法律、法规、规章或者诊疗技术规范规定的,应当及时向开具医嘱的医师提出;必要时,应当向该医师所在科室的负责人或者医疗卫生机构负责医疗服务管理的人员报告。

第十八条　护士应当尊重、关心、爱护患者,保护患者的隐私。

第十九条　护士有义务参与公共卫生和疾病预防控制工作。发生自然灾害、公共卫生事件等严重威胁公众生命健康的突发事件,护士应当服从县级以上人民政府卫生主管部门或者所在医疗卫生机构的安排,参加医疗救护。

第四章　医疗卫生机构的职责

第二十条　医疗卫生机构配备护士的数量不得低于国务院卫生主管部门规定的护士配备标准。

第二十一条　医疗卫生机构不得允许下列人员在本机构从事诊疗技术规范规定的护理活动:

(一)未取得护士执业证书的人员;

(二)未依照本条例第九条的规定办理执业地点变更手续的护士;

(三)护士执业注册有效期届满未延续执业注册的护士。

在教学、综合医院进行护理临床实习的人员应当在护士指导下开展有关工作。

第二十二条　医疗卫生机构应当为护士提供卫生防护用品,并采取有效的卫生防护措施和医疗保健措施。

第二十三条　医疗卫生机构应当执行国家有关工资、福利待遇等规定,按照国家有关规定为在本机构从事护理工作的护士足额缴纳社会保险费用,保障护士的合法权益。

对在艰苦边远地区工作,或者从事直接接触有毒有害物质、有感染传染病危险工作的护士,所在医疗卫生机构应当按照国家有关规定给予津贴。

第二十四条　医疗卫生机构应当制定、实施本机构护士在职培训计划,并保证护士接受培训。

护士培训应当注重新知识、新技术的应用;根据临床专科护理发展和专科护理岗位的需要,开展对护士的专科护理培训。

第二十五条　医疗卫生机构应当按照国务院卫生主管部门的规定,设置专门机构或者配备专(兼)职人员负责护理管理工作。

第二十六条　医疗卫生机构应当建立护士岗位责任制并进行监督检查。

护士因不履行职责或者违反职业道德受到投诉的,其所在医疗卫生机构应当进行调查。经查证属实的,医疗卫生机构应当对护士做出处理,并将调查处理情况告知投诉人。

第五章　法律责任

第二十七条　卫生主管部门的工作人员未依照本条例规定履行职责,在护士监督管理工作中滥用职权、徇私舞弊,或者有其他失职、渎职行为的,依法给予处分;构成犯罪的,依法追究刑事责任。

第二十八条　医疗卫生机构有下列情形之一的,由县级以上地方人民政府卫生主管部门依据职责分工责令限期改正,给予警告;逾期不改正的,根据国务院卫生主管部门规定的护士配备标准和在医疗卫生机构合法执业的护士数量核减其诊疗科目,或者暂停其6个月以上1年以下执业活动;国家举办的医疗卫生机构有

下列情形之一、情节严重的,还应当对负有责任的主管人员和其他直接责任人员依法给予处分:

(一)违反本条例规定,护士的配备数量低于国务院卫生主管部门规定的护士配备标准的;

(二)允许未取得护士执业证书的人员或者允许未依照本条例规定办理执业地点变更手续、延续执业注册有效期的护士在本机构从事诊疗技术规范规定的护理活动的。

第二十九条 医疗卫生机构有下列情形之一的,依照有关法律、行政法规的规定给予处罚;国家举办的医疗卫生机构有下列情形之一、情节严重的,还应当对负有责任的主管人员和其他直接责任人员依法给予处分:

(一)未执行国家有关工资、福利待遇等规定的;

(二)对在本机构从事护理工作的护士,未按照国家有关规定足额缴纳社会保险费用的;

(三)未为护士提供卫生防护用品,或者未采取有效的卫生防护措施、医疗保健措施的;

(四)对在艰苦边远地区工作,或者从事直接接触有毒有害物质、有感染传染病危险工作的护士,未按照国家有关规定给予津贴的。

第三十条 医疗卫生机构有下列情形之一的,由县级以上地方人民政府卫生主管部门依据职责分工责令限期改正,给予警告:

(一)未制定、实施本机构护士在职培训计划或者未保证护士接受培训的;

(二)未依照本条例规定履行护士管理职责的。

第三十一条 护士在执业活动中有下列情形之一的,由县级以上地方人民政府卫生主管部门依据职责分工责令改正,给予警告;情节严重的,暂停其6个月以上1年以下执业活动,直至由原发证部门吊销其护士执业证书:

(一)发现患者病情危急未立即通知医师的;

(二)发现医嘱违反法律、法规、规章或者诊疗技术规范的规定,未依照本条例第十七条的规定提出或者报告的;

(三)泄露患者隐私的;

(四)发生自然灾害、公共卫生事件等严重威胁公众生命健康的突发事件,不服从安排参加医疗救护的。

护士在执业活动中造成医疗事故的,依照医疗事故处理的有关规定承担法律责任。

第三十二条 护士被吊销执业证书的,自执业证书被吊销之日起2年内不得申请执业注册。

第三十三条 扰乱医疗秩序,阻碍护士依法开展执业活动,侮辱、威胁、殴打护士,或者有其他侵犯护士合法权益行为的,由公安机关依照治安管理处罚法的规定给予处罚;构成犯罪的,依法追究刑事责任。

第六章 附 则

第三十四条 本条例施行前按照国家有关规定已经取得护士执业证书或者护理专业技术职称、从事护理活动的人员,经执业地省、自治区、直辖市人民政府卫生主管部门审核合格,换领护士执业证书。

本条例施行前,尚未达到护士配备标准的医疗卫生机构,应当按照国务院卫生主管部门规定的实施步骤,自本条例施行之日起3年内达到护士配备标准。

第三十五条 本条例自2008年5月12日起施行。

4.医疗机构管理条例

(1994年2月26日中华人民共和国国务院令第149号发布 根据2016年2月6日《国务院关于修改部分行政法规的决定》第一次修订 根据2022年3月29日《国务院关于修改和废止部分行政法规的决定》第二次修订)

第一章 总 则

第一条 为了加强对医疗机构的管理,促进医疗卫生事业的发展,保障公民健康,制定本条例。

第二条 本条例适用于从事疾病诊断、治疗活动的医院、卫生院、疗养院、门诊部、诊所、卫生所(室)以及急救站等医疗机构。

第三条 医疗机构以救死扶伤,防病治病,为公民的健康服务为宗旨。

第四条 国家扶持医疗机构的发展,鼓励多种形式兴办医疗机构。

第五条 国务院卫生行政部门负责全国医疗机构的监督管理工作。

县级以上地方人民政府卫生行政部门负责本行政区域内医疗机构的监督管理工作。

中国人民解放军卫生主管部门依照本条例和国家有关规定,对军队的医疗机构实施监督管理。

第二章 规划布局和设置审批

第六条 县级以上地方人民政府卫生行政部门应当根据本行政区域内的人口、医疗资源、医疗需求和现有医疗机构的分布状况,制定本行政区域医疗机构设置规划。

机关、企业和事业单位可以根据需要设置医疗机构,并纳入当地医疗机构的设置规划。

第七条 县级以上地方人民政府应当把医疗机构设置规划纳入当地的区域卫生发展规划和城乡建设发展总体规划。

第八条 设置医疗机构应当符合医疗机构设置规划和医疗机构基本标准。

医疗机构基本标准由国务院卫生行政部门制定。

第九条 单位或者个人设置医疗机构,按照国务院的规定应当办理设置医疗机构批准书的,应当经县级以上地方人民政府卫生行政部门审查批准,并取得设置医疗机构批准书。

第十条 申请设置医疗机构,应当提交下列文件:

(一)设置申请书;

(二)设置可行性研究报告;

（三）选址报告和建筑设计平面图。

第十一条　单位或者个人设置医疗机构,应当按照以下规定提出设置申请：

（一）不设床位或者床位不满100张的医疗机构,向所在地的县级人民政府卫生行政部门申请；

（二）床位在100张以上的医疗机构和专科医院按照省级人民政府卫生行政部门的规定申请。

第十二条　县级以上地方人民政府卫生行政部门应当自受理设置申请之日起30日内,作出批准或者不批准的书面答复；批准设置的,发给设置医疗机构批准书。

第十三条　国家统一规划的医疗机构的设置,由国务院卫生行政部门决定。

第三章　登　　记

第十四条　医疗机构执业,必须进行登记,领取《医疗机构执业许可证》；诊所按照国务院卫生行政部门的规定向所在地的县级人民政府卫生行政部门备案后,可以执业。

第十五条　申请医疗机构执业登记,应当具备下列条件：

（一）按照规定应当办理设置医疗机构批准书的,已取得设置医疗机构批准书；

（二）符合医疗机构的基本标准；

（三）有适合的名称、组织机构和场所；

（四）有与其开展的业务相适应的经费、设施、设备和专业卫生技术人员；

（五）有相应的规章制度；

（六）能够独立承担民事责任。

第十六条　医疗机构的执业登记,由批准其设置的人民政府卫生行政部门办理；不需要办理设置医疗机构批准书的医疗机构的执业登记,由所在地的县级以上地方人民政府卫生行政部门办理。

按照本条例第十三条规定设置的医疗机构的执业登记,由所在地的省、自治区、直辖市人民政府卫生行政部门办理。

机关、企业和事业单位设置的为内部职工服务的门诊部、卫生所(室)、诊所的执业登记或者备案,由所在地的县级人民政府卫生行政部门办理。

第十七条 医疗机构执业登记的主要事项:

(一)名称、地址、主要负责人;

(二)所有制形式;

(三)诊疗科目、床位;

(四)注册资金。

第十八条 县级以上地方人民政府卫生行政部门自受理执业登记申请之日起45日内,根据本条例和医疗机构基本标准进行审核。审核合格的,予以登记,发给《医疗机构执业许可证》;审核不合格的,将审核结果以书面形式通知申请人。

第十九条 医疗机构改变名称、场所、主要负责人、诊疗科目、床位,必须向原登记机关办理变更登记或者向原备案机关备案。

第二十条 医疗机构歇业,必须向原登记机关办理注销登记或者向原备案机关备案。经登记机关核准后,收缴《医疗机构执业许可证》。

医疗机构非因改建、扩建、迁建原因停业超过1年的,视为歇业。

第二十一条 床位不满100张的医疗机构,其《医疗机构执业许可证》每年校验1次;床位在100张以上的医疗机构,其《医疗机构执业许可证》每3年校验1次。校验由原登记机关办理。

第二十二条 《医疗机构执业许可证》不得伪造、涂改、出卖、转让、出借。

《医疗机构执业许可证》遗失的,应当及时申明,并向原登记机关申请补发。

第四章 执 业

第二十三条 任何单位或者个人,未取得《医疗机构执业许可证》或者未经备案,不得开展诊疗活动。

第二十四条 医疗机构执业,必须遵守有关法律、法规和医疗技术规范。

第二十五条 医疗机构必须将《医疗机构执业许可证》、诊疗科目、诊疗时间和收费标准悬挂于明显处所。

第二十六条 医疗机构必须按照核准登记或者备案的诊疗科目开展诊疗活动。

第二十七条 医疗机构不得使用非卫生技术人员从事医疗卫生技术工作。

第二十八条 医疗机构应当加强对医务人员的医德教育。

第二十九条 医疗机构工作人员上岗工作,必须佩带载有本人姓名、职务或者职称的标牌。

第三十条 医疗机构对危重病人应当立即抢救。对限于设备或者技术条件不能诊治的病人,应当及时转诊。

第三十一条 未经医师(士)亲自诊查病人,医疗机构不得出具疾病诊断书、健康证明书或者死亡证明书等证明文件;未经医师(士)、助产人员亲自接产,医疗机构不得出具出生证明书或者死产报告书。

第三十二条 医务人员在诊疗活动中应当向患者说明病情和医疗措施。需要实施手术、特殊检查、特殊治疗的,医务人员应当及时向患者具体说明医疗风险、替代医疗方案等情况,并取得其明确同意;不能或者不宜向患者说明的,应当向患者的近亲属说明,并取得其明确同意。因抢救生命垂危的患者等紧急情况,不能取得患者或者其近亲属意见的,经医疗机构负责人或者授权的负责人批准,可以立即实施相应的医疗措施。

第三十三条 医疗机构发生医疗事故,按照国家有关规定处理。

第三十四条 医疗机构对传染病、精神病、职业病等患者的特殊诊治和处理,应当按照国家有关法律、法规的规定办理。

第三十五条 医疗机构必须按照有关药品管理的法律、法规,加强药品管理。

第三十六条 医疗机构必须按照人民政府或者物价部门的有关规定收取医疗费用,详列细项,并出具收据。

第三十七条 医疗机构必须承担相应的预防保健工作,承担县级以上人民政府卫生行政部门委托的支援农村、指导基层医疗卫生工作等任务。

第三十八条 发生重大灾害、事故、疾病流行或者其他意外情况时,医疗机构及其卫生技术人员必须服从县级以上人民政府卫生行政部门的调遣。

第五章 监督管理

第三十九条 县级以上人民政府卫生行政部门行使下列监督管理职权：

(一)负责医疗机构的设置审批、执业登记、备案和校验；

(二)对医疗机构的执业活动进行检查指导；

(三)负责组织对医疗机构的评审；

(四)对违反本条例的行为给予处罚。

第四十条 国家实行医疗机构评审制度,由专家组成的评审委员会按照医疗机构评审办法和评审标准,对医疗机构的执业活动、医疗服务质量等进行综合评价。

医疗机构评审办法和评审标准由国务院卫生行政部门制定。

第四十一条 县级以上地方人民政府卫生行政部门负责组织本行政区域医疗机构评审委员会。

医疗机构评审委员会由医院管理、医学教育、医疗、医技、护理和财务等有关专家组成。评审委员会成员由县级以上地方人民政府卫生行政部门聘任。

第四十二条 县级以上地方人民政府卫生行政部门根据评审委员会的评审意见,对达到评审标准的医疗机构,发给评审合格证书；对未达到评审标准的医疗机构,提出处理意见。

第六章 罚 则

第四十三条 违反本条例第二十三条规定,未取得《医疗机构执业许可证》擅自执业的,依照《中华人民共和国基本医疗卫生与健康促进法》的规定予以处罚。

违反本条例第二十三条规定,诊所未经备案执业的,由县级以上人民政府卫生行政部门责令其改正,没收违法所得,并处3万元以下罚款；拒不改正的,责令其停止执业活动。

第四十四条 违反本条例第二十一条规定,逾期不校验《医疗机构执业许可证》仍从事诊疗活动的，由县级以上人民政府卫生行政部门责令其限期补办校验手续；拒不校验的，吊销其《医疗机构执业许可证》。

第四十五条　违反本条例第二十二条规定，出卖、转让、出借《医疗机构执业许可证》的，依照《中华人民共和国基本医疗卫生与健康促进法》的规定予以处罚。

第四十六条　违反本条例第二十六条规定，诊疗活动超出登记或者备案范围的，由县级以上人民政府卫生行政部门予以警告、责令其改正，没收违法所得，并可以根据情节处以 1 万元以上 10 万元以下的罚款；情节严重的，吊销其《医疗机构执业许可证》或者责令其停止执业活动。

第四十七条　违反本条例第二十七条规定，使用非卫生技术人员从事医疗卫生技术工作的，由县级以上人民政府卫生行政部门责令其限期改正，并可以处以 1 万元以上 10 万元以下的罚款；情节严重的，吊销其《医疗机构执业许可证》或者责令其停止执业活动。

第四十八条　违反本条例第三十一条规定，出具虚假证明文件的，由县级以上人民政府卫生行政部门予以警告；对造成危害后果的，可以处以 1 万元以上 10 万元以下的罚款；对直接责任人员由所在单位或者上级机关给予行政处分。

第四十九条　没收的财物和罚款全部上交国库。

第五十条　当事人对行政处罚决定不服的，可以依照国家法律、法规的规定申请行政复议或者提起行政诉讼。当事人对罚款及没收药品、器械的处罚决定未在法定期限内申请复议或者提起诉讼又不履行的，县级以上人民政府卫生行政部门可以申请人民法院强制执行。

第七章　附　　则

第五十一条　本条例实施前已经执业的医疗机构，应当在条例实施后的 6 个月内，按照本条例第三章的规定，补办登记手续，领取《医疗机构执业许可证》。

第五十二条　外国人在中华人民共和国境内开设医疗机构及香港、澳门、台湾居民在内地开设医疗机构的管理办法，由国务院卫生行政部门另行制定。

第五十三条　本条例自 1994 年 9 月 1 日起施行。1951 年政务院批准发布的

《医院诊所管理暂行条例》同时废止。

5. 医疗机构管理条例实施细则

(1994年8月29日卫生部令第35号发布 2006年11月1日根据《卫生部关于修订〈医疗机构管理条例实施细则〉第三条有关内容的通知》第一次修正 2008年6月24日根据《卫生部办公厅关于修订〈医疗机构管理条例实施细则〉部分附表的通知》第二次修正 2017年2月21日根据国家卫生和计划生育委员会令第12号《国家卫生计生委关于修改〈医疗机构管理条例实施细则〉的决定》第三次修正 自2017年4月1日起施行)

第一章 总 则

第一条 根据《医疗机构管理条例》(以下简称条例)制定本细则。

第二条 条例及本细则所称医疗机构,是指依据条例和本细则的规定,经登记取得《医疗机构执业许可证》的机构。

第三条 医疗机构的类别:

(一)综合医院、中医医院、中西医结合医院、民族医医院、专科医院、康复医院;

(二)妇幼保健院、妇幼保健计划生育服务中心;

(三)社区卫生服务中心、社区卫生服务站;

(四)中心卫生院、乡(镇)卫生院、街道卫生院;

(五)疗养院;

(六)综合门诊部、专科门诊部、中医门诊部、中西医结合门诊部、民族医门诊部;

(七)诊所、中医诊所、民族医诊所、卫生所、医务室、卫生保健所、卫生站;

(八)村卫生室(所);

（九）急救中心、急救站；

（十）临床检验中心；

（十一）专科疾病防治院、专科疾病防治所、专科疾病防治站；

（十二）护理院、护理站；

（十三）医学检验实验室、病理诊断中心、医学影像诊断中心、血液透析中心、安宁疗护中心；

（十四）其他诊疗机构。

第四条 卫生防疫、国境卫生检疫、医学科研和教学等机构在本机构业务范围之外开展诊疗活动以及美容服务机构开展医疗美容业务的，必须依据条例及本细则，申请设置相应类别的医疗机构。

第五条 中国人民解放军和中国人民武装警察部队编制外的医疗机构，由地方卫生计生行政部门按照条例和本细则管理。

中国人民解放军后勤卫生主管部门负责向地方卫生计生行政部门提供军队编制外医疗机构的名称和地址。

第六条 医疗机构依法从事诊疗活动受法律保护。

第七条 卫生计生行政部门依法独立行使监督管理职权，不受任何单位和个人干涉。

第二章 设置审批

第八条 各省、自治区、直辖市应当按照当地《医疗机构设置规划》合理配置和合理利用医疗资源。

《医疗机构设置规划》由县级以上地方卫生计生行政部门依据《医疗机构设置规划指导原则》制定，经上一级卫生计生行政部门审核，报同级人民政府批准，在本行政区域内发布实施。

《医疗机构设置规划指导原则》另行制定。

第九条 县级以上地方卫生计生行政部门按照《医疗机构设置规划指导原则》规定的权限和程序组织实施本行政区域《医疗机构设置规划》，定期评价实施情况,并将评价结果按年度向上一级卫生计生行政部门和同级人民政府报告。

第十条 医疗机构不分类别、所有制形式、隶属关系、服务对象,其设置必须符合当地《医疗机构设置规划》。

第十一条 床位在一百张以上的综合医院、中医医院、中西医结合医院、民族医医院以及专科医院、疗养院、康复医院、妇幼保健院、急救中心、临床检验中心和专科疾病防治机构的设置审批权限的划分,由省、自治区、直辖市卫生计生行政部门规定;其他医疗机构的设置,由县级卫生计生行政部门负责审批。

医学检验实验室、病理诊断中心、医学影像诊断中心、血液透析中心、安宁疗护中心的设置审批权限另行规定。

第十二条 有下列情形之一的,不得申请设置医疗机构:

(一)不能独立承担民事责任的单位;

(二)正在服刑或者不具有完全民事行为能力的个人;

(三)发生二级以上医疗事故未满五年的医务人员;

(四)因违反有关法律、法规和规章,已被吊销执业证书的医务人员;

(五)被吊销《医疗机构执业许可证》的医疗机构法定代表人或者主要负责人;

(六)省、自治区、直辖市政府卫生计生行政部门规定的其他情形。

有前款第(二)、(三)、(四)、(五)项所列情形之一者,不得充任医疗机构的法定代表人或者主要负责人。

第十三条 在城市设置诊所的个人,必须同时具备下列条件:

(一)经医师执业技术考核合格,取得《医师执业证书》;

(二)取得《医师执业证书》或者医师职称后,从事五年以上同一专业的临床工作;

(三)省、自治区、直辖市卫生计生行政部门规定的其他条件。

医师执业技术标准另行制定。

在乡镇和村设置诊所的个人的条件,由省、自治区、直辖市卫生计生行政部门规定。

第十四条 地方各级人民政府设置医疗机构,由政府指定或者任命的拟设医疗机构的筹建负责人申请;法人或者其他组织设置医疗机构,由其代表人申请;个人设置医疗机构,由设置人申请;两人以上合伙设置医疗机构,由合伙人共同申请。

第十五条 条例第十条规定提交的设置可行性研究报告包括以下内容:

(一)申请单位名称、基本情况以及申请人姓名、年龄、专业履历、身份证号码;

(二)所在地区的人口、经济和社会发展等概况;

(三)所在地区人群健康状况和疾病流行以及有关疾病患病率;

(四)所在地区医疗资源分布情况以及医疗服务需求分析;

(五)拟设医疗机构的名称、选址、功能、任务、服务半径;

(六)拟设医疗机构的服务方式、时间、诊疗科目和床位编制;

(七)拟设医疗机构的组织结构、人员配备;

(八)拟设医疗机构的仪器、设备配备;

(九)拟设医疗机构与服务半径区域内其他医疗机构的关系和影响;

(十)拟设医疗机构的污水、污物、粪便处理方案;

(十一)拟设医疗机构的通讯、供电、上下水道、消防设施情况;

(十二)资金来源、投资方式、投资总额、注册资金(资本);

(十三)拟设医疗机构的投资预算;

(十四)拟设医疗机构五年内的成本效益预测分析。

并附申请设置单位或者设置人的资信证明。

申请设置门诊部、诊所、卫生所、医务室、卫生保健所、卫生站、村卫生室(所)、护理站等医疗机构的,可以根据情况适当简化设置可行性研究报告内容。

第十六条 条例第十条规定提交的选址报告包括以下内容:

(一)选址的依据;

(二)选址所在地区的环境和公用设施情况;

(三)选址与周围托幼机构、中小学校、食品生产经营单位布局的关系;

(四)占地和建筑面积。

第十七条 由两个以上法人或者其他组织共同申请设置医疗机构以及由两

人以上合伙申请设置医疗机构的,除提交可行性研究报告和选址报告外,还必须提交由各方共同签署的协议书。

第十八条　医疗机构建筑设计必须按照法律、法规和规章要求经相关审批机关审查同意后,方可施工。

第十九条　条例第十二条规定的设置申请的受理时间,自申请人提供条例和本细则规定的全部材料之日算起。

第二十条　县级以上地方卫生计生行政部门依据当地《医疗机构设置规划》及本细则审查和批准医疗机构的设置。

申请设置医疗机构有下列情形之一的,不予批准:

(一)不符合当地《医疗机构设置规划》;

(二)设置人不符合规定的条件;

(三)不能提供满足投资总额的资信证明;

(四)投资总额不能满足各项预算开支;

(五)医疗机构选址不合理;

(六)污水、污物、粪便处理方案不合理;

(七)省、自治区、直辖市卫生计生行政部门规定的其他情形。

第二十一条　卫生计生行政部门应当在核发《设置医疗机构批准书》的同时,向上一级卫生计生行政部门备案。

上级卫生计生行政部门有权在接到备案报告之日起三十日内纠正或者撤销下级卫生计生行政部门作出的不符合当地《医疗机构设置规划》的设置审批。

第二十二条　《设置医疗机构批准书》的有效期,由省、自治区、直辖市卫生计生行政部门规定。

第二十三条　变更《设置医疗机构批准书》中核准的医疗机构的类别、规模、选址和诊疗科目,必须按照条例和本细则的规定,重新申请办理设置审批手续。

第二十四条　法人和其他组织设置的为内部职工服务的门诊部、诊所、卫生所(室),由设置单位在该医疗机构执业登记前,向当地县级卫生计生行政部门备案,并提交下列材料:

（一）设置单位或者其主管部门设置医疗机构的决定；

（二）《设置医疗机构备案书》。

卫生计生行政部门应当在接到备案后十五日内给予《设置医疗机构备案回执》。

第三章　登记与校验

第二十五条　申请医疗机构执业登记必须填写《医疗机构申请执业登记注册书》，并向登记机关提交下列材料：

（一）《设置医疗机构批准书》或者《设置医疗机构备案回执》；

（二）医疗机构用房产权证明或者使用证明；

（三）医疗机构建筑设计平面图；

（四）验资证明、资产评估报告；

（五）医疗机构规章制度；

（六）医疗机构法定代表人或者主要负责人以及各科室负责人名录和有关资格证书、执业证书复印件；

（七）省、自治区、直辖市卫生计生行政部门规定提交的其他材料。

申请门诊部、诊所、卫生所、医务室、卫生保健所和卫生站登记的，还应当提交附设药房（柜）的药品种类清单、卫生技术人员名录及其有关资格证书、执业证书复印件以及省、自治区、直辖市卫生计生行政部门规定提交的其他材料。

第二十六条　登记机关在受理医疗机构执业登记申请后，应当按照条例第十六条规定的条件和条例第十九条规定的时限进行审查和实地考察、核实，并对有关执业人员进行消毒、隔离和无菌操作等基本知识和技能的现场抽查考核。经审核合格的，发给《医疗机构执业许可证》；审核不合格的，将审核结果和不予批准的理由以书面形式通知申请人。

《医疗机构执业许可证》及其副本由国家卫生计生委统一印制。

条例第十九条规定的执业登记申请的受理时间，自申请人提供条例和本细则规定的全部材料之日算起。

第二十七条 申请医疗机构执业登记有下列情形之一的,不予登记:

(一)不符合《设置医疗机构批准书》核准的事项;

(二)不符合《医疗机构基本标准》;

(三)投资不到位;

(四)医疗机构用房不能满足诊疗服务功能;

(五)通讯、供电、上下水道等公共设施不能满足医疗机构正常运转;

(六)医疗机构规章制度不符合要求;

(七)消毒、隔离和无菌操作等基本知识和技能的现场抽查考核不合格;

(八)省、自治区、直辖市卫生计生行政部门规定的其他情形。

第二十八条 医疗机构执业登记的事项:

(一)类别、名称、地址、法定代表人或者主要负责人;

(二)所有制形式;

(三)注册资金(资本);

(四)服务方式;

(五)诊疗科目;

(六)房屋建筑面积、床位(牙椅);

(七)服务对象;

(八)职工人数;

(九)执业许可证登记号(医疗机构代码);

(十)省、自治区、直辖市卫生计生行政部门规定的其他登记事项。

门诊部、诊所、卫生所、医务室、卫生保健所、卫生站除登记前款所列事项外,还应当核准登记附设药房(柜)的药品种类。

《医疗机构诊疗科目名录》另行制定。

第二十九条 因分立或者合并而保留的医疗机构应当申请变更登记;因分立或者合并而新设置的医疗机构应当申请设置许可和执业登记;因合并而终止的医疗机构应当申请注销登记。

第三十条 医疗机构变更名称、地址、法定代表人或者主要负责人、所有制形

式、服务对象、服务方式、注册资金(资本)、诊疗科目、床位(牙椅)的,必须向登记机关申请办理变更登记,并提交下列材料:

(一)医疗机构法定代表人或者主要负责人签署的《医疗机构申请变更登记注册书》;

(二)申请变更登记的原因和理由;

(三)登记机关规定提交的其他材料。

第三十一条 机关、企业和事业单位设置的为内部职工服务的医疗机构向社会开放,必须按照前条规定申请办理变更登记。

第三十二条 医疗机构在原登记机关管辖权限范围内变更登记事项的,由原登记机关办理变更登记;因变更登记超出原登记机关管辖权限的,由有管辖权的卫生计生行政部门办理变更登记。

医疗机构在原登记机关管辖区域内迁移,由原登记机关办理变更登记;向原登记机关管辖区域外迁移的,应当在取得迁移目的地的卫生计生行政部门发给的《设置医疗机构批准书》,并经原登记机关核准办理注销登记后,再向迁移目的地的卫生计生行政部门申请办理执业登记。

第三十三条 登记机关在受理变更登记申请后,依据条例和本细则的有关规定以及当地《医疗机构设置规划》进行审核,按照登记程序或者简化程序办理变更登记,并作出核准变更登记或者不予变更登记的决定。

第三十四条 医疗机构停业,必须经登记机关批准。除改建、扩建、迁建原因,医疗机构停业不得超过一年。

第三十五条 床位在一百张以上的综合医院、中医医院、中西医结合医院、民族医医院以及专科医院、疗养院、康复医院、妇幼保健院、急救中心、临床检验中心和专科疾病防治机构的校验期为三年;其他医疗机构的校验期为一年。

医疗机构应当于校验期满前三个月向登记机关申请办理校验手续。

办理校验应当交验《医疗机构执业许可证》,并提交下列文件:

(一)《医疗机构校验申请书》;

(二)《医疗机构执业许可证》副本;

(三)省、自治区、直辖市卫生计生行政部门规定提交的其他材料。

第三十六条　卫生计生行政部门应当在受理校验申请后的三十日内完成校验。

第三十七条　医疗机构有下列情形之一的,登记机关可以根据情况,给予一至六个月的暂缓校验期:

(一)不符合《医疗机构基本标准》;

(二)限期改正期间;

(三)省、自治区、直辖市卫生计生行政部门规定的其他情形。

不设床位的医疗机构在暂缓校验期内不得执业。

暂缓校验期满仍不能通过校验的,由登记机关注销其《医疗机构执业许可证》。

第三十八条　各级卫生计生行政部门应当采用电子证照等信息化手段对医疗机构实行全程管理和动态监管。有关管理办法另行制定。

第三十九条　医疗机构开业、迁移、更名、改变诊疗科目以及停业、歇业和校验结果由登记机关予以公告。

第四章　名　　称

第四十条　医疗机构的名称由识别名称和通用名称依次组成。

医疗机构的通用名称为:医院、中心卫生院、卫生院、疗养院、妇幼保健院、门诊部、诊所、卫生所、卫生站、卫生室、医务室、卫生保健所、急救中心、急救站、临床检验中心、防治院、防治所、防治站、护理院、护理站、中心以及国家卫生计生委规定或者认可的其他名称。

医疗机构可以下列名称作为识别名称:地名、单位名称、个人姓名、医学学科名称、医学专业和专科名称、诊疗科目名称和核准机关批准使用的名称。

第四十一条　医疗机构的命名必须符合以下原则:

(一)医疗机构的通用名称以前条第二款所列的名称为限;

(二)前条第三款所列的医疗机构的识别名称可以合并使用;

(三)名称必须名副其实;

(四)名称必须与医疗机构类别或者诊疗科目相适应;

(五)各级地方人民政府设置的医疗机构的识别名称中应当含有省、市、县、区、街道、乡、镇、村等行政区划名称,其他医疗机构的识别名称中不得含有行政区划名称;

(六)国家机关、企业和事业单位、社会团体或者个人设置的医疗机构的名称中应当含有设置单位名称或者个人的姓名。

第四十二条 医疗机构不得使用下列名称:

(一)有损于国家、社会或者公共利益的名称;

(二)侵犯他人利益的名称;

(三)以外文字母、汉语拼音组成的名称;

(四)以医疗仪器、药品、医用产品命名的名称;

(五)含有"疑难病"、"专治"、"专家"、"名医"或者同类含义文字的名称以及其他宣传或者暗示诊疗效果的名称;

(六)超出登记的诊疗科目范围的名称;

(七)省级以上卫生计生行政部门规定不得使用的名称。

第四十三条 以下医疗机构名称由国家卫生计生委核准;属于中医、中西医结合和民族医医疗机构的,由国家中医药管理局核准:

(一)含有外国国家(地区)名称及其简称、国际组织名称的;

(二)含有"中国"、"全国"、"中华"、"国家"等字样以及跨省地域名称的;

(三)各级地方人民政府设置的医疗机构的识别名称中不含有行政区划名称的。

第四十四条 以"中心"作为医疗机构通用名称的医疗机构名称,由省级以上卫生计生行政部门核准;在识别名称中含有"中心"字样的医疗机构名称的核准,由省、自治区、直辖市卫生计生行政部门规定。

含有"中心"字样的医疗机构名称必须同时含有行政区划名称或者地名。

第四十五条 除专科疾病防治机构以外,医疗机构不得以具体疾病名称作为识别名称,确有需要的由省、自治区、直辖市卫生计生行政部门核准。

第四十六条 医疗机构名称经核准登记,于领取《医疗机构执业许可证》后方可使用,在核准机关管辖范围内享有专用权。

第四十七条 医疗机构只准使用一个名称。确有需要,经核准机关核准可以使用两个或者两个以上名称,但必须确定一个第一名称。

第四十八条 卫生计生行政部门有权纠正已经核准登记的不适宜的医疗机构名称,上级卫生计生行政部门有权纠正下级卫生计生行政部门已经核准登记的不适宜的医疗机构名称。

第四十九条 两个以上申请人向同一核准机关申请相同的医疗机构名称,核准机关依照申请在先原则核定。属于同一天申请的,应当由申请人双方协商解决;协商不成的,由核准机关作出裁决。

两个以上医疗机构因已经核准登记的医疗机构名称相同发生争议时,核准机关依照登记在先原则处理。属于同一天登记的,应当由双方协商解决;协商不成的,由核准机关报上一级卫生计生行政部门作出裁决。

第五十条 医疗机构名称不得买卖、出借。

未经核准机关许可,医疗机构名称不得转让。

第五章 执 业

第五十一条 医疗机构的印章、银行帐户、牌匾以及医疗文件中使用的名称应当与核准登记的医疗机构名称相同;使用两个以上名称的,应当与第一名称相同。

第五十二条 医疗机构应当严格执行无菌消毒、隔离制度,采取科学有效的措施处理污水和废弃物,预防和减少医院感染。

第五十三条 医疗机构的门诊病历的保存期不得少于十五年;住院病历的保存期不得少于三十年。

第五十四条 标有医疗机构标识的票据和病历本册以及处方笺、各种检查的申请单、报告单、证明文书单、药品分装袋、制剂标签等不得买卖、出借和转让。

医疗机构不得冒用标有其他医疗机构标识的票据和病历本册以及处方笺、各种检查的申请单、报告单、证明文书单、药品分装袋、制剂标签等。

第五十五条 医疗机构应当按照卫生计生行政部门的有关规定、标准加强医疗质量管理，实施医疗质量保证方案，确保医疗安全和服务质量，不断提高服务水平。

第五十六条 医疗机构应当定期检查、考核各项规章制度和各级各类人员岗位责任制的执行和落实情况。

第五十七条 医疗机构应当经常对医务人员进行"基础理论、基本知识、基本技能"的训练与考核，把"严格要求、严密组织、严谨态度"落实到各项工作中。

第五十八条 医疗机构应当组织医务人员学习医德规范和有关教材，督促医务人员恪守职业道德。

第五十九条 医疗机构不得使用假劣药品、过期和失效药品以及违禁药品。

第六十条 医疗机构为死因不明者出具的《死亡医学证明书》，只作是否死亡的诊断，不作死亡原因的诊断。如有关方面要求进行死亡原因诊断的，医疗机构必须指派医生对尸体进行解剖和有关死因检查后方能作出死因诊断。

第六十一条 医疗机构在诊疗活动中，应当对患者实行保护性医疗措施，并取得患者家属和有关人员的配合。

第六十二条 医疗机构应当尊重患者对自己的病情、诊断、治疗的知情权利。在实施手术、特殊检查、特殊治疗时，应当向患者作必要的解释。因实施保护性医疗措施不宜向患者说明情况的，应当将有关情况通知患者家属。

第六十三条 门诊部、诊所、卫生所、医务室、卫生保健所和卫生站附设药房（柜）的药品种类由登记机关核定，具体办法由省、自治区、直辖市卫生计生行政部门规定。

第六十四条 为内部职工服务的医疗机构未经许可和变更登记不得向社会开放。

第六十五条 医疗机构被吊销或者注销执业许可证后，不得继续开展诊疗活动。

第六章 监督管理

第六十六条 各级卫生计生行政部门负责所辖区域内医疗机构的监督管理工作。

第六十七条 在监督管理工作中,要充分发挥医院管理学会和卫生工作者协会等学术性和行业性社会团体的作用。

第六十八条 县级以上卫生计生行政部门设立医疗机构监督管理办公室。

各级医疗机构监督管理办公室在同级卫生计生行政部门的领导下开展工作。

第六十九条 各级医疗机构监督管理办公室的职责:

(一)拟订医疗机构监督管理工作计划;

(二)办理医疗机构监督员的审查、发证、换证;

(三)负责医疗机构登记、校验和有关监督管理工作的统计,并向同级卫生计生行政部门报告;

(四)负责接待、办理群众对医疗机构的投诉;

(五)完成卫生计生行政部门交给的其他监督管理工作。

第七十条 县级以上卫生计生行政部门设医疗机构监督员,履行规定的监督管理职责。

医疗机构监督员由同级卫生计生行政部门聘任。

医疗机构监督员应当严格执行国家有关法律、法规和规章,其主要职责是:

(一)对医疗机构执行有关法律、法规、规章和标准的情况进行监督、检查、指导;

(二)对医疗机构执业活动进行监督、检查、指导;

(三)对医疗机构违反条例和本细则的案件进行调查、取证;

(四)对经查证属实的案件向卫生计生行政部门提出处理或者处罚意见;

(五)实施职权范围内的处罚;

(六)完成卫生计生行政部门交付的其他监督管理工作。

第七十一条 医疗机构监督员有权对医疗机构进行现场检查,无偿索取有关资料,医疗机构不得拒绝、隐匿或者隐瞒。

医疗机构监督员在履行职责时应当佩戴证章、出示证件。

医疗机构监督员证章、证件由国家卫生计生委监制。

第七十二条 各级卫生计生行政部门对医疗机构的执业活动检查、指导主要包括：

（一）执行国家有关法律、法规、规章和标准情况；

（二）执行医疗机构内部各项规章制度和各级各类人员岗位责任制情况；

（三）医德医风情况；

（四）服务质量和服务水平情况；

（五）执行医疗收费标准情况；

（六）组织管理情况；

（七）人员任用情况；

（八）省、自治区、直辖市卫生计生行政部门规定的其他检查、指导项目。

第七十三条 国家实行医疗机构评审制度,对医疗机构的基本标准、服务质量、技术水平、管理水平等进行综合评价。县级以上卫生计生行政部门负责医疗机构评审的组织和管理；各级医疗机构评审委员会负责医疗机构评审的具体实施。

第七十四条 县级以上中医（药）行政管理部门成立医疗机构评审委员会,负责中医、中西医结合和民族医医疗机构的评审。

第七十五条 医疗机构评审包括周期性评审、不定期重点检查。

医疗机构评审委员会在对医疗机构进行评审时,发现有违反条例和本细则的情节,应当及时报告卫生计生行政部门；医疗机构评审委员会委员为医疗机构监督员的,可以直接行使监督权。

第七十六条 《医疗机构监督管理行政处罚程序》另行制定。

第七章　处　　罚

第七十七条 对未取得《医疗机构执业许可证》擅自执业的,责令其停止执业活动,没收非法所得和药品、器械,并处以三千元以下的罚款;有下列情形之一的,责令其停止执业活动,没收非法所得和药品、器械,处以三千元以上一万元以下的罚款:

(一)因擅自执业曾受过卫生计生行政部门处罚;

(二)擅自执业的人员为非卫生技术专业人员;

(三)擅自执业时间在三个月以上;

(四)给患者造成伤害;

(五)使用假药、劣药蒙骗患者;

(六)以行医为名骗取患者钱物;

(七)省、自治区、直辖市卫生计生行政部门规定的其它情形。

第七十八条 对不按期办理校验《医疗机构执业许可证》又不停止诊疗活动的,责令其限期补办校验手续;在限期内仍不办理校验的,吊销其《医疗机构执业许可证》。

第七十九条 转让、出借《医疗机构执业许可证》的,没收其非法所得,并处以三千元以下的罚款;有下列情形之一的,没收其非法所得,处以三千元以上五千元以下的罚款,并吊销《医疗机构执业许可证》:

(一)出卖《医疗机构执业许可证》;

(二)转让或者出借《医疗机构执业许可证》是以营利为目的;

(三)受让方或者承借方给患者造成伤害;

(四)转让、出借《医疗机构执业许可证》给非卫生技术专业人员;

(五)省、自治区、直辖市卫生计生行政部门规定的其它情形。

第八十条 除急诊和急救外,医疗机构诊疗活动超出登记的诊疗科目范围,情节轻微的,处以警告;有下列情形之一的,责令其限期改正,并可处以三千元以下罚款:

(一)超出登记的诊疗科目范围的诊疗活动累计收入在三千元以下;

(二)给患者造成伤害。

有下列情形之一的,处以三千元罚款,并吊销《医疗机构执业许可证》:

（一）超出登记的诊疗科目范围的诊疗活动累计收入在三千元以上；

（二）给患者造成伤害；

（三）省、自治区、直辖市卫生计生行政部门规定的其它情形。

第八十一条 任用非卫生技术人员从事医疗卫生技术工作的，责令其立即改正，并可处以三千元以下的罚款；有下列情形之一的，处以三千元以上五千元以下罚款，并可以吊销其《医疗机构执业许可证》：

（一）任用两名以上非卫生技术人员从事诊疗活动；

（二）任用的非卫生技术人员给患者造成伤害。

医疗机构使用卫生技术人员从事本专业以外的诊疗活动的，按使用非卫生技术人员处理。

第八十二条 出具虚假证明文件，情节轻微的，给予警告，并可处以五百元以下的罚款；有下列情形之一的，处以五百元以上一千元以下的罚款：

（一）出具虚假证明文件造成延误诊治的；

（二）出具虚假证明文件给患者精神造成伤害的；

（三）造成其它危害后果的。

对直接责任人员由所在单位或者上级机关给予行政处分。

第八十三条 医疗机构有下列情形之一的，登记机关可以责令其限期改正：

（一）发生重大医疗事故；

（二）连续发生同类医疗事故，不采取有效防范措施；

（三）连续发生原因不明的同类患者死亡事件，同时存在管理不善因素；

（四）管理混乱，有严重事故隐患，可能直接影响医疗安全；

（五）省、自治区、直辖市卫生计生行政部门规定的其他情形。

第八十四条 当事人对行政处罚决定不服的，可以在接到《行政处罚决定通知书》之日起十五日内向作出行政处罚决定的上一级卫生计生行政部门申请复议。上级卫生计生行政部门应当在接到申请书之日起三十日内作出书面答复。

当事人对行政处罚决定不服的，也可以在接到《行政处罚决定通知书》之日起十五日内直接向人民法院提起行政诉讼。

逾期不申请复议、不起诉又不履行行政处罚决定的,由作出行政处罚决定的卫生计生行政部门填写《行政处罚强制执行申请书》,向人民法院申请强制执行。

第八章 附 则

第八十五条 医疗机构申请办理设置审批、执业登记、校验、评审时,应当交纳费用,医疗机构执业应当交纳管理费,具体办法由省级以上卫生计生行政部门会同物价管理部门规定。

第八十六条 各省、自治区、直辖市根据条例和本细则并结合当地的实际情况,制定实施办法。实施办法中的有关中医、中西结合、民族医医疗机构的条款,由省、自治区、直辖市中医(药)行政部门拟订。

第八十七条 条例及本细则实施前已经批准执业的医疗机构的审核登记办法,由省、自治区、直辖市卫生计生行政部门根据当地的实际情况规定。

第八十八条 条例及本细则中下列用语的含义:

诊疗活动:是指通过各种检查,使用药物、器械及手术等方法,对疾病作出判断和消除疾病、缓解病情、减轻痛苦、改善功能、延长生命、帮助患者恢复健康的活动。

医疗美容:是指使用药物以及手术、物理和其他损伤性或者侵入性手段进行的美容。

特殊检查、特殊治疗:是指具有下列情形之一的诊断、治疗活动:

(一)有一定危险性,可能产生不良后果的检查和治疗;

(二)由于患者体质特殊或者病情危笃,可能对患者产生不良后果和危险的检查和治疗;

(三)临床试验性检查和治疗;

(四)收费可能对患者造成较大经济负担的检查和治疗。

卫生技术人员:是指按照国家有关法律、法规和规章的规定取得卫生技术人员资格或者职称的人员。

技术规范:是指由国家卫生计生委、国家中医药管理局制定或者认可的与诊疗活动有关的技术标准、操作规程等规范性文件。

军队的医疗机构：是指中国人民解放军和中国人民武装警察部队编制内的医疗机构。

第八十九条 各级中医（药）行政管理部门依据条例和本细则以及当地医疗机构管理条例实施办法，对管辖范围内各类中医、中西医结合和民族医医疗机构行使设置审批、登记和监督管理权。

第九十条 本细则的解释权在国家卫生计生委。

第九十一条 本细则自1994年9月1日起施行。

6. 医疗机构手术分级管理办法

（2022年12月6日国家卫生健康委办公厅公布

国卫办医政发〔2022〕18号）

第一章 总 则

第一条 为加强医疗机构手术分级管理，提高手术质量，保障医疗安全，维护患者合法权益，依据《中华人民共和国医师法》《医疗机构管理条例》《医疗质量管理办法》《医疗技术临床应用管理办法》等法律法规章，制定本办法。

第二条 本办法适用于各级各类医疗机构手术分级管理工作。

第三条 本办法所称手术是指医疗机构及其医务人员以诊断或治疗疾病为目的，在人体局部开展去除病变组织、修复损伤、重建形态或功能、移植细胞组织或器官、植入医疗器械等医学操作的医疗技术，手术应当经过临床研究论证且安全性、有效性确切。

本办法所称手术分级管理是指医疗机构以保障手术质量安全为目的，根据手术风险程度、难易程度、资源消耗程度和伦理风险，对本机构开展的手术进行分级，并对不同级别手术采取相应管理策略的过程。

第四条 医疗机构及其医务人员开展手术技术临床应用应当遵循科学、安全、规范、有效、经济、符合伦理的原则。

第五条 国家卫生健康委负责全国医疗机构手术分级管理工作的监督管理。

县级以上卫生健康行政部门负责本行政区域内医疗机构手术分级管理工作的监督管理。

第二章 组织管理

第六条 医疗机构对本机构手术分级管理承担主体责任。医疗机构应当根据其功能定位、医疗服务能力水平和诊疗科目制定手术分级管理目录,进行分级管理。

第七条 医疗机构手术分级管理实行院、科两级负责制。医疗机构主要负责人是本机构手术分级管理的第一责任人;手术相关临床科室主要负责人是本科室手术分级管理的第一责任人。

第八条 医疗机构医疗技术临床应用管理组织负责本机构手术分级管理,具体工作由医务管理部门负责。

第九条 医疗机构医疗技术临床应用管理组织在手术分级管理工作中的主要职责是:

(一)制定本机构手术分级管理的制度和规范,明确科室手术分级管理议事规则和工作流程,定期检查执行情况,并提出改进措施和要求;

(二)审定本机构手术分级管理目录,定期对手术质量安全情况进行评估并动态调整;

(三)根据术者专业能力和接受培训情况,授予或者取消相应的手术级别和具体手术权限,并根据定期评估情况进行动态调整;

(四)组织开展手术分级管理法律、法规、规章和相关制度、规范的培训。

第十条 医疗机构各手术科室应当成立本科室手术分级管理工作小组,组长由科室主要负责人担任,指定专人负责日常具体工作。手术分级管理工作小组主要职责是:

(一)贯彻执行手术分级管理相关的法律、法规、规章、规范性文件和本机构手术分级管理制度；

（二）制订本科室年度手术分级管理实施方案，组织开展科室手术分级管理工作；

（三）定期对本科室手术分级管理进行分析和评估，对手术分级管理薄弱环节提出整改措施并组织实施；

（四）定期对本科室术者手术技术临床应用能力进行评估，制定手术技术培训计划，提升本科室手术技术临床应用能力和质量；

（五）按照有关要求报送本科室手术分级管理相关信息。

第三章　手术分级管理

第十一条　根据手术风险程度、难易程度、资源消耗程度或伦理风险不同，手术分为四级：

一级手术是指风险较低、过程简单、技术难度低的手术；

二级手术是指有一定风险、过程复杂程度一般、有一定技术难度的手术；

三级手术是指风险较高、过程较复杂、难度较大、资源消耗较多的手术；

四级手术是指风险高、过程复杂、难度大、资源消耗多或涉及重大伦理风险的手术。

第十二条　手术风险包括麻醉风险、手术主要并发症发生风险、围手术期死亡风险等。

手术难度包括手术复杂程度、患者状态、手术时长、术者资质要求以及手术所需人员配置、所需手术器械和装备复杂程度等。

资源消耗程度指手术过程中所使用的医疗资源的种类、数量与稀缺程度。

伦理风险指人的社会伦理关系在手术影响下产生伦理负效应的可能。

第十三条　医疗机构应当建立手术分级信息报告制度，向核发其《医疗机构执业许可证》的卫生健康行政部门报送本机构三、四级手术管理目录信息，如有调整应及时更新信息。接受信息的部门应当及时将目录信息逐级报送至省级卫生健康行政部门。

第十四条 医疗机构应当建立手术分级公示制度,将手术分级管理目录纳入本机构院务公开范围,主动向社会公开三、四级手术管理目录,并及时更新。

第十五条 医疗机构应当建立手术分级动态调整制度,根据本机构开展手术的效果和手术并发症等情况,动态调整本机构手术分级管理目录。

第十六条 医疗机构应当建立手术授权制度,根据手术级别、专业特点、术者专业技术岗位和手术技术临床应用能力及培训情况综合评估后授予术者相应的手术权限。三、四级手术应当逐项授予术者手术权限。手术授权原则上不得与术者职称、职务挂钩。

对于非主执业机构注册的医务人员,其手术授权管理应当与本机构医务人员保持一致。

第十七条 医疗机构应当建立手术技术临床应用能力评估和手术授权动态调整制度。

术者申请手术权限应当由其所在科室手术分级管理工作小组进行评估,评估合格的应当向医务管理部门报告,经医务管理部门复核后报医疗技术临床应用管理委员会审核批准,由医疗机构以正式文件形式予以确认。

医疗机构应当定期组织评估术者手术技术临床应用能力,包括手术技术能力、手术质量安全、围手术期管理能力、医患沟通能力等,重点评估新获得四级手术权限的术者。根据评估结果动态调整手术权限,并纳入个人专业技术档案管理,四级手术评估周期原则上不超过一年。

第十八条 医疗机构应当建立手术技术临床应用论证制度。对已证明安全有效,但属本机构首次开展的手术技术,应当组织开展手术技术能力和安全保障能力论证,通过论证的方可开展该手术技术临床应用。

第十九条 医疗机构应当为医务人员参加手术技能规范化培训创造条件,提升医务人员手术技术临床应用能力。

医疗机构应当重点关注首次在本机构开展的手术技术的规范化培训工作。

第二十条 医疗机构开展省级以上限制类医疗技术中涉及手术的,应当按照四级手术进行管理。

第二十一条　医疗机构应当建立紧急状态下超出手术权限开展手术的管理制度，遇有急危重症患者确需行急诊手术以挽救生命时，如现场无相应手术权限的术者，其他术者可超权限开展手术，具体管理制度由医疗机构自行制定。

第二十二条　医疗机构应当建立四级手术术前多学科讨论制度，手术科室在每例四级手术实施前，应当对手术的指征、方式、预期效果、风险和处置预案等组织多学科讨论，确定手术方案和围手术期管理方案，并按规定记录，保障手术质量和患者安全。

第二十三条　医疗机构应当建立手术随访制度，按病种特点和相关诊疗规范确定随访时长和频次，对四级手术术后患者，原则上随访不少于每年 1 次。

第二十四条　医疗机构应当完善手术不良事件个案报告制度，对于四级手术发生非计划二次手术、严重医疗质量（安全）不良事件等情形的，应当在发生后 3 日内组织全科讨论，讨论结果向本机构医疗质量管理委员会报告，同时按照不良事件管理有关规定向卫生健康行政部门报告。

第二十五条　医疗机构应当加强围手术期死亡病例讨论管理。四级手术患者发生围手术期死亡的，应当在死亡后 7 日内，由医务管理部门组织完成多学科讨论。医疗机构应当每年度对全部围手术期死亡病例进行汇总分析，提出持续改进意见。

第四章　监 督 管 理

第二十六条　医疗机构应当建立手术质量安全评估制度，由医疗机构医疗技术临床应用管理组织定期对手术适应征、术前讨论、手术安全核查、围手术期并发症发生率、非计划二次手术率、围手术期全因死亡率等进行评估，并在院内公开。一、二级手术应当每年度进行评估，三级手术应当每半年进行评估，四级手术应当每季度进行评估。

医疗机构应当重点关注首次在本机构开展的手术技术的质量安全。

第二十七条　医疗机构应当建立手术分级管理督查制度，由本机构医务管理部门对各手术科室手术分级管理制度落实情况进行定期督查，并将督查结果作为医疗机构相关科室及其主要负责人考核的关键指标。

第二十八条 对于发生严重医疗质量(安全)不良事件的,医疗机构应当暂停开展该手术,对该手术技术及术者手术技术临床应用能力进行重新评估。评估结果为合格的可继续开展;评估结果认为术者手术技术临床应用能力不足的,应当取消该手术授权;评估结果认为该手术技术存在重大质量安全缺陷的,应当停止该手术技术临床应用,并立即将有关情况向核发其《医疗机构执业许可证》的卫生健康行政部门报告。

从事该手术技术的主要术者或者关键设备、设施及其他辅助条件发生变化,不能满足相关技术临床应用管理规范要求或者影响临床应用效果的,医疗机构应当停止该手术技术临床应用。

第二十九条 二级以上医疗机构应当充分利用信息化手段加强手术分级管理,全面掌握科室对手术分级管理制度的执行与落实情况,加强对手术医嘱、手术通知单、麻醉记录单等环节的检查,重点核查手术权限、限制类技术、急诊手术和本机构重点监管技术项目的相关情况。

第三十条 县级以上地方卫生健康行政部门应当加强对辖区内医疗机构手术分级管理的监测与定期评估,及时向医疗机构反馈监测情况和评估结果,定期将医疗机构各级手术平均病例组合指数(CMI)进行分析、排序和公示,引导医疗机构科学分级规范管理。及时纠正手术分级管理混乱等情况,并定期进行通报。

第三十一条 县级以上地方卫生健康行政部门应当指导本行政区域内加强医疗机构手术分级管理,建立激励和约束机制,推广先进经验和做法。将医疗机构手术分级管理情况与医疗机构校验、医院评审、评价及个人业绩考核相结合。

第五章 附 则

第三十二条 开展人体器官移植、人类辅助生殖等法律法规有专门规定的手术,按照有关法律法规规定执行。

第三十三条 本办法所称术者是指手术的主要完成人。

第三十四条 本办法所称围手术期是指患者术前 24 小时至与本次手术有关

的治疗基本结束。

第三十五条 本办法所称严重医疗质量(安全)不良事件是指在诊疗过程中发生的,导致患者需要治疗以挽救生命、造成患者永久性伤害或死亡的医疗质量安全事件。

第三十六条 国家组织制定用于公立医院绩效考核的手术目录,不作为各医疗机构开展手术分级管理的依据。

第三十七条 本办法自印发之日起施行。《卫生部办公厅关于印发医疗机构手术分级管理办法(试行)的通知》(卫办医政发〔2012〕94号)同时废止。

7. 综合医院分级护理指导原则(试行)

(2009年5月22日卫生部公布　卫医政发〔2009〕49号)

第一章　总　　则

第一条 为加强医院临床护理工作,规范临床分级护理及护理服务内涵,保证护理质量,保障患者安全,制定本指导原则。

第二条 分级护理是指患者在住院期间,医护人员根据患者病情和生活自理能力,确定并实施不同级别的护理。

分级护理分为四个级别:特级护理、一级护理、二级护理和三级护理。

第三条 本指导原则适用于各级综合医院。专科医院、中医医院和其他类别医疗机构参照本指导原则执行。

第四条 医院临床护士根据患者的护理级别和医师制订的诊疗计划,为患者提供基础护理服务和护理专业技术服务。

第五条 医院应当根据本指导原则,结合实际制定并落实医院分级护理的规章制度、护理规范和工作标准,保障患者安全,提高护理质量。

第六条 各级卫生行政部门应当加强医院护理质量管理,规范医院的分级护理工作,对辖区内医院护理工作进行指导和检查,保证护理质量和医疗安全。

第二章 分级护理原则

第七条 确定患者的护理级别,应当以患者病情和生活自理能力为依据,并根据患者的情况变化进行动态调整。

第八条 具备以下情况之一的患者,可以确定为特级护理:

(一)病情危重,随时可能发生病情变化需要进行抢救的患者;

(二)重症监护患者;

(三)各种复杂或者大手术后的患者;

(四)严重创伤或大面积烧伤的患者;

(五)使用呼吸机辅助呼吸,并需要严密监护病情的患者;

(六)实施连续性肾脏替代治疗(CRRT),并需要严密监护生命体征的患者;

(七)其他有生命危险,需要严密监护生命体征的患者。

第九条 具备以下情况之一的患者,可以确定为一级护理:

(一)病情趋向稳定的重症患者;

(二)手术后或者治疗期间需要严格卧床的患者;

(三)生活完全不能自理且病情不稳定的患者;

(四)生活部分自理,病情随时可能发生变化的患者。

第十条 具备以下情况之一的患者,可以确定为二级护理:

(一)病情稳定,仍需卧床的患者;

(二)生活部分自理的患者。

第十一条 具备以下情况之一的患者,可以确定为三级护理:

(一)生活完全自理且病情稳定的患者;

(二)生活完全自理且处于康复期的患者。

第三章 分级护理要点

第十二条 护士应当遵守临床护理技术规范和疾病护理常规,并根据患者的护理级别和医师制订的诊疗计划,按照护理程序开展护理工作。

护士实施的护理工作包括：

（一）密切观察患者的生命体征和病情变化；

（二）正确实施治疗、给药及护理措施，并观察、了解患者的反应；

（三）根据患者病情和生活自理能力提供照顾和帮助；

（四）提供护理相关的健康指导。

第十三条　对特级护理患者的护理包括以下要点：

（一）严密观察患者病情变化，监测生命体征；

（二）根据医嘱，正确实施治疗、给药措施；

（三）根据医嘱，准确测量出入量；

（四）根据患者病情，正确实施基础护理和专科护理，如口腔护理、压疮护理、气道护理及管路护理等，实施安全措施；

（五）保持患者的舒适和功能体位；

（六）实施床旁交接班。

第十四条　对一级护理患者的护理包括以下要点：

（一）每小时巡视患者，观察患者病情变化；

（二）根据患者病情，测量生命体征；

（三）根据医嘱，正确实施治疗、给药措施；

（四）根据患者病情，正确实施基础护理和专科护理，如口腔护理、压疮护理、气道护理及管路护理等，实施安全措施；

（五）提供护理相关的健康指导。

第十五条　对二级护理患者的护理包括以下要点：

（一）每2小时巡视患者，观察患者病情变化；

（二）根据患者病情，测量生命体征；

（三）根据医嘱，正确实施治疗、给药措施；

（四）根据患者病情，正确实施护理措施和安全措施；

（五）提供护理相关的健康指导。

第十六条　对三级护理患者的护理包括以下要点：

（一）每3小时巡视患者，观察患者病情变化；

（二）根据患者病情，测量生命体征；

（三）根据医嘱，正确实施治疗、给药措施；

（四）提供护理相关的健康指导。

第十七条 护士在工作中应当关心和爱护患者，发现患者病情变化，应当及时与医师沟通。

第四章 质量管理

第十八条 医院应当建立健全各项护理规章制度、护士岗位职责和行为规范，严格遵守执行护理技术操作规范、疾病护理常规，保证护理服务质量。

第十九条 医院应当及时调查了解患者、家属对护理工作的意见和建议，及时分析处理，不断改进护理工作。

第二十条 医院应当加强对护理不良事件的报告，及时调查分析，防范不良事件的发生，促进护理质量持续改进。

第二十一条 省级卫生行政部门可以委托省级护理质量控制中心，对辖区内医院的护理工作进行质量评估与检查指导。

第五章 附 则

第二十二条 本指导原则自2009年7月1日施行。

8. 医师外出会诊管理暂行规定

（2004年12月16日经卫生部部务会议讨论通过
自2005年7月1日起施行）

第一条 为规范医疗机构之间医师会诊行为，促进医学交流与发展，提高医疗水平，保证医疗质量和医疗安全，方便群众就医，保护患者、医师、医疗机构的合法权益，根据《执业医师法》、《医疗机构管理条例》的规定，制定本规定。

第二条 本规定所称医师外出会诊是指医师经所在医疗机构批准,为其他医疗机构特定的患者开展执业范围内的诊疗活动。

医师未经所在医疗机构批准,不得擅自外出会诊。

第三条 各级卫生行政部门应当加强对医师外出会诊的监督管理。

第四条 医疗机构在诊疗过程中,根据患者的病情需要或者患者要求等原因,需要邀请其他医疗机构的医师会诊时,经治科室应当向患者说明会诊、费用等情况,征得患者同意后,报本单位医务管理部门批准;当患者不具备完全民事行为能力时,应征得其近亲属或者监护人同意。

第五条 邀请会诊的医疗机构(以下称邀请医疗机构)拟邀请其他医疗机构(以下称会诊医疗机构)的医师会诊,需向会诊医疗机构发出书面会诊邀请函。内容应当包括拟会诊患者病历摘要、拟邀请医师或者邀请医师的专业及技术职务任职资格、会诊的目的、理由、时间和费用等情况,并加盖邀请医疗机构公章。

用电话或者电子邮件等方式提出会诊邀请的,应当及时补办书面手续。

第六条 有下列情形之一的,医疗机构不得提出会诊邀请:

(一)会诊邀请超出本单位诊疗科目或者本单位不具备相应资质的;

(二)本单位的技术力量、设备、设施不能为会诊提供必要的医疗安全保障的;

(三)会诊邀请超出被邀请医师执业范围的;

(四)省级卫生行政部门规定的其他情形。

第七条 会诊医疗机构接到会诊邀请后,在不影响本单位正常业务工作和医疗安全的前提下,医务管理部门应当及时安排医师外出会诊。会诊影响本单位正常业务工作但存在特殊需要的情况下,应当经会诊医疗机构负责人批准。

第八条 有下列情形之一的,医疗机构不得派出医师外出会诊:

(一)会诊邀请超出本单位诊疗科目或者本单位不具备相应资质的;

(二)会诊邀请超出被邀请医师执业范围的;

(三)邀请医疗机构不具备相应医疗救治条件的;

(四)省级卫生行政部门规定的其他情形。

第九条 会诊医疗机构不能派出会诊医师时,应当及时告知邀请医疗机构。

第十条 医师接受会诊任务后,应当详细了解患者的病情,亲自诊查患者,完成相应的会诊工作,并按照规定书写医疗文书。

第十一条 医师在会诊过程中应当严格执行有关的卫生管理法律、法规、规章和诊疗规范、常规。

第十二条 医师在会诊过程中发现难以胜任会诊工作,应当及时、如实告知邀请医疗机构,并终止会诊。

医师在会诊过程中发现邀请医疗机构的技术力量、设备、设施条件不适宜收治该患者,或者难以保障会诊质量和安全的,应当建议将该患者转往其他具备收治条件的医疗机构诊治。

第十三条 会诊结束后,邀请医疗机构应当将会诊情况通报会诊医疗机构。医师应当在返回本单位 2 个工作日内将外出会诊的有关情况报告所在科室负责人和医务管理部门。

第十四条 医师在外出会诊过程中发生的医疗事故争议,由邀请医疗机构按照《医疗事故处理条例》的规定进行处理。必要时,会诊医疗机构应当协助处理。

第十五条 会诊中涉及的会诊费用按照邀请医疗机构所在地的规定执行。差旅费按照实际发生额结算,不得重复收费。属医疗机构根据诊疗需要邀请的,差旅费由医疗机构承担;属患者主动要求邀请的,差旅费由患者承担,收费方应向患者提供正式收费票据。会诊中涉及的治疗、手术等收费标准可在当地规定的基础上酌情加收,加收幅度由省级价格主管部门会同同级卫生行政部门确定。

邀请医疗机构支付会诊费用应当统一支付给会诊医疗机构,不得支付给会诊医师本人。会诊医疗机构由于会诊产生的收入,应纳入单位财务部门统一核算。

第十六条 会诊医疗机构应当按照有关规定给付会诊医师合理报酬。医师在国家法定节假日完成会诊任务的,会诊医疗机构应当按照国家有关规定提高会诊医师的报酬标准。

第十七条 医师在外出会诊时不得违反规定接受邀请医疗机构报酬,不得收受或者索要患者及其家属的钱物,不得牟取其他不正当利益。

第十八条 医疗机构应当加强对本单位医师外出会诊的管理,建立医师外出会诊管理档案,并将医师外出会诊情况与其年度考核相结合。

第十九条 医疗机构违反本规定第六条、第八条、第十五条的,由县级以上卫生行政部门责令改正,给予警告;诊疗活动超出登记范围的,按照《医疗机构管理条例》第四十七条处理。

第二十条 医师违反第二条、第七条规定擅自外出会诊或者在会诊中违反第十七条规定的,由所在医疗机构记入医师考核档案;经教育仍不改正的,依法给予行政处分或者纪律处分。

医师外出会诊违反《执业医师法》有关规定的,按照《执业医师法》第三十七条处理。

第二十一条 医疗机构疏于对本单位医师外出会诊管理的,县级以上卫生行政部门应当对医疗机构及其主要负责人和负有责任的主管人员进行通报批评。

第二十二条 医师受卫生行政部门调遣到其他医疗机构开展诊疗活动的,不适用本规定。

第二十三条 本规定自 2005 年 7 月 1 日起施行。

第二章

医疗服务

9. 处方管理办法

(2006年11月27日经卫生部部务会议讨论通过
自2007年5月1日起施行)

第一章 总 则

第一条 为规范处方管理,提高处方质量,促进合理用药,保障医疗安全,根据《执业医师法》、《药品管理法》、《医疗机构管理条例》、《麻醉药品和精神药品管理条例》等有关法律、法规,制定本办法。

第二条 本办法所称处方,是指由注册的执业医师和执业助理医师(以下简称医师)在诊疗活动中为患者开具的、由取得药学专业技术职务任职资格的药学专业技术人员(以下简称药师)审核、调配、核对,并作为患者用药凭证的医疗文书。处方包括医疗机构病区用药医嘱单。

本办法适用于与处方开具、调剂、保管相关的医疗机构及其人员。

第三条 卫生部负责全国处方开具、调剂、保管相关工作的监督管理。

县级以上地方卫生行政部门负责本行政区域内处方开具、调剂、保管相关工作的监督管理。

第四条 医师开具处方和药师调剂处方应当遵循安全、有效、经济的原则。

处方药应当凭医师处方销售、调剂和使用。

第二章 处方管理的一般规定

第五条 处方标准(附件1)由卫生部统一规定,处方格式由省、自治区、直辖市卫生行政部门(以下简称省级卫生行政部门)统一制定,处方由医疗机构按照规定的标准和格式印制。

第六条 处方书写应当符合下列规则:

(一)患者一般情况、临床诊断填写清晰、完整,并与病历记载相一致。

(二)每张处方限于一名患者的用药。

(三)字迹清楚,不得涂改;如需修改,应当在修改处签名并注明修改日期。

(四)药品名称应当使用规范的中文名称书写,没有中文名称的可以使用规范的英文名称书写;医疗机构或者医师、药师不得自行编制药品缩写名称或者使用代号;书写药品名称、剂量、规格、用法、用量要准确规范,药品用法可用规范的中文、英文、拉丁文或者缩写体书写,但不得使用"遵医嘱"、"自用"等含糊不清字句。

(五)患者年龄应当填写实足年龄,新生儿、婴幼儿写日、月龄,必要时要注明体重。

(六)西药和中成药可以分别开具处方,也可以开具一张处方,中药饮片应当单独开具处方。

(七)开具西药、中成药处方,每一种药品应当另起一行,每张处方不得超过5种药品。

(八)中药饮片处方的书写,一般应当按照"君、臣、佐、使"的顺序排列;调剂、煎煮的特殊要求注明在药品右上方,并加括号,如布包、先煎、后下等;对饮片的产地、炮制有特殊要求的,应当在药品名称之前写明。

(九)药品用法用量应当按照药品说明书规定的常规用法用量使用,特殊情况需要超剂量使用时,应当注明原因并再次签名。

(十)除特殊情况外,应当注明临床诊断。

(十一)开具处方后的空白处划一斜线以示处方完毕。

(十二)处方医师的签名式样和专用签章应当与院内药学部门留样备查的式

样相一致,不得任意改动,否则应当重新登记留样备案。

第七条 药品剂量与数量用阿拉伯数字书写。剂量应当使用法定剂量单位:重量以克(g)、毫克(mg)、微克(μg)、纳克(ng)为单位;容量以升(L)、毫升(ml)为单位;国际单位(IU)、单位(U);中药饮片以克(g)为单位。

片剂、丸剂、胶囊剂、颗粒剂分别以片、丸、粒、袋为单位;溶液剂以支、瓶为单位;软膏及乳膏剂以支、盒为单位;注射剂以支、瓶为单位,应当注明含量;中药饮片以剂为单位。

第三章 处方权的获得

第八条 经注册的执业医师在执业地点取得相应的处方权。

经注册的执业助理医师在医疗机构开具的处方,应当经所在执业地点执业医师签名或加盖专用签章后方有效。

第九条 经注册的执业助理医师在乡、民族乡、镇、村的医疗机构独立从事一般的执业活动,可以在注册的执业地点取得相应的处方权。

第十条 医师应当在注册的医疗机构签名留样或者专用签章备案后,方可开具处方。

第十一条 医疗机构应当按照有关规定,对本机构执业医师和药师进行麻醉药品和精神药品使用知识和规范化管理的培训。执业医师经考核合格后取得麻醉药品和第一类精神药品的处方权,药师经考核合格后取得麻醉药品和第一类精神药品调剂资格。

医师取得麻醉药品和第一类精神药品处方权后,方可在本机构开具麻醉药品和第一类精神药品处方,但不得为自己开具该类药品处方。药师取得麻醉药品和第一类精神药品调剂资格后,方可在本机构调剂麻醉药品和第一类精神药品。

第十二条 试用期人员开具处方,应当经所在医疗机构有处方权的执业医师审核、并签名或加盖专用签章后方有效。

第十三条 进修医师由接收进修的医疗机构对其胜任本专业工作的实际情况进行认定后授予相应的处方权。

第四章　处方的开具

第十四条　医师应当根据医疗、预防、保健需要，按照诊疗规范、药品说明书中的药品适应证、药理作用、用法、用量、禁忌、不良反应和注意事项等开具处方。

开具医疗用毒性药品、放射性药品的处方应当严格遵守有关法律、法规和规章的规定。

第十五条　医疗机构应当根据本机构性质、功能、任务，制定药品处方集。

第十六条　医疗机构应当按照经药品监督管理部门批准并公布的药品通用名称购进药品。同一通用名称药品的品种，注射剂型和口服剂型各不得超过2种，处方组成类同的复方制剂1～2种。因特殊诊疗需要使用其他剂型和剂量规格药品的情况除外。

第十七条　医师开具处方应当使用经药品监督管理部门批准并公布的药品通用名称、新活性化合物的专利药品名称和复方制剂药品名称。

医师开具院内制剂处方时应当使用经省级卫生行政部门审核、药品监督管理部门批准的名称。

医师可以使用由卫生部公布的药品习惯名称开具处方。

第十八条　处方开具当日有效。特殊情况下需延长有效期的，由开具处方的医师注明有效期限，但有效期最长不得超过3天。

第十九条　处方一般不得超过7日用量；急诊处方一般不得超过3日用量；对于某些慢性病、老年病或特殊情况，处方用量可适当延长，但医师应当注明理由。

医疗用毒性药品、放射性药品的处方用量应当严格按照国家有关规定执行。

第二十条　医师应当按照卫生部制定的麻醉药品和精神药品临床应用指导原则，开具麻醉药品、第一类精神药品处方。

第二十一条　门（急）诊癌症疼痛患者和中、重度慢性疼痛患者需长期使用麻醉药品和第一类精神药品的，首诊医师应当亲自诊查患者，建立相应的病历，要求其签署《知情同意书》。

病历中应当留存下列材料复印件：

（一）二级以上医院开具的诊断证明；

（二）患者户籍簿、身份证或者其他相关有效身份证明文件；

（三）为患者代办人员身份证明文件。

第二十二条 除需长期使用麻醉药品和第一类精神药品的门（急）诊癌症疼痛患者和中、重度慢性疼痛患者外，麻醉药品注射剂仅限于医疗机构内使用。

第二十三条 为门（急）诊患者开具的麻醉药品注射剂，每张处方为一次常用量；控缓释制剂，每张处方不得超过7日常用量；其他剂型，每张处方不得超过3日常用量。

第一类精神药品注射剂，每张处方为一次常用量；控缓释制剂，每张处方不得超过7日常用量；其他剂型，每张处方不得超过3日常用量。哌醋甲酯用于治疗儿童多动症时，每张处方不得超过15日常用量。

第二类精神药品一般每张处方不得超过7日常用量；对于慢性病或某些特殊情况的患者，处方用量可以适当延长，医师应当注明理由。

第二十四条 为门（急）诊癌症疼痛患者和中、重度慢性疼痛患者开具的麻醉药品、第一类精神药品注射剂，每张处方不得超过3日常用量；控缓释制剂，每张处方不得超过15日常用量；其他剂型，每张处方不得超过7日常用量。

第二十五条 为住院患者开具的麻醉药品和第一类精神药品处方应当逐日开具，每张处方为1日常用量。

第二十六条 对于需要特别加强管制的麻醉药品，盐酸二氢埃托啡处方为一次常用量，仅限于二级以上医院内使用；盐酸哌替啶处方为一次常用量，仅限于医疗机构内使用。

第二十七条 医疗机构应当要求长期使用麻醉药品和第一类精神药品的门（急）诊癌症患者和中、重度慢性疼痛患者，每3个月复诊或者随诊一次。

第二十八条 医师利用计算机开具、传递普通处方时，应当同时打印出纸质处方，其格式与手写处方一致；打印的纸质处方经签名或者加盖签章后有效。药师核发药品时，应当核对打印的纸质处方，无误后发给药品，并将打印的纸质处方与计算机传递处方同时收存备查。

第五章 处方的调剂

第二十九条 取得药学专业技术职务任职资格的人员方可从事处方调剂工作。

第三十条 药师在执业的医疗机构取得处方调剂资格。药师签名或者专用签章式样应当在本机构留样备查。

第三十一条 具有药师以上专业技术职务任职资格的人员负责处方审核、评估、核对、发药以及安全用药指导;药士从事处方调配工作。

第三十二条 药师应当凭医师处方调剂处方药品,非经医师处方不得调剂。

第三十三条 药师应当按照操作规程调剂处方药品:认真审核处方,准确调配药品,正确书写药袋或粘贴标签,注明患者姓名和药品名称、用法、用量、包装;向患者交付药品时,按照药品说明书或者处方用法,进行用药交待与指导,包括每种药品的用法、用量、注意事项等。

第三十四条 药师应当认真逐项检查处方前记、正文和后记书写是否清晰、完整,并确认处方的合法性。

第三十五条 药师应当对处方用药适宜性进行审核,审核内容包括:

(一)规定必须做皮试的药品,处方医师是否注明过敏试验及结果的判定;

(二)处方用药与临床诊断的相符性;

(三)剂量、用法的正确性;

(四)选用剂型与给药途径的合理性;

(五)是否有重复给药现象;

(六)是否有潜在临床意义的药物相互作用和配伍禁忌;

(七)其它用药不适宜情况。

第三十六条 药师经处方审核后,认为存在用药不适宜时,应当告知处方医师,请其确认或者重新开具处方。

药师发现严重不合理用药或者用药错误,应当拒绝调剂,及时告知处方医师,并应当记录,按照有关规定报告。

第三十七条　药师调剂处方时必须做到"四查十对"：查处方，对科别、姓名、年龄；查药品，对药名、剂型、规格、数量；查配伍禁忌，对药品性状、用法用量；查用药合理性，对临床诊断。

第三十八条　药师在完成处方调剂后，应当在处方上签名或者加盖专用签章。

第三十九条　药师应当对麻醉药品和第一类精神药品处方，按年月日逐日编制顺序号。

第四十条　药师对于不规范处方或者不能判定其合法性的处方，不得调剂。

第四十一条　医疗机构应当将本机构基本用药供应目录内同类药品相关信息告知患者。

第四十二条　除麻醉药品、精神药品、医疗用毒性药品和儿科处方外，医疗机构不得限制门诊就诊人员持处方到药品零售企业购药。

第六章　监督管理

第四十三条　医疗机构应当加强对本机构处方开具、调剂和保管的管理。

第四十四条　医疗机构应当建立处方点评制度，填写处方评价表（附件2），对处方实施动态监测及超常预警，登记并通报不合理处方，对不合理用药及时予以干预。

第四十五条　医疗机构应当对出现超常处方3次以上且无正当理由的医师提出警告，限制其处方权；限制处方权后，仍连续2次以上出现超常处方且无正当理由的，取消其处方权。

第四十六条　医师出现下列情形之一的，处方权由其所在医疗机构予以取消：

（一）被责令暂停执业；

（二）考核不合格离岗培训期间；

（三）被注销、吊销执业证书；

（四）不按照规定开具处方，造成严重后果的；

（五）不按照规定使用药品，造成严重后果的；

（六）因开具处方牟取私利。

第四十七条 未取得处方权的人员及被取消处方权的医师不得开具处方。未取得麻醉药品和第一类精神药品处方资格的医师不得开具麻醉药品和第一类精神药品处方。

第四十八条 除治疗需要外，医师不得开具麻醉药品、精神药品、医疗用毒性药品和放射性药品处方。

第四十九条 未取得药学专业技术职务任职资格的人员不得从事处方调剂工作。

第五十条 处方由调剂处方药品的医疗机构妥善保存。普通处方、急诊处方、儿科处方保存期限为 1 年，医疗用毒性药品、第二类精神药品处方保存期限为 2 年，麻醉药品和第一类精神药品处方保存期限为 3 年。

处方保存期满后，经医疗机构主要负责人批准、登记备案，方可销毁。

第五十一条 医疗机构应当根据麻醉药品和精神药品处方开具情况，按照麻醉药品和精神药品品种、规格对其消耗量进行专册登记，登记内容包括发药日期、患者姓名、用药数量。专册保存期限为 3 年。

第五十二条 县级以上地方卫生行政部门应当定期对本行政区域内医疗机构处方管理情况进行监督检查。

县级以上卫生行政部门在对医疗机构实施监督管理过程中，发现医师出现本办法第四十六条规定情形的，应当责令医疗机构取消医师处方权。

第五十三条 卫生行政部门的工作人员依法对医疗机构处方管理情况进行监督检查时，应当出示证件；被检查的医疗机构应当予以配合，如实反映情况，提供必要的资料，不得拒绝、阻碍、隐瞒。

第七章 法律责任

第五十四条 医疗机构有下列情形之一的，由县级以上卫生行政部门按照《医疗机构管理条例》第四十八条的规定，责令限期改正，并可处以 5000 元以下的

罚款;情节严重的,吊销其《医疗机构执业许可证》:

(一)使用未取得处方权的人员、被取消处方权的医师开具处方的;

(二)使用未取得麻醉药品和第一类精神药品处方资格的医师开具麻醉药品和第一类精神药品处方的;

(三)使用未取得药学专业技术职务任职资格的人员从事处方调剂工作的。

第五十五条 医疗机构未按照规定保管麻醉药品和精神药品处方,或者未依照规定进行专册登记的,按照《麻醉药品和精神药品管理条例》第七十二条的规定,由设区的市级卫生行政部门责令限期改正,给予警告;逾期不改正的,处5000元以上1万元以下的罚款;情节严重的,吊销其印鉴卡;对直接负责的主管人员和其他直接责任人员,依法给予降级、撤职、开除的处分。

第五十六条 医师和药师出现下列情形之一的,由县级以上卫生行政部门按照《麻醉药品和精神药品管理条例》第七十三条的规定予以处罚:

(一)未取得麻醉药品和第一类精神药品处方资格的医师擅自开具麻醉药品和第一类精神药品处方的;

(二)具有麻醉药品和第一类精神药品处方医师未按照规定开具麻醉药品和第一类精神药品处方,或者未按照卫生部制定的麻醉药品和精神药品临床应用指导原则使用麻醉药品和第一类精神药品的;

(三)药师未按照规定调剂麻醉药品、精神药品处方的。

第五十七条 医师出现下列情形之一的,按照《执业医师法》第三十七条的规定,由县级以上卫生行政部门给予警告或者责令暂停六个月以上一年以下执业活动;情节严重的,吊销其执业证书:

(一)未取得处方权或者被取消处方权后开具药品处方的;

(二)未按照本办法规定开具药品处方的;

(三)违反本办法其他规定的。

第五十八条 药师未按照规定调剂处方药品,情节严重的,由县级以上卫生行政部门责令改正、通报批评,给予警告;并由所在医疗机构或者其上级单位给予纪律处分。

第五十九条　县级以上地方卫生行政部门未按照本办法规定履行监管职责的,由上级卫生行政部门责令改正。

第八章　附　　则

第六十条　乡村医生按照《乡村医生从业管理条例》的规定,在省级卫生行政部门制定的乡村医生基本用药目录范围内开具药品处方。

第六十一条　本办法所称药学专业技术人员,是指按照卫生部《卫生技术人员职务试行条例》规定,取得药学专业技术职务任职资格人员,包括主任药师、副主任药师、主管药师、药师、药士。

第六十二条　本办法所称医疗机构,是指按照《医疗机构管理条例》批准登记的从事疾病诊断、治疗活动的医院、社区卫生服务中心(站)、妇幼保健院、卫生院、疗养院、门诊部、诊所、卫生室(所)、急救中心(站)、专科疾病防治院(所、站)以及护理院(站)等医疗机构。

第六十三条　本办法自 2007 年 5 月 1 日起施行。《处方管理办法(试行)》(卫医发〔2004〕269 号)和《麻醉药品、精神药品处方管理规定》(卫医法〔2005〕436 号)同时废止。

10. 医院处方点评管理规范(试行)

(2010 年 2 月 10 日公布　卫医管发〔2010〕28 号)

第一章　总　　则

第一条　为规范医院处方点评工作,提高处方质量,促进合理用药,保障医疗安全,根据《药品管理法》、《执业医师法》、《医疗机构管理条例》、《处方管理办法》等有关法律、法规、规章,制定本规范。

第二条　处方点评是根据相关法规、技术规范,对处方书写的规范性及药物临床使用的适宜性(用药适应证、药物选择、给药途径、用法用量、药物相互作用、配伍禁忌等)进行评价,发现存在或潜在的问题,制定并实施干预和改进措施,促进临床药物合理应用的过程。

第三条 处方点评是医院持续医疗质量改进和药品临床应用管理的重要组成部分,是提高临床药物治疗学水平的重要手段。各级医院应当按照本规范,建立健全系统化、标准化和持续改进的处方点评制度,开展处方点评工作,并在实践工作中不断完善。

其他各级各类医疗机构的处方点评工作,参照本规范执行。

第四条 医院应当加强处方质量和药物临床应用管理,规范医师处方行为,落实处方审核、发药、核对与用药交待等相关规定;定期对医务人员进行合理用药知识培训与教育;制定并落实持续质量改进措施。

第二章 组 织 管 理

第五条 医院处方点评工作在医院药物与治疗学委员会(组)和医疗质量管理委员会领导下,由医院医疗管理部门和药学部门共同组织实施。

第六条 医院应当根据本医院的性质、功能、任务、科室设置等情况,在药物与治疗学委员会(组)下建立由医院药学、临床医学、临床微生物学、医疗管理等多学科专家组成的处方点评专家组,为处方点评工作提供专业技术咨询。

第七条 医院药学部门成立处方点评工作小组,负责处方点评的具体工作。

第八条 处方点评工作小组成员应当具备以下条件:

(一)具有较丰富的临床用药经验和合理用药知识;

(二)具备相应的专业技术任职资格:二级及以上医院处方点评工作小组成员应当具有中级以上药学专业技术职务任职资格,其他医院处方点评工作小组成员应当具有药师以上药学专业技术职务任职资格。

第三章 处方点评的实施

第九条 医院药学部门应当会同医疗管理部门,根据医院诊疗科目、科室设置、技术水平、诊疗量等实际情况,确定具体抽样方法和抽样率,其中门急诊处方的抽样率不应少于总处方量的1‰,且每月点评处方绝对数不应少于100张;病房(区)医嘱单的抽样率(按出院病历数计)不应少于1%,且每月点评出院病历绝对数不应少于30份。

第十条 医院处方点评小组应当按照确定的处方抽样方法随机抽取处方,并按照《处方点评工作表》(附件)对门急诊处方进行点评;病房(区)用药医嘱的点评应当以患者住院病历为依据,实施综合点评,点评表格由医院根据本院实际情况自行制定。

第十一条 三级以上医院应当逐步建立健全专项处方点评制度。专项处方点评是医院根据药事管理和药物临床应用管理的现状和存在的问题,确定点评的范围和内容,对特定的药物或特定疾病的药物(如国家基本药物、血液制品、中药注射剂、肠外营养制剂、抗菌药物、辅助治疗药物、激素等临床使用及超说明书用药、肿瘤患者和围手术期用药等)使用情况进行的处方点评。

第十二条 处方点评工作应坚持科学、公正、务实的原则,有完整、准确的书面记录,并通报临床科室和当事人。

第十三条 处方点评小组在处方点评工作过程中发现不合理处方,应当及时通知医疗管理部门和药学部门。

第十四条 有条件的医院应当利用信息技术建立处方点评系统,逐步实现与医院信息系统的联网与信息共享。

第四章 处方点评的结果

第十五条 处方点评结果分为合理处方和不合理处方。

第十六条 不合理处方包括不规范处方、用药不适宜处方及超常处方。

第十七条 有下列情况之一的,应当判定为不规范处方:

(一)处方的前记、正文、后记内容缺项,书写不规范或者字迹难以辨认的;

(二)医师签名、签章不规范或者与签名、签章的留样不一致的;

(三)药师未对处方进行适宜性审核的(处方后记的审核、调配、核对、发药栏目无审核调配药师及核对发药药师签名,或者单人值班调剂未执行双签名规定);

（四）新生儿、婴幼儿处方未写明日、月龄的；

（五）西药、中成药与中药饮片未分别开具处方的；

（六）未使用药品规范名称开具处方的；

（七）药品的剂量、规格、数量、单位等书写不规范或不清楚的；

（八）用法、用量使用"遵医嘱"、"自用"等含糊不清字句的；

（九）处方修改未签名并注明修改日期，或药品超剂量使用未注明原因和再次签名的；

（十）开具处方未写临床诊断或临床诊断书写不全的；

（十一）单张门急诊处方超过五种药品的；

（十二）无特殊情况下，门诊处方超过7日用量，急诊处方超过3日用量，慢性病、老年病或特殊情况下需要适当延长处方用量未注明理由的；

（十三）开具麻醉药品、精神药品、医疗用毒性药品、放射性药品等特殊管理药品处方未执行国家有关规定的；

（十四）医师未按照抗菌药物临床应用管理规定开具抗菌药物处方的；

（十五）中药饮片处方药物未按照"君、臣、佐、使"的顺序排列，或未按要求标注药物调剂、煎煮等特殊要求的。

第十八条 有下列情况之一的，应当判定为用药不适宜处方：

（一）适应证不适宜的；

（二）遴选的药品不适宜的；

（三）药品剂型或给药途径不适宜的；

（四）无正当理由不首选国家基本药物的；

（五）用法、用量不适宜的；

（六）联合用药不适宜的；

（七）重复给药的；

（八）有配伍禁忌或者不良相互作用的；

（九）其它用药不适宜情况的。

第十九条 有下列情况之一的，应当判定为超常处方：

（一）无适应证用药；

（二）无正当理由开具高价药的；

（三）无正当理由超说明书用药的；

（四）无正当理由为同一患者同时开具2种以上药理作用相同药物的。

第五章 点评结果的应用与持续改进

第二十条　医院药学部门应当会同医疗管理部门对处方点评小组提交的点评结果进行审核，定期公布处方点评结果，通报不合理处方；根据处方点评结果，对医院在药事管理、处方管理和临床用药方面存在的问题，进行汇总和综合分析评价，提出质量改进建议，并向医院药物与治疗学委员会（组）和医疗质量管理委员会报告；发现可能造成患者损害的，应当及时采取措施，防止损害发生。

第二十一条　医院药物与治疗学委员会（组）和医疗质量管理委员会应当根据药学部门会同医疗管理部门提交的质量改进建议，研究制定有针对性的临床用药质量管理和药事管理改进措施，并责成相关部门和科室落实质量改进措施，提高合理用药水平，保证患者用药安全。

第二十二条　各级卫生行政部门和医师定期考核机构，应当将处方点评结果作为重要指标纳入医院评审评价和医师定期考核指标体系。

第二十三条　医院应当将处方点评结果纳入相关科室及其工作人员绩效考核和年度考核指标，建立健全相关的奖惩制度。

第六章 监 督 管 理

第二十四条　各级卫生行政部门应当加强对辖区内医院处方点评工作的监督管理，对不按规定开展处方点评工作的医院应当责令改正。

第二十五条　卫生行政部门和医院应当对开具不合理处方的医师，采取教育培训、批评等措施；对于开具超常处方的医师按照《处方管理办法》的规定予以处理；一个考核周期内5次以上开具不合理处方的医师，应当认定为医师定期考核不合格，离岗参加培训；对患者造成严重损害的，卫生行政部门应当按照相关法律、法规、规章给予相应处罚。

第二十六条 药师未按规定审核处方、调剂药品、进行用药交待或未对不合理处方进行有效干预的,医院应当采取教育培训、批评等措施;对患者造成严重损害的,卫生行政部门应当依法给予相应处罚。

第二十七条 医院因不合理用药对患者造成损害的,按照相关法律、法规处理。

11. 医疗机构处方审核规范

(2018 年 6 月 29 日国家卫生健康委员会办公厅、
国家中医药管理局办公室、中央军委后勤保障部办公厅公布
国卫办医发〔2018〕14 号)

第一章 总 则

第一条 为规范医疗机构处方审核工作,促进合理用药,保障患者用药安全,根据《中华人民共和国药品管理法》《医疗机构药事管理规定》《处方管理办法》《医院处方点评管理规范(试行)》等有关法律法规、规章制度,制定本规范。

第二条 处方审核是指药学专业技术人员运用专业知识与实践技能,根据相关法律法规、规章制度与技术规范等,对医师在诊疗活动中为患者开具的处方,进行合法性、规范性和适宜性审核,并作出是否同意调配发药决定的药学技术服务。

审核的处方包括纸质处方、电子处方和医疗机构病区用药医嘱单。

第三条 二级以上医院、妇幼保健院和专科疾病防治机构应当按照本规范执行,其他医疗机构参照执行。

第二章 基本要求

第四条 所有处方均应当经审核通过后方可进入划价收费和调配环节,未经审核通过的处方不得收费和调配。

第五条 从事处方审核的药学专业技术人员（以下简称药师）应当满足以下条件：

（一）取得药师及以上药学专业技术职务任职资格。

（二）具有3年及以上门急诊或病区处方调剂工作经验，接受过处方审核相应岗位的专业知识培训并考核合格。

第六条 药师是处方审核工作的第一责任人。药师应当对处方各项内容进行逐一审核。医疗机构可以通过相关信息系统辅助药师开展处方审核。对信息系统筛选出的不合理处方及信息系统不能审核的部分，应当由药师进行人工审核。

第七条 经药师审核后，认为存在用药不适宜时，应当告知处方医师，建议其修改或者重新开具处方；药师发现不合理用药，处方医师不同意修改时，药师应当作好记录并纳入处方点评；药师发现严重不合理用药或者用药错误时，应当拒绝调配，及时告知处方医师并记录，按照有关规定报告。

第八条 医疗机构应当积极推进处方审核信息化，通过信息系统为处方审核提供必要的信息，如电子处方，以及医学相关检查、检验学资料、现病史、既往史、用药史、过敏史等电子病历信息。信息系统内置审方规则应当由医疗机构制定或经医疗机构审核确认，并有明确的临床用药依据来源。

第九条 医疗机构应当制定信息系统相关的安全保密制度，防止药品、患者用药等信息泄露，做好相应的信息系统故障应急预案。

第三章　审核依据和流程

第十条 处方审核常用临床用药依据：国家药品管理相关法律法规和规范性文件，临床诊疗规范、指南，临床路径，药品说明书，国家处方集等。

第十一条 医疗机构可以结合实际，由药事管理与药物治疗学委员会充分考虑患者用药安全性、有效性、经济性、依从性等综合因素，参考专业学（协）会及临床专家认可的临床规范、指南等，制订适合本机构的临床用药规范、指南，为处方审核提供依据。

第十二条 处方审核流程：

（一）药师接收待审核处方，对处方进行合法性、规范性、适宜性审核。

（二）若经审核判定为合理处方，药师在纸质处方上手写签名（或加盖专用印章）、在电子处方上进行电子签名，处方经药师签名后进入收费和调配环节。

（三）若经审核判定为不合理处方，由药师负责联系处方医师，请其确认或重新开具处方，并再次进入处方审核流程。

第四章　审核内容

第十三条 合法性审核。

（一）处方开具人是否根据《执业医师法》取得医师资格，并执业注册。

（二）处方开具时，处方医师是否根据《处方管理办法》在执业地点取得处方权。

（三）麻醉药品、第一类精神药品、医疗用毒性药品、放射性药品、抗菌药物等药品处方，是否由具有相应处方权的医师开具。

第十四条 规范性审核。

（一）处方是否符合规定的标准和格式，处方医师签名或加盖的专用签章有无备案，电子处方是否有处方医师的电子签名。

（二）处方前记、正文和后记是否符合《处方管理办法》等有关规定，文字是否正确、清晰、完整。

（三）条目是否规范。

1. 年龄应当为实足年龄，新生儿、婴幼儿应当写日、月龄，必要时要注明体重；

2. 中药饮片、中药注射剂要单独开具处方；

3. 开具西药、中成药处方，每一种药品应当另起一行，每张处方不得超过5种药品；

4. 药品名称应当使用经药品监督管理部门批准并公布的药品通用名称、新活性化合物的专利药品名称和复方制剂药品名称，或使用由原卫生部公布的药品习惯名称；医院制剂应当使用药品监督管理部门正式批准的名称；

5.药品剂量、规格、用法、用量准确清楚,符合《处方管理办法》规定,不得使用"遵医嘱""自用"等含糊不清字句;

6.普通药品处方量及处方效期符合《处方管理办法》的规定,抗菌药物、麻醉药品、精神药品、医疗用毒性药品、放射药品、易制毒化学品等的使用符合相关管理规定;

7.中药饮片、中成药的处方书写应当符合《中药处方格式及书写规范》。

第十五条 适宜性审核。

(一)西药及中成药处方,应当审核以下项目:

1.处方用药与诊断是否相符;

2.规定必须做皮试的药品,是否注明过敏试验及结果的判定;

3.处方剂量、用法是否正确,单次处方总量是否符合规定;

4.选用剂型与给药途径是否适宜;

5.是否有重复给药和相互作用情况,包括西药、中成药、中成药与西药、中成药与中药饮片之间是否存在重复给药和有临床意义的相互作用;

6.是否存在配伍禁忌;

7.是否有用药禁忌:儿童、老年人、孕妇及哺乳期妇女、脏器功能不全患者用药是否有禁忌使用的药物,患者用药是否有食物及药物过敏史禁忌证、诊断禁忌证、疾病史禁忌证与性别禁忌证;

8.溶媒的选择、用法用量是否适宜,静脉输注的药品给药速度是否适宜;

9.是否存在其他用药不适宜情况。

(二)中药饮片处方,应当审核以下项目:

1.中药饮片处方用药与中医诊断(病名和证型)是否相符;

2.饮片的名称、炮制品选用是否正确,煎法、用法、脚注等是否完整、准确;

3.毒麻贵细饮片是否按规定开方;

4.特殊人群如儿童、老年人、孕妇及哺乳期妇女、脏器功能不全患者用药是否有禁忌使用的药物;

5.是否存在其他用药不适宜情况。

第五章 审核质量管理

第十六条 处方审核质量管理以自我监测评价为主,以行政部门干预评价为辅。

医疗机构应当在医院药事管理与药物治疗学委员会(组)和医疗质量管理委员会领导下设立处方审核质量管理小组或指定专(兼)职人员,定期对机构内处方审核质量开展监测与评价,包括对信息系统审核的处方进行抽查,发现问题及时改进。

县级以上卫生健康行政部门(含中医药主管部门)可以组织或委托第三方对其核发《医疗机构执业许可证》的医疗机构处方审核质量进行检查评价。

第十七条 开展处方审核应当满足以下必备条件:

(一)配备适宜的处方审核人员;

(二)处方审核人员符合本规范第五条要求;

(三)具备处方审核场所;

(四)配备相应的处方审核工具,鼓励医疗机构建立处方审核信息系统;

(五)制订本机构的处方审核规范与制度。

第十八条 建立并实施处方审核全过程质量管理机制。

(一)审核过程追溯机制:医疗机构应当保证处方审核的全过程可以追溯,特别是针对关键流程的处理应当保存相应的记录。

(二)审核反馈机制:建立不合理处方的反馈机制,并有相应的记录。

(三)审核质量改进机制:针对处方审核,建立质量改进机制,并有相应的措施与记录。

第十九条 建立处方审核质量监测指标体系,对处方审核的数量、质量、效率和效果等进行评价。至少包括处方审核率、处方干预率、处方合理率等。

第六章 培 训

第二十条 医疗机构应当组织对从事处方审核的药师进行定期培训和考核。

培训内容应当包括：

（一）相关法律、法规、政策，职业道德，工作制度和岗位职责，本岗位的特殊要求及操作规程等；

（二）药学基本理论、基本知识和基本技能；从事中药处方审核的药师，还应当培训中医药基本理论、基本知识和基本技能；

（三）其他培训，如参与临床药物治疗、查房、会诊、疑难危重病例、死亡病例讨论以及临床疾病诊疗知识培训，参加院内、外举办的相关会议、学术论坛及培训班等。

第二十一条 负责处方审核的药师应当接受继续教育，不断更新、补充、拓展知识和能力，提高处方审核水平。

第七章 附 则

第二十二条 不合理处方包括不规范处方、用药不适宜处方及超常处方。

第二十三条 本规范自印发之日起施行。

12. 医疗机构病历管理规定

（2013年11月20日国家卫生和计划生育委员会、
国家中医药管理局公布 国卫医发〔2013〕31号）

第一章 总 则

第一条 为加强医疗机构病历管理，保障医疗质量与安全，维护医患双方的合法权益，制定本规定。

第二条 病历是指医务人员在医疗活动过程中形成的文字、符号、图表、影像、切片等资料的总和，包括门（急）诊病历和住院病历。病历归档以后形成病案。

第三条 本规定适用于各级各类医疗机构对病历的管理。

第四条 按照病历记录形式不同，可区分为纸质病历和电子病历。电子病历与纸质病历具有同等效力。

第五条 医疗机构应当建立健全病历管理制度,设置病案管理部门或者配备专(兼)职人员,负责病历和病案管理工作。

医疗机构应当建立病历质量定期检查、评估与反馈制度。医疗机构医务部门负责病历的质量管理。

第六条 医疗机构及其医务人员应当严格保护患者隐私,禁止以非医疗、教学、研究目的泄露患者的病历资料。

第二章 病历的建立

第七条 医疗机构应当建立门(急)诊病历和住院病历编号制度,为同一患者建立唯一的标识号码。已建立电子病历的医疗机构,应当将病历标识号码与患者身份证明编号相关联,使用标识号码和身份证明编号均能对病历进行检索。

门(急)诊病历和住院病历应当标注页码或者电子页码。

第八条 医务人员应当按照《病历书写基本规范》、《中医病历书写基本规范》、《电子病历基本规范(试行)》和《中医电子病历基本规范(试行)》要求书写病历。

第九条 住院病历应当按照以下顺序排序:体温单、医嘱单、入院记录、病程记录、术前讨论记录、手术同意书、麻醉同意书、麻醉术前访视记录、手术安全核查记录、手术清点记录、麻醉记录、手术记录、麻醉术后访视记录、术后病程记录、病重(病危)患者护理记录、出院记录、死亡记录、输血治疗知情同意书、特殊检查(特殊治疗)同意书、会诊记录、病危(重)通知书、病理资料、辅助检查报告单、医学影像检查资料。

病案应当按照以下顺序装订保存:住院病案首页、入院记录、病程记录、术前讨论记录、手术同意书、麻醉同意书、麻醉术前访视记录、手术安全核查记录、手术清点记录、麻醉记录、手术记录、麻醉术后访视记录、术后病程记录、出院记录、死亡记录、死亡病例讨论记录、输血治疗知情同意书、特殊检查(特殊治疗)同意书、会诊记录、病危(重)通知书、病理资料、辅助检查报告单、医学影像检查资料、体温单、医嘱单、病重(病危)患者护理记录。

第三章 病历的保管

第十条 门(急)诊病历原则上由患者负责保管。医疗机构建有门(急)诊病历档案室或者已建立门(急)诊电子病历的,经患者或者其法定代理人同意,其门(急)诊病历可以由医疗机构负责保管。

住院病历由医疗机构负责保管。

第十一条 门(急)诊病历由患者保管的,医疗机构应当将检查检验结果及时交由患者保管。

第十二条 门(急)诊病历由医疗机构保管的,医疗机构应当在收到检查检验结果后 24 小时内,将检查检验结果归入或者录入门(急)诊病历,并在每次诊疗活动结束后首个工作日内将门(急)诊病历归档。

第十三条 患者住院期间,住院病历由所在病区统一保管。因医疗活动或者工作需要,须将住院病历带离病区时,应当由病区指定的专门人员负责携带和保管。

医疗机构应当在收到住院患者检查检验结果和相关资料后 24 小时内归入或者录入住院病历。

患者出院后,住院病历由病案管理部门或者专(兼)职人员统一保存、管理。

第十四条 医疗机构应当严格病历管理,任何人不得随意涂改病历,严禁伪造、隐匿、销毁、抢夺、窃取病历。

第四章 病历的借阅与复制

第十五条 除为患者提供诊疗服务的医务人员,以及经卫生计生行政部门、中医药管理部门或者医疗机构授权的负责病案管理、医疗管理的部门或者人员外,其他任何机构和个人不得擅自查阅患者病历。

第十六条 其他医疗机构及医务人员因科研、教学需要查阅、借阅病历的,应当向患者就诊医疗机构提出申请,经同意并办理相应手续后方可查阅、借阅。查阅后应当立即归还,借阅病历应当在 3 个工作日内归还。查阅的病历资料不得带离患者就诊医疗机构。

第十七条 医疗机构应当受理下列人员和机构复制或者查阅病历资料的申请,并依规定提供病历复制或者查阅服务:

(一)患者本人或者其委托代理人;

(二)死亡患者法定继承人或者其代理人。

第十八条 医疗机构应当指定部门或者专(兼)职人员负责受理复制病历资料的申请。受理申请时,应当要求申请人提供有关证明材料,并对申请材料的形式进行审核。

(一)申请人为患者本人的,应当提供其有效身份证明;

(二)申请人为患者代理人的,应当提供患者及其代理人的有效身份证明,以及代理人与患者代理关系的法定证明材料和授权委托书;

(三)申请人为死亡患者法定继承人的,应当提供患者死亡证明、死亡患者法定继承人的有效身份证明,死亡患者与法定继承人关系的法定证明材料;

(四)申请人为死亡患者法定继承人代理人的,应当提供患者死亡证明、死亡患者法定继承人及其代理人的有效身份证明,死亡患者与法定继承人关系的法定证明材料,代理人与法定继承人代理关系的法定证明材料及授权委托书。

第十九条 医疗机构可以为申请人复制门(急)诊病历和住院病历中的体温单、医嘱单、住院志(入院记录)、手术同意书、麻醉同意书、麻醉记录、手术记录、病重(病危)患者护理记录、出院记录、输血治疗知情同意书、特殊检查(特殊治疗)同意书、病理报告、检验报告等辅助检查报告单、医学影像检查资料等病历资料。

第二十条 公安、司法、人力资源社会保障、保险以及负责医疗事故技术鉴定的部门,因办理案件、依法实施专业技术鉴定、医疗保险审核或仲裁、商业保险审核等需要,提出审核、查阅或者复制病历资料要求的,经办人员提供以下证明材料后,医疗机构可以根据需要提供患者部分或全部病历:

(一)该行政机关、司法机关、保险或者负责医疗事故技术鉴定部门出具的调取病历的法定证明;

(二)经办人本人有效身份证明；

(三)经办人本人有效工作证明(需与该行政机关、司法机关、保险或者负责医疗事故技术鉴定部门一致)。

保险机构因商业保险审核等需要，提出审核、查阅或者复制病历资料要求的，还应当提供保险合同复印件、患者本人或者其代理人同意的法定证明材料；患者死亡的，应当提供保险合同复印件、死亡患者法定继承人或者其代理人同意的法定证明材料。合同或者法律另有规定的除外。

第二十一条 按照《病历书写基本规范》和《中医病历书写基本规范》要求，病历尚未完成，申请人要求复制病历时，可以对已完成病历先行复制，在医务人员按照规定完成病历后，再对新完成部分进行复制。

第二十二条 医疗机构受理复制病历资料申请后，由指定部门或者专(兼)职人员通知病案管理部门或专(兼)职人员，在规定时间内将需要复制的病历资料送至指定地点，并在申请人在场的情况下复制；复制的病历资料经申请人和医疗机构双方确认无误后，加盖医疗机构证明印记。

第二十三条 医疗机构复制病历资料，可以按照规定收取工本费。

第五章 病历的封存与启封

第二十四条 依法需要封存病历时，应当在医疗机构或者其委托代理人、患者或者其代理人在场的情况下，对病历共同进行确认，签封病历复制件。

医疗机构申请封存病历时，医疗机构应当告知患者或者其代理人共同实施病历封存；但患者或者其代理人拒绝或者放弃实施病历封存的，医疗机构可以在公证机构公证的情况下，对病历进行确认，由公证机构签封病历复制件。

第二十五条 医疗机构负责封存病历复制件的保管。

第二十六条 封存后病历的原件可以继续记录和使用。

按照《病历书写基本规范》和《中医病历书写基本规范》要求，病历尚未完成，需要封存病历时，可以对已完成病历先行封存，当医师按照规定完成病历后，再对新完成部分进行封存。

第二十七条 开启封存病历应当在签封各方在场的情况下实施。

第六章 病历的保存

第二十八条 医疗机构可以采用符合档案管理要求的缩微技术等对纸质病历进行处理后保存。

第二十九条 门(急)诊病历由医疗机构保管的,保存时间自患者最后一次就诊之日起不少于 15 年;住院病历保存时间自患者最后一次住院出院之日起不少于 30 年。

第三十条 医疗机构变更名称时,所保管的病历应当由变更后医疗机构继续保管。

医疗机构撤销后,所保管的病历可以由省级卫生计生行政部门、中医药管理部门或者省级卫生计生行政部门、中医药管理部门指定的机构按照规定妥善保管。

第七章 附 则

第三十一条 本规定由国家卫生计生委负责解释。

第三十二条 本规定自 2014 年 1 月 1 日起施行。原卫生部和国家中医药管理局于 2002 年公布的《医疗机构病历管理规定》(卫医发〔2002〕193 号)同时废止。

13. 病历书写基本规范

(2010 年 1 月 22 日卫生部公布　卫医政发〔2010〕11 号)

第一章 基 本 要 求

第一条 病历是指医务人员在医疗活动过程中形成的文字、符号、图表、影像、切片等资料的总和,包括门(急)诊病历和住院病历。

第二条 病历书写是指医务人员通过问诊、查体、辅助检查、诊断、治疗、护理等医疗活动获得有关资料,并进行归纳、分析、整理形成医疗活动记录的行为。

第三条 病历书写应当客观、真实、准确、及时、完整、规范。

第四条 病历书写应当使用蓝黑墨水、碳素墨水,需复写的病历资料可以使用蓝或黑色油水的圆珠笔。计算机打印的病历应当符合病历保存的要求。

第五条 病历书写应当使用中文,通用的外文缩写和无正式中文译名的症状、体征、疾病名称等可以使用外文。

第六条 病历书写应规范使用医学术语,文字工整,字迹清晰,表述准确,语句通顺,标点正确。

第七条 病历书写过程中出现错字时,应当用双线划在错字上,保留原记录清楚、可辨,并注明修改时间,修改人签名。不得采用刮、粘、涂等方法掩盖或去除原来的字迹。

上级医务人员有审查修改下级医务人员书写的病历的责任。

第八条 病历应当按照规定的内容书写,并由相应医务人员签名。

实习医务人员、试用期医务人员书写的病历,应当经过本医疗机构注册的医务人员审阅、修改并签名。

进修医务人员由医疗机构根据其胜任本专业工作实际情况认定后书写病历。

第九条 病历书写一律使用阿拉伯数字书写日期和时间,采用 24 小时制记录。

第十条 对需取得患者书面同意方可进行的医疗活动,应当由患者本人签署知情同意书。患者不具备完全民事行为能力时,应当由其法定代理人签字;患者因病无法签字时,应当由其授权的人员签字;为抢救患者,在法定代理人或被授权人无法及时签字的情况下,可由医疗机构负责人或者授权的负责人签字。

因实施保护性医疗措施不宜向患者说明情况的,应当将有关情况告知患者近亲属,由患者近亲属签署知情同意书,并及时记录。患者无近亲属的或者患者近亲属无法签署同意书的,由患者的法定代理人或者关系人签署同意书。

第二章 门(急)诊病历书写内容及要求

第十一条 门(急)诊病历内容包括门(急)诊病历首页(门(急)诊手册封面)、病历记录、化验单(检验报告)、医学影像检查资料等。

第十二条 门(急)诊病历首页内容应当包括患者姓名、性别、出生年月日、民族、婚姻状况、职业、工作单位、住址、药物过敏史等项目。

门诊手册封面内容应当包括患者姓名、性别、年龄、工作单位或住址、药物过敏史等项目。

第十三条 门(急)诊病历记录分为初诊病历记录和复诊病历记录。

初诊病历记录书写内容应当包括就诊时间、科别、主诉、现病史、既往史,阳性体征、必要的阴性体征和辅助检查结果,诊断及治疗意见和医师签名等。

复诊病历记录书写内容应当包括就诊时间、科别、主诉、病史、必要的体格检查和辅助检查结果、诊断、治疗处理意见和医师签名等。

急诊病历书写就诊时间应当具体到分钟。

第十四条 门(急)诊病历记录应当由接诊医师在患者就诊时及时完成。

第十五条 急诊留观记录是急诊患者因病情需要留院观察期间的记录,重点记录观察期间病情变化和诊疗措施,记录简明扼要,并注明患者去向。抢救危重患者时,应当书写抢救记录。门(急)诊抢救记录书写内容及要求按照住院病历抢救记录书写内容及要求执行。

第三章 住院病历书写内容及要求

第十六条 住院病历内容包括住院病案首页、入院记录、病程记录、手术同意书、麻醉同意书、输血治疗知情同意书、特殊检查(特殊治疗)同意书、病危(重)通知书、医嘱单、辅助检查报告单、体温单、医学影像检查资料、病理资料等。

第十七条 入院记录是指患者入院后,由经治医师通过问诊、查体、辅助检查获得有关资料,并对这些资料归纳分析书写而成的记录。可分为入院记录、再次或多次入院记录、24 小时内入出院记录、24 小时内入院死亡记录。

入院记录、再次或多次入院记录应当于患者入院后24小时内完成;24小时内入出院记录应当于患者出院后24小时内完成,24小时内入院死亡记录应当于患者死亡后24小时内完成。

第十八条 入院记录的要求及内容。

(一)患者一般情况包括姓名、性别、年龄、民族、婚姻状况、出生地、职业、入院时间、记录时间、病史陈述者。

(二)主诉是指促使患者就诊的主要症状(或体征)及持续时间。

(三)现病史是指患者本次疾病的发生、演变、诊疗等方面的详细情况,应当按时间顺序书写。内容包括发病情况、主要症状特点及其发展变化情况、伴随症状、发病后诊疗经过及结果、睡眠和饮食等一般情况的变化,以及与鉴别诊断有关的阳性或阴性资料等。

1. 发病情况:记录发病的时间、地点、起病缓急、前驱症状、可能的原因或诱因。

2. 主要症状特点及其发展变化情况:按发生的先后顺序描述主要症状的部位、性质、持续时间、程度、缓解或加剧因素,以及演变发展情况。

3. 伴随症状:记录伴随症状,描述伴随症状与主要症状之间的相互关系。

4. 发病以来诊治经过及结果:记录患者发病后到入院前,在院内、外接受检查与治疗的详细经过及效果。对患者提供的药名、诊断和手术名称需加引号("")以示区别。

5. 发病以来一般情况:简要记录患者发病后的精神状态、睡眠、食欲、大小便、体重等情况。

与本次疾病虽无紧密关系、但仍需治疗的其他疾病情况,可在现病史后另起一段予以记录。

(四)既往史是指患者过去的健康和疾病情况。内容包括既往一般健康状况、疾病史、传染病史、预防接种史、手术外伤史、输血史、食物或药物过敏史等。

(五)个人史,婚育史,月经史,家族史。

1. 个人史:记录出生地及长期居留地,生活习惯及有无烟、酒、药物等嗜好,职业与工作条件及有无工业毒物、粉尘、放射性物质接触史,有无冶游史。

2.婚育史、月经史:婚姻状况、结婚年龄、配偶健康状况、有无子女等。女性患者记录初潮年龄、行经期天数、间隔天数、末次月经时间(或闭经年龄),月经量、痛经及生育等情况。

3.家族史:父母、兄弟、姐妹健康状况,有无与患者类似疾病,有无家族遗传倾向的疾病。

(六)体格检查应当按照系统循序进行书写。内容包括体温、脉搏、呼吸、血压,一般情况,皮肤、粘膜,全身浅表淋巴结,头部及其器官,颈部,胸部(胸廓、肺部、心脏、血管),腹部(肝、脾等),直肠肛门,外生殖器,脊柱,四肢,神经系统等。

(七)专科情况应当根据专科需要记录专科特殊情况。

(八)辅助检查指入院前所作的与本次疾病相关的主要检查及其结果。应分类按检查时间顺序记录检查结果,如系在其他医疗机构所作检查,应当写明该机构名称及检查号。

(九)初步诊断是指经治医师根据患者入院时情况,综合分析所作出的诊断。如初步诊断为多项时,应当主次分明。对待查病例应列出可能性较大的诊断。

(十)书写入院记录的医师签名。

第十九条　再次或多次入院记录,是指患者因同一种疾病再次或多次住入同一医疗机构时书写的记录。要求及内容基本同入院记录。主诉是记录患者本次入院的主要症状(或体征)及持续时间;现病史中要求首先对本次住院前历次有关住院诊疗经过进行小结,然后再书写本次入院的现病史。

第二十条　患者入院不足24小时出院的,可以书写24小时内入出院记录。内容包括患者姓名、性别、年龄、职业、入院时间、出院时间、主诉、入院情况、入院诊断、诊疗经过、出院情况、出院诊断、出院医嘱,医师签名等。

第二十一条　患者入院不足24小时死亡的,可以书写24小时内入院死亡记录。内容包括患者姓名、性别、年龄、职业、入院时间、死亡时间、主诉、入院情况、入院诊断、诊疗经过(抢救经过)、死亡原因、死亡诊断,医师签名等。

第二十二条　病程记录是指继入院记录之后,对患者病情和诊疗过程所进行的连续性记录。内容包括患者的病情变化情况、重要的辅助检查结果及临床意义、上级医师查房意见、会诊意见、医师分析讨论意见、所采取的诊疗措施及效果、医嘱更改及理由、向患者及其近亲属告知的重要事项等。

病程记录的要求及内容：

（一）首次病程记录是指患者入院后由经治医师或值班医师书写的第一次病程记录,应当在患者入院8小时内完成。首次病程记录的内容包括病例特点、拟诊讨论（诊断依据及鉴别诊断）、诊疗计划等。

1. 病例特点：应当在对病史、体格检查和辅助检查进行全面分析、归纳和整理后写出本病例特征,包括阳性发现和具有鉴别诊断意义的阴性症状和体征等。

2. 拟诊讨论（诊断依据及鉴别诊断）：根据病例特点,提出初步诊断和诊断依据；对诊断不明的写出鉴别诊断并进行分析；并对下一步诊治措施进行分析。

3. 诊疗计划：提出具体的检查及治疗措施安排。

（二）日常病程记录是指对患者住院期间诊疗过程的经常性、连续性记录。由经治医师书写,也可以由实习医务人员或试用期医务人员书写,但应有经治医师签名。书写日常病程记录时,首先标明记录时间,另起一行记录具体内容。对病危患者应当根据病情变化随时书写病程记录,每天至少1次,记录时间应当具体到分钟。对病重患者,至少2天记录一次病程记录。对病情稳定的患者,至少3天记录一次病程记录。

（三）上级医师查房记录是指上级医师查房时对患者病情、诊断、鉴别诊断、当前治疗措施疗效的分析及下一步诊疗意见等的记录。

主治医师首次查房记录应当于患者入院48小时内完成。内容包括查房医师的姓名、专业技术职务、补充的病史和体征、诊断依据与鉴别诊断的分析及诊疗计划等。

主治医师日常查房记录间隔时间视病情和诊疗情况确定,内容包括查房医师的姓名、专业技术职务、对病情的分析和诊疗意见等。

科主任或具有副主任医师以上专业技术职务任职资格医师查房的记录,内容包括查房医师的姓名、专业技术职务、对病情的分析和诊疗意见等。

（四）疑难病例讨论记录是指由科主任或具有副主任医师以上专业技术任职资格的医师主持、召集有关医务人员对确诊困难或疗效不确切病例讨论的记录。内容包括讨论日期、主持人、参加人员姓名及专业技术职务、具体讨论意见及主持人小结意见等。

（五）交（接）班记录是指患者经治医师发生变更之际，交班医师和接班医师分别对患者病情及诊疗情况进行简要总结的记录。交班记录应当在交班前由交班医师书写完成；接班记录应当由接班医师于接班后 24 小时内完成。交（接）班记录的内容包括入院日期、交班或接班日期、患者姓名、性别、年龄、主诉、入院情况、入院诊断、诊疗经过、目前情况、目前诊断、交班注意事项或接班诊疗计划、医师签名等。

（六）转科记录是指患者住院期间需要转科时，经转入科室医师会诊并同意接收后，由转出科室和转入科室医师分别书写的记录。包括转出记录和转入记录。转出记录由转出科室医师在患者转出科室前书写完成（紧急情况除外）；转入记录由转入科室医师于患者转入后 24 小时内完成。转科记录内容包括入院日期、转出或转入日期、转出、转入科室、患者姓名、性别、年龄、主诉、入院情况、入院诊断、诊疗经过、目前情况、目前诊断、转科目的及注意事项或转入诊疗计划、医师签名等。

（七）阶段小结是指患者住院时间较长，由经治医师每月所作病情及诊疗情况总结。阶段小结的内容包括入院日期、小结日期、患者姓名、性别、年龄、主诉、入院情况、入院诊断、诊疗经过、目前情况、目前诊断、诊疗计划、医师签名等。

交（接）班记录、转科记录可代替阶段小结。

（八）抢救记录是指患者病情危重，采取抢救措施时作的记录。因抢救急危患者，未能及时书写病历的，有关医务人员应当在抢救结束后 6 小时内据实补记，并加以注明。内容包括病情变化情况、抢救时间及措施、参加抢救的医务人员姓名及专业技术职称等。记录抢救时间应当具体到分钟。

（九）有创诊疗操作记录是指在临床诊疗活动过程中进行的各种诊断、治疗性操作（如胸腔穿刺、腹腔穿刺等）的记录。应当在操作完成后即刻书写。内容包括操作名称、操作时间、操作步骤、结果及患者一般情况,记录过程是否顺利、有无不良反应,术后注意事项及是否向患者说明,操作医师签名。

（十）会诊记录(含会诊意见)是指患者在住院期间需要其他科室或者其他医疗机构协助诊疗时,分别由申请医师和会诊医师书写的记录。会诊记录应另页书写。内容包括申请会诊记录和会诊意见记录。申请会诊记录应当简要载明患者病情及诊疗情况、申请会诊的理由和目的,申请会诊医师签名等。常规会诊意见记录应当由会诊医师在会诊申请发出后 48 小时内完成,急会诊时会诊医师应当在会诊申请发出后 10 分钟内到场,并在会诊结束后即刻完成会诊记录。会诊记录内容包括会诊意见、会诊医师所在的科别或者医疗机构名称、会诊时间及会诊医师签名等。申请会诊医师应在病程记录中记录会诊意见执行情况。

（十一）术前小结是指在患者手术前,由经治医师对患者病情所作的总结。内容包括简要病情、术前诊断、手术指征、拟施手术名称和方式、拟施麻醉方式、注意事项,并记录手术者术前查看患者相关情况等。

（十二）术前讨论记录是指因患者病情较重或手术难度较大,手术前在上级医师主持下,对拟实施手术方式和术中可能出现的问题及应对措施所作的讨论。讨论内容包括术前准备情况、手术指征、手术方案、可能出现的意外及防范措施、参加讨论者的姓名及专业技术职务、具体讨论意见及主持人小结意见、讨论日期、记录者的签名等。

（十三）麻醉术前访视记录是指在麻醉实施前,由麻醉医师对患者拟施麻醉进行风险评估的记录。麻醉术前访视可另立单页,也可在病程中记录。内容包括姓名、性别、年龄、科别、病案号,患者一般情况、简要病史、与麻醉相关的辅助检查结果、拟行手术方式、拟行麻醉方式、麻醉适应证及麻醉中需注意的问题、术前麻醉医嘱、麻醉医师签字并填写日期。

（十四）麻醉记录是指麻醉医师在麻醉实施中书写的麻醉经过及处理措施的记录。麻醉记录应当另页书写,内容包括患者一般情况、术前特殊情况、麻醉前用药、术前诊断、术中诊断、手术方式及日期、麻醉方式、麻醉诱导及各项操作开始及结束时间、麻醉期间用药名称、方式及剂量、麻醉期间特殊或突发情况及处理、手术起止时间、麻醉医师签名等。

（十五）手术记录是指手术者书写的反映手术一般情况、手术经过、术中发现及处理等情况的特殊记录，应当在术后 24 小时内完成。特殊情况下由第一助手书写时，应有手术者签名。手术记录应当另页书写，内容包括一般项目（患者姓名、性别、科别、病房、床位号、住院病历号或病案号）、手术日期、术前诊断、术中诊断、手术名称、手术者及助手姓名、麻醉方法、手术经过、术中出现的情况及处理等。

（十六）手术安全核查记录是指由手术医师、麻醉医师和巡回护士三方，在麻醉实施前、手术开始前和病人离室前，共同对病人身份、手术部位、手术方式、麻醉及手术风险、手术使用物品清点等内容进行核对的记录，输血的病人还应对血型、用血量进行核对。应有手术医师、麻醉医师和巡回护士三方核对、确认并签字。

（十七）手术清点记录是指巡回护士对手术患者术中所用血液、器械、敷料等的记录，应当在手术结束后即时完成。手术清点记录应当另页书写，内容包括患者姓名、住院病历号（或病案号）、手术日期、手术名称、术中所用各种器械和敷料数量的清点核对、巡回护士和手术器械护士签名等。

（十八）术后首次病程记录是指参加手术的医师在患者术后即时完成的病程记录。内容包括手术时间、术中诊断、麻醉方式、手术方式、手术简要经过、术后处理措施、术后应当特别注意观察的事项等。

（十九）麻醉术后访视记录是指麻醉实施后，由麻醉医师对术后患者麻醉恢复情况进行访视的记录。麻醉术后访视可另立单页，也可在病程中记录。内容包括姓名、性别、年龄、科别、病案号，患者一般情况、麻醉恢复情况、清醒时间、术后医嘱、是否拔除气管插管等，如有特殊情况应详细记录，麻醉医师签字并填写日期。

（二十）出院记录是指经治医师对患者此次住院期间诊疗情况的总结，应当在患者出院后 24 小时内完成。内容主要包括入院日期、出院日期、入院情况、入院诊断、诊疗经过、出院诊断、出院情况、出院医嘱、医师签名等。

（二十一）死亡记录是指经治医师对死亡患者住院期间诊疗和抢救经过的记录，应当在患者死亡后 24 小时内完成。内容包括入院日期、死亡时间、入院情况、入院诊断、诊疗经过(重点记录病情演变、抢救经过)、死亡原因、死亡诊断等。记录死亡时间应当具体到分钟。

(二十二)死亡病例讨论记录是指在患者死亡一周内,由科主任或具有副主任医师以上专业技术职务任职资格的医师主持,对死亡病例进行讨论、分析的记录。内容包括讨论日期、主持人及参加人员姓名、专业技术职务、具体讨论意见及主持人小结意见、记录者的签名等。

(二十三)病重(病危)患者护理记录是指护士根据医嘱和病情对病重(病危)患者住院期间护理过程的客观记录。病重(病危)患者护理记录应当根据相应专科的护理特点书写。内容包括患者姓名、科别、住院病历号(或病案号)、床位号、页码、记录日期和时间、出入液量、体温、脉搏、呼吸、血压等病情观察、护理措施和效果、护士签名等。记录时间应当具体到分钟。

第二十三条 手术同意书是指手术前,经治医师向患者告知拟施手术的相关情况,并由患者签署是否同意手术的医学文书。内容包括术前诊断、手术名称、术中或术后可能出现的并发症、手术风险、患者签署意见并签名、经治医师和术者签名等。

第二十四条 麻醉同意书是指麻醉前,麻醉医师向患者告知拟施麻醉的相关情况,并由患者签署是否同意麻醉意见的医学文书。内容包括患者姓名、性别、年龄、病案号、科别、术前诊断、拟行手术方式、拟行麻醉方式、患者基础疾病及可能对麻醉产生影响的特殊情况,麻醉中拟行的有创操作和监测,麻醉风险、可能发生的并发症及意外情况,患者签署意见并签名、麻醉医师签名并填写日期。

第二十五条 输血治疗知情同意书是指输血前,经治医师向患者告知输血的相关情况,并由患者签署是否同意输血的医学文书。输血治疗知情同意书内容包括患者姓名、性别、年龄、科别、病案号、诊断、输血指征、拟输血成份、输血前有关检查结果、输血风险及可能产生的不良后果、患者签署意见并签名、医师签名并填写日期。

第二十六条 特殊检查、特殊治疗同意书是指在实施特殊检查、特殊治疗前,经治医师向患者告知特殊检查、特殊治疗的相关情况,并由患者签署是否同意检查、治疗的医学文书。内容包括特殊检查、特殊治疗项目名称、目的、可能出现的并发症及风险、患者签名、医师签名等。

第二十七条 病危(重)通知书是指因患者病情危、重时,由经治医师或值班医师向患者家属告知病情,并由患方签名的医疗文书。内容包括患者姓名、性别、年龄、科别,目前诊断及病情危重情况,患方签名、医师签名并填写日期。一式两份,一份交患方保存,另一份归病历中保存。

第二十八条 医嘱是指医师在医疗活动中下达的医学指令。医嘱单分为长期医嘱单和临时医嘱单。

长期医嘱单内容包括患者姓名、科别、住院病历号(或病案号)、页码、起始日期和时间、长期医嘱内容、停止日期和时间、医师签名、执行时间、执行护士签名。临时医嘱单内容包括医嘱时间、临时医嘱内容、医师签名、执行时间、执行护士签名等。

医嘱内容及起始、停止时间应当由医师书写。医嘱内容应当准确、清楚,每项医嘱应当只包含一个内容,并注明下达时间,应当具体到分钟。医嘱不得涂改。需要取消时,应当使用红色墨水标注"取消"字样并签名。

一般情况下,医师不得下达口头医嘱。因抢救急危患者需要下达口头医嘱时,护士应当复诵一遍。抢救结束后,医师应当即刻据实补记医嘱。

第二十九条 辅助检查报告单是指患者住院期间所做各项检验、检查结果的记录。内容包括患者姓名、性别、年龄、住院病历号(或病案号)、检查项目、检查结果、报告日期、报告人员签名或者印章等。

第三十条 体温单为表格式,以护士填写为主。内容包括患者姓名、科室、床号、入院日期、住院病历号(或病案号)、日期、手术后天数、体温、脉搏、呼吸、血压、大便次数、出入液量、体重、住院周数等。

第四章 打印病历内容及要求

第三十一条 打印病历是指应用字处理软件编辑生成并打印的病历(如Word文档、WPS文档等)。打印病历应当按照本规定的内容录入并及时打印,由相应医务人员手写签名。

第三十二条 医疗机构打印病历应当统一纸张、字体、字号及排版格式。打印字迹应清楚易认,符合病历保存期限和复印的要求。

第三十三条 打印病历编辑过程中应当按照权限要求进行修改,已完成录入打印并签名的病历不得修改。

第五章 其 他

第三十四条 住院病案首页按照《卫生部关于修订下发住院病案首页的通知》(卫医发〔2001〕286 号)的规定书写。

第三十五条 特殊检查、特殊治疗按照《医疗机构管理条例实施细则》(1994年卫生部令第 35 号)有关规定执行。

第三十六条 中医病历书写基本规范由国家中医药管理局另行制定。

第三十七条 电子病历基本规范由卫生部另行制定。

第三十八条 本规范自 2010 年 3 月 1 日起施行。我部于 2002 年颁布的《病历书写基本规范(试行)》(卫医发〔2002〕190 号)同时废止。

14. 电子病历应用管理规范(试行)

(2017 年 2 月 15 日国家卫生计生委办公厅公布

国卫办医发〔2017〕8 号)

第一章 总 则

第一条 为规范医疗机构电子病历(含中医电子病历,下同)应用管理,满足临床工作需要,保障医疗质量和医疗安全,保证医患双方合法权益,根据《中华人民共和国执业医师法》、《中华人民共和国电子签名法》、《医疗机构管理条例》等法律法规,制定本规范。

第二条 实施电子病历的医疗机构,其电子病历的建立、记录、修改、使用、保存和管理等适用本规范。

第三条 电子病历是指医务人员在医疗活动过程中,使用信息系统生成的文字、符号、图表、图形、数字、影像等数字化信息,并能实现存储、管理、传输和重现的医疗记录,是病历的一种记录形式,包括门(急)诊病历和住院病历。

第四条 电子病历系统是指医疗机构内部支持电子病历信息的采集、存储、访问和在线帮助,并围绕提高医疗质量、保障医疗安全、提高医疗效率而提供信息处理和智能化服务功能的计算机信息系统。

第五条 国家卫生计生委和国家中医药管理局负责指导全国电子病历应用管理工作。地方各级卫生计生行政部门(含中医药管理部门)负责本行政区域内的电子病历应用监督管理工作。

第二章 电子病历的基本要求

第六条 医疗机构应用电子病历应当具备以下条件:

(一)具有专门的技术支持部门和人员,负责电子病历相关信息系统建设、运行和维护等工作;具有专门的管理部门和人员,负责电子病历的业务监管等工作;

(二)建立、健全电子病历使用的相关制度和规程;

(三)具备电子病历的安全管理体系和安全保障机制;

(四)具备对电子病历创建、修改、归档等操作的追溯能力;

(五)其他有关法律、法规、规范性文件及省级卫生计生行政部门规定的条件。

第七条 《医疗机构病历管理规定(2013年版)》、《病历书写基本规范》、《中医病历书写基本规范》适用于电子病历管理。

第八条 电子病历使用的术语、编码、模板和数据应当符合相关行业标准和规范的要求,在保障信息安全的前提下,促进电子病历信息有效共享。

第九条 电子病历系统应当为操作人员提供专有的身份标识和识别手段,并设置相应权限。操作人员对本人身份标识的使用负责。

第十条 有条件的医疗机构电子病历系统可以使用电子签名进行身份认证,可靠的电子签名与手写签名或盖章具有同等的法律效力。

第十一条　电子病历系统应当采用权威可靠时间源。

第三章　电子病历的书写与存储

第十二条　医疗机构使用电子病历系统进行病历书写,应当遵循客观、真实、准确、及时、完整、规范的原则。

门(急)诊病历书写内容包括门(急)诊病历首页、病历记录、化验报告、医学影像检查资料等。

住院病历书写内容包括住院病案首页、入院记录、病程记录、手术同意书、麻醉同意书、输血治疗知情同意书、特殊检查(特殊治疗)同意书、病危(重)通知单、医嘱单、辅助检查报告单、体温单、医学影像检查报告、病理报告单等。

第十三条　医疗机构应当为患者电子病历赋予唯一患者身份标识,以确保患者基本信息及其医疗记录的真实性、一致性、连续性、完整性。

第十四条　电子病历系统应当对操作人员进行身份识别,并保存历次操作印痕,标记操作时间和操作人员信息,并保证历次操作印痕、标记操作时间和操作人员信息可查询、可追溯。

第十五条　医务人员采用身份标识登录电子病历系统完成书写、审阅、修改等操作并予以确认后,系统应当显示医务人员姓名及完成时间。

第十六条　电子病历系统应当设置医务人员书写、审阅、修改的权限和时限。实习医务人员、试用期医务人员记录的病历,应当由具有本医疗机构执业资格的上级医务人员审阅、修改并予确认。上级医务人员审阅、修改、确认电子病历内容时,电子病历系统应当进行身份识别、保存历次操作痕迹、标记准确的操作时间和操作人信息。

第十七条　电子病历应当设置归档状态,医疗机构应当按照病历管理相关规定,在患者门(急)诊就诊结束或出院后,适时将电子病历转为归档状态。电子病历归档后原则上不得修改,特殊情况下确需修改的,经医疗机构医务部门批准后进行修改并保留修改痕迹。

第十八条　医疗机构因存档等需要可以将电子病历打印后与非电子化的资

料合并形成病案保存。具备条件的医疗机构可以对知情同意书、植入材料条形码等非电子化的资料进行数字化采集后纳入电子病历系统管理,原件另行妥善保存。

第十九条　门(急)诊电子病历由医疗机构保管的,保存时间自患者最后一次就诊之日起不少于 15 年;住院电子病历保存时间自患者最后一次出院之日起不少于 30 年。

第四章　电子病历的使用

第二十条　电子病历系统应当设置病历查阅权限,并保证医务人员查阅病历的需要,能够及时提供并完整呈现该患者的电子病历资料。呈现的电子病历应当显示患者个人信息、诊疗记录、记录时间及记录人员、上级审核人员的姓名等。

第二十一条　医疗机构应当为申请人提供电子病历的复制服务。医疗机构可以提供电子版或打印版病历。复制的电子病历文档应当可供独立读取,打印的电子病历纸质版应当加盖医疗机构病历管理专用章。

第二十二条　有条件的医疗机构可以为患者提供医学影像检查图像、手术录像、介入操作录像等电子资料复制服务。

第五章　电子病历的封存

第二十三条　依法需要封存电子病历时,应当在医疗机构或者其委托代理人、患者或者其代理人双方共同在场的情况下,对电子病历共同进行确认,并进行复制后封存。封存的电子病历复制件可以是电子版;也可以对打印的纸质版进行复印,并加盖病案管理章后进行封存。

第二十四条　封存的电子病历复制件应当满足以下技术条件及要求:

(一)储存于独立可靠的存储介质,并由医患双方或双方代理人共同签封;

(二)可在原系统内读取,但不可修改;

(三)操作痕迹、操作时间、操作人员信息可查询、可追溯;

(四)其他有关法律、法规、规范性文件和省级卫生计生行政部门规定的条件及要求。

第二十五条 封存后电子病历的原件可以继续使用。电子病历尚未完成,需要封存时,可以对已完成的电子病历先行封存,当医务人员按照规定完成后,再对新完成部分进行封存。

第六章 附 则

第二十六条 本规范所称的电子签名,是指《电子签名法》第二条规定的数据电文中以电子形式所含、所附用于识别签名人身份并表明签名人认可其中内容的数据。"可靠的电子签名"是指符合《电子签名法》第十三条有关条件的电子签名。

第二十七条 本规范所称电子病历操作人员包括使用电子病历系统的医务人员,维护、管理电子病历信息系统的技术人员和实施电子病历质量监管的行政管理人员。

第二十八条 本规范所称电子病历书写是指医务人员使用电子病历系统,对通过问诊、查体、辅助检查、诊断、治疗、护理等医疗活动获得的有关资料进行归纳、分析、整理形成医疗活动记录的行为。

第二十九条 省级卫生计生行政部门可根据本规范制定实施细则。

第三十条 《电子病历基本规范(试行)》(卫医政发〔2010〕24号)、《中医电子病历基本规范(试行)》(国中医药发〔2010〕18号)同时废止。

第三十一条 本规范自2017年4月1日起施行。

15. 电子病历系统应用水平分级评价管理办法(试行)

(2018年12月3日国家卫生健康委办公厅公布

国卫办医函〔2018〕1079号)

第一条 为进一步完善工作机制,明确工作流程,保证电子病历系统应用水平分级评价工作(以下简称分级评价工作)公正、透明、规范、有序开展,有效引导医疗机构积极开展以电子病历为核心的信息化建设,制定本办法。

第二条 参与分级评价工作的各级卫生健康行政部门及所属机构、相关医疗机构等适用本办法。

第三条 国家卫生健康委负责管理全国分级评价工作,具体工作由国家卫生健康委指导有关单位承担。各级卫生健康行政部门负责本辖区内分级评价工作,组织辖区内医疗机构进行电子病历信息化建设并开展分级评价。地方卫生健康行政部门可以委托所属事业单位或组建电子病历分级评价专家组承担相关工作。

第四条 分级评价工作按照"政府引导、免费实施、客观公正、安全规范"的原则进行。

承担评价工作的单位、个人不得以任何形式向医疗机构收取评价费用。参与评价工作的单位、个人不得以任何形式影响评价工作的公平公正。

第五条 分级评价工作通过"电子病历系统分级评价平台"进行。国家卫生健康委向各省级卫生健康行政部门发放平台管理权限。

第六条 各级卫生健康行政部门要按照国家卫生健康委统一要求,组织辖区内医疗机构按照规定时间登录"电子病历系统分级评价平台"填报数据,由平台出具自评报告,报告内容包括电子病历应用水平自评等级与得分。二级以上医院要全部按时参加分级评价工作,鼓励其他各级各类医疗机构积极参与。

第七条 自评等级为 0-4 级的医疗机构,经省级卫生健康行政部门进行审核后生效。审核内容主要包括医疗机构填报信息是否真实有效等。

第八条 自评等级为 5 级及以上的,由省级卫生健康行政部门进行初核,初核其填报信息真实有效后,提交国家卫生健康委进行复核。

第九条 省级卫生健康行政部门可以将 4 级及以下分级的审核权限下放至地市级卫生健康行政部门。经省级卫生健康行政部门批准,有条件的地级市卫生健康行政部门可以向国家卫生健康委申请 5 级初核权限,经培训考核合格后发放相应权限,并进行动态考核管理。

第十条 医疗机构要建立分级评价工作管理机制,明确本机构相关职能部门和专人负责分级评价工作。

第十一条 医疗机构要确保填报数据客观、真实,并按要求准备相关备查材料。提交的评价申请材料不全、不符合规定内容及形式或未在规定时间内提交材料，或未按要求补充材料的，视为放弃评价工作。

第十二条 分级评价工作周期为一年，评价结果反映其参评周期内的电子病历应用水平。间隔超过 2 年未参加评价的医疗机构，需再次通过原级别评价后再申请更高级别评价。

第十三条 按 2011 年《电子病历系统功能应用水平分级评价方法及标准(试行)》要求已获评 5 级及以上的医疗机构，可在已取得级别的基础上直接申报更高级别。

第十四条 参与分级评价工作的各单位及人员应当加强信息安全管理，提高信息系统安全防护水平，不得向无关人员泄露相关数据信息。

第十五条 各省级卫生健康行政部门可依据本管理办法制定本省份分级评价工作实施细则。

16. 电子病历系统应用水平分级评价标准(试行)

(2018 年 12 月 3 日国家卫生健康委办公厅公布

国卫办医函〔2018〕1079 号)

以电子病历为核心的医院信息化建设是医改重要内容之一，为保证我国以电子病历为核心的医院信息化建设工作顺利开展，逐步建立适合我国国情的电子病历系统应用水平评估和持续改进体系，制定本评价标准。

一、评价目的

(一)全面评估各医疗机构现阶段电子病历系统应用所达到的水平，建立适合我国国情的电子病历系统应用水平评估和持续改进体系。

(二)使医疗机构明确电子病历系统各发展阶段应当实现的功能。为各医疗机构提供电子病历系统建设的发展指南，指导医疗机构科学、合理、有序地发展电子病历系统。

(三)引导电子病历系统开发厂商的系统开发朝着功能实用、信息共享、更趋智能化方向发展,使之成为医院提升医疗质量与安全的有力工具。

二、评价对象

已实施以电子病历为核心医院信息化建设的各级各类医疗机构。

三、评价分级

电子病历系统应用水平划分为9个等级。每一等级的标准包括电子病历各个局部系统的要求和对医疗机构整体电子病历系统的要求。

(一)0级:未形成电子病历系统。

1.局部要求:无。医疗过程中的信息由手工处理,未使用计算机系统。

2.整体要求:全院范围内使用计算机系统进行信息处理的业务少于3个。

(二)1级:独立医疗信息系统建立。

1.局部要求:使用计算机系统处理医疗业务数据,所使用的软件系统可以是通用或专用软件,可以是单机版独立运行的系统。

2.整体要求:住院医嘱、检查、住院药品的信息处理使用计算机系统,并能够通过移动存储设备、复制文件等方式将数据导出供后续应用处理。

(三)2级:医疗信息部门内部交换。

1.局部要求:在医疗业务部门建立了内部共享的信息处理系统,业务信息可以通过网络在部门内部共享并进行处理。

2.整体要求:

(1)住院、检查、检验、住院药品等至少3个以上部门的医疗信息能够通过联网的计算机完成本级局部要求的信息处理功能,但各部门之间未形成数据交换系统,或者部门间数据交换需要手工操作。

(2)部门内有统一的医疗数据字典。

(四)3级:部门间数据交换。

1.局部要求:医疗业务部门间可通过网络传送数据,并采用任何方式(如界面集成、调用信息系统数据等)获得部门外数字化数据信息。本部门系统的数据可供其他部门共享。信息系统具有依据基础字典内容进行核对检查功能。

2.整体要求：

(1)实现医嘱、检查、检验、住院药品、门诊药品、护理至少两类医疗信息跨部门的数据共享。

(2)有跨部门统一的医疗数据字典。

(五)4级：全院信息共享，初级医疗决策支持。

1.局部要求：通过数据接口方式实现所有系统(如 HIS、LIS 等系统)的数据交换。住院系统具备提供至少1项基于基础字典与系统数据关联的检查功能。

2.整体要求：

(1)实现病人就医流程信息(包括用药、检查、检验、护理、治疗、手术等处理)的信息在全院范围内安全共享。

(2)实现药品配伍、相互作用自动审核，合理用药监测等功能。

(六)5级：统一数据管理，中级医疗决策支持。

1.局部要求：各部门能够利用全院统一的集成信息和知识库，提供临床诊疗规范、合理用药、临床路径等统一的知识库，为本部门提供集成展示、决策支持的功能。

2.整体要求：

(1)全院各系统数据能够按统一的医疗数据管理机制进行信息集成，并提供跨部门集成展示工具。

(2)具有完备的数据采集智能化工具，支持病历、报告等的结构化、智能化书写。

(3)基于集成的病人信息，利用知识库实现决策支持服务，并能够为医疗管理和临床科研工作提供数据挖掘功能。

(七)6级：全流程医疗数据闭环管理，高级医疗决策支持。

1.局部要求：各个医疗业务项目均具备过程数据采集、记录与共享功能。能够展现全流程状态。能够依据知识库对本环节提供实时数据核查、提示与管控功能。

2. 整体要求：

（1）检查、检验、治疗、手术、输血、护理等实现全流程数据跟踪与闭环管理，并依据知识库实现全流程实时数据核查与管控。

（2）形成全院级多维度医疗知识库体系（包括症状、体征、检查、检验、诊断、治疗、药物合理使用等相关联的医疗各阶段知识内容），能够提供高级别医疗决策支持。

（八）7级：医疗安全质量管控，区域医疗信息共享。

1. 局部要求：全面利用医疗信息进行本部门医疗安全与质量管控。能够共享本医疗机构外的病人医疗信息，进行诊疗联动。

2. 整体要求：

（1）医疗质量与效率监控数据来自日常医疗信息系统，重点包括：院感、不良事件、手术等方面安全质量指标，医疗日常运行效率指标，并具有及时的报警、通知、通报体系，能够提供智能化感知与分析工具。

（2）能够将病人病情、检查检验、治疗等信息与外部医疗机构进行双向交换。病人识别、信息安全等问题在信息交换中已解决。能够利用院内外医疗信息进行联动诊疗活动。

（3）病人可通过互联网查询自己的检查、检验结果，获得用药说明等信息。

（九）8级：健康信息整合，医疗安全质量持续提升。

1. 局部要求：整合跨机构的医疗、健康记录、体征检测、随访信息用于本部门医疗活动。掌握区域内与本部门相关的医疗质量信息，并用于本部门医疗安全与质量的持续改进。

2. 整体要求：

（1）全面整合医疗、公共卫生、健康监测等信息，完成整合型医疗服务。

（2）对比应用区域医疗质量指标，持续监测与管理本医疗机构的医疗安全与质量水平，不断进行改进。

四、评价方法

采用定量评分、整体分级的方法，综合评价医疗机构电子病历系统局部功能情况与整体应用水平。

对电子病历系统应用水平分级主要评价以下四个方面：

1. 电子病历系统所具备的功能；

2. 系统有效应用的范围；

3. 电子病历应用的技术基础环境；

4. 电子病历系统的数据质量。

(一)局部应用情况评价。

局部功能评价是针对医疗机构中各个环节的医疗业务信息系统情况进行的评估。

1. 评价项目：根据《电子病历系统功能规范(试行)》、《电子病历应用管理规范(试行)》等规范性文件，确定了医疗工作流程中的10个角色，39个评价项目(附后)。

2. 局部应用情况评价方法：就39个评价项目分别对电子病历系统功能、有效应用、数据质量三个方面进行评分，将三个得分相乘，得到此评价项目的综合评分。即：单个项目综合评分 = 功能评分 × 有效应用评分 × 数据质量评分。各项目实际评分相加，即为该医疗机构电子病历系统评价总分。

(1)电子病历系统功能评分。对39个评价项目均按照电子病历应用水平0 – 8等级对应的系统局部要求，确定每一个评价项目对应等级的功能要求与评价内容(评为某一级别必须达到前几级别相应的要求)。根据各医疗机构电子病历系统相应评价项目达到的功能状态，确定该评价项目的得分。

(2)电子病历系统有效应用评分。按照每个评价项目的具体评价内容，分别计算该项目在医疗机构内的实际应用比例，所得比值即为得分，精确到小数点后两位。

(3)电子病历系统数据质量评分。按照每个评分项目中列出的数据质量评价内容，分别评价该项目相关评价数据的质量指数，所得指数为0 – 1之间的数值，精确到小数点后两位。

在考察某个级别的数据质量时，以本级别的数据质量指数为计算综合评分的依据。但在评价本级数据前应先评估该项目前级别的数据质量是否均符合要求，即前级别的数据质量指数均不得低于 0.5。

数据质量评分主要考察数据质量的四个方面：

(a) 数据标准化与一致性：考察对应评价项目中关键数据项内容与字典数据内容的一致性。

以数据字典项目为基准内容值，考察实际数据记录中与基准一致内容所占的比例。一致性系数 = 数据记录对应的项目中与字典内容一致的记录数/数据记录项的总记录数。

(b) 数据完整性：考察对应项目中必填项数据的完整情况、常用项数据的完整情况。必填项是记录电子病历数据时必须有的内容。常用项是电子病历记录用于临床决策支持、质量管理应用时所需要的内容。

以评价项目列出的具体项目清单为基准，考察项目清单所列实际数据记录中项目内容完整（或内容超过合理字符）所占的比例。完整性系数 = 项目内容完整（或内容效果合理字符）记录数/项目总记录数。对于结构化数据，直接用数据项目的内容进行判断；对于文件数据，可使用文件内容字符数、特定的结构化标记要求内容进行判断。

(c) 数据整合性能：考察对应项目中的关键项数据与相关项目（或系统）对应项目可否对照或关联。

按照列出的两个对应考察项目相关的数据记录中匹配对照项的一致性或可对照性，需要从两个层次评估：是否有对照项；对照项目数据的一致性。数据整合性系数 = 对照项可匹配数/项目总记录数。空值（或空格值）作为不可匹配项处理。

(d) 数据及时性：考察对应项目中时间相关项完整性、逻辑合理性。

根据列出时间项目清单内容进行判断，主要看时间项是否有数值，其内容是否符合时间顺序关系。数据及时性系数 = 数据记录内容符合逻辑关系时间项数量/考察记录时间项目总数量。针对每个项目，列出进行考察的时间项目清单以及这些项目之间的时间顺序、时间间隔等逻辑关系说明。

（二）整体应用水平评价

整体应用水平评价是针对医疗机构电子病历整体应用情况的评估。整体应用水平主要根据局部功能评价的39个项目评价结果汇总产生医院的整体电子病历应用水平评价，具体方法是按照总分、基本项目完成情况、选择项目完成情况获得对医疗机构整体的电子病历应用水平评价结果。电子病历系统的整体应用水平按照9个等级（0－8级）进行评价，各个等级与"三、评价分级"中的要求相对应。当医疗机构的局部评价结果同时满足"电子病历系统整体应用水平分级评价基本要求"所列表中对应某个级别的总分、基本项目、选择项目的要求时，才可以评价医疗机构电子病历应用水平整体达到这个等级，具体定义如下：

（1）电子病历系统评价总分。

评价总分即局部评价时各个项目评分的总和，是反映医疗机构电子病历整体应用情况的量化指标。评价总分不应低于该级别要求的最低总分标准。例如，医疗机构电子病历系统要评价为第3级水平，则医疗机构电子病历系统评价总分不得少于85分。

（2）基本项目完成情况。

基本项目是电子病历系统中的关键功能，"电子病历系统应用水平分级评分标准"中列出的各个级别的基本项是医疗机构整体达到该级别所必须实现的功能，且每个基本项目的有效应用范围必须达到80%以上，数据质量指数在0.5以上。例如，医疗机构电子病历系统达到第3级，则电子病历系统中列为第3等级的14个基本项目必须达到或超过第3级的功能，且每个基本项目的评分均必须超过$3 \times 0.8 \times 0.5 = 1.2$分。

（3）选择项目完成情况。

考察选择项的目的是保证医疗机构中局部达标的项目数（基本项＋选择项）整体上不低于全部项目的2/3。选择项目的有效应用范围不应低于50%，数据质量指数在0.5以上。例如，医疗机构电子病历系统达到第3级，则电子病历系统必须在第3等级25个选择项目中，至少有12个选择项目达到或超过3级，且这12个选择项目评分均必须超过$3 \times 0.5 \times 0.5 = 0.75$分。

五、评价标准

附表:(略)

17. 医疗美容服务管理办法

[2002年1月22日卫生部令第19号发布 自2002年5月1日起施行 根据2009年2月13日《卫生部关于修改〈医疗美容服务管理办法〉第二条的通知》(卫医政发〔2009〕17号)第一次修订 根据2016年1月19日《国家卫生计生委关于修改〈外国医师来华短期行医暂行管理办法〉等8件部门规章的决定》(国家卫生和计划生育委员会令第8号)第二次修订]

第一章 总 则

第一条 为规范医疗美容服务,促进医疗美容事业的健康发展,维护就医者的合法权益,依据《执业医师法》、《医疗机构管理条例》和《护士管理办法》,制定本办法。

第二条 本办法所称医疗美容,是指运用手术、药物、医疗器械以及其他具有创伤性或者侵入性的医学技术方法对人的容貌和人体各部位形态进行的修复与再塑。

本办法所称美容医疗机构,是指以开展医疗美容诊疗业务为主的医疗机构。

本办法所称主诊医师是指具备本办法第十一条规定条件,负责实施医疗美容项目的执业医师。

医疗美容科为一级诊疗科目,美容外科、美容牙科、美容皮肤科和美容中医科为二级诊疗科目。

根据医疗美容项目的技术难度、可能发生的医疗风险程度,对医疗美容项目实行分级准入管理。《医疗美容项目分级管理目录》由卫生部另行制定。

第三条 凡开展医疗美容服务的机构和个人必须遵守本办法。

第四条　卫生部(含国家中医药管理局)主管全国医疗美容服务管理工作。县级以上地方人民政府卫生行政部门(含中医药行政管理部门,下同)负责本行政区域内医疗美容服务监督管理工作。

第二章　机构设置、登记

第五条　申请举办美容医疗机构或医疗机构设置医疗美容科室必须同时具备下列条件:

(一)具有承担民事责任的能力;

(二)有明确的医疗美容诊疗服务范围;

(三)符合《医疗机构基本标准(试行)》;

(四)省级以上人民政府卫生行政部门规定的其他条件。

第六条　申请举办美容医疗机构的单位或者个人,应按照本办法以及《医疗机构管理条例》和《医疗机构管理条例实施细则》的有关规定办理设置审批和登记注册手续。

卫生行政部门自收到合格申办材料之日起30日内作出批准或不予批准的决定,并书面答复申办者。

第七条　卫生行政部门应在核发美容医疗机构《设置医疗机构批准书》和《医疗机构执业许可证》的同时,向上一级卫生行政部门备案。

上级卫生行政部门对下级卫生行政部门违规作出的审批决定应自发现之日起30日内予以纠正或撤销。

第八条　美容医疗机构必须经卫生行政部门登记注册并获得《医疗机构执业许可证》后方可开展执业活动。

第九条　医疗机构增设医疗美容科目的,必须具备本办法规定的条件,按照《医疗机构管理条例》及其实施细则规定的程序,向登记注册机关申请变更登记。

第十条　美容医疗机构和医疗美容科室开展医疗美容项目应当由登记机关指定的专业学会核准,并向登记机关备案。

第三章 执业人员资格

第十一条 负责实施医疗美容项目的主诊医师必须同时具备下列条件：

（一）具有执业医师资格，经执业医师注册机关注册；

（二）具有从事相关临床学科工作经历。其中，负责实施美容外科项目的应具有 6 年以上从事美容外科或整形外科等相关专业临床工作经历；负责实施美容牙科项目的应具有 5 年以上从事美容牙科或口腔科专业临床工作经历；负责实施美容中医科和美容皮肤科项目的应分别具有 3 年以上从事中医专业和皮肤病专业临床工作经历；

（三）经过医疗美容专业培训或进修并合格，或已从事医疗美容临床工作 1 年以上；

（四）省级人民政府卫生行政部门规定的其他条件。

第十二条 不具备本办法第十一条规定的主诊医师条件的执业医师，可在主诊医师的指导下从事医疗美容临床技术服务工作。

第十三条 从事医疗美容护理工作的人员，应同时具备下列条件：

（一）具有护士资格，并经护士注册机关注册；

（二）具有二年以上护理工作经历；

（三）经过医疗美容护理专业培训或进修并合格，或已从事医疗美容临床护理工作 6 个月以上。

第十四条 未经卫生行政部门核定并办理执业注册手续的人员不得从事医疗美容诊疗服务。

第四章 执 业 规 则

第十五条 实施医疗美容项目必须在相应的美容医疗机构或开设医疗美容科室的医疗机构中进行。

第十六条 美容医疗机构和医疗美容科室应根据自身条件和能力在卫生行政部门核定的诊疗科目范围内开展医疗服务，未经批准不得擅自扩大诊疗范围。

美容医疗机构及开设医疗美容科室的医疗机构不得开展未向登记机关备案的医疗美容项目。

第十七条 美容医疗机构执业人员要严格执行有关法律、法规和规章，遵守医疗美容技术操作规程。

美容医疗机构使用的医用材料须经有关部门批准。

第十八条 医疗美容服务实行主诊医师负责制。医疗美容项目必须由主诊医师负责或在其指导下实施。

第十九条 执业医师对就医者实施治疗前，必须向就医者本人或亲属书面告知治疗的适应症、禁忌症、医疗风险和注意事项等，并取得就医者本人或监护人的签字同意。未经监护人同意，不得为无行为能力或者限制行为能力人实施医疗美容项目。

第二十条 美容医疗机构和医疗美容科室的从业人员要尊重就医者的隐私权，未经就医者本人或监护人同意，不得向第三方披露就医者病情及病历资料。

第二十一条 美容医疗机构和医疗美容科室发生重大医疗过失，要按规定及时报告当地人民政府卫生行政部门。

第二十二条 美容医疗机构和医疗美容科室应加强医疗质量管理，不断提高服务水平。

第五章 监督管理

第二十三条 任何单位和个人，未取得《医疗机构执业许可证》并经登记机关核准开展医疗美容诊疗科目，不得开展医疗美容服务。

第二十四条 各级地方人民政府卫生行政部门要加强对医疗美容项目备案的审核。发现美容医疗机构及开设医疗美容科的医疗机构不具备开展某医疗美容项目的条件和能力，应及时通知该机构停止开展该医疗美容项目。

第二十五条 各相关专业学会和行业协会要积极协助卫生行政部门规范医疗美容服务行为，加强行业自律工作。

第二十六条 美容医疗机构和医疗美容科室发生医疗纠纷或医疗事故，按照国家有关规定处理。

第二十七条　发布医疗美容广告必须按照国家有关广告管理的法律、法规的规定办理。

第二十八条　对违反本办法规定的,依据《执业医师法》、《医疗机构管理条例》和《护士管理办法》有关规定予以处罚。

第六章　附　　则

第二十九条　外科、口腔科、眼科、皮肤科、中医科等相关临床学科在疾病治疗过程中涉及的相关医疗美容活动不受本办法调整。

第三十条　县级以上人民政府卫生行政部门应在本办法施行后一年内,按本办法规定对已开办的美容医疗机构和开设医疗美容科室的医疗机构进行审核并重新核发《医疗机构执业许可证》。

第三十一条　本办法自 2002 年 5 月 1 日起施行。

18. 医疗质量管理办法

(2016 年 9 月 25 日中华人民共和国国家卫生和计划生育委员会令第 10 号公布　自 2016 年 11 月 1 日起施行)

第一章　总　　则

第一条　为加强医疗质量管理,规范医疗服务行为,保障医疗安全,根据有关法律法规,制定本办法。

第二条　本办法适用于各级卫生计生行政部门以及各级各类医疗机构医疗质量管理工作。

第三条　国家卫生计生委负责全国医疗机构医疗质量管理工作。

县级以上地方卫生计生行政部门负责本行政区域内医疗机构医疗质量管理工作。

国家中医药管理局和军队卫生主管部门分别在职责范围内负责中医和军队医疗机构医疗质量管理工作。

第四条 医疗质量管理是医疗管理的核心,各级各类医疗机构是医疗质量管理的第一责任主体,应当全面加强医疗质量管理,持续改进医疗质量,保障医疗安全。

第五条 医疗质量管理应当充分发挥卫生行业组织的作用,各级卫生计生行政部门应当为卫生行业组织参与医疗质量管理创造条件。

第二章 组织机构和职责

第六条 国家卫生计生委负责组织或者委托专业机构、行业组织(以下称专业机构)制订医疗质量管理相关制度、规范、标准和指南,指导地方各级卫生计生行政部门和医疗机构开展医疗质量管理与控制工作。

省级卫生计生行政部门可以根据本地区实际,制订行政区域医疗质量管理相关制度、规范和具体实施方案。

县级以上地方卫生计生行政部门在职责范围内负责监督、指导医疗机构落实医疗质量管理有关规章制度。

第七条 国家卫生计生委建立国家医疗质量管理与控制体系,完善医疗质量控制与持续改进的制度和工作机制。

各级卫生计生行政部门组建或者指定各级、各专业医疗质量控制组织(以下称质控组织)落实医疗质量管理与控制的有关工作要求。

第八条 国家级各专业质控组织在国家卫生计生委指导下,负责制订全国统一的质控指标、标准和质量管理要求,收集、分析医疗质量数据,定期发布质控信息。

省级和有条件的地市级卫生计生行政部门组建相应级别、专业的质控组织,开展医疗质量管理与控制工作。

第九条 医疗机构医疗质量管理实行院、科两级责任制。

医疗机构主要负责人是本机构医疗质量管理的第一责任人;临床科室以及药

学、护理、医技等部门(以下称业务科室)主要负责人是本科室医疗质量管理的第一责任人。

第十条 医疗机构应当成立医疗质量管理专门部门,负责本机构的医疗质量管理工作。

二级以上的医院、妇幼保健院以及专科疾病防治机构(以下称二级以上医院)应当设立医疗质量管理委员会。医疗质量管理委员会主任由医疗机构主要负责人担任,委员由医疗管理、质量控制、护理、医院感染管理、医学工程、信息、后勤等相关职能部门负责人以及相关临床、药学、医技等科室负责人组成,指定或者成立专门部门具体负责日常管理工作。

其他医疗机构应当设立医疗质量管理工作小组或者指定专(兼)职人员,负责医疗质量具体管理工作。

第十一条 医疗机构医疗质量管理委员会的主要职责是:

(一)按照国家医疗质量管理的有关要求,制订本机构医疗质量管理制度并组织实施;

(二)组织开展本机构医疗质量监测、预警、分析、考核、评估以及反馈工作,定期发布本机构质量管理信息;

(三)制订本机构医疗质量持续改进计划、实施方案并组织实施;

(四)制订本机构临床新技术引进和医疗技术临床应用管理相关工作制度并组织实施;

(五)建立本机构医务人员医疗质量管理相关法律、法规、规章制度、技术规范的培训制度,制订培训计划并监督实施;

(六)落实省级以上卫生计生行政部门规定的其他内容。

第十二条 二级以上医院各业务科室应当成立本科室医疗质量管理工作小组,组长由科室主要负责人担任,指定专人负责日常具体工作。医疗质量管理工作小组主要职责是:

(一)贯彻执行医疗质量管理相关的法律、法规、规章、规范性文件和本科室医疗质量管理制度;

（二）制订本科室年度质量控制实施方案,组织开展科室医疗质量管理与控制工作;

（三）制订本科室医疗质量持续改进计划和具体落实措施;

（四）定期对科室医疗质量进行分析和评估,对医疗质量薄弱环节提出整改措施并组织实施;

（五）对本科室医务人员进行医疗质量管理相关法律、法规、规章制度、技术规范、标准、诊疗常规及指南的培训和宣传教育;

（六）按照有关要求报送本科室医疗质量管理相关信息。

第十三条 各级卫生计生行政部门和医疗机构应当建立健全医疗质量管理人员的培养和考核制度,充分发挥专业人员在医疗质量管理工作中的作用。

第三章 医疗质量保障

第十四条 医疗机构应当加强医务人员职业道德教育,发扬救死扶伤的人道主义精神,坚持"以患者为中心",尊重患者权利,履行防病治病、救死扶伤、保护人民健康的神圣职责。

第十五条 医务人员应当恪守职业道德,认真遵守医疗质量管理相关法律法规、规范、标准和本机构医疗质量管理制度的规定,规范临床诊疗行为,保障医疗质量和医疗安全。

第十六条 医疗机构应当按照核准登记的诊疗科目执业。卫生技术人员开展诊疗活动应当依法取得执业资质,医疗机构人力资源配备应当满足临床工作需要。

医疗机构应当按照有关法律法规、规范、标准要求,使用经批准的药品、医疗器械、耗材开展诊疗活动。

医疗机构开展医疗技术应当与其功能任务和技术能力相适应,按照国家关于医疗技术和手术管理有关规定,加强医疗技术临床应用管理。

第十七条 医疗机构及其医务人员应当遵循临床诊疗指南、临床技术操作规范、行业标准和临床路径等有关要求开展诊疗工作,严格遵守医疗质量安全核心制度,做到合理检查、合理用药、合理治疗。

第十八条 医疗机构应当加强药学部门建设和药事质量管理,提升临床药学服务能力,推行临床药师制,发挥药师在处方审核、处方点评、药学监护等合理用药管理方面的作用。临床诊断、预防和治疗疾病用药应当遵循安全、有效、经济的合理用药原则,尊重患者对药品使用的知情权。

第十九条 医疗机构应当加强护理质量管理,完善并实施护理相关工作制度、技术规范和护理指南;加强护理队伍建设,创新管理方法,持续改善护理质量。

第二十条 医疗机构应当加强医技科室的质量管理,建立覆盖检查、检验全过程的质量管理制度,加强室内质量控制,配合做好室间质量评价工作,促进临床检查检验结果互认。

第二十一条 医疗机构应当完善门急诊管理制度,规范门急诊质量管理,加强门急诊专业人员和技术力量配备,优化门急诊服务流程,保证门急诊医疗质量和医疗安全,并把门急诊工作质量作为考核科室和医务人员的重要内容。

第二十二条 医疗机构应当加强医院感染管理,严格执行消毒隔离、手卫生、抗菌药物合理使用和医院感染监测等规定,建立医院感染的风险监测、预警以及多部门协同干预机制,开展医院感染防控知识的培训和教育,严格执行医院感染暴发报告制度。

第二十三条 医疗机构应当加强病历质量管理,建立并实施病历质量管理制度,保障病历书写客观、真实、准确、及时、完整、规范。

第二十四条 医疗机构及其医务人员开展诊疗活动,应当遵循患者知情同意原则,尊重患者的自主选择权和隐私权,并对患者的隐私保密。

第二十五条 医疗机构开展中医医疗服务,应当符合国家关于中医诊疗、技术、药事等管理的有关规定,加强中医医疗质量管理。

第四章 医疗质量持续改进

第二十六条 医疗机构应当建立本机构全员参与、覆盖临床诊疗服务全过程的医疗质量管理与控制工作制度。医疗机构应当严格按照卫生计生行政部门和质控组织关于医疗质量管理控制工作的有关要求,积极配合质控组织开展工作,促进医疗质量持续改进。

医疗机构应当按照有关要求,向卫生计生行政部门或者质控组织及时、准确地报送本机构医疗质量安全相关数据信息。

医疗机构应当熟练运用医疗质量管理工具开展医疗质量管理与自我评价,根据卫生计生行政部门或者质控组织发布的质控指标和标准完善本机构医疗质量管理相关指标体系,及时收集相关信息,形成本机构医疗质量基础数据。

第二十七条 医疗机构应当加强临床专科服务能力建设,重视专科协同发展,制订专科建设发展规划并组织实施,推行"以患者为中心、以疾病为链条"的多学科诊疗模式。加强继续医学教育,重视人才培养、临床技术创新性研究和成果转化,提高专科临床服务能力与水平。

第二十八条 医疗机构应当加强单病种质量管理与控制工作,建立本机构单病种管理的指标体系,制订单病种医疗质量参考标准,促进医疗质量精细化管理。

第二十九条 医疗机构应当制订满意度监测指标并不断完善,定期开展患者和员工满意度监测,努力改善患者就医体验和员工执业感受。

第三十条 医疗机构应当开展全过程成本精确管理,加强成本核算、过程控制、细节管理和量化分析,不断优化投入产出比,努力提高医疗资源利用效率。

第三十一条 医疗机构应当对各科室医疗质量管理情况进行现场检查和抽查,建立本机构医疗质量内部公示制度,对各科室医疗质量关键指标的完成情况予以内部公示。

医疗机构应当定期对医疗卫生技术人员开展医疗卫生管理法律法规、医院管理制度、医疗质量管理与控制方法、专业技术规范等相关内容的培训和考核。

医疗机构应当将科室医疗质量管理情况作为科室负责人综合目标考核以及聘任、晋升、评先评优的重要指标。

医疗机构应当将科室和医务人员医疗质量管理情况作为医师定期考核、晋升以及科室和医务人员绩效考核的重要依据。

第三十二条 医疗机构应当强化基于电子病历的医院信息平台建设,提高医院信息化工作的规范化水平,使信息化工作满足医疗质量管理与控制需要,充分利用信息化手段开展医疗质量管理与控制。建立完善医疗机构信息管理制度,保障信息安全。

第三十三条 医疗机构应当对本机构医疗质量管理要求执行情况进行评估,对收集的医疗质量信息进行及时分析和反馈,对医疗质量问题和医疗安全风险进行预警,对存在的问题及时采取有效干预措施,并评估干预效果,促进医疗质量的持续改进。

第五章 医疗安全风险防范

第三十四条 国家建立医疗质量(安全)不良事件报告制度,鼓励医疗机构和医务人员主动上报临床诊疗过程中的不良事件,促进信息共享和持续改进。

医疗机构应当建立医疗质量(安全)不良事件信息采集、记录和报告相关制度,并作为医疗机构持续改进医疗质量的重要基础工作。

第三十五条 医疗机构应当建立药品不良反应、药品损害事件和医疗器械不良事件监测报告制度,并按照国家有关规定向相关部门报告。

第三十六条 医疗机构应当提高医疗安全意识,建立医疗安全与风险管理体系,完善医疗安全管理相关工作制度、应急预案和工作流程,加强医疗质量重点部门和关键环节的安全与风险管理,落实患者安全目标。

医疗机构应当提高风险防范意识,建立完善相关制度,利用医疗责任保险、医疗意外保险等风险分担形式,保障医患双方合法权益。制订防范、处理医疗纠纷的预案,预防、减少医疗纠纷的发生。完善投诉管理,及时化解和妥善处理医疗纠纷。

第六章 监 督 管 理

第三十七条 县级以上地方卫生计生行政部门负责对本行政区域医疗机构医疗质量管理情况的监督检查。医疗机构应当予以配合,不得拒绝、阻碍或者隐瞒有关情况。

第三十八条 县级以上地方卫生计生行政部门应当建立医疗机构医疗质量管理评估制度,可以根据当地实际情况,组织或者委托专业机构,利用信息化手段开展第三方评估工作,定期在行业内发布评估结果。

县级以上地方卫生计生行政部门和各级质控组织应当重点加强对县级医院、基层医疗机构和民营医疗机构的医疗质量管理和监督。

第三十九条 国家卫生计生委依托国家级人口健康信息平台建立全国医疗质量管理与控制信息系统,对全国医疗质量管理的主要指标信息进行收集、分析和反馈。

省级卫生计生行政部门应当依托区域人口健康信息平台,建立本行政区域的医疗质量管理与控制信息系统,对本行政区域医疗机构医疗质量管理相关信息进行收集、分析和反馈,对医疗机构医疗质量进行评价,并实现与全国医疗质量管理与控制信息系统互连互通。

第四十条 各级卫生计生行政部门应当建立医疗机构医疗质量管理激励机制,采取适当形式对医疗质量管理先进的医疗机构和管理人员予以表扬和鼓励,积极推广先进经验和做法。

第四十一条 县级以上地方卫生计生行政部门应当建立医疗机构医疗质量管理情况约谈制度。对发生重大或者特大医疗质量安全事件、存在严重医疗质量安全隐患,或者未按要求整改的各级各类医疗机构负责人进行约谈;对造成严重后果的,予以通报,依法处理,同时报上级卫生计生行政部门备案。

第四十二条 各级卫生计生行政部门应当将医疗机构医疗质量管理情况和监督检查结果纳入医疗机构及其主要负责人考核的关键指标,并与医疗机构校验、医院评审、评价以及个人业绩考核相结合。考核不合格的,视情况对医疗机构及其主要负责人进行处理。

第七章 法律责任

第四十三条 医疗机构开展诊疗活动超出登记范围、使用非卫生技术人员从事诊疗工作、违规开展禁止或者限制临床应用的医疗技术、使用不合格或者未经批准的药品、医疗器械、耗材等开展诊疗活动的,由县级以上地方卫生计生行政部门依据国家有关法律法规进行处理。

第四十四条 医疗机构有下列情形之一的,由县级以上卫生计生行政部门责令限期改正;逾期不改的,给予警告,并处三万元以下罚款;对公立医疗机构负有责任的主管人员和其他直接责任人员,依法给予处分:

(一)未建立医疗质量管理部门或者未指定专(兼)职人员负责医疗质量管理工作的;

(二)未建立医疗质量管理相关规章制度的;

(三)医疗质量管理制度不落实或者落实不到位,导致医疗质量管理混乱的;

(四)发生重大医疗质量安全事件隐匿不报的;

(五)未按照规定报送医疗质量安全相关信息的;

(六)其他违反本办法规定的行为。

第四十五条 医疗机构执业的医师、护士在执业活动中,有下列行为之一的,由县级以上地方卫生计生行政部门依据《执业医师法》、《护士条例》等有关法律法规的规定进行处理;构成犯罪的,依法追究刑事责任:

(一)违反卫生法律、法规、规章制度或者技术操作规范,造成严重后果的;

(二)由于不负责任延误急危患者抢救和诊治,造成严重后果的;

(三)未经亲自诊查,出具检查结果和相关医学文书的;

(四)泄露患者隐私,造成严重后果的;

(五)开展医疗活动未遵守知情同意原则的;

(六)违规开展禁止或者限制临床应用的医疗技术、不合格或者未经批准的药品、医疗器械、耗材等开展诊疗活动的;

(七)其他违反本办法规定的行为。

其他卫生技术人员违反本办法规定的,根据有关法律、法规的规定予以处理。

第四十六条 县级以上地方卫生计生行政部门未按照本办法规定履行监管职责,造成严重后果的,对直接负责的主管人员和其他直接责任人员依法给予行政处分。

第八章　附　　则

第四十七条　本办法下列用语的含义：

（一）医疗质量：指在现有医疗技术水平及能力、条件下，医疗机构及其医务人员在临床诊断及治疗过程中，按照职业道德及诊疗规范要求，给予患者医疗照顾的程度。

（二）医疗质量管理：指按照医疗质量形成的规律和有关法律、法规要求，运用现代科学管理方法，对医疗服务要素、过程和结果进行管理与控制，以实现医疗质量系统改进、持续改进的过程。

（三）医疗质量安全核心制度：指医疗机构及其医务人员在诊疗活动中应当严格遵守的相关制度，主要包括：首诊负责制度、三级查房制度、会诊制度、分级护理制度、值班和交接班制度、疑难病例讨论制度、急危重患者抢救制度、术前讨论制度、死亡病例讨论制度、查对制度、手术安全核查制度、手术分级管理制度、新技术和新项目准入制度、危急值报告制度、病历管理制度、抗菌药物分级管理制度、临床用血审核制度、信息安全管理制度等。

（四）医疗质量管理工具：指为实现医疗质量管理目标和持续改进所采用的措施、方法和手段，如全面质量管理（TQC）、质量环（PDCA 循环）、品管圈（QCC）、疾病诊断相关组（DRGs）绩效评价、单病种管理、临床路径管理等。

第四十八条　本办法自 2016 年 11 月 1 日起施行。

19. 社区医院医疗质量安全核心制度要点（试行）

（2019 年 5 月 31 日国家卫生健康委办公厅公布

国卫办医函〔2019〕518 号）

医疗质量安全核心制度是指在诊疗活动中对保障医疗质量和患者安全发挥重要的基础性作用，社区医院及其医务人员应当严格遵守的一系列制度。根据《医疗质量管理办法》，医疗质量安全核心制度共 18 项。本要点是社区医院实施医疗质量安全核心制度的基本要求。

一、首诊负责制度

（一）定义。指患者的首位接诊医师（首诊医师）在一次就诊过程结束前或由其他医师接诊前，负责该患者全程诊疗管理的制度。社区医院和科室的首诊责任参照医师首诊责任执行。

（二）基本要求。

1. 明确患者在诊疗过程中不同阶段的责任主体。

2. 保障患者诊疗过程中诊疗服务的连续性。

3. 首诊医师应当作好医疗记录，保障医疗行为可追溯。

4. 非本医疗机构诊疗科目范围内疾病，应当告知患者或其法定代理人，并建议患者前往相应医疗机构就诊。

二、值班和交接班制度

（一）定义。指医疗机构及其医务人员通过值班和交接班机制保障患者诊疗过程连续性的制度。

（二）基本要求。

1. 社区医院应当建立全院性医疗值班体系，包括临床、医技、护理部门以及提供诊疗支持的后勤部门，明确值班岗位职责并保证常态运行。

2. 社区医院及科室应当明确各值班岗位职责、值班人员资质和人数。值班表应当在全院公开，值班表应当涵盖与患者诊疗相关的所有岗位和时间。

3. 当值医务人员中必须有本机构执业的医务人员，非本机构执业医务人员不得单独值班。当值人员不得擅自离岗，应当在指定的地点休息。

4. 各级值班人员应当确保通讯畅通。

5. 值班期间所有的诊疗活动必须及时记入病历。

6. 交接班内容应当专册记录，并由交班人员和接班人员双签名。

三、查对制度

（一）定义。指为防止医疗差错，保障医疗安全，医务人员对医疗行为和医疗器械、设施、药品等进行复核查对的制度。

(二)基本要求。

1. 社区医院的查对制度应当涵盖患者身份识别、临床诊疗行为、设备设施运行和医疗环境安全等相关方面。

2. 每项医疗行为都必须查对患者身份。应当至少使用两种身份查对方式,严禁将床号作为身份查对的标识。为无名患者进行诊疗活动时,须双人核对。用电子设备辨别患者身份时,仍需口语化查对。

3. 医疗器械、设施、药品、标本等查对要求按照国家有关规定和标准执行。

四、死亡病例讨论制度

(一)定义。指为全面梳理诊疗过程、总结和积累诊疗经验、不断提升诊疗服务水平,对医疗机构内死亡病例的死亡原因、死亡诊断、诊疗过程等进行讨论的制度。

(二)基本要求。

1. 死亡病例讨论原则上应当在患者死亡1周内完成。尸检病例须在尸检报告出具后1周内再次讨论。

2. 死亡病例讨论应当在全科范围内进行,由科主任主持,必要时邀请医务管理部门和相关科室参加。鼓励邀请医联体内上级医疗机构医师参加,予以指导。

3. 死亡病例讨论情况应当按照本机构统一制定的模板进行专册记录,由主持人审核并签字。死亡病例讨论结果应当记入病历。

4. 社区医院应当对全部死亡病例及时汇总分析,并提出持续改进意见。

五、病历管理制度

(一)定义。指为准确反映医疗活动全过程,实现医疗服务行为可追溯,维护医患双方合法权益,保障医疗质量和医疗安全,对医疗文书的书写、质控、保存、使用等环节进行管理的制度。

(二)基本要求。

1. 社区医院应当建立门诊及住院病历管理和质量控制制度,严格落实国家病历书写、管理和应用相关规定,建立病历质量检查、评估与反馈机制。

2. 社区医院病历书写应当做到客观、真实、准确、及时、完整、规范,并明确病历书写的格式、内容和时限。

3. 实施电子病历的医疗机构,应当建立电子病历的建立、记录、修改、使用、存储、传输、质控、安全等级保护等管理制度。

4. 社区医院应当保障病历资料安全,病历内容记录与修改信息可追溯。

5. 鼓励推行病历无纸化。

六、危急值报告制度

(一)定义。指对提示患者处于生命危急状态的检查、检验结果建立复核、报告、记录等管理机制,以保障患者安全的制度。

(二)基本要求。

1. 社区医院应当分别建立门诊和住院患者危急值报告具体管理流程和记录规范,确保危急值信息准确,传递及时,信息传递各环节无缝衔接且可追溯。

2. 社区医院应当制订可能危及患者生命的各项检查、检验结果危急值清单,并定期调整。

3. 出现危急值时,出具检查、检验结果报告的部门报出前,应当双人核对并签字确认,紧急情况下可单人双次核对。对于需要立即重复检查、检验的项目,应当及时复检并核对。

4. 外送的检验标本或检查项目存在危急值项目的,医院应当和该单位协商危急值的通知方式,并建立可追溯的危急值报告流程,确保临床科室或患方能够及时接收危急值。

5. 临床科室任何接收到危急值信息的人员应当准确记录、复读、确认危急值结果,并立即通知相关医师。

6. 社区医院应当统一制订临床危急值信息登记专册和模板,确保危急值信息报告全流程的人员、时间、内容等关键要素可追溯。

七、抗菌药物分级管理制度

(一)定义。指根据抗菌药物的安全性、疗效、细菌耐药性和价格等因素,对抗菌药物进行分级管理使用的制度。

（二）基本要求。

1. 根据抗菌药物的安全性、疗效、细菌耐药性和价格等因素，抗菌药物分为非限制使用级、限制使用级与特殊使用级三级。

2. 社区医院应当严格按照有关规定建立本机构抗菌药物分级管理目录和医师抗菌药物处方权限，并定期调整。

3. 社区医院原则上不使用特殊使用级抗菌药物。确需使用的，通过医联体上级医疗机构专家会诊明确后方可使用，按照规定规范特殊使用级抗菌药物使用流程。

4. 社区医院应当按照抗菌药物分级管理原则，建立抗菌药物遴选、采购、处方、调剂、临床应用和药物评价的管理制度和具体操作流程。

八、新技术和新项目准入制度

（一）定义。指为保障患者安全，对于本医疗机构首次开展临床应用的医疗技术或诊疗方法实施论证、审核、质控、评估全流程规范管理的制度。

（二）基本要求。

1. 社区医院拟开展的新技术和新项目应当为安全、有效、经济、适宜、能够进行临床应用的技术和项目。

2. 社区医院应当明确本机构医疗技术和诊疗项目临床应用清单并定期更新。

3. 社区医院应当建立新技术和新项目审批流程，所有新技术和新项目必须经过技术管理和医学伦理审核通过后，方可开展临床应用。必要时可依托医联体牵头单位进行技术管理和医学伦理审核，并在其指导下开展临床应用。

4. 新技术和新项目临床应用前，要充分论证可能存在的安全隐患或技术风险，并制订相应预案。

5. 社区医院应当明确开展新技术和新项目临床应用的专业人员范围，并加强新技术和新项目质量控制工作。

6. 社区医院应当建立新技术和新项目临床应用动态评估制度，对新技术和新项目实施全程追踪管理和动态评估。

7. 社区医院开展临床研究的新技术和新项目按照国家有关规定执行。

九、信息安全管理制度

（一）定义。指医疗机构按照信息安全管理相关法律法规和技术标准要求，对医疗机构患者诊疗信息的收集、存储、使用、传输、处理、发布等进行全流程系统性保障的制度。

（二）基本要求。

1. 社区医院应当依法依规建立覆盖患者诊疗信息管理全流程的制度和技术保障体系，完善组织架构，明确管理部门，落实信息安全等级保护等有关要求。

2. 社区医院主要负责人是医疗机构患者诊疗信息安全管理第一责任人。

3. 社区医院应当建立患者诊疗信息安全风险评估和应急工作机制，制订应急预案。

4. 社区医院应当确保实现本机构患者诊疗信息管理全流程的安全性、真实性、连续性、完整性、稳定性、时效性、溯源性。

5. 社区医院应当建立患者诊疗信息保护制度，使用患者诊疗信息应当遵循合法、依规、正当、必要的原则，不得出售或擅自向他人或其他机构提供患者诊疗信息。

6. 社区医院应当建立员工授权管理制度，明确员工的患者诊疗信息使用权限和相关责任。社区医院应当为员工使用患者诊疗信息提供便利和安全保障，因个人授权信息保管不当造成的不良后果由被授权人承担。

7. 社区医院应当不断提升患者诊疗信息安全防护水平，防止信息泄露、毁损、丢失。定期开展患者诊疗信息安全自查工作，建立患者诊疗信息系统安全事故责任管理、追溯机制。在发生或者可能发生患者诊疗信息泄露、毁损、丢失的情况时，应当立即采取补救措施，按照规定向有关部门报告。

社区医院提供住院诊疗服务的还应当建立以下制度：

十、查房制度

（一）定义。指患者住院期间，由不同级别的医师以查房的形式实施患者评估、制订与调整诊疗方案、观察诊疗效果等医疗活动的制度。

(二)基本要求。

1.实行科主任领导下的1个不同级别的医师查房制度,有条件的社区医院应当实行三级查房制度。鼓励医联体内上级医疗机构医师定期查房指导,与社区医院医生形成三级查房模式。

2.遵循下级医师服从上级医师,所有医师服从科主任的工作原则。

3.社区医院应当明确各级医师的医疗决策和实施权限。

4.社区医院应当严格明确查房周期。工作日每天至少查房2次,非工作日每天至少查房1次,查房医师中最高级别的医师每周至少查房2次,低级别的医师每周至少查房3次。有开展手术的,术者必须亲自在术前和术后24小时内查房。通过医联体组建联合病房的,上级医疗机构医师每周至少查房1次。

5.社区医院应当明确医师查房行为规范,尊重患者、注意仪表、保护隐私、加强沟通、规范流程。

6.开展护理、药师查房的可参照上述规定执行。

十一、会诊制度

(一)定义。会诊是指出于诊疗需要,由本科室以外或本机构以外的医务人员协助提出诊疗意见或提供诊疗服务的活动。规范会诊行为的制度称为会诊制度。

(二)基本要求。

1.按会诊范围,会诊分为机构内会诊和机构外会诊。机构内多学科会诊、医联体上级医疗机构会诊应当由医疗管理部门组织。

2.按病情紧急程度,会诊分为急会诊和普通会诊。机构内急会诊应当在会诊请求发出后10分钟内到位,普通会诊应当在会诊发出后24小时内完成。

3.社区医院应当统一会诊单格式及填写规范,明确各类会诊的具体流程。

4.原则上,会诊请求人员应当陪同完成会诊,会诊情况应当在会诊单中记录。会诊意见的处置情况应当在病程中记录。

5.前往或邀请机构外会诊,应当严格遵照国家有关规定执行。

十二、分级护理制度

(一)定义。指医护人员根据住院患者病情和(或)自理能力进行分级别护理的制度。

(二)基本要求。

1. 社区医院应当按照国家分级护理管理相关指导原则和护理服务工作标准，制定本机构分级护理制度。

2. 原则上，护理级别分为特级护理、一级护理、二级护理、三级护理4个级别。

3. 医护人员应当根据患者病情和自理能力变化动态调整护理级别。

4. 患者护理级别应当明确标识。

十三、疑难病例讨论制度

(一)定义。指为尽早明确诊断或完善诊疗方案，对诊断或治疗存在疑难问题的病例进行讨论的制度。

(二)基本要求。

1. 社区医院及临床科室应当明确疑难病例的范围，包括但不限于出现以下情形的患者：没有明确诊断或诊疗方案难以确定、疾病在应有明确疗效的周期内未能达到预期疗效、非计划再次住院和非计划再次手术、出现可能危及生命或造成器官功能严重损害的并发症等。

2. 疑难病例均应当由科室或医务管理部门组织开展讨论。讨论原则上应当由科主任主持，全科人员参加。必要时邀请相关科室人员或机构外人员参加。

3. 社区医院应当统一疑难病例讨论记录的格式和模板。讨论内容应当专册记录，主持人需审核并签字。讨论的结论应当记录在病历中。

4. 参加疑难病例讨论成员中应当至少有2人具有主治及以上专业技术职务任职资格。

十四、患者抢救与转诊制度

(一)定义。指针对患者出现严重并发症或者病情急性加重等情况，进行抢救与转诊，并对流程进行规范的制度。

(二)基本要求。

1. 社区医院应当明确患者抢救的范围，包括但不限于出现以下情形的患者：出现严重合并症或并发症，病情急性加重；病情危重，不立即处置可能存在危及生命或出现重要脏器功能严重损害;生命体征不稳定并有恶化倾向等。

2. 社区医院应当建立患者抢救与转诊制度,制订相关预案,提升医务人员对病情评估能力,及时识别病情危重状态,确保急危重患者优先救治。与上级医疗机构建立转诊绿色通道机制,及时将经抢救患者转诊至上级医疗机构。

3. 社区医院应当配置必要的抢救设备和药品,并建立急救资源调配机制。

4. 临床科室开展患者抢救时,由现场职称和年资最高的医师主持。紧急情况下医务人员参与或主持急危重患者的抢救,不受其执业范围限制。

5. 抢救完成后6小时内应当将抢救记录记入病历,记录时间应当具体到分钟,主持抢救的人员应当审核并签字。

社区医院开展手术操作相关项目,还应当建立以下制度:

十五、术前讨论制度

(一)定义。指以降低手术风险、保障手术安全为目的,在患者手术实施前,医师必须对拟实施手术的手术指征、手术方式、预期效果、手术风险和处置预案等进行讨论的制度。

(二)基本要求。

1. 除以紧急抢救生命为目的的急诊手术外,所有住院患者手术必须实施术前讨论,术者必须参加。

2. 术前讨论的范围包括手术组讨论、医师团队讨论、病区内讨论和全科讨论。临床科室应当明确本科室开展的各级手术术前讨论的范围并经医务部门审定。全科讨论应当由科主任或其授权的副主任主持,必要时邀请医务管理部门和相关科室参加。患者手术涉及多学科或存在可能影响手术的合并症的,应当邀请相关科室参与讨论,或事先完成相关学科的会诊。

3. 术前讨论完成后,方可开具手术医嘱,签署手术知情同意书。

4. 术前讨论的结论应当记入病历。

十六、手术安全核查制度

(一)定义。指在麻醉实施前、手术开始前和患者离开手术室前对患者身份、手术部位、手术方式等进行多方参与的核查,以保障患者安全的制度。

(二)基本要求。

1.区医院应当建立手术安全核查制度和标准化流程。

2.手术安全核查过程和内容按国家有关规定执行。

3.手术安全核查表纳入病历。

十七、手术分级管理制度

(一)定义。指为保障患者安全,按照手术风险程度、复杂程度、难易程度和资源消耗不同,对手术进行分级管理的制度。

(二)基本要求。

1.按照手术风险性和难易程度不同,手术分为四级。具体要求按照国家有关规定执行。

2.社区医院应当建立手术分级管理工作制度和手术分级管理目录。

3.社区医院应当建立手术分级授权管理机制,建立手术医师技术档案。

4.社区医院应当对手术医师能力进行定期评估,根据评估结果对手术权限进行动态调整。

十八、临床用血审核制度

(一)定义。指在临床用血全过程中,对与临床用血相关的各项程序和环节进行审核和评估,以保障患者临床用血安全的制度。

(二)基本要求。设置输血科或者血库的社区医院应当达到以下要求:

1.社区医院应当严格落实国家关于医疗机构临床用血的有关规定,设立临床用血管理委员会或工作组,制订本机构血液预订、接收、入库、储存、出库、库存预警、临床合理用血等管理制度,完善临床用血申请、审核、监测、分析、评估、改进等管理制度、机制和具体流程。

2.临床用血审核包括但不限于用血申请、输血治疗知情同意、适应证判断、配血、取血发血、临床输血、输血中观察和输血后管理等环节,并全程记录,保障信息可追溯,健全临床合理用血评估与结果应用制度、输血不良反应监测和处置流程。

3.社区医院应当完善急救用血管理制度和流程,保障急救治疗需要。

第三章

医疗纠纷处理

一、医疗事故处理

20.医疗事故处理条例

(2002年4月4日中华人民共和国国务院令第351号公布 自2002年9月1日起施行)

第一章 总 则

第一条 为了正确处理医疗事故,保护患者和医疗机构及其医务人员的合法权益,维护医疗秩序,保障医疗安全,促进医学科学的发展,制定本条例。

第二条 本条例所称医疗事故,是指医疗机构及其医务人员在医疗活动中,违反医疗卫生管理法律、行政法规、部门规章和诊疗护理规范、常规,过失造成患者人身损害的事故。

第三条 处理医疗事故,应当遵循公开、公平、公正、及时、便民的原则,坚持实事求是的科学态度,做到事实清楚、定性准确、责任明确、处理恰当。

第四条 根据对患者人身造成的损害程度,医疗事故分为四级:

一级医疗事故:造成患者死亡、重度残疾的;

二级医疗事故:造成患者中度残疾、器官组织损伤导致严重功能障碍的;

三级医疗事故:造成患者轻度残疾、器官组织损伤导致一般功能障碍的;

四级医疗事故:造成患者明显人身损害的其他后果的。

具体分级标准由国务院卫生行政部门制定。

第二章 医疗事故的预防与处置

第五条 医疗机构及其医务人员在医疗活动中,必须严格遵守医疗卫生管理法律、行政法规、部门规章和诊疗护理规范、常规,恪守医疗服务职业道德。

第六条 医疗机构应当对其医务人员进行医疗卫生管理法律、行政法规、部门规章和诊疗护理规范、常规的培训和医疗服务职业道德教育。

第七条 医疗机构应当设置医疗服务质量监控部门或者配备专(兼)职人员,具体负责监督本医疗机构的医务人员的医疗服务工作,检查医务人员执业情况,接受患者对医疗服务的投诉,向其提供咨询服务。

第八条 医疗机构应当按照国务院卫生行政部门规定的要求,书写并妥善保管病历资料。

因抢救急危患者,未能及时书写病历的,有关医务人员应当在抢救结束后6小时内据实补记,并加以注明。

第九条 严禁涂改、伪造、隐匿、销毁或者抢夺病历资料。

第十条 患者有权复印或者复制其门诊病历、住院志、体温单、医嘱单、化验单(检验报告)、医学影像检查资料、特殊检查同意书、手术同意书、手术及麻醉记录单、病理资料、护理记录以及国务院卫生行政部门规定的其他病历资料。

患者依照前款规定要求复印或者复制病历资料的,医疗机构应当提供复印或者复制服务并在复印或者复制的病历资料上加盖证明印记。复印或者复制病历资料时,应当有患者在场。

医疗机构应患者的要求,为其复印或者复制病历资料,可以按照规定收取工本费。具体收费标准由省、自治区、直辖市人民政府价格主管部门会同同级卫生行政部门规定。

第十一条 在医疗活动中,医疗机构及其医务人员应当将患者的病情、医疗措施、医疗风险等如实告知患者,及时解答其咨询;但是,应当避免对患者产生不利后果。

第十二条 医疗机构应当制定防范、处理医疗事故的预案,预防医疗事故的发生,减轻医疗事故的损害。

第十三条 医务人员在医疗活动中发生或者发现医疗事故、可能引起医疗事故的医疗过失行为或者发生医疗事故争议的,应当立即向所在科室负责人报告,科室负责人应当及时向本医疗机构负责医疗服务质量监控的部门或者专(兼)职人员报告;负责医疗服务质量监控的部门或者专(兼)职人员接到报告后,应当立即进行调查、核实,将有关情况如实向本医疗机构的负责人报告,并向患者通报、解释。

第十四条 发生医疗事故的,医疗机构应当按照规定向所在地卫生行政部门报告。

发生下列重大医疗过失行为的,医疗机构应当在12小时内向所在地卫生行政部门报告:

(一)导致患者死亡或者可能为二级以上的医疗事故;

(二)导致3人以上人身损害后果;

(三)国务院卫生行政部门和省、自治区、直辖市人民政府卫生行政部门规定的其他情形。

第十五条 发生或者发现医疗过失行为,医疗机构及其医务人员应当立即采取有效措施,避免或者减轻对患者身体健康的损害,防止损害扩大。

第十六条 发生医疗事故争议时,死亡病例讨论记录、疑难病例讨论记录、上级医师查房记录、会诊意见、病程记录应当在医患双方在场的情况下封存和启封。封存的病历资料可以是复印件,由医疗机构保管。

第十七条 疑似输液、输血、注射、药物等引起不良后果的,医患双方应当共同对现场实物进行封存和启封,封存的现场实物由医疗机构保管;需要检验的,应当由双方共同指定的、依法具有检验资格的检验机构进行检验;双方无法共同指定时,由卫生行政部门指定。

疑似输血引起不良后果,需要对血液进行封存保留的,医疗机构应当通知提供该血液的采供血机构派员到场。

第十八条 患者死亡,医患双方当事人不能确定死因或者对死因有异议的,应当在患者死亡后 48 小时内进行尸检;具备尸体冻存条件的,可以延长至 7 日。尸检应当经死者近亲属同意并签字。

尸检应当由按照国家有关规定取得相应资格的机构和病理解剖专业技术人员进行。承担尸检任务的机构和病理解剖专业技术人员有进行尸检的义务。

医疗事故争议双方当事人可以请法医病理学人员参加尸检,也可以委派代表观察尸检过程。拒绝或者拖延尸检,超过规定时间,影响对死因判定的,由拒绝或者拖延的一方承担责任。

第十九条 患者在医疗机构内死亡的,尸体应当立即移放太平间。死者尸体存放时间一般不得超过 2 周。逾期不处理的尸体,经医疗机构所在地卫生行政部门批准,并报经同级公安部门备案后,由医疗机构按照规定进行处理。

第三章 医疗事故的技术鉴定

第二十条 卫生行政部门接到医疗机构关于重大医疗过失行为的报告或者医疗事故争议当事人要求处理医疗事故争议的申请后,对需要进行医疗事故技术鉴定的,应当交由负责医疗事故技术鉴定工作的医学会组织鉴定;医患双方协商解决医疗事故争议,需要进行医疗事故技术鉴定的,由双方当事人共同委托负责医疗事故技术鉴定工作的医学会组织鉴定。

第二十一条 设区的市级地方医学会和省、自治区、直辖市直接管辖的县(市)地方医学会负责组织首次医疗事故技术鉴定工作。省、自治区、直辖市地方医学会负责组织再次鉴定工作。

必要时,中华医学会可以组织疑难、复杂并在全国有重大影响的医疗事故争议的技术鉴定工作。

第二十二条 当事人对首次医疗事故技术鉴定结论不服的,可以自收到首次鉴定结论之日起 15 日内向医疗机构所在地卫生行政部门提出再次鉴定的申请。

第二十三条 负责组织医疗事故技术鉴定工作的医学会应当建立专家库。

专家库由具备下列条件的医疗卫生专业技术人员组成：

（一）有良好的业务素质和执业品德；

（二）受聘于医疗卫生机构或者医学教学、科研机构并担任相应专业高级技术职务3年以上。

符合前款第（一）项规定条件并具备高级技术任职资格的法医可以受聘进入专家库。

负责组织医疗事故技术鉴定工作的医学会依照本条例规定聘请医疗卫生专业技术人员和法医进入专家库，可以不受行政区域的限制。

第二十四条 医疗事故技术鉴定，由负责组织医疗事故技术鉴定工作的医学会组织专家鉴定组进行。

参加医疗事故技术鉴定的相关专业的专家，由医患双方在医学会主持下从专家库中随机抽取。在特殊情况下，医学会根据医疗事故技术鉴定工作的需要，可以组织医患双方在其他医学会建立的专家库中随机抽取相关专业的专家参加鉴定或者函件咨询。

符合本条例第二十三条规定条件的医疗卫生专业技术人员和法医有义务受聘进入专家库，并承担医疗事故技术鉴定工作。

第二十五条 专家鉴定组进行医疗事故技术鉴定，实行合议制。专家鉴定组人数为单数，涉及的主要学科的专家一般不得少于鉴定组成员的二分之一；涉及死因、伤残等级鉴定的，并应当从专家库中随机抽取法医参加专家鉴定组。

第二十六条 专家鉴定组成员有下列情形之一的，应当回避，当事人也可以以口头或者书面的方式申请其回避：

（一）是医疗事故争议当事人或者当事人的近亲属的；

（二）与医疗事故争议有利害关系的；

（三）与医疗事故争议当事人有其他关系，可能影响公正鉴定的。

第二十七条 专家鉴定组依照医疗卫生管理法律、行政法规、部门规章和诊疗护理规范、常规，运用医学科学原理和专业知识，独立进行医疗事故技术鉴定，对医疗事故进行鉴别和判定，为处理医疗事故争议提供医学依据。

任何单位或者个人不得干扰医疗事故技术鉴定工作,不得威胁、利诱、辱骂、殴打专家鉴定组成员。

专家鉴定组成员不得接受双方当事人的财物或者其他利益。

第二十八条 负责组织医疗事故技术鉴定工作的医学会应当自受理医疗事故技术鉴定之日起5日内通知医疗事故争议双方当事人提交进行医疗事故技术鉴定所需的材料。

当事人应当自收到医学会的通知之日起10日内提交有关医疗事故技术鉴定的材料、书面陈述及答辩。医疗机构提交的有关医疗事故技术鉴定的材料应当包括下列内容:

(一)住院患者的病程记录、死亡病例讨论记录、疑难病例讨论记录、会诊意见、上级医师查房记录等病历资料原件;

(二)住院患者的住院志、体温单、医嘱单、化验单(检验报告)、医学影像检查资料、特殊检查同意书、手术同意书、手术及麻醉记录单、病理资料、护理记录等病历资料原件;

(三)抢救急危患者,在规定时间内补记的病历资料原件;

(四)封存保留的输液、注射用物品和血液、药物等实物,或者依法具有检验资格的检验机构对这些物品、实物作出的检验报告;

(五)与医疗事故技术鉴定有关的其他材料。

在医疗机构建有病历档案的门诊、急诊患者,其病历资料由医疗机构提供;没有在医疗机构建立病历档案的,由患者提供。

医患双方应当依照本条例的规定提交相关材料。医疗机构无正当理由未依照本条例的规定如实提供相关材料,导致医疗事故技术鉴定不能进行的,应当承担责任。

第二十九条 负责组织医疗事故技术鉴定工作的医学会应当自接到当事人提交的有关医疗事故技术鉴定的材料、书面陈述及答辩之日起45日内组织鉴定并出具医疗事故技术鉴定书。

负责组织医疗事故技术鉴定工作的医学会可以向双方当事人调查取证。

第三十条 专家鉴定组应当认真审查双方当事人提交的材料,听取双方当事人的陈述及答辩并进行核实。

双方当事人应当按照本条例的规定如实提交进行医疗事故技术鉴定所需要的材料,并积极配合调查。当事人任何一方不予配合,影响医疗事故技术鉴定的,由不予配合的一方承担责任。

第三十一条 专家鉴定组应当在事实清楚、证据确凿的基础上,综合分析患者的病情和个体差异,作出鉴定结论,并制作医疗事故技术鉴定书。鉴定结论以专家鉴定组成员的过半数通过。鉴定过程应当如实记载。

医疗事故技术鉴定书应当包括下列主要内容:

(一)双方当事人的基本情况及要求;

(二)当事人提交的材料和负责组织医疗事故技术鉴定工作的医学会的调查材料;

(三)对鉴定过程的说明;

(四)医疗行为是否违反医疗卫生管理法律、行政法规、部门规章和诊疗护理规范、常规;

(五)医疗过失行为与人身损害后果之间是否存在因果关系;

(六)医疗过失行为在医疗事故损害后果中的责任程度;

(七)医疗事故等级;

(八)对医疗事故患者的医疗护理医学建议。

第三十二条 医疗事故技术鉴定办法由国务院卫生行政部门制定。

第三十三条 有下列情形之一的,不属于医疗事故:

(一)在紧急情况下为抢救垂危患者生命而采取紧急医学措施造成不良后果的;

(二)在医疗活动中由于患者病情异常或者患者体质特殊而发生医疗意外的;

(三)在现有医学科学技术条件下,发生无法预料或者不能防范的不良后果的;

(四)无过错输血感染造成不良后果的;

(五)因患方原因延误诊疗导致不良后果的;

(六)因不可抗力造成不良后果的。

第三十四条 医疗事故技术鉴定,可以收取鉴定费用。经鉴定,属于医疗事故的,鉴定费用由医疗机构支付;不属于医疗事故的,鉴定费用由提出医疗事故处理申请的一方支付。鉴定费用标准由省、自治区、直辖市人民政府价格主管部门会同同级财政部门、卫生行政部门规定。

第四章 医疗事故的行政处理与监督

第三十五条 卫生行政部门应当依照本条例和有关法律、行政法规、部门规章的规定,对发生医疗事故的医疗机构和医务人员作出行政处理。

第三十六条 卫生行政部门接到医疗机构关于重大医疗过失行为的报告后,除责令医疗机构及时采取必要的医疗救治措施,防止损害后果扩大外,应当组织调查,判定是否属于医疗事故;对不能判定是否属于医疗事故的,应当依照本条例的有关规定交由负责医疗事故技术鉴定工作的医学会组织鉴定。

第三十七条 发生医疗事故争议,当事人申请卫生行政部门处理的,应当提出书面申请。申请书应当载明申请人的基本情况、有关事实、具体请求及理由等。

当事人自知道或者应当知道其身体健康受到损害之日起1年内,可以向卫生行政部门提出医疗事故争议处理申请。

第三十八条 发生医疗事故争议,当事人申请卫生行政部门处理的,由医疗机构所在地的县级人民政府卫生行政部门受理。医疗机构所在地是直辖市的,由医疗机构所在地的区、县人民政府卫生行政部门受理。

有下列情形之一的,县级人民政府卫生行政部门应当自接到医疗机构的报告或者当事人提出医疗事故争议处理申请之日起7日内移送上一级人民政府卫生行政部门处理:

(一)患者死亡;

(二)可能为二级以上的医疗事故;

(三)国务院卫生行政部门和省、自治区、直辖市人民政府卫生行政部门规定的其他情形。

第三十九条　卫生行政部门应当自收到医疗事故争议处理申请之日起 10 日内进行审查,作出是否受理的决定。对符合本条例规定,予以受理,需要进行医疗事故技术鉴定的,应当自作出受理决定之日起 5 日内将有关材料交由负责医疗事故技术鉴定工作的医学会组织鉴定并书面通知申请人;对不符合本条例规定,不予受理的,应当书面通知申请人并说明理由。

当事人对首次医疗事故技术鉴定结论有异议,申请再次鉴定的,卫生行政部门应当自收到申请之日起 7 日内交由省、自治区、直辖市地方医学会组织再次鉴定。

第四十条　当事人既向卫生行政部门提出医疗事故争议处理申请,又向人民法院提起诉讼的,卫生行政部门不予受理;卫生行政部门已经受理的,应当终止处理。

第四十一条　卫生行政部门收到负责组织医疗事故技术鉴定工作的医学会出具的医疗事故技术鉴定书后,应当对参加鉴定的人员资格和专业类别、鉴定程序进行审核;必要时,可以组织调查,听取医疗事故争议双方当事人的意见。

第四十二条　卫生行政部门经审核,对符合本条例规定作出的医疗事故技术鉴定结论,应当作为对发生医疗事故的医疗机构和医务人员作出行政处理以及进行医疗事故赔偿调解的依据;经审核,发现医疗事故技术鉴定不符合本条例规定的,应当要求重新鉴定。

第四十三条　医疗事故争议由双方当事人自行协商解决的,医疗机构应当自协商解决之日起 7 日内向所在地卫生行政部门作出书面报告,并附具协议书。

第四十四条　医疗事故争议经人民法院调解或者判决解决的,医疗机构应当自收到生效的人民法院的调解书或者判决书之日起 7 日内向所在地卫生行政部门作出书面报告,并附具调解书或者判决书。

第四十五条　县级以上地方人民政府卫生行政部门应当按照规定逐级将当地发生的医疗事故以及依法对发生医疗事故的医疗机构和医务人员作出行政处理的情况,上报国务院卫生行政部门。

第五章　医疗事故的赔偿

第四十六条　发生医疗事故的赔偿等民事责任争议,医患双方可以协商解决;不愿意协商或者协商不成的,当事人可以向卫生行政部门提出调解申请,也可以直接向人民法院提起民事诉讼。

第四十七条　双方当事人协商解决医疗事故的赔偿等民事责任争议的,应当制作协议书。协议书应当载明双方当事人的基本情况和医疗事故的原因、双方当事人共同认定的医疗事故等级以及协商确定的赔偿数额等,并由双方当事人在协议书上签名。

第四十八条　已确定为医疗事故的,卫生行政部门应医疗事故争议双方当事人请求,可以进行医疗事故赔偿调解。调解时,应当遵循当事人双方自愿原则,并应当依据本条例的规定计算赔偿数额。

经调解,双方当事人就赔偿数额达成协议的,制作调解书,双方当事人应当履行;调解不成或者经调解达成协议后一方反悔的,卫生行政部门不再调解。

第四十九条　医疗事故赔偿,应当考虑下列因素,确定具体赔偿数额:

(一)医疗事故等级;

(二)医疗过失行为在医疗事故损害后果中的责任程度;

(三)医疗事故损害后果与患者原有疾病状况之间的关系。

不属于医疗事故的,医疗机构不承担赔偿责任。

第五十条　医疗事故赔偿,按照下列项目和标准计算:

(一)医疗费:按照医疗事故对患者造成的人身损害进行治疗所发生的医疗费用计算,凭据支付,但不包括原发病医疗费用。结案后确实需要继续治疗的,按照基本医疗费用支付。

(二)误工费:患者有固定收入的,按照本人因误工减少的固定收入计算,对收入高于医疗事故发生地上一年度职工年平均工资3倍以上的,按照3倍计算;无固定收入的,按照医疗事故发生地上一年度职工年平均工资计算。

(三)住院伙食补助费:按照医疗事故发生地国家机关一般工作人员的出差伙

食补助标准计算。

（四）陪护费：患者住院期间需要专人陪护的，按照医疗事故发生地上一年度职工年平均工资计算。

（五）残疾生活补助费：根据伤残等级，按照医疗事故发生地居民年平均生活费计算，自定残之月起最长赔偿30年；但是，60周岁以上的，不超过15年；70周岁以上的，不超过5年。

（六）残疾用具费：因残疾需要配置补偿功能器具的，凭医疗机构证明，按照普及型器具的费用计算。

（七）丧葬费：按照医疗事故发生地规定的丧葬费补助标准计算。

（八）被扶养人生活费：以死者生前或者残疾者丧失劳动能力前实际扶养且没有劳动能力的人为限，按照其户籍所在地或者居所地居民最低生活保障标准计算。对不满16周岁的，扶养到16周岁。对年满16周岁但无劳动能力的，扶养20年；但是，60周岁以上的，不超过15年；70周岁以上的，不超过5年。

（九）交通费：按照患者实际必需的交通费用计算，凭据支付。

（十）住宿费：按照医疗事故发生地国家机关一般工作人员的出差住宿补助标准计算，凭据支付。

（十一）精神损害抚慰金：按照医疗事故发生地居民年平均生活费计算。造成患者死亡的，赔偿年限最长不超过6年；造成患者残疾的，赔偿年限最长不超过3年。

第五十一条 参加医疗事故处理的患者近亲属所需交通费、误工费、住宿费，参照本条例第五十条的有关规定计算，计算费用的人数不超过2人。

医疗事故造成患者死亡的，参加丧葬活动的患者的配偶和直系亲属所需交通费、误工费、住宿费，参照本条例第五十条的有关规定计算，计算费用的人数不超过2人。

第五十二条 医疗事故赔偿费用，实行一次性结算，由承担医疗事故责任的医疗机构支付。

第六章 罚　　则

第五十三条　卫生行政部门的工作人员在处理医疗事故过程中违反本条例的规定,利用职务上的便利收受他人财物或者其他利益,滥用职权,玩忽职守,或者发现违法行为不予查处,造成严重后果的,依照刑法关于受贿罪、滥用职权罪、玩忽职守罪或者其他有关罪的规定,依法追究刑事责任;尚不够刑事处罚的,依法给予降级或者撤职的行政处分。

第五十四条　卫生行政部门违反本条例的规定,有下列情形之一的,由上级卫生行政部门给予警告并责令限期改正;情节严重的,对负有责任的主管人员和其他直接责任人员依法给予行政处分:

(一)接到医疗机构关于重大医疗过失行为的报告后,未及时组织调查的;

(二)接到医疗事故争议处理申请后,未在规定时间内审查或者移送上一级人民政府卫生行政部门处理的;

(三)未将应当进行医疗事故技术鉴定的重大医疗过失行为或者医疗事故争议移交医学会组织鉴定的;

(四)未按照规定逐级将当地发生的医疗事故以及依法对发生医疗事故的医疗机构和医务人员的行政处理情况上报的;

(五)未依照本条例规定审核医疗事故技术鉴定书的。

第五十五条　医疗机构发生医疗事故的,由卫生行政部门根据医疗事故等级和情节,给予警告;情节严重的,责令限期停业整顿直至由原发证部门吊销执业许可证,对负有责任的医务人员依照刑法关于医疗事故罪的规定,依法追究刑事责任;尚不够刑事处罚的,依法给予行政处分或者纪律处分。

对发生医疗事故的有关医务人员,除依照前款处罚外,卫生行政部门并可以责令暂停6个月以上1年以下执业活动;情节严重的,吊销其执业证书。

第五十六条　医疗机构违反本条例的规定,有下列情形之一的,由卫生行政部门责令改正;情节严重的,对负有责任的主管人员和其他直接责任人员依法给予行政处分或者纪律处分:

(一)未如实告知患者病情、医疗措施和医疗风险的；

(二)没有正当理由，拒绝为患者提供复印或者复制病历资料服务的；

(三)未按照国务院卫生行政部门规定的要求书写和妥善保管病历资料的；

(四)未在规定时间内补记抢救工作病历内容的；

(五)未按照本条例的规定封存、保管和启封病历资料和实物的；

(六)未设置医疗服务质量监控部门或者配备专(兼)职人员的；

(七)未制定有关医疗事故防范和处理预案的；

(八)未在规定时间内向卫生行政部门报告重大医疗过失行为的；

(九)未按照本条例的规定向卫生行政部门报告医疗事故的；

(十)未按照规定进行尸检和保存、处理尸体的。

第五十七条 参加医疗事故技术鉴定工作的人员违反本条例的规定，接受申请鉴定双方或者一方当事人的财物或者其他利益，出具虚假医疗事故技术鉴定书，造成严重后果的，依照刑法关于受贿罪的规定，依法追究刑事责任；尚不够刑事处罚的，由原发证部门吊销其执业证书或者资格证书。

第五十八条 医疗机构或者其他有关机构违反本条例的规定，有下列情形之一的，由卫生行政部门责令改正，给予警告；对负有责任的主管人员和其他直接责任人员依法给予行政处分或者纪律处分；情节严重的，由原发证部门吊销其执业证书或者资格证书：

(一)承担尸检任务的机构没有正当理由，拒绝进行尸检的；

(二)涂改、伪造、隐匿、销毁病历资料的。

第五十九条 以医疗事故为由，寻衅滋事、抢夺病历资料，扰乱医疗机构正常医疗秩序和医疗事故技术鉴定工作，依照刑法关于扰乱社会秩序罪的规定，依法追究刑事责任；尚不够刑事处罚的，依法给予治安管理处罚。

第七章 附 则

第六十条 本条例所称医疗机构，是指依照《医疗机构管理条例》的规定取得《医疗机构执业许可证》的机构。

县级以上城市从事计划生育技术服务的机构依照《计划生育技术服务管理条例》的规定开展与计划生育有关的临床医疗服务,发生的计划生育技术服务事故,依照本条例的有关规定处理;但是,其中不属于医疗机构的县级以上城市从事计划生育技术服务的机构发生的计划生育技术服务事故,由计划生育行政部门行使依照本条例有关规定由卫生行政部门承担的受理、交由负责医疗事故技术鉴定工作的医学会组织鉴定和赔偿调解的职能;对发生计划生育技术服务事故的该机构及其有关责任人员,依法进行处理。

第六十一条 非法行医,造成患者人身损害,不属于医疗事故,触犯刑律的,依法追究刑事责任;有关赔偿,由受害人直接向人民法院提起诉讼。

第六十二条 军队医疗机构的医疗事故处理办法,由中国人民解放军卫生主管部门会同国务院卫生行政部门依据本条例制定。

第六十三条 本条例自2002年9月1日起施行。1987年6月29日国务院发布的《医疗事故处理办法》同时废止。本条例施行前已经处理结案的医疗事故争议,不再重新处理。

21. 医疗纠纷预防和处理条例

(2018年7月31日中华人民共和国国务院令第701号公布

自2018年10月1日起施行)

第一章 总 则

第一条 为了预防和妥善处理医疗纠纷,保护医患双方的合法权益,维护医疗秩序,保障医疗安全,制定本条例。

第二条 本条例所称医疗纠纷,是指医患双方因诊疗活动引发的争议。

第三条 国家建立医疗质量安全管理体系,深化医药卫生体制改革,规范诊疗活动,改善医疗服务,提高医疗质量,预防、减少医疗纠纷。

在诊疗活动中,医患双方应当互相尊重,维护自身权益应当遵守有关法律、法规的规定。

第四条 处理医疗纠纷,应当遵循公平、公正、及时的原则,实事求是,依法处理。

第五条 县级以上人民政府应当加强对医疗纠纷预防和处理工作的领导、协调,将其纳入社会治安综合治理体系,建立部门分工协作机制,督促部门依法履行职责。

第六条 卫生主管部门负责指导、监督医疗机构做好医疗纠纷的预防和处理工作,引导医患双方依法解决医疗纠纷。

司法行政部门负责指导医疗纠纷人民调解工作。

公安机关依法维护医疗机构治安秩序,查处、打击侵害患者和医务人员合法权益以及扰乱医疗秩序等违法犯罪行为。

财政、民政、保险监督管理等部门和机构按照各自职责做好医疗纠纷预防和处理的有关工作。

第七条 国家建立完善医疗风险分担机制,发挥保险机制在医疗纠纷处理中的第三方赔付和医疗风险社会化分担的作用,鼓励医疗机构参加医疗责任保险,鼓励患者参加医疗意外保险。

第八条 新闻媒体应当加强医疗卫生法律、法规和医疗卫生常识的宣传,引导公众理性对待医疗风险;报道医疗纠纷,应当遵守有关法律、法规的规定,恪守职业道德,做到真实、客观、公正。

第二章 医疗纠纷预防

第九条 医疗机构及其医务人员在诊疗活动中应当以患者为中心,加强人文关怀,严格遵守医疗卫生法律、法规、规章和诊疗相关规范、常规,恪守职业道德。

医疗机构应当对其医务人员进行医疗卫生法律、法规、规章和诊疗相关规范、常规的培训,并加强职业道德教育。

第十条 医疗机构应当制定并实施医疗质量安全管理制度,设置医疗服务质量监控部门或者配备专(兼)职人员,加强对诊断、治疗、护理、药事、检查等工作的规范化管理,优化服务流程,提高服务水平。

医疗机构应当加强医疗风险管理,完善医疗风险的识别、评估和防控措施,定期检查措施落实情况,及时消除隐患。

第十一条 医疗机构应当按照国务院卫生主管部门制定的医疗技术临床应用管理规定,开展与其技术能力相适应的医疗技术服务,保障临床应用安全,降低医疗风险;采用医疗新技术的,应当开展技术评估和伦理审查,确保安全有效、符合伦理。

第十二条 医疗机构应当依照有关法律、法规的规定,严格执行药品、医疗器械、消毒药剂、血液等的进货查验、保管等制度。禁止使用无合格证明文件、过期等不合格的药品、医疗器械、消毒药剂、血液等。

第十三条 医务人员在诊疗活动中应当向患者说明病情和医疗措施。需要实施手术,或者开展临床试验等存在一定危险性、可能产生不良后果的特殊检查、特殊治疗的,医务人员应当及时向患者说明医疗风险、替代医疗方案等情况,并取得其书面同意;在患者处于昏迷等无法自主作出决定的状态或者病情不宜向患者说明等情形下,应当向患者的近亲属说明,并取得其书面同意。

紧急情况下不能取得患者或者其近亲属意见的,经医疗机构负责人或者授权的负责人批准,可以立即实施相应的医疗措施。

第十四条 开展手术、特殊检查、特殊治疗等具有较高医疗风险的诊疗活动,医疗机构应当提前预备应对方案,主动防范突发风险。

第十五条 医疗机构及其医务人员应当按照国务院卫生主管部门的规定,填写并妥善保管病历资料。

因紧急抢救未能及时填写病历的,医务人员应当在抢救结束后 6 小时内据实补记,并加以注明。

任何单位和个人不得篡改、伪造、隐匿、毁灭或者抢夺病历资料。

第十六条 患者有权查阅、复制其门诊病历、住院志、体温单、医嘱单、化验单(检验报告)、医学影像检查资料、特殊检查同意书、手术同意书、手术及麻醉记录、病理资料、护理记录、医疗费用以及国务院卫生主管部门规定的其他属于病历的全部资料。

患者要求复制病历资料的,医疗机构应当提供复制服务,并在复制的病历资料上加盖证明印记。复制病历资料时,应当有患者或者其近亲属在场。医疗机构应患者的要求为其复制病历资料,可以收取工本费,收费标准应当公开。

患者死亡的,其近亲属可以依照本条例的规定,查阅、复制病历资料。

第十七条　医疗机构应当建立健全医患沟通机制,对患者在诊疗过程中提出的咨询、意见和建议,应当耐心解释、说明,并按照规定进行处理;对患者就诊疗行为提出的疑问,应当及时予以核实、自查,并指定有关人员与患者或者其近亲属沟通,如实说明情况。

第十八条　医疗机构应当建立健全投诉接待制度,设置统一的投诉管理部门或者配备专(兼)职人员,在医疗机构显著位置公布医疗纠纷解决途径、程序和联系方式等,方便患者投诉或者咨询。

第十九条　卫生主管部门应当督促医疗机构落实医疗质量安全管理制度,组织开展医疗质量安全评估,分析医疗质量安全信息,针对发现的风险制定防范措施。

第二十条　患者应当遵守医疗秩序和医疗机构有关就诊、治疗、检查的规定,如实提供与病情有关的信息,配合医务人员开展诊疗活动。

第二十一条　各级人民政府应当加强健康促进与教育工作,普及健康科学知识,提高公众对疾病治疗等医学科学知识的认知水平。

第三章　医疗纠纷处理

第二十二条　发生医疗纠纷,医患双方可以通过下列途径解决:

(一)双方自愿协商;

(二)申请人民调解;

(三)申请行政调解;

(四)向人民法院提起诉讼;

(五)法律、法规规定的其他途径。

第二十三条 发生医疗纠纷,医疗机构应当告知患者或者其近亲属下列事项:

(一)解决医疗纠纷的合法途径;

(二)有关病历资料、现场实物封存和启封的规定;

(三)有关病历资料查阅、复制的规定。

患者死亡的,还应当告知其近亲属有关尸检的规定。

第二十四条 发生医疗纠纷需要封存、启封病历资料的,应当在医患双方在场的情况下进行。封存的病历资料可以是原件,也可以是复制件,由医疗机构保管。病历尚未完成需要封存的,对已完成病历先行封存;病历按照规定完成后,再对后续完成部分进行封存。医疗机构应当对封存的病历开列封存清单,由医患双方签字或者盖章,各执一份。

病历资料封存后医疗纠纷已经解决,或者患者在病历资料封存满3年未再提出解决医疗纠纷要求的,医疗机构可以自行启封。

第二十五条 疑似输液、输血、注射、用药等引起不良后果的,医患双方应当共同对现场实物进行封存、启封,封存的现场实物由医疗机构保管。需要检验的,应当由双方共同委托依法具有检验资格的检验机构进行检验;双方无法共同委托的,由医疗机构所在地县级人民政府卫生主管部门指定。

疑似输血引起不良后果,需要对血液进行封存保留的,医疗机构应当通知提供该血液的血站派员到场。

现场实物封存后医疗纠纷已经解决,或者患者在现场实物封存满3年未再提出解决医疗纠纷要求的,医疗机构可以自行启封。

第二十六条 患者死亡,医患双方对死因有异议的,应当在患者死亡后48小时内进行尸检;具备尸体冻存条件的,可以延长至7日。尸检应当经死者近亲属同意并签字,拒绝签字的,视为死者近亲属不同意进行尸检。不同意或者拖延尸检,超过规定时间,影响对死因判定的,由不同意或者拖延的一方承担责任。

尸检应当由按照国家有关规定取得相应资格的机构和专业技术人员进行。

医患双方可以委派代表观察尸检过程。

第二十七条 患者在医疗机构内死亡的,尸体应当立即移放太平间或者指定的场所,死者尸体存放时间一般不得超过14日。逾期不处理的尸体,由医疗机构在向所在地县级人民政府卫生主管部门和公安机关报告后,按照规定处理。

第二十八条 发生重大医疗纠纷的,医疗机构应当按照规定向所在地县级以上地方人民政府卫生主管部门报告。卫生主管部门接到报告后,应当及时了解掌握情况,引导医患双方通过合法途径解决纠纷。

第二十九条 医患双方应当依法维护医疗秩序。任何单位和个人不得实施危害患者和医务人员人身安全、扰乱医疗秩序的行为。

医疗纠纷中发生涉嫌违反治安管理行为或者犯罪行为的,医疗机构应当立即向所在地公安机关报案。公安机关应当及时采取措施,依法处置,维护医疗秩序。

第三十条 医患双方选择协商解决医疗纠纷的,应当在专门场所协商,不得影响正常医疗秩序。医患双方人数较多的,应当推举代表进行协商,每方代表人数不超过5人。

协商解决医疗纠纷应当坚持自愿、合法、平等的原则,尊重当事人的权利,尊重客观事实。医患双方应当文明、理性表达意见和要求,不得有违法行为。

协商确定赔付金额应当以事实为依据,防止畸高或者畸低。对分歧较大或者索赔数额较高的医疗纠纷,鼓励医患双方通过人民调解的途径解决。

医患双方经协商达成一致的,应当签署书面和解协议书。

第三十一条 申请医疗纠纷人民调解的,由医患双方共同向医疗纠纷人民调解委员会提出申请;一方申请调解的,医疗纠纷人民调解委员会在征得另一方同意后进行调解。

申请人可以以书面或者口头形式申请调解。书面申请的,申请书应当载明申请人的基本情况、申请调解的争议事项和理由等;口头申请的,医疗纠纷人民调解员应当当场记录申请人的基本情况、申请调解的争议事项和理由等,并经申请人签字确认。

医疗纠纷人民调解委员会获悉医疗机构内发生重大医疗纠纷,可以主动开展工作,引导医患双方申请调解。

当事人已经向人民法院提起诉讼并且已被受理,或者已经申请卫生主管部门调解并且已被受理的,医疗纠纷人民调解委员会不予受理;已经受理的,终止调解。

第三十二条 设立医疗纠纷人民调解委员会,应当遵守《中华人民共和国人民调解法》的规定,并符合本地区实际需要。医疗纠纷人民调解委员会应当自设立之日起30个工作日内向所在地县级以上地方人民政府司法行政部门备案。

医疗纠纷人民调解委员会应当根据具体情况,聘任一定数量的具有医学、法学等专业知识且热心调解工作的人员担任专(兼)职医疗纠纷人民调解员。

医疗纠纷人民调解委员会调解医疗纠纷,不得收取费用。医疗纠纷人民调解工作所需经费按照国务院财政、司法行政部门的有关规定执行。

第三十三条 医疗纠纷人民调解委员会调解医疗纠纷时,可以根据需要咨询专家,并可以从本条例第三十五条规定的专家库中选取专家。

第三十四条 医疗纠纷人民调解委员会调解医疗纠纷,需要进行医疗损害鉴定以明确责任的,由医患双方共同委托医学会或者司法鉴定机构进行鉴定,也可以经医患双方同意,由医疗纠纷人民调解委员会委托鉴定。

医学会或者司法鉴定机构接受委托从事医疗损害鉴定,应当由鉴定事项所涉专业的临床医学、法医学等专业人员进行鉴定;医学会或者司法鉴定机构没有相关专业人员的,应当从本条例第三十五条规定的专家库中抽取相关专业专家进行鉴定。

医学会或者司法鉴定机构开展医疗损害鉴定,应当执行规定的标准和程序,尊重科学,恪守职业道德,对出具的医疗损害鉴定意见负责,不得出具虚假鉴定意见。医疗损害鉴定的具体管理办法由国务院卫生、司法行政部门共同制定。

鉴定费预先向医患双方收取,最终按照责任比例承担。

第三十五条 医疗损害鉴定专家库由设区的市级以上人民政府卫生、司法行政部门共同设立。专家库应当包含医学、法学、法医学等领域的专家。聘请专家进入专家库,不受行政区域的限制。

第三十六条 医学会、司法鉴定机构作出的医疗损害鉴定意见应当载明并详细论述下列内容：

（一）是否存在医疗损害以及损害程度；

（二）是否存在医疗过错；

（三）医疗过错与医疗损害是否存在因果关系；

（四）医疗过错在医疗损害中的责任程度。

第三十七条 咨询专家、鉴定人员有下列情形之一的,应当回避,当事人也可以以口头或者书面形式申请其回避：

（一）是医疗纠纷当事人或者当事人的近亲属；

（二）与医疗纠纷有利害关系；

（三）与医疗纠纷当事人有其他关系,可能影响医疗纠纷公正处理。

第三十八条 医疗纠纷人民调解委员会应当自受理之日起 30 个工作日内完成调解。需要鉴定的,鉴定时间不计入调解期限。因特殊情况需要延长调解期限的,医疗纠纷人民调解委员会和医患双方可以约定延长调解期限。超过调解期限未达成调解协议的,视为调解不成。

第三十九条 医患双方经人民调解达成一致的,医疗纠纷人民调解委员会应当制作调解协议书。调解协议书经医患双方签字或者盖章,人民调解员签字并加盖医疗纠纷人民调解委员会印章后生效。

达成调解协议的,医疗纠纷人民调解委员会应当告知医患双方可以依法向人民法院申请司法确认。

第四十条 医患双方申请医疗纠纷行政调解的,应当参照本条例第三十一条第一款、第二款的规定向医疗纠纷发生地县级人民政府卫生主管部门提出申请。

卫生主管部门应当自收到申请之日起 5 个工作日内作出是否受理的决定。当事人已经向人民法院提起诉讼并且已被受理,或者已经申请医疗纠纷人民调解委员会调解并且已被受理的,卫生主管部门不予受理；已经受理的,终止调解。

卫生主管部门应当自受理之日起 30 个工作日内完成调解。需要鉴定的,鉴定时间不计入调解期限。超过调解期限未达成调解协议的,视为调解不成。

第四十一条 卫生主管部门调解医疗纠纷需要进行专家咨询的,可以从本条例第三十五条规定的专家库中抽取专家;医患双方认为需要进行医疗损害鉴定以明确责任的,参照本条例第三十四条的规定进行鉴定。

医患双方经卫生主管部门调解达成一致的,应当签署调解协议书。

第四十二条 医疗纠纷人民调解委员会及其人民调解员、卫生主管部门及其工作人员应当对医患双方的个人隐私等事项予以保密。

未经医患双方同意,医疗纠纷人民调解委员会、卫生主管部门不得公开进行调解,也不得公开调解协议的内容。

第四十三条 发生医疗纠纷,当事人协商、调解不成的,可以依法向人民法院提起诉讼。当事人也可以直接向人民法院提起诉讼。

第四十四条 发生医疗纠纷,需要赔偿的,赔付金额依照法律的规定确定。

第四章 法律责任

第四十五条 医疗机构篡改、伪造、隐匿、毁灭病历资料的,对直接负责的主管人员和其他直接责任人员,由县级以上人民政府卫生主管部门给予或者责令给予降低岗位等级或者撤职的处分,对有关医务人员责令暂停6个月以上1年以下执业活动;造成严重后果的,对直接负责的主管人员和其他直接责任人员给予或者责令给予开除的处分,对有关医务人员由原发证部门吊销执业证书;构成犯罪的,依法追究刑事责任。

第四十六条 医疗机构将未通过技术评估和伦理审查的医疗新技术应用于临床的,由县级以上人民政府卫生主管部门没收违法所得,并处5万元以上10万元以下罚款,对直接负责的主管人员和其他直接责任人员给予或者责令给予降低岗位等级或者撤职的处分,对有关医务人员责令暂停6个月以上1年以下执业活动;情节严重的,对直接负责的主管人员和其他直接责任人员给予或者责令给予开除的处分,对有关医务人员由原发证部门吊销执业证书;构成犯罪的,依法追究刑事责任。

第四十七条 医疗机构及其医务人员有下列情形之一的,由县级以上人民政府卫生主管部门责令改正,给予警告,并处1万元以上5万元以下罚款;情节严重的,对直接负责的主管人员和其他直接责任人员给予或者责令给予降低岗位等级或者撤职的处分,对有关医务人员可以责令暂停1个月以上6个月以下执业活动;构成犯罪的,依法追究刑事责任:

(一)未按规定制定和实施医疗质量安全管理制度;

(二)未按规定告知患者病情、医疗措施、医疗风险、替代医疗方案等;

(三)开展具有较高医疗风险的诊疗活动,未提前预备应对方案防范突发风险;

(四)未按规定填写、保管病历资料,或者未按规定补记抢救病历;

(五)拒绝为患者提供查阅、复制病历资料服务;

(六)未建立投诉接待制度、设置统一投诉管理部门或者配备专(兼)职人员;

(七)未按规定封存、保管、启封病历资料和现场实物;

(八)未按规定向卫生主管部门报告重大医疗纠纷;

(九)其他未履行本条例规定义务的情形。

第四十八条 医学会、司法鉴定机构出具虚假医疗损害鉴定意见的,由县级以上人民政府卫生、司法行政部门依据职责没收违法所得,并处5万元以上10万元以下罚款,对该医学会、司法鉴定机构和有关鉴定人员责令暂停3个月以上1年以下医疗损害鉴定业务,对直接负责的主管人员和其他直接责任人员给予或者责令给予降低岗位等级或者撤职的处分;情节严重的,该医学会、司法鉴定机构和有关鉴定人员5年内不得从事医疗损害鉴定业务或者撤销登记,对直接负责的主管人员和其他直接责任人员给予或者责令给予开除的处分;构成犯罪的,依法追究刑事责任。

第四十九条 尸检机构出具虚假尸检报告的,由县级以上人民政府卫生、司法行政部门依据职责没收违法所得,并处5万元以上10万元以下罚款,对该尸检机构和有关尸检专业技术人员责令暂停3个月以上1年以下尸检业务,对直接负责的主管人员和其他直接责任人员给予或者责令给予降低岗位等级或者撤职的处分;情节严重的,撤销该尸检机构和有关尸检专业技术人员的尸检资格,对直接负责的主管人员和其他直接责任人员给予或者责令给予开除的处分;构成犯罪的,依法追究刑事责任。

第五十条 医疗纠纷人民调解员有下列行为之一的,由医疗纠纷人民调解委员会给予批评教育、责令改正;情节严重的,依法予以解聘:

(一)偏袒一方当事人;

(二)侮辱当事人;

(三)索取、收受财物或者牟取其他不正当利益;

(四)泄露医患双方个人隐私等事项。

第五十一条 新闻媒体编造、散布虚假医疗纠纷信息的,由有关主管部门依法给予处罚;给公民、法人或者其他组织的合法权益造成损害的,依法承担消除影响、恢复名誉、赔偿损失、赔礼道歉等民事责任。

第五十二条 县级以上人民政府卫生主管部门和其他有关部门及其工作人员在医疗纠纷预防和处理工作中,不履行职责或者滥用职权、玩忽职守、徇私舞弊的,由上级人民政府卫生等有关部门或者监察机关责令改正;依法对直接负责的主管人员和其他直接责任人员给予处分;构成犯罪的,依法追究刑事责任。

第五十三条 医患双方在医疗纠纷处理中,造成人身、财产或者其他损害的,依法承担民事责任;构成违反治安管理行为的,由公安机关依法给予治安管理处罚;构成犯罪的,依法追究刑事责任。

第五章 附 则

第五十四条 军队医疗机构的医疗纠纷预防和处理办法,由中央军委机关有关部门会同国务院卫生主管部门依据本条例制定。

第五十五条 对诊疗活动中医疗事故的行政调查处理,依照《医疗事故处理条例》的相关规定执行。

第五十六条 本条例自 2018 年 10 月 1 日起施行。

22. 医疗事故技术鉴定暂行办法

(2002年7月31日中华人民共和国卫生部令第30号公布
自2002年9月1日起施行)

第一章 总 则

第一条 为规范医疗事故技术鉴定工作,确保医疗事故技术鉴定工作有序进行,依据《医疗事故处理条例》的有关规定制定本办法。

第二条 医疗事故技术鉴定工作应当按照程序进行,坚持实事求是的科学态度,做到事实清楚、定性准确、责任明确。

第三条 医疗事故技术鉴定分为首次鉴定和再次鉴定。

设区的市级和省、自治区、直辖市直接管辖的县(市)级地方医学会负责组织专家鉴定组进行首次医疗事故技术鉴定工作。

省、自治区、直辖市地方医学会负责组织医疗事故争议的再次鉴定工作。

负责组织医疗事故技术鉴定工作的医学会(以下简称医学会)可以设立医疗事故技术鉴定工作办公室,具体负责有关医疗事故技术鉴定的组织和日常工作。

第四条 医学会组织专家鉴定组,依照医疗卫生管理法律、行政法规、部门规章和诊疗护理技术操作规范、常规,运用医学科学原理和专业知识,独立进行医疗事故技术鉴定。

第二章 专家库的建立

第五条 医学会应当建立专家库。专家库应当依据学科专业组名录设置学科专业组。

医学会可以根据本地区医疗工作和医疗事故技术鉴定实际,对本专家库学科专业组设立予以适当增减和调整。

第六条 具备下列条件的医疗卫生专业技术人员可以成为专家库候选人:

(一)有良好的业务素质和执业品德;

(二)受聘于医疗卫生机构或者医学教学、科研机构并担任相应专业高级技术职务3年以上;

(三)健康状况能够胜任医疗事故技术鉴定工作。

符合前款(一)、(三)项规定条件并具备高级技术职务任职资格的法医可以受聘进入专家库。

负责首次医疗事故技术鉴定工作的医学会原则上聘请本行政区域内的专家建立专家库;当本行政区域内的专家不能满足建立专家库需要时,可以聘请本省、自治区、直辖市范围内的专家进入本专家库。

负责再次医疗事故技术鉴定工作的医学会原则上聘请本省、自治区、直辖市范围内的专家建立专家库;当本省、自治区、直辖市范围内的专家不能满足建立专家库需要时,可以聘请其他省、自治区、直辖市的专家进入本专家库。

第七条 医疗卫生机构或医学教学、科研机构、同级的医药卫生专业学会应当按照医学会要求,推荐专家库成员候选人;符合条件的个人经所在单位同意后也可以直接向组建专家库的医学会申请。

医学会对专家库成员候选人进行审核。审核合格的,予以聘任,并发给中华医学会统一格式的聘书。

符合条件的医疗卫生专业技术人员和法医,有义务受聘进入专家库。

第八条 专家库成员聘用期为4年。在聘用期间出现下列情形之一的,应当由专家库成员所在单位及时报告医学会,医学会应根据实际情况及时进行调整:

(一)因健康原因不能胜任医疗事故技术鉴定的;

(二)变更受聘单位或被解聘的;

(三)不具备完全民事行为能力的;

(四)受刑事处罚的;

(五)省级以上卫生行政部门规定的其他情形。

聘用期满需继续聘用的,由医学会重新审核、聘用。

第三章　鉴定的提起

第九条　双方当事人协商解决医疗事故争议，需进行医疗事故技术鉴定的，应共同书面委托医疗机构所在地负责首次医疗事故技术鉴定工作的医学会进行医疗事故技术鉴定。

第十条　县级以上地方人民政府卫生行政部门接到医疗机构关于重大医疗过失行为的报告或者医疗事故争议当事人要求处理医疗事故争议的申请后，对需要进行医疗事故技术鉴定的，应当书面移交负责首次医疗事故技术鉴定工作的医学会组织鉴定。

第十一条　协商解决医疗事故争议涉及多个医疗机构的，应当由涉及的所有医疗机构与患者共同委托其中任何一所医疗机构所在地负责组织首次医疗事故技术鉴定工作的医学会进行医疗事故技术鉴定。

医疗事故争议涉及多个医疗机构，当事人申请卫生行政部门处理的，只可以向其中一所医疗机构所在地卫生行政部门提出处理申请。

第四章　鉴定的受理

第十二条　医学会应当自受理医疗事故技术鉴定之日起 5 日内，通知医疗事故争议双方当事人按照《医疗事故处理条例》第二十八条规定提交医疗事故技术鉴定所需的材料。

当事人应当自收到医学会的通知之日起 10 日内提交有关医疗事故技术鉴定的材料、书面陈述及答辩。

对不符合受理条件的，医学会不予受理。不予受理的，医学会应说明理由。

第十三条　有下列情形之一的，医学会不予受理医疗事故技术鉴定：

(一)当事人一方直接向医学会提出鉴定申请的；

(二)医疗事故争议涉及多个医疗机构，其中一所医疗机构所在地的医学会已经受理的；

(三)医疗事故争议已经人民法院调解达成协议或判决的；

（四）当事人已向人民法院提起民事诉讼的(司法机关委托的除外)；

（五）非法行医造成患者身体健康损害的；

（六）卫生部规定的其他情形。

第十四条 委托医学会进行医疗事故技术鉴定，应当按规定缴纳鉴定费。

第十五条 双方当事人共同委托医疗事故技术鉴定的，由双方当事人协商预先缴纳鉴定费。

卫生行政部门移交进行医疗事故技术鉴定的，由提出医疗事故争议处理的当事人预先缴纳鉴定费。经鉴定属于医疗事故的，鉴定费由医疗机构支付；经鉴定不属于医疗事故的，鉴定费由提出医疗事故争议处理申请的当事人支付。

县级以上地方人民政府卫生行政部门接到医疗机构关于重大医疗过失行为的报告后，对需要移交医学会进行医疗事故技术鉴定的，鉴定费由医疗机构支付。

第十六条 有下列情形之一的，医学会中止组织医疗事故技术鉴定：

（一）当事人未按规定提交有关医疗事故技术鉴定材料的；

（二）提供的材料不真实的；

（三）拒绝缴纳鉴定费的；

（四）卫生部规定的其他情形。

第五章 专家鉴定组的组成

第十七条 医学会应当根据医疗事故争议所涉及的学科专业，确定专家鉴定组的构成和人数。

专家鉴定组组成人数应为3人以上单数。

医疗事故争议涉及多学科专业的，其中主要学科专业的专家不得少于专家鉴定组成员的二分之一。

第十八条 医学会应当提前通知双方当事人，在指定时间、指定地点，从专家库相关学科专业组中随机抽取专家鉴定组成员。

第十九条 医学会主持双方当事人抽取专家鉴定组成员前，应当将专家库相关学科专业组中专家姓名、专业、技术职务、工作单位告知双方当事人。

第二十条　当事人要求专家库成员回避的,应当说明理由。符合下列情形之一的,医学会应当将回避的专家名单撤出,并经当事人签字确认后记录在案:

(一)医疗事故争议当事人或者当事人的近亲属的;

(二)与医疗事故争议有利害关系的;

(三)与医疗事故争议当事人有其他关系,可能影响公正鉴定的。

第二十一条　医学会对当事人准备抽取的专家进行随机编号,并主持双方当事人随机抽取相同数量的专家编号,最后一个专家由医学会随机抽取。

双方当事人还应当按照上款规定的方法各自随机抽取一个专家作为候补。

涉及死因、伤残等级鉴定的,应当按照前款规定由双方当事人各自随机抽取一名法医参加鉴定组。

第二十二条　随机抽取结束后,医学会当场向双方当事人公布所抽取的专家鉴定组成员和候补成员的编号并记录在案。

第二十三条　现有专家库成员不能满足鉴定工作需要时,医学会应当向双方当事人说明,并经双方当事人同意,可以从本省、自治区、直辖市其他医学会专家库中抽取相关学科专业组的专家参加专家鉴定组;本省、自治区、直辖市医学会专家库成员不能满足鉴定工作需要时,可以从其他省、自治区、直辖市医学会专家库中抽取相关学科专业组的专家参加专家鉴定组。

第二十四条　从其他医学会建立的专家库中抽取的专家无法到场参加医疗事故技术鉴定,可以以函件的方式提出鉴定意见。

第二十五条　专家鉴定组成员确定后,在双方当事人共同在场的情况下,由医学会对封存的病历资料启封。

第二十六条　专家鉴定组应当认真审查双方当事人提交的材料,妥善保管鉴定材料,保护患者的隐私,保守有关秘密。

第六章　医疗事故技术鉴定

第二十七条　医学会应当自接到双方当事人提交的有关医疗事故技术鉴定的材料、书面陈述及答辩之日起45日内组织鉴定并出具医疗事故技术鉴定书。

第二十八条 医学会可以向双方当事人和其他相关组织、个人进行调查取证,进行调查取证时不得少于 2 人。调查取证结束后,调查人员和调查对象应当在有关文书上签字。如调查对象拒绝签字的,应当记录在案。

第二十九条 医学会应当在医疗事故技术鉴定 7 日前,将鉴定的时间、地点、要求等书面通知双方当事人。双方当事人应当按照通知的时间、地点、要求参加鉴定。

参加医疗事故技术鉴定的双方当事人每一方人数不超过 3 人。

任何一方当事人无故缺席、自行退席或拒绝参加鉴定的,不影响鉴定的进行。

第三十条 医学会应当在医疗事故技术鉴定 7 日前书面通知专家鉴定组成员。专家鉴定组成员接到医学会通知后认为自己应当回避的,应当于接到通知时及时提出书面回避申请,并说明理由;因其他原因无法参加医疗事故技术鉴定的,应当于接到通知时及时书面告知医学会。

第三十一条 专家鉴定组成员因回避或因其他原因无法参加医疗事故技术鉴定时,医学会应当通知相关学科专业组候补成员参加医疗事故技术鉴定。

专家鉴定组成员因不可抗力因素未能及时告知医学会不能参加鉴定或虽告知但医学会无法按规定组成专家鉴定组的,医疗事故技术鉴定可以延期进行。

第三十二条 专家鉴定组组长由专家鉴定组成员推选产生,也可以由医疗事故争议所涉及的主要学科专家中具有最高专业技术职务任职资格的专家担任。

第三十三条 鉴定由专家鉴定组组长主持,并按照以下程序进行:

(一)双方当事人在规定的时间内分别陈述意见和理由。陈述顺序先患方,后医疗机构;

(二)专家鉴定组成员根据需要可以提问,当事人应当如实回答。必要时,可以对患者进行现场医学检查;

(三)双方当事人退场;

(四)专家鉴定组对双方当事人提供的书面材料、陈述及答辩等进行讨论;

(五)经合议,根据半数以上专家鉴定组成员的一致意见形成鉴定结论。专家鉴定组成员在鉴定结论上签名。专家鉴定组成员对鉴定结论的不同意见,应当予以注明。

第三十四条 医疗事故技术鉴定书应当根据鉴定结论作出,其文稿由专家鉴定组组长签发。

医疗事故技术鉴定书盖医学会医疗事故技术鉴定专用印章。

医学会应当及时将医疗事故技术鉴定书送达移交鉴定的卫生行政部门,经卫生行政部门审核,对符合规定作出的医疗事故技术鉴定结论,应当及时送达双方当事人;由双方当事人共同委托的,直接送达双方当事人。

第三十五条 医疗事故技术鉴定书应当包括下列主要内容:

(一)双方当事人的基本情况及要求;

(二)当事人提交的材料和医学会的调查材料;

(三)对鉴定过程的说明;

(四)医疗行为是否违反医疗卫生管理法律、行政法规、部门规章和诊疗护理规范、常规;

(五)医疗过失行为与人身损害后果之间是否存在因果关系;

(六)医疗过失行为在医疗事故损害后果中的责任程度;

(七)医疗事故等级;

(八)对医疗事故患者的医疗护理医学建议。

经鉴定为医疗事故的,鉴定结论应当包括上款(四)至(八)项内容;经鉴定不属于医疗事故的,应当在鉴定结论中说明理由。

医疗事故技术鉴定书格式由中华医学会统一制定。

第三十六条 专家鉴定组应当综合分析医疗过失行为在导致医疗事故损害后果中的作用、患者原有疾病状况等因素,判定医疗过失行为的责任程度。医疗事故中医疗过失行为责任程度分为:

(一)完全责任,指医疗事故损害后果完全由医疗过失行为造成。

(二)主要责任,指医疗事故损害后果主要由医疗过失行为造成,其他因素起次要作用。

(三)次要责任,指医疗事故损害后果主要由其他因素造成,医疗过失行为起次要作用。

（四）轻微责任，指医疗事故损害后果绝大部分由其他因素造成，医疗过失行为起轻微作用。

第三十七条 医学会参加医疗事故技术鉴定会的工作人员，应如实记录鉴定会过程和专家的意见。

第三十八条 因当事人拒绝配合，无法进行医疗事故技术鉴定的，应当终止本次鉴定，由医学会告知移交鉴定的卫生行政部门或共同委托鉴定的双方当事人，说明不能鉴定的原因。

第三十九条 医学会对经卫生行政部门审核认为参加鉴定的人员资格和专业类别或者鉴定程序不符合规定，需要重新鉴定的，应当重新组织鉴定。重新鉴定时不得收取鉴定费。

如参加鉴定的人员资格和专业类别不符合规定的，应当重新抽取专家，组成专家鉴定组进行重新鉴定。

如鉴定的程序不符合规定而参加鉴定的人员资格和专业类别符合规定的，可以由原专家鉴定组进行重新鉴定。

第四十条 任何一方当事人对首次医疗事故技术鉴定结论不服的，可以自收到首次医疗事故技术鉴定书之日起 15 日内，向原受理医疗事故争议处理申请的卫生行政部门提出再次鉴定的申请，或由双方当事人共同委托省、自治区、直辖市医学会组织再次鉴定。

第四十一条 县级以上地方人民政府卫生行政部门对发生医疗事故的医疗机构和医务人员进行行政处理时，应当以最后的医疗事故技术鉴定结论作为处理依据。

第四十二条 当事人对鉴定结论无异议，负责组织医疗事故技术鉴定的医学会应当及时将收到的鉴定材料中的病历资料原件等退还当事人，并保留有关复印件。

当事人提出再次鉴定申请的，负责组织首次医疗事故技术鉴定的医学会应当及时将收到的鉴定材料移送负责组织再次医疗事故技术鉴定的医学会。

第四十三条 医学会应当将专家鉴定组成员签名的鉴定结论、由专家鉴定组组长签发的医疗事故技术鉴定书文稿和复印或者复制的有关病历资料等存档,保存期限不得少于20年。

第四十四条 在受理医患双方共同委托医疗事故技术鉴定后至专家鉴定组作出鉴定结论前,双方当事人或者一方当事人提出停止鉴定的,医疗事故技术鉴定终止。

第四十五条 医学会应当于每年3月31日前将上一年度医疗事故技术鉴定情况报同级卫生行政部门。

第七章 附 则

第四十六条 必要时,对疑难、复杂并在全国有重大影响的医疗事故争议,省级卫生行政部门可以商请中华医学会组织医疗事故技术鉴定。

第四十七条 本办法由卫生部负责解释。

第四十八条 本办法自2002年9月1日起施行。

23. 医疗事故分级标准(试行)

(2002年7月31日中华人民共和国卫生部令第32号公布

自2002年9月1日起施行)

为了科学划分医疗事故等级,正确处理医疗事故争议,保护患者和医疗机构及其医务人员的合法权益,根据《医疗事故处理条例》,制定本标准。

专家鉴定组在进行医疗事故技术鉴定、卫生行政部门在判定重大医疗过失行为是否为医疗事故或医疗事故争议双方当事人在协商解决医疗事故争议时,应当按照本标准确定的基本原则和实际情况具体判定医疗事故的等级。

本标准例举的情形是医疗事故中常见的造成患者人身损害的后果。

本标准中医疗事故一级乙等至三级戊等对应伤残等级一至十级。

一、一级医疗事故

系指造成患者死亡、重度残疾。

(一)一级甲等医疗事故:死亡。

(二)一级乙等医疗事故:重要器官缺失或功能完全丧失,其他器官不能代偿,存在特殊医疗依赖,生活完全不能自理。例如造成患者下列情形之一的:

1. 植物人状态;

2. 极重度智能障碍;

3. 临床判定不能恢复的昏迷;

4. 临床判定自主呼吸功能完全丧失,不能恢复,靠呼吸机维持;

5. 四肢瘫,肌力 0 级,临床判定不能恢复。

二、二级医疗事故

系指造成患者中度残疾、器官组织损伤导致严重功能障碍。

(一)二级甲等医疗事故:器官缺失或功能完全丧失,其他器官不能代偿,可能存在特殊医疗依赖,或生活大部分不能自理。例如造成患者下列情形之一的:

1. 双眼球摘除或双眼经客观检查证实无光感;

2. 小肠缺失 90% 以上,功能完全丧失;

3. 双侧有功能肾脏缺失或孤立有功能肾缺失,用透析替代治疗;

4. 四肢肌力 II 级(二级)以下(含 II 级),临床判定不能恢复;

5. 上肢一侧腕上缺失或一侧手功能完全丧失,不能装配假肢,伴下肢双膝以上缺失。

(二)二级乙等医疗事故:存在器官缺失、严重缺损、严重畸形情形之一,有严重功能障碍,可能存在特殊医疗依赖,或生活大部分不能自理。例如造成患者下列情形之一的:

1. 重度智能障碍;

2. 单眼球摘除或经客观检查证实无光感,另眼球结构损伤,闪光视觉诱发电位(VEP)P100 波潜时延长 >160ms(毫秒),矫正视力 <0.02,视野半径 <5°;

3. 双侧上颌骨或双侧下颌骨完全缺失;

4. 一侧上颌骨及对侧下颌骨完全缺失,并伴有颜面软组织缺损大于 $30cm^2$;

5. 一侧全肺缺失并需胸改术;

6. 肺功能持续重度损害;

7. 持续性心功能不全,心功能四级;

8. 持续性心功能不全,心功能三级伴有不能控制的严重心律失常;

9. 食管闭锁,摄食依赖造瘘;

10. 肝缺损 3/4,并有肝功能重度损害;

11. 胆道损伤致肝功能重度损害;

12. 全胰缺失;

13. 小肠缺损大于 3/4,普通膳食不能维持营养;

14. 肾功能部分损害不全失代偿;

15. 两侧睾丸、副睾丸缺损;

16. 阴茎缺损或性功能严重障碍;

17. 双侧卵巢缺失;

18. 未育妇女子宫全部缺失或大部分缺损;

19. 四肢瘫,肌力Ⅲ级(三级)或截瘫、偏瘫,肌力Ⅲ级以下,临床判定不能恢复;

20. 双上肢腕关节以上缺失、双侧前臂缺失或双手功能完全丧失,不能装配假肢;

21. 肩、肘、髋、膝关节中有四个以上(含四个)关节功能完全丧失;

22. 重型再生障碍性贫血(Ⅰ型)。

(三)二级丙等医疗事故:存在器官缺失、严重缺损、明显畸形情形之一,有严重功能障碍,可能存在特殊医疗依赖,或生活部分不能自理。例如造成患者下列情形之一的:

1. 面部重度毁容;

2. 单眼球摘除或客观检查无光感,另眼球结构损伤,闪光视觉诱发电位(VEP) > 155ms(毫秒),矫正视力 < 0.05,视野半径 < 10°;

3. 一侧上颌骨或下颌骨完全缺失,伴颜面部软组织缺损大于 $30cm^2$;

4. 同侧上下颌骨完全性缺失;

5. 双侧甲状腺或孤立甲状腺全缺失;

6. 双侧甲状旁腺全缺失;

7. 持续性心功能不全,心功能三级;

8. 持续性心功能不全,心功能二级伴有不能控制的严重心律失常;

9. 全胃缺失;

10. 肝缺损 2/3,并肝功能重度损害;

11. 一侧有功能肾缺失或肾功能完全丧失,对侧肾功能不全代偿;

12. 永久性输尿管腹壁造瘘;

13. 膀胱全缺失;

14. 两侧输精管缺损不能修复;

15. 双上肢肌力Ⅳ级(四级),双下肢肌力 0 级,临床判定不能恢复;

16. 单肢两个大关节(肩、肘、腕、髋、膝、踝)功能完全丧失,不能行关节置换;

17. 一侧上肢肘上缺失或肘、腕、手功能完全丧失,不能手术重建功能或装配假肢;

18. 一手缺失或功能完全丧失,另一手功能丧失 50% 以上,不能手术重建功能或装配假肢;

19. 一手腕上缺失,另一手拇指缺失,不能手术重建功能或装配假肢;

20. 双手拇、食指均缺失或功能完全丧失无法矫正;

21. 双侧膝关节或者髋关节功能完全丧失,不能行关节置换;

22. 一下肢膝上缺失,无法装配假肢;

23. 重型再生障碍性贫血(Ⅱ型)。

(四)二级丁等医疗事故:存在器官缺失、大部分缺损、畸形情形之一,有严重功能障碍,可能存在一般医疗依赖,生活能自理。例如造成患者下列情形之一的:

1. 中度智能障碍;

2. 难治性癫痫;

3. 完全性失语,伴有神经系统客观检查阳性所见;

4. 双侧重度周围性面瘫；

5. 面部中度毁容或全身瘢痕面积大于 70%；

6. 双眼球结构损伤，较好眼闪光视觉诱发电位(VEP) > 155ms(毫秒)，矫正视力 < 0.05，视野半径 < 10°；

7. 双耳经客观检查证实听力在原有基础上损失大于 91dBHL(分贝)；

8. 舌缺损大于全舌 2/3；

9. 一侧上颌骨缺损 1/2，颜面部软组织缺损大于 20cm²；

10. 下颌骨缺损长 6cm 以上的区段，口腔、颜面软组织缺损大于 20cm²；

11. 甲状旁腺功能重度损害；

12. 食管狭窄只能进流食；

13. 吞咽功能严重损伤，依赖鼻饲管进食；

14. 肝缺损 2/3，功能中度损害；

15. 肝缺损 1/2 伴有胆道损伤致严重肝功能损害；

16. 胰缺损，胰岛素依赖；

17. 小肠缺损 2/3，包括回盲部缺损；

18. 全结肠、直肠、肛门缺失，回肠造瘘；

19. 肾上腺功能明显减退；

20. 大、小便失禁，临床判定不能恢复；

21. 女性双侧乳腺缺失；

22. 单肢肌力Ⅱ级(二级)，临床判定不能恢复；

23. 双前臂缺失；

24. 双下肢瘫；

25. 一手缺失或功能完全丧失，另一手功能正常，不能手术重建功能或装配假肢；

26. 双拇指完全缺失或无功能；

27. 双膝以下缺失或无功能，不能手术重建功能或装配假肢；

28. 一侧下肢膝上缺失，不能手术重建功能或装配假肢；

29. 一侧膝以下缺失,另一侧前足缺失,不能手术重建功能或装配假肢;

30. 双足全肌瘫,肌力Ⅱ级(二级),临床判定不能恢复。

三、三级医疗事故

系指造成患者轻度残疾、器官组织损伤导致一般功能障碍。

(一)三级甲等医疗事故:存在器官缺失、大部分缺损、畸形情形之一,有较重功能障碍,可能存在一般医疗依赖,生活能自理。例如造成患者下列情形之一的:

1. 不完全失语并伴有失用、失写、失读、失认之一者,同时有神经系统客观检查阳性所见;

2. 不能修补的脑脊液瘘;

3. 尿崩,有严重离子紊乱,需要长期依赖药物治疗;

4. 面部轻度毁容;

5. 面颊部洞穿性缺损大于 $20cm^2$;

6. 单侧眼球摘除或客观检查无光感,另眼球结构损伤,闪光视觉诱发电位(VEP)>150ms(毫秒),矫正视力 0.05 – 0.1,视野半径<15°;

7. 双耳经客观检查证实听力在原有基础上损失大于 81dBHL(分贝);

8. 鼻缺损 1/3 以上;

9. 上唇或下唇缺损大于 1/2;

10. 一侧上颌骨缺损 1/4 或下颌骨缺损长 4cm 以上区段,伴口腔、颜面软组织缺损大于 $10cm^2$;

11. 肺功能中度持续损伤;

12. 胃缺损 3/4;

13. 肝缺损 1/2 伴较重功能障碍;

14. 慢性中毒性肝病伴较重功能障碍;

15. 脾缺失;

16. 胰缺损 2/3 造成内、外分泌腺功能障碍;

17. 小肠缺损 2/3,保留回盲部;

18. 尿道狭窄,需定期行尿道扩张术;

19. 直肠、肛门、结肠部分缺损,结肠造瘘;

20. 肛门损伤致排便障碍;

21. 一侧肾缺失或输尿管狭窄,肾功能不全代偿;

22. 不能修复的尿道瘘;

23. 膀胱大部分缺损;

24. 双侧输卵管缺失;

25. 阴道闭锁丧失性功能;

26. 不能修复的Ⅲ度(三度)会阴裂伤;

27. 四肢瘫,肌力Ⅳ级(四级),临床判定不能恢复;

28. 单肢瘫,肌力Ⅲ级(三级),临床判定不能恢复;

29. 肩、肘、腕关节之一功能完全丧失;

30. 利手全肌瘫,肌力Ⅲ级(三级),临床判定不能恢复;

31. 一手拇指缺失,另一手拇指功能丧失50%以上;

32. 一手拇指缺失或无功能,另一手除拇指外三指缺失或无功能,不能手术重建功能;

33. 双下肢肌力Ⅲ级(三级)以下,临床判定不能恢复。大、小便失禁;

34. 下肢双膝以上缺失伴一侧腕上缺失或手功能部分丧失,能装配假肢;

35. 一髋或一膝关节功能完全丧失,不能手术重建功能;

36. 双足全肌瘫,肌力Ⅲ级(三级),临床判定不能恢复;

37. 双前足缺失;

38. 慢性再生障碍性贫血。

(二)三级乙等医疗事故:器官大部分缺损或畸形,有中度功能障碍,可能存在一般医疗依赖,生活能自理。例如造成患者下列情形之一的:

1. 轻度智能减退;

2. 癫痫中度;

3. 不完全性失语,伴有神经系统客观检查阳性所见;

4. 头皮、眉毛完全缺损;

5. 一侧完全性面瘫,对侧不完全性面瘫;

6. 面部重度异常色素沉着或全身瘢痕面积达 60%－69%;

7. 面部软组织缺损大于 20cm²;

8. 双眼球结构损伤,较好眼闪光视觉诱发电位(VEP)>150ms(毫秒),矫正视力 0.05－0.1,视野半径<15°;

9. 双耳经客观检查证实听力损失大于 71dBHL(分贝);

10. 双侧前庭功能丧失,睁眼行走困难,不能并足站立;

11. 甲状腺功能严重损害,依赖药物治疗;

12. 不能控制的严重器质性心律失常;

13. 胃缺损 2/3 伴轻度功能障碍;

14. 肝缺损 1/3 伴轻度功能障碍;

15. 胆道损伤伴轻度肝功能障碍;

16. 胰缺损 1/2;

17. 小肠缺损 1/2(包括回盲部);

18. 腹壁缺损大于腹壁 1/4;

19. 肾上腺皮质功能轻度减退;

20. 双侧睾丸萎缩,血清睾丸酮水平低于正常范围;

21. 非利手全肌瘫,肌力Ⅳ级(四级),临床判定不能恢复,不能手术重建功能;

22. 一拇指完全缺失;

23. 双下肢肌力Ⅳ级(四级),临床判定不能恢复。大、小便失禁;

24. 一髋或一膝关节功能不全;

25. 一侧踝以下缺失或一侧踝关节畸形,功能完全丧失,不能手术重建功能;

26. 双足部分肌瘫,肌力Ⅳ级(四级),临床判定不能恢复,不能手术重建功能;

27. 单足全肌瘫,肌力Ⅳ级,临床判定不能恢复,不能手术重建功能。

(三)三级丙等医疗事故:器官大部分缺损或畸形,有轻度功能障碍,可能存在一般医疗依赖,生活能自理。例如造成患者下列情形之一的:

1. 不完全性失用、失写、失读、失认之一者,伴有神经系统客观检查阳性所见;

2. 全身瘢痕面积50%－59%；

3. 双侧中度周围性面瘫，临床判定不能恢复；

4. 双眼球结构损伤，较好眼闪光视觉诱发电位(VEP)＞140ms(毫秒)，矫正视力0.01－0.3，视野半径＜20°；

5. 双耳经客观检查证实听力损失大于56dBHL(分贝)；

6. 喉保护功能丧失，饮食时呛咳并易发生误吸，临床判定不能恢复；

7. 颈颏粘连，影响部分活动；

8. 肺叶缺失伴轻度功能障碍；

9. 持续性心功能不全，心功能二级；

10. 胃缺损1/2伴轻度功能障碍；

11. 肝缺损1/4伴轻度功能障碍；

12. 慢性轻度中毒性肝病伴轻度功能障碍；

13. 胆道损伤，需行胆肠吻合术；

14. 胰缺损1/3伴轻度功能障碍；

15. 小肠缺损1/2伴轻度功能障碍；

16. 结肠大部分缺损；

17. 永久性膀胱造瘘；

18. 未育妇女单侧乳腺缺失；

19. 未育妇女单侧卵巢缺失；

20. 育龄已育妇女双侧输卵管缺失；

21. 育龄已育妇女子宫缺失或部分缺损；

22. 阴道狭窄不能通过二横指；

23. 颈部或腰部活动度丧失50%以上；

24. 腕、肘、肩、踝、膝、髋关节之一丧失功能50%以上；

25. 截瘫或偏瘫，肌力Ⅳ级(四级)，临床判定不能恢复；

26. 单肢两个大关节(肩、肘、腕、髋、膝、踝)功能部分丧失，能行关节置换；

27. 一侧肘上缺失或肘、腕、手功能部分丧失，可以手术重建功能或装配假肢；

28. 一手缺失或功能部分丧失,另一手功能丧失50%以上,可以手术重建功能或装配假肢;

29. 一手腕上缺失,另一手拇指缺失,可以手术重建功能或装配假肢;

30. 利手全肌瘫,肌力Ⅳ级(四级),临床判定不能恢复;

31. 单手部分肌瘫,肌力Ⅲ级(三级),临床判定不能恢复;

32. 除拇指外3指缺失或功能完全丧失;

33. 双下肢长度相差4cm以上;

34. 双侧膝关节或者髋关节功能部分丧失,可以行关节置换;

35. 单侧下肢膝上缺失,可以装配假肢;

36. 双足部分肌瘫,肌力Ⅲ级(三级),临床判定不能恢复;

37. 单足全肌瘫,肌力Ⅲ级(三级),临床判定不能恢复。

(四)三级丁等医疗事故:器官部分缺损或畸形,有轻度功能障碍,无医疗依赖,生活能自理。例如造成患者下列情形之一的:

1. 边缘智能;

2. 发声及言语困难;

3. 双眼结构损伤,较好眼闪光视觉诱发电位(VEP)>130ms(毫秒),矫正视力0.3-0.5,视野半径<30°;

4. 双耳经客观检查证实听力损失大于41dBHL(分贝)或单耳大于91dBHL(分贝);

5. 耳郭缺损2/3以上;

6. 器械或异物误入呼吸道需行肺段切除术;

7. 甲状旁腺功能轻度损害;

8. 肺段缺损,轻度持续肺功能障碍;

9. 腹壁缺损小于1/4;

10. 一侧肾上腺缺失伴轻度功能障碍;

11. 一侧睾丸、附睾缺失伴轻度功能障碍;

12. 一侧输精管缺损,不能修复;

13. 一侧卵巢缺失,一侧输卵管缺失;

14. 一手缺失或功能完全丧失,另一手功能正常,可以手术重建功能及装配假肢;

15. 双大腿肌力近Ⅴ级(五级),双小腿肌力Ⅲ级(三级)以下,临床判定不能恢复。大、小便轻度失禁;

16. 双膝以下缺失或无功能,可以手术重建功能或装配假肢;

17. 单侧下肢膝上缺失,可以手术重建功能或装配假肢;

18. 一侧膝以下缺失,另一侧前足缺失,可以手术重建功能或装配假肢。

(五)三级戊等医疗事故:器官部分缺损或畸形,有轻微功能障碍,无医疗依赖,生活能自理。例如造成患者下列情形之一的:

1. 脑叶缺失后轻度智力障碍;

2. 发声或言语不畅;

3. 双眼结构损伤,较好眼闪光视觉诱发电位(VEP)>120ms(毫秒),矫正视力<0.6,视野半径<50°;

4. 泪器损伤,手术无法改进溢泪;

5. 双耳经客观检查证实听力在原有基础上损失大于31dBHL(分贝)或一耳听力在原有基础上损失大于71dBHL(分贝);

6. 耳郭缺损大于1/3而小于2/3;

7. 甲状腺功能低下;

8. 支气管损伤需行手术治疗;

9. 器械或异物误入消化道,需开腹取出;

10. 一拇指指关节功能不全;

11. 双小腿肌力Ⅳ级(四级),临床判定不能恢复。大、小便轻度失禁;

12. 手术后当时引起脊柱侧弯30度以上;

13. 手术后当时引起脊柱后凸成角(胸段大于60度,胸腰段大于30度,腰段大于20度以上);

14. 原有脊柱、躯干或肢体畸形又严重加重;

15. 损伤重要脏器,修补后功能有轻微障碍。

四、四级医疗事故

系指造成患者明显人身损害的其他后果的医疗事故。例如造成患者下列情形之一的:

1. 双侧轻度不完全性面瘫,无功能障碍;

2. 面部轻度色素沉着或脱失;

3. 一侧眼睑有明显缺损或外翻;

4. 拔除健康恒牙;

5. 器械或异物误入呼吸道或消化道,需全麻后内窥镜下取出;

6. 口周及颜面软组织轻度损伤;

7. 非解剖变异等因素,拔除上颌后牙时牙根或异物进入上颌窦需手术取出;

8. 组织、器官轻度损伤,行修补术后无功能障碍;

9. 一拇指末节 1/2 缺损;

10. 一手除拇指、食指外,有两指近侧指间关节无功能;

11. 一足拇趾末节缺失;

12. 软组织内异物滞留;

13. 体腔遗留异物已包裹,无需手术取出,无功能障碍;

14. 局部注射造成组织坏死,成人大于体表面积2%,儿童大于体表面积5%;

15. 剖宫产术引起胎儿损伤;

16. 产后胎盘残留引起大出血,无其他并发症。

二、医疗损害赔偿

24. 中华人民共和国民法典(节录)

(2020年5月28日第十三届全国人民代表大会第三次会议通过 自2021年1月1日起施行)

第四编 人 格 权

第二章 生命权、身体权和健康权

第一千零二条 自然人享有生命权。自然人的生命安全和生命尊严受法律保护。任何组织或者个人不得侵害他人的生命权。

第一千零三条 自然人享有身体权。自然人的身体完整和行动自由受法律保护。任何组织或者个人不得侵害他人的身体权。

第一千零四条 自然人享有健康权。自然人的身心健康受法律保护。任何组织或者个人不得侵害他人的健康权。

第一千零五条 自然人的生命权、身体权、健康权受到侵害或者处于其他危难情形的,负有法定救助义务的组织或者个人应当及时施救。

第一千零六条 完全民事行为能力人有权依法自主决定无偿捐献其人体细胞、人体组织、人体器官、遗体。任何组织或者个人不得强迫、欺骗、利诱其捐献。

完全民事行为能力人依据前款规定同意捐献的,应当采用书面形式,也可以订立遗嘱。

自然人生前未表示不同意捐献的,该自然人死亡后,其配偶、成年子女、父母可以共同决定捐献,决定捐献应当采用书面形式。

第一千零七条 禁止以任何形式买卖人体细胞、人体组织、人体器官、遗体。

违反前款规定的买卖行为无效。

第一千零八条 为研制新药、医疗器械或者发展新的预防和治疗方法,需要进行临床试验的,应当依法经相关主管部门批准并经伦理委员会审查同意,向受试者或者受试者的监护人告知试验目的、用途和可能产生的风险等详细情况,并经其书面同意。

进行临床试验的,不得向受试者收取试验费用。

第一千零九条 从事与人体基因、人体胚胎等有关的医学和科研活动,应当遵守法律、行政法规和国家有关规定,不得危害人体健康,不得违背伦理道德,不得损害公共利益。

第一千零一十条 违背他人意愿,以言语、文字、图像、肢体行为等方式对他人实施性骚扰的,受害人有权依法请求行为人承担民事责任。

机关、企业、学校等单位应当采取合理的预防、受理投诉、调查处置等措施,防止和制止利用职权、从属关系等实施性骚扰。

第一千零一十一条 以非法拘禁等方式剥夺、限制他人的行动自由,或者非法搜查他人身体的,受害人有权依法请求行为人承担民事责任。

第七编　侵 权 责 任

第六章　医疗损害责任

第一千二百一十八条 患者在诊疗活动中受到损害,医疗机构或者其医务人员有过错的,由医疗机构承担赔偿责任。

第一千二百一十九条 医务人员在诊疗活动中应当向患者说明病情和医疗措施。需要实施手术、特殊检查、特殊治疗的,医务人员应当及时向患者具体说明医疗风险、替代医疗方案等情况,并取得其明确同意;不能或者不宜向患者说明的,应当向患者的近亲属说明,并取得其明确同意。

医务人员未尽到前款义务,造成患者损害的,医疗机构应当承担赔偿责任。

第一千二百二十条 因抢救生命垂危的患者等紧急情况,不能取得患者或者其近亲属意见的,经医疗机构负责人或者授权的负责人批准,可以立即实施相应的医疗措施。

第一千二百二十一条 医务人员在诊疗活动中未尽到与当时的医疗水平相应的诊疗义务,造成患者损害的,医疗机构应当承担赔偿责任。

第一千二百二十二条 患者在诊疗活动中受到损害,有下列情形之一的,推定医疗机构有过错:

(一)违反法律、行政法规、规章以及其他有关诊疗规范的规定;

(二)隐匿或者拒绝提供与纠纷有关的病历资料;

(三)遗失、伪造、篡改或者违法销毁病历资料。

第一千二百二十三条 因药品、消毒产品、医疗器械的缺陷,或者输入不合格的血液造成患者损害的,患者可以向药品上市许可持有人、生产者、血液提供机构请求赔偿,也可以向医疗机构请求赔偿。患者向医疗机构请求赔偿的,医疗机构赔偿后,有权向负有责任的药品上市许可持有人、生产者、血液提供机构追偿。

第一千二百二十四条 患者在诊疗活动中受到损害,有下列情形之一的,医疗机构不承担赔偿责任:

(一)患者或者其近亲属不配合医疗机构进行符合诊疗规范的诊疗;

(二)医务人员在抢救生命垂危的患者等紧急情况下已经尽到合理诊疗义务;

(三)限于当时的医疗水平难以诊疗。

前款第一项情形中,医疗机构或者其医务人员也有过错的,应当承担相应的赔偿责任。

第一千二百二十五条 医疗机构及其医务人员应当按照规定填写并妥善保管住院志、医嘱单、检验报告、手术及麻醉记录、病理资料、护理记录等病历资料。

患者要求查阅、复制前款规定的病历资料的,医疗机构应当及时提供。

第一千二百二十六条 医疗机构及其医务人员应当对患者的隐私和个人信息保密。泄露患者的隐私和个人信息,或者未经患者同意公开其病历资料的,应当承担侵权责任。

第一千二百二十七条 医疗机构及其医务人员不得违反诊疗规范实施不必要的检查。

第一千二百二十八条 医疗机构及其医务人员的合法权益受法律保护。

干扰医疗秩序,妨碍医务人员工作、生活,侵害医务人员合法权益的,应当依法承担法律责任。

25．最高人民法院关于审理人身损害赔偿案件适用法律若干问题的解释

(2003年12月4日最高人民法院审判委员会第1299次会议通过 根据2020年12月23日最高人民法院审判委员会第1823次会议通过的《最高人民法院关于修改〈最高人民法院关于在民事审判工作中适用《中华人民共和国工会法》若干问题的解释〉等二十七件民事类司法解释的决定》修正 根据2022年2月15日最高人民法院审判委员会第1864次会议通过的《最高人民法院关于修改〈最高人民法院关于审理人身损害赔偿案件适用法律若干问题的解释〉的决定》修正 自2022年5月1日起施行)

为正确审理人身损害赔偿案件,依法保护当事人的合法权益,根据《中华人民共和国民法典》《中华人民共和国民事诉讼法》等有关法律规定,结合审判实践,制定本解释。

第一条 因生命、身体、健康遭受侵害,赔偿权利人起诉请求赔偿义务人赔偿物质损害和精神损害的,人民法院应予受理。

本条所称"赔偿权利人",是指因侵权行为或者其他致害原因直接遭受人身损害的受害人以及死亡受害人的近亲属。

本条所称"赔偿义务人",是指因自己或者他人的侵权行为以及其他致害原因依法应当承担民事责任的自然人、法人或者非法人组织。

第二条 赔偿权利人起诉部分共同侵权人的,人民法院应当追加其他共同侵权人作为共同被告。赔偿权利人在诉讼中放弃对部分共同侵权人的诉讼请求的,

其他共同侵权人对被放弃诉讼请求的被告应当承担的赔偿份额不承担连带责任。责任范围难以确定的,推定各共同侵权人承担同等责任。

人民法院应当将放弃诉讼请求的法律后果告知赔偿权利人,并将放弃诉讼请求的情况在法律文书中叙明。

第三条 依法应当参加工伤保险统筹的用人单位的劳动者,因工伤事故遭受人身损害,劳动者或者其近亲属向人民法院起诉请求用人单位承担民事赔偿责任的,告知其按《工伤保险条例》的规定处理。

因用人单位以外的第三人侵权造成劳动者人身损害,赔偿权利人请求第三人承担民事赔偿责任的,人民法院应予支持。

第四条 无偿提供劳务的帮工人,在从事帮工活动中致人损害的,被帮工人应当承担赔偿责任。被帮工人承担赔偿责任后向有故意或者重大过失的帮工人追偿的,人民法院应予支持。被帮工人明确拒绝帮工的,不承担赔偿责任。

第五条 无偿提供劳务的帮工人因帮工活动遭受人身损害的,根据帮工人和被帮工人各自的过错承担相应的责任;被帮工人明确拒绝帮工的,被帮工人不承担赔偿责任,但可以在受益范围内予以适当补偿。

帮工人在帮工活动中因第三人的行为遭受人身损害的,有权请求第三人承担赔偿责任,也有权请求被帮工人予以适当补偿。被帮工人补偿后,可以向第三人追偿。

第六条 医疗费根据医疗机构出具的医药费、住院费等收款凭证,结合病历和诊断证明等相关证据确定。赔偿义务人对治疗的必要性和合理性有异议的,应当承担相应的举证责任。

医疗费的赔偿数额,按照一审法庭辩论终结前实际发生的数额确定。器官功能恢复训练所必要的康复费、适当的整容费以及其他后续治疗费,赔偿权利人可以待实际发生后另行起诉。但根据医疗证明或者鉴定结论确定必然发生的费用,可以与已经发生的医疗费一并予以赔偿。

第七条 误工费根据受害人的误工时间和收入状况确定。

误工时间根据受害人接受治疗的医疗机构出具的证明确定。受害人因伤致残持续误工的,误工时间可以计算至定残日前一天。

受害人有固定收入的,误工费按照实际减少的收入计算。受害人无固定收入的,按照其最近三年的平均收入计算;受害人不能举证证明其最近三年的平均收入状况的,可以参照受诉法院所在地相同或者相近行业上一年度职工的平均工资计算。

第八条 护理费根据护理人员的收入状况和护理人数、护理期限确定。

护理人员有收入的,参照误工费的规定计算;护理人员没有收入或者雇佣护工的,参照当地护工从事同等级别护理的劳务报酬标准计算。护理人员原则上为一人,但医疗机构或者鉴定机构有明确意见的,可以参照确定护理人员人数。

护理期限应计算至受害人恢复生活自理能力时止。受害人因残疾不能恢复生活自理能力的,可以根据其年龄、健康状况等因素确定合理的护理期限,但最长不超过二十年。

受害人定残后的护理,应当根据其护理依赖程度并结合配制残疾辅助器具的情况确定护理级别。

第九条 交通费根据受害人及其必要的陪护人员因就医或者转院治疗实际发生的费用计算。交通费应当以正式票据为凭;有关凭据应当与就医地点、时间、人数、次数相符合。

第十条 住院伙食补助费可以参照当地国家机关一般工作人员的出差伙食补助标准予以确定。

受害人确有必要到外地治疗,因客观原因不能住院,受害人本人及其陪护人员实际发生的住宿费和伙食费,其合理部分应予赔偿。

第十一条 营养费根据受害人伤残情况参照医疗机构的意见确定。

第十二条 残疾赔偿金根据受害人丧失劳动能力程度或者伤残等级,按照受诉法院所在地上一年度城镇居民人均可支配收入标准,自定残之日起按二十年计算。但六十周岁以上的,年龄每增加一岁减少一年;七十五周岁以上的,按五年计算。

受害人因伤致残但实际收入没有减少,或者伤残等级较轻但造成职业妨害严重影响其劳动就业的,可以对残疾赔偿金作相应调整。

第十三条 残疾辅助器具费按照普通适用器具的合理费用标准计算。伤情有特殊需要的,可以参照辅助器具配制机构的意见确定相应的合理费用标准。

辅助器具的更换周期和赔偿期限参照配制机构的意见确定。

第十四条 丧葬费按照受诉法院所在地上一年度职工月平均工资标准,以六个月总额计算。

第十五条 死亡赔偿金按照受诉法院所在地上一年度城镇居民人均可支配收入标准,按二十年计算。但六十周岁以上的,年龄每增加一岁减少一年;七十五周岁以上的,按五年计算。

第十六条 被扶养人生活费计入残疾赔偿金或者死亡赔偿金。

第十七条 被扶养人生活费根据扶养人丧失劳动能力程度,按照受诉法院所在地上一年度城镇居民人均消费支出标准计算。被扶养人为未成年人的,计算至十八周岁;被扶养人无劳动能力又无其他生活来源的,计算二十年。但六十周岁以上的,年龄每增加一岁减少一年;七十五周岁以上的,按五年计算。

被扶养人是指受害人依法应当承担扶养义务的未成年人或者丧失劳动能力又无其他生活来源的成年近亲属。被扶养人还有其他扶养人的,赔偿义务人只赔偿受害人依法应当负担的部分。被扶养人有数人的,年赔偿总额累计不超过上一年度城镇居民人均消费支出额。

第十八条 赔偿权利人举证证明其住所地或者经常居住地城镇居民人均可支配收入高于受诉法院所在地标准的,残疾赔偿金或者死亡赔偿金可以按照其住所地或者经常居住地的相关标准计算。

被扶养人生活费的相关计算标准,依照前款原则确定。

第十九条 超过确定的护理期限、辅助器具费给付年限或者残疾赔偿金给付年限,赔偿权利人向人民法院起诉请求继续给付护理费、辅助器具费或者残疾赔偿金的,人民法院应予受理。赔偿权利人确需继续护理、配制辅助器具,或者没有劳动能力和生活来源的,人民法院应当判令赔偿义务人继续给付相关费用五至十年。

第二十条 赔偿义务人请求以定期金方式给付残疾赔偿金、辅助器具费的,应当提供相应的担保。人民法院可以根据赔偿义务人的给付能力和提供担保的情况,确定以定期金方式给付相关费用。但是,一审法庭辩论终结前已经发生的费用、死亡赔偿金以及精神损害抚慰金,应当一次性给付。

第二十一条　人民法院应当在法律文书中明确定期金的给付时间、方式以及每期给付标准。执行期间有关统计数据发生变化的,给付金额应当适时进行相应调整。

定期金按照赔偿权利人的实际生存年限给付,不受本解释有关赔偿期限的限制。

第二十二条　本解释所称"城镇居民人均可支配收入""城镇居民人均消费支出""职工平均工资",按照政府统计部门公布的各省、自治区、直辖市以及经济特区和计划单列市上一年度相关统计数据确定。

"上一年度",是指一审法庭辩论终结时的上一统计年度。

第二十三条　精神损害抚慰金适用《最高人民法院关于确定民事侵权精神损害赔偿责任若干问题的解释》予以确定。

第二十四条　本解释自2022年5月1日起施行。施行后发生的侵权行为引起的人身损害赔偿案件适用本解释。

本院以前发布的司法解释与本解释不一致的,以本解释为准。

26. 最高人民法院关于确定民事侵权精神损害赔偿责任若干问题的解释

(2001年2月26日最高人民法院审判委员会第1161次会议通过 根据2020年12月23日最高人民法院审判委员会第1823次会议通过的《最高人民法院关于修改〈最高人民法院关于在民事审判工作中适用《中华人民共和国工会法》若干问题的解释〉等二十七件民事类司法解释的决定》修正)

为在审理民事侵权案件中正确确定精神损害赔偿责任,根据《中华人民共和国民法典》等有关法律规定,结合审判实践,制定本解释。

第一条　因人身权益或者具有人身意义的特定物受到侵害,自然人或者其近亲属向人民法院提起诉讼请求精神损害赔偿的,人民法院应当依法予以受理。

第二条 非法使被监护人脱离监护,导致亲子关系或者近亲属间的亲属关系遭受严重损害,监护人向人民法院起诉请求赔偿精神损害的,人民法院应当依法予以受理。

第三条 死者的姓名、肖像、名誉、荣誉、隐私、遗体、遗骨等受到侵害,其近亲属向人民法院提起诉讼请求精神损害赔偿的,人民法院应当依法予以支持。

第四条 法人或者非法人组织以名誉权、荣誉权、名称权遭受侵害为由,向人民法院起诉请求精神损害赔偿的,人民法院不予支持。

第五条 精神损害的赔偿数额根据以下因素确定:

(一)侵权人的过错程度,但是法律另有规定的除外;

(二)侵权行为的目的、方式、场合等具体情节;

(三)侵权行为所造成的后果;

(四)侵权人的获利情况;

(五)侵权人承担责任的经济能力;

(六)受理诉讼法院所在地的平均生活水平。

第六条 在本解释公布施行之前已经生效施行的司法解释,其内容有与本解释不一致的,以本解释为准。

27. 最高人民法院关于审理医疗损害责任纠纷案件适用法律若干问题的解释

(2017年3月27日最高人民法院审判委员会第1713次会议通过 根据2020年12月23日最高人民法院审判委员会第1823次会议通过的《最高人民法院关于修改〈最高人民法院关于在民事审判工作中适用《中华人民共和国工会法》若干问题的解释〉等二十七件民事类司法解释的决定》修正)

为正确审理医疗损害责任纠纷案件,依法维护当事人的合法权益,推动构建和谐医患关系,促进卫生健康事业发展,根据《中华人民共和国民法典》《中华人民共和国民事诉讼法》等法律规定,结合审判实践,制定本解释。

第一条 患者以在诊疗活动中受到人身或者财产损害为由请求医疗机构、医疗产品的生产者、销售者、药品上市许可持有人或者血液提供机构承担侵权责任的案件,适用本解释。

患者以在美容医疗机构或者开设医疗美容科室的医疗机构实施的医疗美容活动中受到人身或者财产损害为由提起的侵权纠纷案件,适用本解释。

当事人提起的医疗服务合同纠纷案件,不适用本解释。

第二条 患者因同一伤病在多个医疗机构接受诊疗受到损害,起诉部分或者全部就诊的医疗机构的,应予受理。

患者起诉部分就诊的医疗机构后,当事人依法申请追加其他就诊的医疗机构为共同被告或者第三人的,应予准许。必要时,人民法院可以依法追加相关当事人参加诉讼。

第三条 患者因缺陷医疗产品受到损害,起诉部分或者全部医疗产品的生产者、销售者、药品上市许可持有人和医疗机构的,应予受理。

患者仅起诉医疗产品的生产者、销售者、药品上市许可持有人、医疗机构中部分主体,当事人依法申请追加其他主体为共同被告或者第三人的,应予准许。必要时,人民法院可以依法追加相关当事人参加诉讼。

患者因输入不合格的血液受到损害提起侵权诉讼的,参照适用前两款规定。

第四条 患者依据民法典第一千二百一十八条规定主张医疗机构承担赔偿责任的,应当提交到该医疗机构就诊、受到损害的证据。

患者无法提交医疗机构或者其医务人员有过错、诊疗行为与损害之间具有因果关系的证据,依法提出医疗损害鉴定申请的,人民法院应予准许。

医疗机构主张不承担责任的,应当就民法典第一千二百二十四条第一款规定情形等抗辩事由承担举证证明责任。

第五条 患者依据民法典第一千二百一十九条规定主张医疗机构承担赔偿责任的,应当按照前条第一款规定提交证据。

实施手术、特殊检查、特殊治疗的,医疗机构应当承担说明义务并取得患者或者患者近亲属明确同意,但属于民法典第一千二百二十条规定情形的除外。医疗机构提交患者或者患者近亲属明确同意证据的,人民法院可以认定医疗机构尽到说明义务,但患者有相反证据足以反驳的除外。

第六条 民法典第一千二百二十二条规定的病历资料包括医疗机构保管的门诊病历、住院志、体温单、医嘱单、检验报告、医学影像检查资料、特殊检查(治疗)同意书、手术同意书、手术及麻醉记录、病理资料、护理记录、出院记录以及国务院卫生行政主管部门规定的其他病历资料。

患者依法向人民法院申请医疗机构提交由其保管的与纠纷有关的病历资料等,医疗机构未在人民法院指定期限内提交的,人民法院可以依照民法典第一千二百二十二条第二项规定推定医疗机构有过错,但是因不可抗力等客观原因无法提交的除外。

第七条 患者依据民法典第一千二百二十三条规定请求赔偿的,应当提交使用医疗产品或者输入血液、受到损害的证据。

患者无法提交使用医疗产品或者输入血液与损害之间具有因果关系的证据,依法申请鉴定的,人民法院应予准许。

医疗机构,医疗产品的生产者、销售者、药品上市许可持有人或者血液提供机构主张不承担责任的,应当对医疗产品不存在缺陷或者血液合格等抗辩事由承担举证证明责任。

第八条 当事人依法申请对医疗损害责任纠纷中的专门性问题进行鉴定的,人民法院应予准许。

当事人未申请鉴定,人民法院对前款规定的专门性问题认为需要鉴定的,应当依职权委托鉴定。

第九条 当事人申请医疗损害鉴定的,由双方当事人协商确定鉴定人。

当事人就鉴定人无法达成一致意见,人民法院提出确定鉴定人的方法,当事人同意的,按照该方法确定;当事人不同意的,由人民法院指定。

鉴定人应当从具备相应鉴定能力、符合鉴定要求的专家中确定。

第十条 委托医疗损害鉴定的,当事人应当按照要求提交真实、完整、充分的鉴定材料。提交的鉴定材料不符合要求的,人民法院应当通知当事人更换或者补充相应材料。

在委托鉴定前,人民法院应当组织当事人对鉴定材料进行质证。

第十一条 委托鉴定书,应当有明确的鉴定事项和鉴定要求。鉴定人应当按照委托鉴定的事项和要求进行鉴定。

下列专门性问题可以作为申请医疗损害鉴定的事项:

(一)实施诊疗行为有无过错;

(二)诊疗行为与损害后果之间是否存在因果关系以及原因力大小;

(三)医疗机构是否尽到了说明义务、取得患者或者患者近亲属明确同意的义务;

(四)医疗产品是否有缺陷、该缺陷与损害后果之间是否存在因果关系以及原因力的大小;

(五)患者损伤残疾程度;

(六)患者的护理期、休息期、营养期;

(七)其他专门性问题。

鉴定要求包括鉴定人的资质、鉴定人的组成、鉴定程序、鉴定意见、鉴定期限等。

第十二条 鉴定意见可以按照导致患者损害的全部原因、主要原因、同等原因、次要原因、轻微原因或者与患者损害无因果关系,表述诊疗行为或者医疗产品等造成患者损害的原因力大小。

第十三条 鉴定意见应当经当事人质证。

当事人申请鉴定人出庭作证,经人民法院审查同意,或者人民法院认为鉴定人有必要出庭的,应当通知鉴定人出庭作证。双方当事人同意鉴定人通过书面说明、视听传输技术或者视听资料等方式作证的,可以准许。

鉴定人因健康原因、自然灾害等不可抗力或者其他正当理由不能按期出庭的,可以延期开庭;经人民法院许可,也可以通过书面说明、视听传输技术或者视听资料等方式作证。

无前款规定理由,鉴定人拒绝出庭作证,当事人对鉴定意见又不认可的,对该鉴定意见不予采信。

第十四条 当事人申请通知一至二名具有医学专门知识的人出庭,对鉴定意见或者案件的其他专门性事实问题提出意见,人民法院准许的,应当通知具有医学专门知识的人出庭。

前款规定的具有医学专门知识的人提出的意见,视为当事人的陈述,经质证可以作为认定案件事实的根据。

第十五条 当事人自行委托鉴定人作出的医疗损害鉴定意见,其他当事人认可的,可予采信。

当事人共同委托鉴定人作出的医疗损害鉴定意见,一方当事人不认可的,应当提出明确的异议内容和理由。经审查,有证据足以证明异议成立的,对鉴定意见不予采信;异议不成立的,应予采信。

第十六条 对医疗机构或者其医务人员的过错,应当依据法律、行政法规、规章以及其他有关诊疗规范进行认定,可以综合考虑患者病情的紧急程度、患者个体差异、当地的医疗水平、医疗机构与医务人员资质等因素。

第十七条 医务人员违反民法典第一千二百一十九条第一款规定义务,但未造成患者人身损害,患者请求医疗机构承担损害赔偿责任的,不予支持。

第十八条 因抢救生命垂危的患者等紧急情况且不能取得患者意见时,下列情形可以认定为民法典第一千二百二十条规定的不能取得患者近亲属意见:

(一)近亲属不明的;

(二)不能及时联系到近亲属的;

(三)近亲属拒绝发表意见的;

(四)近亲属达不成一致意见的;

(五)法律、法规规定的其他情形。

前款情形,医务人员经医疗机构负责人或者授权的负责人批准立即实施相应医疗措施,患者因此请求医疗机构承担赔偿责任的,不予支持;医疗机构及其医务人员怠于实施相应医疗措施造成损害,患者请求医疗机构承担赔偿责任的,应予支持。

第十九条 两个以上医疗机构的诊疗行为造成患者同一损害,患者请求医疗机构承担赔偿责任的,应当区分不同情况,依照民法典第一千一百六十八条、第一千一百七十一条或者第一千一百七十二条的规定,确定各医疗机构承担的赔偿责任。

第二十条 医疗机构邀请本单位以外的医务人员对患者进行诊疗,因受邀医务人员的过错造成患者损害的,由邀请医疗机构承担赔偿责任。

第二十一条 因医疗产品的缺陷或者输入不合格血液受到损害,患者请求医疗机构、缺陷医疗产品的生产者、销售者、药品上市许可持有人或者血液提供机构承担赔偿责任的,应予支持。

医疗机构承担赔偿责任后,向缺陷医疗产品的生产者、销售者、药品上市许可持有人或者血液提供机构追偿的,应予支持。

因医疗机构的过错使医疗产品存在缺陷或者血液不合格,医疗产品的生产者、销售者、药品上市许可持有人或者血液提供机构承担赔偿责任后,向医疗机构追偿的,应予支持。

第二十二条 缺陷医疗产品与医疗机构的过错诊疗行为共同造成患者同一损害,患者请求医疗机构与医疗产品的生产者、销售者、药品上市许可持有人承担连带责任的,应予支持。

医疗机构或者医疗产品的生产者、销售者、药品上市许可持有人承担赔偿责任后,向其他责任主体追偿的,应当根据诊疗行为与缺陷医疗产品造成患者损害的原因力大小确定相应的数额。

输入不合格血液与医疗机构的过错诊疗行为共同造成患者同一损害的,参照适用前两款规定。

第二十三条 医疗产品的生产者、销售者、药品上市许可持有人明知医疗产品存在缺陷仍然生产、销售,造成患者死亡或者健康严重损害,被侵权人请求生产者、销售者、药品上市许可持有人赔偿损失及二倍以下惩罚性赔偿的,人民法院应予支持。

第二十四条 被侵权人同时起诉两个以上医疗机构承担赔偿责任,人民法院经审理,受诉法院所在地的医疗机构依法不承担赔偿责任,其他医疗机构承担赔偿责任的,残疾赔偿金、死亡赔偿金的计算,按下列情形分别处理:

(一)一个医疗机构承担责任的,按照该医疗机构所在地的赔偿标准执行;

(二)两个以上医疗机构均承担责任的,可以按照其中赔偿标准较高的医疗机构所在地标准执行。

第二十五条 患者死亡后,其近亲属请求医疗损害赔偿的,适用本解释;支付患者医疗费、丧葬费等合理费用的人请求赔偿该费用的,适用本解释。

本解释所称的"医疗产品"包括药品、消毒产品、医疗器械等。

第二十六条 本院以前发布的司法解释与本解释不一致的,以本解释为准。

本解释施行后尚未终审的案件,适用本解释;本解释施行前已经终审,当事人申请再审或者按照审判监督程序决定再审的案件,不适用本解释。

第四章

刑事责任

28. 中华人民共和国刑法(节录)

（1979年7月1日第五届全国人民代表大会第二次会议通过 1997年3月14日第八届全国人民代表大会第五次会议修订 根据1998年12月29日第九届全国人民代表大会常务委员会第六次会议通过的《全国人民代表大会常务委员会关于惩治骗购外汇、逃汇和非法买卖外汇犯罪的决定》、1999年12月25日第九届全国人民代表大会常务委员会第十三次会议通过的《中华人民共和国刑法修正案》、2001年8月31日第九届全国人民代表大会常务委员会第二十三次会议通过的《中华人民共和国刑法修正案(二)》、2001年12月29日第九届全国人民代表大会常务委员会第二十五次会议通过的《中华人民共和国刑法修正案(三)》、2002年12月28日第九届全国人民代表大会常务委员会第三十一次会议通过的《中华人民共和国刑法修正案(四)》、2005年2月28日第十届全国人民代表大会常务委员会第十四次会议通过的《中华人民共和国刑法修正案(五)》、2006年6月29日第十届全国人民代表大会常务委员会第二十二次会议通过的《中华人民共和国刑法修正案(六)》、2009年2月28日第十一届全国人民代表大会常务委员会第七次会议通过的《中华人民共和国刑法修正案(七)》、2009年8月27日第十一届全国人民代表大会常务委员会第十次会议通过的《全国人民代表大会常务委员会关于修改部分法律的决定》、2011年2月25日第十一届全国人民代表大会常务委员会第十九次会议通过的《中华人民共和国刑法修正案（八）》、2015年8月29日第十二届全国人民代表大会常务委员会第十六次会议通过的《中华人民共和国刑法修正案（九）》、2017年11月4日第十二届全国人民代表大会常务委员会第三十次会议通过的《中华人民共和国刑法修正案（十）》、2020年12月26日第十三届全国人民代表大会常务委员会第二十四次会议通过的《中华人民共和国刑法修正案（十一）》和2023年12月29日第十四届全国人民代表大会常务委员会第七次会议通过的《中华人民共和国刑法修正案（十二）》修正）

第一百四十条 【生产、销售伪劣产品罪】生产者、销售者在产品中掺杂、掺假，以假充真，以次充好或者以不合格产品冒充合格产品，销售金额五万元以上不满二十万元的，处二年以下有期徒刑或者拘役，并处或者单处销售金额百分之五十以上二倍以下罚金；销售金额二十万元以上不满五十万元的，处二年以上七年以下有期徒刑，并处销售金额百分之五十以上二倍以下罚金；销售金额五十万元以上不满二百万元的，处七年以上有期徒刑，并处销售金额百分之五十以上二倍以下罚金；销售金额二百万元以上的，处十五年有期徒刑或者无期徒刑，并处销售金额百分之五十以上二倍以下罚金或者没收财产。

第一百四十一条 【生产、销售、提供假药罪】生产、销售假药的，处三年以下有期徒刑或者拘役，并处罚金；对人体健康造成严重危害或者有其他严重情节的，处三年以上十年以下有期徒刑，并处罚金；致人死亡或者有其他特别严重情节的，处十年以上有期徒刑、无期徒刑或者死刑，并处罚金或者没收财产。

药品使用单位的人员明知是假药而提供给他人使用的，依照前款的规定处罚。

第一百四十二条 【生产、销售、提供劣药罪】生产、销售劣药，对人体健康造成严重危害的，处三年以上十年以下有期徒刑，并处罚金；后果特别严重的，处十年以上有期徒刑或者无期徒刑，并处罚金或者没收财产。

药品使用单位的人员明知是劣药而提供给他人使用的,依照前款的规定处罚。

第一百四十二条之一 【妨害药品管理罪】违反药品管理法规,有下列情形之一,足以严重危害人体健康的,处三年以下有期徒刑或者拘役,并处或者单处罚金;对人体健康造成严重危害或者有其他严重情节的,处三年以上七年以下有期徒刑,并处罚金:

(一)生产、销售国务院药品监督管理部门禁止使用的药品的;

(二)未取得药品相关批准证明文件生产、进口药品或者明知是上述药品而销售的;

(三)药品申请注册中提供虚假的证明、数据、资料、样品或者采取其他欺骗手段的;

(四)编造生产、检验记录的。

有前款行为,同时又构成本法第一百四十一条、第一百四十二条规定之罪或者其他犯罪的,依照处罚较重的规定定罪处罚。

第一百四十五条 【生产、销售不符合标准的医用器材罪】生产不符合保障人体健康的国家标准、行业标准的医疗器械、医用卫生材料,或者销售明知是不符合保障人体健康的国家标准、行业标准的医疗器械、医用卫生材料,足以严重危害人体健康的,处三年以下有期徒刑或者拘役,并处销售金额百分之五十以上二倍以下罚金;对人体健康造成严重危害的,处三年以上十年以下有期徒刑,并处销售金额百分之五十以上二倍以下罚金;后果特别严重的,处十年以上有期徒刑或者无期徒刑,并处销售金额百分之五十以上二倍以下罚金或者没收财产。

第一百四十九条 【对生产、销售伪劣商品行为的法条适用原则】生产、销售本节第一百四十一条至第一百四十八条所列产品,不构成各该条规定的犯罪,但是销售金额在五万元以上的,依照本节第一百四十条的规定定罪处罚。

生产、销售本节第一百四十一条至第一百四十八条所列产品,构成各该条规定的犯罪,同时又构成本节第一百四十条规定之罪的,依照处罚较重的规定定罪处罚。

第一百五十条 【单位犯生产、销售伪劣商品罪的处罚规定】单位犯本节第一百四十条至第一百四十八条规定之罪的,对单位判处罚金,并对其直接负责的主管人员和其他直接责任人员,依照各该条的规定处罚。

第二百三十四条之一 【组织出卖人体器官罪】组织他人出卖人体器官的,处五年以下有期徒刑,并处罚金;情节严重的,处五年以上有期徒刑,并处罚金或者没收财产。

【故意伤害罪】【故意杀人罪】未经本人同意摘取其器官,或者摘取不满十八周岁的人的器官,或者强迫、欺骗他人捐献器官的,依照本法第二百三十四条、第二百三十二条的规定定罪处罚。

【盗窃、侮辱、故意毁坏尸体、尸骨、骨灰罪】违背本人生前意愿摘取其尸体器官,或者本人生前未表示同意,违反国家规定,违背其近亲属意愿摘取其尸体器官的,依照本法第三百零二条的规定定罪处罚。

第二百九十条 【聚众扰乱社会秩序罪】聚众扰乱社会秩序,情节严重,致使工作、生产、营业和教学、科研、医疗无法进行,造成严重损失的,对首要分子,处三年以上七年以下有期徒刑;对其他积极参加的,处三年以下有期徒刑、拘役、管制或者剥夺政治权利。

【聚众冲击国家机关罪】聚众冲击国家机关,致使国家机关工作无法进行,造成严重损失的,对首要分子,处五年以上十年以下有期徒刑;对其他积极参加的,处五年以下有期徒刑、拘役、管制或者剥夺政治权利。

【扰乱国家机关工作秩序罪】多次扰乱国家机关工作秩序,经行政处罚后仍不改正,造成严重后果的,处三年以下有期徒刑、拘役或者管制。

【组织、资助非法聚集罪】多次组织、资助他人非法聚集,扰乱社会秩序,情节严重的,依照前款的规定处罚。

第三百三十条 【妨害传染病防治罪】违反传染病防治法的规定,有下列情形之一,引起甲类传染病以及依法确定采取甲类传染病预防、控制措施的传染病传播或者有传播严重危险的,处三年以下有期徒刑或者拘役;后果特别严重的,处三年以上七年以下有期徒刑:

(一)供水单位供应的饮用水不符合国家规定的卫生标准的;

(二)拒绝按照疾病预防控制机构提出的卫生要求,对传染病病原体污染的污水、污物、场所和物品进行消毒处理的;

(三)准许或者纵容传染病病人、病原携带者和疑似传染病病人从事国务院卫生行政部门规定禁止从事的易使该传染病扩散的工作的;

(四)出售、运输疫区中被传染病病原体污染或者可能被传染病病原体污染的物品,未进行消毒处理的;

(五)拒绝执行县级以上人民政府、疾病预防控制机构依照传染病防治法提出的预防、控制措施的。

单位犯前款罪的,对单位判处罚金,并对其直接负责的主管人员和其他直接责任人员,依照前款的规定处罚。

甲类传染病的范围,依照《中华人民共和国传染病防治法》和国务院有关规定确定。

第三百三十一条 【传染病菌种、毒种扩散罪】从事实验、保藏、携带、运输传染病菌种、毒种的人员,违反国务院卫生行政部门的有关规定,造成传染病菌种、毒种扩散,后果严重的,处三年以下有期徒刑或者拘役;后果特别严重的,处三年以上七年以下有期徒刑。

第三百三十二条 【妨害国境卫生检疫罪】违反国境卫生检疫规定,引起检疫传染病传播或者有传播严重危险的,处三年以下有期徒刑或者拘役,并处或者单处罚金。

单位犯前款罪的,对单位判处罚金,并对其直接负责的主管人员和其他直接责任人员,依照前款的规定处罚。

第三百三十三条 【非法组织卖血罪】【强迫卖血罪】非法组织他人出卖血液的,处五年以下有期徒刑,并处罚金;以暴力、威胁方法强迫他人出卖血液的,处五年以上十年以下有期徒刑,并处罚金。

【故意伤害罪】有前款行为,对他人造成伤害的,依照本法第二百三十四条的规定定罪处罚。

第三百三十四条 【非法采集、供应血液、制作、供应血液制品罪】非法采集、供应血液或者制作、供应血液制品,不符合国家规定的标准,足以危害人体健康的,处五年以下有期徒刑或者拘役,并处罚金;对人体健康造成严重危害的,处五年以上十年以下有期徒刑,并处罚金;造成特别严重后果的,处十年以上有期徒刑或者无期徒刑,并处罚金或者没收财产。

【采集、供应血液、制作、供应血液制品事故罪】经国家主管部门批准采集、供应血液或者制作、供应血液制品的部门,不依照规定进行检测或者违背其他操作规定,造成危害他人身体健康后果的,对单位判处罚金,并对其直接负责的主管人员和其他直接责任人员,处五年以下有期徒刑或者拘役。

第三百三十四条之一 【非法采集人类遗传资源、走私人类遗传资源材料罪】违反国家有关规定,非法采集我国人类遗传资源或者非法运送、邮寄、携带我国人类遗传资源材料出境,危害公众健康或者社会公共利益,情节严重的,处三年以下有期徒刑、拘役或者管制,并处或者单处罚金;情节特别严重的,处三年以上七年以下有期徒刑,并处罚金。

第三百三十五条 【医疗事故罪】医务人员由于严重不负责任,造成就诊人死亡或者严重损害就诊人身体健康的,处三年以下有期徒刑或者拘役。

第三百三十六条 【非法行医罪】未取得医生执业资格的人非法行医,情节严重的,处三年以下有期徒刑、拘役或者管制,并处或者单处罚金;严重损害就诊人身体健康的,处三年以上十年以下有期徒刑,并处罚金;造成就诊人死亡的,处十年以上有期徒刑,并处罚金。

【非法进行节育手术罪】未取得医生执业资格的人擅自为他人进行节育复通手术、假节育手术、终止妊娠手术或者摘取宫内节育器,情节严重的,处三年以下有期徒刑、拘役或者管制,并处或者单处罚金;严重损害就诊人身体健康的,处三年以上十年以下有期徒刑,并处罚金;造成就诊人死亡的,处十年以上有期徒刑,并处罚金。

第三百三十六条之一 【非法植入基因编辑、克隆胚胎罪】将基因编辑、克隆的人类胚胎植入人体或者动物体内,或者将基因编辑、克隆的动物胚胎植入人体内,情节严重的,处三年以下有期徒刑或者拘役,并处罚金;情节特别严重的,处三年以上七年以下有期徒刑,并处罚金。

第三百三十八条 【污染环境罪】违反国家规定,排放、倾倒或者处置有放射性的废物、含传染病病原体的废物、有毒物质或者其他有害物质,严重污染环境的,处三年以下有期徒刑或者拘役,并处或者单处罚金;情节严重的,处三年以上七年以下有期徒刑,并处罚金;有下列情形之一的,处七年以上有期徒刑,并处罚金:

(一)在饮用水水源保护区、自然保护地核心保护区等依法确定的重点保护区域排放、倾倒、处置有放射性的废物、含传染病病原体的废物、有毒物质,情节特别严重的;

(二)向国家确定的重要江河、湖泊水域排放、倾倒、处置有放射性的废物、含传染病病原体的废物、有毒物质,情节特别严重的;

(三)致使大量永久基本农田基本功能丧失或者遭受永久性破坏的;

(四)致使多人重伤、严重疾病,或者致人严重残疾、死亡的。

有前款行为,同时构成其他犯罪的,依照处罚较重的规定定罪处罚。

第三百五十五条 【非法提供麻醉药品、精神药品罪】依法从事生产、运输、管理、使用国家管制的麻醉药品、精神药品的人员,违反国家规定,向吸食、注射毒品的人提供国家规定管制的能够使人形成瘾癖的麻醉药品、精神药品的,处三年以下有期徒刑或者拘役,并处罚金;情节严重的,处三年以上七年以下有期徒刑,并处罚金。向走私、贩卖毒品的犯罪分子或者以牟利为目的,向吸食、注射毒品的人提供国家规定管制的能够使人形成瘾癖的麻醉药品、精神药品的,依照本法第三百四十七条的规定定罪处罚。

单位犯前款罪的,对单位判处罚金,并对其直接负责的主管人员和其他直接责任人员,依照前款的规定处罚。

29. 最高人民检察院、公安部关于公安机关管辖的刑事案件立案追诉标准的规定(一)(节录)

(2008年6月25日最高人民检察院公布 公通字〔2008〕36号)

第十六条 [生产、销售伪劣产品案(刑法第一百四十条)]生产者、销售者在产品中掺杂、掺假,以假充真,以次充好或者以不合格产品冒充合格产品,涉嫌下列情形之一的,应予立案追诉:

(一)伪劣产品销售金额五万元以上的;

(二)伪劣产品尚未销售,货值金额十五万元以上的;

(三)伪劣产品销售金额不满五万元,但将已销售金额乘以三倍后,与尚未销售的伪劣产品货值金额合计十五万元以上的。

本条规定的"掺杂、掺假",是指在产品中掺入杂质或者异物,致使产品质量不符合国家法律、法规或者产品明示质量标准规定的质量要求,降低、失去应有使用性能的行为;"以假充真",是指以不具有某种使用性能的产品冒充具有该种使用性能的产品的行为;"以次充好",是指以低等级、低档次产品冒充高等级、高档次产品,或者以残次、废旧零配件组合、拼装后冒充正品或者新产品的行为;"不合格产品",是指不符合《中华人民共和国产品质量法》规定的质量要求的产品。

对本条规定的上述行为难以确定的,应当委托法律、行政法规规定的产品质量检验机构进行鉴定。本条规定的"销售金额",是指生产者、销售者出售伪劣产品后所得和应得的全部违法收入;"货值金额",以违法生产、销售的伪劣产品的标价计算;没有标价的,按照同类合格产品的市场中间价格计算。货值金额难以确定的,按照《扣押、追缴、没收物品估价管理办法》的规定,委托估价机构进行确定。

第十七条 [生产、销售假药案(刑法第一百四十一条)]生产(包括配制)、销售假药,涉嫌下列情形之一的,应予立案追诉:

(一)含有超标准的有毒有害物质的;

(二)不含所标明的有效成份,可能贻误诊治的;

(三)所标明的适应症或者功能主治超出规定范围,可能造成贻误诊治的;

(四)缺乏所标明的急救必需的有效成份的;

(五)其他足以严重危害人体健康或者对人体健康造成严重危害的情形。

本条规定的"假药",是指依照《中华人民共和国药品管理法》的规定属于假药和按假药处理的药品、非药品。

第十八条 [生产、销售劣药案(刑法第一百四十二条)]生产(包括配制)、销售劣药,涉嫌下列情形之一的,应予立案追诉:

(一)造成人员轻伤、重伤或者死亡的;

(二)其他对人体健康造成严重危害的情形。

本条规定的"劣药",是指依照《中华人民共和国药品管理法》的规定,药品成份的含量不符合国家药品标准的药品和按劣药论处的药品。

第二十一条 [生产、销售不符合标准的医用器材案(刑法第一百四十五条)]生产不符合保障人体健康的国家标准、行业标准的医疗器械、医用卫生材料,或者销售明知是不符合保障人体健康的国家标准、行业标准的医疗器械、医用卫生材料,涉嫌下列情形之一的,应予立案追诉:

(一)进入人体的医疗器械的材料中含有超过标准的有毒有害物质的;

(二)进入人体的医疗器械的有效性指标不符合标准要求,导致治疗、替代、调节、补偿功能部分或者全部丧失,可能造成贻误诊治或者人体严重损伤的;

(三)用于诊断、监护、治疗的有源医疗器械的安全指标不合符强制性标准要求,可能对人体构成伤害或者潜在危害的;

(四)用于诊断、监护、治疗的有源医疗器械的主要性能指标不合格,可能造成贻误诊治或者人体严重损伤的;

(五)未经批准,擅自增加功能或者适用范围,可能造成贻误诊治或者人体严重损伤的;

(六)其他足以严重危害人体健康或者对人体健康造成严重危害的情形。

医疗机构或者个人知道或者应当知道是不符合保障人体健康的国家标准、行业标准的医疗器械、医用卫生材料而购买并有偿使用的,视为本条规定的"销售"。

第四十九条 [妨害传染病防治案(刑法第三百三十条)]违反传染病防治法的规定,引起甲类或者按照甲类管理的传染病传播或者有传播严重危险,涉嫌下列情形之一的,应予立案追诉:

(一)供水单位供应的饮用水不符合国家规定的卫生标准的;

(二)拒绝按照疾病预防控制机构提出的卫生要求,对传染病病原体污染的污水、污物、粪便进行消毒处理的;

(三)准许或者纵容传染病病人、病原携带者和疑似传染病病人从事国务院卫生行政部门规定禁止从事的易使该传染病扩散的工作的;

(四)拒绝执行疾病预防控制机构依照传染病防治法提出的预防、控制措施的。

本条和本规定第五十条规定的"甲类传染病",是指鼠疫、霍乱;"按甲类管理的传染病",是指乙类传染病中传染性非典型肺炎、炭疽中的肺炭疽、人感染高致病性禽流感以及国务院卫生行政部门根据需要报经国务院批准公布实施的其他需要按甲类管理的乙类传染病和突发原因不明的传染病。

第五十条 [传染病菌种、毒种扩散案(刑法第三百三十一条)]从事实验、保藏、携带、运输传染病菌种、毒种的人员,违反国务院卫生行政部门的有关规定,造成传染病菌种、毒种扩散,涉嫌下列情形之一的,应予立案追诉:

(一)导致甲类和按甲类管理的传染病传播的;

(二)导致乙类、丙类传染病流行、暴发的;

(三)造成人员重伤或者死亡的;

(四)严重影响正常的生产、生活秩序的;

(五)其他造成严重后果的情形。

第五十一条 [妨害国境卫生检疫案(刑法第三百三十二条)]违反国境卫生检疫规定,引起检疫传染病传播或者有传播严重危险的,应予立案追诉。

本条规定的"检疫传染病",是指鼠疫、霍乱、黄热病以及国务院确定和公布的其他传染病。

第五十二条 [非法组织卖血案(刑法第三百三十三条第一款)]非法组织他

人出卖血液,涉嫌下列情形之一的,应予立案追诉:

(一)组织卖血三人次以上的;

(二)组织卖血非法获利二千元以上的;

(三)组织未成年人卖血的;

(四)被组织卖血的人的血液含有艾滋病病毒、乙型肝炎病毒、丙型肝炎病毒、梅毒螺旋体等病原微生物的;

(五)其他非法组织卖血应予追究刑事责任的情形。

第五十三条 [强迫卖血案(刑法第三百三十三条第一款)]以暴力、威胁方法强迫他人出卖血液的,应予立案追诉。

第五十四条 [非法采集、供应血液、制作、供应血液制品案(刑法第三百三十四条第一款)]非法采集、供应血液或者制作、供应血液制品,涉嫌下列情形之一的,应予立案追诉:

(一)采集、供应的血液含有艾滋病病毒、乙型肝炎病毒、丙型肝炎病毒、梅毒螺旋体等病原微生物的;

(二)制作、供应的血液制品含有艾滋病病毒、乙型肝炎病毒、丙型肝炎病毒、梅毒螺旋体等病原微生物,或者将含有上述病原微生物的血液用于制作血液制品的;

(三)使用不符合国家规定的药品、诊断试剂、卫生器材,或者重复使用一次性采血器材采集血液,造成传染病传播危险的;

(四)违反规定对献血者、供血浆者超量、频繁采集血液、血浆,足以危害人体健康的;

(五)其他不符合国家有关采集、供应血液或者制作、供应血液制品的规定,足以危害人体健康或者对人体健康造成严重危害的情形。

未经国家主管部门批准或者超过批准的业务范围,采集、供应血液或者制作、供应血液制品的,属于本条规定的"非法采集、供应血液、制作、供应血液制品"。

本条和本规定第五十二条、第五十三条、第五十五条规定的"血液",是指全血、成分血和特殊血液成分。

本条和本规定第五十五条规定的"血液制品",是指各种人血浆蛋白制品。

第五十五条 [采集、供应血液、制作、供应血液制品事故案(刑法第三百三十四条第二款)]经国家主管部门批准采集、供应血液或者制作、供应血液制品的部门,不依照规定进行检测或者违背其他操作规定,涉嫌下列情形之一的,应予立案追诉:

(一)造成献血者、供血浆者、受血者感染艾滋病病毒、乙型肝炎病毒、丙型肝炎病毒、梅毒螺旋体或者其他经血液传播的病原微生物的;

(二)造成献血者、供血浆者、受血者重度贫血、造血功能障碍或者其他器官组织损伤导致功能障碍等身体严重危害的;

(三)其他造成危害他人身体健康后果的情形。

经国家主管部门批准的采供血机构和血液制品生产经营单位,属于本条规定的"经国家主管部门批准采集、供应血液或者制作、供应血液制品的部门"。采供血机构包括血液中心、中心血站、脐带血造血干细胞库和国家卫生行政主管部门根据医学发展需要批准、设置的其他类型血库、单采血浆站。

具有下列情形之一的,属于本条规定的"不依照规定进行检测或者违背其他操作规定":

(一)血站未用两个企业生产的试剂对艾滋病病毒抗体、乙型肝炎病毒表面抗原、丙型肝炎病毒抗体、梅毒抗体进行两次检测的;

(二)单采血浆站不依照规定对艾滋病病毒抗体、乙型肝炎病毒表面抗原、丙型肝炎病毒抗体、梅毒抗体进行检测的;

(三)血液制品生产企业在投料生产前未用主管部门批准和检定合格的试剂进行复检的;

(四)血站、单采血浆站和血液制品生产企业使用的诊断试剂没有生产单位名称、生产批准文号或者经检定不合格的;

(五)采供血机构在采集检验样本、采集血液和成分血分离时,使用没有生产单位名称、生产批准文号或者超过有效期的一次性注射器等采血器材的;

(六)不依照国家规定的标准和要求包装、储存、运输血液、原料血浆的;

(七)对国家规定检测项目结果呈阳性的血液未及时按照规定予以清除的;

(八)不具备相应资格的医务人员进行采血、检验操作的;

(九)对献血者、供血浆者超量、频繁采集血液、血浆的;

(十)采供血机构采集血液、血浆前,未对献血者或者供血浆者进行身份识别,采集冒名顶替者、健康检查不合格者血液、血浆的;

(十一)血站擅自采集原料血浆,单采血浆站擅自采集临床用血或者向医疗机构供应原料血浆的;

(十二)重复使用一次性采血器材的;

(十三)其他不依照规定进行检测或者违背操作规定的。

第五十六条 [医疗事故案(刑法第三百三十五条)]医务人员由于严重不负责任,造成就诊人死亡或者严重损害就诊人身体健康的,应予立案追诉。

具有下列情形之一的,属于本条规定的"严重不负责任":

(一)擅离职守的;

(二)无正当理由拒绝对危急就诊人实行必要的医疗救治的;

(三)未经批准擅自开展试验性医疗的;

(四)严重违反查对、复核制度的;

(五)使用未经批准使用的药品、消毒药剂、医疗器械的;

(六)严重违反国家法律法规及有明确规定的诊疗技术规范、常规的;

(七)其他严重不负责任的情形。

本条规定的"严重损害就诊人身体健康",是指造成就诊人严重残疾、重伤、感染艾滋病、病毒性肝炎等难以治愈的疾病或者其他严重损害就诊人身体健康的后果。

第五十七条 [非法行医案(刑法第三百三十六条第一款)]未取得医生执业资格的人非法行医,涉嫌下列情形之一的,应予立案追诉:

(一)造成就诊人轻度残疾、器官组织损伤导致一般功能障碍,或者中度以上残疾、器官组织损伤导致严重功能障碍,或者死亡的;

(二)造成甲类传染病传播、流行或者有传播、流行危险的;

（三）使用假药、劣药或不符合国家规定标准的卫生材料、医疗器械，足以严重危害人体健康的；

（四）非法行医被卫生行政部门行政处罚两次以后，再次非法行医的；

（五）其他情节严重的情形。

具有下列情形之一的，属于本条规定的"未取得医生执业资格的人非法行医"：

（一）未取得或者以非法手段取得医师资格从事医疗活动的；

（二）个人未取得《医疗机构执业许可证》开办医疗机构的；

（三）被依法吊销医师执业证书期间从事医疗活动的；

（四）未取得乡村医生执业证书，从事乡村医疗活动的；

（五）家庭接生员实施家庭接生以外的医疗活动的。

本条规定的"轻度残疾、器官组织损伤导致一般功能障碍"、"中度以上残疾、器官组织损伤导致严重功能障碍"，参照卫生部《医疗事故分级标准（试行）》认定。

第五十八条　[非法进行节育手术案（刑法第三百三十六条第二款）]未取得医生执业资格的人擅自为他人进行节育复通手术、假节育手术、终止妊娠手术或者摘取宫内节育器，涉嫌下列情形之一的，应予立案追诉：

（一）造成就诊人轻伤、重伤、死亡或者感染艾滋病、病毒性肝炎等难以治愈的疾病的；

（二）非法进行节育复通手术、假节育手术、终止妊娠手术或者摘取宫内节育器五人次以上的；

（三）致使他人超计划生育的；

（四）非法进行选择性别的终止妊娠手术的；

（五）非法获利累计五千元以上的；

（六）其他情节严重的情形。

30. 最高人民法院关于审理非法行医刑事案件具体应用法律若干问题的解释

(2008年4月28日最高人民法院审判委员会第1446次会议通过 根据2016年12月12日最高人民法院审判委员会第1703次会议通过的《最高人民法院关于修改〈关于审理非法行医刑事案件具体应用法律若干问题的解释〉的决定》修正)

为依法惩处非法行医犯罪,保障公民身体健康和生命安全,根据刑法的有关规定,现对审理非法行医刑事案件具体应用法律的若干问题解释如下:

第一条 具有下列情形之一的,应认定为刑法第三百三十六条第一款规定的"未取得医生执业资格的人非法行医":

(一)未取得或者以非法手段取得医师资格从事医疗活动的;

(二)被依法吊销医师执业证书期间从事医疗活动的;

(三)未取得乡村医生执业证书,从事乡村医疗活动的;

(四)家庭接生员实施家庭接生以外的医疗行为的。

第二条 具有下列情形之一的,应认定为刑法第三百三十六条第一款规定的"情节严重":

(一)造成就诊人轻度残疾、器官组织损伤导致一般功能障碍的;

(二)造成甲类传染病传播、流行或者有传播、流行危险的;

(三)使用假药、劣药或不符合国家规定标准的卫生材料、医疗器械,足以严重危害人体健康的;

(四)非法行医被卫生行政部门行政处罚两次以后,再次非法行医的;

(五)其他情节严重的情形。

第三条 具有下列情形之一的,应认定为刑法第三百三十六条第一款规定的"严重损害就诊人身体健康":

(一)造成就诊人中度以上残疾、器官组织损伤导致严重功能障碍的;

(二)造成三名以上就诊人轻度残疾、器官组织损伤导致一般功能障碍的。

第四条 非法行医行为系造成就诊人死亡的直接、主要原因的,应认定为刑法第三百三十六条第一款规定的"造成就诊人死亡"。

非法行医行为并非造成就诊人死亡的直接、主要原因的,可不认定为刑法第三百三十六条第一款规定的"造成就诊人死亡"。但是,根据案件情况,可以认定为刑法第三百三十六条第一款规定的"情节严重"。

第五条 实施非法行医犯罪,同时构成生产、销售假药罪,生产、销售劣药罪,诈骗罪等其他犯罪的,依照刑法处罚较重的规定定罪处罚。

第六条 本解释所称"医疗活动""医疗行为",参照《医疗机构管理条例实施细则》中的"诊疗活动""医疗美容"认定。

本解释所称"轻度残疾、器官组织损伤导致一般功能障碍""中度以上残疾、器官组织损伤导致严重功能障碍",参照《医疗事故分级标准(试行)》认定。

第五章

鉴 定

31. 司法鉴定程序通则

(《司法鉴定程序通则》已经 2015 年 12 月 24 日司法部部务会议修订通过,现将修订后的《司法鉴定程序通则》发布,自 2016 年 5 月 1 日起施行)

第一章 总 则

第一条 为了规范司法鉴定机构和司法鉴定人的司法鉴定活动,保障司法鉴定质量,保障诉讼活动的顺利进行,根据《全国人民代表大会常务委员会关于司法鉴定管理问题的决定》和有关法律、法规的规定,制定本通则。

第二条 司法鉴定是指在诉讼活动中鉴定人运用科学技术或者专门知识对诉讼涉及的专门性问题进行鉴别和判断并提供鉴定意见的活动。司法鉴定程序是指司法鉴定机构和司法鉴定人进行司法鉴定活动的方式、步骤以及相关规则的总称。

第三条 本通则适用于司法鉴定机构和司法鉴定人从事各类司法鉴定业务的活动。

第四条 司法鉴定机构和司法鉴定人进行司法鉴定活动,应当遵守法律、法规、规章,遵守职业道德和执业纪律,尊重科学,遵守技术操作规范。

第五条 司法鉴定实行鉴定人负责制度。司法鉴定人应当依法独立、客观、公正地进行鉴定,并对自己作出的鉴定意见负责。司法鉴定人不得违反规定会见诉讼当事人及其委托的人。

第六条 司法鉴定机构和司法鉴定人应当保守在执业活动中知悉的国家秘密、商业秘密,不得泄露个人隐私。

第七条 司法鉴定人在执业活动中应当依照有关诉讼法律和本通则规定实行回避。

第八条 司法鉴定收费执行国家有关规定。

第九条 司法鉴定机构和司法鉴定人进行司法鉴定活动应当依法接受监督。对于有违反有关法律、法规、规章规定行为的,由司法行政机关依法给予相应的行政处罚;对于有违反司法鉴定行业规范行为的,由司法鉴定协会给予相应的行业处分。

第十条 司法鉴定机构应当加强对司法鉴定人执业活动的管理和监督。司法鉴定人违反本通则规定的,司法鉴定机构应当予以纠正。

第二章 司法鉴定的委托与受理

第十一条 司法鉴定机构应当统一受理办案机关的司法鉴定委托。

第十二条 委托人委托鉴定的,应当向司法鉴定机构提供真实、完整、充分的鉴定材料,并对鉴定材料的真实性、合法性负责。司法鉴定机构应当核对并记录鉴定材料的名称、种类、数量、性状、保存状况、收到时间等。

诉讼当事人对鉴定材料有异议的,应当向委托人提出。

本通则所称鉴定材料包括生物检材和非生物检材、比对样本材料以及其他与鉴定事项有关的鉴定资料。

第十三条 司法鉴定机构应当自收到委托之日起七个工作日内作出是否受理的决定。对于复杂、疑难或者特殊鉴定事项的委托,司法鉴定机构可以与委托人协商决定受理的时间。

第十四条 司法鉴定机构应当对委托鉴定事项、鉴定材料等进行审查。对属于本机构司法鉴定业务范围,鉴定用途合法,提供的鉴定材料能够满足鉴定需要的,应当受理。

对于鉴定材料不完整、不充分,不能满足鉴定需要的,司法鉴定机构可以要求委托人补充;经补充后能够满足鉴定需要的,应当受理。

第十五条 具有下列情形之一的鉴定委托,司法鉴定机构不得受理:

(一)委托鉴定事项超出本机构司法鉴定业务范围的;

(二)发现鉴定材料不真实、不完整、不充分或者取得方式不合法的;

(三)鉴定用途不合法或者违背社会公德的;

(四)鉴定要求不符合司法鉴定执业规则或者相关鉴定技术规范的;

(五)鉴定要求超出本机构技术条件或者鉴定能力的;

(六)委托人就同一鉴定事项同时委托其他司法鉴定机构进行鉴定的;

(七)其他不符合法律、法规、规章规定的情形。

第十六条 司法鉴定机构决定受理鉴定委托的,应当与委托人签订司法鉴定委托书。司法鉴定委托书应当载明委托人名称、司法鉴定机构名称、委托鉴定事项、是否属于重新鉴定、鉴定用途、与鉴定有关的基本案情、鉴定材料的提供和退还、鉴定风险,以及双方商定的鉴定时限、鉴定费用及收取方式、双方权利义务等其他需要载明的事项。

第十七条 司法鉴定机构决定不予受理鉴定委托的,应当向委托人说明理由,退还鉴定材料。

第三章 司法鉴定的实施

第十八条 司法鉴定机构受理鉴定委托后,应当指定本机构具有该鉴定事项执业资格的司法鉴定人进行鉴定。

委托人有特殊要求的,经双方协商一致,也可以从本机构中选择符合条件的司法鉴定人进行鉴定。

委托人不得要求或者暗示司法鉴定机构、司法鉴定人按其意图或者特定目的提供鉴定意见。

第十九条 司法鉴定机构对同一鉴定事项,应当指定或者选择二名司法鉴定人进行鉴定;对复杂、疑难或者特殊鉴定事项,可以指定或者选择多名司法鉴定人进行鉴定。

第二十条　司法鉴定人本人或者其近亲属与诉讼当事人、鉴定事项涉及的案件有利害关系,可能影响其独立、客观、公正进行鉴定的,应当回避。

司法鉴定人曾经参加过同一鉴定事项鉴定的,或者曾经作为专家提供过咨询意见的,或者曾被聘请为有专门知识的人参与过同一鉴定事项法庭质证的,应当回避。

第二十一条　司法鉴定人自行提出回避的,由其所属的司法鉴定机构决定;委托人要求司法鉴定人回避的,应当向该司法鉴定人所属的司法鉴定机构提出,由司法鉴定机构决定。

委托人对司法鉴定机构作出的司法鉴定人是否回避的决定有异议的,可以撤销鉴定委托。

第二十二条　司法鉴定机构应当建立鉴定材料管理制度,严格监控鉴定材料的接收、保管、使用和退还。

司法鉴定机构和司法鉴定人在鉴定过程中应当严格依照技术规范保管和使用鉴定材料,因严重不负责任造成鉴定材料损毁、遗失的,应当依法承担责任。

第二十三条　司法鉴定人进行鉴定,应当依下列顺序遵守和采用该专业领域的技术标准、技术规范和技术方法：

(一)国家标准；

(二)行业标准和技术规范；

(三)该专业领域多数专家认可的技术方法。

第二十四条　司法鉴定人有权了解进行鉴定所需要的案件材料,可以查阅、复制相关资料,必要时可以询问诉讼当事人、证人。

经委托人同意,司法鉴定机构可以派员到现场提取鉴定材料。现场提取鉴定材料应当由不少于二名司法鉴定机构的工作人员进行,其中至少一名应为该鉴定事项的司法鉴定人。现场提取鉴定材料时,应当有委托人指派或者委托的人员在场见证并在提取记录上签名。

第二十五条 鉴定过程中,需要对无民事行为能力人或者限制民事行为能力人进行身体检查的,应当通知其监护人或者近亲属到场见证;必要时,可以通知委托人到场见证。

对被鉴定人进行法医精神病鉴定的,应当通知委托人或者被鉴定人的近亲属或者监护人到场见证。

对需要进行尸体解剖的,应当通知委托人或者死者的近亲属或者监护人到场见证。

到场见证人员应当在鉴定记录上签名。见证人员未到场的,司法鉴定人不得开展相关鉴定活动,延误时间不计入鉴定时限。

第二十六条 鉴定过程中,需要对被鉴定人身体进行法医临床检查的,应当采取必要措施保护其隐私。

第二十七条 司法鉴定人应当对鉴定过程进行实时记录并签名。记录可以采取笔记、录音、录像、拍照等方式。记录应当载明主要的鉴定方法和过程,检查、检验、检测结果,以及仪器设备使用情况等。记录的内容应当真实、客观、准确、完整、清晰,记录的文本资料、音像资料等应当存入鉴定档案。

第二十八条 司法鉴定机构应当自司法鉴定委托书生效之日起三十个工作日内完成鉴定。

鉴定事项涉及复杂、疑难、特殊技术问题或者鉴定过程需要较长时间的,经本机构负责人批准,完成鉴定的时限可以延长,延长时限一般不得超过三十个工作日。鉴定时限延长的,应当及时告知委托人。

司法鉴定机构与委托人对鉴定时限另有约定的,从其约定。

在鉴定过程中补充或者重新提取鉴定材料所需的时间,不计入鉴定时限。

第二十九条 司法鉴定机构在鉴定过程中,有下列情形之一的,可以终止鉴定:

(一)发现有本通则第十五条第二项至第七项规定情形的;

(二)鉴定材料发生耗损,委托人不能补充提供的;

(三)委托人拒不履行司法鉴定委托书规定的义务、被鉴定人拒不配合或者鉴

定活动受到严重干扰,致使鉴定无法继续进行的;

(四)委托人主动撤销鉴定委托,或者委托人、诉讼当事人拒绝支付鉴定费用的;

(五)因不可抗力致使鉴定无法继续进行的;

(六)其他需要终止鉴定的情形。

终止鉴定的,司法鉴定机构应当书面通知委托人,说明理由并退还鉴定材料。

第三十条 有下列情形之一的,司法鉴定机构可以根据委托人的要求进行补充鉴定:

(一)原委托鉴定事项有遗漏的;

(二)委托人就原委托鉴定事项提供新的鉴定材料的;

(三)其他需要补充鉴定的情形。

补充鉴定是原委托鉴定的组成部分,应当由原司法鉴定人进行。

第三十一条 有下列情形之一的,司法鉴定机构可以接受办案机关委托进行重新鉴定:

(一)原司法鉴定人不具有从事委托鉴定事项执业资格的;

(二)原司法鉴定机构超出登记的业务范围组织鉴定的;

(三)原司法鉴定人应当回避没有回避的;

(四)办案机关认为需要重新鉴定的;

(五)法律规定的其他情形。

第三十二条 重新鉴定应当委托原司法鉴定机构以外的其他司法鉴定机构进行;因特殊原因,委托人也可以委托原司法鉴定机构进行,但原司法鉴定机构应当指定原司法鉴定人以外的其他符合条件的司法鉴定人进行。

接受重新鉴定委托的司法鉴定机构的资质条件应当不低于原司法鉴定机构,进行重新鉴定的司法鉴定人中应当至少有一名具有相关专业高级专业技术职称。

第三十三条 鉴定过程中,涉及复杂、疑难、特殊技术问题的,可以向本机构以外的相关专业领域的专家进行咨询,但最终的鉴定意见应当由本机构的司法鉴定人出具。

专家提供咨询意见应当签名,并存入鉴定档案。

第三十四条 对于涉及重大案件或者特别复杂、疑难、特殊技术问题或者多个鉴定类别的鉴定事项,办案机关可以委托司法鉴定行业协会组织协调多个司法鉴定机构进行鉴定。

第三十五条 司法鉴定人完成鉴定后,司法鉴定机构应当指定具有相应资质的人员对鉴定程序和鉴定意见进行复核;对于涉及复杂、疑难、特殊技术问题或者重新鉴定的鉴定事项,可以组织三名以上的专家进行复核。

复核人员完成复核后,应当提出复核意见并签名,存入鉴定档案。

第四章 司法鉴定意见书的出具

第三十六条 司法鉴定机构和司法鉴定人应当按照统一规定的文本格式制作司法鉴定意见书。

第三十七条 司法鉴定意见书应当由司法鉴定人签名。多人参加的鉴定,对鉴定意见有不同意见的,应当注明。

第三十八条 司法鉴定意见书应当加盖司法鉴定机构的司法鉴定专用章。

第三十九条 司法鉴定意见书应当一式四份,三份交委托人收执,一份由司法鉴定机构存档。司法鉴定机构应当按照有关规定或者与委托人约定的方式,向委托人发送司法鉴定意见书。

第四十条 委托人对鉴定过程、鉴定意见提出询问的,司法鉴定机构和司法鉴定人应当给予解释或者说明。

第四十一条 司法鉴定意见书出具后,发现有下列情形之一的,司法鉴定机构可以进行补正:

(一)图像、谱图、表格不清晰的;

(二)签名、盖章或者编号不符合制作要求的;

(三)文字表达有瑕疵或者错别字,但不影响司法鉴定意见的。

补正应当在原司法鉴定意见书上进行,由至少一名司法鉴定人在补正处签名。必要时,可以出具补正书。

对司法鉴定意见书进行补正，不得改变司法鉴定意见的原意。

第四十二条 司法鉴定机构应当按照规定将司法鉴定意见书以及有关资料整理立卷、归档保管。

第五章　司法鉴定人出庭作证

第四十三条 经人民法院依法通知，司法鉴定人应当出庭作证，回答与鉴定事项有关的问题。

第四十四条 司法鉴定机构接到出庭通知后，应当及时与人民法院确认司法鉴定人出庭的时间、地点、人数、费用、要求等。

第四十五条 司法鉴定机构应当支持司法鉴定人出庭作证，为司法鉴定人依法出庭提供必要条件。

第四十六条 司法鉴定人出庭作证，应当举止文明，遵守法庭纪律。

第六章　附　　则

第四十七条 本通则是司法鉴定机构和司法鉴定人进行司法鉴定活动应当遵守和采用的一般程序规则，不同专业领域对鉴定程序有特殊要求的，可以依据本通则制定鉴定程序细则。

第四十八条 本通则所称办案机关，是指办理诉讼案件的侦查机关、审查起诉机关和审判机关。

第四十九条 在诉讼活动之外，司法鉴定机构和司法鉴定人依法开展相关鉴定业务的，参照本通则规定执行。

第五十条 本通则自2016年5月1日起施行。司法部2007年8月7日发布的《司法鉴定程序通则》（司法部第107号令）同时废止。

32. 医疗损害司法鉴定指南

1 范　　围

本文件提供了医疗损害责任纠纷司法鉴定实践中涉及的委托、鉴定过程、听取医患各方陈述意见的程序和鉴定的基本方法等方面的指导。

本文件适用于医疗损害的司法鉴定,其他类似鉴定参照执行。

本文件不适用于医疗损害相关的人身损害所致残疾等级鉴定、劳动能力鉴定,以及其他法医赔偿鉴定(包括人身损害所需休息期、营养期和护理期的鉴定,以及定残后护理依赖程度的鉴定和后续诊疗事项的鉴定等)。

2 规范性引用文件

下列文件中的内容通过文中的规范性引用而构成本文件必不可少的条款。其中,注日期的引用文件,仅该日期对应的版本适用于本文件;不注日期的引用文件,其最新版本(包括所有的修改单)适用于本文件。

GA/T 147　法医学　尸体检验技术总则

SF/T 0111　法医临床检验规范

SF/T 0112　法医临床影像学检验实施规范

3 术语和定义

下列术语和定义适用于本文件。

3.1　医疗损害　medical malpractice

医疗机构及其医务人员在诊疗护理过程中因过错导致患者不利的事实。

3.2　医疗纠纷　medical tangle

患者与医疗机构及其医务人员因诊疗活动引发的争议。

3.3　医疗过错　medical fault

医疗机构及其医务人员实施违反法律、行政法规、规章以及其他相关诊疗和护理规范规定的医疗行为,或者未尽到与当时医疗水平相应的诊疗义务的医疗行为。

3.4 损害后果 damage

与医疗行为有关的,不期望发生的患者死亡、残疾、组织器官损伤致功能障碍、病情加重或者病程延长等人身损害以及其他相关损害的情形。

3.5 因果关系 causation

医疗过错(3.3)与损害后果(3.4)之间的联系形式。

注:分为事实因果关系和法律因果关系。医疗损害司法鉴定中主要关注事实因果关系。

3.6 原因力 causative potency

可能同时存在多种原因导致患者发生损害后果(3.4)时,医疗过错(3.3)所起作用的大小。

4 医疗损害司法鉴定的委托

4.1 委托人

医疗损害司法鉴定一般由具有管辖权的人民法院委托。必要时,宜由具有检察、监察和监督权的机关和组织作为委托人。

依据本文件对医疗纠纷进行行政处理或者调解、仲裁需实施的鉴定,宜由具有相应处置权的机构或者单位委托,或由发生医疗纠纷的各方当事人(即患方与相应医疗机构)共同委托。

4.2 委托鉴定事项

医疗损害司法鉴定一般包括以下委托事项:

a) 医疗机构实施诊疗行为有无过错;

b) 医疗过错行为与损害后果之间是否存在因果关系以及原因力大小;

c) 医疗机构是否尽到了说明义务、取得患者或者患者近亲属书面同意的义务;

d) 其他有关的专门性问题。

委托人根据需要酌情提出委托鉴定的事项,司法鉴定机构宜与委托人协商,并就委托事项达成一致意见。

5 鉴定过程

5.1 鉴定材料预审

委托人提出医疗损害司法鉴定委托后,向司法鉴定机构提供鉴定材料供鉴定人审核,司法鉴定机构在规定期限内给予是否符合受理条件以及本机构是否具备鉴定能力的答复。鉴定材料不能满足审核要求的,鉴定机构宜及时提出补充提供的要求。

提供的鉴定材料根据案件所处阶段,一般包括但不限于:鉴定申请书、医患各方的书面陈述材料、病历及医学影像学资料、民事起诉状和民事答辩状。

医学影像资料的预审参照 SF/T 0112 中有关外部信息审核的规定。

5.2 听取医患各方陈述意见

鉴定材料预审后拟受理鉴定的,司法鉴定机构宜确定鉴定人并通知委托人,共同协商组织听取医患当事各方(代表)的意见陈述。当事各方或一方拒绝到场的,视为放弃陈述的权利;鉴定人经与委托人协商,委托人认为有必要的,则继续鉴定。

5.3 鉴定的受理与检验

经确认鉴定材料,并符合受理条件的,由司法鉴定机构与委托人签订办理受理确认手续。

受理鉴定后,鉴定人宜按照 SF/T 0111 或 GA/T 147 的规定,对被鉴定人(患者)进行必要的检验(包括尸体解剖、组织病理学检验、活体检验以及其他必要的辅助检查)。

5.4 咨询专家意见

鉴定人就鉴定中涉及的专门性问题咨询相关医学专家。专家意见宜内部存档并供鉴定人参考,但不作为鉴定意见书的一部分或其附件。

5.5 制作鉴定意见书

鉴定人综合所提供的鉴定材料、医患各方陈述意见、检验结果和专家意见,根据医学科学原理、临床诊疗规范及鉴定原则,完成鉴定意见书的制作,并对鉴定意见负责。

6 听取医患各方陈述意见的程序

6.1 基本形式

一般采用现场会议的形式听取医患各方的陈述意见,或经与委托人协商,也能采用远程视频会议和电话会议等形式。

6.2 参与人员

参与人员建议如下:

a)参与人员一般包括鉴定人(必要时可包括鉴定助理和记录人),委托人或其代表,患方(包括患者本人和/或其家属、患方代理人、专家辅助人以及其他有关人员),医方(包括当事医务人员和/或其所在医疗机构的代表、医方代理人、专家辅助人以及其他有关人员);

b)医、患各方参与人数不宜超过五人;

c)若有必要,利益相关方(如造成患者人身损害的相对方当事人或其代理人,以及与赔偿有关的保险公司人员)也能参与陈述意见;

d)必要时,宜邀请提供咨询意见的(临床)医学专家参与听取医患各方的陈述。

6.3 听取陈述意见

6.3.1 概述

若委托人或其代表到会,一般先由委托人或其代表介绍医患各方人员,宣布委托鉴定事项(鉴定内容),介绍受委托的司法鉴定机构。

宜由司法鉴定机构委派的鉴定人主持医患意见陈述会。鉴定人宜说明以下事项:

a)宣布并介绍鉴定人,说明有关鉴定人回避的规定,询问有无提出回避申请及其理由;

b)司法鉴定采用鉴定人负责制,鉴定过程中会根据需要聘请相关医学专家提

供咨询意见,但其意见仅供鉴定人参考,鉴定人对鉴定意见负责;

c)鉴定起始之日与鉴定期限一般自正式签署《司法鉴定委托(确认)书》并鉴定材料提供完成之日起计算,有约定的从约定;

d)在鉴定终结前,医患各方未经许可,不宜私自联系鉴定人;若确需补充材料的,向委托人提交并由委托人审核和质证后转交鉴定人。

6.3.2 医患意见的陈述

医患各方分别陈述,每方陈述宜在20分钟以内。通常按先患方、后医方的次序进行。双方陈述完毕后,可以补充陈述。鉴定人在主持过程中宜说明如下陈述要求:

a)医患各方在规定时间内陈述各自的观点和意见,陈述时尽可能围绕委托鉴定事项所涉及的诊疗过程、损害后果及其因果关系等具体问题;

b)医患各方勿随意打断对方的陈述,不能辱骂、诋毁或威胁对方、委托人和鉴定人;

c)医患各方陈述后,鉴定人为进一步了解有关情况,可就鉴定所涉及的问题向各方提问,必要时作适当的说明;

d)医患各方均可向鉴定人提交书面陈述意见,书面陈述意见可包括临床医学指南、行业专家共识或者医学文献等资料;

e)确有必要时,医患双方的陈述分别进行。

6.3.3 会议记录

鉴定机构摘要记录医患各方的陈述意见,通过现场陈述的,由医患各方到场人员在会议记录上签字确认;通过远程视频或者电话会议形式的,宜采用录音和录像等形式记录。

会议记录是鉴定活动的工作记录,宜存档保存,但一般不直接作为鉴定依据。

6.4 鉴定材料争议时的处置

6.4.1 审核与责任

审核与责任的建议如下:

a)委托人对鉴定材料的真实性、完整性和充分性负责;

b)鉴定人对鉴定材料是否适用和能否满足鉴定需求进行必要的审核;

c) 医患各方对鉴定材料提出异议的，鉴定人根据审核结果，按照 6.4.2 或者 6.4.3 的规定酌情处理。

6.4.2 酌情确定是否可以实施鉴定

在以下情形下，确定是否实施鉴定：

a) 当事人所提异议不影响鉴定实施，鉴定人经征得委托人同意后，宜继续实施鉴定；

b) 当事人所提异议可以通过鉴定材料中相关内容或者其他资料加以明确的，鉴定人经与委托人协商后，确定是否继续鉴定；

c) 鉴定人针对当事人的异议，经综合鉴定材料综合评估认为，该异议成立与否可能会对鉴定意见产生实质影响的，宜与委托人充分协商，酌情确定是否继续鉴定。

6.4.3 中止或者终止鉴定

当事人所提异议对鉴定意见可能产生实质性影响，鉴定人经与委托人协商，仍不能解决异议的，宜中止或者终止鉴定。经补充材料后若异议得以解决，则再重新启动鉴定。

6.4.4 涉及特殊检材的鉴定

涉及特殊检材的鉴定建议如下：

a) 鉴定人认为需提供病理组织切片、蜡块、组织块或者尸体等特殊检材的，委托人以及医患各方需积极配合，经确认后提交鉴定机构；提交过程中若发生检材遗失和毁损等情况，鉴定机构不承担责任。

b) 特殊检材送达鉴定机构后，鉴定人及时确认类型、数量和保存状态。若特殊检材已发生遗失和毁损，告知委托人并保留相关记录；

c) 鉴定过程中，鉴定机构妥善保管和使用特殊检材。

7 鉴定的基本方法

7.1 医疗过错

7.1.1 违反具体规定的过错

医疗机构及其医务人员在诊疗过程中违反法律、行政法规、规章以及相应诊疗、护理规范的具体规定,或者有违该专业领域多数专家认可的原则和方法,则视为存在医疗过错。

注:规定、原则和方法,既包括成文的,也包括"约定成俗"的。

7.1.2 违反注意义务的过错

以医疗纠纷发生当时相应专业领域多数医务人员的认识能力和操作水平衡量,医疗机构及其医务人员有责任、也有能力对可能出现的损害加以注意,但因疏忽大意或过度自信而未能注意,则认定存在医疗过错。在判定时适当注意把握合理性、时限性和地域性原则。

7.1.3 违反告知义务的过错

医疗机构及其医务人员在诊疗过程中宜对患者的病情及拟采取的诊疗措施作出必要的告知,并取得患方的知情与对诊疗措施的同意。未尽到告知义务,则视为存在医疗过错。

告知的情形包括但不限于以下内容:

a)疾病的诊断,包括医师知道的和应当知道的;

b)拟采取诊疗措施的目的、方法、利益和风险,以及拒绝该措施的风险和利益;

c)除拟采取的诊疗措施以外,可供选择的其他替代措施;

d)可能对患者造成明显侵袭性伤害或者需要患者承受较强烈痛苦的诊疗措施;

e)费用昂贵的检查、药物和医疗器械;

f)关于转医的事项;

g)其他按照相关规定有必要取得患者知情和同意的情形。

医务人员的告知既包括书面说明,有时也包括其他适当形式的告知。实际鉴定时,鉴定人宜审慎判断,并关注医务人员未尽到告知义务对患者的实际损害。

7.2 损害后果

7.2.1 死亡

死亡是最严重的损害后果,指被鉴定人(患者)作为自然人的生命终结。需行尸体检验明确死亡原因的,按照 GA/T 147 的规定执行。

7.2.2 残疾

残疾是较严重的损害后果,指患者的肢体、器官和组织结构破坏或者不能发挥正常的生理功能,工作、学习乃至社会适应、日常生活因此而受到影响,有时需他人适当给予帮助,甚至存在医疗依赖、护理依赖和营养依赖的情形。需确定致残程度等级的,宜按照 SF/T 0111 和 SF/T 0112 的规定进行活体检验。

7.2.3 病程延长

病程延长是指患者的病程或其疾病诊疗的临床过程较通常情况延长。

7.2.4 病情加重或者其他损害

病情加重或者其他损害是指患者的肢体、器官和组织虽有部分损害,例如:程度较诊疗前并无任何改善或者反有加重,但仍然能够发挥基本正常的生理功能,能基本正常地从事工作和学习,社会适应和日常生活也无明显受限,尚不至于构成残疾的情形。

7.2.5 错误受孕、错误生产、错误生命

错误受孕、错误生产和错误生命含义如下:

a) 错误受孕是指因医方建议或应用避孕措施不当,导致妇女意外受孕;

b) 错误生产也称错误分娩,是就新生儿的父母而言,孕妇妊娠期间虽经产前检查但未避免分娩缺陷胎儿;

c) 错误生命(也称"错误出生"),是由新生儿本人主张其母亲在妊娠期间虽经产前检查但未发现异常或者未作出必要提示,导致自己出生时即带有缺陷。

上述损害后果的实质是丧失生育(出生)选择的机会,而非生育(出生)本身。

7.2.6 丧失生存机会

相对于死亡后果而言,丧失生存机会属中间损害(或称"过程性损害"),并非最终损害后果。丧失生存机会是指患者自身疾病存在短期内致死的较大可能性,或者疾病严重、期望生存期有限,但发生医疗损害致使死亡未能得以避免或者缩短了生存期。

7.2.7 丧失康复机会

相对于残疾后果而言,丧失康复机会属中间损害(或称"过程性损害"),并非

最终损害后果。丧失康复机会是指患者自身疾病具有导致残疾或功能障碍的较大可能性,但发生医疗损害致使残疾或功能障碍未能得以有效避免。

7.3 因果关系及原因力大小

7.3.1 医疗行为与患者的损害后果之间无因果关系

不良后果几乎完全是由于患者病情本身的特点、自身健康状况、体质的特殊性或者限于当时医疗水平等因素造成,与医疗行为不存在本质上的关联。

7.3.2 医疗行为与患者的损害后果之间存在一定的因果关系,过错系轻微原因

损害后果从本质上而言是由于患者病情本身的特点、自身健康状况、体质的特殊性或者限于当时医疗水平等因素造成,医疗过错行为仅在损害后果的发生或进展过程中起到了一定的诱发或轻微的促进和加重作用,即使没有发生医疗过错,损害后果通常情况下仍然难以避免。

7.3.3 医疗行为与患者的损害后果之间存在一定的因果关系,过错系次要原因

损害后果主要是由于患者病情本身的特点、自身健康状况、体质的特殊性或者限于当时医疗水平等因素造成,医疗过错行为仅在损害后果的发生或进展过程中起到了促进或加重作用,即使没有发生医疗过错,损害后果仍然有较大的可能会发生。

7.3.4 医疗行为与患者的损害后果之间存在一定的因果关系,过错系同等原因

损害后果与医疗过错行为以及患者病情本身的特点、自身健康状况、体质的特殊性或者限于当时医疗水平等因素均密切相关,若没有发生医疗过错,或者没有患者的自身因素(和/或限于当时医疗水平等因素),损害后果通常情况下都不发生。医疗过错和患者自身因素在损害后果形成的过程中,所起的作用基本相当,难分主次。

7.3.5 医疗行为与患者的损害后果之间存在因果关系,过错系主要原因

医疗过错行为是导致患者损害后果的主要原因,患者病情本身的特点、自身

健康状况、体质的特殊性或者限于当时医疗水平等因素只起次要作用,若没有医疗过错,损害后果一般不会发生。

7.3.6 医疗行为与患者的损害后果之间存在因果关系,过错系全部原因

医疗过错行为是导致患者损害后果的直接原因,若没有医疗过错,损害后果必然不会发生。

33. 人身损害与疾病因果关系判定指南

1 范 围

本文件提供了人身损害与疾病因果关系判定法医学检验和鉴定方面的指导和建议,包括检验时机、检验方法、因果关系类型以及因果关系分析与判定基本方法。

本文件适用于法医学鉴定中各种因素所致人身损害及自身疾病或者既往损伤与后果之间因果关系和原因力大小的判定。其他各种外因(如环境损害等)引起的人身损害后果与既往疾病并存时的因果关系判定,参照本文件执行。

2 规范性引用文件

下列文件中的内容通过文中的规范性引用而构成本文件必不可少的条款。其中,注日期的引用文件,仅该日期对应的版本适用于本文件;不注日期的引用文件,其最新版本(包括所有的修改单)适用于本文件。

SF/T 0111 法医临床检验规范

3 术语和定义

下列术语和定义适用于本文件。

3.1 人身损害 personal injury

侵害他人身体并造成人身或健康伤害的不良后果。

3.2 参与程度 degree of participation

人身损害(3.1)在现存后果中原因力大小的范围或者幅度。

4 总　　则

4.1 宜遵循实事求是的原则,从客观事实出发,研究并确定人身损害和疾病是否客观存在;明确损伤与疾病发生、发展和转归的过程,探索其时间间隔的延续性和病理变化的规律性。

4.2 当人身损害与既往伤、病共存时,宜运用医学和法医学的理论、技术和方法,全面审查病历资料并进行必要的法医学检验,全面分析并综合评定人身损害在现存后果中的原因力大小。

5 检验时机

5.1 伤病关系判定以原发性损伤为依据的,宜在损伤后早期进行检验和评定。

5.2 伤病关系判定以损伤后果为依据的,宜在治疗终结或者临床治疗效果稳定后检验。

6 检验方法

6.1 了解案情

包括了解案发经过、受伤过程和现场情况等。尽可能详细了解损伤和疾病等信息。

6.2 审阅资料

宜全面收集反映损害后临床诊治过程的病历资料(包括医学影像诊断资料和实验室检验资料),全面了解损害后出现的临床表现和治疗转归信息。

6.3 收集既往病历

宜了解并收集伤者既往病历资料,如:有无高血压病、冠心病、糖尿病和骨关节病等。

6.4 一般检查

针对个案情况,宜按照 SF/T 0111 的规定实施体格检查,对于损害与疾病部位相关的组织、器官和系统宜重点进行全面和细致的检查。

6.5 辅助检查

针对损害后病历资料反映的损伤与病症,宜有针对性地选择进行实验室检验和辅助性检查。

6.6 诊断

根据案情、病历资料、辅助检查和法医检验结果,必要时宜咨询临床医学专家,对原发性损伤、继发性改变和后遗症作出诊断。

7 因果关系类型

人身损害与疾病的因果关系类型按照损害在疾病中的原因力大小,分为完全作用、主要作用、同等作用、次要作用、轻微作用和没有作用六种类型。具体如下:

a) 完全作用(完全原因):外界各种损害因素直接作用于人体健康的组织和器官,致组织和器官解剖学结构的连续性、完整性破坏,和/或出现功能障碍,现存的后果/疾病完全由损害因素造成;

b) 主要作用(主要原因):外界各种损害因素直接作用于人体基本健康的组织和器官,致组织和器官解剖学结构的连续性、完整性破坏,和/或出现功能障碍,现存的后果/疾病主要由损害因素造成;

c) 同等作用(同等原因):既有损害,又有疾病。损害与疾病因素两者独立存在均不能造成目前的后果,两者互为条件,相互影响,损害与疾病共同作用致成现存后果,且所起的作用基本相当;

d) 次要作用(次要原因):既有损害,又有疾病。疾病在前,是主要原因;损害在后,为次要原因。即损害在原有器质性病变的基础上,使已存在疾病的病情加重;

e) 轻微作用(轻微原因):既有损害,又有疾病。疾病在前,是主要原因;损害在后,为轻微原因。即损害在原有器质性病变的基础上,使已存在疾病的病情显现;

f) 没有作用(没有因果关系):外界各种损害因素作用于人体患病组织和器官,没有造成组织和器官解剖学结构连续性、完整性破坏及功能障碍,不良后果完全系自身疾病所造成,与损害因素之间不存在因果关系。

8　因果关系分析与判定的基本方法

8.1　人体损伤程度鉴定中的因果关系包括：

a）若损伤与损害后果之间存在直接因果关系，为完全作用或主要作用，宜按照《人体损伤程度鉴定标准》相关条款评定损伤程度；

b）若损伤与损害后果之间存在同等因果关系，为同等作用（同等原因），则参见《人体损伤程度鉴定标准》的伤病关系处理原则，降低等级评定损伤程度；

c）若损伤与损害后果之间为次要作用或轻微作用，则只说明因果关系，不评定损伤程度；

d）若损伤与损害后果之间不存在因果关系，为没有因果关系，则不评定损伤程度；

e）在损伤程度鉴定中的伤病关系判定，不宜评定参与程度。

8.2　人体损伤致残程度鉴定中的因果关系包括：

a）若损伤与残疾之间存在因果关系（完全作用、主要作用、同等作用、次要作用或轻微作用），宜按照《人体损伤致残程度分级》相关条款评定残疾程度，并说明因果关系类型，必要时宜根据附录 A 判定损害参与程度；

b）若损伤与残疾之间不存在因果关系，则只说明因果关系，不评定致残等级。

8.3　其他人身损害鉴定中的因果关系

在医疗损害鉴定中，首先判定医疗过错与损害后果之间是否存在因果关系；若判定医疗过错与损害后果间存在因果关系，宜说明因果关系类型，必要时根据附录 A 判定医疗过错与损害后果的参与程度。

附　录　A
（规范性）
参与程度分级和判定规则

A.1　参与程度分级

按照人身损害在疾病后果中的原因力大小（因果关系类型），依次将人身损害

参与程度分为以下六个等级:

a)完全因果关系:96%~100%(建议100%);

b)主要因果关系:56%~95%(建议75%);

c)同等因果关系:45%~55%(建议50%);

d)次要因果关系:16%~44%(建议30%);

e)轻微因果关系:5%~15%(建议10%);

f)没有因果关系:0%~4%(建议0%)。

A.2　参与程度判定规则

首先宜根据第7章判定人身损害在疾病后果中的因果关系类型,然后再根据参与程度分级进行判定,具体如下:

a)人身损害与疾病存在直接因果关系,单独由损害引起的疾病或者后果,损害参与程度为96%~100%,建议为100%;

b)人身损害与疾病存在直接因果关系,人身损害是主要原因,疾病是潜在的次要或者轻微因素,损害参与程度为56%~95%,建议为75%;

c)既有人身损害,又有疾病,若损害与疾病两者独立存在均不能造成目前的后果,为两者兼而有之,作用基本相等,损害与疾病之间存在同等作用因果关系,损害参与程度为45%~55%,建议为50%;

d)既有人身损害,又有疾病,若损害与疾病之间存在间接因果关系,损害为次要原因,损害参与程度为16%~44%,建议为30%;

e)既有人身损害,又有疾病,若损害与疾病之间存在间接因果关系,损害为轻微原因,损害参与程度为5%~15%,建议为10%;

f)既有人身损害,又有疾病,若现存后果完全由疾病造成,即损伤与疾病之间不存在因果关系,外伤参与程度为0%~4%,建议为0%。

参考文献

[1]人体损伤程度鉴定标准(最高人民法院、最高人民检察院、公安部、国家安全部、司法部),2014年1月1日起实施。

[2]人体损伤致残程度分级(最高人民法院、最高人民检察院、公安部、国家安

全部、司法部),2017年1月1日起实施。

[3]范利华、吴军、牛伟新:《损伤与疾病》,复旦大学出版社2014年版。

[4]伍新尧:《高级法医学》,郑州大学出版社2002年版。

[5]国际功能、残疾和健康分类(International Classification of Functioning, Disability and Health,ICF). WHO. 2001。

34. 人体损伤致残程度分级

1 范 围

本标准规定了人体损伤致残程度分级的原则、方法、内容和等级划分。

本标准适用于人身损害致残程度等级鉴定。

2 规范性引用文件

下列文件对本标准的应用是必不可少的。凡是注日期的引用文件,仅注日期的版本适用于本标准;凡是不注日期的引用文件,其最新版本(包括所有的修改单)适用于本标准。

最高人民法院、最高人民检察院、公安部、国家安全部、司法部发布 人体损伤程度鉴定标准

GB/T 16180-2014 劳动能力鉴定 职工工伤与职业病致残等级

GB/T 31147 人身损害护理依赖程度评定

3 术语和定义

3.1 损伤

各种因素造成的人体组织器官结构破坏和/或功能障碍。

3.2 残疾

人体组织器官结构破坏或者功能障碍,以及个体在现代临床医疗条件下难以恢复的生活、工作、社会活动能力不同程度的降低或者丧失。

4 总则

4.1 鉴定原则

应以损伤治疗后果或者结局为依据,客观评价组织器官缺失和/或功能障碍程度,科学分析损伤与残疾之间的因果关系,实事求是地进行鉴定。

受伤人员符合两处以上致残程度等级者,鉴定意见中应该分别写明各处的致残程度等级。

4.2 鉴定时机

应在原发性损伤及其与之确有关联的并发症治疗终结或者临床治疗效果稳定后进行鉴定。

4.3 伤病关系处理

当损伤与原有伤、病共存时,应分析损伤与残疾后果之间的因果关系。根据损伤在残疾后果中的作用力大小确定因果关系的不同形式,可依次分别表述为:完全作用、主要作用、同等作用、次要作用、轻微作用、没有作用。

除损伤"没有作用"以外,均应按照实际残情鉴定致残程度等级,同时说明损伤与残疾后果之间的因果关系;判定损伤"没有作用"的,不应进行致残程度鉴定。

4.4 致残等级划分

本标准将人体损伤致残程度划分为 10 个等级,从一级(人体致残率 100%)到十级(人体致残率 10%),每级致残率相差 10%。致残程度等级划分依据见附录 A。

4.5 判断依据

依据人体组织器官结构破坏、功能障碍及其对医疗、护理的依赖程度,适当考虑由于残疾引起的社会交往和心理因素影响,综合判定致残程度等级。

5 致残程度分级

5.1 一级

5.1.1 颅脑、脊髓及周围神经损伤

1)持续性植物生存状态;

2)精神障碍或者极重度智能减退,日常生活完全不能自理;

3)四肢瘫(肌力3级以下)或者三肢瘫(肌力2级以下);

4)截瘫(肌力2级以下)伴重度排便功能障碍与重度排尿功能障碍。

5.1.2 颈部及胸部损伤

1)心功能不全,心功能Ⅳ级;

2)严重器质性心律失常,心功能Ⅲ级;

3)心脏移植术后,心功能Ⅲ级;

4)心肺联合移植术后;

5)肺移植术后呼吸困难(极重度)。

5.1.3 腹部损伤

1)原位肝移植术后肝衰竭晚期;

2)双肾切除术后或者孤肾切除术后,需透析治疗维持生命;肾移植术后肾衰竭。

5.1.4 脊柱、骨盆及四肢损伤

1)三肢缺失(上肢肘关节以上,下肢膝关节以上);

2)二肢缺失(上肢肘关节以上,下肢膝关节以上),第三肢各大关节功能丧失均达75%;

3)二肢缺失(上肢肘关节以上,下肢膝关节以上),第三肢任二大关节均强直固定或者功能丧失均达90%。

5.2 二级

5.2.1 颅脑、脊髓及周围神经损伤

1)精神障碍或者重度智能减退,日常生活随时需有人帮助;

2)三肢瘫(肌力3级以下);

3)偏瘫(肌力2级以下);

4)截瘫(肌力2级以下);

5)非肢体瘫运动障碍(重度)。

5.2.2 头面部损伤

1)容貌毁损(重度);

2)上颌骨或者下颌骨完全缺损;

3)双眼球缺失或者萎缩;

4)双眼盲目 5 级;

5)双侧眼睑严重畸形(或者眼睑重度下垂,遮盖全部瞳孔),伴双眼盲目 3 级以上。

5.2.3　颈部及胸部损伤

1)呼吸困难(极重度);

2)心脏移植术后;

3)肺移植术后。

5.2.4　腹部损伤

1)肝衰竭晚期;

2)肾衰竭;

3)小肠大部分切除术后,消化吸收功能丧失,完全依赖肠外营养。

5.2.5　脊柱、骨盆及四肢损伤

1)双上肢肘关节以上缺失,或者一上肢肘关节以上缺失伴一下肢膝关节以上缺失;

2)一肢缺失(上肢肘关节以上,下肢膝关节以上),其余任二肢体各有二大关节功能丧失均达75%;

3)双上肢各大关节均强直固定或者功能丧失均达90%。

5.2.6　体表及其他损伤

1)皮肤瘢痕形成达体表面积90%;

2)重型再生障碍性贫血。

5.3　三级

5.3.1　颅脑、脊髓及周围神经损伤

1)精神障碍或者重度智能减退,不能完全独立生活,需经常有人监护;

2)完全感觉性失语或者混合性失语;

3)截瘫(肌力 3 级以下)伴排便或者排尿功能障碍;

4) 双手全肌瘫(肌力 2 级以下),伴双腕关节功能丧失均达 75%;

5) 重度排便功能障碍伴重度排尿功能障碍。

5.3.2 头面部损伤

1) 一眼球缺失、萎缩或者盲目 5 级,另一眼盲目 3 级;

2) 双眼盲目 4 级;

3) 双眼视野接近完全缺损,视野有效值≤4%(直径≤5°);

4) 吞咽功能障碍,完全依赖胃管进食。

5.3.3 颈部及胸部损伤

1) 食管闭锁或者切除术后,摄食依赖胃造口或者空肠造口;

2) 心功能不全,心功能Ⅲ级。

5.3.4 腹部损伤

1) 全胰缺失;

2) 一侧肾切除术后,另一侧肾功能重度下降;

3) 小肠大部分切除术后,消化吸收功能严重障碍,大部分依赖肠外营养。

5.3.5 盆部及会阴部损伤

1) 未成年人双侧卵巢缺失或者萎缩,完全丧失功能;

2) 未成年人双侧睾丸缺失或者萎缩,完全丧失功能;

3) 阴茎接近完全缺失(残留长度≤1.0cm)。

5.3.6 脊柱、骨盆及四肢损伤

1) 二肢缺失(上肢腕关节以上,下肢膝关节以上);

2) 一肢缺失(上肢腕关节以上,下肢膝关节以上),另一肢各大关节均强直固定或者功能丧失均达 90%;

3) 双上肢各大关节功能丧失均达 75%;双下肢各大关节均强直固定或者功能丧失均达 90%;一上肢与一下肢各大关节均强直固定或者功能丧失均达 90%。

5.4 四级

5.4.1 颅脑、脊髓及周围神经损伤

1) 精神障碍或者中度智能减退,日常生活能力严重受限,间或需要帮助;

2）外伤性癫痫（重度）；

3）偏瘫（肌力3级以下）；

4）截瘫（肌力3级以下）；

5）阴茎器质性勃起障碍（重度）。

5.4.2 头面部损伤

1）符合容貌毁损（重度）标准之三项者；

2）上颌骨或者下颌骨缺损达1/2；

3）一眼球缺失、萎缩或者盲目5级，另一眼重度视力损害；

4）双眼盲目3级；

5）双眼视野极度缺损，视野有效值≤8%（直径≤10°）；

6）双耳听力障碍≥91dB HL。

5.4.3 颈部及胸部损伤

1）严重器质性心律失常，心功能Ⅱ级；

2）一侧全肺切除术后；

3）呼吸困难（重度）。

5.4.4 腹部损伤

1）肝切除2/3以上；

2）肝衰竭中期；

3）胰腺大部分切除，胰岛素依赖；

4）肾功能重度下降；

5）双侧肾上腺缺失；

6）永久性回肠造口。

5.4.5 盆部及会阴部损伤

1）膀胱完全缺失或者切除术后，行永久性输尿管腹壁造瘘或者肠代膀胱并永久性造口。

5.4.6 脊柱、骨盆及四肢损伤

1）一上肢腕关节以上缺失伴一下肢踝关节以上缺失，或者双下肢踝关节以上缺失；

2) 双下肢各大关节功能丧失均达75%；一上肢与一下肢各大关节功能丧失均达75%；

3) 手功能丧失分值达150分。

5.4.7 体表及其他损伤

1) 皮肤瘢痕形成达体表面积70%；

2) 放射性皮肤癌。

5.5 五级

5.5.1 颅脑、脊髓及周围神经损伤

1) 精神障碍或者中度智能减退,日常生活能力明显受限,需要指导；

2) 完全运动性失语；

3) 完全性失用、失写、失读或者失认等；

4) 双侧完全性面瘫；

5) 四肢瘫(肌力4级以下)；

6) 单肢瘫(肌力2级以下)；

7) 非肢体瘫运动障碍(中度)；

8) 双手大部分肌瘫(肌力2级以下)；

9) 双足全肌瘫(肌力2级以下)；

10) 排便伴排尿功能障碍,其中一项达重度。

5.5.2 头面部损伤

1) 符合容貌毁损(重度)标准之二项者；

2) 一眼球缺失、萎缩或者盲目5级,另一眼中度视力损害；

3) 双眼重度视力损害；

4) 双眼视野重度缺损,视野有效值≤16%(直径≤20°)；

5) 一侧眼睑严重畸形(或者眼睑重度下垂,遮盖全部瞳孔),伴另一眼盲目3级以上；

6) 双耳听力障碍≥81dB HL；

7）一耳听力障碍≥91dB HL,另一耳听力障碍≥61dB HL;

8）舌根大部分缺损;

9）咽或者咽后区损伤遗留吞咽功能障碍,只能吞咽流质食物。

5.5.3　颈部及胸部损伤

1）未成年人甲状腺损伤致功能减退,药物依赖;

2）甲状旁腺功能损害(重度);

3）食管狭窄,仅能进流质食物;

4）食管损伤,肠代食管术后。

5.5.4　腹部损伤

1）胰头合并十二指肠切除术后;

2）一侧肾切除术后,另一侧肾功能中度下降;

3）肾移植术后,肾功能基本正常;

4）肾上腺皮质功能明显减退;

5）全胃切除术后;

6）小肠部分切除术后,消化吸收功能障碍,部分依赖肠外营养;

7）全结肠缺失。

5.5.5　盆部及会阴部损伤

1）永久性输尿管腹壁造口;

2）尿瘘难以修复;

3）直肠阴道瘘难以修复;

4）阴道严重狭窄(仅可容纳一中指);

5）双侧睾丸缺失或者完全萎缩,丧失生殖功能;

6）阴茎大部分缺失(残留长度≤3.0cm)。

5.5.6　脊柱、骨盆及四肢损伤

1）一上肢肘关节以上缺失;

2）一肢缺失(上肢腕关节以上,下肢膝关节以上),另一肢各大关节功能丧失均达50%或者其余肢体任二大关节功能丧失均达75%;

3)手功能丧失分值≥120 分。

5.6　六级

5.6.1　颅脑、脊髓及周围神经损伤

1)精神障碍或者中度智能减退,日常生活能力部分受限,但能部分代偿,部分日常生活需要帮助;

2)外伤性癫痫(中度);

3)尿崩症(重度);

4)一侧完全性面瘫;

5)三肢瘫(肌力 4 级以下);

6)截瘫(肌力 4 级以下)伴排便或者排尿功能障碍;

7)双手部分肌瘫(肌力 3 级以下);

8)一手全肌瘫(肌力 2 级以下),伴相应腕关节功能丧失 75% 以上;

9)双足全肌瘫(肌力 3 级以下);

10)阴茎器质性勃起障碍(中度)。

5.6.2　头面部损伤

1)符合容貌毁损(中度)标准之四项者;

2)面部中心区条状瘢痕形成(宽度达 0.3cm),累计长度达 20.0cm;

3)面部片状细小瘢痕形成或者色素显著异常,累计达面部面积的 80%;

4)双侧眼睑严重畸形;

5)一眼球缺失、萎缩或者盲目 5 级,另一眼视力≤0.5;

6)一眼重度视力损害,另一眼中度视力损害;

7)双眼视野中度缺损,视野有效值≤48%(直径≤60°);

8)双侧前庭平衡功能丧失,睁眼行走困难,不能并足站立;

9)唇缺损或者畸形,累计相当于上唇 2/3 以上。

5.6.3　颈部及胸部损伤

1)双侧喉返神经损伤,影响功能;

2)一侧胸廓成形术后,切除 6 根以上肋骨;

3）女性双侧乳房完全缺失；

4）心脏瓣膜置换术后，心功能不全；

5）心功能不全，心功能Ⅱ级；

6）器质性心律失常安装永久性起搏器后；

7）严重器质性心律失常；

8）两肺叶切除术后。

5.6.4　腹部损伤

1）肝切除1/2以上；

2）肝衰竭早期；

3）胰腺部分切除术后伴功能障碍，需药物治疗；

4）肾功能中度下降；

5）小肠部分切除术后，影响消化吸收功能，完全依赖肠内营养。

5.6.5　盆部及会阴部损伤

1）双侧卵巢缺失或者萎缩，完全丧失功能；

2）未成年人双侧卵巢萎缩，部分丧失功能；

3）未成年人双侧睾丸萎缩，部分丧失功能；

4）会阴部瘢痕挛缩伴阴道狭窄；

5）睾丸或者附睾损伤，生殖功能重度损害；

6）双侧输精管损伤难以修复；

7）阴茎严重畸形，不能实施性交行为。

5.6.6　脊柱、骨盆及四肢损伤

1）脊柱骨折后遗留30°以上侧弯或者后凸畸形；

2）一肢缺失（上肢腕关节以上，下肢膝关节以上）；

3）双足跖跗关节以上缺失；

4）手或者足功能丧失分值≥90分。

5.6.7　体表及其他损伤

1）皮肤瘢痕形成达体表面积50%；

2) 非重型再生障碍性贫血。

5.7 七级

5.7.1 颅脑、脊髓及周围神经损伤

1) 精神障碍或者轻度智能减退，日常生活有关的活动能力极重度受限；

2) 不完全感觉性失语；

3) 双侧大部分面瘫；

4) 偏瘫（肌力4级以下）；

5) 截瘫（肌力4级以下）；

6) 单肢瘫（肌力3级以下）；

7) 一手大部分肌瘫（肌力2级以下）；

8) 一足全肌瘫（肌力2级以下）；

9) 重度排便功能障碍或者重度排尿功能障碍。

5.7.2 头面部损伤

1) 面部中心区条状瘢痕形成（宽度达0.3cm），累计长度达15.0cm；

2) 面部片状细小瘢痕形成或者色素显著异常，累计达面部面积的50%；

3) 双侧眼睑重度下垂，遮盖全部瞳孔；

4) 一眼球缺失或者萎缩；

5) 双眼中度视力损害；

6) 一眼盲目3级，另一眼视力≤0.5；

7) 双眼偏盲；

8) 一侧眼睑严重畸形（或者眼睑重度下垂，遮盖全部瞳孔）合并该眼盲目3级以上；

9) 一耳听力障碍≥81dB HL，另一耳听力障碍≥61dB HL；

10) 咽或者咽后区损伤遗留吞咽功能障碍，只能吞咽半流质食物；

11) 上颌骨或者下颌骨缺损达1/4；

12) 上颌骨或者下颌骨部分缺损伴牙齿缺失14枚以上；

13) 颌面部软组织缺损，伴发涎漏。

5.7.3　颈部及胸部损伤

1）甲状腺功能损害（重度）；

2）甲状旁腺功能损害（中度）；

3）食管狭窄,仅能进半流质食物；食管重建术后并发反流性食管炎；

4）颏颈粘连（中度）；

5）女性双侧乳房大部分缺失或者严重畸形；

6）未成年或者育龄女性双侧乳头完全缺失；

7）胸廓畸形,胸式呼吸受限；

8）一肺叶切除,并肺段或者肺组织楔形切除术后。

5.7.4　腹部损伤

1）肝切除 1/3 以上；

2）一侧肾切除术后；

3）胆道损伤胆肠吻合术后,反复发作逆行性胆道感染；

4）未成年人脾切除术后；

5）小肠部分（包括回盲部）切除术后；

6）永久性结肠造口；

7）肠瘘长期不愈（1 年以上）。

5.7.5　盆部及会阴部损伤

1）永久性膀胱造口；

2）膀胱部分切除术后合并轻度排尿功能障碍；

3）原位肠代膀胱术后；

4）子宫大部分切除术后；

5）睾丸损伤,血睾酮降低,需药物替代治疗；

6）未成年人一侧睾丸缺失或者严重萎缩；

7）阴茎畸形,难以实施性交行为；

8）尿道狭窄（重度）或者成形术后；

9）肛管或者直肠损伤,排便功能重度障碍或者肛门失禁（重度）；

10)会阴部瘢痕挛缩致肛门闭锁,结肠造口术后。

5.7.6 脊柱、骨盆及四肢损伤

1)双下肢长度相差8.0cm以上;

2)一下肢踝关节以上缺失;

3)四肢任一大关节(踝关节除外)强直固定于非功能位;

4)四肢任二大关节(踝关节除外)功能丧失均达75%;

5)一手除拇指外,余四指完全缺失;

6)双足足弓结构完全破坏;

7)手或者足功能丧失分值≥60分。

5.8 八级

5.8.1 颅脑、脊髓及周围神经损伤

1)精神障碍或者轻度智能减退,日常生活有关的活动能力重度受限;

2)不完全运动性失语;不完全性失用、失写、失读或者失认;

3)尿崩症(中度);

4)一侧大部分面瘫,遗留眼睑闭合不全和口角歪斜;

5)单肢瘫(肌力4级以下);

6)非肢体瘫运动障碍(轻度);

7)一手大部分肌瘫(肌力3级以下);

8)一足全肌瘫(肌力3级以下);

9)阴茎器质性勃起障碍(轻度)。

5.8.2 头面部损伤

1)容貌毁损(中度);

2)符合容貌毁损(重度)标准之一项者;

3)头皮完全缺损,难以修复;

4)面部条状瘢痕形成,累计长度达30.0cm;面部中心区条状瘢痕形成(宽度达0.2cm),累计长度达15.0cm;

5)面部块状增生性瘢痕形成,累计面积达15.0cm^2;面部中心区块状增生性瘢

痕形成,单块面积达 7.0cm² 或者多块累计面积达 9.0cm²;

6) 面部片状细小瘢痕形成或者色素异常,累计面积达 100.0cm²;

7) 一眼盲目 4 级;

8) 一眼视野接近完全缺损,视野有效值≤4%(直径≤5°);

9) 双眼外伤性青光眼,经手术治疗;

10) 一侧眼睑严重畸形(或者眼睑重度下垂,遮盖全部瞳孔)合并该眼重度视力损害;

11) 一耳听力障碍≥91dB HL;

12) 双耳听力障碍≥61dB HL;

13) 双侧鼻翼大部分缺损,或者鼻尖大部分缺损合并一侧鼻翼大部分缺损;

14) 舌体缺损达舌系带;

15) 唇缺损或者畸形,累计相当于上唇 1/2 以上;

16) 脑脊液漏经手术治疗后持续不愈;

17) 张口受限Ⅲ度;

18) 发声功能或者构音功能障碍(重度);

19) 咽成形术后咽下运动异常。

5.8.3 颈部及胸部损伤

1) 甲状腺功能损害(中度);

2) 颈总动脉或者颈内动脉严重狭窄支架置入或者血管移植术后;

3) 食管部分切除术后,并后遗胸腔胃;

4) 女性一侧乳房完全缺失;女性双侧乳房缺失或者毁损,累计范围相当于一侧乳房 3/4 以上;

5) 女性双侧乳头完全缺失;

6) 肋骨骨折 12 根以上并后遗 6 处畸形愈合;

7) 心脏或者大血管修补术后;

8) 一肺叶切除术后;

9) 胸廓成形术后,影响呼吸功能;

10)呼吸困难(中度)。

5.8.4 腹部损伤

1)腹壁缺损≥腹壁的1/4;

2)成年人脾切除术后;

3)胰腺部分切除术后;

4)胃大部分切除术后;

5)肠部分切除术后,影响消化吸收功能;

6)胆道损伤,胆肠吻合术后;

7)损伤致肾性高血压;

8)肾功能轻度下降;

9)一侧肾上腺缺失;

10)肾上腺皮质功能轻度减退。

5.8.5 盆部及会阴部损伤

1)输尿管损伤行代替术或者改道术后;

2)膀胱大部分切除术后;

3)一侧输卵管和卵巢缺失;

4)阴道狭窄;

5)一侧睾丸缺失;

6)睾丸或者附睾损伤,生殖功能轻度损害;

7)阴茎冠状沟以上缺失;

8)阴茎皮肤瘢痕形成,严重影响性交行为。

5.8.6 脊柱、骨盆及四肢损伤

1)二椎体压缩性骨折(压缩程度均达1/3);

2)三个以上椎体骨折,经手术治疗后;

3)女性骨盆骨折致骨产道变形,不能自然分娩;

4)股骨头缺血性坏死,难以行关节假体置换术;

5)四肢长骨开放性骨折并发慢性骨髓炎、大块死骨形成,长期不愈(1年以上）；

6）双上肢长度相差 8.0cm 以上；

7）双下肢长度相差 6.0cm 以上；

8）四肢任一大关节（踝关节除外）功能丧失 75% 以上；

9）一踝关节强直固定于非功能位；

10）一肢体各大关节功能丧失均达 50%；

11）一手拇指缺失达近节指骨 1/2 以上并相应掌指关节强直固定；

12）一足足弓结构完全破坏，另一足足弓结构部分破坏；

13）手或者足功能丧失分值≥40 分。

5.8.7　体表及其他损伤

1）皮肤瘢痕形成达体表面积 30%。

5.9　九级

5.9.1　颅脑、脊髓及周围神经损伤

1）精神障碍或者轻度智能减退，日常生活有关的活动能力中度受限；

2）外伤性癫痫（轻度）；

3）脑叶部分切除术后；

4）一侧部分面瘫，遗留眼睑闭合不全或者口角歪斜；

5）一手部分肌瘫（肌力 3 级以下）；

6）一足大部分肌瘫（肌力 3 级以下）；

7）四肢重要神经损伤（上肢肘关节以上，下肢膝关节以上），遗留相应肌群肌力 3 级以下；

8）严重影响阴茎勃起功能；

9）轻度排便或者排尿功能障碍。

5.9.2　头面部损伤

1）头皮瘢痕形成或者无毛发，达头皮面积 50%；

2）颅骨缺损 25.0cm^2 以上，不宜或者无法手术修补；

3）容貌毁损（轻度）；

4) 面部条状瘢痕形成,累计长度达 20.0cm;面部条状瘢痕形成(宽度达 0.2cm),累计长度达 10.0cm,其中至少 5.0cm 以上位于面部中心区;

5) 面部块状瘢痕形成,单块面积达 7.0cm^2,或者多块累计面积达 9.0cm^2;

6) 面部片状细小瘢痕形成或者色素异常,累计面积达 30.0cm^2;

7) 一侧眼睑严重畸形;一侧眼睑重度下垂,遮盖全部瞳孔;双侧眼睑轻度畸形;双侧眼睑下垂,遮盖部分瞳孔;

8) 双眼泪器损伤均后遗溢泪;

9) 双眼角膜斑翳或者血管翳,累及瞳孔区;双眼角膜移植术后;

10) 双眼外伤性白内障;儿童人工晶体植入术后;

11) 一眼盲目 3 级;

12) 一眼重度视力损害,另一眼视力≤0.5;

13) 一眼视野极度缺损,视野有效值≤8%(直径≤10°);

14) 双眼象限性视野缺损;

15) 一侧眼睑轻度畸形(或者眼睑下垂,遮盖部分瞳孔)合并该眼中度视力损害;

16) 一眼眶骨折后遗眼球内陷 5mm 以上;

17) 耳廓缺损或者畸形,累计相当于一侧耳廓;

18) 一耳听力障碍≥81dB HL;

19) 一耳听力障碍≥61dB HL,另一耳听力障碍≥41dB HL;

20) 一侧鼻翼或者鼻尖大部分缺损或者严重畸形;

21) 唇缺损或者畸形,露齿 3 枚以上(其中 1 枚露齿达 1/2);

22) 颌骨骨折,经牵引或者固定治疗后遗留功能障碍;

23) 上颌骨或者下颌骨部分缺损伴牙齿缺失或者折断 7 枚以上;

24) 张口受限Ⅱ度;

25) 发声功能或者构音功能障碍(轻度)。

5.9.3　颈部及胸部损伤

1) 颈前三角区瘢痕形成,累计面积达 50.0cm^2;

2) 甲状腺功能损害（轻度）；

3) 甲状旁腺功能损害（轻度）；

4) 气管或者支气管成形术后；

5) 食管吻合术后；

6) 食管腔内支架置入术后；

7) 食管损伤，影响吞咽功能；

8) 女性双侧乳房缺失或者毁损，累计范围相当于一侧乳房 1/2 以上；

9) 女性一侧乳房大部分缺失或者严重畸形；

10) 女性一侧乳头完全缺失或者双侧乳头部分缺失（或者畸形）；

11) 肋骨骨折 12 根以上，或者肋骨部分缺失 4 根以上；肋骨骨折 8 根以上并后遗 4 处畸形愈合；

12) 心功能不全，心功能 I 级；

13) 冠状动脉移植术后；

14) 心脏室壁瘤；

15) 心脏异物存留或者取出术后；

16) 缩窄性心包炎；

17) 胸导管损伤；

18) 肺段或者肺组织楔形切除术后；

19) 肺脏异物存留或者取出术后。

5.9.4　腹部损伤

1) 肝部分切除术后；

2) 脾部分切除术后；

3) 外伤性胰腺假性囊肿术后；

4) 一侧肾部分切除术后；

5) 胃部分切除术后；

6) 肠部分切除术后；

7) 胆道损伤胆管外引流术后；

8）胆囊切除术后；

9）肠梗阻反复发作；

10）膈肌修补术后遗留功能障碍（如膈肌麻痹或者膈疝）。

5.9.5 盆部及会阴部损伤

1）膀胱部分切除术后；

2）输尿管狭窄成形术后；

3）输尿管狭窄行腔内扩张术或者腔内支架置入术后；

4）一侧卵巢缺失或者丧失功能；

5）一侧输卵管缺失或者丧失功能；

6）子宫部分切除术后；

7）一侧附睾缺失；

8）一侧输精管损伤难以修复；

9）尿道狭窄（轻度）；

10）肛管或者直肠损伤，排便功能轻度障碍或者肛门失禁（轻度）。

5.9.6 脊柱、骨盆及四肢损伤

1）一椎体粉碎性骨折，椎管内骨性占位；

2）一椎体并相应附件骨折，经手术治疗后；二椎体压缩性骨折；

3）骨盆两处以上骨折或者粉碎性骨折，严重畸形愈合；

4）青少年四肢长骨骨骺粉碎性或者压缩性骨折；

5）四肢任一大关节行关节假体置换术后；

6）双上肢前臂旋转功能丧失均达75%；

7）双上肢长度相差6.0cm以上；

8）双下肢长度相差4.0cm以上；

9）四肢任一大关节（踝关节除外）功能丧失50%以上；

10）一踝关节功能丧失75%以上；

11）一肢体各大关节功能丧失均达25%；

12）双足拇趾功能丧失均达75%；一足5趾功能均完全丧失；

13）双足跟骨粉碎性骨折畸形愈合；

14）双足足弓结构部分破坏；一足足弓结构完全破坏；

15）手或者足功能丧失分值≥25分。

5.9.7　体表及其他损伤

1）皮肤瘢痕形成达体表面积10%。

5.10　十级

5.10.1　颅脑、脊髓及周围神经损伤

1）精神障碍或者轻度智能减退，日常生活有关的活动能力轻度受限；

2）颅脑损伤后遗脑软化灶形成，伴有神经系统症状或者体征；

3）一侧部分面瘫；

4）嗅觉功能完全丧失；

5）尿崩症（轻度）；

6）四肢重要神经损伤，遗留相应肌群肌力4级以下；

7）影响阴茎勃起功能；

8）开颅术后。

5.10.2　头面部损伤

1）面颅骨部分缺损或者畸形，影响面容；

2）头皮瘢痕形成或者无毛发，面积达40.0cm^2；

3）面部条状瘢痕形成（宽度达0.2cm），累计长度达6.0cm，其中至少3.0cm位于面部中心区；

4）面部条状瘢痕形成，累计长度达10.0cm；

5）面部块状瘢痕形成，单块面积达3.0cm^2，或者多块累计面积达5.0cm^2；

6）面部片状细小瘢痕形成或者色素异常，累计面积达10.0cm^2；

7）一侧眼睑下垂，遮盖部分瞳孔；一侧眼睑轻度畸形；一侧睑球粘连影响眼球运动；

8）一眼泪器损伤后遗溢泪；

9）一眼眶骨折后遗眼球内陷2mm以上；

10）复视或者斜视；

11）一眼角膜斑翳或者血管翳,累及瞳孔区；一眼角膜移植术后；

12）一眼外伤性青光眼,经手术治疗；一眼外伤性低眼压；

13）一眼外伤后无虹膜；

14）一眼外伤性白内障；一眼无晶体或者人工晶体植入术后；

15）一眼中度视力损害；

16）双眼视力≤0.5；

17）一眼视野中度缺损,视野有效值≤48%（直径≤60°）；

18）一耳听力障碍≥61dB HL；

19）双耳听力障碍≥41dB HL；

20）一侧前庭平衡功能丧失,伴听力减退；

21）耳廓缺损或者畸形,累计相当于一侧耳廓的30%；

22）鼻尖或者鼻翼部分缺损深达软骨；

23）唇外翻或者小口畸形；

24）唇缺损或者畸形,致露齿；

25）舌部分缺损；

26）牙齿缺失或者折断7枚以上；牙槽骨部分缺损,合并牙齿缺失或者折断4枚以上；

27）张口受限Ⅰ度；

28）咽或者咽后区损伤影响吞咽功能。

5.10.3 颈部及胸部损伤

1）颌颈粘连畸形松解术后；

2）颈前三角区瘢痕形成,累计面积达25.0cm²；

3）一侧喉返神经损伤,影响功能；

4）器质性声音嘶哑；

5）食管修补术后；

6）女性一侧乳房部分缺失或者畸形；

7）肋骨骨折6根以上，或者肋骨部分缺失2根以上；肋骨骨折4根以上并后遗2处畸形愈合；

8）肺修补术后；

9）呼吸困难（轻度）。

5.10.4 腹部损伤

1）腹壁疝，难以手术修补；

2）肝、脾或者胰腺修补术后；

3）胃、肠或者胆道修补术后；

4）膈肌修补术后。

5.10.5 盆部及会阴部损伤

1）肾、输尿管或者膀胱修补术后；

2）子宫或者卵巢修补术后；

3）外阴或者阴道修补术后；

4）睾丸破裂修补术后；

5）一侧输精管破裂修复术后；

6）尿道修补术后；

7）会阴部瘢痕挛缩，肛管狭窄；

8）阴茎头部分缺失。

5.10.6 脊柱、骨盆及四肢损伤

1）枢椎齿状突骨折，影响功能；

2）一椎体压缩性骨折（压缩程度达1/3）或者粉碎性骨折；一椎体骨折经手术治疗后；

3）四处以上横突、棘突或者椎弓根骨折，影响功能；

4）骨盆两处以上骨折或者粉碎性骨折，畸形愈合；

5）一侧髌骨切除；

6）一侧膝关节交叉韧带、半月板伴侧副韧带撕裂伤经手术治疗后，影响功能；

7）青少年四肢长骨骨折累及骨骺；

8) 一上肢前臂旋转功能丧失 75% 以上；

9) 双上肢长度相差 4.0cm 以上；

10) 双下肢长度相差 2.0cm 以上；

11) 四肢任一大关节（踝关节除外）功能丧失 25% 以上；

12) 一踝关节功能丧失 50% 以上；

13) 下肢任一大关节骨折后遗创伤性关节炎；

14) 肢体重要血管循环障碍，影响功能；

15) 一手小指完全缺失并第 5 掌骨部分缺损；

16) 一足拇趾功能丧失 75% 以上；一足 5 趾功能丧失均达 50%；双足拇趾功能丧失均达 50%；双足除拇趾外任何 4 趾功能均完全丧失；

17) 一足跟骨粉碎性骨折畸形愈合；

18) 一足足弓结构部分破坏；

19) 手或者足功能丧失分值≥10 分。

5.10.7 体表及其他损伤

1) 手部皮肤瘢痕形成或者植皮术后，范围达一手掌面积 50%；

2) 皮肤瘢痕形成达体表面积 4%；

3) 皮肤创面长期不愈超过 1 年，范围达体表面积 1%。

6 附 则

6.1 遇有本标准致残程度分级系列中未列入的致残情形，可根据残疾的实际情况，依据本标准附录 A 的规定，并比照最相似等级的条款，确定其致残程度等级。

6.2 同一部位和性质的残疾，不应采用本标准条款两条以上或者同一条款两次以上进行鉴定。

6.3 本标准中四肢大关节是指肩、肘、腕、髋、膝、踝等六大关节。

6.4 本标准中牙齿折断是指冠折 1/2 以上，或者牙齿部分缺失致牙髓腔暴露。

6.5 移植、再植或者再造成活组织器官的损伤应根据实际后遗功能障碍程度参照相应分级条款进行致残程度等级鉴定。

6.6 永久性植入式假体(如颅骨修补材料、种植牙、人工支架等)损坏引起的功能障碍可参照相应分级条款进行致残程度等级鉴定。

6.7 本标准中四肢重要神经是指臂丛及其分支神经(包括正中神经、尺神经、桡神经和肌皮神经等)和腰骶丛及其分支神经(包括坐骨神经、腓总神经和胫神经等)。

6.8 本标准中四肢重要血管是指与四肢重要神经伴行的同名动、静脉。

6.9 精神分裂症或者心境障碍等内源性疾病不是外界致伤因素直接作用所致,不宜作为致残程度等级鉴定的依据,但应对外界致伤因素与疾病之间的因果关系进行说明。

6.10 本标准所指未成年人是指年龄未满18周岁者。

6.11 本标准中涉及面部瘢痕致残程度需测量长度或者面积的数值时,0~6周岁者按标准规定值50%计,7~14周岁者按80%计。

6.12 本标准中凡涉及数量、部位规定时,注明"以上"、"以下"者,均包含本数(有特别说明的除外)。

附 录 A
(规范性附录)
致残程度等级划分依据

A.1 一级残疾的划分依据

a)组织器官缺失或者功能完全丧失,其他器官不能代偿;

b)存在特殊医疗依赖;

c)意识丧失;

d)日常生活完全不能自理;

e)社会交往完全丧失。

A.2　二级残疾的划分依据

a) 组织器官严重缺损或者畸形,有严重功能障碍,其他器官难以代偿;

b) 存在特殊医疗依赖;

c) 日常生活大部分不能自理;

d) 各种活动严重受限,仅限于床上或者椅子上的活动;

e) 社会交往基本丧失。

A.3　三级残疾的划分依据

a) 组织器官严重缺损或者畸形,有严重功能障碍;

b) 存在特殊医疗依赖;

c) 日常生活大部分或者部分不能自理;

d) 各种活动严重受限,仅限于室内的活动;

e) 社会交往极度困难。

A.4　四级残疾的划分依据

a) 组织器官严重缺损或者畸形,有重度功能障碍;

b) 存在特殊医疗依赖或者一般医疗依赖;

c) 日常生活能力严重受限,间或需要帮助;

d) 各种活动严重受限,仅限于居住范围内的活动;

e) 社会交往困难。

A.5　五级残疾的划分依据

a) 组织器官大部分缺损或者明显畸形,有中度(偏重)功能障碍;

b) 存在一般医疗依赖;

c) 日常生活能力部分受限,偶尔需要帮助;

d) 各种活动中度受限,仅限于就近的活动;

e) 社会交往严重受限。

A.6　六级残疾的划分依据

a) 组织器官大部分缺损或者明显畸形,有中度功能障碍;

b) 存在一般医疗依赖;

c) 日常生活能力部分受限,但能部分代偿,条件性需要帮助;

d) 各种活动中度受限,活动能力降低;

e) 社会交往贫乏或者狭窄。

A.7　七级残疾的划分依据

a) 组织器官大部分缺损或者明显畸形,有中度(偏轻)功能障碍;

b) 存在一般医疗依赖,无护理依赖;

c) 日常生活有关的活动能力极重度受限;

d) 各种活动中度受限,短暂活动不受限,长时间活动受限;

e) 社会交往能力降低。

A.8　八级残疾的划分依据

a) 组织器官部分缺损或者畸形,有轻度功能障碍,并造成明显影响;

b) 存在一般医疗依赖,无护理依赖;

c) 日常生活有关的活动能力重度受限;

d) 各种活动轻度受限,远距离活动受限;

e) 社会交往受约束。

A.9　九级残疾的划分依据

a) 组织器官部分缺损或者畸形,有轻度功能障碍,并造成较明显影响;

b) 无医疗依赖或者存在一般医疗依赖,无护理依赖;

c) 日常生活有关的活动能力中度受限;

d) 工作与学习能力下降;

e) 社会交往能力部分受限。

A.10　十级残疾的划分依据

a) 组织器官部分缺损或者畸形,有轻度功能障碍,并造成一定影响;

b) 无医疗依赖或者存在一般医疗依赖,无护理依赖;

c) 日常生活有关的活动能力轻度受限;

d) 工作与学习能力受到一定影响;

e) 社会交往能力轻度受限。

附 录 B
（资料性附录）
器官功能分级判定基准及使用说明

B.1 持续性植物生存状态

植物生存状态可以是暂时的，也可以呈持续性。持续性植物生存状态是指严重颅脑损伤经治疗及必要的康复后仍缺乏意识活动，丧失语言，而仅保留无意识的姿态调整和运动功能的状态。机体虽能维持基本生命体征，但无意识和思维，缺乏对自身和周围环境的感知能力的生存状态。伤者有睡眠–觉醒周期，部分或全部保存下丘脑和脑干功能，但是缺乏任何适应性反应，缺乏任何接受和反映信息的功能性思维。

植物生存状态诊断标准：①认知功能丧失，无意识活动，不能执行指令；②保持自主呼吸和血压；③有睡眠–觉醒周期；④不能理解或表达语言；⑤自动睁眼或刺激下睁眼；⑥可有无目的性眼球跟踪运动；⑦丘脑下部及脑干功能基本保存。

持续性植物生存状态指脑损伤后上述表现至少持续 6 个月以上，且难以恢复。

注：反复发作性意识障碍，作为癫痫的一组症状或癫痫发作的一种形式时，不单独鉴定其致残程度。

B.2 精神障碍

B.2.1 症状标准

有下列表现之一者：

a) 智能损害综合征；

b) 遗忘综合征；

c) 人格改变；

d) 意识障碍；

e) 精神病性症状（如幻觉、妄想、紧张综合征等）；

f)情感障碍综合征(如躁狂综合征、抑郁综合征等);

g)解离(转换)综合征;

h)神经症样综合征(如焦虑综合征、情感脆弱综合征等)。

B.2.2　精神障碍的认定

a)精神障碍的发病基础需有颅脑损伤的存在;

b)精神障碍的起病时间需与颅脑损伤的发生相吻合;

c)精神障碍应随着颅脑损伤的改善而缓解;

d)无证据提示精神障碍的发病存在其他原因(如强阳性家族史)。

精神分裂症和躁郁症均为内源性疾病,发病主要决定于病人自身的生物学素质,不属于人身损害所致的精神障碍。

B.3　智能损害

B.3.1　智能损害的症状

a)记忆减退,最明显的是学习新事物的能力受损;

b)以思维和信息处理过程减退为特征的智能损害,如抽象概括能力减退,难以解释成语、谚语,掌握词汇量减少,不能理解抽象意义的语汇,难以概括同类事物的共同特征,或判断力减退;

c)情感障碍,如抑郁、淡漠,或敌意增加等;

d)意志减退,如懒散、主动性降低;

e)其他高级皮层功能受损,如失语、失认、失用或者人格改变等;

f)无意识障碍。

注:符合上述症状标准至少满6个月方可诊断。

B.3.2　智能损害分级

a)极重度智能减退　智商(IQ)<20;语言功能丧失;生活完全不能自理。

b)重度智能减退　IQ 20~34;语言功能严重受损,不能进行有效的交流;生活大部分不能自理。

c)中度智能减退　IQ 35~49;能掌握日常生活用语,但词汇贫乏,对周围环境辨别能力差,只能以简单的方式与人交往;生活部分不能自理,能做简单劳动。

d) 轻度智能减退　IQ 50~69；无明显语言障碍，对周围环境有较好的辨别能力，能比较恰当的与人交往；生活能自理，能做一般非技术性工作。

e) 边缘智能状态　IQ 70~84；抽象思维能力或者思维广度、深度及机敏性显示不良；不能完成高级或者复杂的脑力劳动。

B.4　生活自理能力

具体评价方法参考《人身损害护理依赖程度评定》（GB/T 31147）。

B.5　失语症

失语症是指由于中枢神经损伤导致抽象信号思维障碍而丧失口语、文字的表达和理解能力的临床症候群，失语症不包括由于意识障碍和普通的智力减退造成的语言症状，也不包括听觉、视觉、书写、发音等感觉和运动器官损害引起的语言、阅读和书写障碍。

失语症又可分为：完全运动性失语，不完全运动性失语；完全感觉性失语，不完全感觉性失语；混合性失语；完全性失用，不完全性失用；完全性失写，不完全性失写；完全性失读，不完全性失读；完全性失认，不完全性失认等。

注：脑外伤后失语的认定应该符合以下几个方面的要求：(1)脑损伤的部位应该与语言功能有关；(2)病史材料应该有就诊记录并且有关于失语的描述；(3)有明确的临床诊断或者专家咨询意见。

B.6　外伤性癫痫分度

外伤性癫痫通常是指颅脑损伤3个月后发生的癫痫，可分为以下三度：

a) 轻度　各种类型的癫痫发作，经系统服药治疗1年后能控制的；

b) 中度　各种类型的癫痫发作，经系统服药治疗1年后，全身性强直-阵挛发作、单纯或复杂部分发作，伴自动症或精神症状（相当于大发作、精神运动性发作）平均每月1次或1次以下，失神发作和其他类型发作平均每周1次以下；

c) 重度　各种类型的癫痫发作，经系统服药治疗1年后，全身性强直-阵挛发作、单纯或复杂部分发作，伴自动症或精神症状（相当于大发作、精神运动性发作）平均每月2次以上，失神发作和其他类型发作平均每周2次以上。

注：外伤性癫痫致残程度鉴定时应根据以下信息综合判断：(1)应有脑器质性

损伤或中毒性脑病的病史;(2)应有一年来系统治疗的临床病史资料;(3)可能时,应提供其他有效资料,如脑电图检查、血药浓度测定结果等。其中,前两项是癫痫致残程度鉴定的必要条件。

B.7 肌力分级

肌力是指肌肉收缩时的力量,在临床上分为以下六级:

a) 0级 肌肉完全瘫痪,毫无收缩;

b) 1级 可看到或者触及肌肉轻微收缩,但不能产生动作;

c) 2级 肌肉在不受重力影响下,可进行运动,即肢体能在床面上移动,但不能抬高;

d) 3级 在和地心引力相反的方向中尚能完成其动作,但不能对抗外加阻力;

e) 4级 能对抗一定的阻力,但较正常人降低;

f) 5级 正常肌力。

注:肌力检查时应注意以下几点综合判断:(1)肌力减退多见于神经源性和肌源性,如神经系统损伤所致肌力减退,则应有相应的损伤基础;(2)肌力检查结果是否可靠依赖于检查者正确的检查方法和受检者的理解与配合,肌力检查结果的可靠性要结合伤者的配合程度而定;(3)必要时,应进行神经电生理等客观检查。

B.8 非肢体瘫运动障碍分度

非肢体瘫的运动障碍,包括肌张力增高、深感觉障碍和(或)小脑性共济失调、不自主运动或者震颤等。根据其对生活自理的影响程度划分为轻、中、重三度:

a) 重度 不能自行进食、大小便、洗漱、翻身和穿衣,需要他人护理;

b) 中度 完成上述动作困难,但在他人帮助下可以完成;

c) 轻度 完成上述动作虽有一定困难,但基本可以自理。

注:非肢体运动障碍程度的评定应注意以下几点综合判断:(1)有引起非肢体瘫运动障碍的损伤基础;(2)病史材料中有非肢体瘫运动障碍的诊疗记录和症状描述;(3)有相关生活自理能力受限的检查记录;(4)家属或者近亲属的代诉仅作为参考。

B.9 尿崩症分度

a) 重度　每日尿量在 10000mL 以上;

b) 中度　每日尿量在 5001～9999mL;

c) 轻度　每日尿量在 2500～5000mL。

B.10 排便功能障碍(大便失禁)分度

a) 重度　大便不能控制,肛门括约肌收缩力很弱或者丧失,肛门括约肌收缩反射很弱或者消失,肛门注水法测定直肠内压 <20cmH$_2$O;

b) 轻度　稀便不能控制,肛门括约肌收缩力较弱,肛门括约肌收缩反射较弱,肛门注水法测定直肠内压 20～30cmH$_2$O。

注:此处排便功能障碍是指脑、脊髓或者自主神经损伤致肛门括约肌功能障碍所引起的大便失禁。而肛门或者直肠损伤既可以遗留大便失禁,也可以遗留排便困难,应依据相应条款评定致残程度等级。

B.11 排尿功能障碍分度

a) 重度　出现真性重度尿失禁或者排尿困难且尿潴留残余尿≥50mL 者;

b) 轻度　出现真性轻度尿失禁或者排尿困难且尿潴留残余尿≥10mL 但 <50mL 者。

注:此处排尿功能障碍是指脑、脊髓或者自主神经损伤致膀胱括约肌功能障碍所引起的小便失禁或者尿潴留。当膀胱括约肌损伤遗留尿失禁或者尿潴留时,也可依据排尿功能障碍程度评定致残程度等级。

B.12 器质性阴茎勃起障碍分度

a) 重度　阴茎无勃起反应,阴茎硬度及周径均无改变;

b) 中度　阴茎勃起时最大硬度 >0%, <40%;

c) 轻度　阴茎勃起时最大硬度≥40%, <60%,或者阴茎勃起时最大硬度虽达60%,但持续时间 <10 分钟。

注1:阴茎勃起正常值范围　最大硬度≥60%,持续时间≥10 分钟。

注2:器质性阴茎勃起障碍是指脑、脊髓或者周围神经(躯体神经或者自主神经)损伤所引起的。其他致伤因素所致的血管性、内分泌性或者药物性阴茎勃起

障碍也可依此分度评定致残程度等级。

B.13 阴茎勃起功能影响程度分级

a) 严重影响阴茎勃起功能　连续监测三晚,阴茎夜间勃起平均每晚≤1次;

b) 影响阴茎勃起功能　连续监测三晚,阴茎夜间勃起平均每晚≤3次。

B.14 面部瘢痕分类

本标准规定的面部包括前额发际下,两耳根前与下颌下缘之间的区域,包括额部、眶部、鼻部、口唇部、颏部、颧部、颊部和腮腺咬肌部,不包括耳廓。以眉弓水平线为上横线,以下唇唇红缘中点处作水平线为下横线,以双侧外眦处作两条垂直线,上述四条线围绕的中央部分为面部中心区。

本标准将面部瘢痕分为以下几类:

a) 面部块状瘢痕　是指增生性瘢痕、瘢痕疙瘩、蹼状瘢痕等,不包括浅表瘢痕(外观多平坦,与四周皮肤表面平齐或者稍低,平滑光亮,色素减退,一般不引起功能障碍);

b) 面部细小瘢痕(或者色素明显改变)　是指面部较密集散在瘢痕或者色素沉着(或者脱失),瘢痕呈网状或者斑片状,其间可见正常皮肤。

B.15 容貌毁损分度

B.15.1 重度

面部瘢痕畸形,并有以下六项中四项者:

a) 双侧眉毛完全缺失;

b) 双睑外翻或者完全缺失;

c) 双侧耳廓完全缺失;

d) 外鼻完全缺失;

e) 上、下唇外翻或者小口畸形;

f) 颏颈粘连(中度以上)。

B.15.2 中度

面部瘢痕畸形,并有以下六项中三项者:

a) 眉毛部分缺失(累计达一侧眉毛1/2);

b) 眼睑外翻或者部分缺失；

c) 耳廓部分缺损(累计达一侧耳廓15%)；

d) 鼻部分缺损(鼻尖或者鼻翼缺损深达软骨)；

e) 唇外翻或者小口畸形；

f) 颏颈粘连(轻度)。

B.15.3 轻度

含中度畸形六项中二项者。

B.16 眼睑畸形分度

B.16.1 眼睑轻度畸形

a) 轻度眼睑外翻 睑结膜与眼球分离,泪点脱离泪阜；

b) 眼睑闭合不全 自然闭合及用力闭合时均不能使睑裂完全消失；

c) 轻度眼睑缺损 上睑和/或下睑软组织缺损,范围＜一侧上睑的1/2。

B.16.2 眼睑严重畸形

a) 重度眼睑外翻 睑结膜严重外翻,穹隆部消失；

b) 重度眼睑缺损 上睑和/或下睑软组织缺损,范围≥一侧上睑的1/2。

B.17 张口受限分度

a) 张口受限Ⅰ度 尽力张口时,上、下切牙间仅可勉强置入垂直并列之示指和中指；

b) 张口受限Ⅱ度 尽力张口时,上、下切牙间仅可置入垂直之示指；

c) 张口受限Ⅲ度 尽力张口时,上、下切牙间距小于示指之横径。

B.18 面瘫(面神经麻痹)分级

a) 完全性面瘫 是指面神经5个分支(颞支、颧支、颊支、下颌缘支和颈支)支配的全部肌肉(包括颈部的颈阔肌)瘫痪；

b) 大部分面瘫 是指面神经5个分支中有3个分支支配的肌肉瘫痪；

c) 部分面瘫 是指面神经5个分支中有1个分支支配的肌肉瘫痪。

B.19 视力损害分级

盲及视力损害分级标准见表B-1。

表 B-1 盲及视力损害分级标准

分类	远视力低于	远视力等于或优于
轻度或无视力损害		0.3
中度视力损害(视力损害1级)	0.3	0.1
重度视力损害(视力损害2级)	0.1	0.05
盲(盲目3级)	0.05	0.02
盲(盲目4级)	0.02	光感
盲(盲目5级)	无光感	

B.20 颏颈粘连分度

a)轻度 单纯的颈部瘢痕或者颈胸瘢痕。瘢痕位于颌颈角平面以下的颈胸部,颈部活动基本不受限制,饮食、吞咽等均无影响;

b)中度 颏颈瘢痕粘连或者颏颈胸瘢痕粘连。颈部后仰及旋转受到限制,饮食、吞咽有所影响,不流涎,下唇前庭沟并不消失,能闭口;

c)重度 唇颏颈瘢痕粘连。自下唇至颈前均为挛缩瘢痕,下唇、颏部和颈前区均粘连在一起,颈部处于强迫低头姿势。

B.21 甲状腺功能低下分度

a)重度 临床症状严重,T3、T4 或者 FT3、FT4 低于正常值,TSH>50μU/L;

b)中度 临床症状较重,T3、T4 或者 FT3、FT4 正常,TSH>50μU/L;

c)轻度 临床症状较轻,T3、T4 或者 FT3、FT4 正常,TSH 轻度增高但<50μU/L。

B.22 甲状旁腺功能低下分度

a)重度 空腹血钙质量浓度<6mg/dL;

b)中度 空腹血钙质量浓度 6~7mg/dL;

c)轻度 空腹血钙质量浓度 7.1~8mg/dL。

注:以上分级均需结合临床症状,必要时参考甲状旁腺激素水平综合判定。

B.23 发声功能障碍分度

a)重度 声哑、不能出声;

b)轻度 发音过弱、声嘶、低调、粗糙、带鼻音。

B.24 构音功能障碍分度

a) 重度　音不分明,语不成句,难以听懂,甚至完全不能说话;

b) 轻度　发音不准,吐字不清,语调速度、节律等异常,以及鼻音过重等。

B.25 呼吸困难分度(见表 B-2)

表 B-2　呼吸困难分度

程度	临床表现	阻塞性通气功能减退:一秒钟用力呼气量占预计值百分比	限制性通气功能减退:肺活量	血氧分压(mmHg)
极重度	稍活动(如穿衣、谈话)即气短。	<30%	<50%	<60
重度	平地步行100米即有气短。	30%~49%	50%~59%	60~87
中度	平地步行1000米无气短,但不能与同龄健康者保持相同速度,快步行走出现气短,登山或上楼时气短明显。	50%~79%	60%~69%	—
轻度	与同龄健康者在平地一同步行无气短,但登山或上楼时呈现气短。	≥80%	70%	—

注:动脉血氧分压在60~87mmHg 时,需参考其他肺功能检验结果。

B.26 心功能分级

a) Ⅰ级　体力活动无明显受限,日常活动不易引起过度乏力、呼吸困难或者心悸等不适。亦称心功能代偿期;

b) Ⅱ级　体力活动轻度受限,休息时无明显不适症状,但日常活动即可引起乏力、心悸、呼吸困难或者心绞痛。亦称Ⅰ度或者轻度心衰;

c) Ⅲ级　体力活动明显受限,休息时无症状,轻于日常的活动即可引起上述症状。亦称Ⅱ度或者中度心衰;

d) Ⅳ级　不能从事任何体力活动,休息时亦有充血性心衰或心绞痛症状,任何体力活动后加重。亦称Ⅲ度或者重度心衰。

注:心功能评残时机应以损伤后心功能稳定6个月以上为宜,结合心功能客观检查结果,如 EF 值等。

B.27　肝衰竭分期

a)早期　①极度疲乏,并有厌食、呕吐和腹胀等严重消化道症状;②黄疸进行性加重(血清总胆红素≥171μmol/L 或每日上升 17.1μmol/L;③有出血倾向,30%<凝血酶原活动度(PTA)≤40%;未出现肝性脑病或明显腹水。

b)中期　在肝衰竭早期表现的基础上,病情进一步进展,并出现以下情况之一者:①出现Ⅱ度以上肝性脑病和(或)明显腹水;②出血倾向明显(出血点或瘀斑),且 20%<凝血酶原活动度(PTA)≤30%。

c)晚期　在肝衰竭中期表现的基础上,病情进一步进展,并出现以下情况之一者:①有难治性并发症,例如肝肾综合征、上消化道出血、严重感染和难以纠正的电解质紊乱;②出现Ⅲ度以上肝性脑病;③有严重出血倾向(注射部位瘀斑等),凝血酶原活动度(PTA)≤20%。

B.28　肾功能损害分期

肾功能损害是指:①肾脏损伤(肾脏结构或功能异常)≥3 个月,可以有或无肾小球滤过率(GFR)下降,临床上表现为病理学检查异常或者肾损伤(包括血、尿成分异常或影像学检查异常);②GFR<60mL/(min·1.73m^2)达 3 个月,有或无肾脏损伤证据。

慢性肾脏病(CKD)肾功能损害分期见表 B-3。

表 B-3　肾功能损害分期

CKD 分期	名称	诊断标准
1 期	肾功能正常	GFR≥90mL/(min·1.73m^2)
2 期	肾功能轻度下降	GFR60~89mL/(min·1.73m^2)≥3 个月,有或无肾脏损伤证据
3 期	肾功能中度下降	GFR30~59mL/(min·1.73m^2)
4 期	肾功能重度下降	GFR15~29mL/(min·1.73m^2)
5 期	肾衰竭	GFR<15mL/(min·1.73m^2)

B.29　肾上腺皮质功能减退分度

B.29.1　功能明显减退

a)乏力,消瘦,皮肤、黏膜色素沉着,白癜,血压降低,食欲不振;

b) 24h 尿中 17 – 羟类固醇 <4mg,17 – 酮类固醇 <10mg;

c) 血浆皮质醇含量:早上 8 时,<9mg/100mL;下午 4 时,<3mg/100mL;

d) 尿中皮质醇 <5mg/24h。

B.29.2　功能轻度减退

a) 具有功能明显减退之 b)、c) 两项者;

b) 无典型临床症状。

B.30　生殖功能损害分度

a) 重度　精液中精子缺如;

b) 轻度　精液中精子数 <500 万/mL,或者异常精子 >30%,或者死精子与运动能力很弱的精子 >30%。

B.31　尿道狭窄分度

B.31.1　尿道重度狭窄

a) 临床表现为尿不成线、滴沥,伴有尿急、尿不尽或者遗尿等症状;

b) 尿道造影检查显示尿道明显狭窄,狭窄部位尿道内径小于正常管径的 1/3;

c) 超声检查示膀胱残余尿阳性;

d) 尿流动力学检查示严重排尿功能障碍;

e) 经常行尿道扩张效果不佳,有尿道成形术适应证。

B.31.2　尿道轻度狭窄

a) 临床表现为尿流变细、尿不尽等;

b) 尿道造影检查示尿道狭窄,狭窄部位尿道内径小于正常管径的 2/3;

c) 超声检查示膀胱残余尿阳性;

d) 尿流动力学检查示排尿功能障碍;

e) 有尿道扩张治疗适应证。

注:尿道狭窄应以尿道造影等客观检查为主,结合临床表现综合评判。

B.32　股骨头坏死分期

a) 股骨头坏死 1 期(超微结构变异期)　X 线片显示股骨头承载系统中的骨小梁结构排列紊乱、断裂,出现股骨头边缘毛糙。临床上伴有或不伴有局限性轻微疼痛；

b)股骨头坏死 2 期(有感期)　X 线片显示股骨头内部出现小的囊变影,囊变区周围的环区密度不均,骨小梁结构紊乱、稀疏或模糊,也可出现细小的塌陷,塌陷面积可达 10%~30%。临床伴有疼痛明显、活动轻微受限等；

c)股骨头坏死 3 期(坏死期)　X 线片显示股骨头形态改变,可出现边缘不完整、虫蚀状或扁平等形状,部分骨小梁结构消失,骨密度很不均匀,髋臼与股骨头间隙增宽或变窄,也可有骨赘形成。临床表现为疼痛、间歇性跛行、关节活动受限以及患肢出现不同程度的缩短等；

d)股骨头坏死 4 期(致残期)　股骨头的形态、结构明显改变,出现大面积不规则塌陷或变平,骨小梁结构变异,髋臼与股骨头间隙消失等。临床表现为疼痛、功能障碍、僵直不能行走,出现髋关节脱位或半脱位,可致相应膝关节活动部分受限。

注：本标准股骨头坏死是指股骨头坏死 3 期或者 4 期。若股骨头坏死影像学表现尚未达股骨头坏死 3 期,但临床已行股骨头置换手术,则按四肢大关节人工关节置换术后鉴定致残程度等级。

B.33　再生障碍性贫血

B.33.1　再生障碍性贫血诊断标准

a)血常规检查　全血细胞减少,校正后的网织红细胞比例<1%,淋巴细胞比例增高。至少符合以下三项中的两项：Hb<100g/L；BPC<50×10^9/L；中性粒细胞绝对值(ANC)<1.5×10^9/L。

b)骨髓穿刺　多部位(不同平面)骨髓增生减低或重度减低；小粒空虚,非造血细胞(淋巴细胞、网状细胞、浆细胞、肥大细胞等)比例增高；巨核细胞明显减少或缺如；红系、粒系细胞均明显减少。

c)骨髓活检(髂骨)　全切片增生减低,造血组织减少,脂肪组织和(或)非造血细胞增多,网硬蛋白不增加,无异常细胞。

d)除外检查　必须除外先天性和其他获得性、继发性骨髓衰竭性疾病。

B.33.2　重型再生障碍性贫血

d)骨髓细胞增生程度<25% 正常值；若≥25%但<50%,则残存造血细胞应

< 30% 。

b) 血常规需具备下列三项中的两项:ANC < 0.5×10^9/L;校正的网织红细胞 < 1% 或绝对值 < 20×10^9/L;BPC < 20×10^9/L。

注:若 ANC < 0.2×10^9/L 为极重型再生障碍性贫血。

B.33.3 非重型再生障碍性贫血

未达到重型标准的再生障碍性贫血。

附 录 C
(资料性附录)
常用鉴定技术和方法

C.1 视力障碍检查

本标准所指的视力均指"矫正视力"。视力记录可采用小数记录或者5分记录两种方式。正常视力是指远距视力经矫正(包括接触镜、针孔镜等)达到0.8以上。

中心视力好而视野缩小,以注视点为中心,如视野半径小于10度而大于5度者相当于盲目3级,半径小于5度者相当于盲目4级。

周边视野检查要求:直径5mm的白色视标,检查距离330mm,视野背景亮度为31.5asb。

视力障碍检查具体方法参考《视觉功能障碍法医鉴定指南》(SF/Z JD 0103004)。

C.2 视野有效值计算

视野有效值计算公式:

$$实测视野有效值(\%) = \frac{8\,条子午线实测视野值的总和}{500}$$

视野有效值换算见表 C-1。

表 C-1 视野有效值与视野半径的换算

视野有效值(%)	视野度数(半径)
8	5°
16	10°
24	15°
32	20°
40	25°
48	30°
56	35°
64	40°
72	45°

C.3 听力评估方法

听力障碍检查应符合《听力障碍的法医学评定》(GA/T 914)。听力损失计算应按照世界卫生组织推荐的听力减退分级的频率范围,取 0.5、1、2、4kHz 四个频率气导听阈级的平均值。如所得均值不是整数,则小数点后之尾数采用 4 舍 5 入法修为整数。

纯音听阈级测试时,如某一频率纯音气导最大声输出仍无反应时,以最大声输出值作为该频率听阈级。

听觉诱发电位测试时,若最大输出声强仍引不出反应波形的,以最大输出声强为反应阈值。在听阈评估时,听力学单位一律使用听力级(dB HL)。一般情况下,受试者听觉诱发电位反应阈要比其行为听阈高 10~20dB(该差值又称"校正值"),即受试者的行为听阈等于其听觉诱发电位反应阈减去"校正值"。实施听觉诱发电位检测的机构应建立本实验室的"校正值",若尚未建立,建议取参考平均值(15dB)作为"校正值"。

纯音气导听阈级应考虑年龄因素,按照《声学 听阈与年龄关系的统计分布》(GB/T 7582)听阈级偏差的中值(50%)进行修正(见表 C-2)。

表 C-2　耳科正常人随年龄增长超过的听阈偏差中值(GB/T 7582)

年龄	男				女			
	500	1000	2000	4000	500	1000	2000	4000
30~39	1	1	1	2	1	1	1	1
40~49	2	2	3	8	2	2	3	4
50~59	4	4	7	16	4	4	6	9
60~69	6	7	12	28	6	7	11	16
70~	9	11	19	43	9	11	16	24

C.4　前庭功能检查

本标准所指的前庭功能丧失及减退,是指外力作用于颅脑或者耳部,造成前庭系统的损伤,伤后出现前庭平衡功能障碍的临床表现,自发性前庭体征检查法和诱发性前庭功能检查法等有阳性发现(如眼震电图/眼震视图,静、动态平衡仪,前庭诱发电位等检查)。应结合听力检查与神经系统检查,以及影像学检查综合判定前庭功能障碍程度。

C.5　阴茎勃起功能评定

阴茎勃起功能应符合 GA/T 1188《男性性功能障碍法医学鉴定》的要求。

C.6　体表面积计算

九分估算法:成人体表面积视为100%,将总体表面积划分为11个9%等面积区域。即:头(面)部与颈部共占1个9%,双上肢共占2个9%,躯干前后及会阴部共占3个9%,臀部及双下肢共占5个9% +1%(见表 C-3)。

表 C-3　体表面积的九分估算法

部位	面积(%)	按九分法面积(%)
头	6	(1×9)=9
颈	3	
前躯	13	(3×9)=27
后躯	13	
会阴	1	

续表

部位	面积(%)	按九分法面积(%)
双上臂	7	
双前臂	6	(2×9) = 18
双手	5	
臀	5	
双大腿	21	(5×9+1) = 46
双小腿	13	
双足	7	
全身合计	100	(11×9+1) = 100

手掌法:受检者五指并拢,一掌面约相当其自身体表面积的1%。

公式计算法:体表总面积 $S(m^2) = 0.0061 \times 身长(cm) + 0.0128 \times 体重(kg) - 0.1529$。

注:12岁以下儿童体表面积:头颈部% = [9+(12-年龄)]%,双下肢% = [46-(12-年龄)]%。

C.7 肢体关节功能评定

先根据受损关节活动度大小及关节肌群肌力等级直接查表(见表C-4~表C-9)得出受损关节各方位功能丧失值,再将受损关节各方位功能丧失值累计求和后除以该关节活动方位数(如肩关节活动方位为6)即可得出受损关节功能丧失值。

注:(1)表C-4~表C-9仅适用于四肢大关节骨关节损伤后遗关节运动活动度受限合并周围神经损伤后遗相关肌群肌力下降所致关节功能障碍的情形。单纯中枢神经或者周围神经损伤所致关节功能障碍的情形应适用专门性条款。(2)当关节活动受限于某一方位时,其同一轴位的另一方位功能丧失值以100%计。如腕关节掌屈和背屈,轴位相同,但方位不同。当腕关节活动限制在掌屈10度与50度之间,则掌屈以40度计(查表求得功能丧失值为30%),而背屈功能丧失值以100%计。(3)伤侧关节功能丧失值应与对(健)侧进行比较,即同时用查表法分别求出伤侧和对侧关节功能丧失值,并用伤侧关节功能丧失值减去对侧关节功能丧失值,其差值即为伤侧关节功能实际丧失值。(4)由于本方法对于关节

功能的评定已经考虑到肌力减退对于关节功能的影响,故在测量关节运动活动度时,应以关节被动活动度为准。

C.7.1 肩关节功能丧失程度评定(见表 C-4)

表 C-4 肩关节功能丧失程度(%)

	关节运动 活动度	肌力				
		≤M1	M2	M3	M4	M5
前屈	≥171	100	75	50	25	0
	151~170	100	77	55	32	10
	131~150	100	80	60	40	20
	111~130	100	82	65	47	30
	91~110	100	85	70	55	40
	71~90	100	87	75	62	50
	51~70	100	90	80	70	60
	31~50	100	92	85	77	70
	≤30	100	95	90	85	80
后伸	≥41	100	75	50	25	0
	31~40	100	80	60	40	20
	21~30	100	85	70	55	40
	11~20	100	90	80	70	60
	≤10	100	95	90	85	80
外展	≥171	100	75	50	25	0
	151~170	100	77	55	32	10
	131~150	100	80	60	40	20
	111~130	100	82	65	47	30
	91~110	100	85	70	55	40
	71~90	100	87	75	62	50
	51~70	100	90	80	70	60
	31~50	100	92	85	77	70
	≤30	100	95	90	85	80

续表

关节运动活动度		肌力				
		≤M1	M2	M3	M4	M5
内收	≥41	100	75	50	25	0
	31~40	100	80	60	40	20
	21~30	100	85	70	55	40
	11~20	100	90	80	70	60
	≤10	100	95	90	85	80
内旋	≥81	100	75	50	25	0
	71~80	100	77	55	32	10
	61~70	100	80	60	40	20
	51~60	100	82	65	47	30
	41~50	100	85	70	55	40
	31~40	100	87	75	62	50
	21~30	100	90	80	70	60
	11~20	100	92	85	77	70
	≤10	100	95	90	85	80
外旋	≥81	100	75	50	25	0
	71~80	100	77	55	32	10
	61~70	100	80	60	40	20
	51~60	100	82	65	47	30
	41~50	100	85	70	55	40
	31~40	100	87	75	62	50
	21~30	100	90	80	70	60
	11~20	100	92	85	77	70
	≤10	100	95	90	85	80

C.7.2 肘关节功能丧失程度评定(见表 C-5)

表 C-5 肘关节功能丧失程度(%)

关节运动活动度		≤M1	M2	M3	M4	M5
屈曲	≥41	100	75	50	25	0
	36~40	100	77	55	32	10
	31~35	100	80	60	40	20
	26~30	100	82	65	47	30
	21~25	100	85	70	55	40
	16~20	100	87	75	62	50
	11~15	100	90	80	70	60
	6~10	100	92	85	77	70
	≤5	100	95	90	85	80
伸展	81~90	100	75	50	25	0
	71~80	100	77	55	32	10
	61~70	100	80	60	40	20
	51~60	100	82	65	47	30
	41~50	100	85	70	55	40
	31~40	100	87	75	62	50
	21~30	100	90	80	70	60
	11~20	100	92	85	77	70
	≤10	100	95	90	85	80

注:为方便肘关节功能计算,此处规定肘关节以屈曲90度为中立位0度。

C.7.3 腕关节功能丧失程度评定(见表 C-6)

表 C-6 腕关节功能丧失程度(%)

关节运动活动度		≤M1	M2	M3	M4	M5
掌屈	≥61	100	75	50	25	0
	51~60	100	77	55	32	10

续表

关节运动活动度		肌力				
		≤M1	M2	M3	M4	M5
掌屈	41~50	100	80	60	40	20
	31~40	100	82	65	47	30
	26~30	100	85	70	55	40
	21~25	100	87	75	62	50
	16~20	100	90	80	70	60
	11~15	100	92	85	77	70
	≤10	100	95	90	85	80
背屈	≥61	100	75	50	25	0
	51~60	100	77	55	32	10
	41~50	100	80	60	40	20
	31~40	100	82	65	47	30
	26~30	100	85	70	55	40
	21~25	100	87	75	62	50
	16~20	100	90	80	70	60
	11~15	100	92	85	77	70
	≤10	100	95	90	85	80
桡屈	≥21	100	75	50	25	0
	16~20	100	80	60	40	20
	11~15	100	85	70	55	40
	6~10	100	90	80	70	60
	≤5	100	95	90	85	80
尺屈	≥41	100	75	50	25	0
	31~40	100	80	60	40	20
	21~30	100	85	70	55	40
	11~20	100	90	80	70	60
	≤10	100	95	90	85	80

C.7.4 髋关节功能丧失程度评定(见表C-7)

表C-7 髋关节功能丧失程度(%)

关节运动活动度		肌力				
		≤M1	M2	M3	M4	M5
前屈	≥121	100	75	50	25	0
	106~120	100	77	55	32	10
	91~105	100	80	60	40	20
	76~90	100	82	65	47	30
	61~75	100	85	70	55	40
	46~60	100	87	75	62	50
	31~45	100	90	80	70	60
	16~30	100	92	85	77	70
	≤15	100	95	90	85	80
后伸	≥11	100	75	50	25	0
	6~10	100	85	70	55	20
	1~5	100	90	80	70	50
	0	100	95	90	85	80
外展	≥41	100	75	50	25	0
	31~40	100	80	60	40	20
	21~30	100	85	70	55	40
	11~20	100	90	80	70	60
	≤10	100	95	90	85	80
内收	≥16	100	75	50	25	0
	11~15	100	80	60	40	20
	6~10	100	85	70	55	40
	1~5	100	90	80	70	60
	0	100	95	90	85	80

续表

关节运动活动度		肌力				
		≤M1	M2	M3	M4	M5
外旋	≥41	100	75	50	25	0
	31~40	100	80	60	40	20
	21~30	100	85	70	55	40
	11~20	100	90	80	70	60
	≤10	100	95	90	85	80
内旋	≥41	100	75	50	25	0
	31~40	100	80	60	40	20
	21~30	100	85	70	55	40
	11~20	100	90	80	70	60
	≤10	100	95	90	85	80

注：表中前屈指屈膝位前屈。

C.7.5 膝关节功能丧失程度评定(见表C-8)

表C-8 膝关节功能丧失程度(%)

关节运动活动度		肌力				
		≤M1	M2	M3	M4	M5
屈曲	≥130	100	75	50	25	0
	116~129	100	77	55	32	10
	101~115	100	80	60	40	20
	86~100	100	82	65	47	30
	71~85	100	85	70	55	40
	61~70	100	87	75	62	50
	46~60	100	90	80	70	60
	31~45	100	92	85	77	70
	≤30	100	95	90	85	80

续表

关节运动活动度	肌力					
		≤M1	M2	M3	M4	M5
伸展	≥-5	100	75	50	25	0
	-6~-10	100	77	55	32	10
	-11~-20	100	80	60	40	20
	-21~-25	100	82	65	47	30
	-26~-30	100	85	70	55	40
	-31~-35	100	87	75	62	50
	-36~-40	100	90	80	70	60
	-41~-45	100	92	85	77	70
	≤-46	100	95	90	85	80

注：表中负值表示膝关节伸展时到达功能位（直立位）所差的度数。考虑到膝关节同一轴位屈伸活动相互重叠，膝关节功能丧失程度的计算方法与其他关节略有不同，即根据关节屈曲与伸展运动活动度查表得出相应功能丧失程度，再求和即为膝关节功能丧失程度。当二者之和大于100%时，以100%计算。

C.7.6 踝关节功能丧失程度评定（见表C-9）

表C-9 踝关节功能丧失程度（%）

关节运动活动度	肌力					
		≤M1	M2	M3	M4	M5
背屈	≥16	100	75	50	25	0
	11~15	100	80	60	40	20
	6~10	100	85	70	55	40
	1~5	100	90	80	70	60
	0	100	95	90	85	80
跖屈	≥41	100	75	50	25	0
	31~40	100	80	60	40	20
	21~30	100	85	70	55	40
	11~20	100	90	80	70	60
	≤10	100	95	90	85	80

C.8 手、足功能丧失程度评定

C.8.1 手、足缺失评分(见图 C-1 和图 C-2)

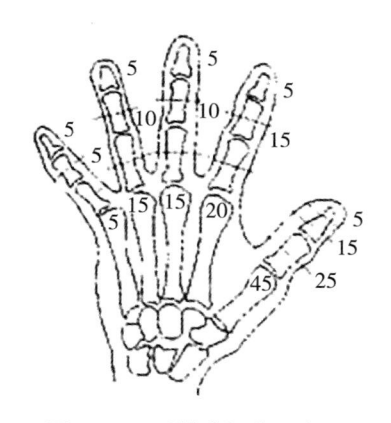

图 C-1 手缺失评分示意图

图中数字示手指缺失平面相当于手功能丧失的分值

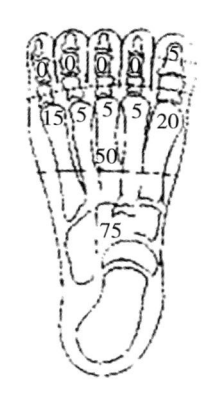

图 C-2 足缺失评分示意图

图中数字示足缺失平面相当于足功能丧失的分值

C.8.2 手指关节功能障碍评分(见表 C-10)

表 C-10 手指关节功能障碍相当于手功能丧失分值的评定

受累部位及情形		功能障碍程度及手功能丧失分值		
		非功能位强直	功能位强直或关节活动度 ≤1/2 参考值	关节活动度 >1/2、但≤3/4 参考值
拇指	第一掌腕/掌指/指间关节均受累	40	25	15
	掌指、指间关节均受累	30	20	10
	掌指、指间单一关节受累	20	15	5
示指	掌指、指间关节均受累	20	15	5
	掌指或近侧指间关节受累	15	10	0
	远侧指间关节受累	5	5	0
中指	掌指、指间关节均受累	15	5	5
	掌指或近侧指间关节受累	10	0	0
	远侧指间关节受累	5	0	0

续表

受累部位及情形		功能障碍程度及手功能丧失分值		
		非功能位强直	功能位强直或关节活动度≤1/2 参考值	关节活动度>1/2、但≤3/4 参考值
环指	掌指、指间关节均受累	10	5	5
	掌指或近侧指间关节受累	5	5	0
	远侧指间关节受累	5	0	0
小指	掌指、指间关节均受累	5	5	0
	掌指或近侧指间关节受累	5	5	0
	远侧指间关节受累	0	0	0
腕关节	手功能大部分丧失时腕关节受累	10	5	0

注1：单手、单足部分缺失及功能障碍定级说明：(1)手、足缺失及功能障碍量化图表不能代替标准具体残级条款，条款中有列举的伤情应优先依据相应条款确定残级，只有在现有残级条款未能列举具体致残程度等级的情况下，可以参照本图表量化评估定级；(2)图 C-1 中将每一手指划分为远、中、近三个区域，依据各部位功能重要性赋予不同分值。手部分缺失离断的各种情形可按不同区域分值累计相加，参考定级。图 C-2 使用方法同图 C-1；(3)表 C-10 按手指各关节及腕关节功能障碍的不同程度分别赋予不同分值，各种手功能障碍的情形或合并手部分缺失的致残程度情形均可按对应分值累计相加。

注2：双手部分缺失及功能障碍定级说明：双手功能损伤，按双手分值加权累计定级。设一手功能为100分，双手总分为 200 分。设分值较高一手分值为 A，分值较低一手分值为 B，最终双手计分为：A + B × (200 - A)/200。

注3：双足部分缺失定级说明：双足功能损伤，按双足分值加权累计定级。设一足功能为 75 分，双足总分为 150 分。设分值较高一足分值为 A，分值较低一足分值为 B，最终双足计分为：A + B × (150 - A)/150。

丛书总主编简介

李 华

盈科律师事务所创始合伙人、副主任、盈科全国业务指导委员会主任。

李华律师作为盈科全国业务指导委员会主任，负责盈科体系内的专业化建设，带领盈科律师，构建出完整的专业化法律服务体系，包括研究院、律师学院、专业委员会及专业化建设法律中心，推动盈科律师专业化的法律服务，以适应法律服务市场不断细分的需要。在此基础上，通过集成各专业委员会纵深化的法律服务能力为客户提供综合性的法律服务。

全国律师行业优秀党员律师、北京市优秀律师、北京市律师行业优秀党务工作者，最高人民检察院第六和第七检察厅民事行政检察专家咨询网专家，中国人民大学法学院法律硕士专业学位研究生实务导师，《钱伯斯大中华区指南2023/2024》TMT：数据保护&隐私领域上榜律师，2024 The Legal 500亚太地区中国法域榜单金融科技领域推荐律师。

本书主编简介

张永平

盈科昆明医药卫生与健康法律事务部主任，兼任云南省律师协会医疗卫生及防疫法律业务研究委员会主任。毕业于昆明医学院临床医学系，临床医学学士，工商管理硕士，具有执业医师、内科主治医师、执业药师、二级心理咨询师、健康管理师及律师执业资格。毕业后从事临床医疗工作10余年，熟悉医院内部管理及相关诊疗护理规范与常规，在国家级医学期刊发表医学论文8篇，参编医学著作4部，参与省部级课题1项。律师执业17年以来主要专注于医疗侵权、医疗事故、医疗损害赔偿、医疗服务合同等医患纠纷及医药卫生企事业单位法律相关事务的研究处理，参与处理各类疑难复杂医疗纠纷案件数百起，先后担任玉溪市人民医院、红塔区妇幼保健院、玉溪市第三人民医院、安宁市第一人民医院、安宁市中医院等20余家医疗机构的法律顾问。

本书副主编简介

周　涛

盈科昆明医药卫生与健康法律事务部副主任，兼任云南省律师协会医疗卫生及防疫法律业务研究委员会秘书长、云南省律师协会律师业务指导委员会委员、昆明市律师协会环境资源与能源法律专业委员会副主任、云南省政府采购评审专家、九三学社云南省法律专门委员会委员、九三学社昆明市委法律专家服务团副团长、普洱仲裁委员会/澜湄国际仲裁院仲裁员等。执业15年以来，以行政法、医疗卫生、环境资源法作为执业和理论研究的专业方向，先后担任应急管理部南方航空护林总站、曲靖医学高等专科学校、玉溪市人民医院、红塔区妇幼保健院、昆明市生态环境局、昆明市林业和草原局、云南云龙制药股份有限公司等行政机关、事业和企业单位的法律顾问。

韩　惠

盈科昆明医药卫生与健康法律事务部副秘书长，专注于医疗纠纷的研究处理。